AUTODESK INVENTOR

개정1판

인벤터 3D CAD 모델링을 위한 기본서

인벤터 설계

홍성기, 강민정 지음

BM (주)도서출판 성안당

인벤터 프로그램은 기계분야에서 쓰이는 3D 모델링 프로그램으로서 현재 2D 작성은 AutoCAD와 함께 쓰이고 있습니다. 앞서 저자가 집필한 "CAD 실무능력평가 1.2급"과 인벤터 프로그램 모두 설계를 위한 툴로써 캐드는 2D 작성, 인벤터는 3D 모델링을 하는 전문 프로그램으로 자리 잡았습니다. 인벤터를 배우는 목적은 기계분야 자격증과 3D 모델링을 활용하기 위해 배우는 경우가 많습니다. 그래서 전공자가 아닌 비전공자가 인벤터를 배우는 과정에서 자격증을 취득하거나 모델링을 목적으로 하더라도 기본적인 지식 없이 프로그램만 배워서는 활용도가 높지 않습니다. 시중에 나와 있는 인벤터 도서들 대부분 기계제도 기능사, 산업기사 등 자격시험과 전공자에 초점이 맞춰 있기에 내용이 기계로 한정되어 내용 구성 또한 기초지식이 전혀 없는 비전공자가 이해하기 어렵습니다. 본 도서는 인벤터 프로그램 입문에 비전공자와 전공자 모두 기본에 충실하도록 집필하였습니다. 인벤터 프로그램이 기계분야를 위해 만들어진 만큼 기계설계에 필요한 최소한의 기초지식을 쉽게 이해하고, 깊이 있게 학습할 수 있는 토대를 마련하도록 하였습니다.

앞서 캐드 책을 집필하며 언급하였듯 본 도서 또한 교육하면서 교재로 사용하기 좋고, 자격증 취득을 목표로 하는 독자들에게 최소한의 시간과 노력으로 합격할 수 있는 노하우를 전하려고 합니다. 교육하시는 선생님들과 교육에 종사하시는 모든 분께 제가 가진 작은 지식이나마 모두 공유한다는 생각으로 집필을 하게 되었습니다. 빼야 될 부분은 과감히 빼고, 꼭 알고 흥미를 높일 수 있는 다양한 예제와 핵심만을 모아 배울 수 있도록 구성하였고, 기계와 관련된 예제뿐만 아니라 비전공자도 다양하고 재밌는 예제를 통해 흥미를 높일 수 있도록 하였습니다. 본 도서가 교육기관의 교안으로 활용되길 바라며, 독학을 하는 독자를 위해 부족한 부분은 동영상을 통해 채우려 노력하였습니다.

마지막으로 저자가 직접 교육 현장에서 경험을 바탕으로 집필하고자 노력하였기에, 교육하시는 선생님들과 전공 및 비전공자에게 이 책을 통해 지식을 공유하고, 실무자와 현장에서 핵심을 한눈에 알 수 있는 지침서가 되기를 바랍니다.

본 도서의 특징은 다음과 같습니다.

Part 1은 인벤터를 처음 학습하는 분들을 위해 가능한 쉽고 다양한 예제와 명령어 설명으로 비전공자들도 흥미롭게 학습할 수 있도록 구성하였습니다.

Part 2는 심화 학습을 통해 실력 쌓기를 할 수 있습니다. 전산응용기계제도 기능사, 산업기사 실기시험에 대비한 KS 규격집 적용과 설계에 필요한 기초 내용을 담아 인벤터 작업형 실기 교재로 활용할 수 있습니다. 부품 모델링을 위한 부품 도면, 공용 부품을 활용한 조립 및 조립 도면을 작성할 수 있는 예제로 구성하였습니다.

Part 3은 실무에서 필요하고 알아두면 유용한 곡면 모델링, CAM 도면과 분해도 및 BOM 작성, 프레젠테이션과 재질, 질량 구하기 등 예제를 통해 인벤터의 다양한 기능을 사용할 수 있습니다.

본 도서가 출간되기까지 애써주신 출판사 관계자분들과 많은 도움을 주신 모든 분들께 진심으로 감사드립니다.

목 차

part 1

인벤터 기초 다지기

chapter 01 모델링

1 인벤터 시작하기 …………………………………… 8
2 구속 조건 …………………………………………… 10
3 환경 설정 및 단축키 ……………………………… 11
4 스케치 시작 ………………………………………… 19
5 스케치 작성 ………………………………………… 21
6 모델링 ……………………………………………… 27
7 기초 예제 …………………………………………… 50

part 2

인벤터 실력 쌓기

chapter 01 모델링 ※ 성안당 도서몰 [자료실]에서 연습도면 PDF 제공

1 종합예제-01 동력전달장치 ……………………… 79
2 종합예제-02 동력전달장치 ……………………… 88
3 종합예제-03 동력전달장치 ……………………… 94
4 종합예제-04 동력전달장치 ……………………… 98
5 종합예제-05 동력전달장치 …………………… 101
6 종합예제-06 V-벨트 전동장치 ……………… 116
7 종합예제-07 3편 클램프 ……………………… 123
8 종합예제-08 ㄷ형 조립 바이스 ……………… 135
9 종합예제-09 슬라이더 ………………………… 139
10 종합예제-10 바이스 …………………………… 142
11 종합예제-11 드릴 지그 ……………………… 148
12 종합예제-12 클램프 …………………………… 153
13 종합예제-13 커버 1 …………………………… 156
14 종합예제-14 커버 2 …………………………… 157
15 종합예제-15 2단 스퍼기어 ………………… 158
16 종합예제-16 래크 피니언 부품 ……………… 159

chapter 02 도면

1 도면 스타일 편집기 설정 ……………………… 163
2 용지 설정 ………………………………………… 169
3 표제란 그리기 …………………………………… 170
4 뷰 배치 …………………………………………… 174
5 주석 ……………………………………………… 179
6 뷰 배치 따라하기 ……………………………… 186
7 단면도법의 종류 ………………………………… 193

chapter 03 KS 규격집 적용하기

1 IT 등급별 공차 적용 ·········· 195
2 V-벨트 풀리 ·········· 197
3 키 홈 ·········· 198
4 스퍼기어 ·········· 199
5 축 ·········· 200
6 기계 재료 ·········· 205
7 주서(작성 예) ·········· 206

chapter 04 공용 부품

1 공용 부품(스타일 라이브러리) ·········· 207
2 인벤터 공용 부품(컨텐츠 센터) ·········· 207

chapter 05 조립하기

1 조립 환경 시작하기 ·········· 216
2 조립 흐름도(종합예제-01) ·········· 225
3 조립 따라하기(종합예제-01) ·········· 228

인벤터 실무 활용

part 3

chapter 01 분해도

1 프레젠테이션 ·········· 264
2 분해도 예제 ·········· 271

chapter 02 곡면 모델링

1 서피스 기능 ·········· 279
2 CAM 예제 ·········· 284

chapter 03 다양한 기능 및 모델링

1 재질 입히기 ·········· 300
2 질량 구하기 ·········· 302
3 회전 날개 모델링 ·········· 306

● 부록(기초 종합예제 01~50) ·········· 316

인벤터 기초 다지기

Inventor(인벤터)는 오토데스크에서 만든 3D 프로그램으로 Auto CAD와 호환성이 좋으며 화면 구성 및 아이콘 등이 유사합니다. 이 장에서는 Inventor를 처음으로 접하는 초보자를 주요 대상으로 가능한 쉬운 예제와 명령어 설명으로 구성하였습니다. 비전공자들도 흥미롭게 학습할 수 있도록 다양한 예제를 학습할 수 있습니다. 그리고 작성한 3D 모델링의 치수를 기입하여 도면화하는 방법에 대해 알아보겠습니다.

Chapter 01 모델링

모델링

인벤터를 시작하기 위해 환경 설정에 대해 알아보고, 2D 스케치 방법과 3D 모델링에 대해 학습합니다.

1 인벤터 시작하기

1 인벤터 작업공간

새로 만들기 ▶ ko-KR ▶ Metric ▶ Standard.ipt

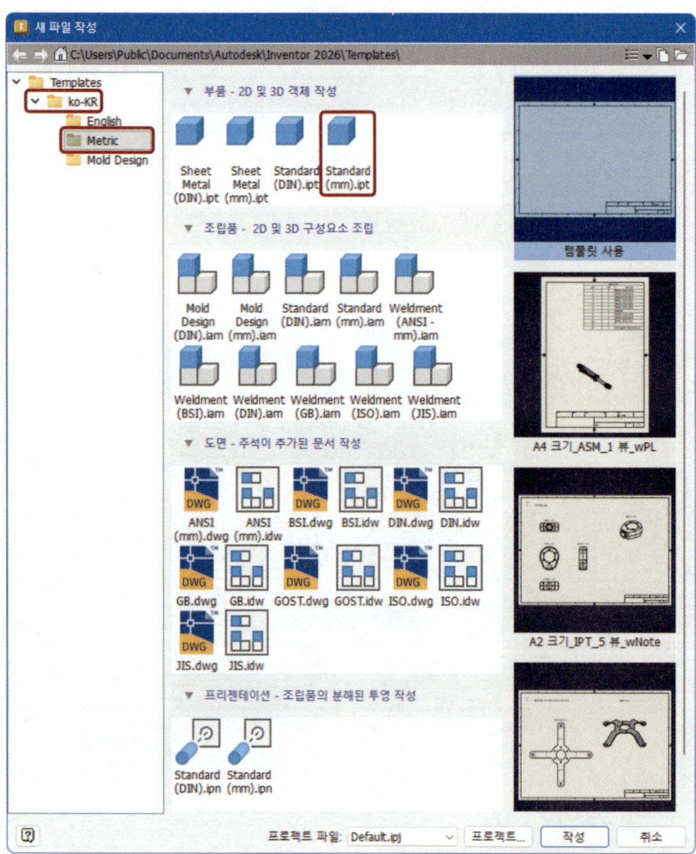

※ ko-KR의 Standard.ipt 선택 시 단위 밀리미터 확인 후 작업

② 화면 좌측의 모형 검색기는 항상 보이게 유지하고 스케치 수정 등 작업에 사용

· 검색기가 보이지 않을 경우 뷰 ▶사용자 인터페이스 ▶ 모형 검색기 체크

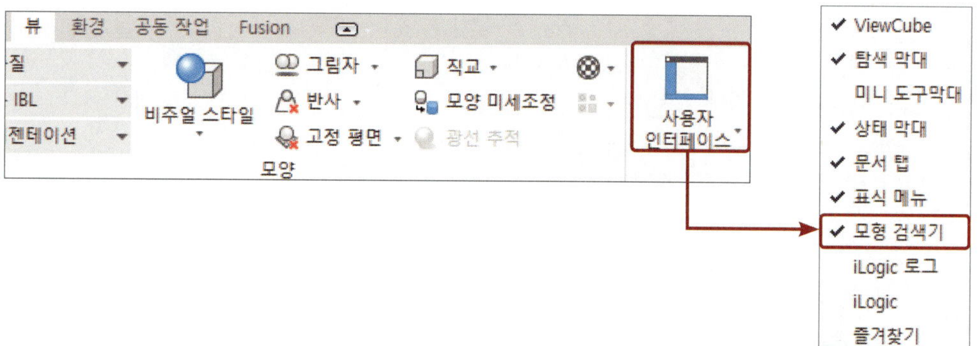

	I	수직		–	동심		–	수평
	=	동일		–	고정		–	접선
	–	일치		–	평행		–	부드럽게
	–	동일선상		–	직각		–	대칭

① 일치

점–선 또는 점–점을 일치

② 동일선상

두 개의 선을 동일선상에 일치

③ 동심

두 개의 원의 중심을 일치

④ 평행

두 개의 선을 서로 평행하게

⑤ 직각

두 개의 선을 서로 직각으로

⑥ 수평

수평이 아닌 선을 수평하게

⑦ 수직

수직이 아닌 선을 수직으로

⑧ 접선

원과 선을 접하게

⑨ 동일

선 또는 원을 동일하게

⑩ 대칭

서로 대칭되도록 구속

⑪ 부드럽게

선을 부드럽게 연결

⑫ 고정

선택 요소를 현재 자리에 고정

3 환경 설정 및 단축키

1 옵션 설정 : 리본메뉴 도구 ▶ 응용프로그램 옵션

❶ 일반 ▶ 주석 축척 1.5~2 조절

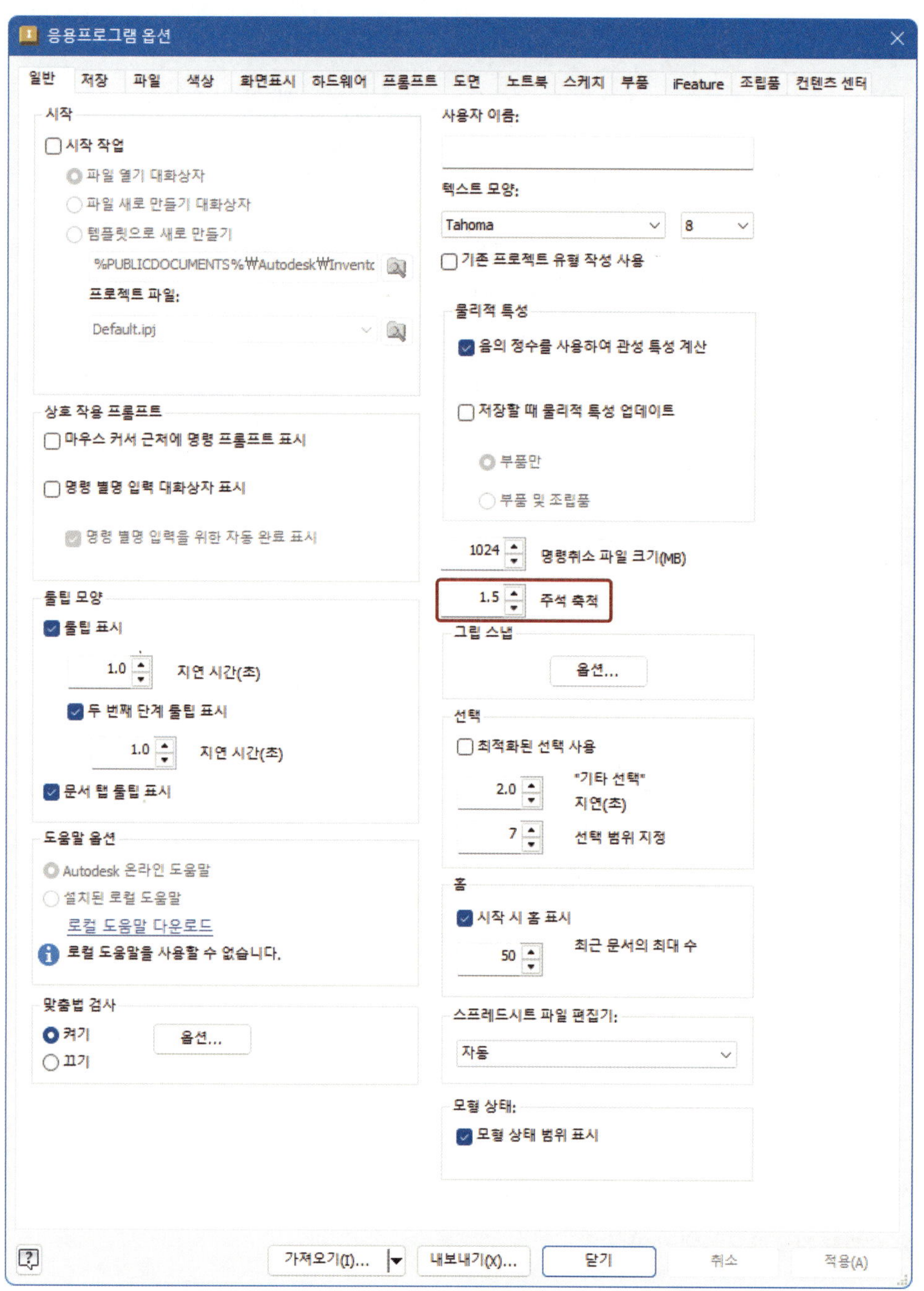

❷ 색상 ▶ 이상한 나라

※ 선택 영역이 빨간색인 색상 체계를 선택하는 것이 좋습니다.

– 겨울 낮, 이상한 나라, 프레젠테이션(흰색 배경), 하늘 등

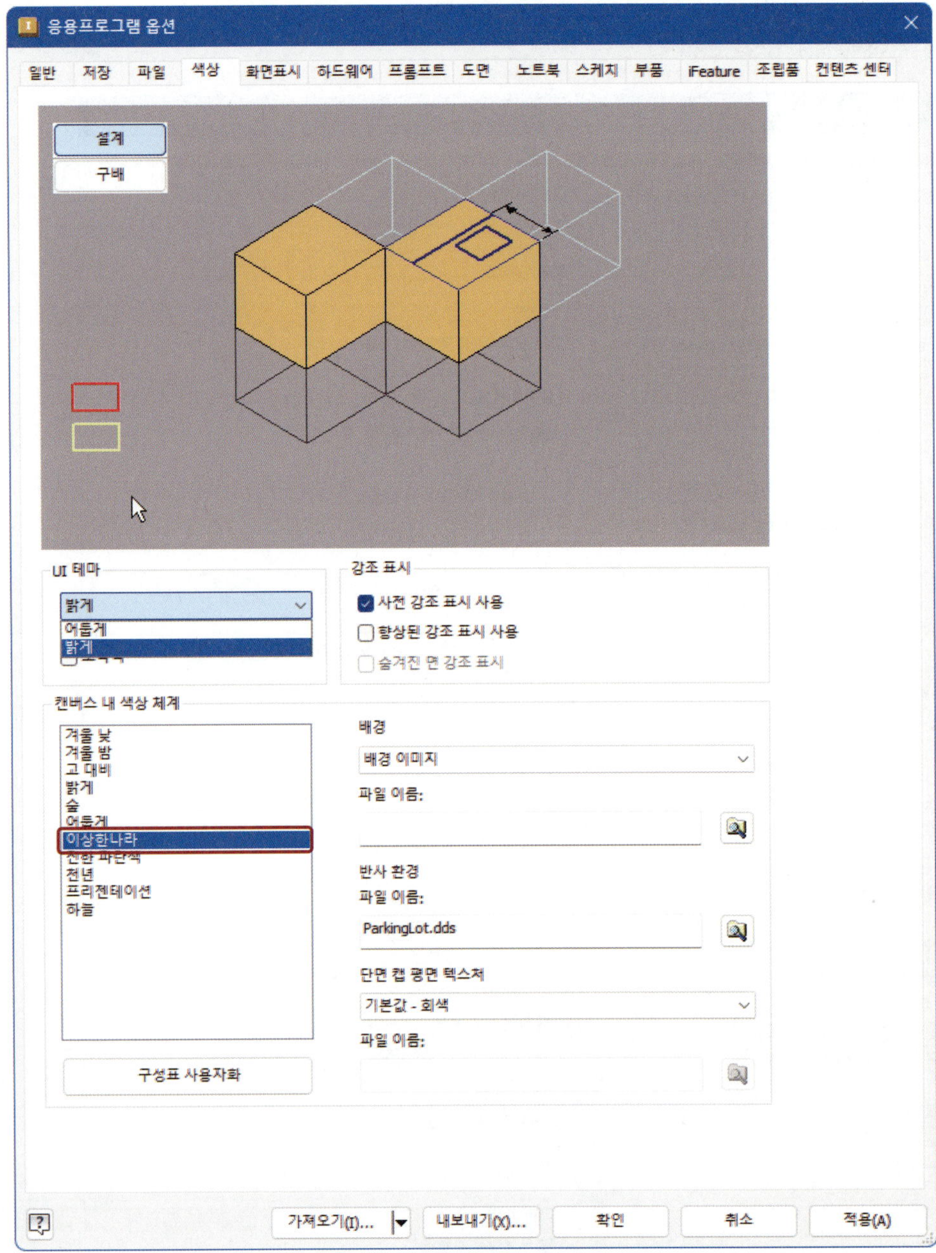

※ 화면 배경을 흰색으로 할 경우 색상 체계는 프레젠테이션, 배경은 '색상'으로 변경합니다.
화면을 캡처할 경우 유용하게 쓰입니다.

❸ 화면표시 ▶ '뷰 전환 시간', '최소 프레임 속도'를 빠르게 변경

• 뷰 전환 시간, 최소 프레임 속도는 0에 가깝게 파란색 바를 이동

  – 0에 붙이는 경우 뷰 전환되는 효과가 없어 뷰 변화를 알기 힘듭니다.

  ※ 줌 동작의 '방향 반전'은 마우스 휠 버튼의 화면 확대, 축소 기능을 반전합니다. **캐드 등 프로그램을 동시 사용할 경우** 체크하여 사용합니다.

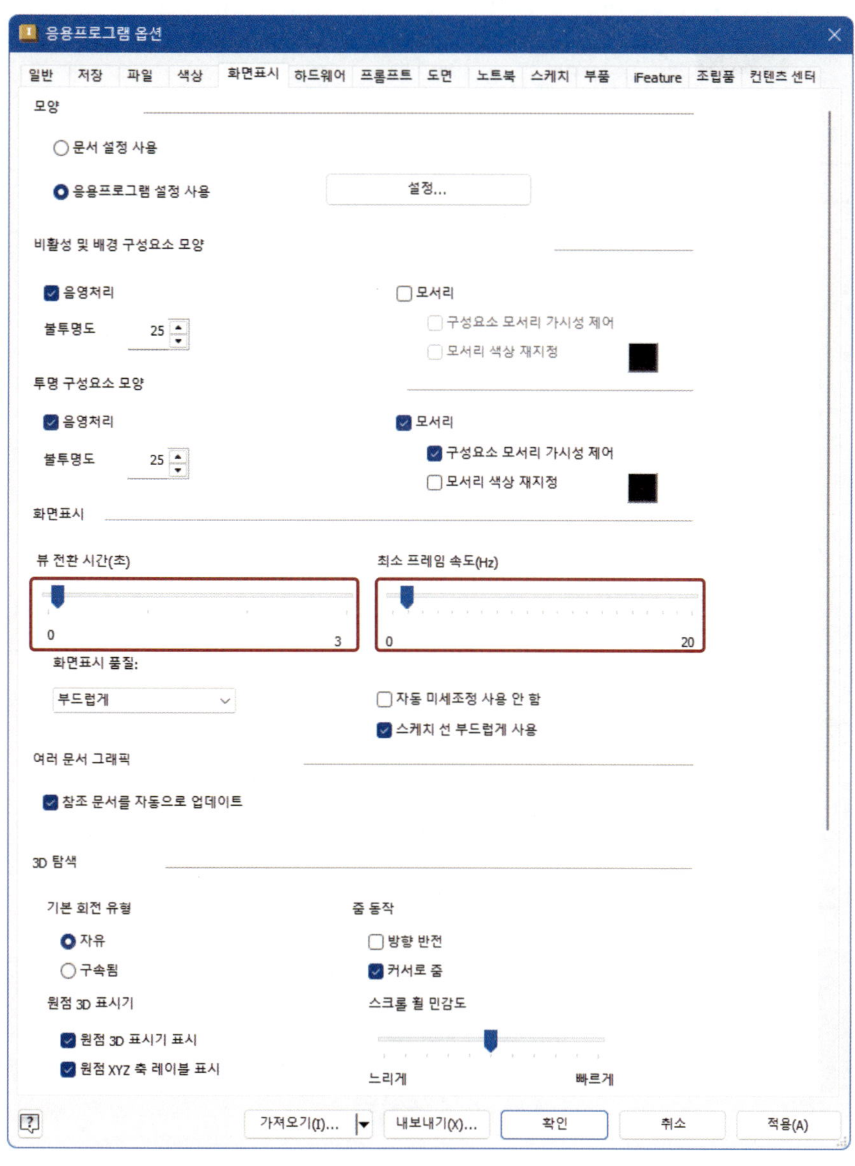

• 화면표시 ▶ 응용프로그램 설정 사용 → 설정 ▶ '모서리로 음영처리' 변경

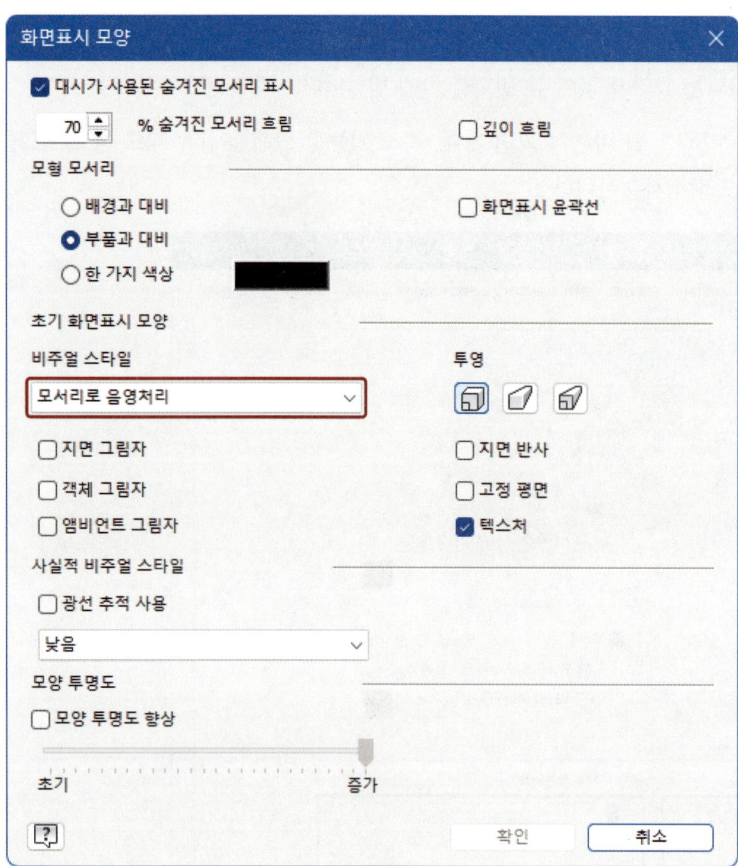

• '음영처리'만 되어 있을 경우 모서리 라운드 부분 표현이 명확하지 않습니다.

음영 처리   모서리로 음영 처리

❹ 도면 ▶ '작성 시 치수 편집' 체크 해제

• 선가중치 화면표시 ▶ 설정 ▶ 실제 선가중치 표시

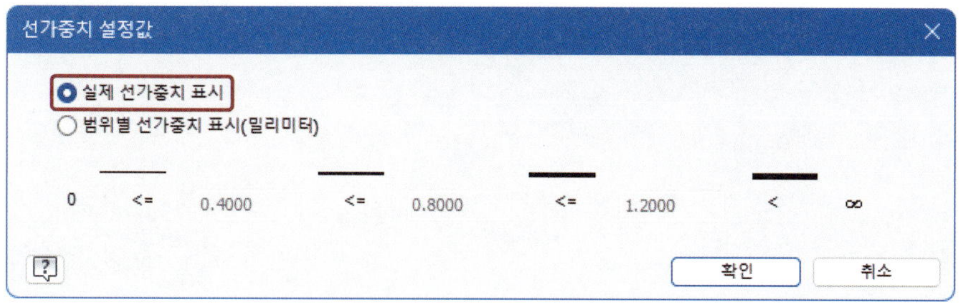

❺ 스케치 ▶ 화면표시 '축' 체크 ▶ '~자동 투영' 부분 모두 체크

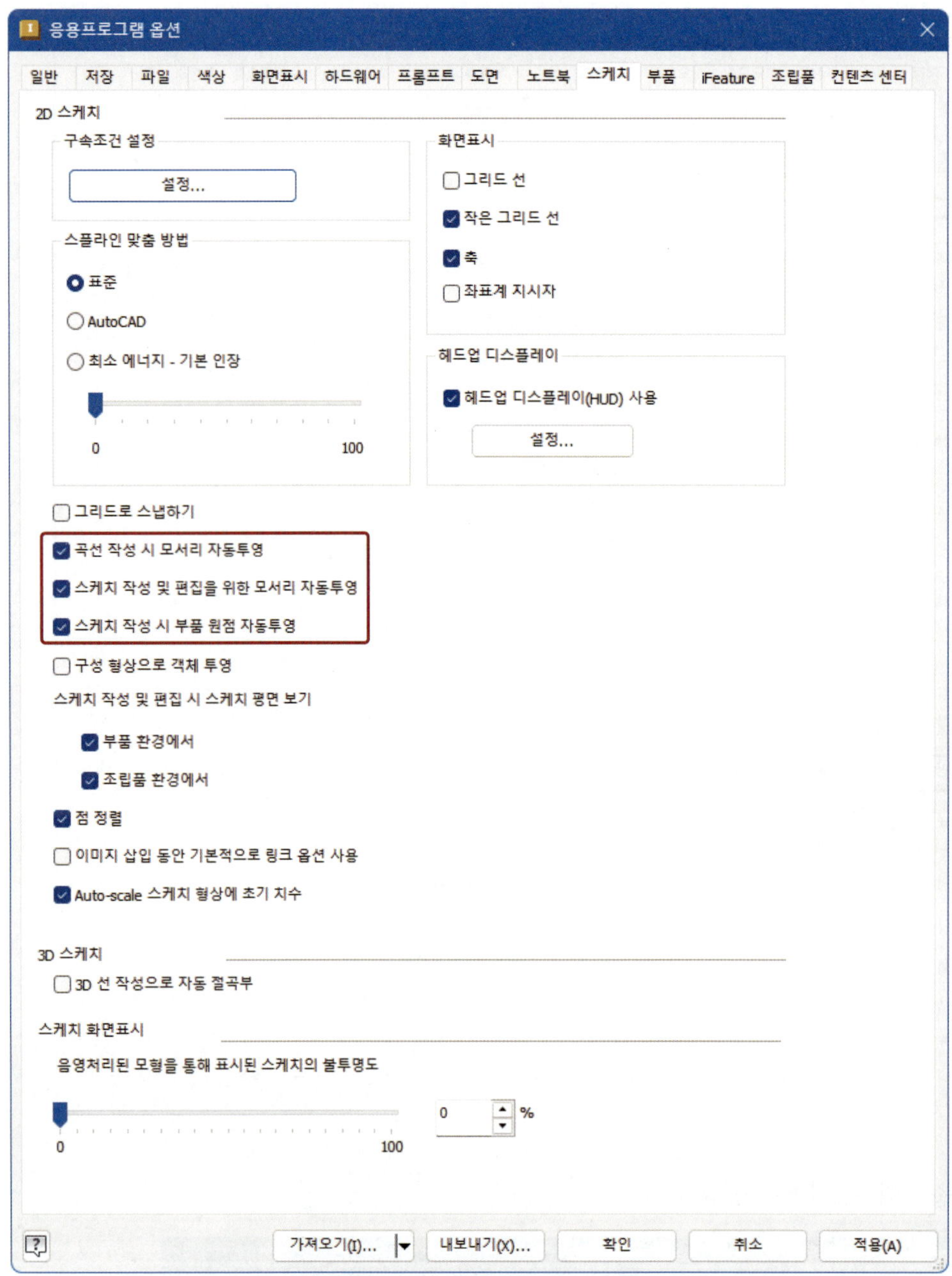

• 필수항목

<table>
<tr><th>일반 탭</th><th>색상 탭</th></tr>
<tr><td>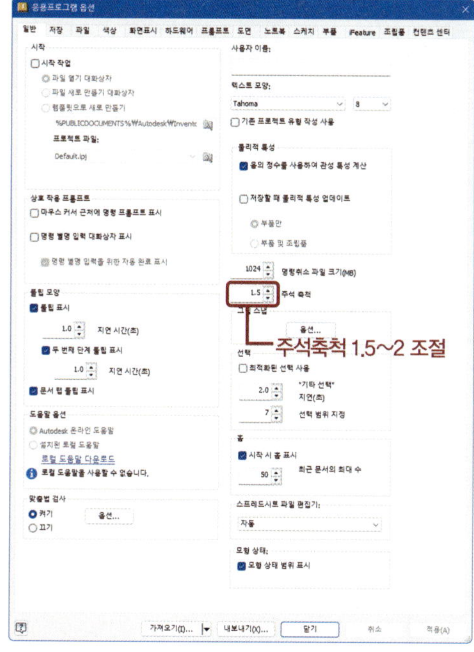</td><td>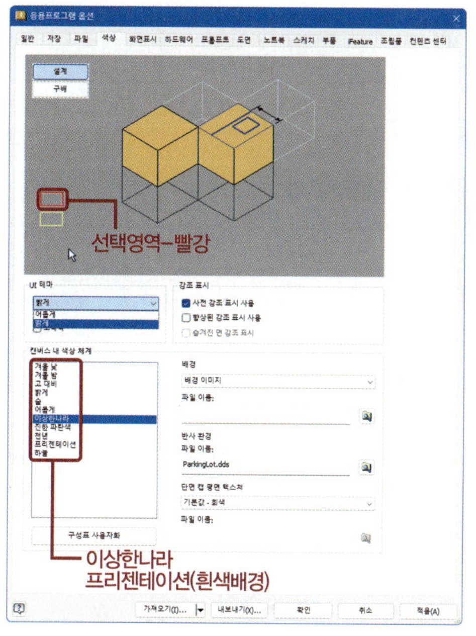</td></tr>
</table>

<table>
<tr><th>화면표시 탭</th><th>스케치 탭</th></tr>
<tr><td>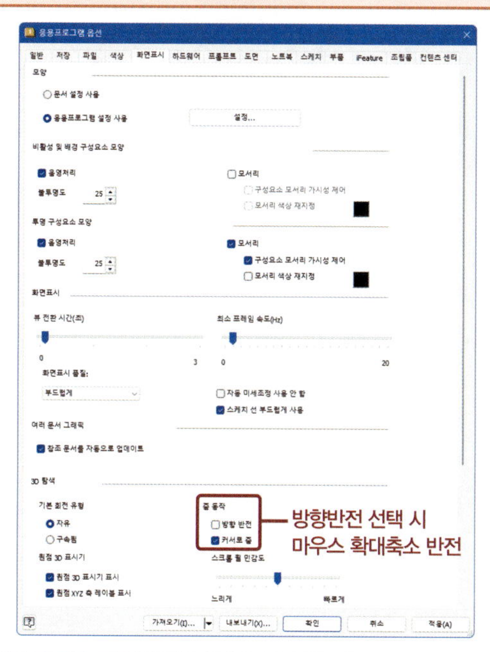</td><td></td></tr>
</table>

2 단축키

알아두면 유용한 기본 단축키는 숙지하여 작업의 능률을 높이세요.

❶ 기능키(기본 설정)

F3	줌인아웃	F4	회전	F6	홈뷰	F7	단면

❷ 스케치(기본 설정)

S	스케치	L	선	O	간격띄우기	X	자르기
D	치수 기입	T	텍스트	A	중심점호	H	해치

❸ 스케치된 피쳐(기본 설정)

H	구멍	E	돌출	R	회전

❹ 조립품(기본 설정)

C	구속조건 창
G	자유 회전
V	자유 이동
P	배치

※ 단축키 설정은 도구 탭 ▶ 사용자화 ▶ 키보드에서 변경 가능

4 **스케치 시작**

스케치를 작성하는 방법은 다양하게 있습니다. 새 스케치를 하는 경우 원하는 작업 평면을 선택 후 원점으로 작성하는 경우와 모델링 작성 중 특정 면을 선택하여 스케치를 작성하는 방법 등이 있습니다.

1 첫 번째 방법

1 2D 스케치 시작

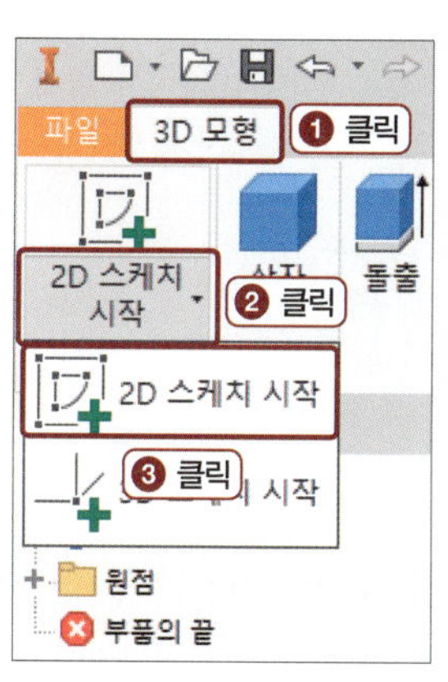

2 3개의 작업 평면 중 선택

3 스케치 시작 화면

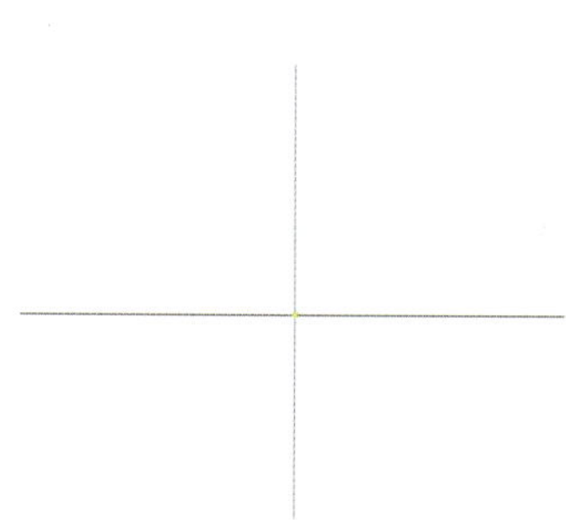

4 스케치 후 마우스 오른쪽 ✔ 확인

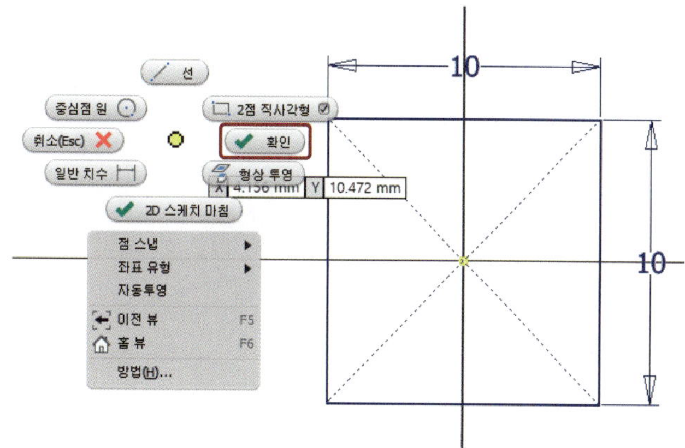

3개의 작업 평면 중 XY 평면이 정면으로 보이는 면입니다.

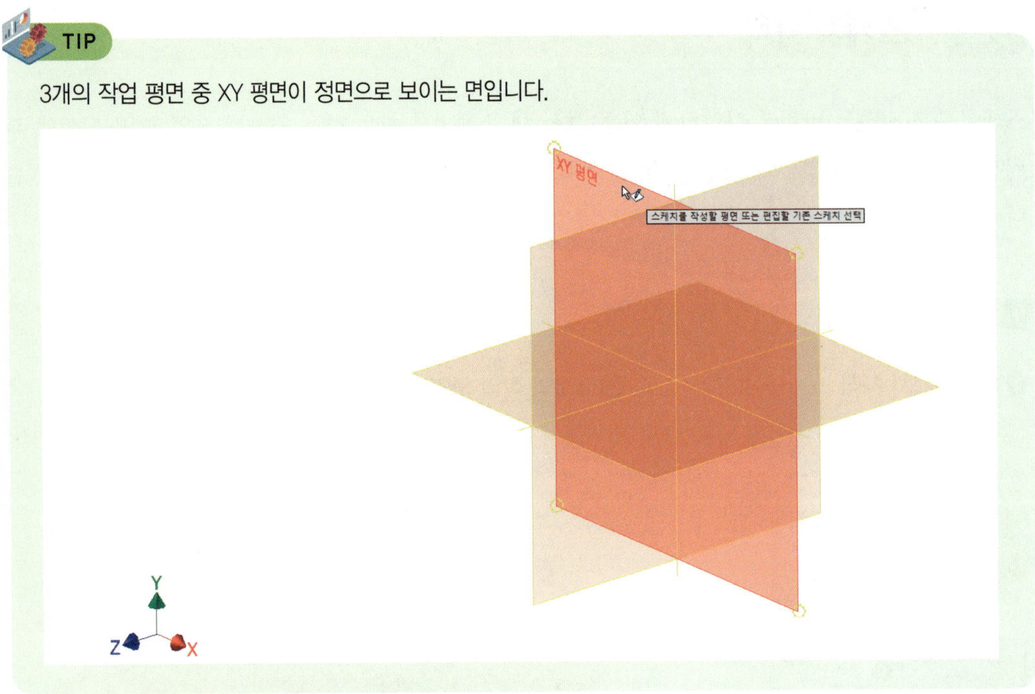

② 원점 평면에 스케치를 작성하는 방법

모형 검색기의 3개의 (XY평면, XZ평면, YZ평면) 평면 중 선택하여 스케치를 작성합니다.

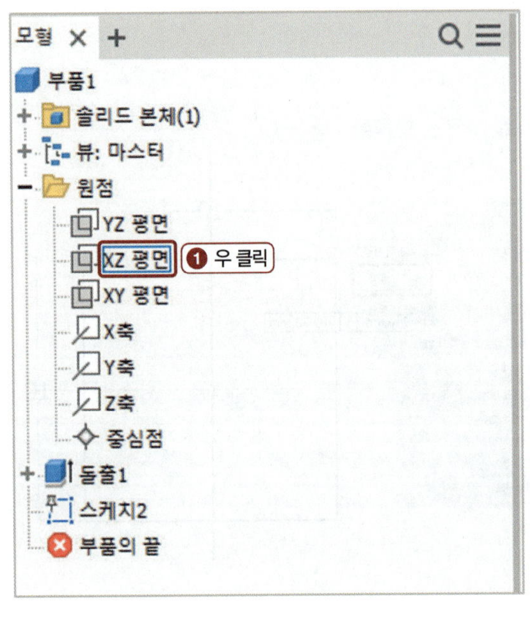

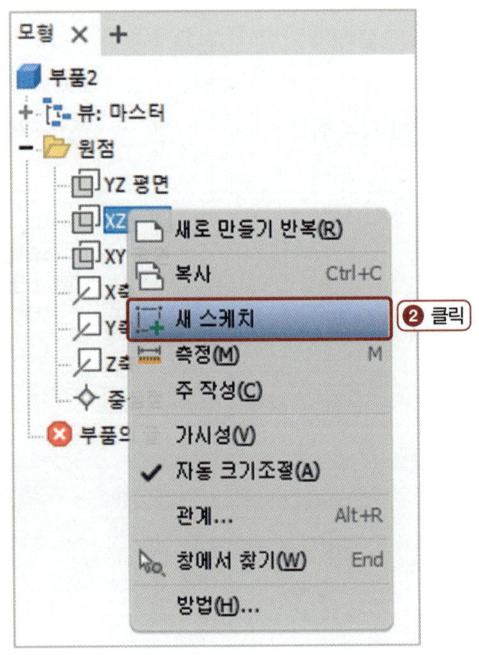

❸ 생성된 솔리드의 평면에 스케치를 작성하는 방법

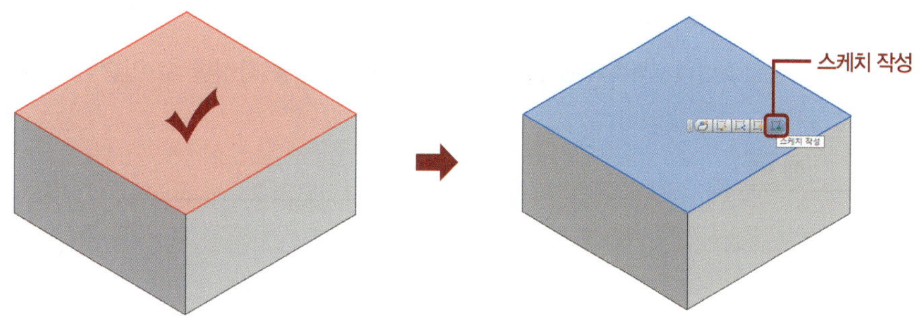

❹ 생성된 작업 평면에 스케치를 작성하는 방법

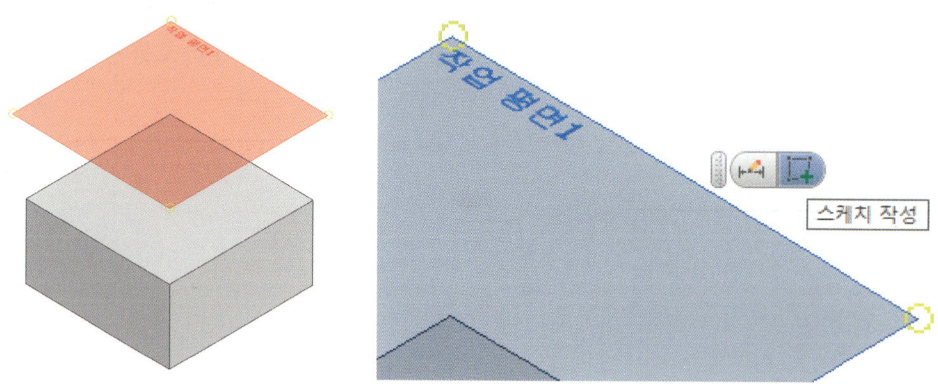

5 스케치 작성

icon	기능
	선(L)
	제어 꼭지점 스플라인
	보간 스플라인

■ 2D 선 그리기 ／

2D 스케치에서 스케치 탭 그리기 패널 선 ／을 클릭합니다.

❶ 시작점과 끝점을 클릭합니다. 계속해서 클릭하여 연속하는 직선을 작성할 수 있습니다. 작업을 종료하려면 Esc 키를 눌러 종료합니다.

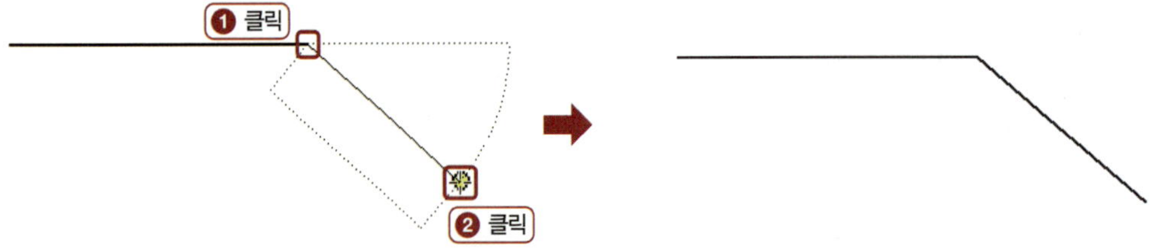

❷ 선의 끝에서 접하는 호를 작성하려면 호가 시작될 지점에서 마우스 왼쪽 버튼을 클릭한 상태로 드래그하여 작성합니다. 마우스 버튼을 놓으면 구속조건이 적용됩니다. 계속해서 클릭하여 연속 선 또는 호를 작성합니다. 작업을 종료하려면 두 번 클릭하거나 Esc 키를 눌러 호를 종료합니다.

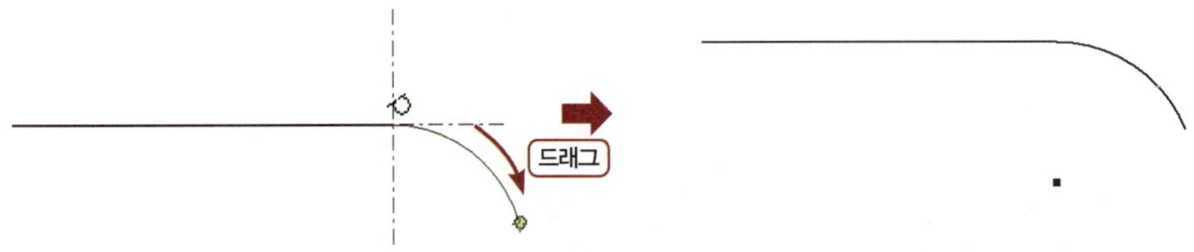

■ 제어 꼭지점 스플라인 작성 〜

두 가지 유형의 제어 꼭지점 스플라인 및 보간 스플라인을 지원합니다.

❶ 작성

- **활성 스케치에서 스케치 탭 ▶ 작성 패널 ▶ 제어 꼭지점 스플라인**을 클릭합니다.

- 클릭하여 첫 번째 점 클릭 후 계속 클릭하여 스플라인을 작성합니다.

- [확인]을 클릭하여 스플라인을 완성하고 명령을 종료합니다.

❷ 편집

아래와 같이 편집합니다.

- 제어 꼭지점을 끌어 변형합니다. 끝점을 끌어 셰이프의 크기를 조절합니다.

• 제어 꼭지점을 끌어 변형합니다. 끝점을
끌어 셰이프의 크기를 조절합니다.

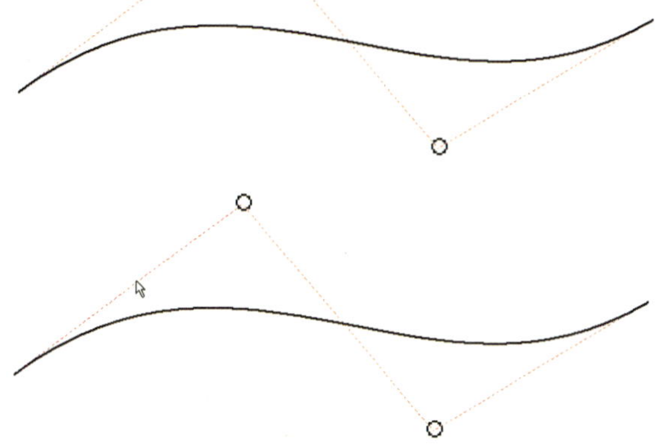

• 점선(공차)을 끌어 스플라인 셰이프를 변
경합니다.

❸ 보간 스플라인 작성

❶ 작성

• **활성 스케치에서 스케치 탭 ▶ 작성 패널 ▶ 보간 스플라인**을 클릭합니다.

❷ 편집

아래와 같이 편집합니다.

• 점을 끌어서 재배치하고 끝점을 끌어 셰이프의
크기를 조절합니다.

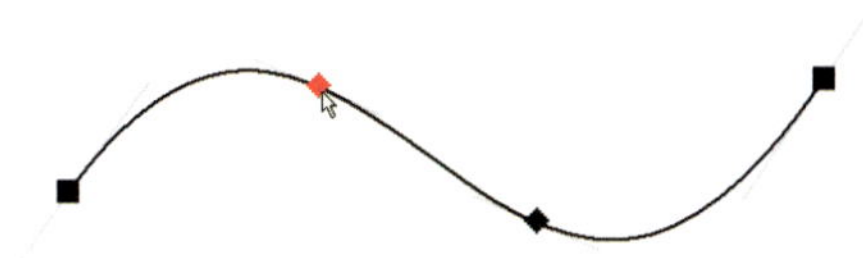

• 접선 핸들을 마우스 오른쪽 버튼으로 클릭하고
핸들을 끌어서 스플라인 셰이프를 조정합니다.

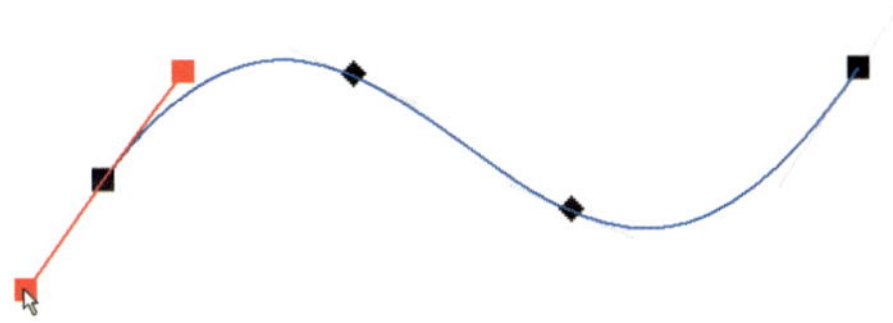

④ 원과 타원

icon	기능
	중심점 원(Ctrl + Shift +C)
	접선 원
	타원

❶ 원 작성 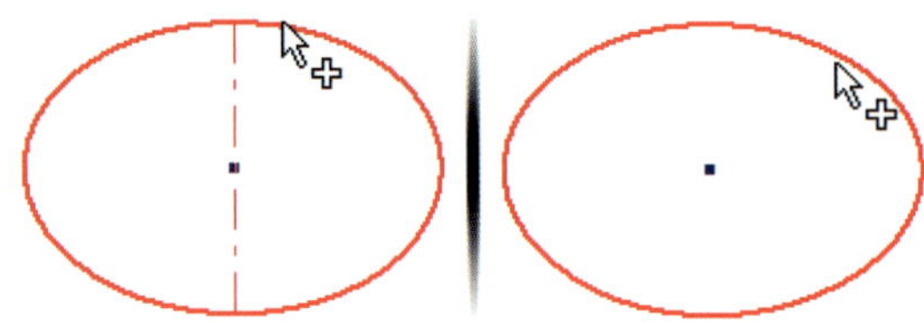

- **스케치 탭 ▶ 작성 패널 ▶ 원**을 클릭합니다.

- 원 도구는 원형 셰이프를 중심점과 반지름에서 작성합니다.

❷ 접선 원 작성

3개의 선에 접하도록 작성합니다.

❸ 타원 작성

- **스케치 탭 ▶ 작성 패널 ▶ 원**의 ▼ 아래 화살표를 눌러 타원을 클릭합니다.
- 타원은 중심점, 장축 및 단축을 사용하여 타원을 작성합니다.

⑤ 호 그리기

icon	기능
	3점 호(A)
	접선 호
	중심점 호

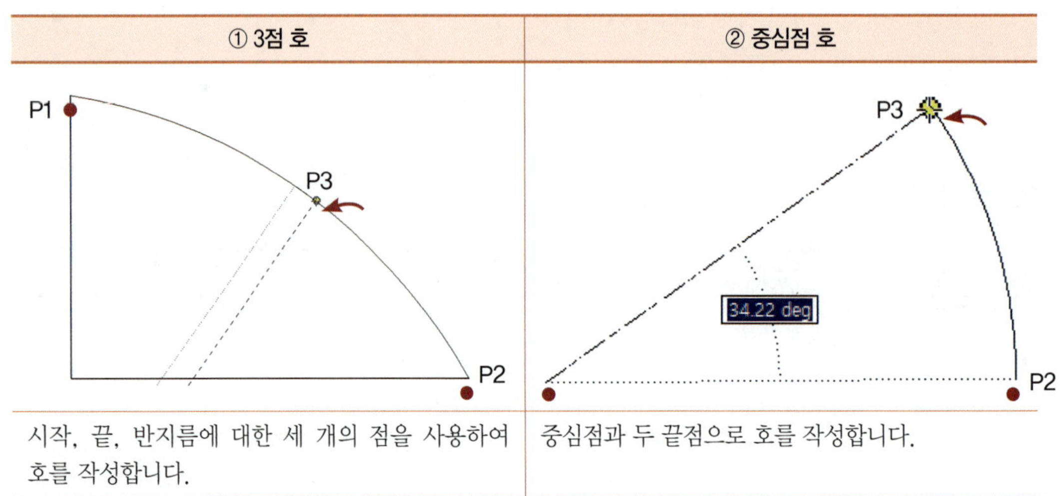

① 3점 호	② 중심점 호
시작, 끝, 반지름에 대한 세 개의 점을 사용하여 호를 작성합니다.	중심점과 두 끝점으로 호를 작성합니다.

⑥ 직사각형, 슬롯, 폴리곤

icon	기능
	2점 직사각형
	3점 직사각형
	두 점 중심 직사각형
	세 점 중심 직사각형
	중심 대 중심 슬롯
	전체 슬롯
	중심점 슬롯
	3점 호 슬롯
	중심점 호 슬롯
	폴리곤(다각형)

❶ 직사각형 작성

스케치 탭 ▶ 작성 패널 ▶ 직사각형 ☐을 클릭합니다.

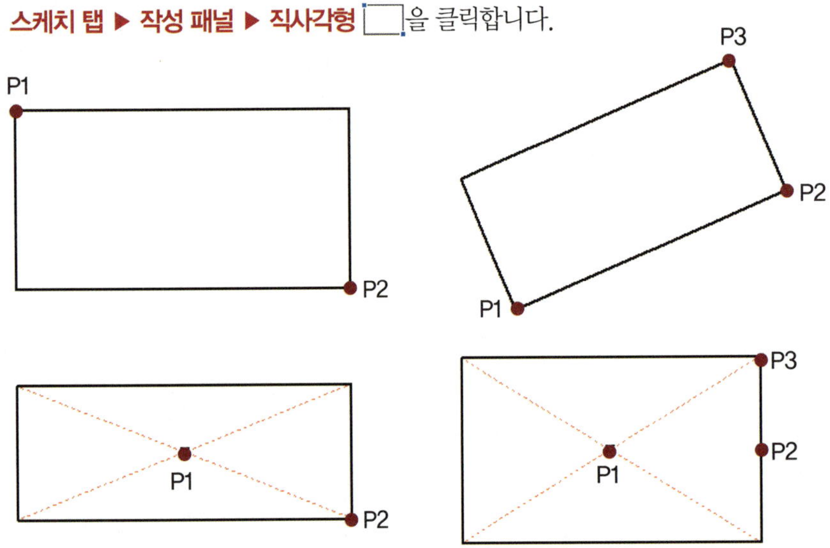

❷ 슬롯 작성

스케치 탭 ▶ 작성 패널 ▶ 직사각형 ☐의 ▼ 아래 화살표를 눌러 슬롯을 클릭합니다.

다음 중 하나를 선택하여 작성합니다.

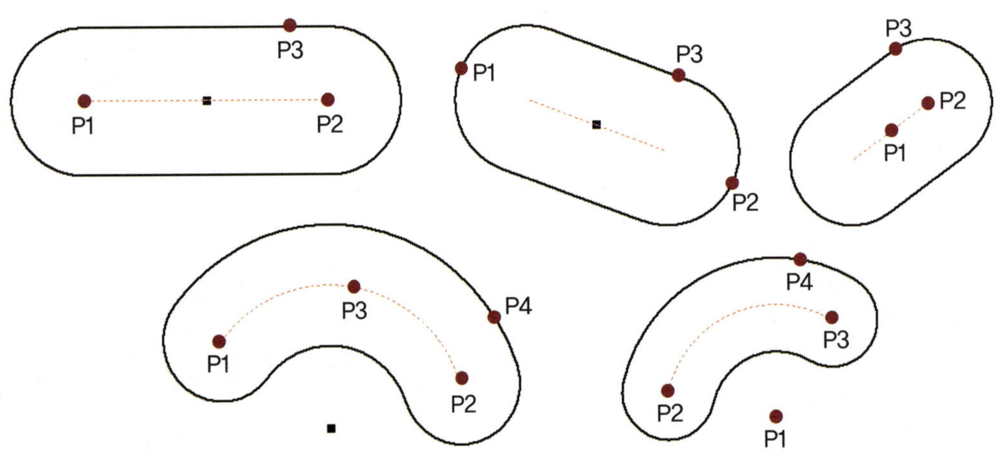

❸ 폴리곤(다각형) 작성

스케치 탭 ▶ 작성 패널 ▶ 직사각형 ▭의 ▼ 아래 화살표를 눌러 폴리곤 ⬠을 클릭합니다.

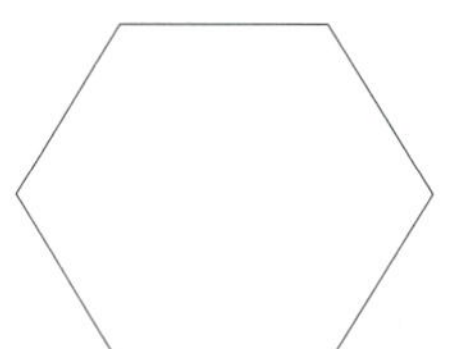

- 폴리곤 도구는 최대 120개 면을 갖는 폴리곤을 작성할 수 있습니다.
- 내접 – 두 모서리 간의 꼭지점을 사용하여 폴리곤의 크기와 방향을 결정합니다.
- 외접 – 🔷 모서리 세그먼트의 중간점을 사용하여 폴리곤의 크기와 방향을 결정합니다. 작성할 모서리 수를 입력합니다.

6　모델링

1 돌출하기 📦 (단축키 : E)

❶ 돌출 작성

- **리본에서 3D 모형 탭 ▶ 작성 패널 ▶ 돌출**을 클릭합니다.
- 📦 **솔리드(기본값) – 열리거나 닫힌 프로파일에서 솔리드 피쳐를 작성합니다.**

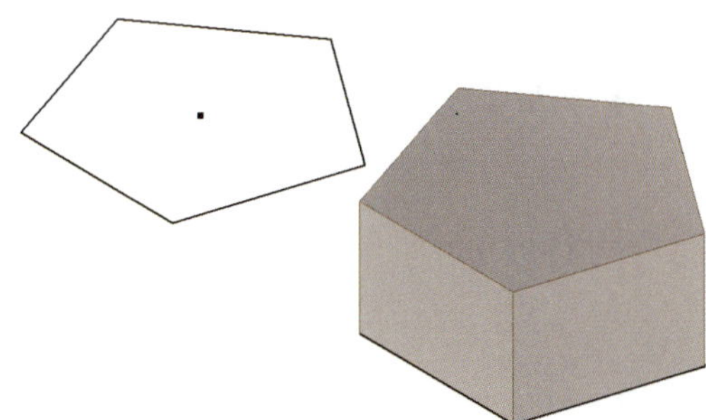

❷ 🔲 곡면

열리거나 닫힌 프로파일에서 곡면 피쳐를 작성합니다. 이 옵션은 곡면 또는 분할 부품을 작성 시 분할 도구로 사용할 수 있습니다.

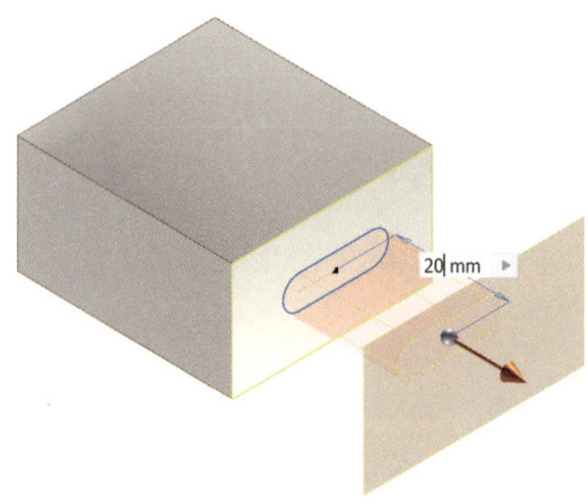

② 돌출하기 대화창 옵션

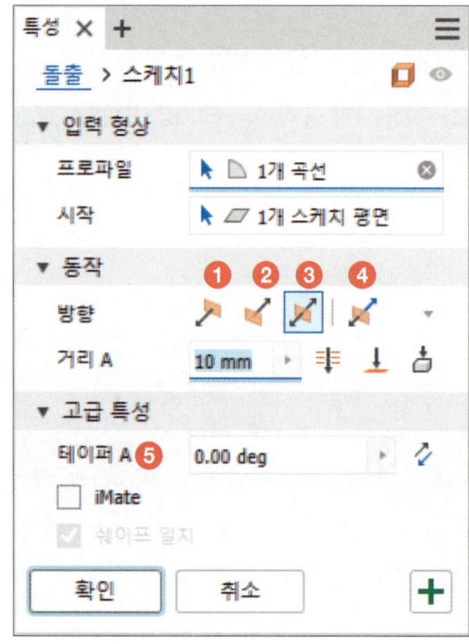

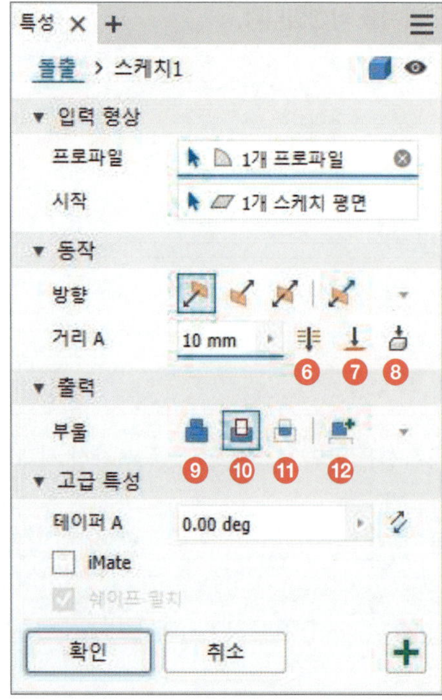

• 스케치에 프로파일이 한 개뿐이면 해당 프로파일이 자동으로 선택됩니다. 그렇지 않으면 스케치 프로파일을 선택합니다.

돌출 방향

❶ 방향 : 기본값

❷ 반전 방향 : 반대 방향으로 돌출

❸ 대칭 : 거리A 값의 1/2을 사용하여 양방향으로 돌출

❹ 비대칭 : 거리 A 및 거리 B의 두 값을 사용하여 돌출

❺ 테이퍼 A : 기울기(각도)를 설정

❻ 전체 관통 : 모든 피쳐와 스케치를 관통하여 프로파일을 돌출

❼ 지정 면까지 : 돌출을 종료할 끝점, 꼭지점, 면 또는 평면을 선택합니다.

❽ 다음 면까지 : 지정된 방향에서 돌출을 종료할 수 있는 다음 면이나 평면을 선택합니다.

❾ 접합 : 돌출 피쳐로 작성된 체적을 다른 피쳐 또는 본체에 추가합니다. 조립품 돌출에는 사용할 수 없습니다.(합집합)

❿ 절단 : 돌출 피쳐로 작성된 체적을 다른 피쳐 또는 본체에서 제거합니다.(차집합)

⓫ 교차 : 돌출 피쳐와 다른 피쳐의 교차된 피쳐를 작성합니다.(교집합)

⓬ 새 솔리드 : 추가 솔리드 생성

❶ 돌출 방향

- 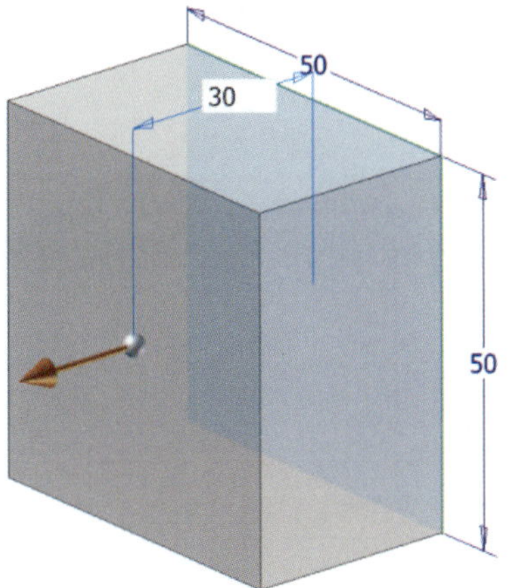 방향 : 기본값

- 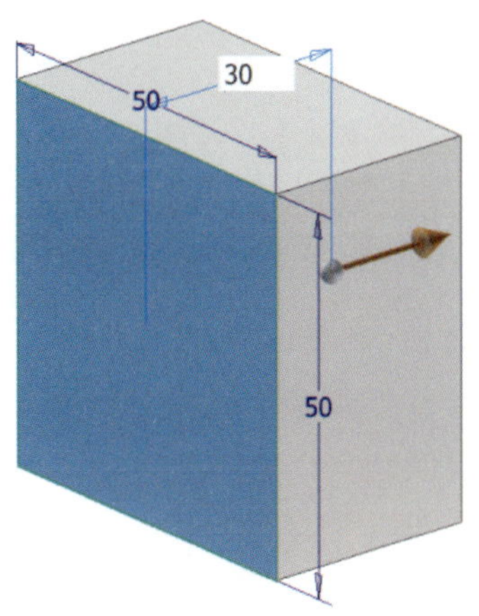 반전 방향 : 반대 방향으로 돌출

- 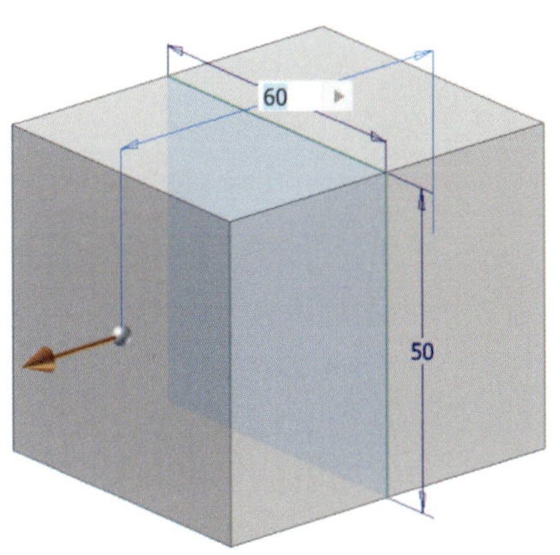 대칭 : 스케치 평면의 양방향으로 돌출

- 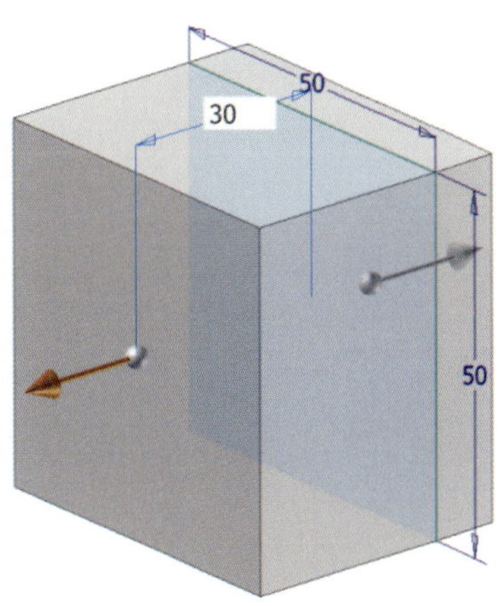 비대칭 : 스케치 평면에서 비대칭으로 돌출

❷ 테이퍼(각도) 돌출

- 돌출 시 (−)각도 방향

- 돌출 시 (+)각도 방향

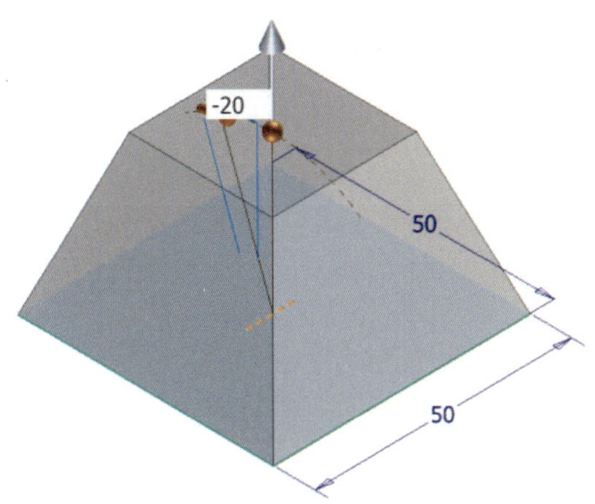

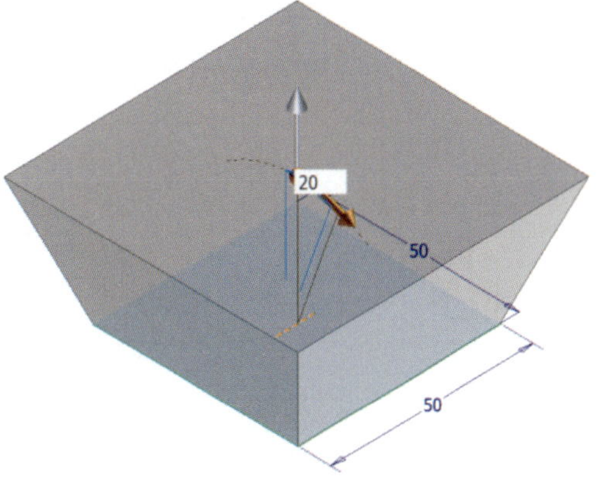

❸ 돌출 시 객체의 부울 여부

· 접합(합집합)

· 절단(차집합)

· 교차(교집합)

· 새 솔리드

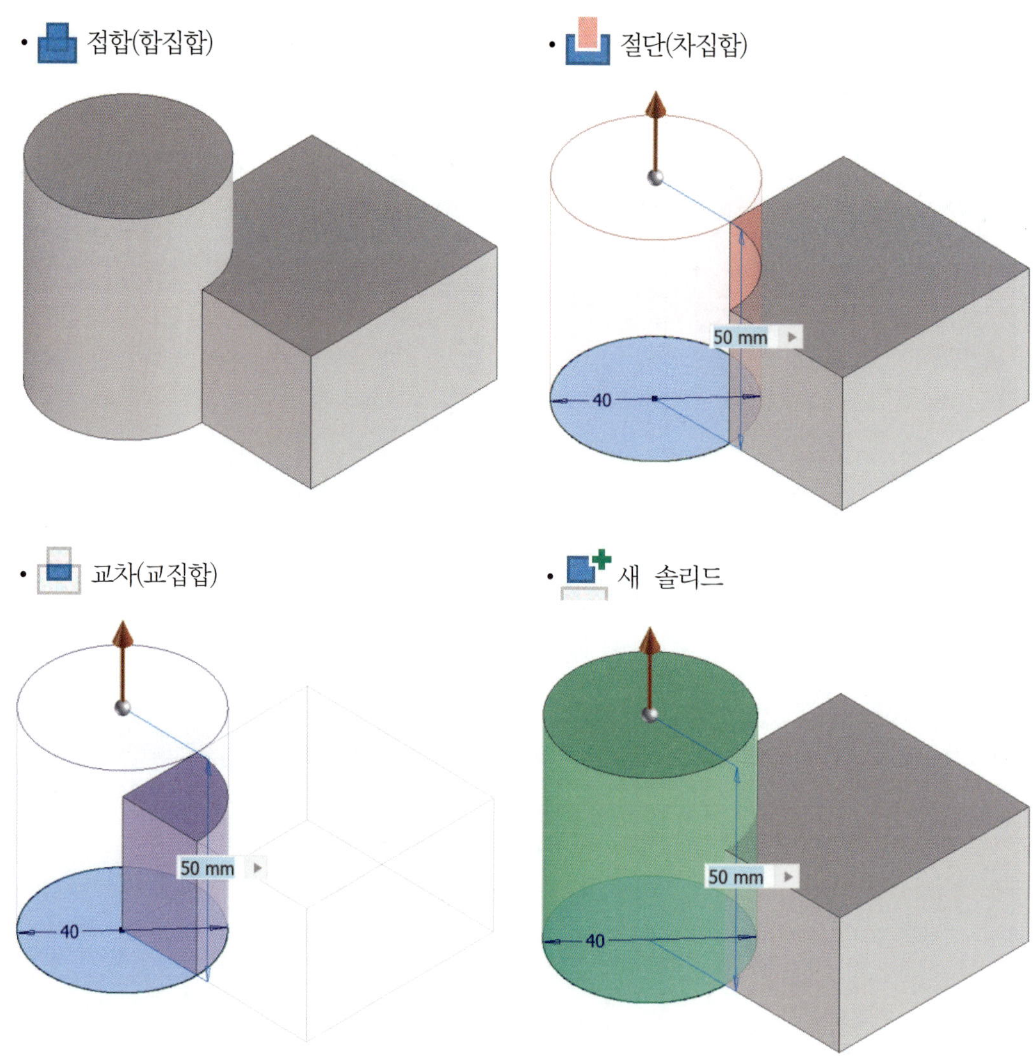

❸ 모깎기와 모따기

icon	기능
	모깎기 둥글게(F)
	모따기 각지게
	3D 모깎기 둥글게(F)
	3D 모따기 각지게(Ctrl + Shift +K)

❶ 모깎기

스케치 탭 ▶ 작성 패널 ▶ 모깎기를 클릭합니다.

• 지정된 반지름으로 이루어진 모
서리를 둥글게 작성합니다.

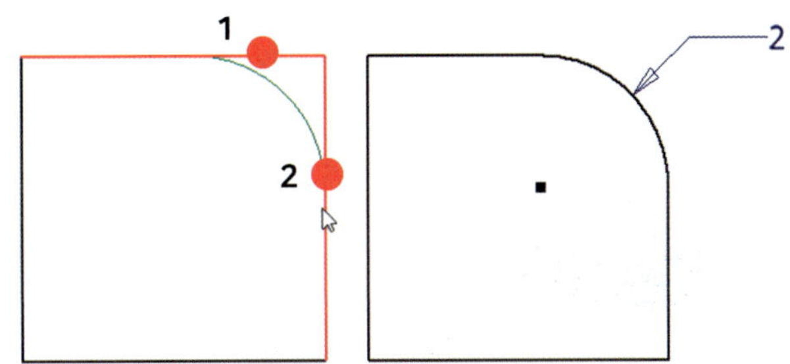

❷ 모따기

스케치 탭 ▶ 작성 패널 ▶ 모따기를 클릭합니다.

• 모서리를 경사지게 작성합니다.

• 세 가지 방법(**에** 등거리, 두 개의 거리 및 거리와 각도) 중 하나로 모따기를 합니다.

[등거리 예시]

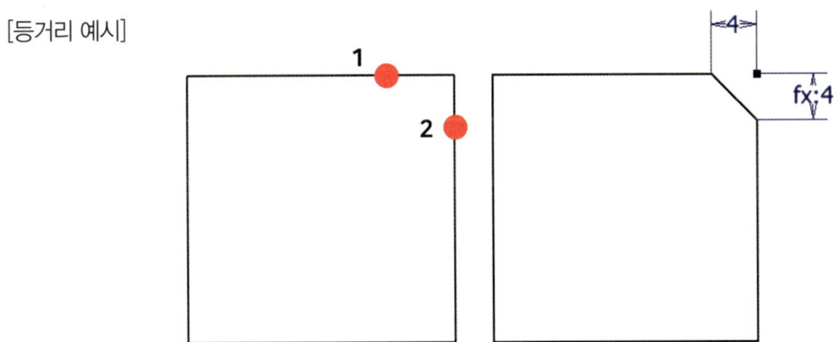

❸ 3D 모깎기

• 하나 이상의 모서리 또는 면에 모깎기 또는 라운드를 선택합니다.

• 구성요소의 내부/외부 모서리 또는 구성요소의 피쳐를 둥글게 합니다.

• 모서리, 면 또는 전체 둥근 모깎기를 작성할 수 있습니다.

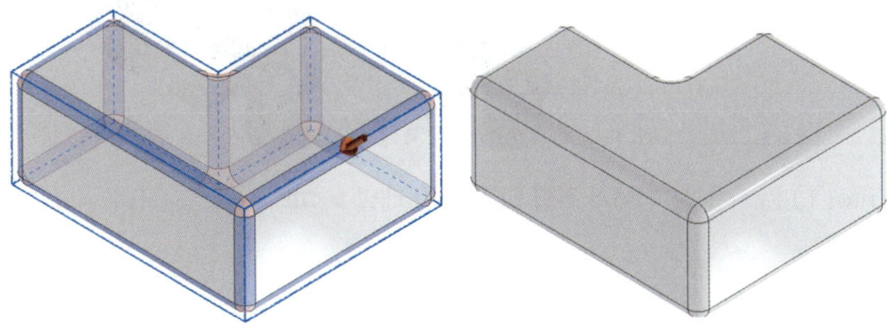

❹ 3D 모따기 

- 하나 이상의 구성요소 모서리에 적용합니다.

- 구성요소 모서리를 모따기합니다. 1개의 거리 및 각도 또는 2개의 거리로 모따기를 작성할 수 있습니다.

④ 미러와 간격 띄우기

icon	기능
△	미러
△	3D 미러(Ctrl+Shift+M)
⊂	간격 띄우기(O)

❶ 미러

부품 파일에서 **3D 모형 탭 ▶ 패턴 패널 ▶ 미러**를 클릭합니다.

- 스케치에서 미러 축으로 선을 사용합니다.

- 미러 명령은 작업 평면 및 미러 평면의 기존 평면형 면을 사용할 수 있습니다.

  – 2D 스케치 탭 △   – 3D 모형 탭 △

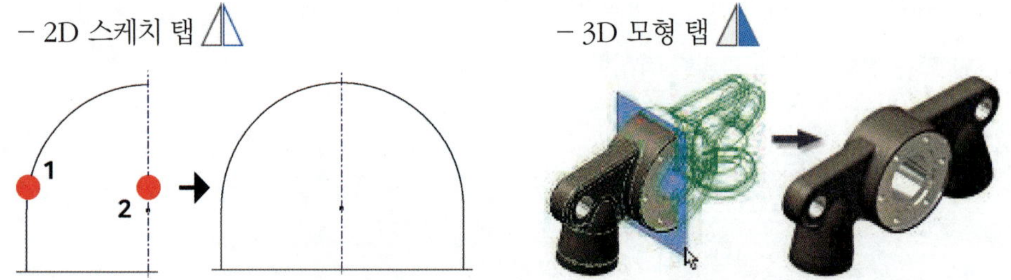

※ 조립품 파일(Inventor LT는 사용 불가)에서 **조립 탭 ▶ 패턴 패널 ▶ 미러** 를 사용합니다.

❷ 간격 뛰우기

• **스케치 탭 ▶ 수정 패널 ▶ 간격 띄우기**를 클릭합니다

  – 기본적으로 간격 띄우기는 원래 형상으로부터 등거리만큼 떨어져 선택된 형상을 작성합니다.

  – 개별적인 곡선을 간격 띄우기 할 수 있습니다.

  – 마우스 오른쪽 버튼을 클릭하고 루프 선택 시 연결된 선 모두 선택할 수 있습니다.

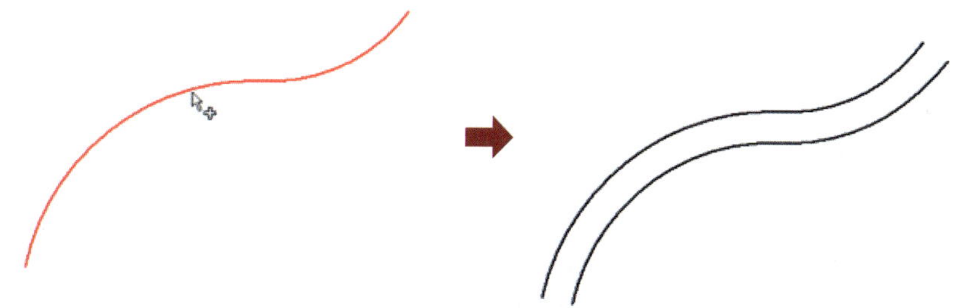

⑤ 직사각형과 원형 패턴

icon	기능
	직사각형 패턴
	원형 패턴
	3D 직사각형 패턴([Ctrl]+[Shift]+R)
	3D 원형 패턴([Ctrl]+[Shift]+O)

패턴 명령을 사용하여 스케치 형상의 패턴을 작성할 수 있습니다. 패턴 구성요소 간의 연관 관계를 제거할 경우 형상은 더 이상 패턴이 아니라 개별적으로 편집할 수 있는 형상 요소가 됩니다.

❶ 직사각형 패턴

• 스케치에서 **스케치 탭 ▶ 패턴 패널**을 클릭하고 직사각형을 클릭합니다.

  – 선택한 스케치 형상을 복제하고 행과 열로 배열합니다.

  – 패턴화할 형상을 선택한 다음 방향, 사본 수, 사본 간의 거리를 지정합니다.

  – 모서리 또는 작업 피쳐를 선택하여 방향을 지정합니다.

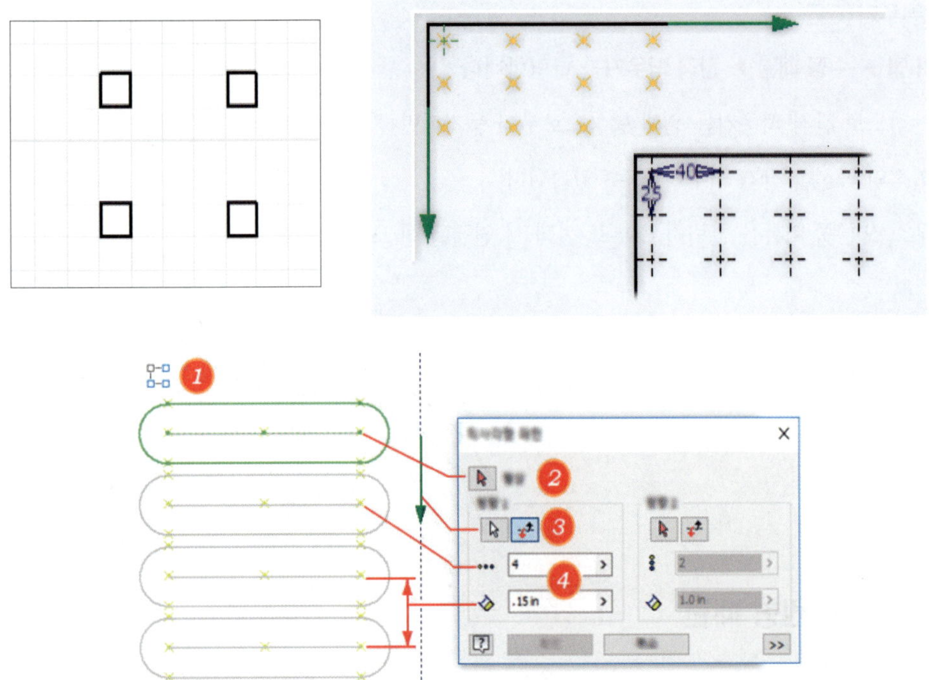

- 직사각형 패턴 대화상자의 방향 1에서 선택 도구를 클릭한 다음 패턴의 첫 번째 방향을 정의할 형상을 선택합니다. 초록색 화살표가 방향을 나타냅니다.

- 방향 1의 경우 작성할 숫자를 입력하고 간격 란에는 요소가 서로 떨어져 있어야 하는 거리를 입력합니다.

- 방향 2에 대해서도 작성 수와 간격을 입력할 수 있습니다.

- 확인을 클릭하여 패턴을 작성합니다.

❷ 원형 패턴

- 스케치에서 **스케치 탭 ▶ 패턴 패널**을 클릭하고 원형을 클릭합니다.

  - 선택한 스케치 형상을 복제하고 호 또는 원 패턴으로 배열합니다.

  - 패턴화할 형상을 선택하고 축으로 사용할 점 또는 중심을 선택합니다. 사본 수와 각도를 지정합니다.

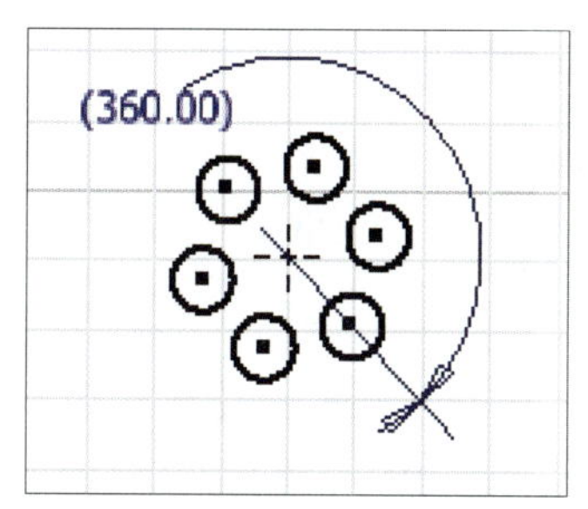

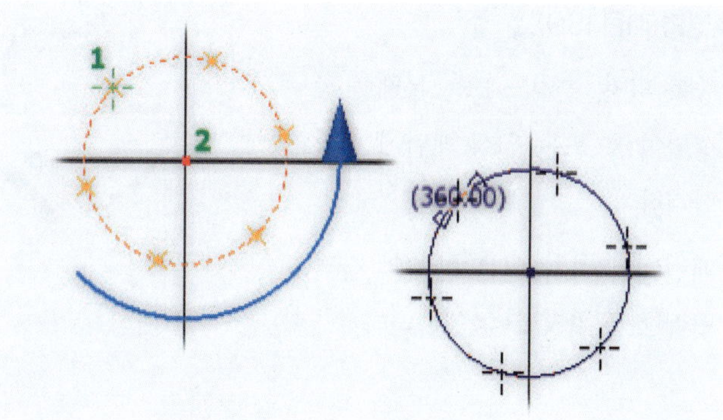

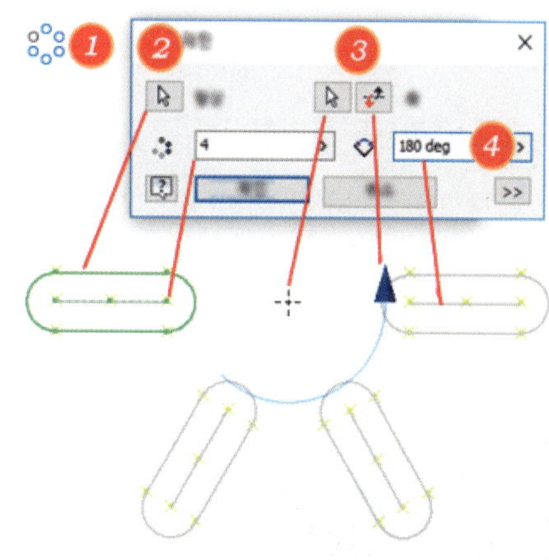

- 원형 패턴 대화상자의 축에서 선택 도구를 클릭한 다음 패턴 축으로 정의할 점, 꼭지점 또는 작업축을 선택합니다.

- 파란색 화살표가 축을 나타냅니다.

- 개수 필드에 작성할 요소 수를 입력하고 각도 필드에는 첫 번째와 마지막 패턴 구성요소 사이의 각도를 입력합니다.

- 확인을 클릭하여 패턴을 작성합니다.

❸ 직사각형 패턴 (3D)

- 중복 피쳐, 솔리드 또는 본체를 작성하여 이를 열과 행에 배열하거나 경로를 따라 배열합니다.

- 패턴에서 피쳐 또는 본체의 간격 및 번호를 지정할 수 있습니다.

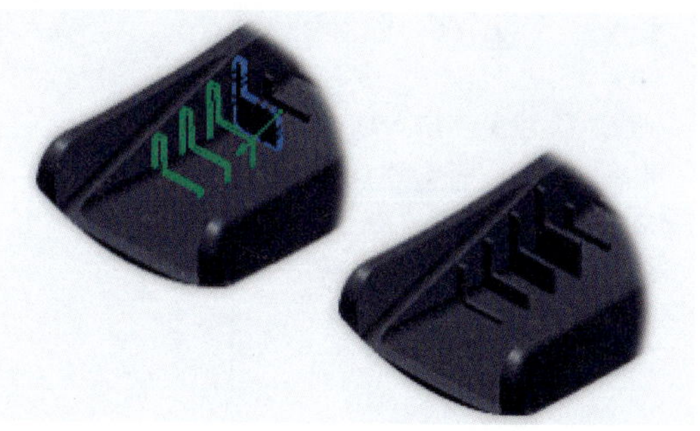

❹ 원형 패턴 (3D) 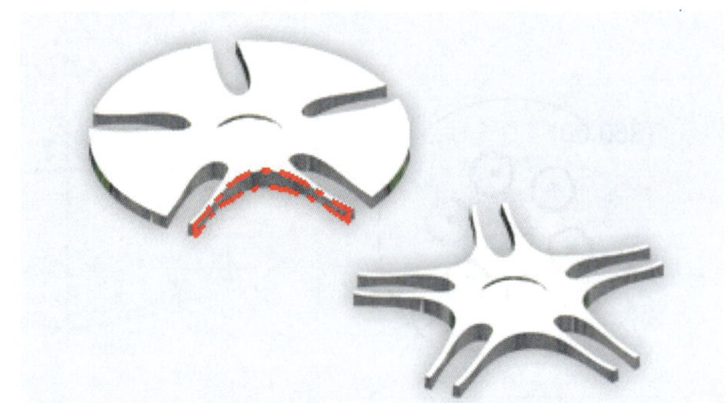

- 중복 피쳐, 솔리드 또는 본체를 작성하여 호 또는 원형 패턴에 배열합니다.

- 패턴에서 피쳐 또는 본체의 간격 및 번호를 지정할 수 있습니다.

⑥ 회전 (단축키 : R)

① 리본에서 **3D 모형 탭 ▶ 작성 패널 ▶ 회전**을 클릭합니다.

② 축을 기준으로 하나 이상의 스케치된 프로파일을 회전하여 피쳐 또는 본체를 작성합니다.

③ 최대 360도로 프로파일을 회전할 수 있습니다.

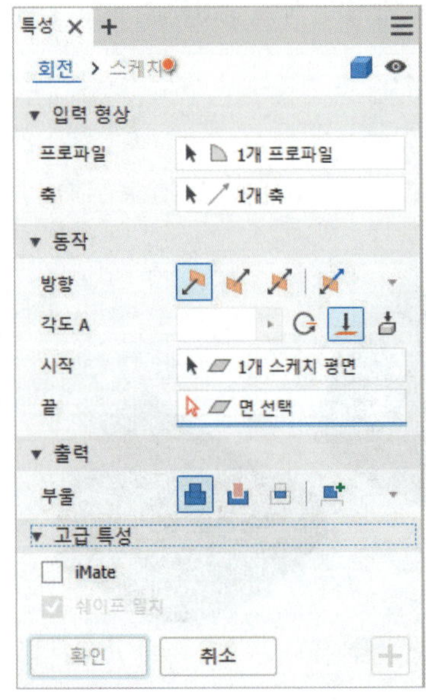

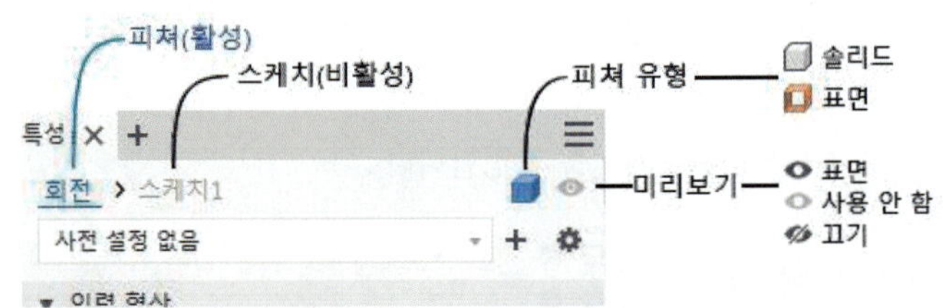

7 로프트 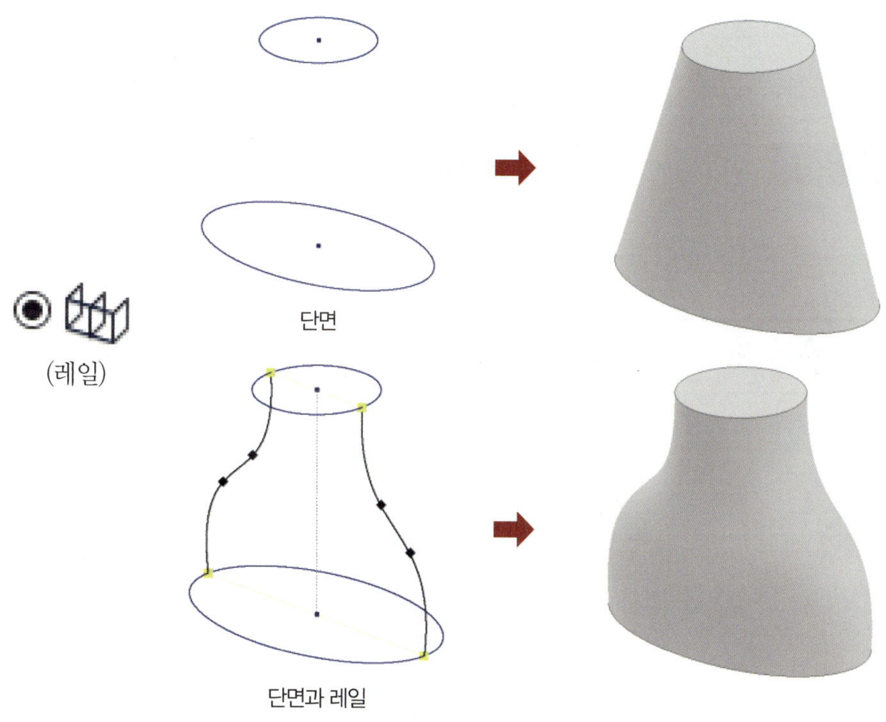, 단면 돌출(단축키 : Ctrl + Shift +L)

❶ **3D 모형 탭 ▶ 작성 패널 ▶ 로프트**를 클릭합니다.

- 로프트는 단면이라는 여러 프로파일을 혼합하여 부드러운 셰이프로 변형됩니다.

- 두 개 이상의 스케치 사이에 프로파일을 선택하여 형상을 작성합니다.

- 스케치된 프로파일 외에 로프트 단면으로 포함할 면과 점을 선택할 수 있습니다.

❷ 레일 안내를 사용하여 로프트 작성

❸ 중심선 로프트 작성

- 중심선 : 중심선은 단면 사이의 로프트 셰이프를 중심선에 수직으로 유지합니다.

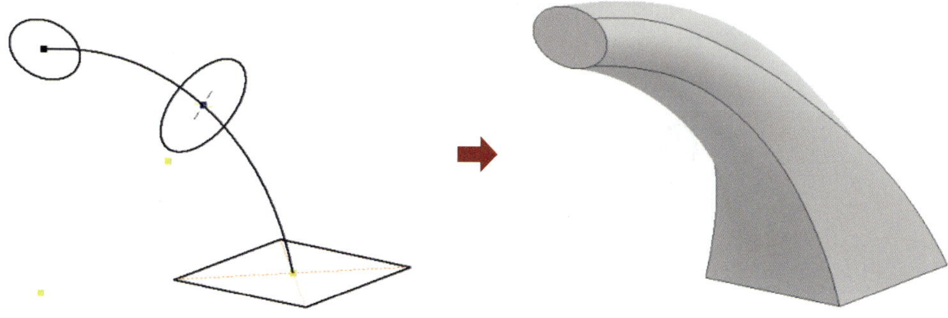

❹ 점으로 로프트 작성

• 점 단면은 로프트의 시작 또는 끝에 있어야 합니다.

• 점이 있는 중심선을 지정하는 경우 중심선은 점 단면을 관통해야 합니다.

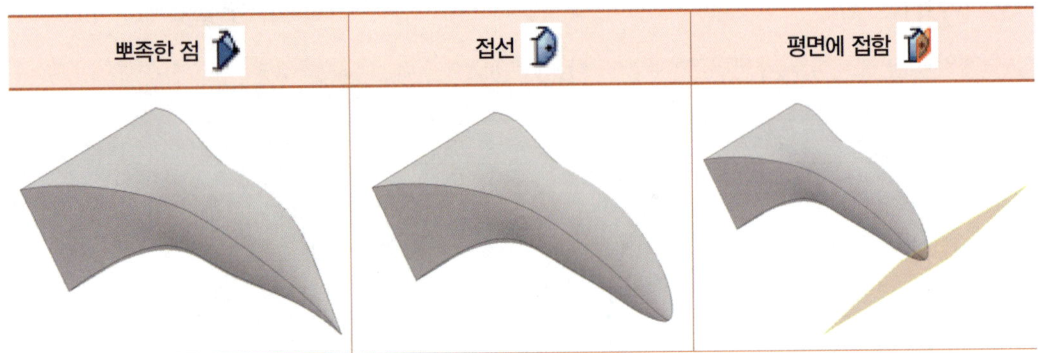

❺ 면적 로프트 작성

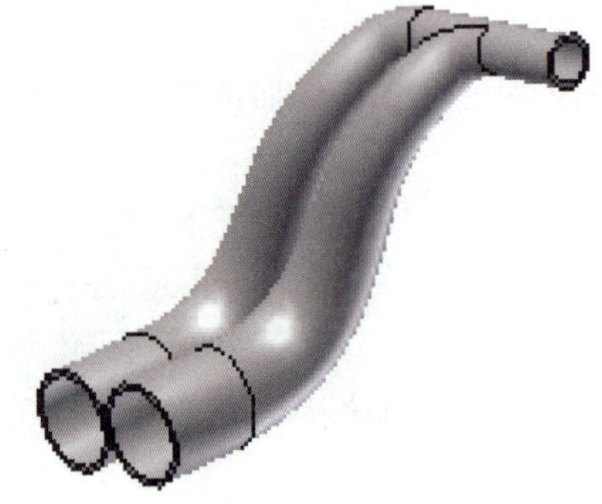

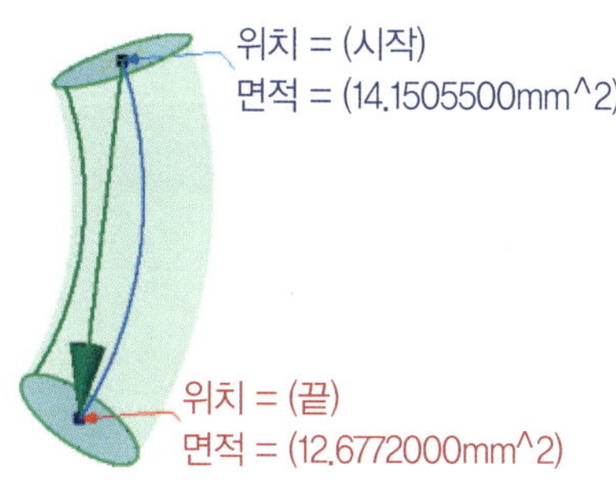

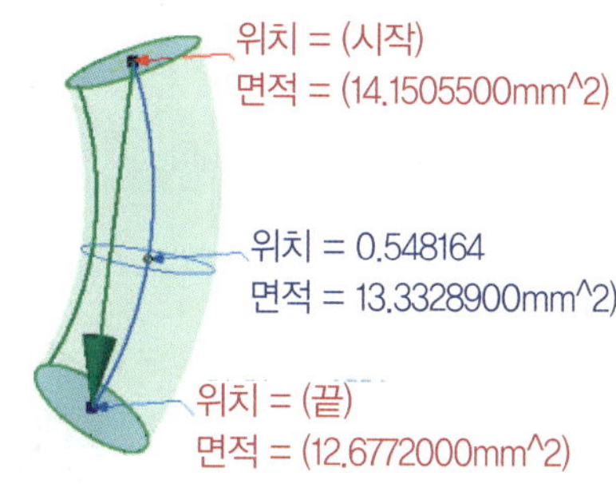

 **예제 01** 아래 도면을 완성해 봅니다.

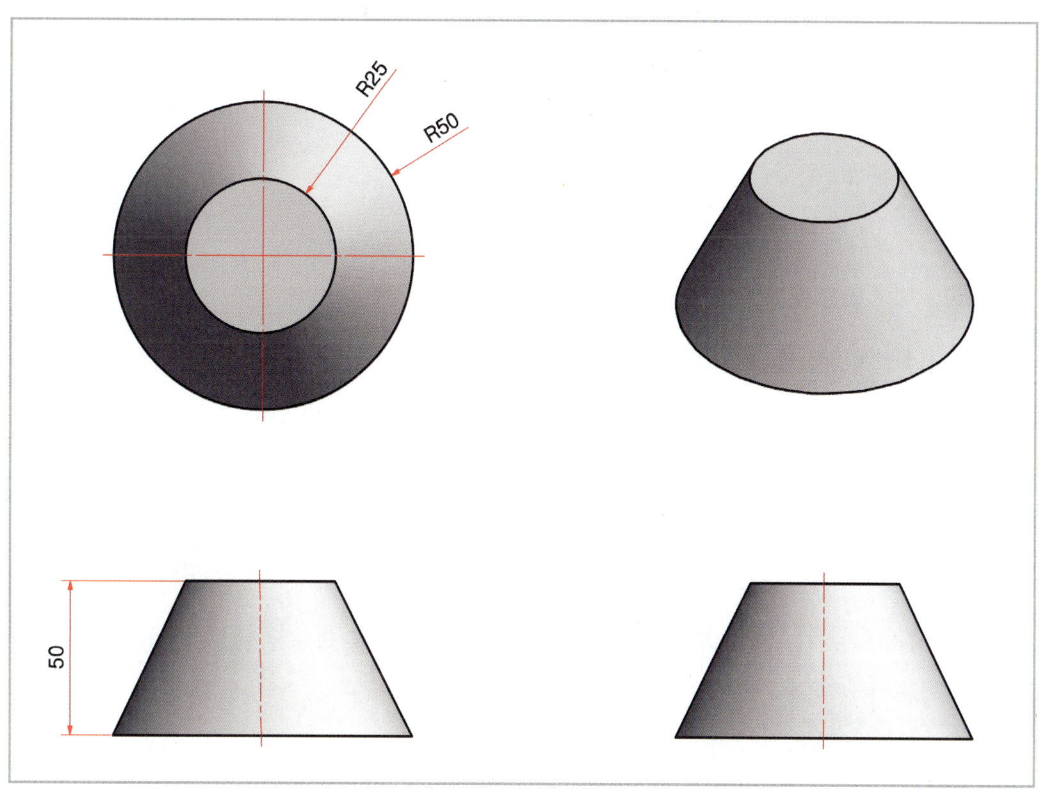

8 리브 

아래 도면을 완성해 봅니다.

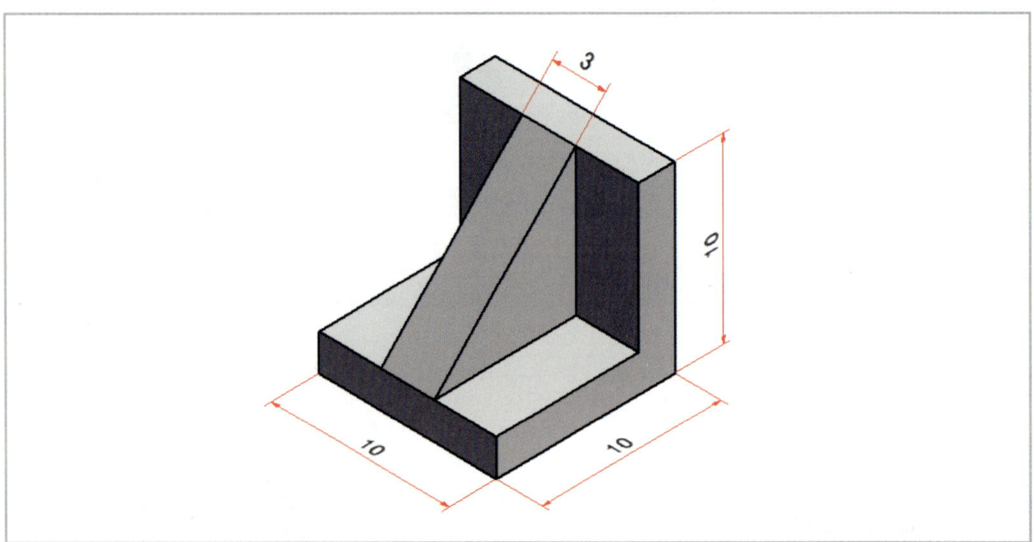

TIP

1. 스케치 평면에 수직 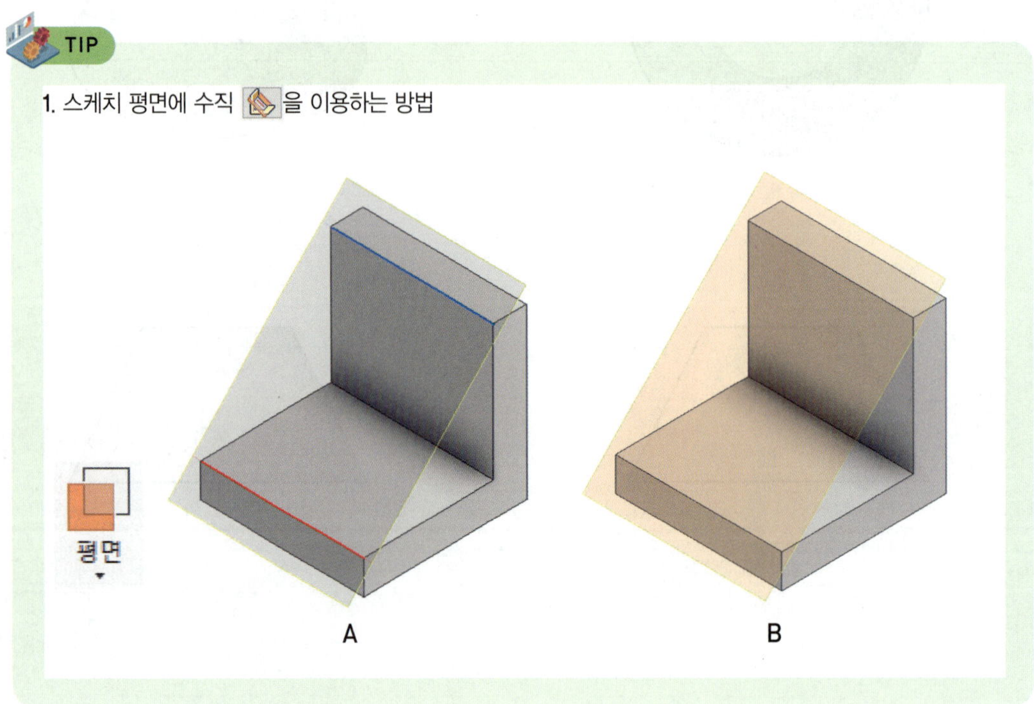 을 이용하는 방법

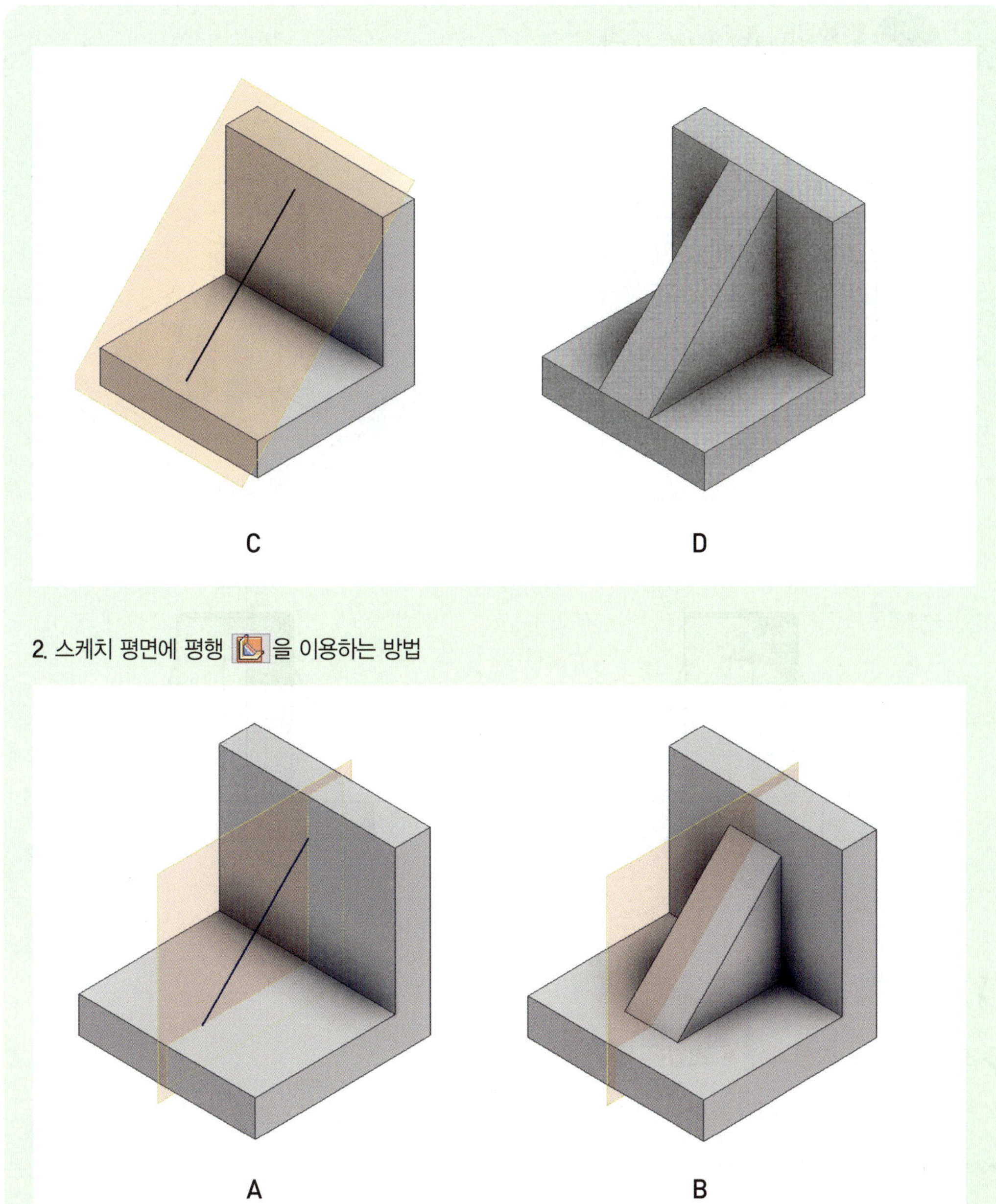

2. 스케치 평면에 평행 을 이용하는 방법

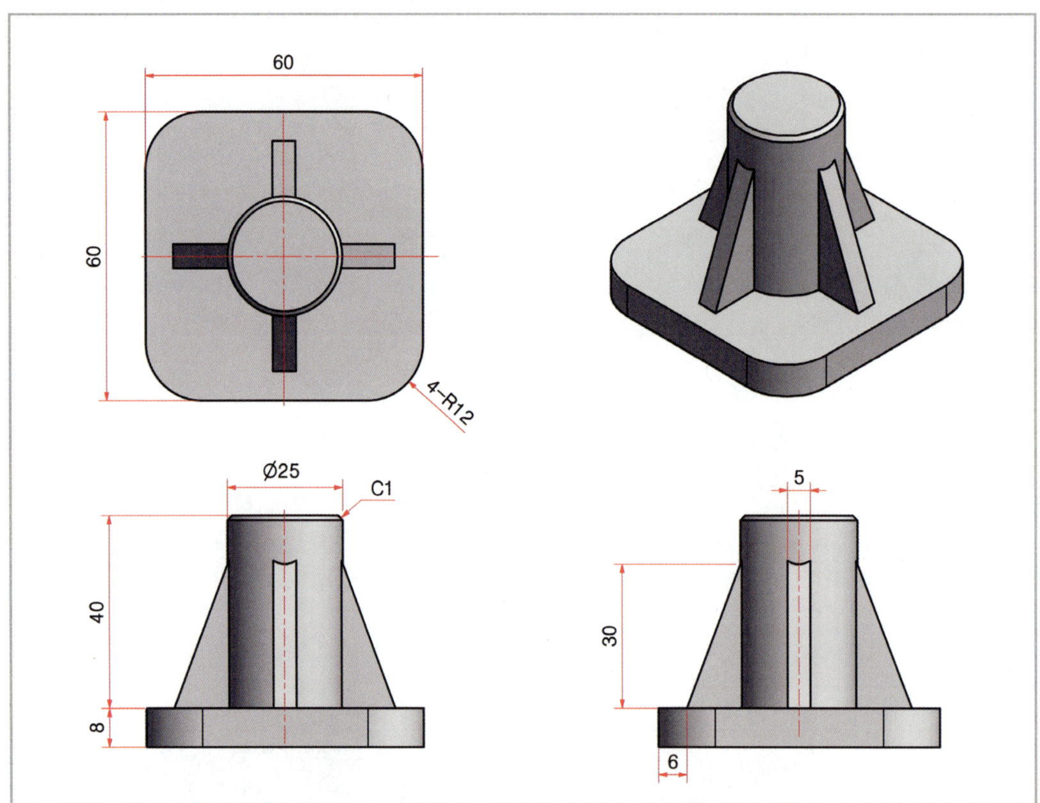

9 스윕

① 3D 모형 탭 ▶ 작성 패널 ▶ 스윕을 클릭합니다.

- 스윕은 경로 및 안내 레일을 따라 그리고 경로 및 안내 곡면을 따라 작성할 수 있습니다.

- 선택한 경로를 따라 하나 이상의 스케치 프로파일 또는 솔리드 도구 본체를 스윕하여 피쳐 또는 본체를 작성합니다.

- 경로는 열린 루프 또는 닫힌 루프일 수 있지만 프로파일 평면을 관통해야 합니다.

❷ 정렬 옵션

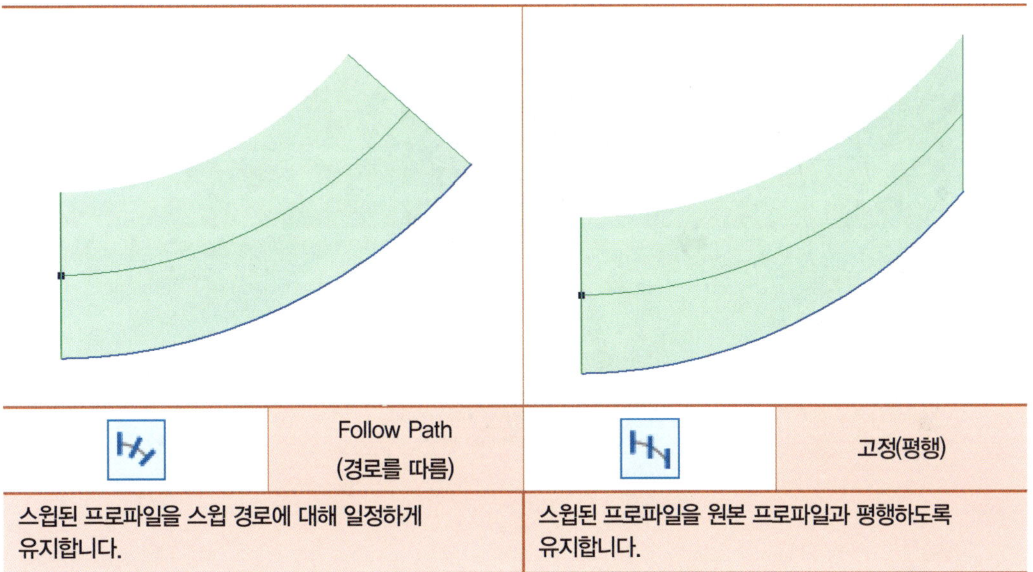

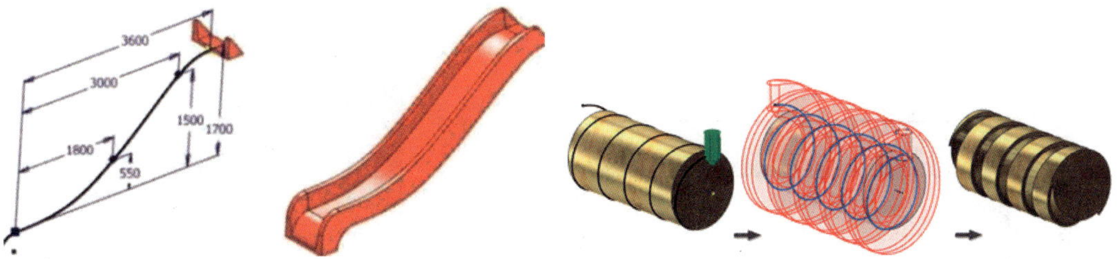	Follow Path (경로를 따름)		고정(평행)
스윕된 프로파일을 스윕 경로에 대해 일정하게 유지합니다.		스윕된 프로파일을 원본 프로파일과 평행하도록 유지합니다.	

❸ 경로를 따라 도구 본체 스윕

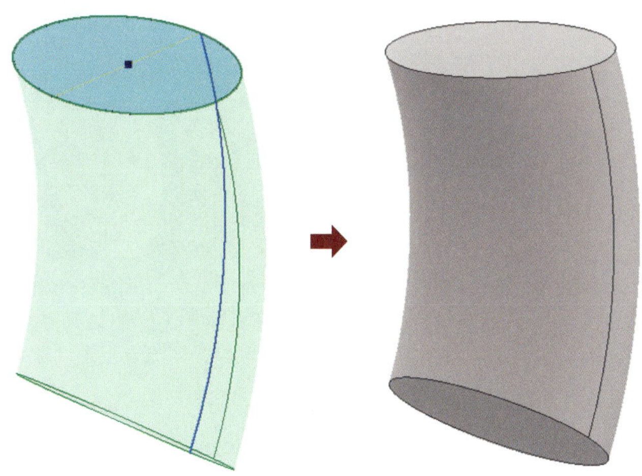

❹ 경로를 따라 프로파일 스윕

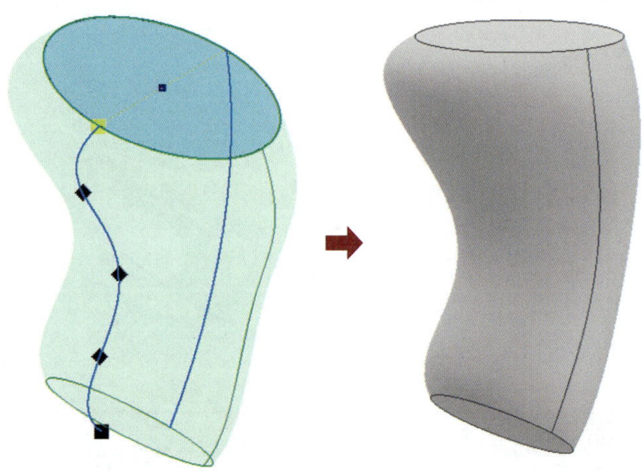

아래 도면을 완성해 봅니다.

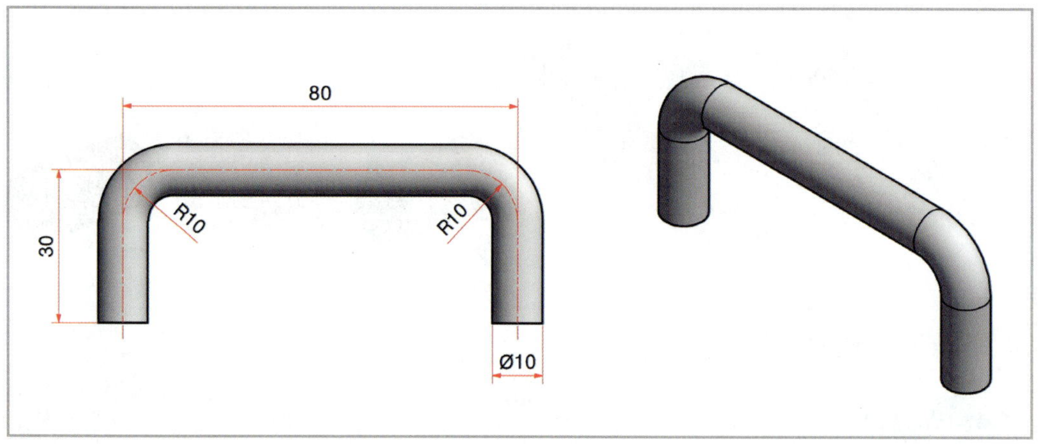

🔟 스레드 ≣

구명, 샤프트, 스터드 또는 볼트에 스레드를 작성할 수 있고 스레드 위치, 스레드 길이, 간격 띄우기, 방향, 유형, 클래스 및 피치를 지정할 수 있습니다.

❶ **3D 모형 탭 ▶ 수정 패널 ▶ 스레드**를 클릭합니다.

❷ 스레드 설정

- 일반적으로 외부 피쳐를 작성하려면 이 명령을 사용하며, 구멍에 스레드를 작성할 때는 구멍 명령을 사용합니다.
- 유형 : 스프레드시트에 정의된 리스트에서 스레드 유형을 지정합니다. (ISO Metric profile 주로 사용)
- 크기 : 선택한 스레드 유형의 공칭 크기(지름)를 지정합니다.

- 지정 : 피치를 지정합니다.

- 클래스 : 선택한 크기 및 지정의 스레드 클래스를 지정합니다.

- 방향 : 스레드의 방향을 지정합니다.

❸ 동작 설정

- 동작 설정은 선택한 면의 스레드 깊이를 입력합니다. 필요에 따라 간격 띄우기를 지정합니다.

- 깊이 : 선택한 면의 전체 길이를 스레드하여 간격 띄우기, 길이 및 방향을 자동으로 정의합니다.

- 전체 깊이 켜짐 : 간격 띄우기를 사용할 수 있습니다.

- 간격 띄우기 : 깊이가 끄기로 설정된 경우 스레드 시작 면으로부터의 거리를 지정합니다.

11 구멍 (단축키 : H)

❶ 스케치 점 또는 다양한 방법으로 구멍을 작성합니다.

❷ 단순 구멍, 틈새 구멍, 탭 구멍 또는 테이퍼 탭 구멍을 작성하고, 카운터 보어, 카운터 싱크 또는 접촉 공간 구멍을 작성할 수 있습니다.

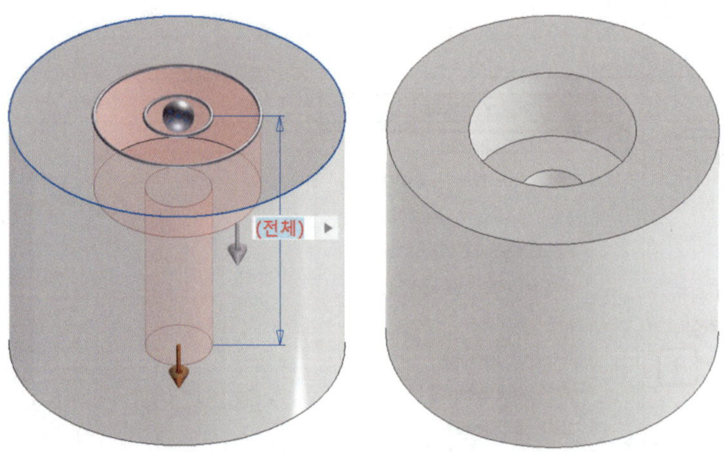

❸ 유형 옵션

	단순 구멍	틈새 구멍	탭 구멍	테이퍼 탭 구멍
구멍				
	없음	카운터 보어	접촉 공간	카운터 싱크
시트				

TIP

구멍 기능 사용 시 적용하는 면을 선택하여 원하는 위치를 지정할 수 있습니다. 유용한 기능으로서 아래 그림을 참고하여 구멍의 정확한 위치 적용 방법에 대해 알아둡니다.

1		을 클릭하고 적용할 면 선택
2		(단순)구멍의 크기 입력
3		좌측 모서리 선을 선택

4	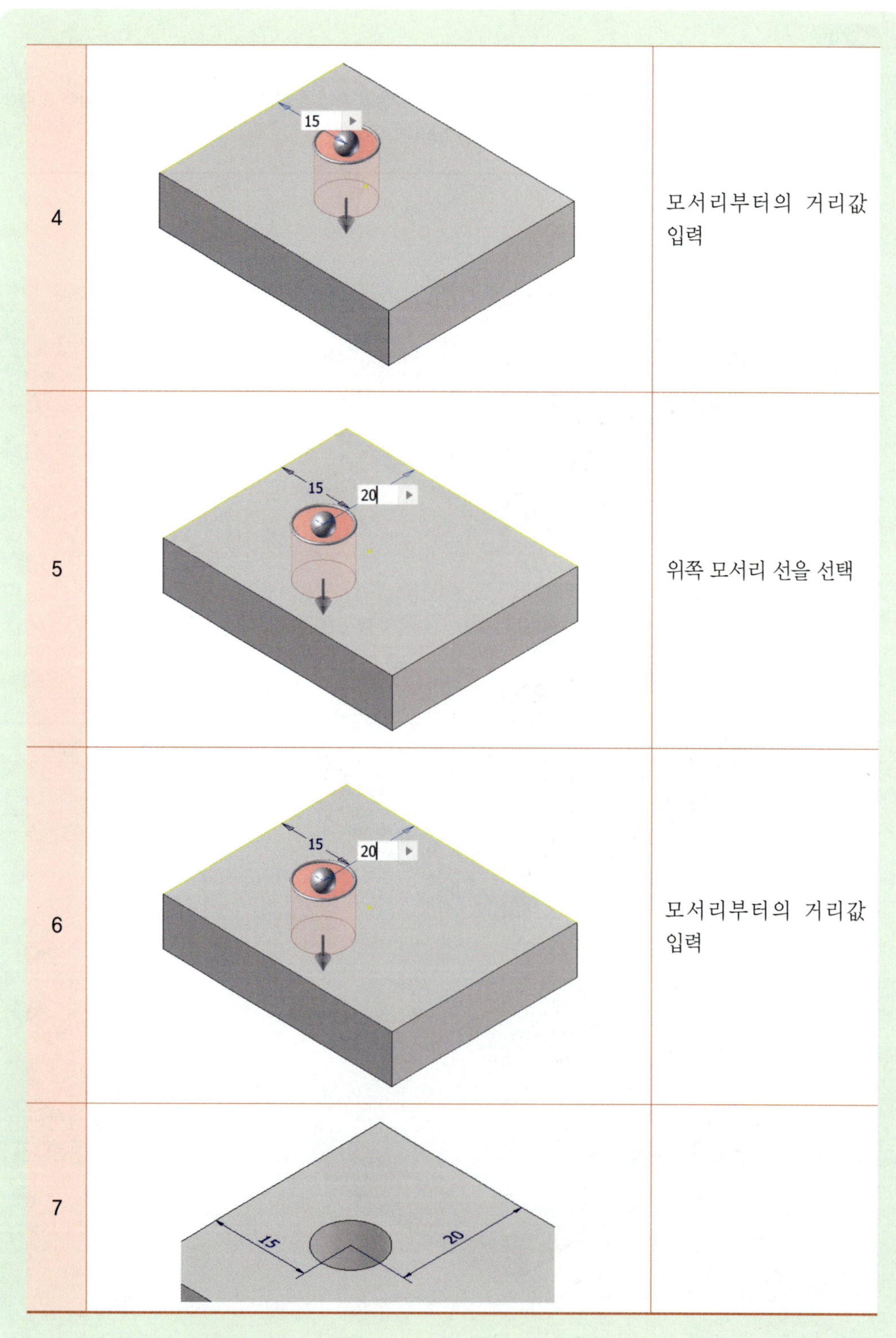	모서리부터의 거리값 입력
5		위쪽 모서리 선을 선택
6		모서리부터의 거리값 입력
7		

⑫ 엠보싱 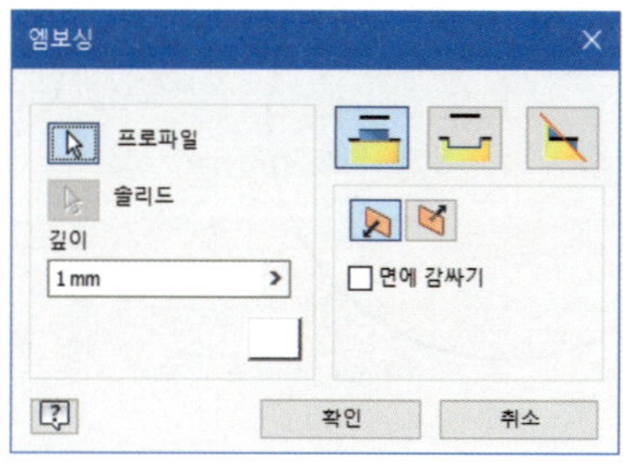

❶ 3D 모형 탭 ▶ 작성 패널 ▶ 엠보싱을 클릭합니다.

- 엠보싱 피쳐는 지정된 깊이와 방향으로 모형 면에 프로파일을 볼록하게 하거나 오목하게 합니다.

- 작업 평면을 만들어 글자 또는 프로파일을 스케치하여 적용합니다.

		면으로부터 프로파일 영역을 볼록하게 작성 – 면에 표현이 안될 시 돌출 방향을 변경
		면으로부터 프로파일 영역을 오목하게 작성
		평면으로부터 프로파일 영역을 오목/볼록하게 작성

기초 예제 **01**

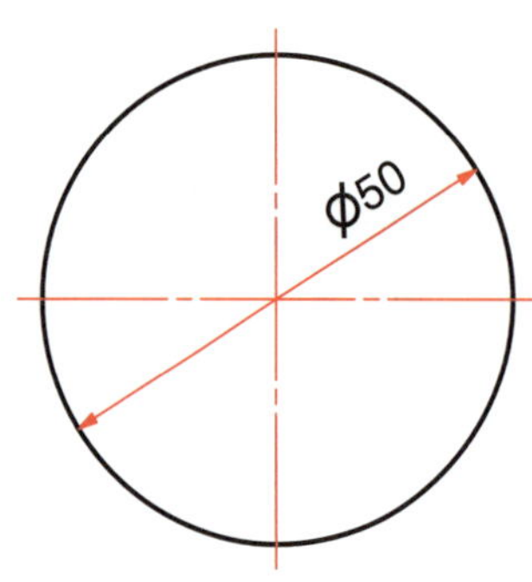

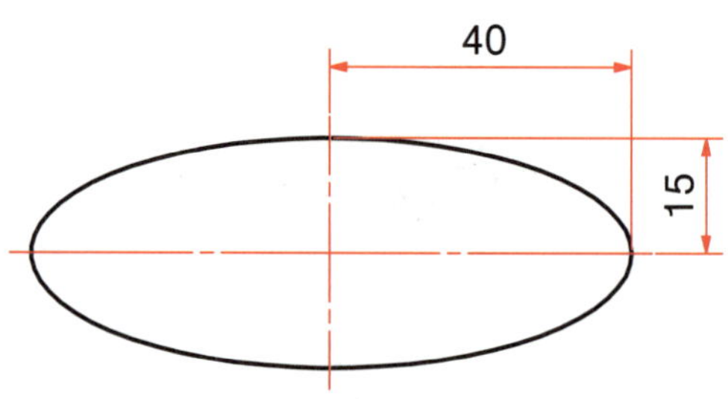

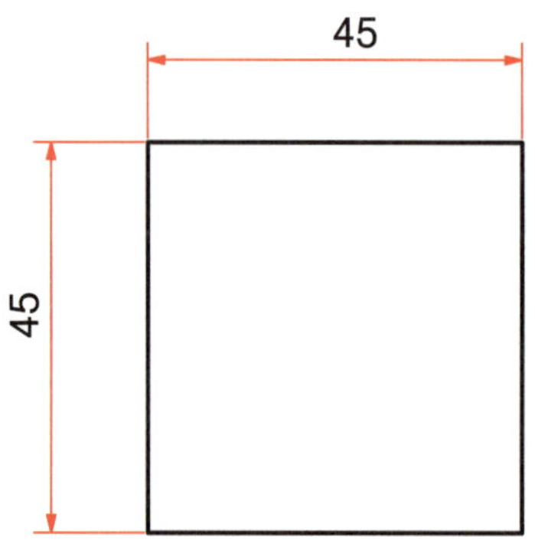

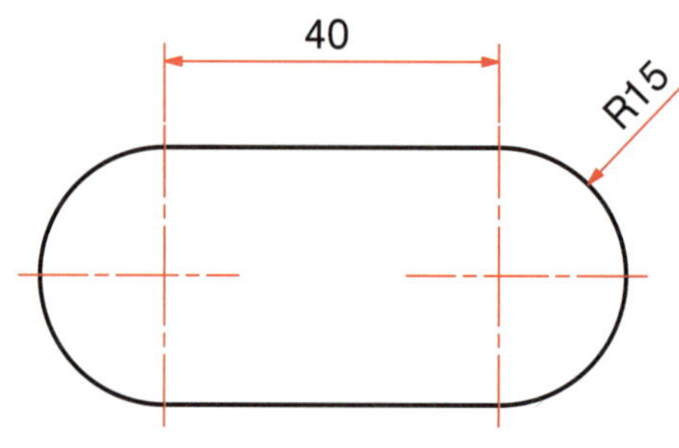

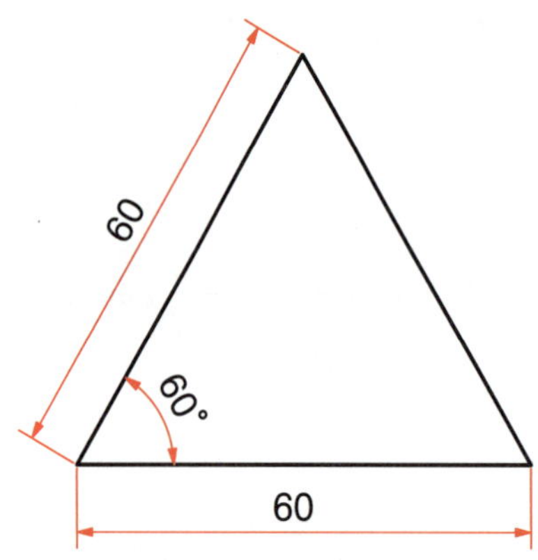

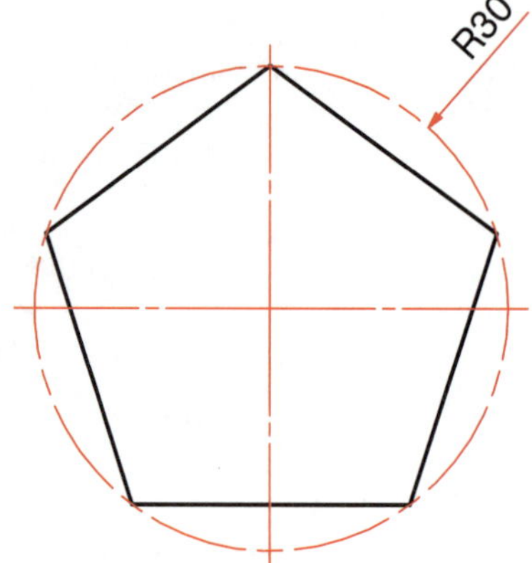

아래 예제를 완성해 봅니다.

※ 치수와 구속조건을 잘 활용합니다.

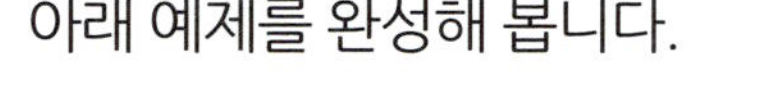

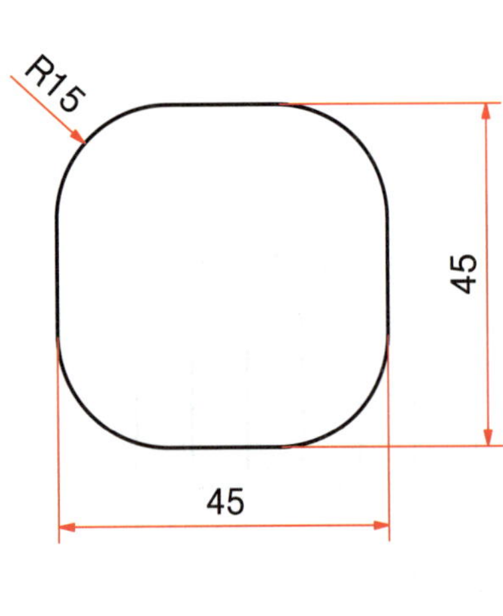

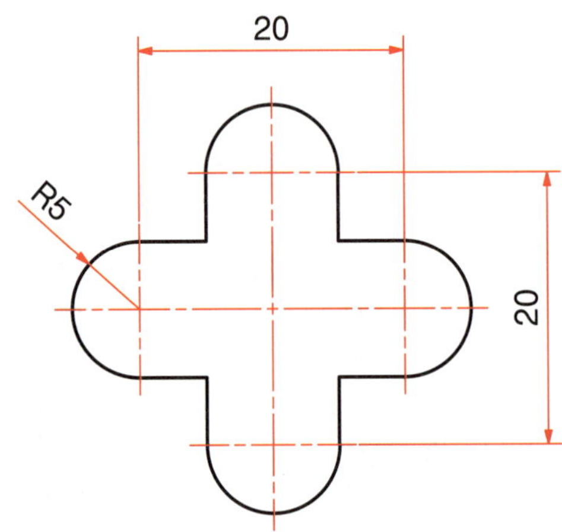

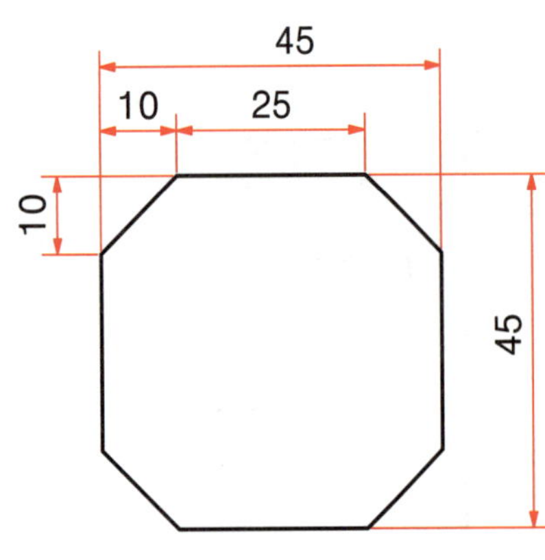

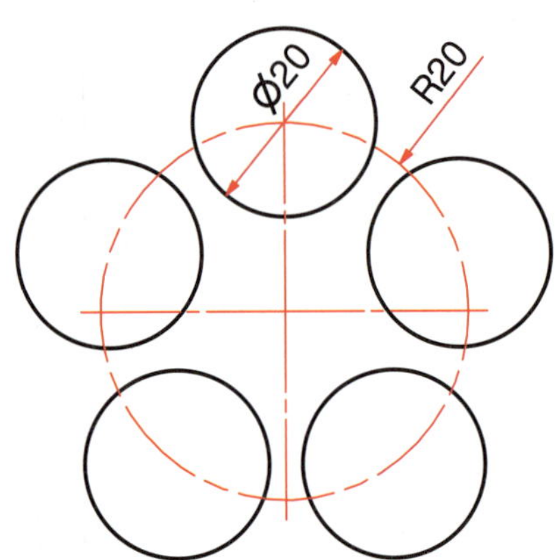

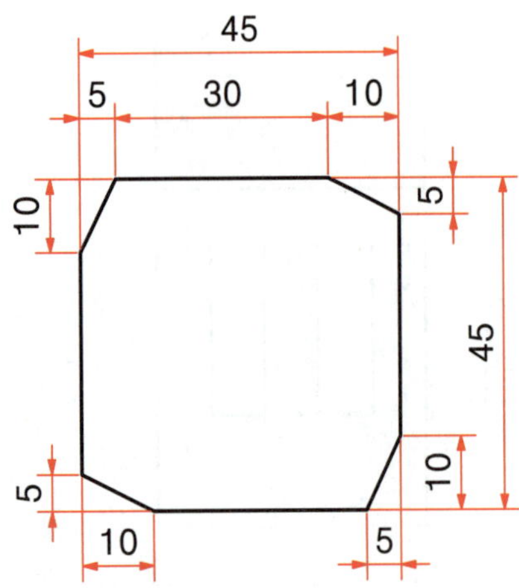

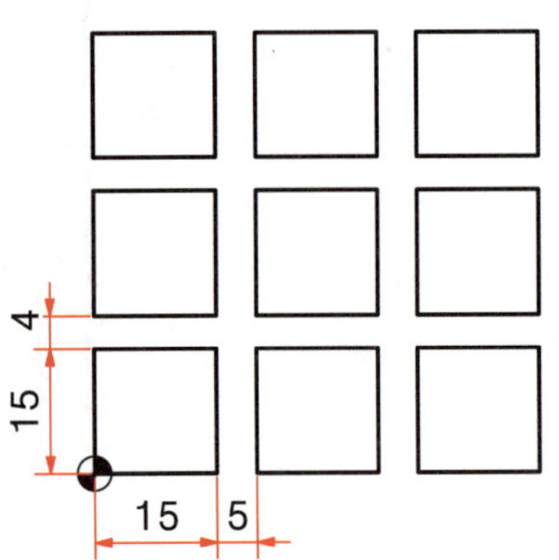

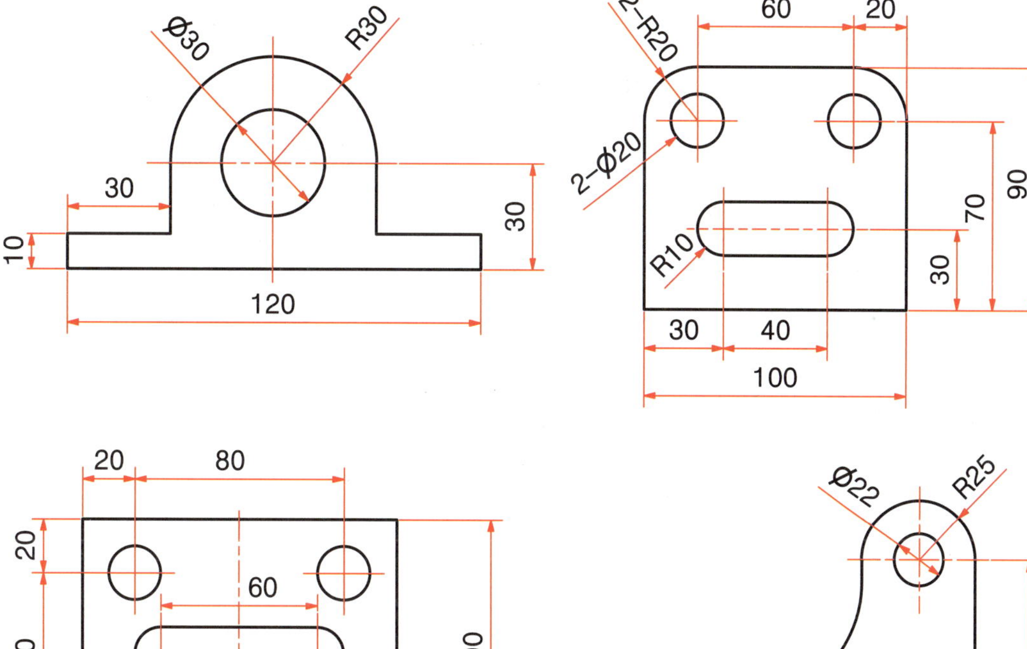

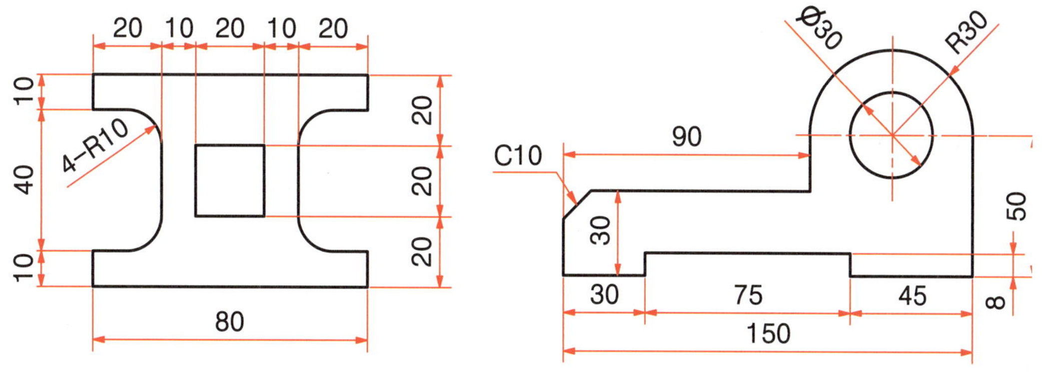

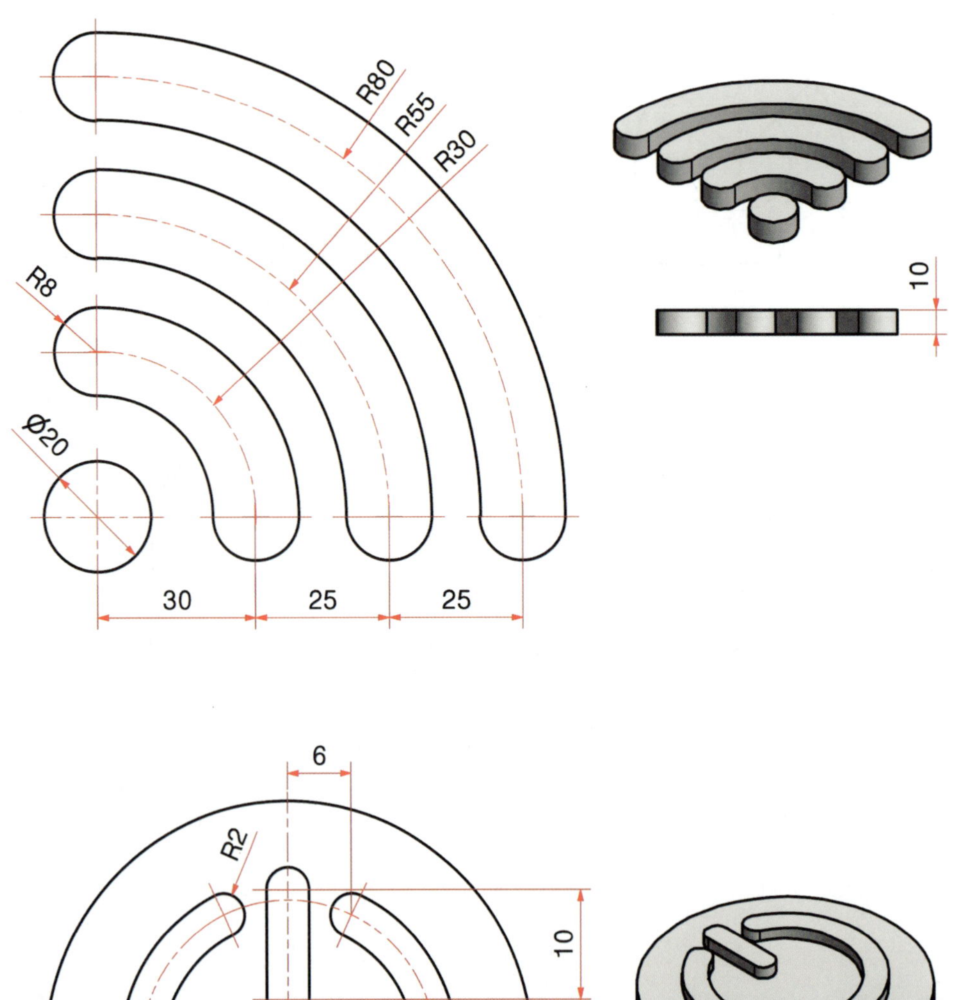

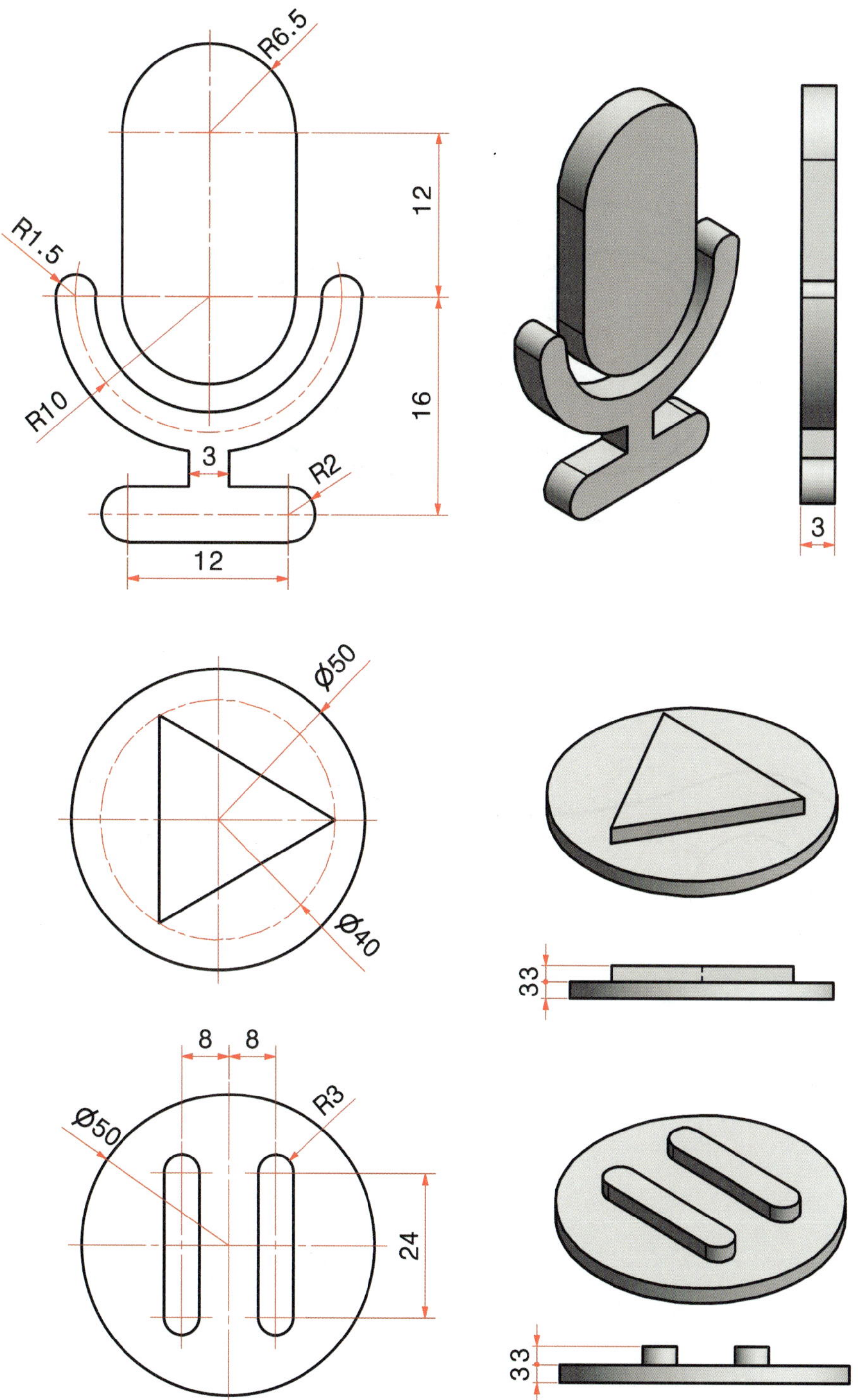

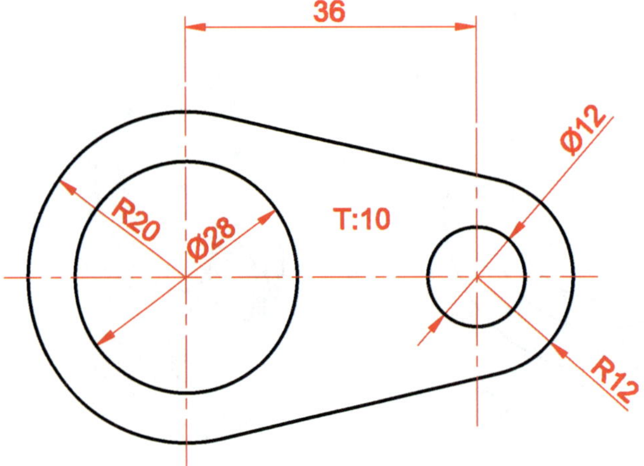

36
Ø12
R20
Ø28
T:10
R12

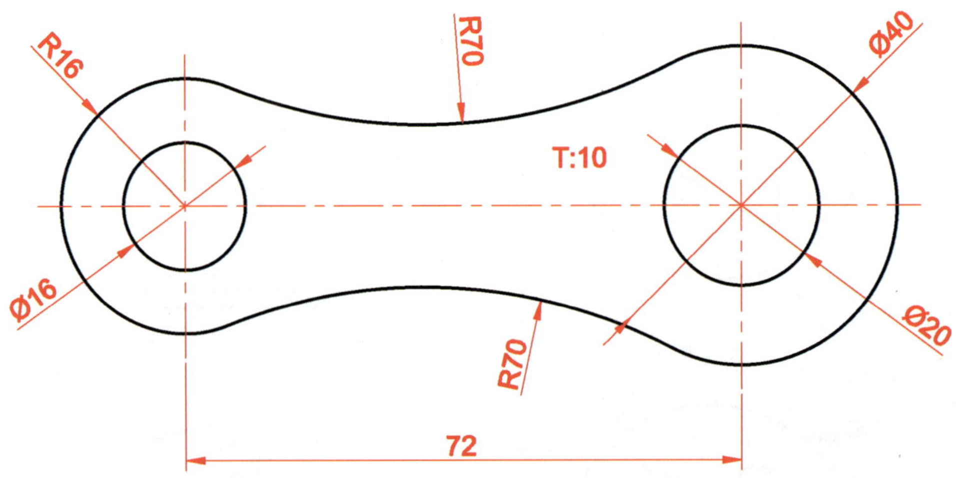

R16
R70
Ø40
T:10
Ø16
R70
Ø20
72

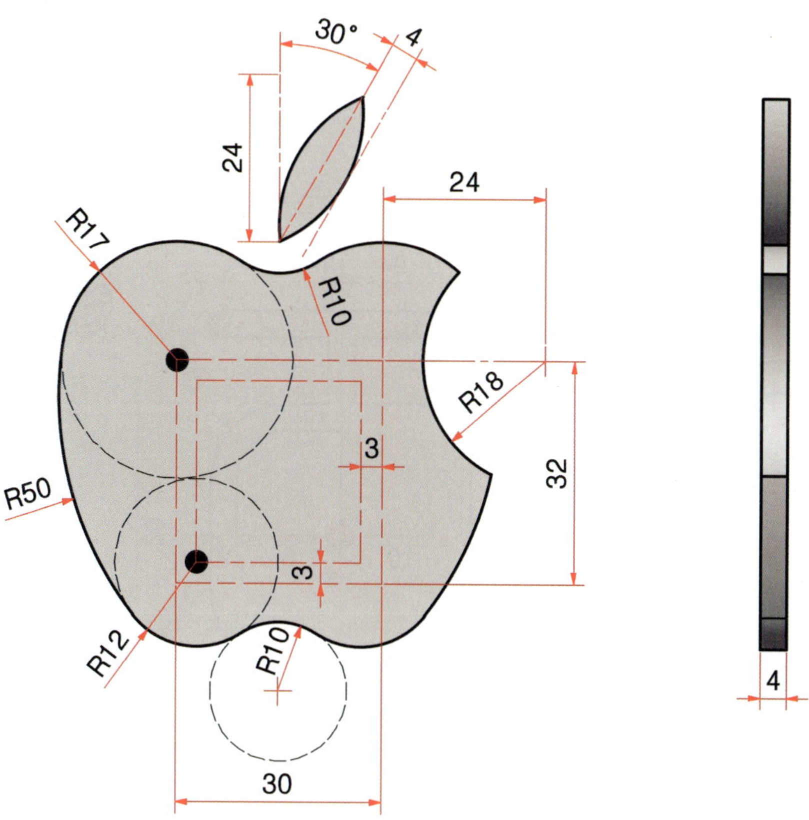

30°
4
24
24
R17
R10
R18
R50
3
32
3
R12
R10
30
4

3D프린팅 예제

STL 파일로 변환하여 3D 프린터로 출력할 수 있습니다.

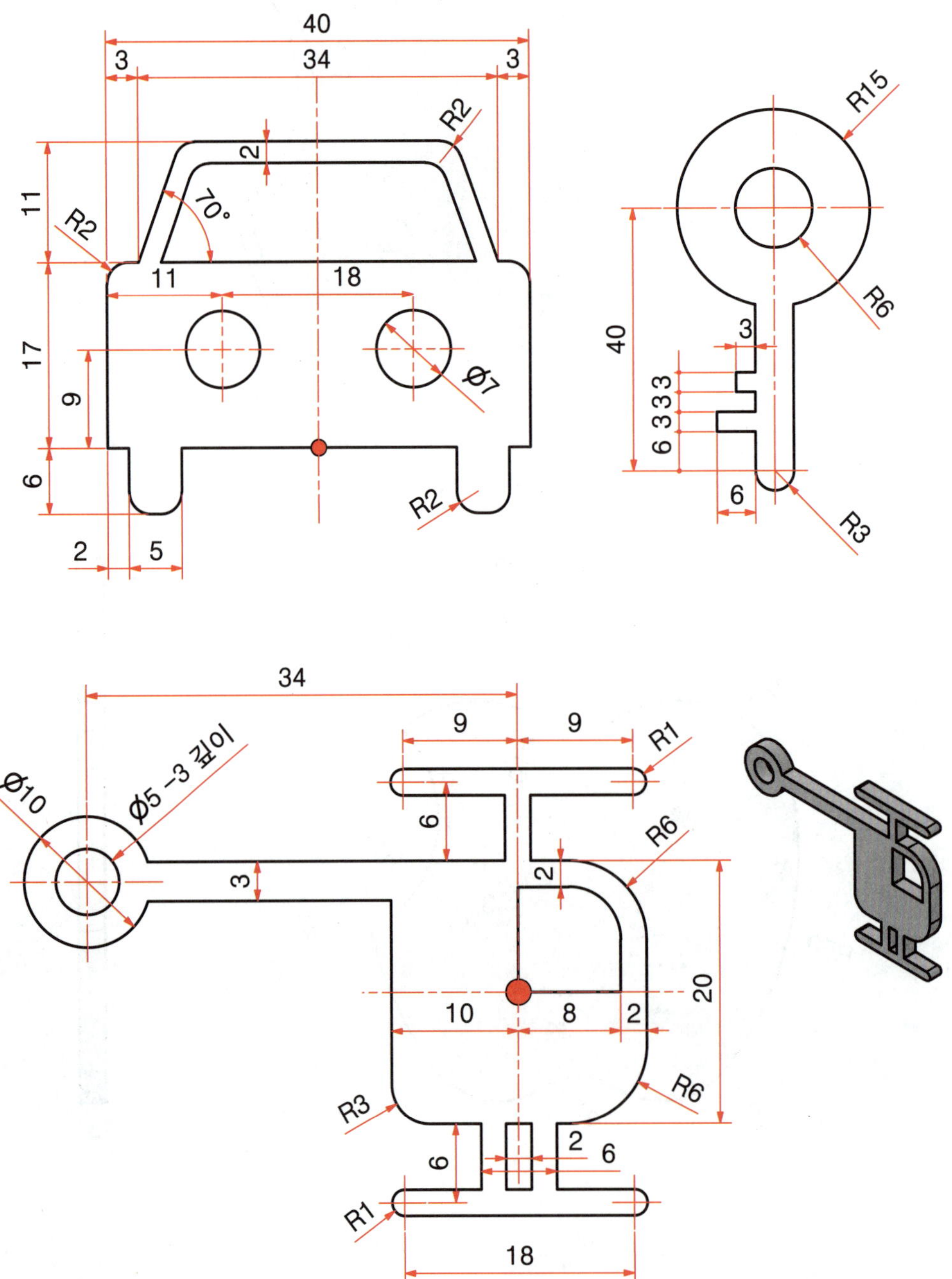

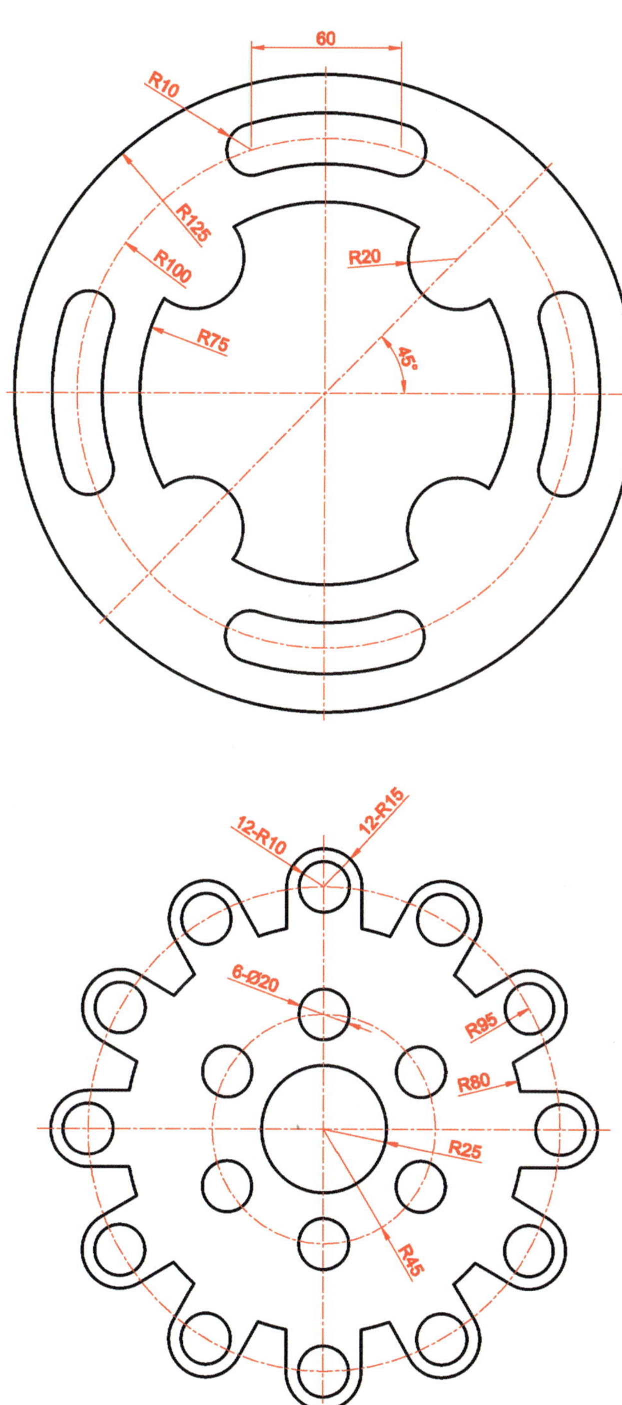
60
R10
R125
R100
R75
R20
45°
12-R10
12-R15
6-Ø20
R95
R80
R25
R45

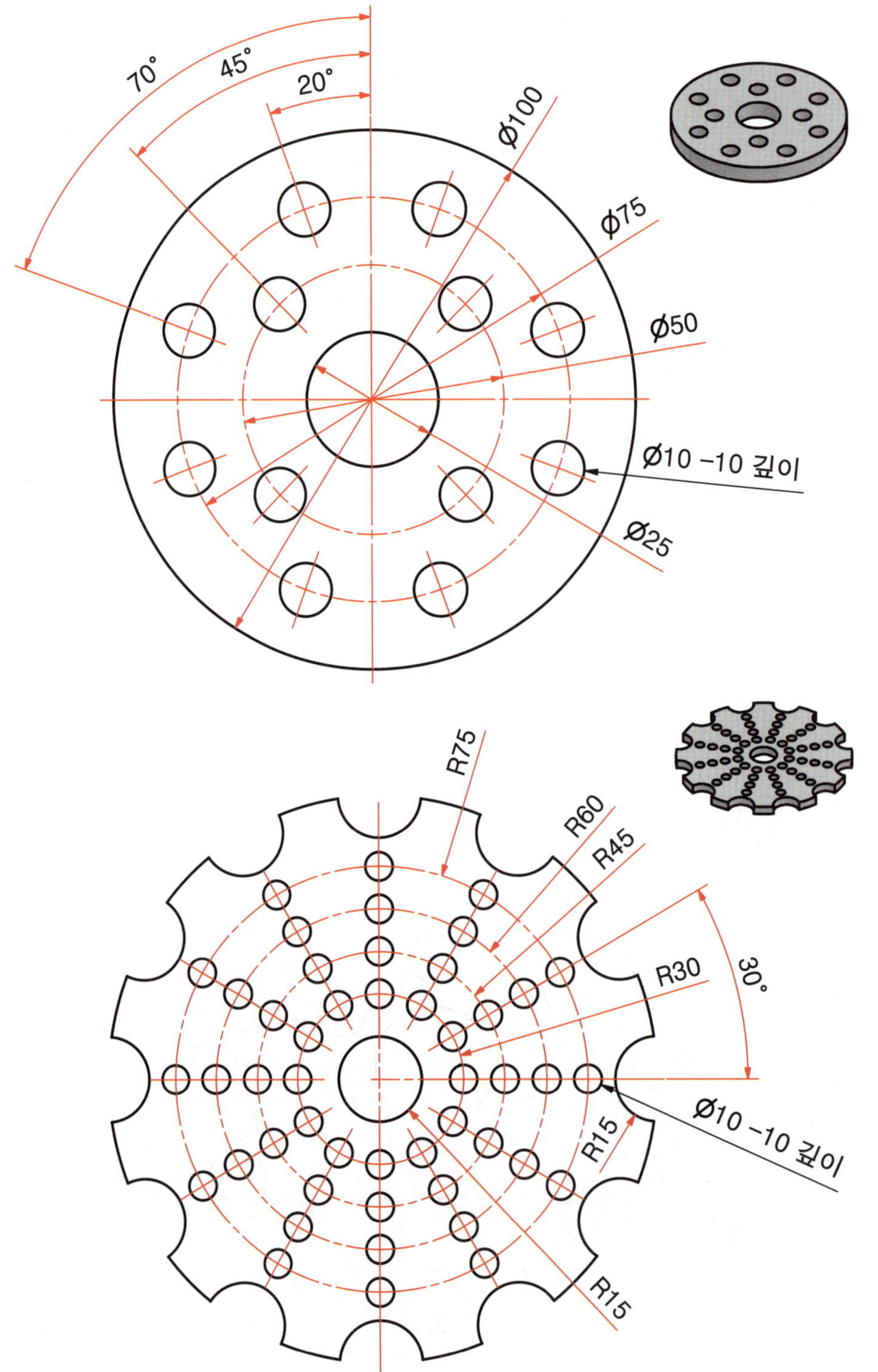

70°
45°
20°
Ø100
Ø75
Ø50
Ø10 –10 깊이
Ø25
R75
R60
R45
R30
30°
R15
R15
Ø10 –10 깊이

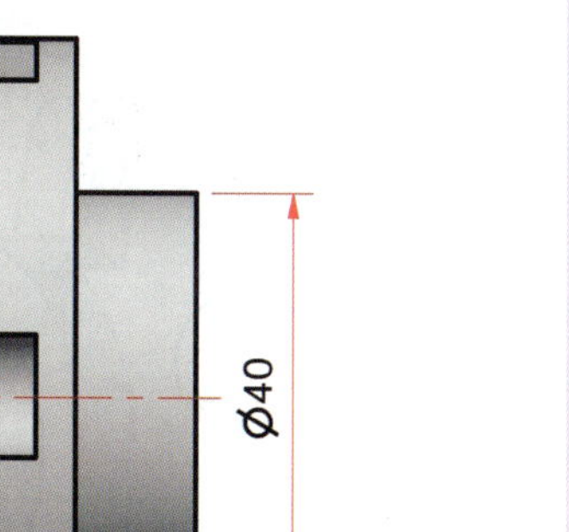

Ø70
Ø40

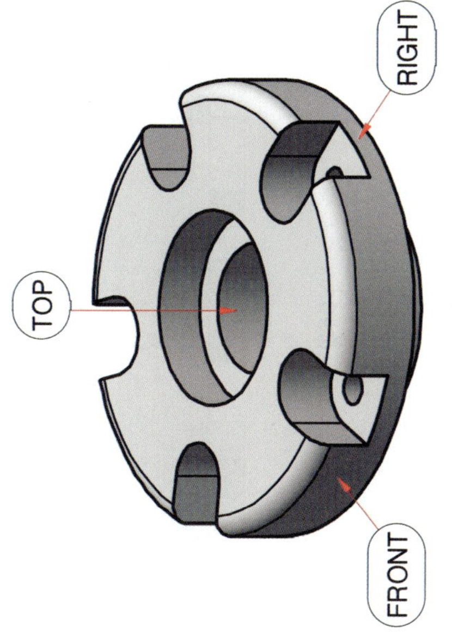

RIGHT
TOP
FRONT

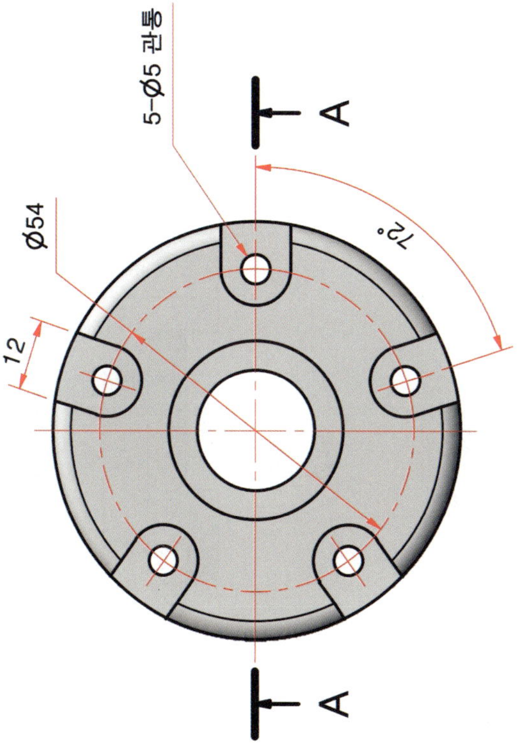

5-Ø5 통공
Ø54
12
72°
A
A

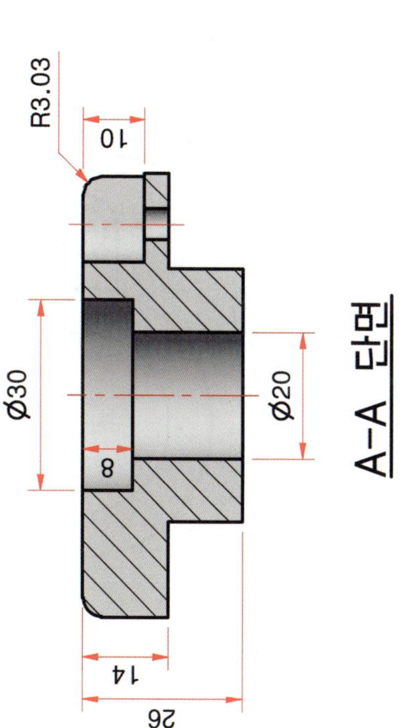

R3.03
10
Ø30
Ø20
8
14
26
A-A 단면

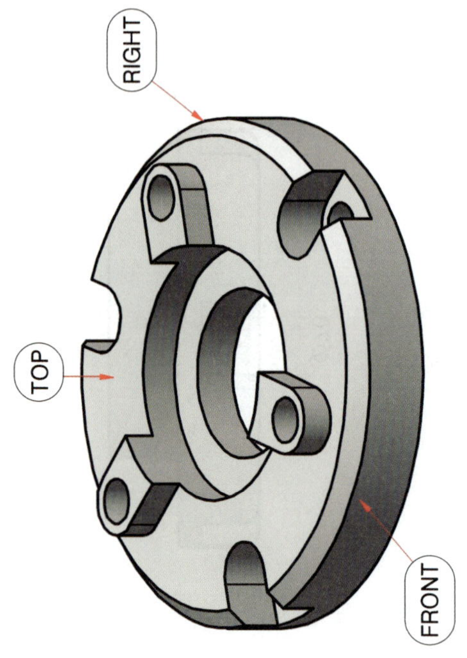

RIGHT
TOP
FRONT

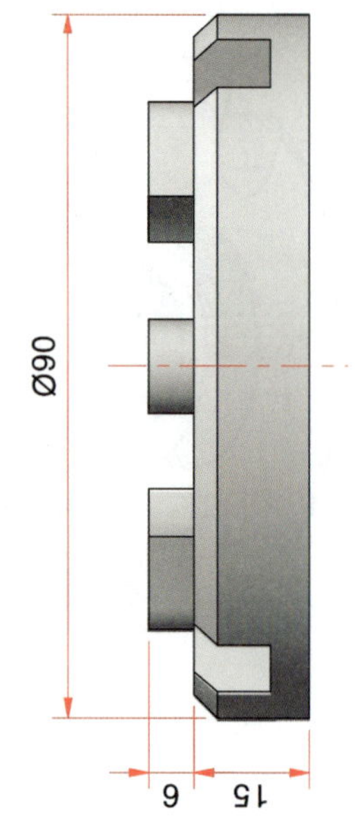

Ø90
6
15

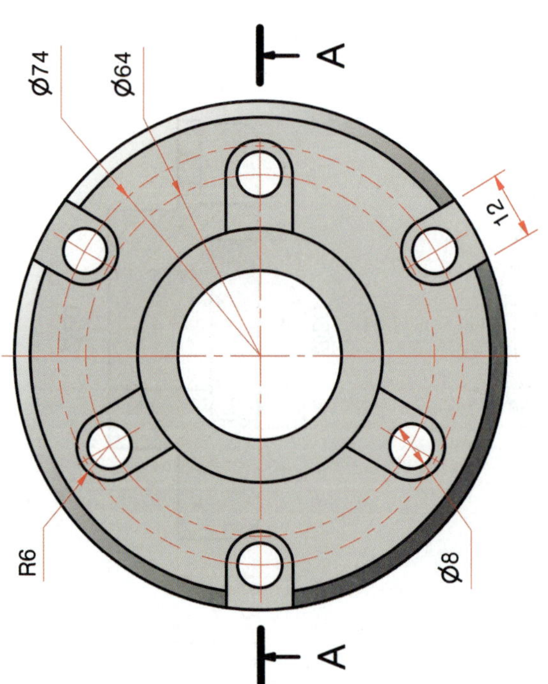

Ø74
Ø64
A
12
R6
Ø8
A

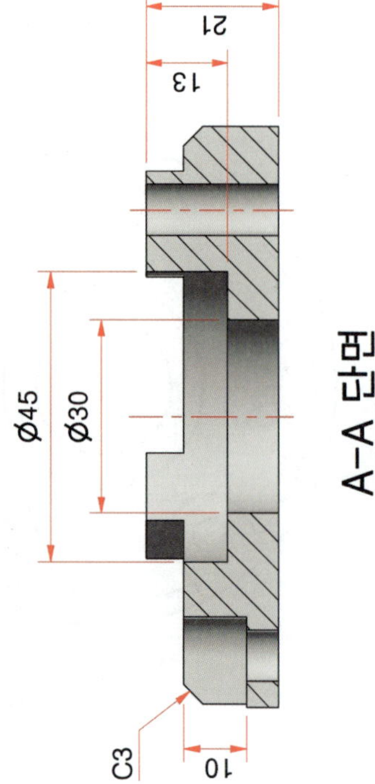

21
13
Ø45
Ø30
C3
10
A-A 단면

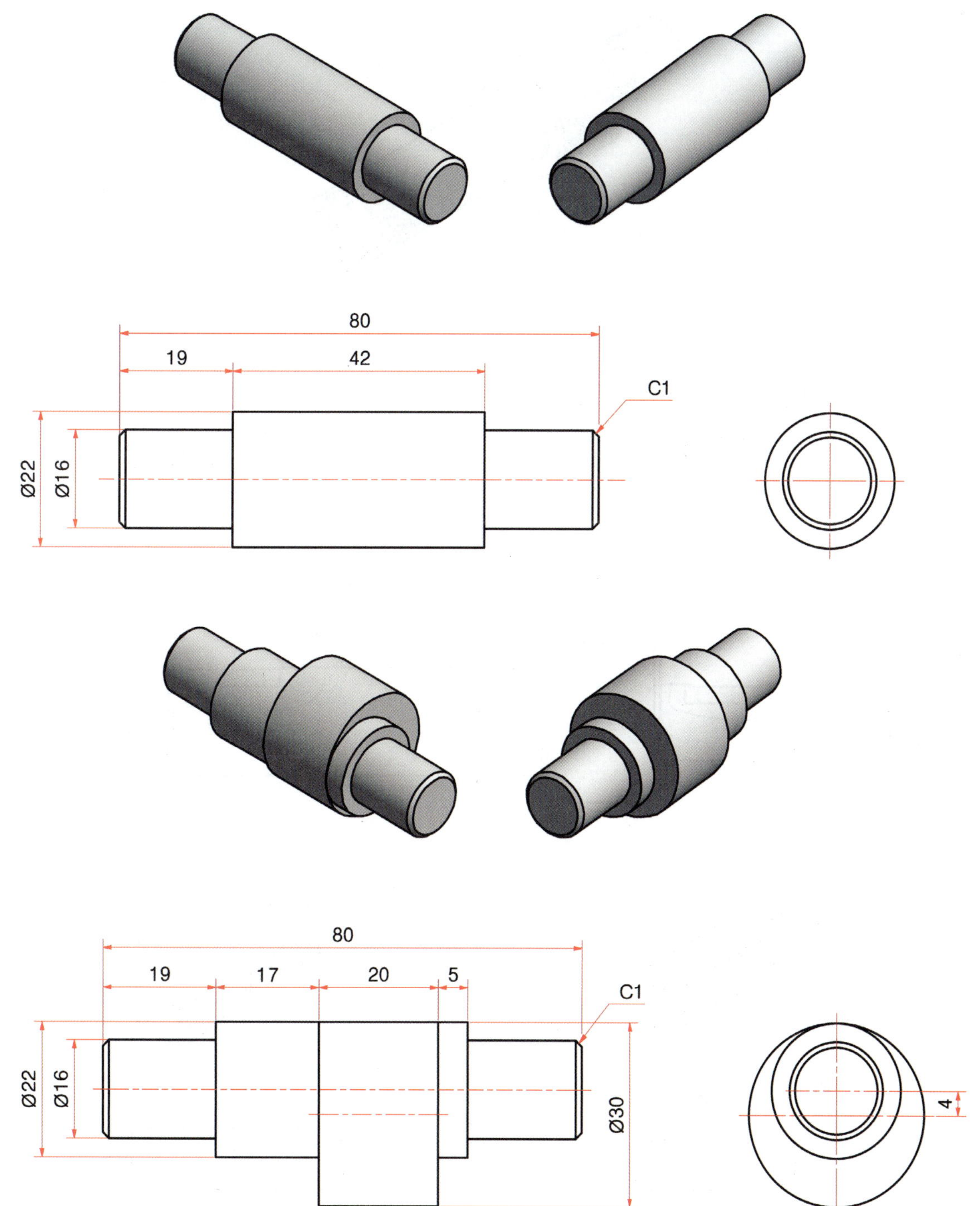
80
19
42
C1
Ø22
Ø16
80
19
17
20
5
C1
Ø22
Ø16
Ø30
4

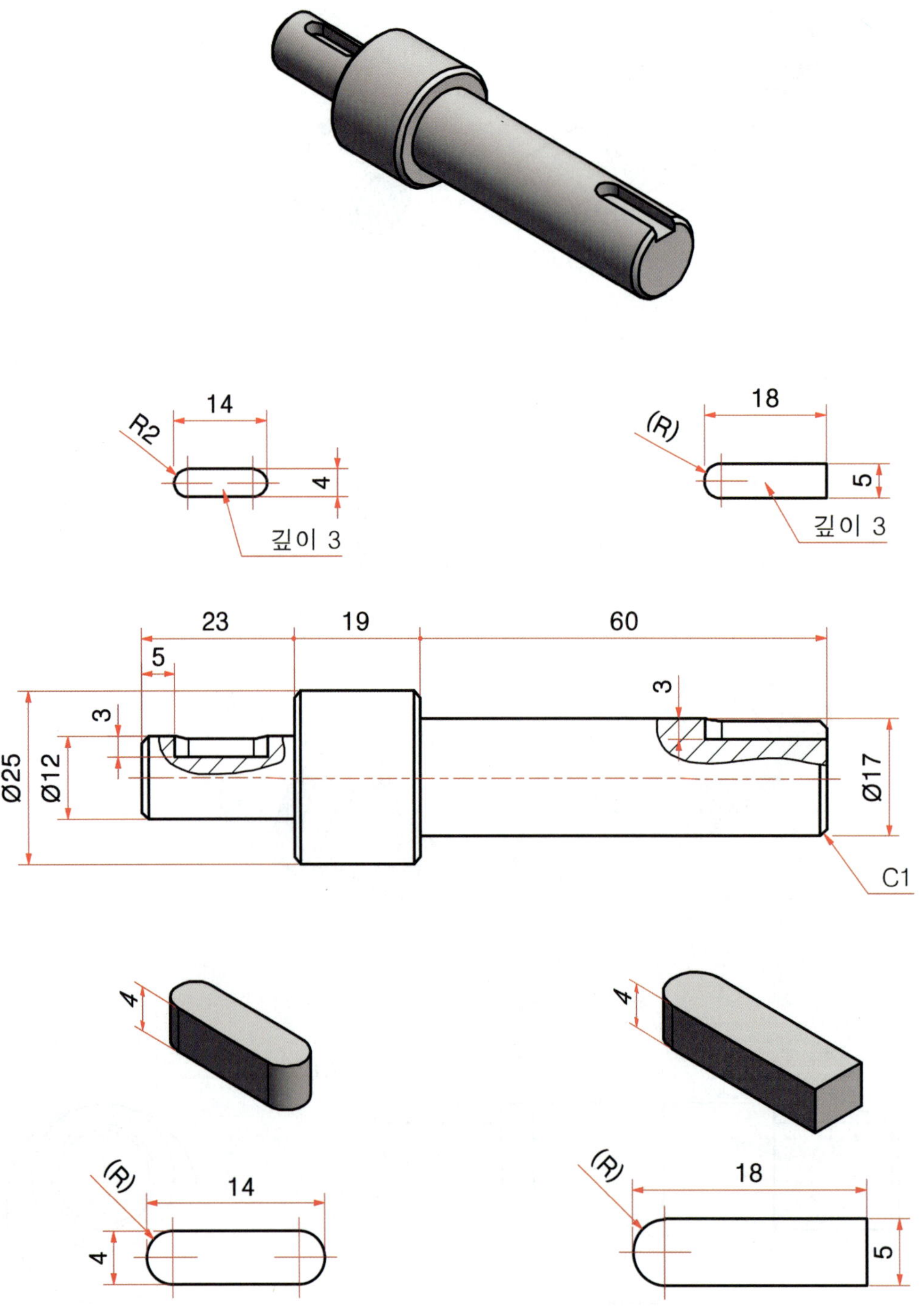
14
R2
4
깊이 3
18
(R)
5
깊이 3
23
19
60
5
3
3
Ø25
Ø12
Ø17
C1
4
4
(R)
14
4
(R)
18
5

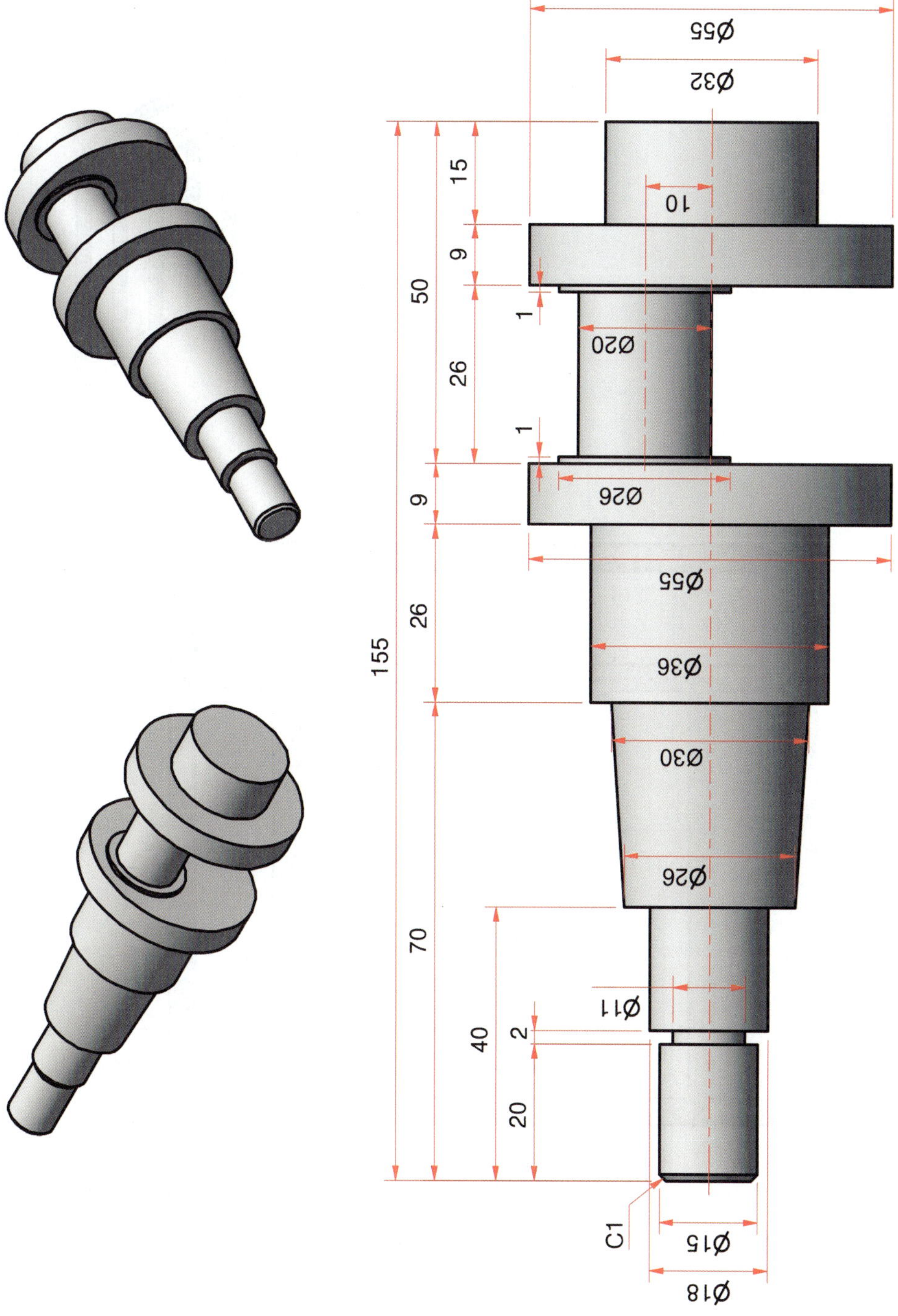

ø55
ø32
15
9
10
50
1
ø20
26
1
ø26
9
ø55
ø36
26
155
ø30
ø26
70
ø11
40
2
20
C1
ø15
ø18

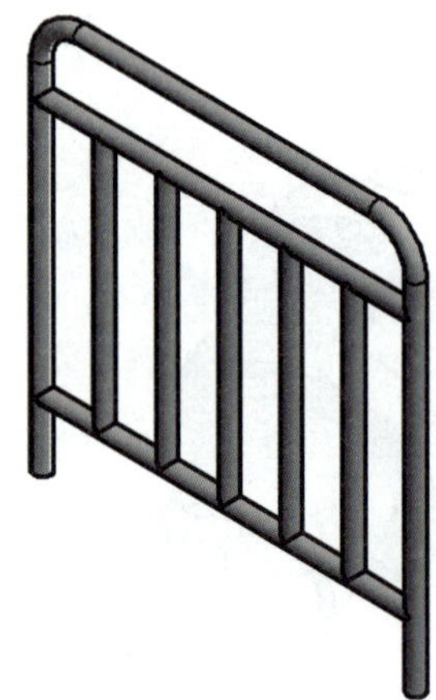

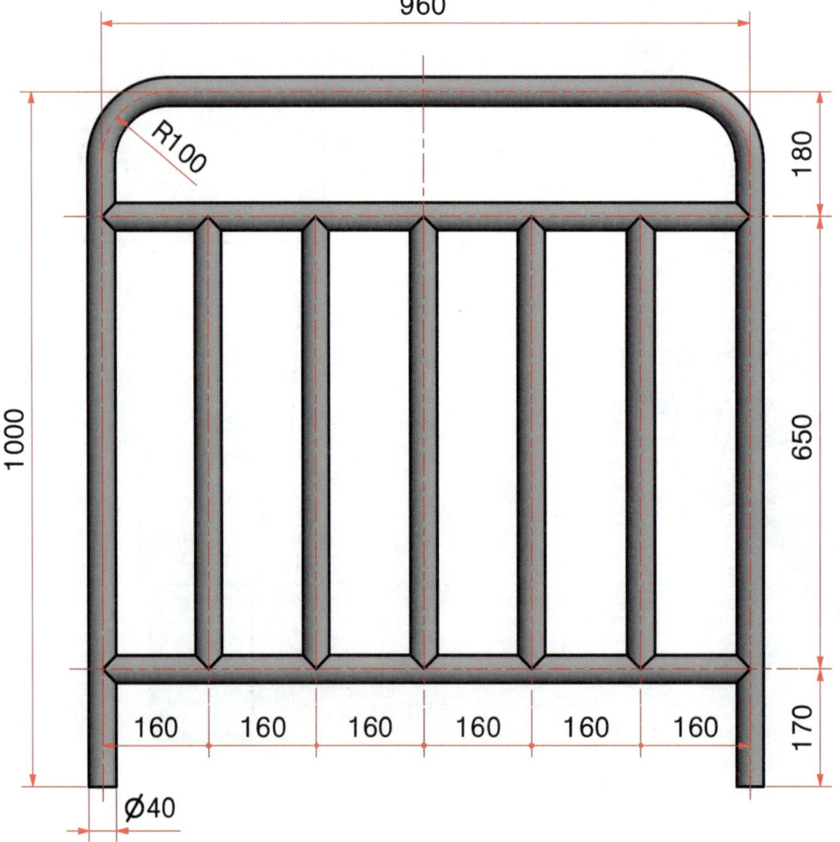
960
R100
180
1000
650
170
160
160
160
160
160
160
Ø40

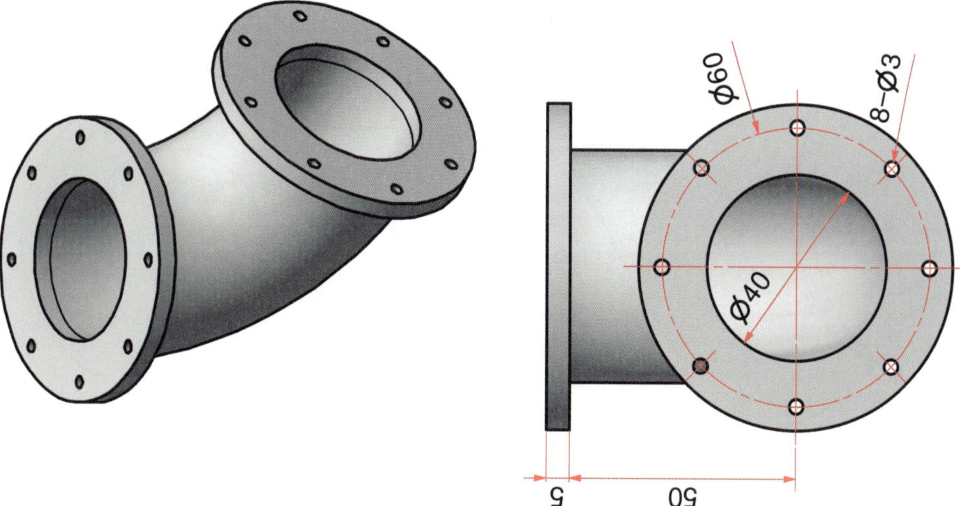

Ø60
8-Ø3
Ø40
5
50

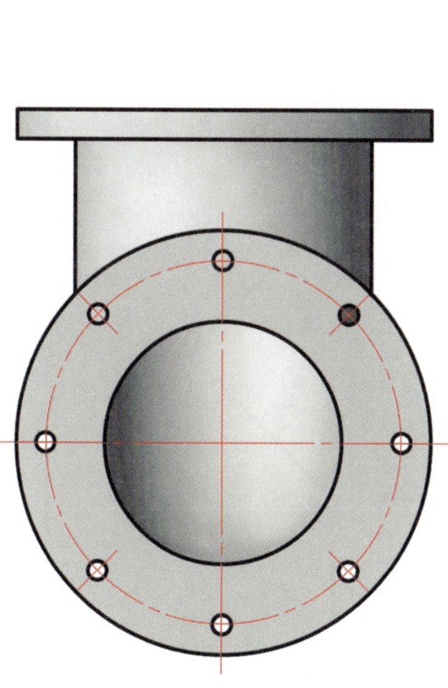

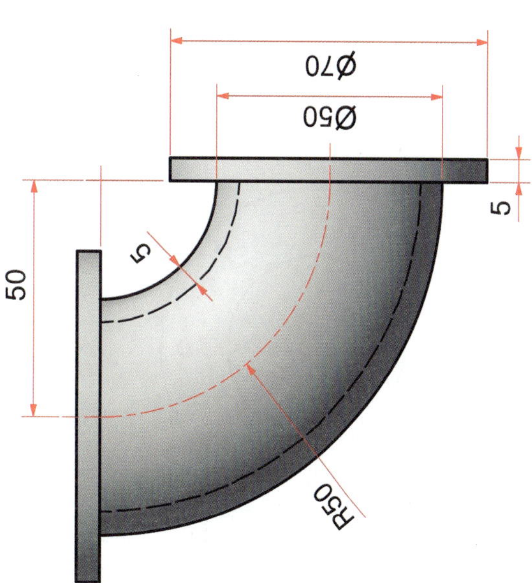

Ø70
Ø50
5
5
50
R50

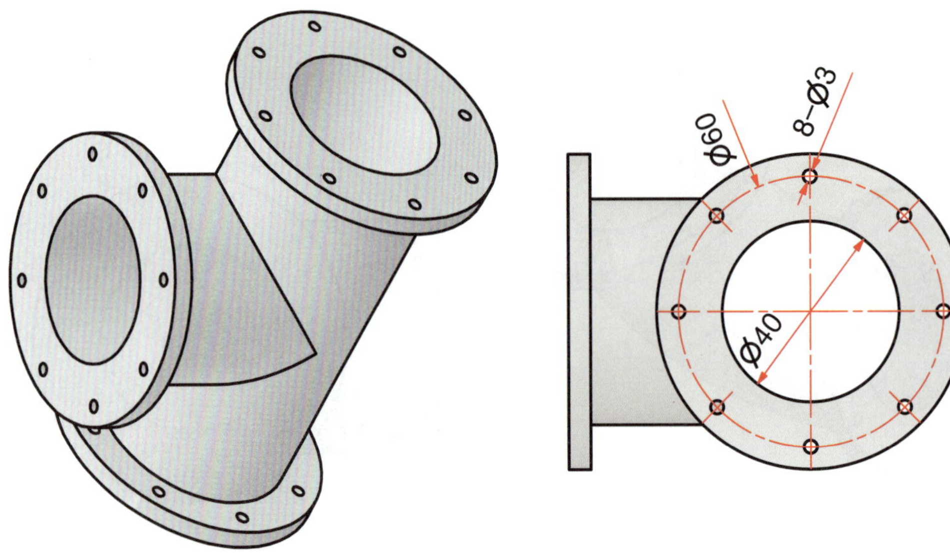

Ø60
8-Ø3
Ø40

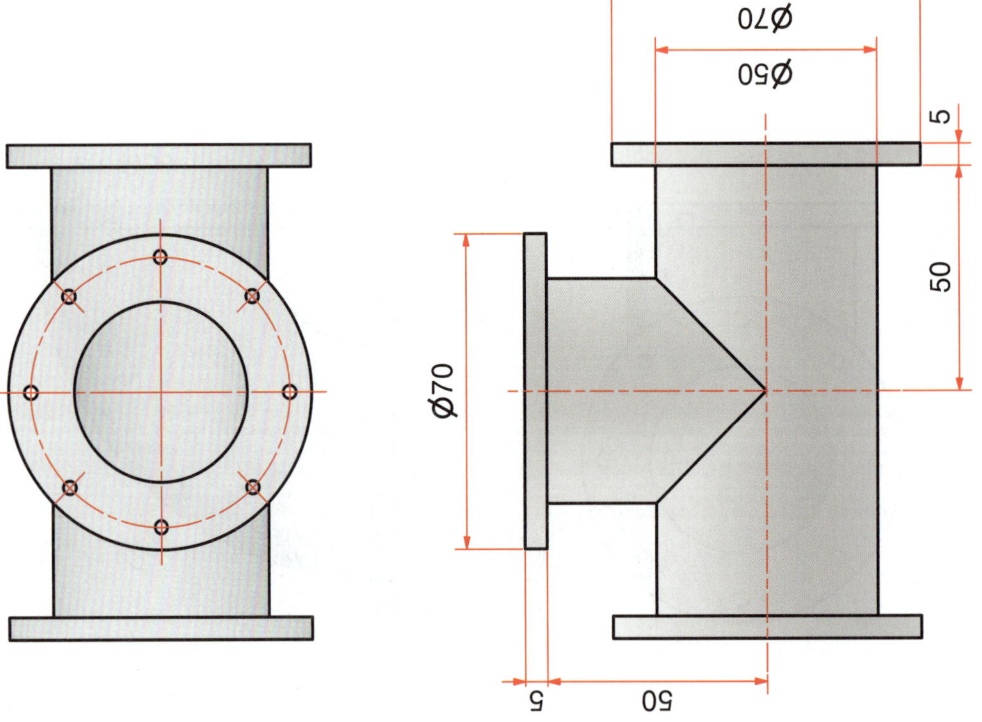

Ø70
Ø50
5
50
Ø70
5
50

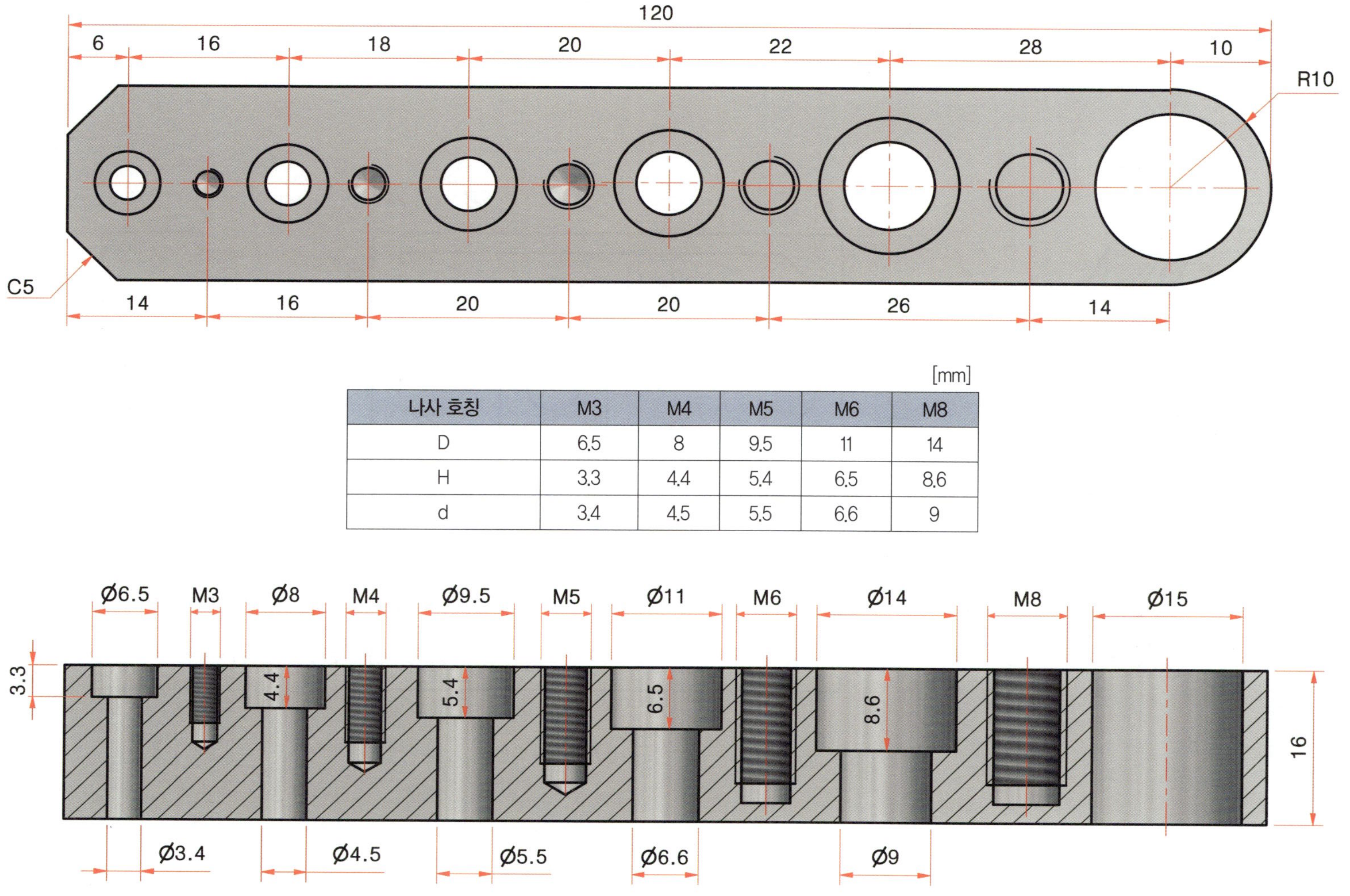

[mm]

나사 호칭	M3	M4	M5	M6	M8
D	6.5	8	9.5	11	14
H	3.3	4.4	5.4	6.5	8.6
d	3.4	4.5	5.5	6.6	9

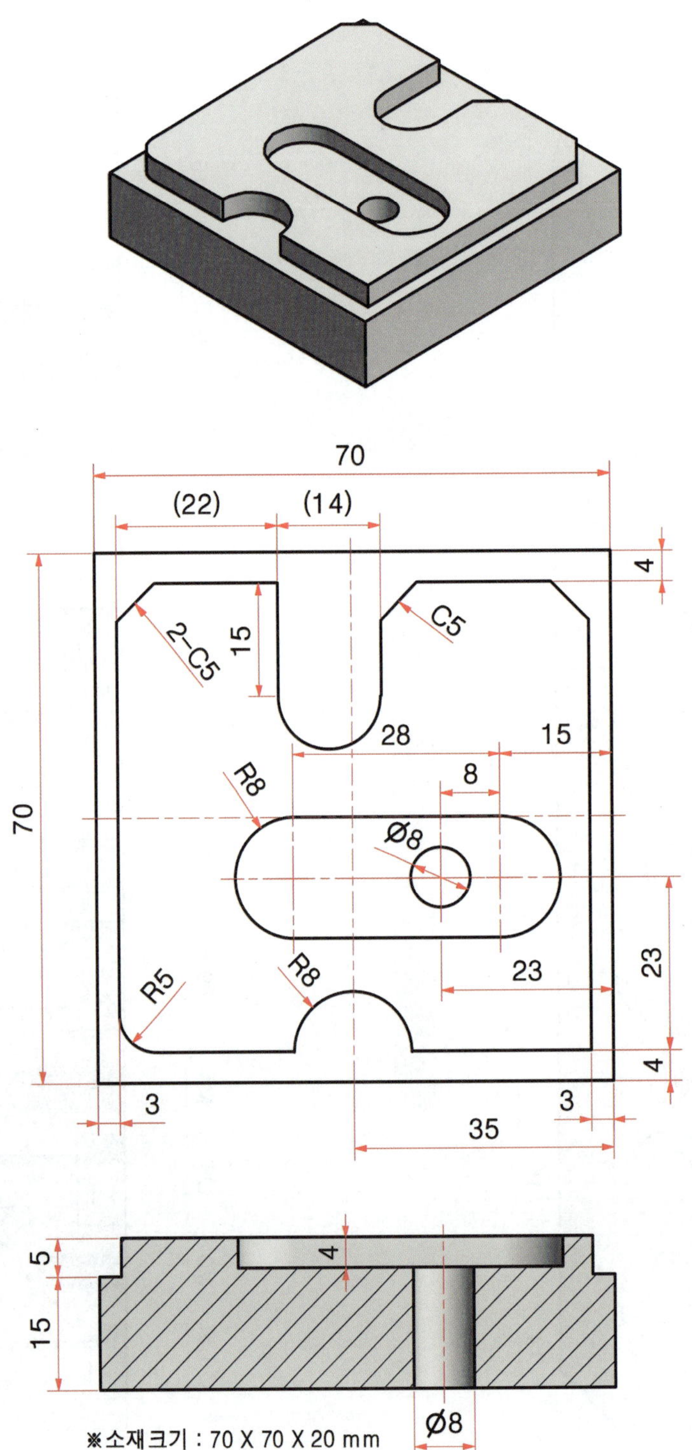

70
(22)
(14)
4
2-C5
15
C5
28
15
R8
8
Ø8
70
R5
R8
23
23
23
4
3
3
35
5
4
15
Ø8
※소재크기 : 70 X 70 X 20 mm

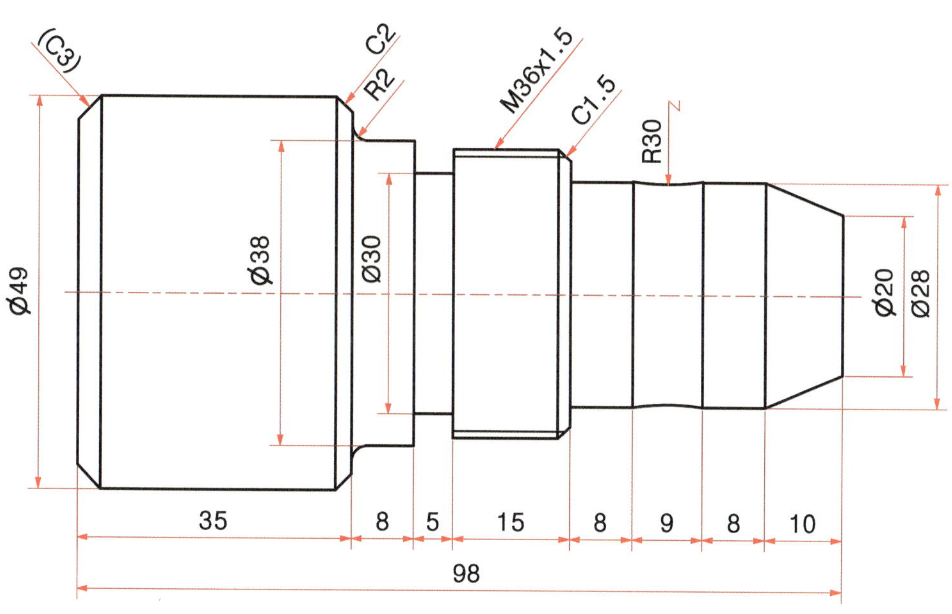
(C3)
C2
R2
M36x1.5
C1.5
R30
Ø49
Ø38
Ø30
Ø20
Ø28
35
8
5
15
8
9
8
10
98

2

인벤터 실력 쌓기

3D 프로그램 설계 능력을 함양하거나 인벤터를 사용하는 기계 분야 국가 기술자격에 응시하려는 독자들이 실기시험을 준비할 수 있는 예제로 구성하였습니다. 전산응용기계제도 기능사, 산업기사 실기시험 등에서 출제 빈도가 높은 과제 도면들의 부품을 직접 모델링하고, KS 규격 적용과 공용 부품 적용 등 기본적인 지식을 쉽게 이해할 수 있도록 하였습니다. 부품을 조립하고, 조립품을 만들어 구동에 대한 이해를 높일 수 있습니다. 조립하는 순서는 저자의 방식이며, 이러한 순서는 개인별 다양한 방식과 상황에 따라 차이가 있을 수 있습니다. 이 장에서는 인벤터가 활용되는 기계 분야의 중요한 내용이라 할 수 있습니다. 체계적으로 학습하여 실력을 다질 수 있도록 합니다.

Chapter 01 모델링
Chapter 02 도면
Chapter 03 KS 규격집 적용하기
Chapter 04 공용 부품
Chapter 05 조립하기

모델링

기계 요소에 따른 본체, 공용 부품, 기타 조립품 등 다양한 모델링 작성에 대해 알아봅니다. 모델링 작성에 필요한 도면 분석과 KS 규격 적용 방법 등 기본적인 이론 지식과 함께 학습합니다.

작업 흐름도

문제 도면 분석

모델링	조립하기	공용 부품
2D 스케치, 3D 형상 작성	모델링 및 공용 부품 사용	볼트, 베어링, 오일실 등

부품 도면	조립 도면

KS 규격 적용하기

Step-01 문제 도면 분석

Step-02 부품 모델링　※ Standard(mm).ipt

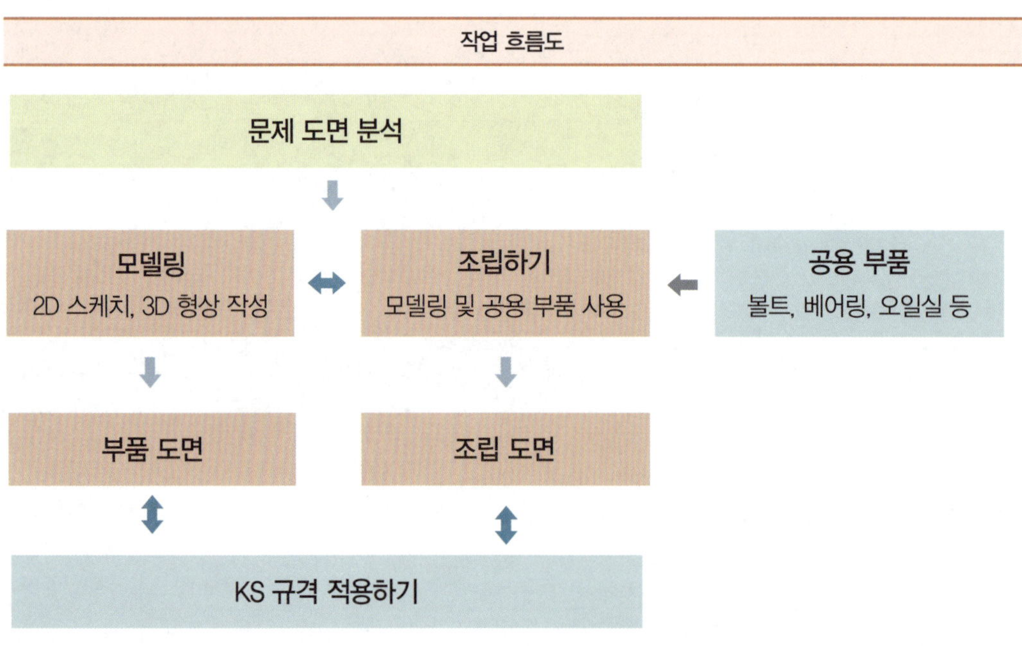

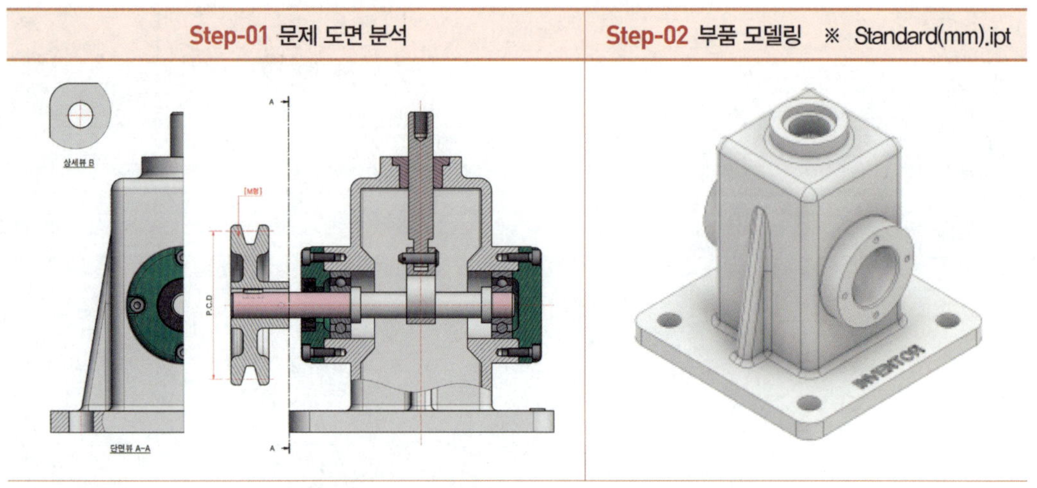

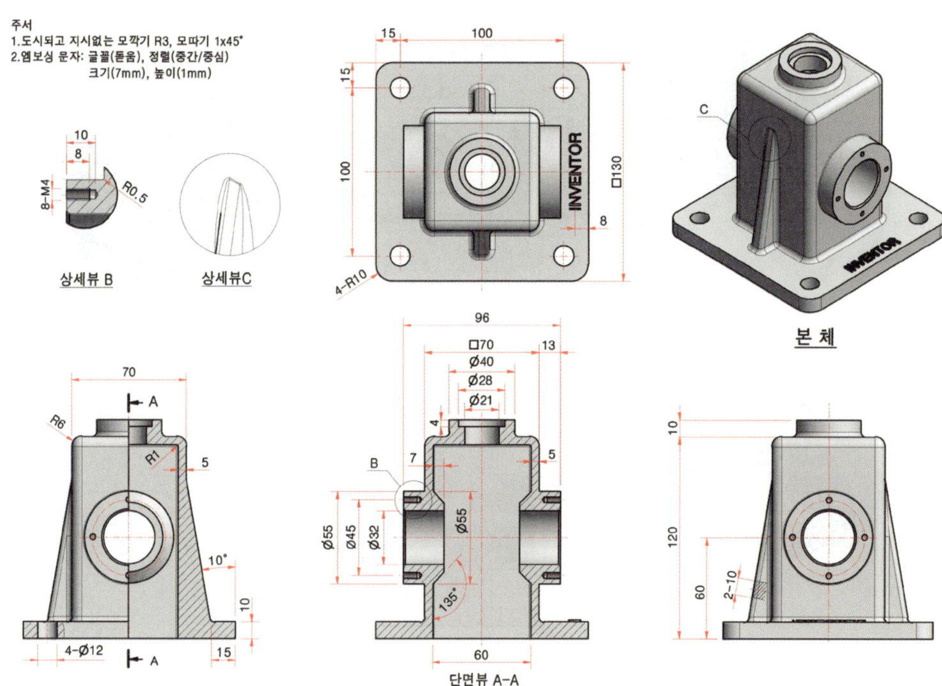

<table>
<tr><td>

</td><td>

</td></tr>
</table>

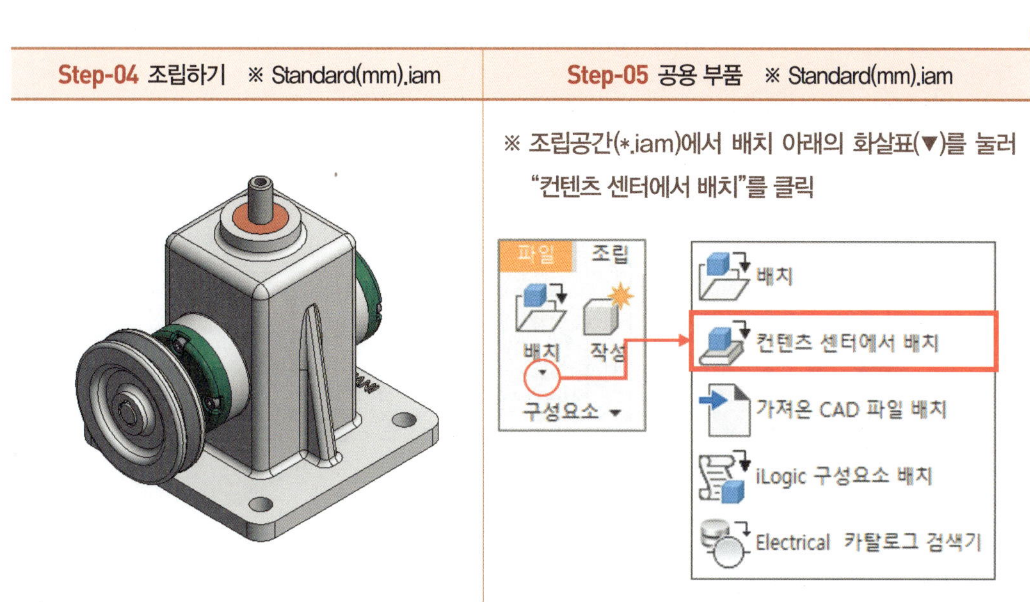

※ 조립공간(*.iam)에서 배치 아래의 화살표(▼)를 눌러
　"컨텐츠 센터에서 배치"를 클릭

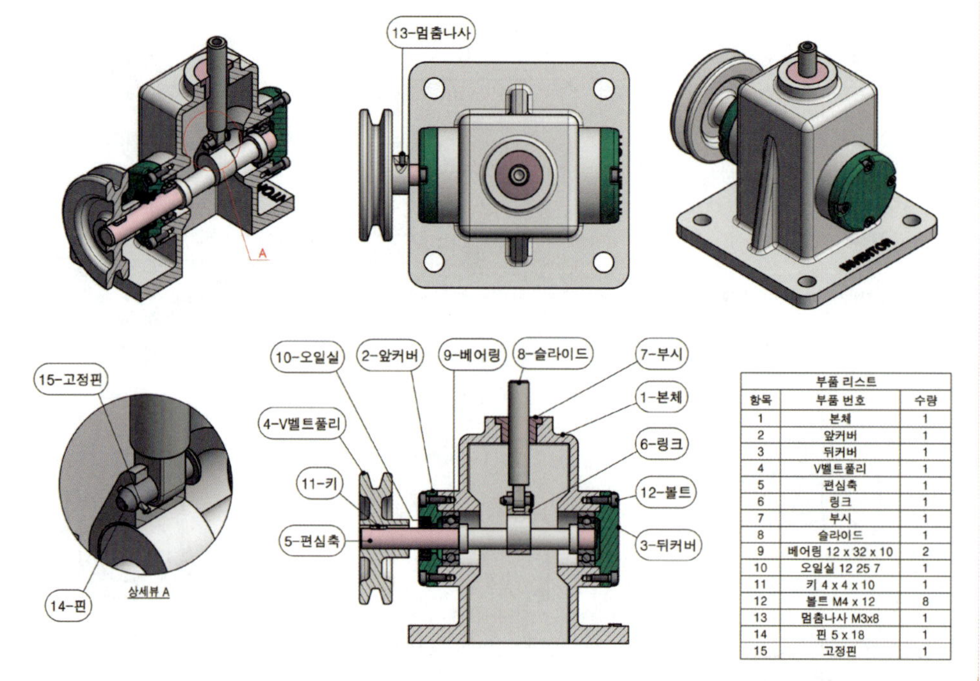

부품 리스트		
항목	부품 번호	수량
1	본체	1
2	앞커버	1
3	뒤커버	1
4	V벨트풀리	1
5	편심축	1
6	링크	1
7	부시	1
8	슬라이드	1
9	베어링 12 x 32 x 10	2
10	오일실 12 25 7	1
11	키 4 x 4 x 10	1
12	볼트 M4 x 12	8
13	멈춤나사 M3x8	1
14	핀 5 x 18	1
15	고정핀	1

주서

1. 도시되고 지시 없는 모떼기는 1×45°, 모깎기는 R3

2. 일반 모떼기는 0.2×45°

※ 기하공차 및 거칠기

IT공차 치수		IT
초과	이하	5급
–	3	4
3	6	5
6	10	6
10	18	8
18	30	9
30	50	11
50	80	13
80	120	15
120	180	18
180	250	20

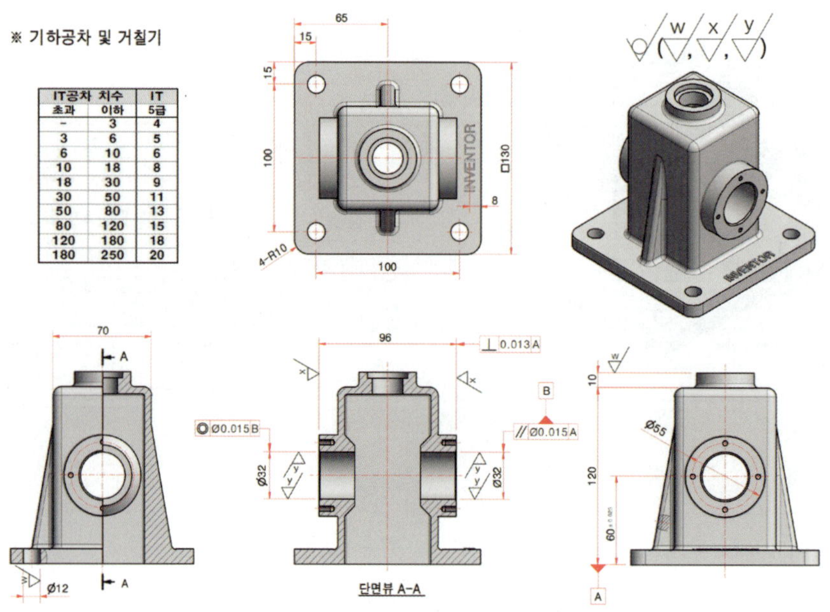

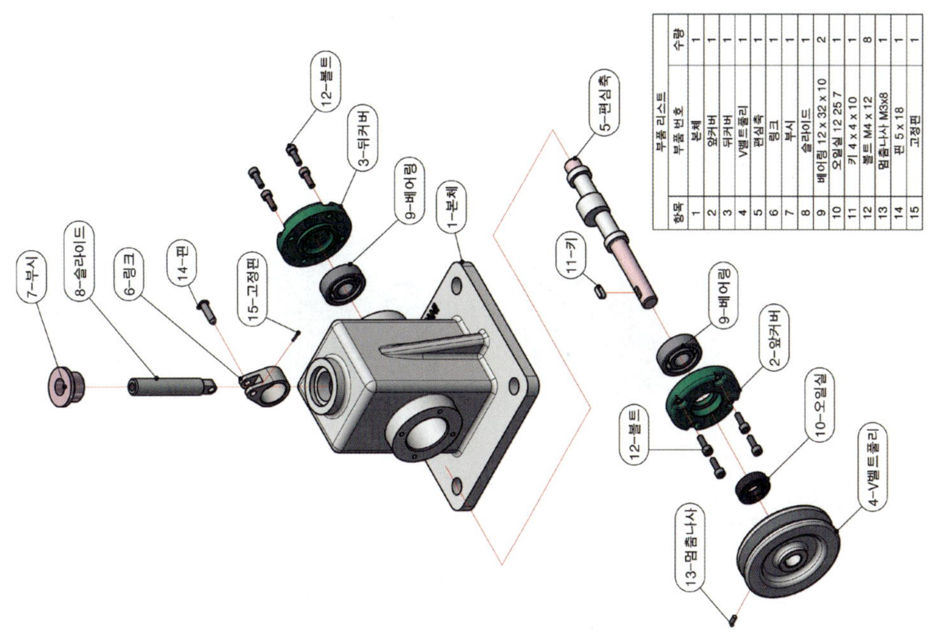

부품 리스트

항목	부품 번호	수량
1	본체	1
2	앞커버	1
3	뒤커버	1
4	V벨트풀리	1
5	편심축	1
6	링크	1
7	부시	1
8	슬라이드	1
9	베어링 12 x 32 x 10	2
10	오일실 12 25 7	1
11	키 4 x 4 x 10	1
12	볼트 M4 x 12	8
13	멈춤나사 M3x8	1
14	핀 5 x 18	1
15	고정편	1

TIP

① 스퍼기어 부품 도면을 참고하여 다음과 같이 조립해 봅니다.

▲ 수정 후

▲ 수정 전

조립품의 V-벨트 풀리를
스퍼기어로 변경해 봅니다.

V-벨트 풀리	스퍼기어

② 부품의 ①~⑩번은 직접 모델링하고 나머지 부품은 공용 부품으로 Standard(mm).iam의 "컨텐츠센터"에서 불러오기하여 조립하면 작업이 쉽고 시간이 단축됩니다. 실무에서는 공용 부품을 KS 규격집에서 상세치수를 찾아 모델링해야 될 경우도 있으니 참고하도록 합니다.

① 본체	② 앞 커버	③ 뒤 커버	④ V-벨트 풀리
⑤ 축	⑥ 링크	⑦ 부시	⑧ 슬라이드
⑨ 연결핀 5×18	⑩ 고정핀 1.2×8	베어링 6201	오일실
ISO 2341 B	KS B 1320 C	KS B 2023 (12×32×10)	KS B 2804 D(12×25×7)
⑬ 키	⑭ 볼트	⑮ 멈춤나사	
JIS B 1301 (4×4×10)	KS B 1003 (M4×12)	KS B 1028-원추점 (M3×8)	

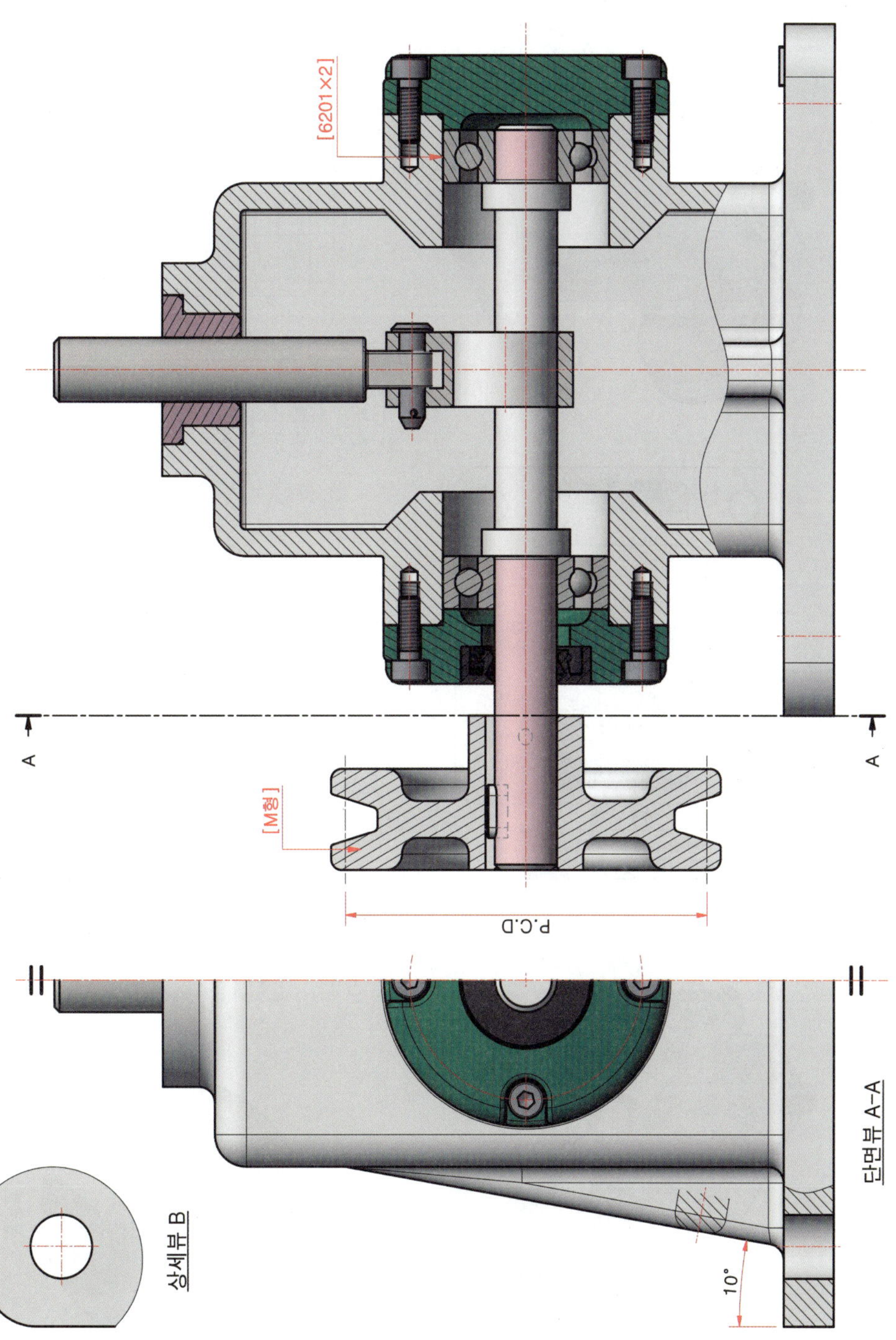
[6201×2]
[M형]
A
A
P.C.D
단면뷰 A-A
상세뷰 B
10°

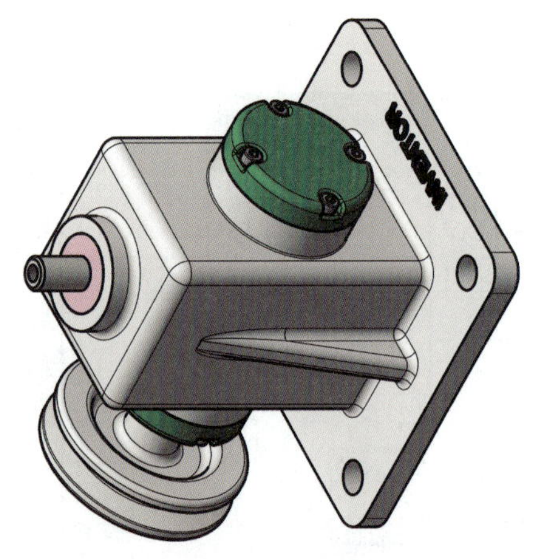

항목	부품 번호	수량
	부품 리스트	
1	본체	1
2	앞커버	1
3	뒤커버	1
4	V벨트풀리	1
5	편심축	1
6	링크	1
7	부시	1
8	슬라이드	1
9	베어링 12 x 32 x 10	2
10	오일실 12 25 7	1
11	키 4 x 4 x 10	1
12	볼트 M4 x 12	8
13	멈춤나사 M3x8	1
14	핀 5 x 18	1
15	고정판	1

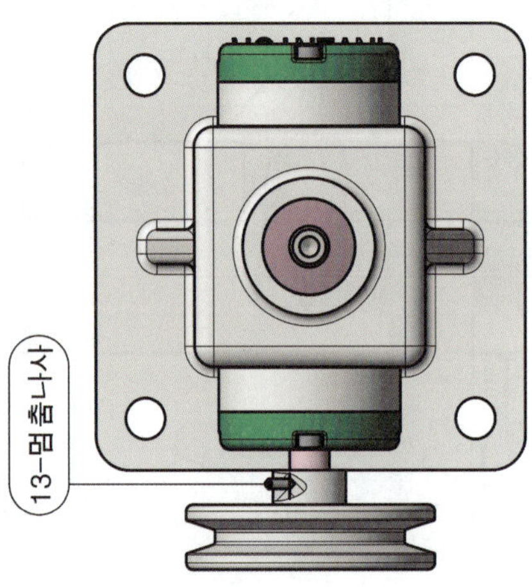

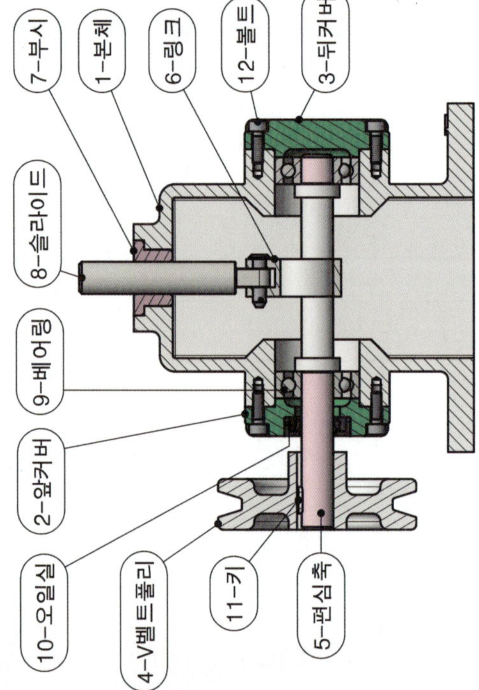

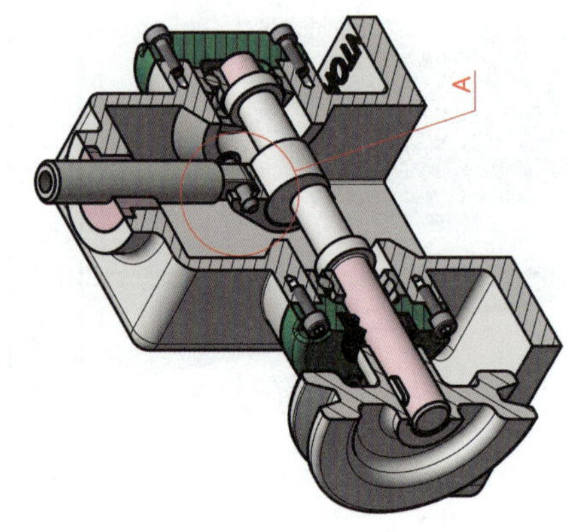

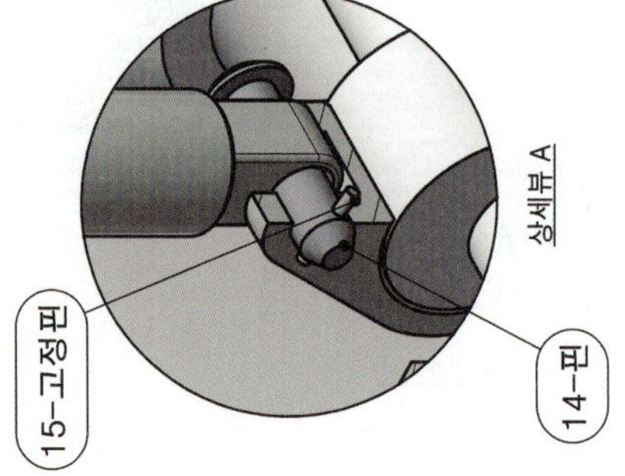

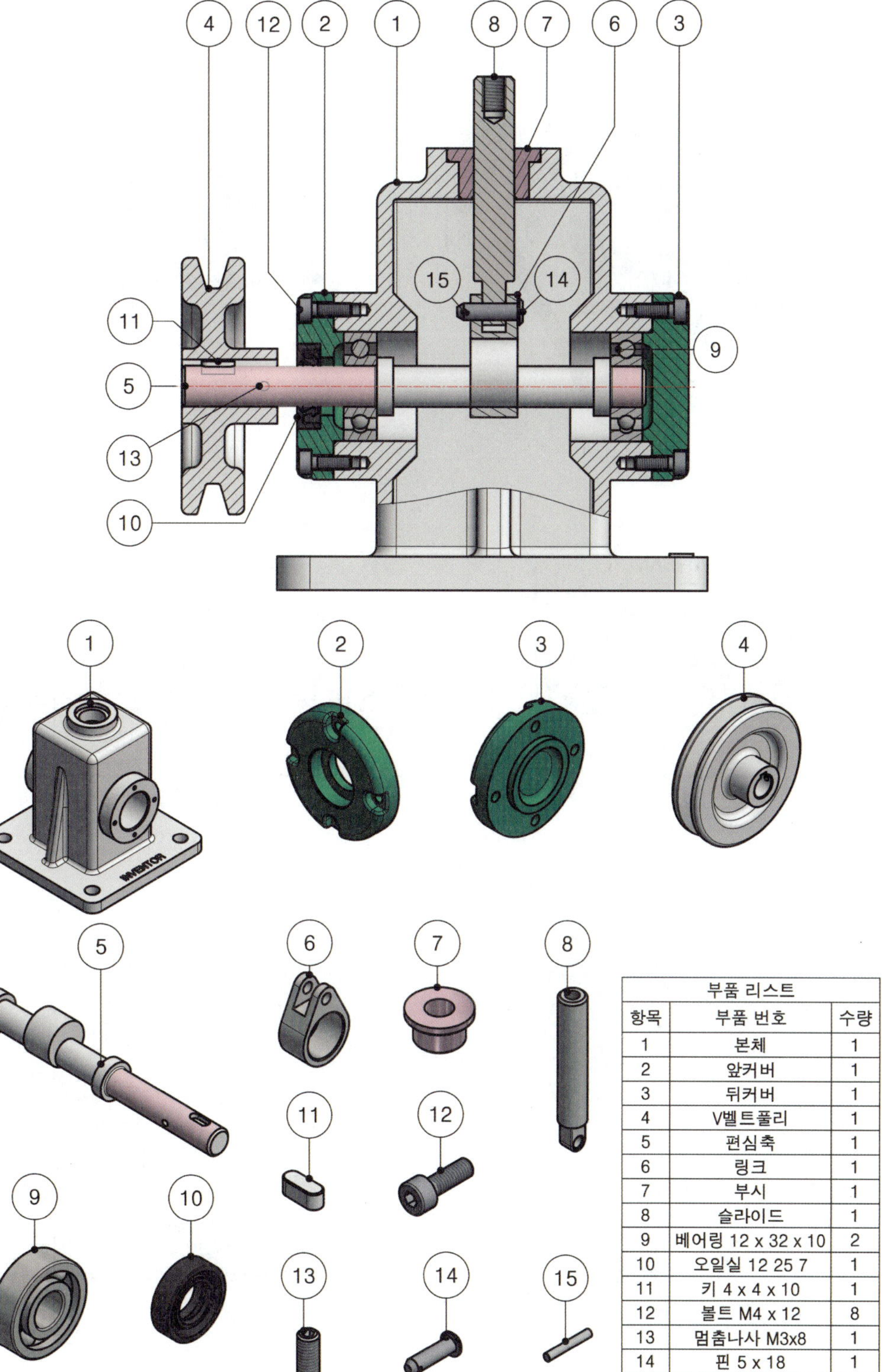

항목	부품 번호	수량
1	본체	1
2	앞커버	1
3	뒤커버	1
4	V벨트풀리	1
5	편심 축	1
6	링크	1
7	부시	1
8	슬라이드	1
9	베어링 12 x 32 x 10	2
10	오일실 12 25 7	1
11	키 4 x 4 x 10	1
12	볼트 M4 x 12	8
13	멈춤나사 M3x8	1
14	핀 5 x 18	1
15	고정핀	1

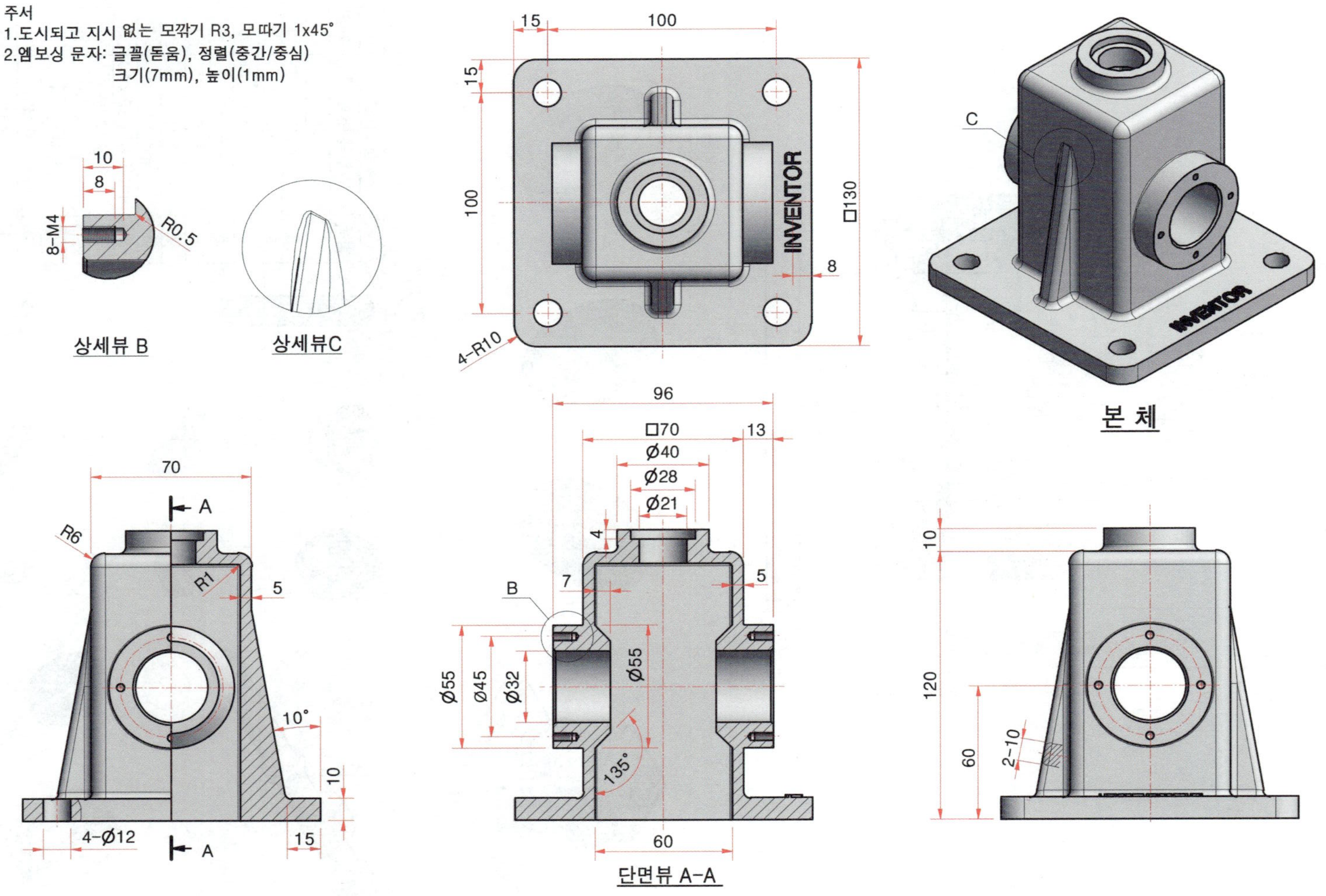

주서
1. 도시되고 지시 없는 모깎기 R3, 모따기 1x45°
2. 엠보싱 문자: 글꼴(돋움), 정렬(중간/중심)
   크기(7mm), 높이(1mm)
10
8
8-M4
R0.5
상세뷰 B
상세뷰C
15
100
15
100
INVENTOR
□130
8
4-R10
C
INVENTOR
본 체
96
□70
Ø40
Ø28
Ø21
13
4
7
5
B
Ø55
Ø45
Ø32
Ø55
135°
60
단면뷰 A-A
70
A
R6
R1
5
10°
10
4-Ø12
A
15
10
120
60
2-10

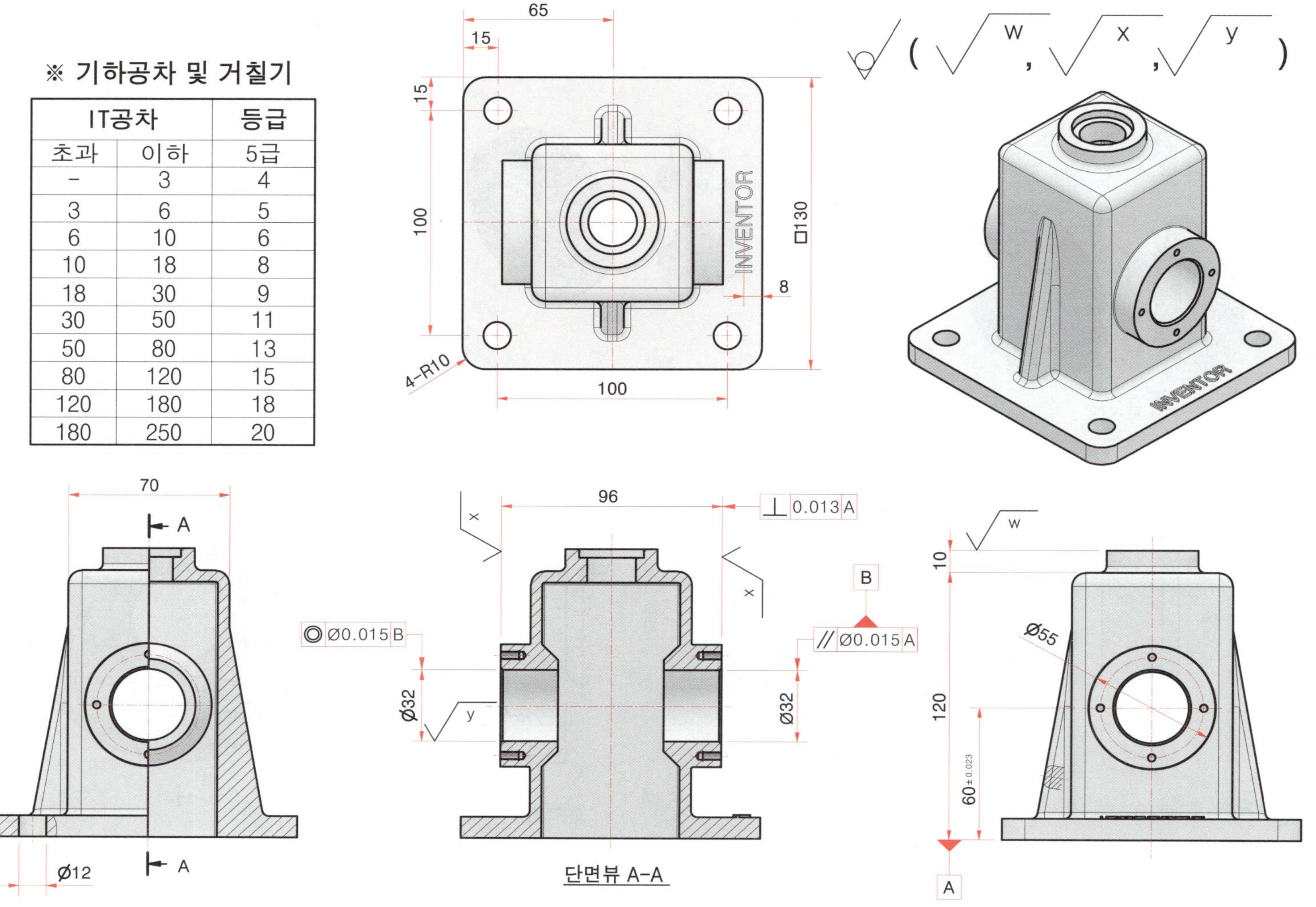

※ 기하공차 및 거칠기

IT공차		등급
초과	이하	5급
−	3	4
3	6	5
6	10	6
10	18	8
18	30	9
30	50	11
50	80	13
80	120	15
120	180	18
180	250	20

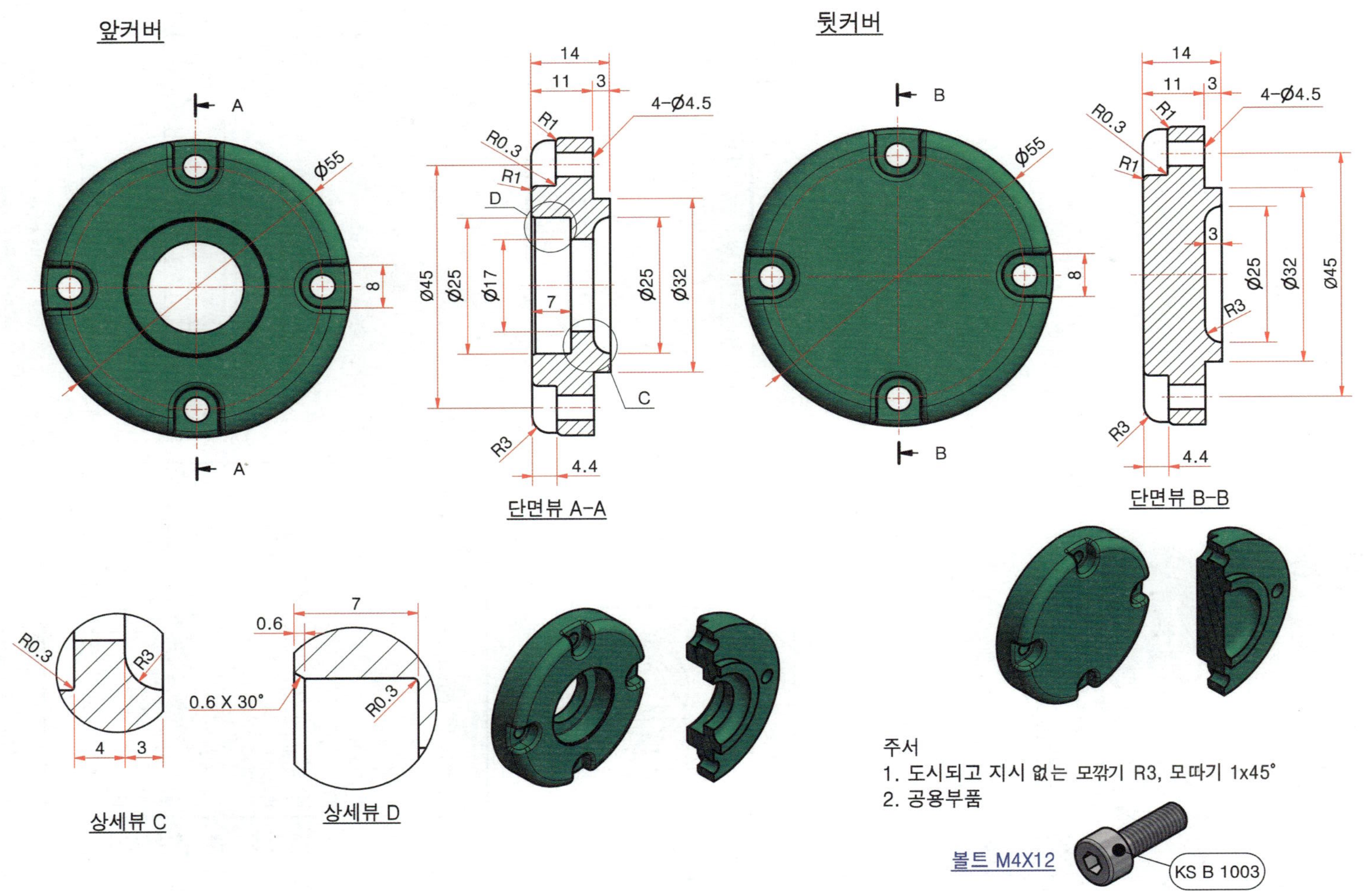
앞커버
뒷커버
Ø55
A
A
8
14
11
3
R1
R0.3
R1
D
Ø45
Ø25
Ø17
7
Ø25
Ø32
4-Ø4.5
C
R3
4.4
단면뷰 A-A
B
B
Ø55
8
14
11
3
R0.3
R1
R1
4-Ø4.5
3
Ø25
Ø32
Ø45
R3
R3
4.4
단면뷰 B-B
R0.3
R3
4
3
상세뷰 C
0.6
7
0.6 X 30°
R0.3
상세뷰 D
주서
1. 도시되고 지시 없는 모깎기 R3, 모따기 1x45°
2. 공용부품
볼트 M4X12
KS B 1003

TIP) 축 작성 시 KS 규격집 적용
1. 베어링이 체결되는 부위는 규격품으로 자로 측정하지 않고, 축 지름을 KS 규격집에서 찾음
2. 축 지름과 커버의 오일실 폭을 측정하여 KS 규격집의 오일실 부착관계를 참고
3. 키 홈 등 KS 규격집 참고
4. 오일실(KS B 2804)과 깊은 홈 볼 베어링(KS B 2023)은 공용부품 사용

편심축 모델링

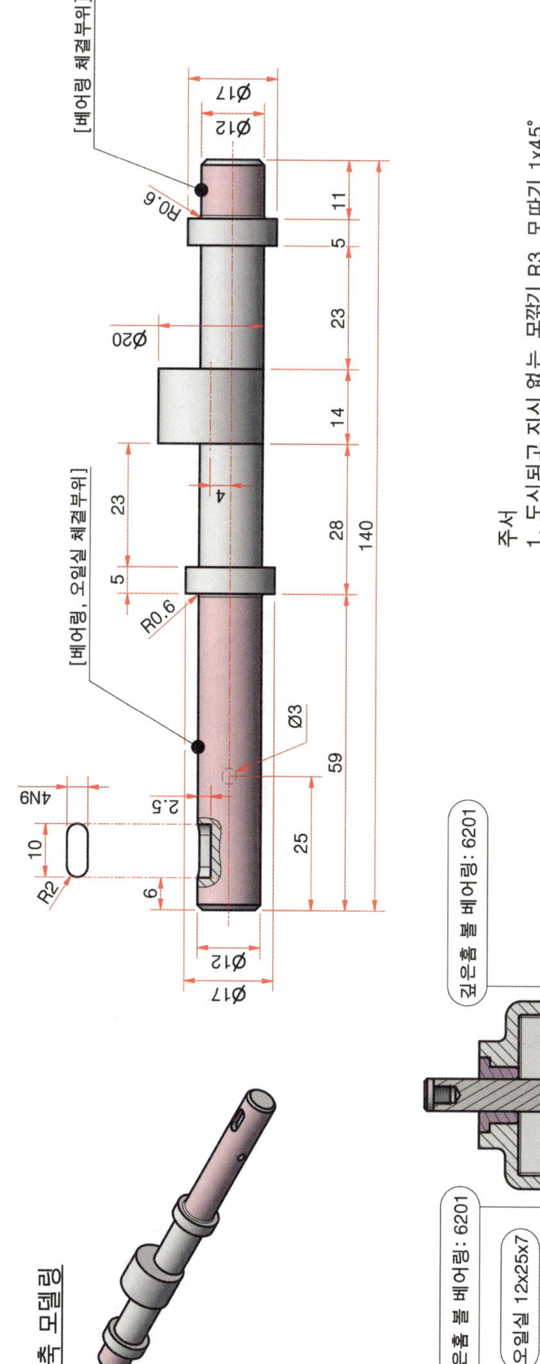

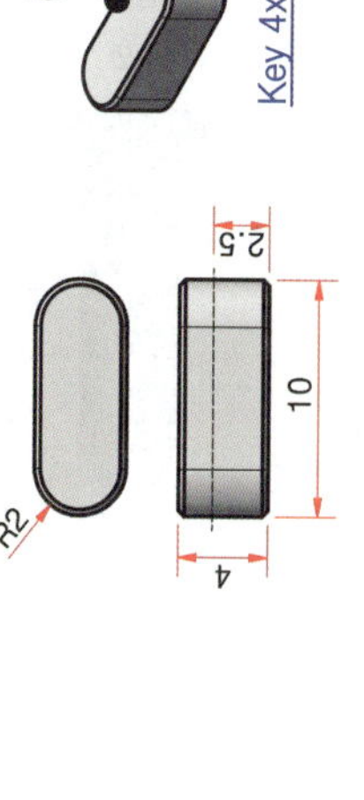

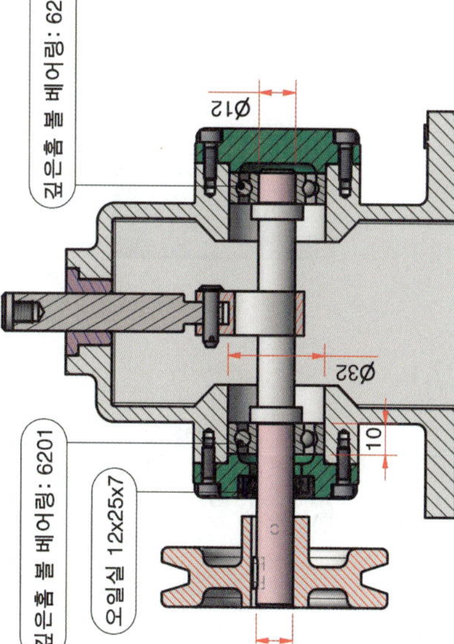

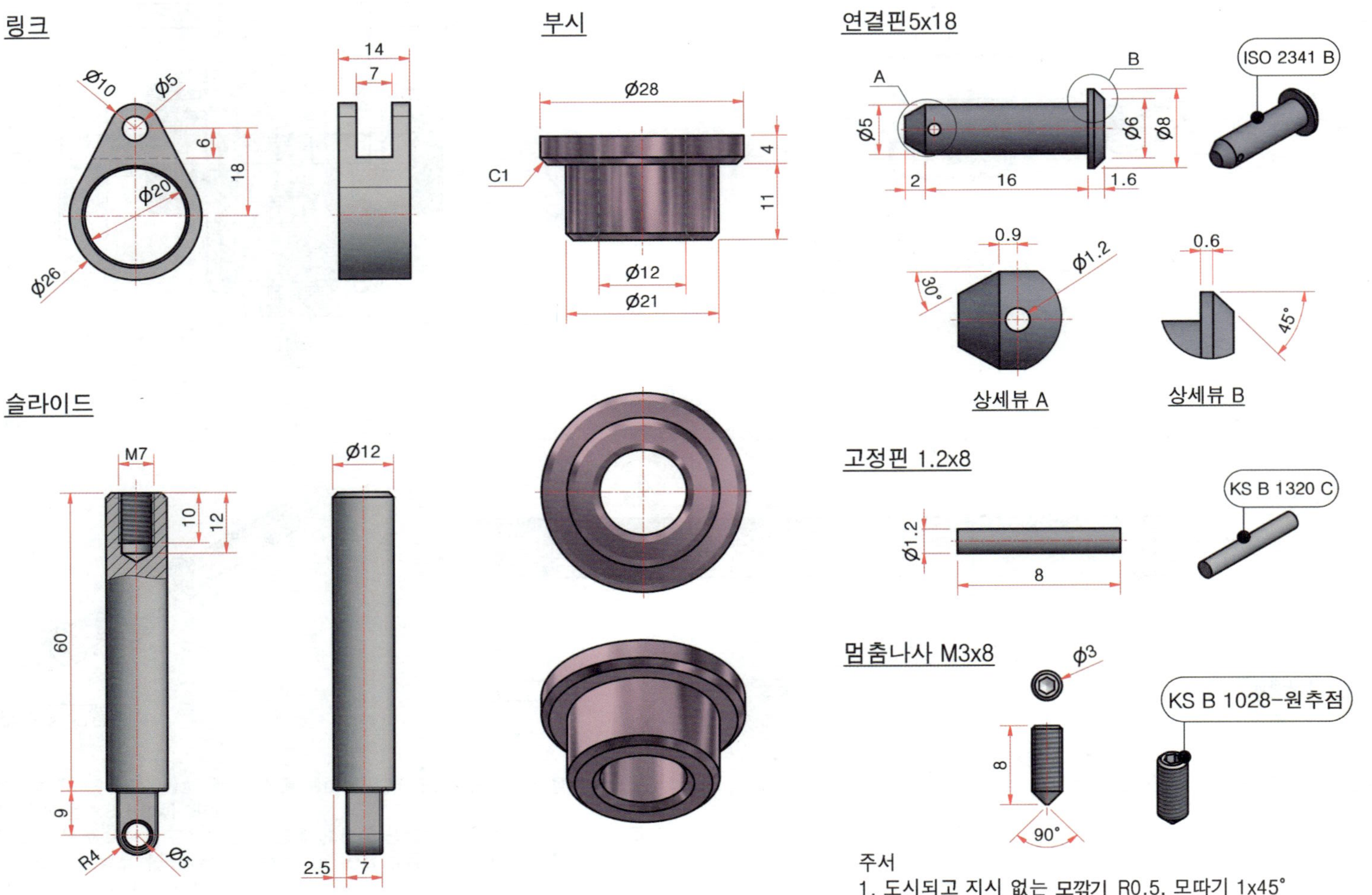
링크
Ø10
Ø5
6
18
Ø20
Ø26
14
7
부시
Ø28
C1
4
11
Ø12
Ø21
연결핀5x18
A
B
ISO 2341 B
Ø5
Ø6
Ø8
2
16
1.6
0.9
30°
Ø1.2
상세뷰 A
0.6
45°
상세뷰 B
슬라이드
M7
10
12
Ø12
60
6
R4
Ø5
2.5
7
고정편 1.2x8
Ø1.2
8
KS B 1320 C
멈춤나사 M3x8
φ3
8
90°
KS B 1028-원추점
주서
1. 도시되고 지시 없는 모깎기 R0.5, 모따기 1x45°

스퍼기어 요목표

스퍼기어 요목표		표준
기어치형		표준
공구	모듈	2
	치형	보통이
	압력각	20°
전체이높이		4.5
피치원 지름		Ø70
잇 수		35
다듬질방법		호브절삭
정밀도		KS B ISO 1328-1,4급

IT공차

IT공차		등급
초과	이하	5급
–	3	4
3	6	5
6	10	6
10	18	8
18	30	9
30	50	11
50	80	13
80	120	15
120	180	18
180	250	20

스퍼기어 [M:2 Z:35]

1.57(2*0.785)
1(2/2)
0.5(2/4)
R0.5

V-벨트 풀리 [M형]

주서
1. 도시되고 지시없는 모따기 R3, 모따기 1×45°

상세부 A

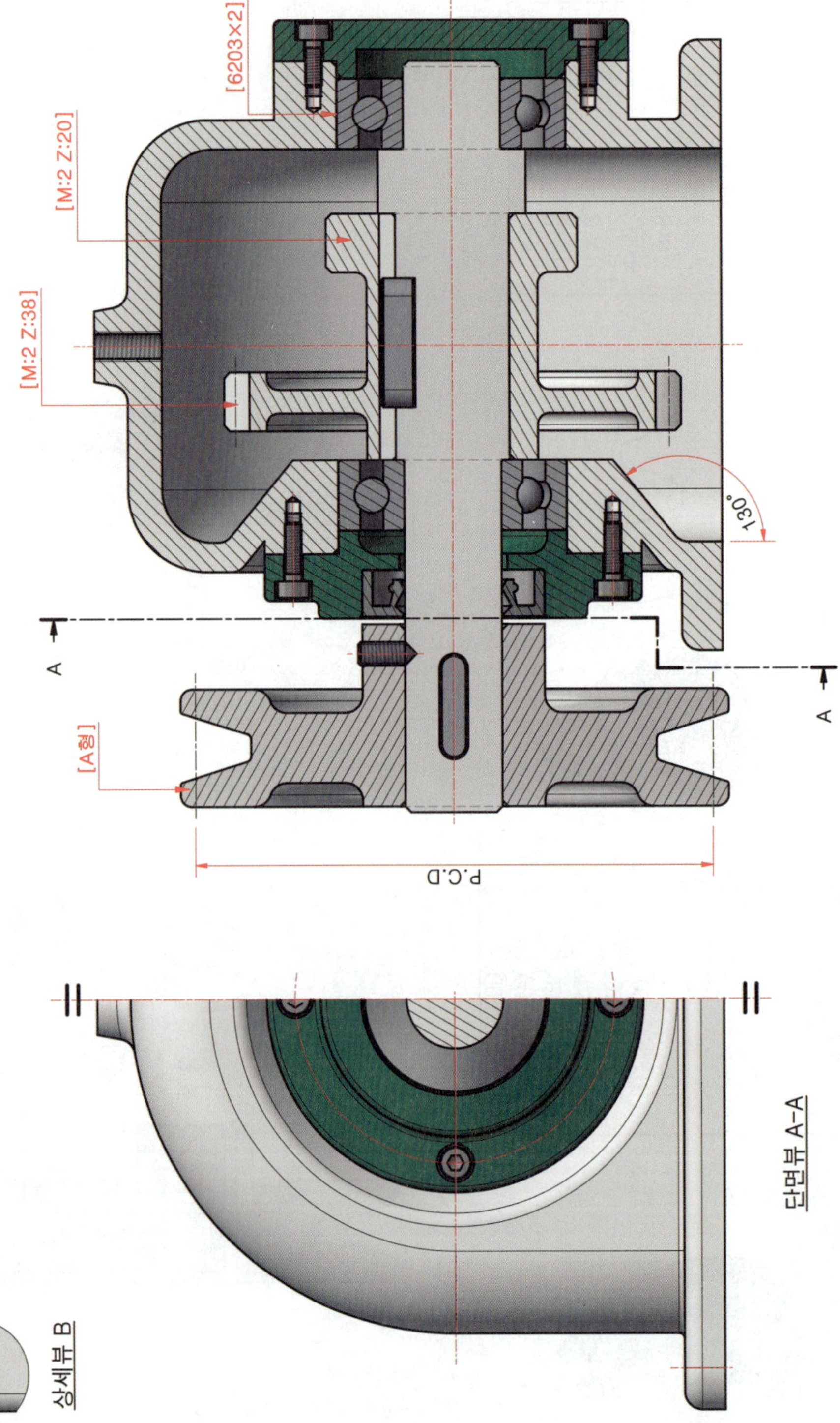

[6203×2]
[M:2 Z:20]
[M:2 Z:38]
130°
A
A
[A형]
P.C.D
단면부 A-A
상세부 B

항목	부품 번호	수량
	부품 리스트	
1	본체	1
2	앞커버	1
3	뒤커버	1
4	V-벨트풀리	1
5	스퍼기어	1
6	축	1
7	베어링 6203	2
8	오일실 17 32 8	1
9	키 - 6 x 6 x 22	1
10	키 - 5 x 5 x 18	1
11	볼트 - M3 x 10	4
12	볼트 - M3 x 8	4
13	멈춤나사 - M4x10	1

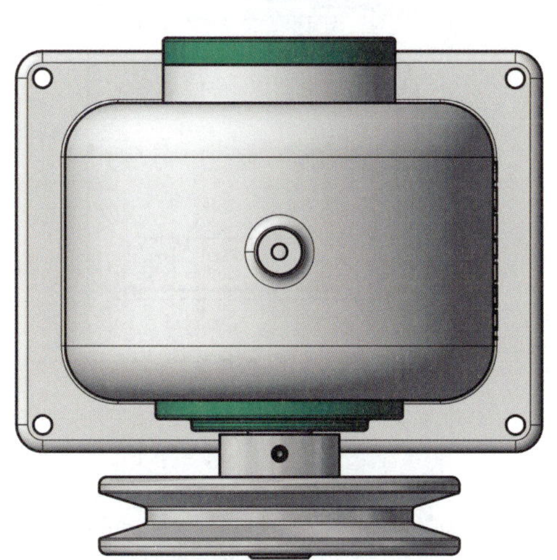

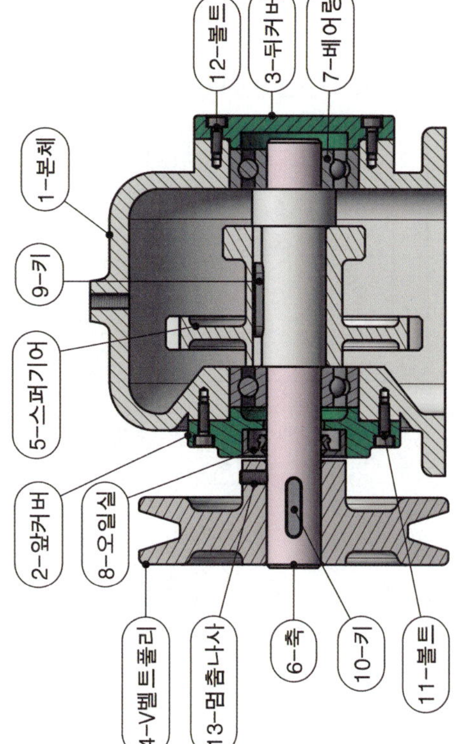

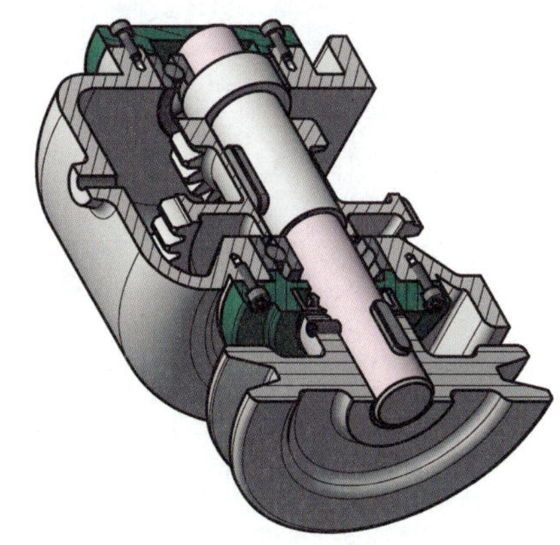

PART **2** 인벤터 실력 쌓기

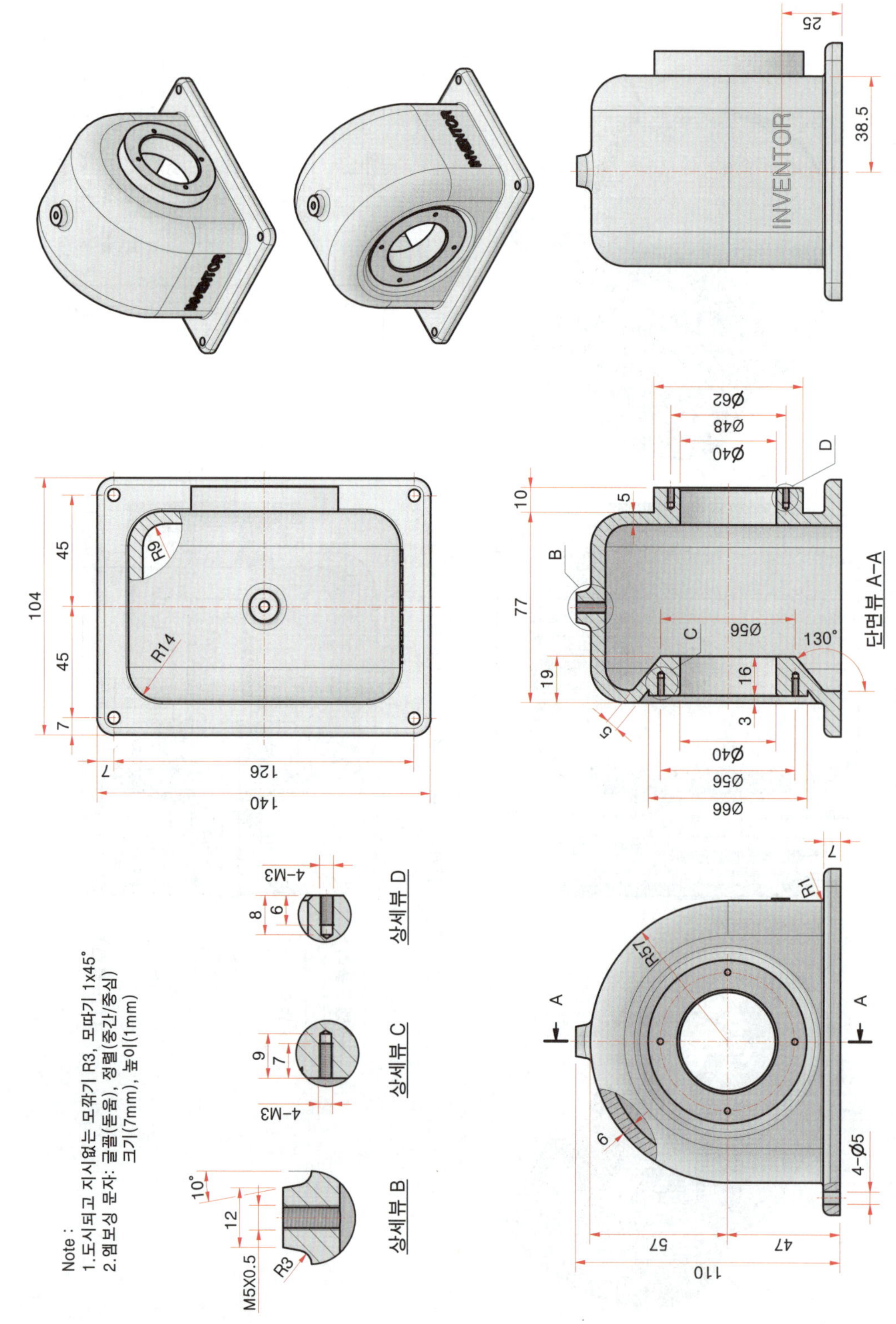
INVENTOR
단면도 A-A
상세부 B
상세부 C
상세부 D
Note :
1. 도시되고 지시없는 모깎기 R3, 모따기 1x45°
2. 엔버싱 문자: 글꼴(돋움), 정렬(중간/중심)
   크기(7mm), 높이(1mm)

V-벨트 풀리 [A형]

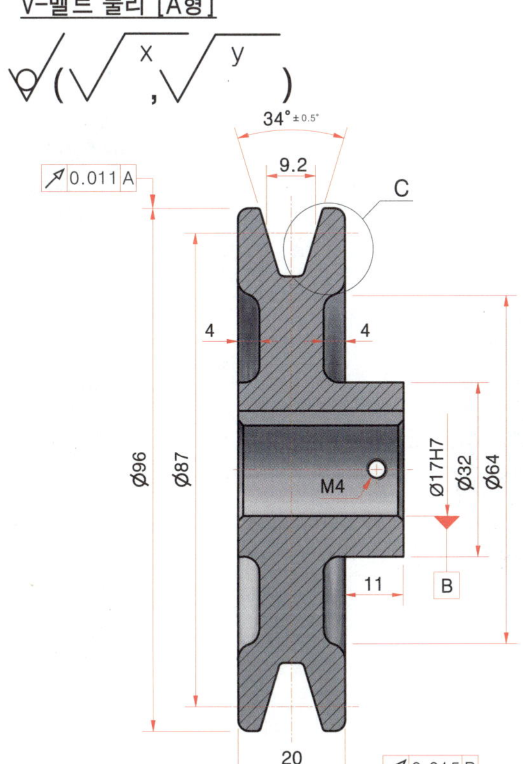

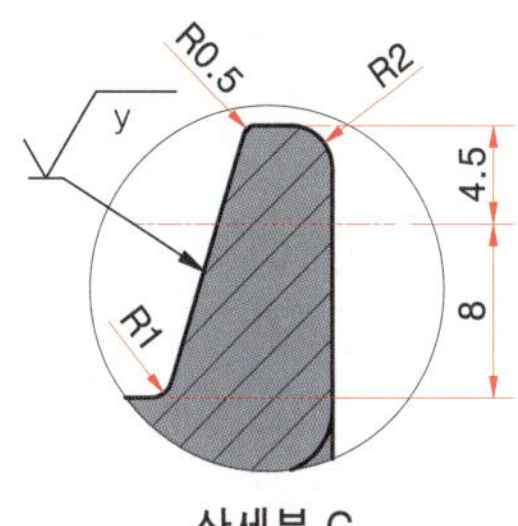

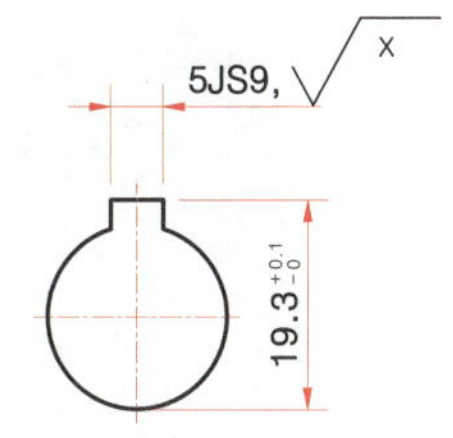

주서
1. 도시되고 지시없는 모깎기 R3, 모따기 1x45°
2. 공용부품

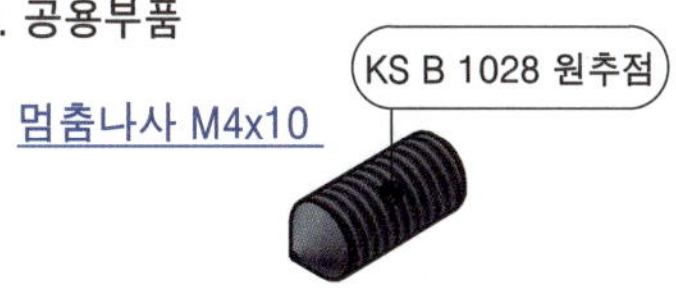

스퍼기어 [M:2 Z:38, Z:20]

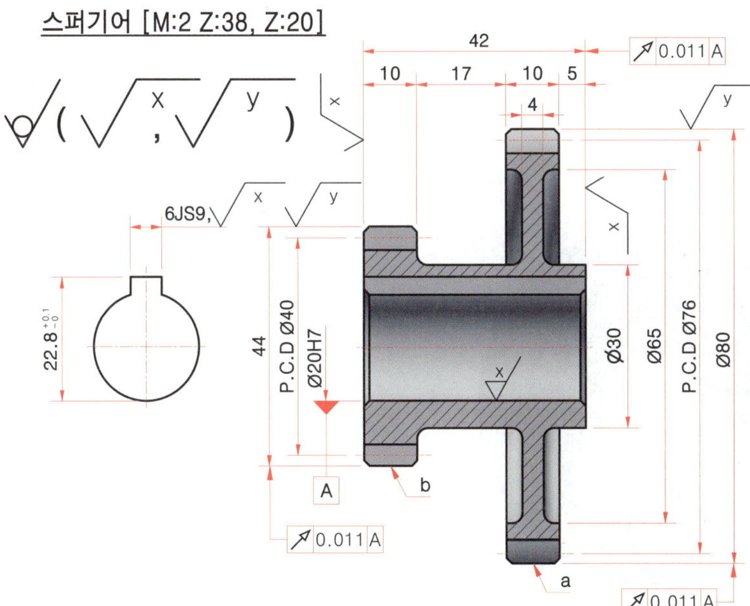

스퍼기어 요목표			
		a	b
기어치형		표준	
공 구	모듈	2	
	치형	보통이	
	압력각	20°	
전체이높이		4.5	
피치원 지름		Ø76	Ø40
잇 수		38	20
다듬질방법		호브절삭	
정밀도		KS B ISO 1328-1,4급	

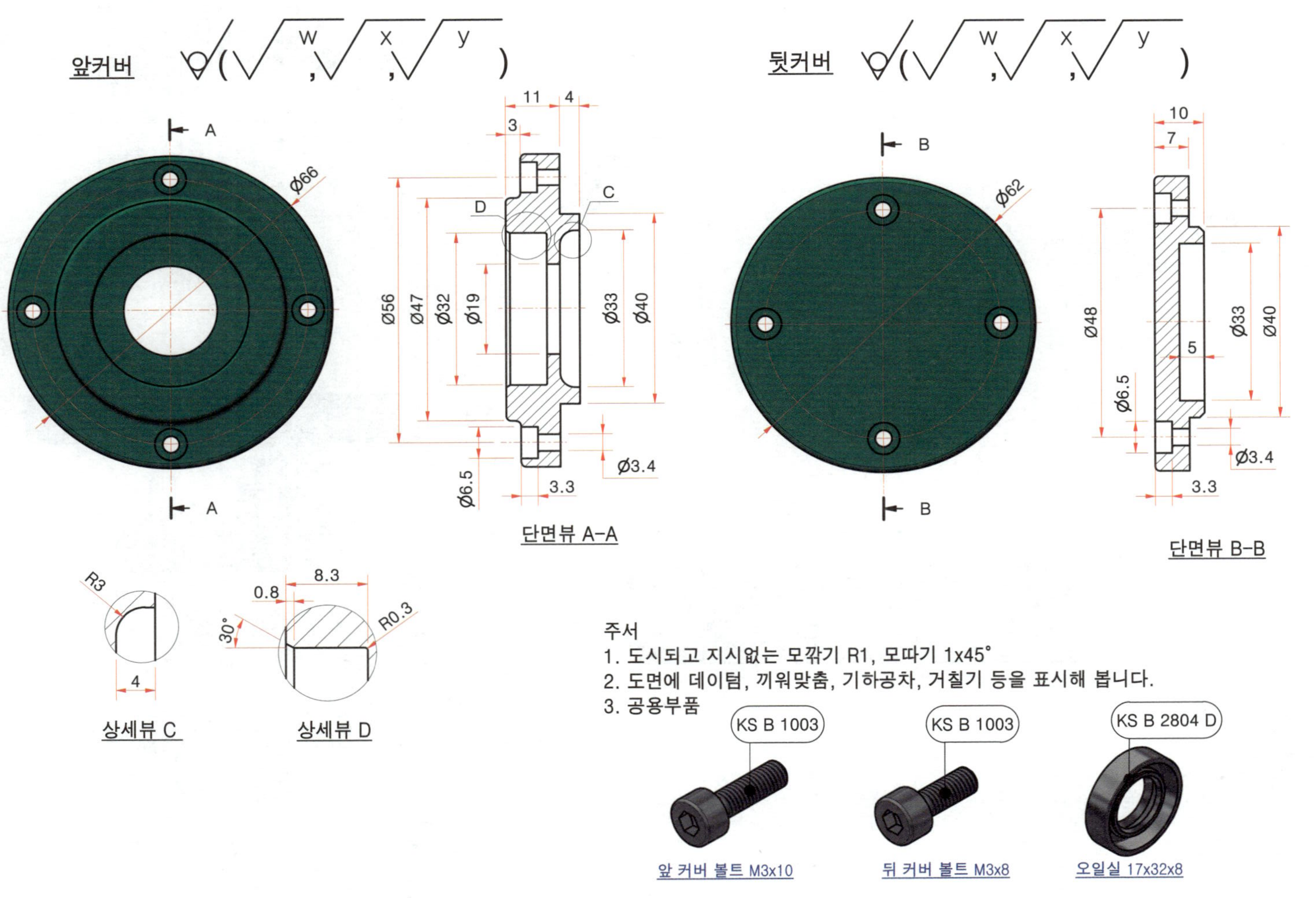
앞커버
∇(√w , √x , √y)
A
A
Ø66
Ø56
Ø47
Ø32
Ø19
Ø33
Ø40
11
4
3
Ø6.5
3.3
Ø3.4
D
C
단면뷰 A-A
뒷커버
∇(√w , √x , √y)
B
B
Ø62
Ø48
Ø6.5
10
7
5
Ø33
Ø40
Ø3.4
3.3
단면뷰 B-B
R3
4
상세뷰 C
8.3
0.8
30°
R0.3
상세뷰 D
주서
1. 도시되고 지시없는 모깎기 R1, 모따기 1x45°
2. 도면에 데이텀, 끼워맞춤, 기하공차, 거칠기 등을 표시해 봅니다.
3. 공용부품
KS B 1003
앞 커버 볼트 M3x10
KS B 1003
뒤 커버 볼트 M3x8
KS B 2804 D
오일실 17x32x8

주서

1. 도시되고 지시없는 모깎기 R3, 모따기 1x45°
2. 도면에 데이텀, 끼워맞춤, 기하공차, 거칠기 등을 표시해 봅니다.
3. 공용부품

축 모델링 $\sqrt{}^{x}\left(\sqrt{}^{y}\right)$

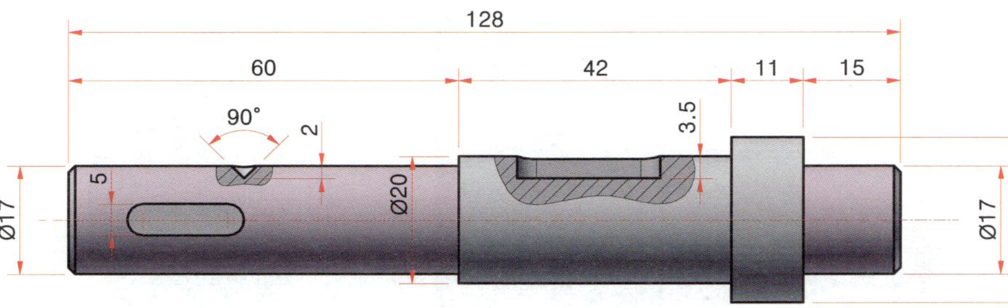

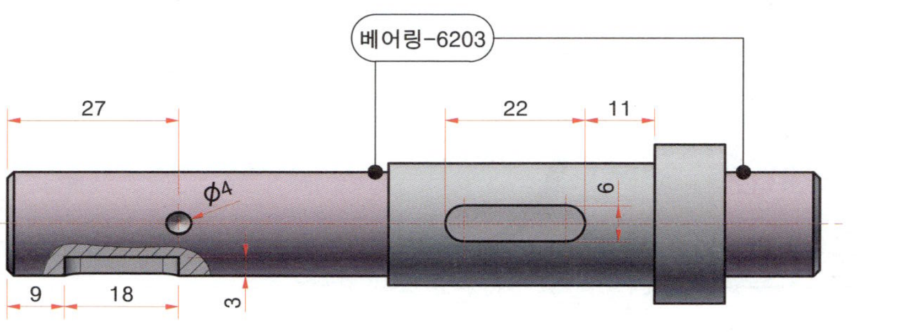

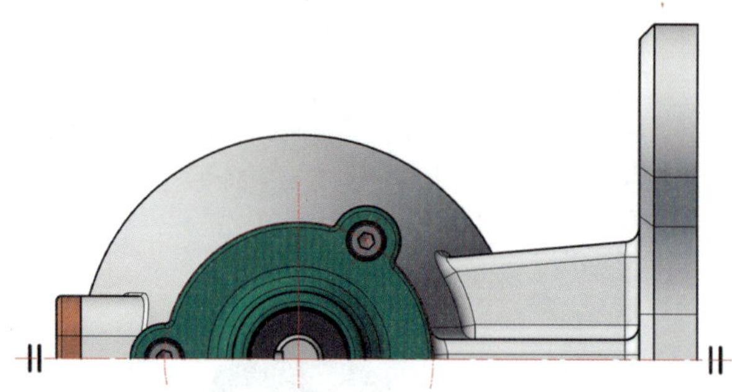

단면도 A–A
[6200]
[6203]
[M형]
A
A
P.C.D
95°

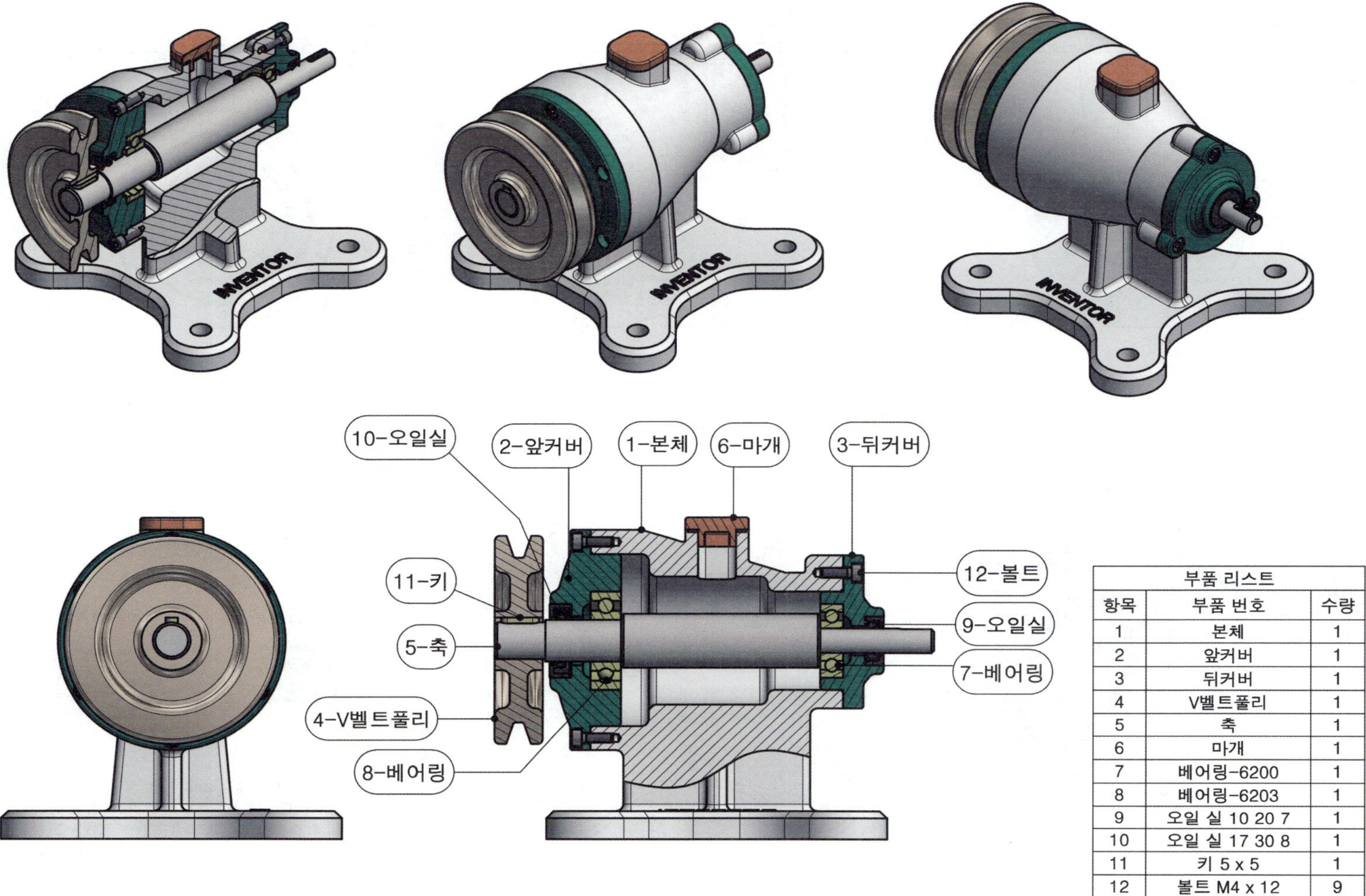

부품 리스트		
항목	부품 번호	수량
1	본체	1
2	앞커버	1
3	뒤커버	1
4	V벨트풀리	1
5	축	1
6	마개	1
7	베어링-6200	1
8	베어링-6203	1
9	오일 실 10 20 7	1
10	오일 실 17 30 8	1
11	키 5 x 5	1
12	볼트 M4 x 12	9

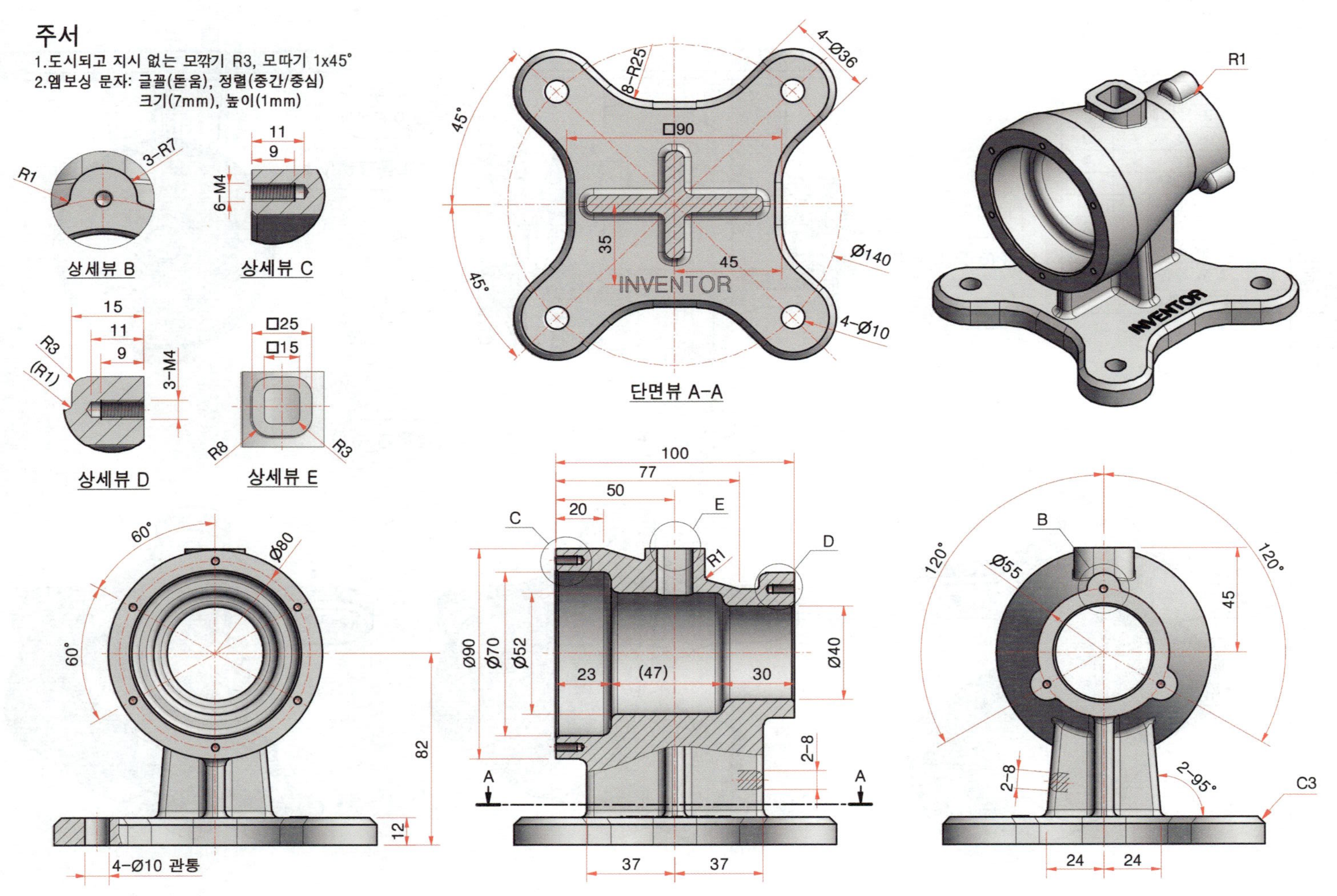
주서
1.도시되고 지시 없는 모깎기 R3, 모따기 1x45°
2.엠보싱 문자: 글꼴(돋움), 정렬(중간/중심)
　크기(7mm), 높이(1mm)
R1
3-R7
상세뷰 B
11
9
6-M4
상세뷰 C
15
11
9
R3
(R1)
3-M4
상세뷰 D
□25
□15
R8
R3
상세뷰 E
45°
8-R25
4-Ø36
□90
35
45
Ø140
INVENTOR
4-Ø10
45°
단면뷰 A-A
R1
INVENTOR
100
77
50
20
C
E
R1
D
Ø90
Ø70
Ø52
23
(47)
30
Ø40
2-8
A
A
60°
60°
Ø80
82
12
4-Ø10 관통
37
37
120°
B
Ø55
120°
45
2-8
2-95°
C3
24
24

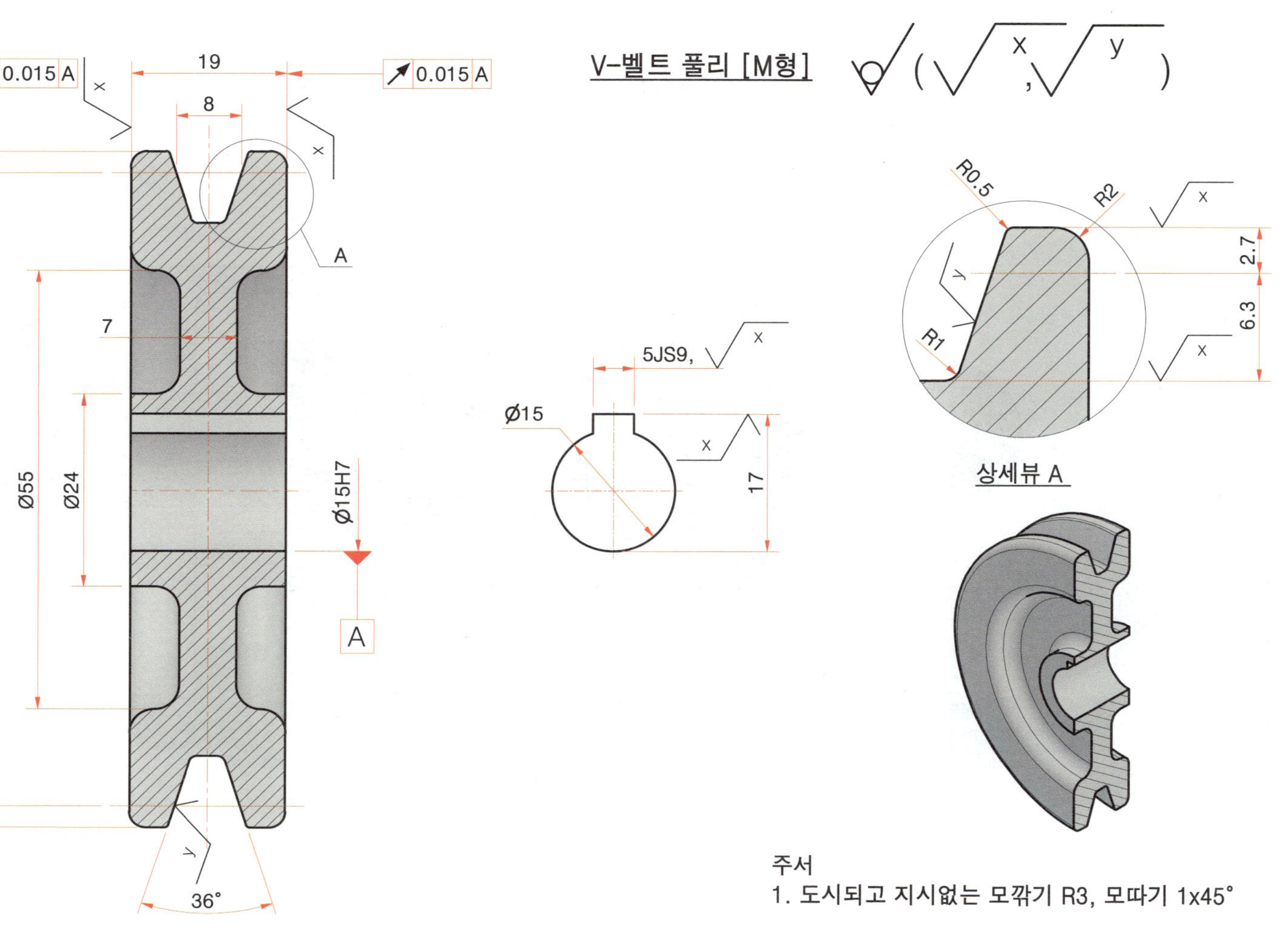

V-벨트 풀리 [M형]

상세뷰 A

R0.5
R2
R1
2.7
6.3

0.015 A
0.015 A
19
8
7
Ø15H7
(Ø85)
Ø79.6
Ø55
Ø24
A
36°

Ø15
5JS9,
17

주서
1. 도시되고 지시없는 모깎기 R3, 모따기 1x45°

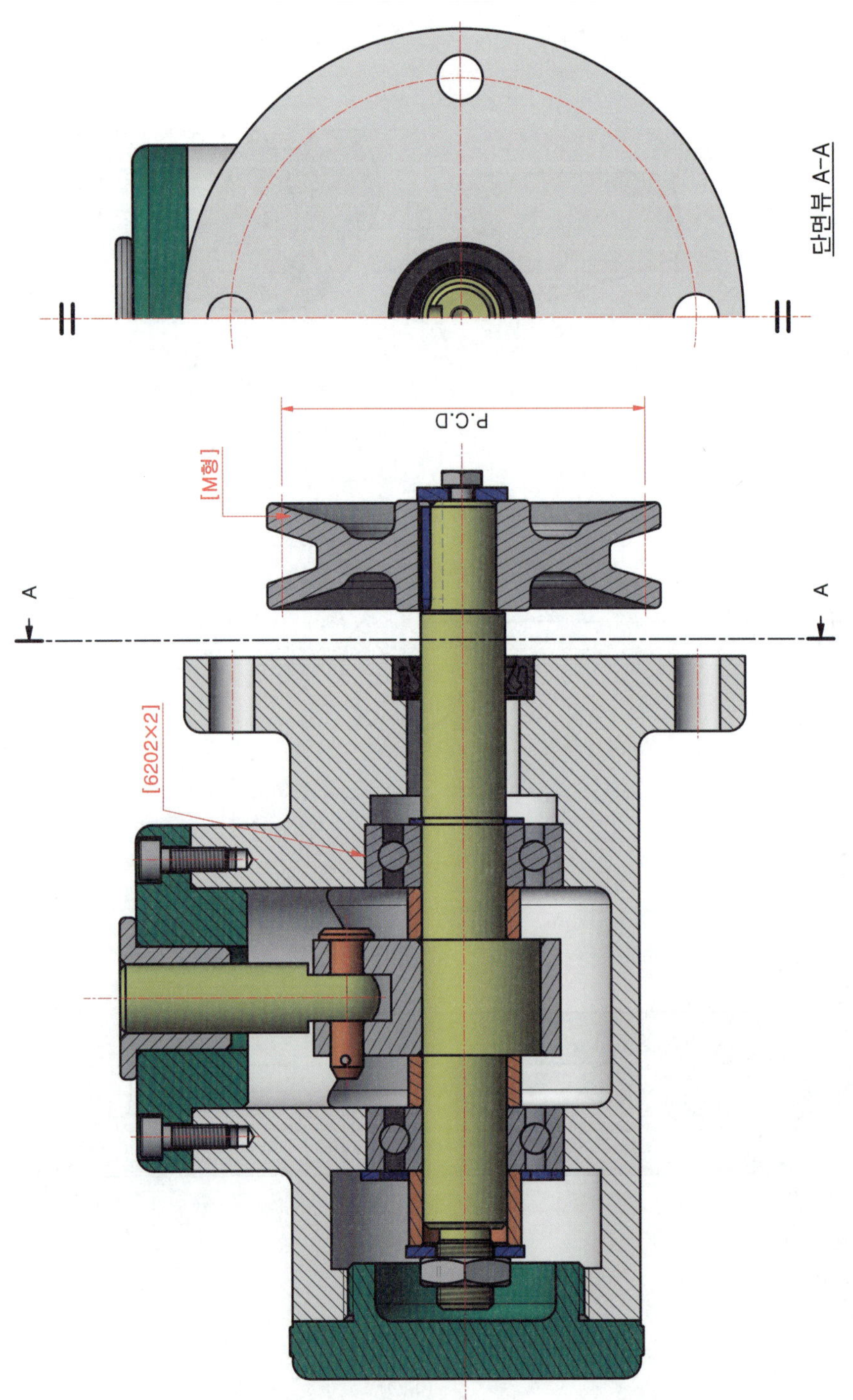
단면뷰 A-A
P.C.D
[M형]
[6202×2]
A
A

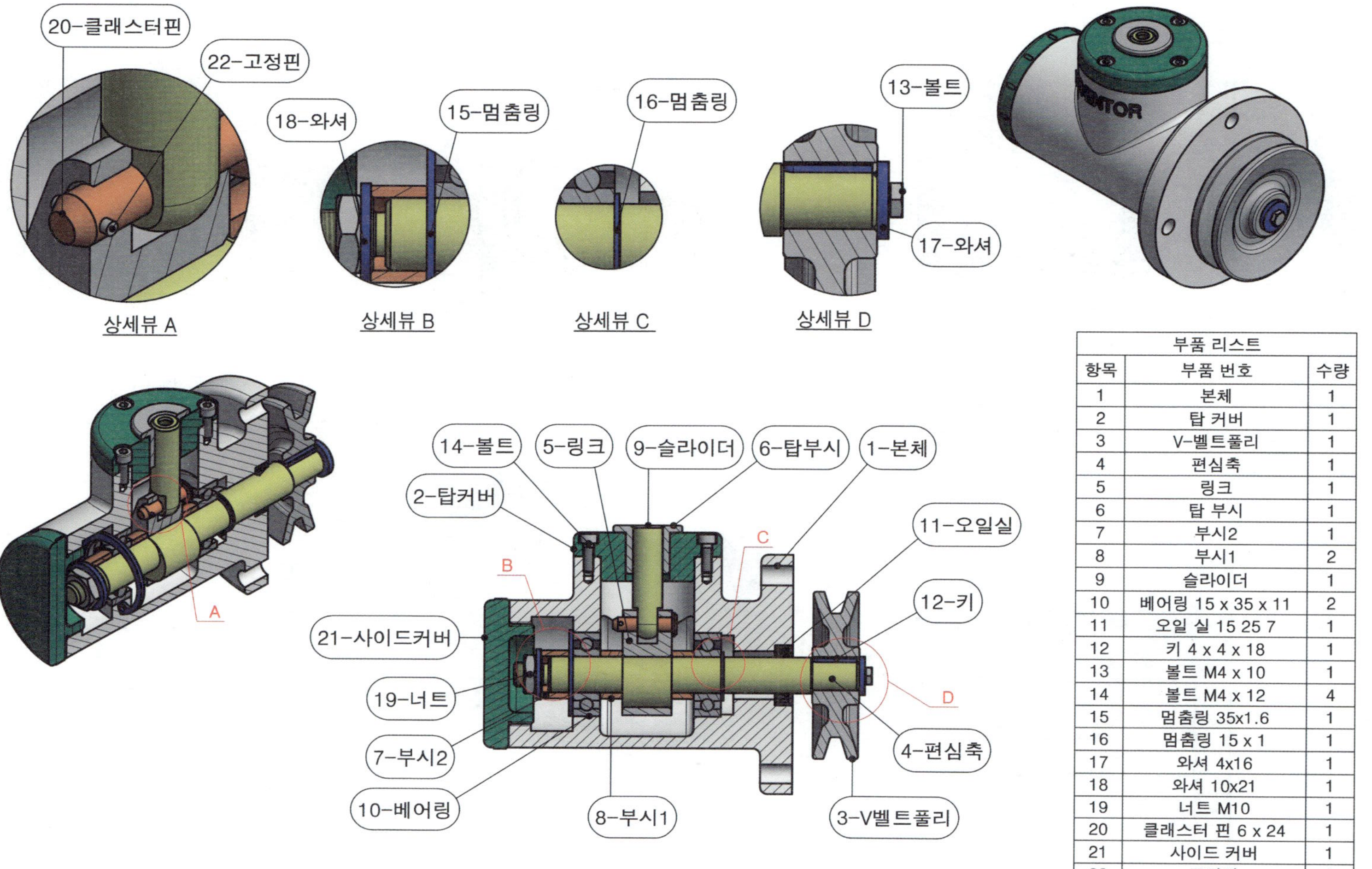

부품 리스트		
항목	부품 번호	수량
1	본체	1
2	탑 커버	1
3	V-벨트풀리	1
4	편심축	1
5	링크	1
6	탑 부시	1
7	부시2	1
8	부시1	2
9	슬라이더	1
10	베어링 15 x 35 x 11	2
11	오일 실 15 25 7	1
12	키 4 x 4 x 18	1
13	볼트 M4 x 10	1
14	볼트 M4 x 12	4
15	멈춤링 35x1.6	1
16	멈춤링 15 x 1	1
17	와셔 4x16	1
18	와셔 10x21	1
19	너트 M10	1
20	클래스터 핀 6 x 24	1
21	사이드 커버	1
22	고정핀	1

주서
1.도시되고 지시 없는 모깎기 R3, 모따기 1x45°
2.엠보싱 문자: 글꼴(돋움), 정렬(중간/중심)
　크기(7mm), 높이(1mm)

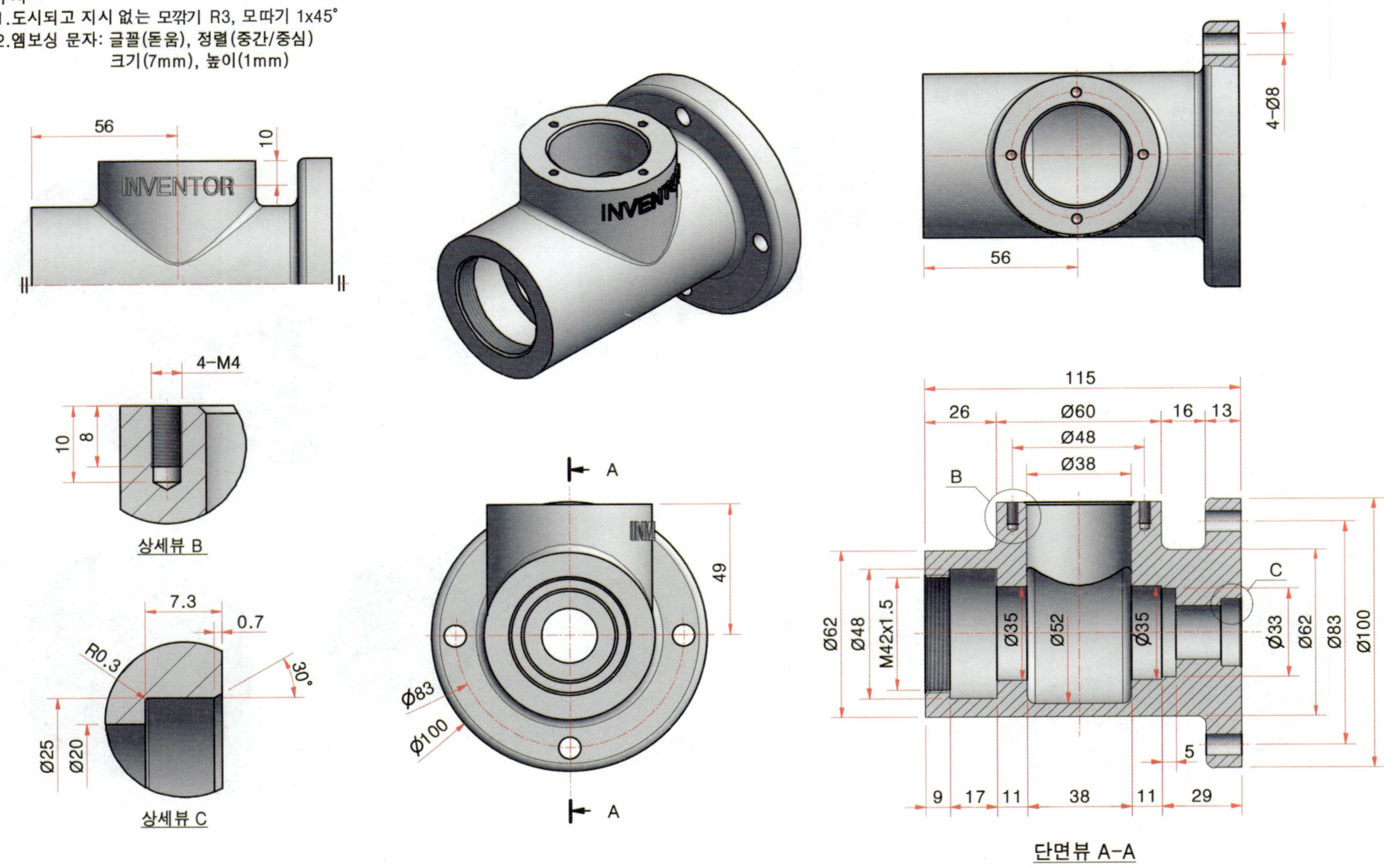

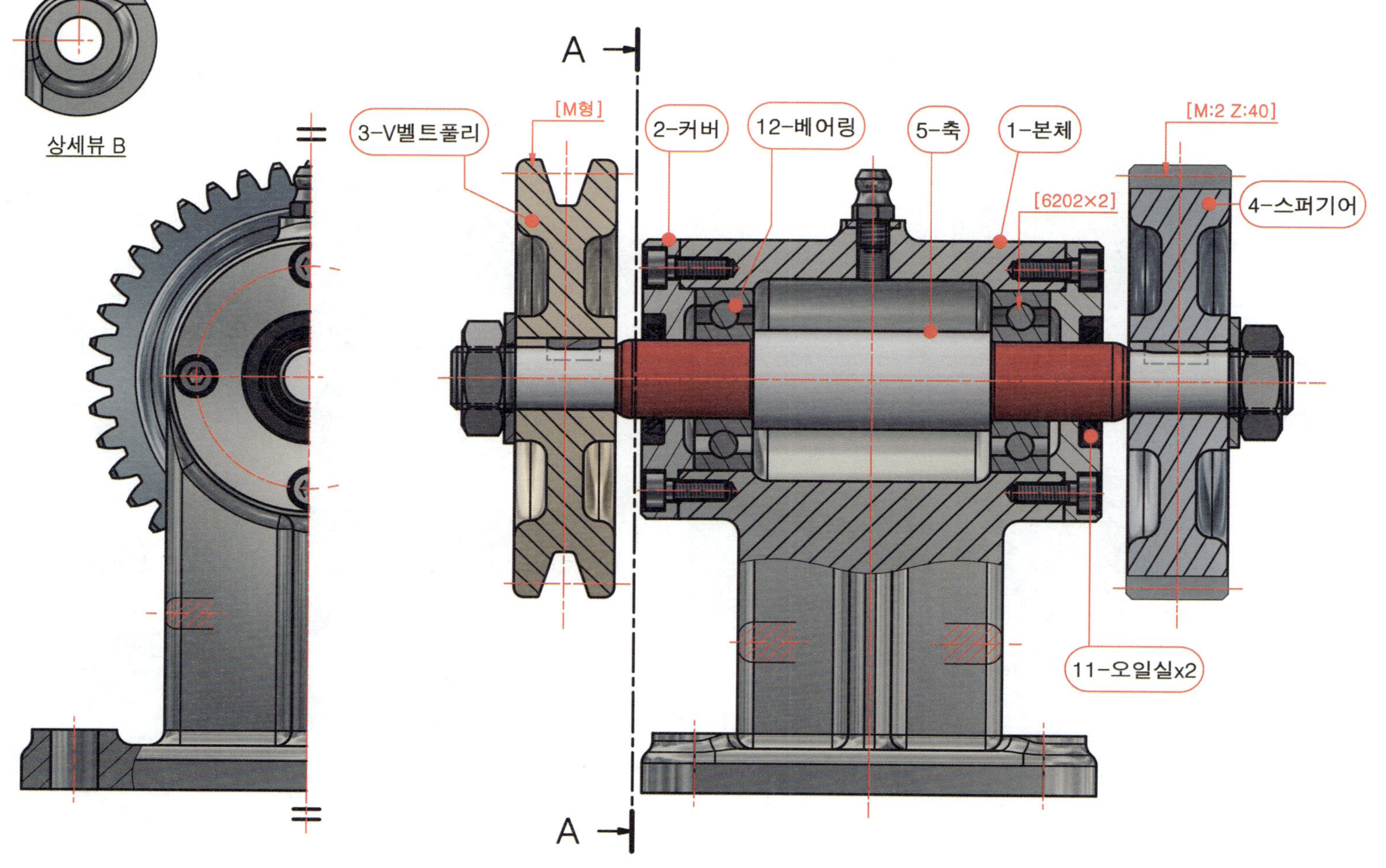

상세뷰 B
A
3-V벨트풀리
[M형]
2-커버
12-베어링
5-축
1-본체
[6202×2]
[M:2 Z:40]
4-스퍼기어
11-오일실x2
A

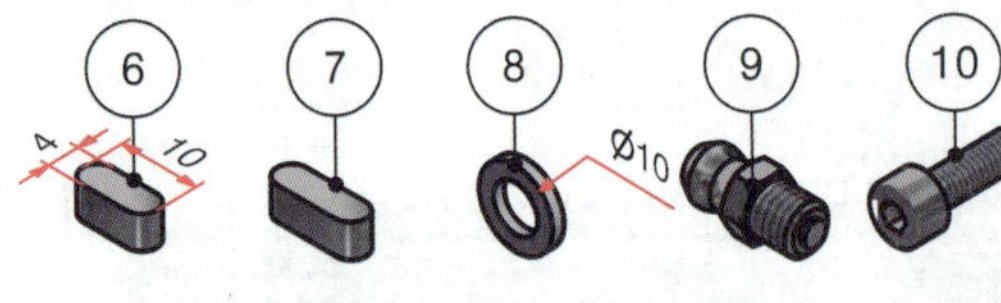

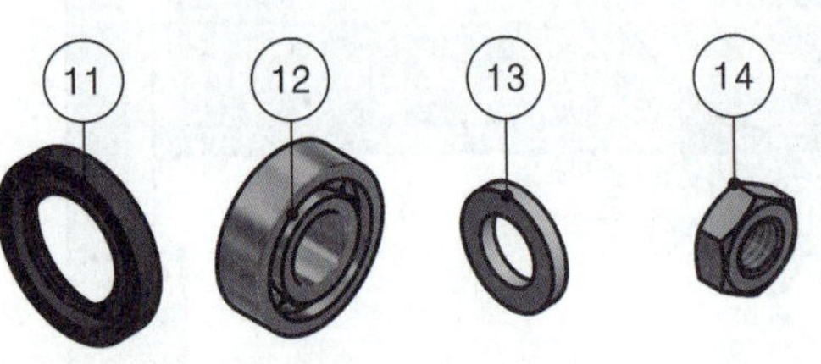

부품 리스트		
항목	부품 번호	수량
1	본체	1
2	커버	2
3	V벨트풀리[M-TYPE]	1
4	스퍼기어	1
5	축	1
6	key10x4	1
7	key12x4	1
8	와셔 [10x6]	1
9	공용부품 SBHGN A M6 IS 4009	1
10	공용부품 KS B 1003 – M 4 x 12	8
11	공용부품 JIS B 2402 – 15 25 4 A	2
12	공용부품 베어링 KS B 2023 – 6202	2
13	공용부품 KS B 1326 – 12x21	2
14	공용부품 ANSI B18.2.4.5M – M12 x 1.75	2

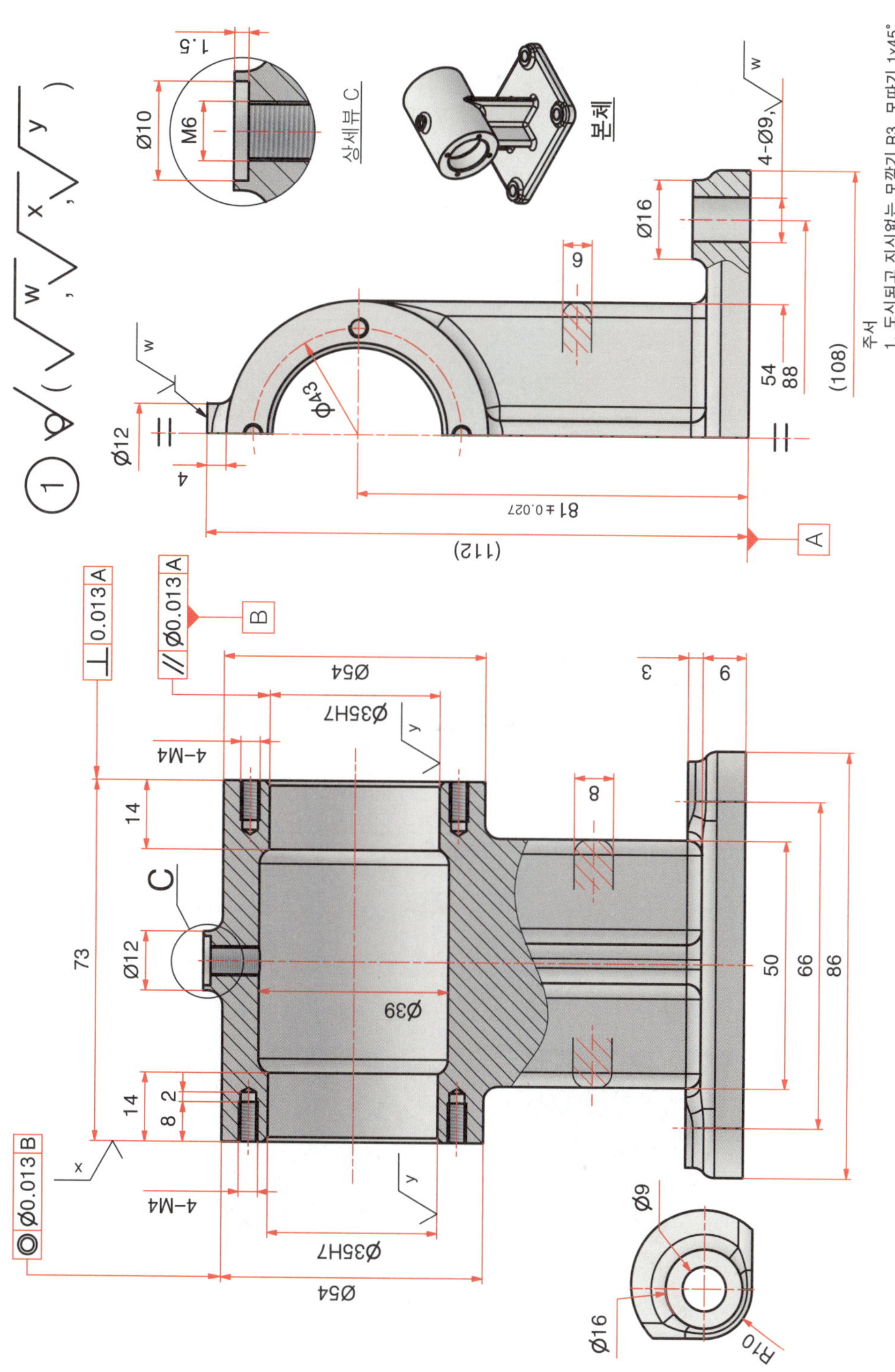
상세부 C
본체
주서
1. 도시되고 지시없는 모떼기는 R3, 머떼기 1x45°
4-Ø9,
Ø16
(108)
54
88
9
Ø12
Ø43
4
81±0.027
(112)
A
M6
Ø10
1.5
0.013 A
Ø0.013 A
B
4-M4
Ø35H7
Ø54
3
6
14
C
Ø12
Ø39
73
50
66
86
8
14
8 2
4-M4
Ø35H7
Ø54
x
y
Ø0.013 B
Ø9
Ø16
R10

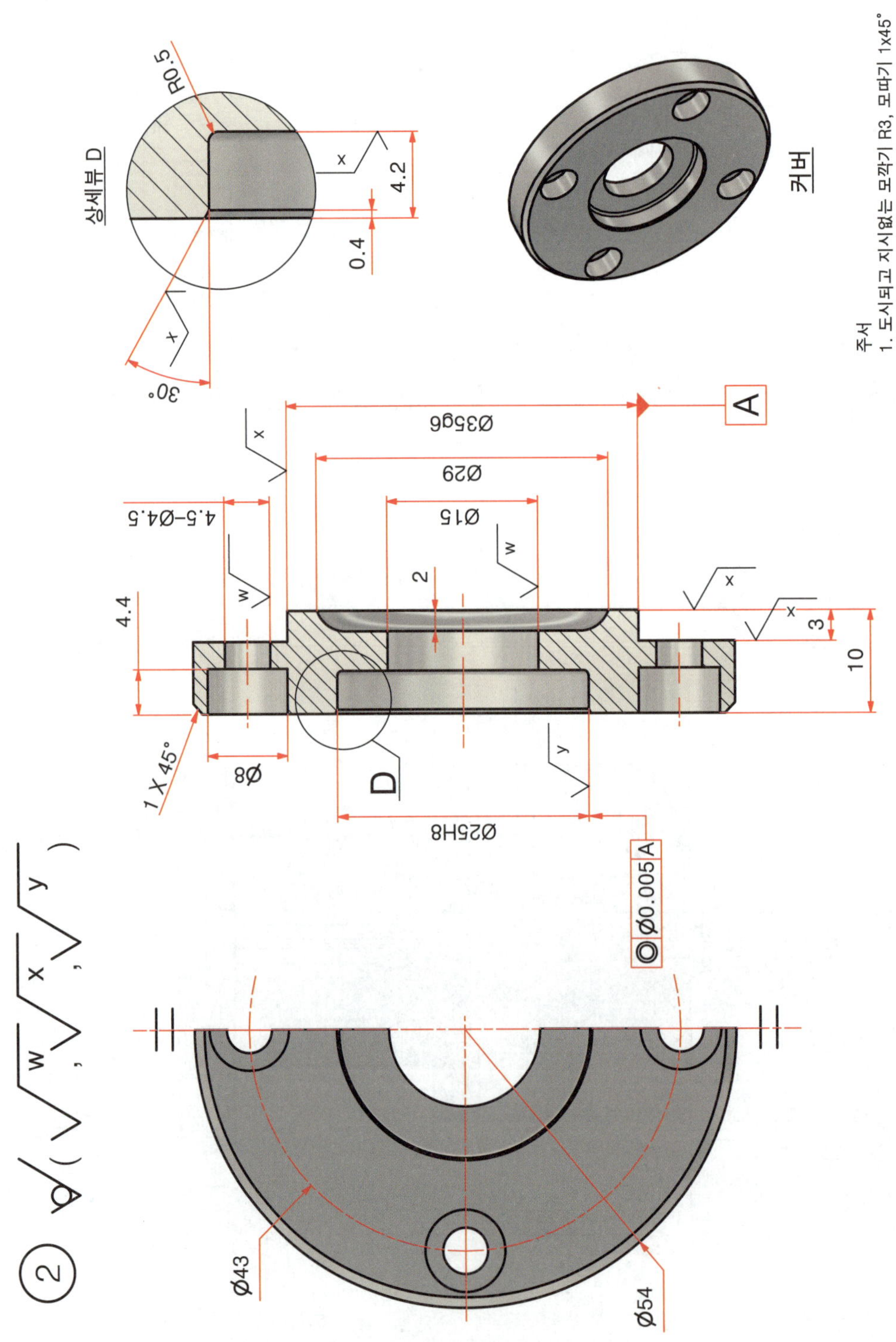

상세부 D
R0.5
30°
4.2
0.4
커버
주서
1. 도시되고 지시없는 모따기 R3, 모따기 1x45°
Ø35g6
Ø29
Ø15
4.5-Ø4.5
4.4
2
3
10
1 X 45°
Ø8
D
A
Ø25H8
Ø0.005 A
Ø43
Ø54

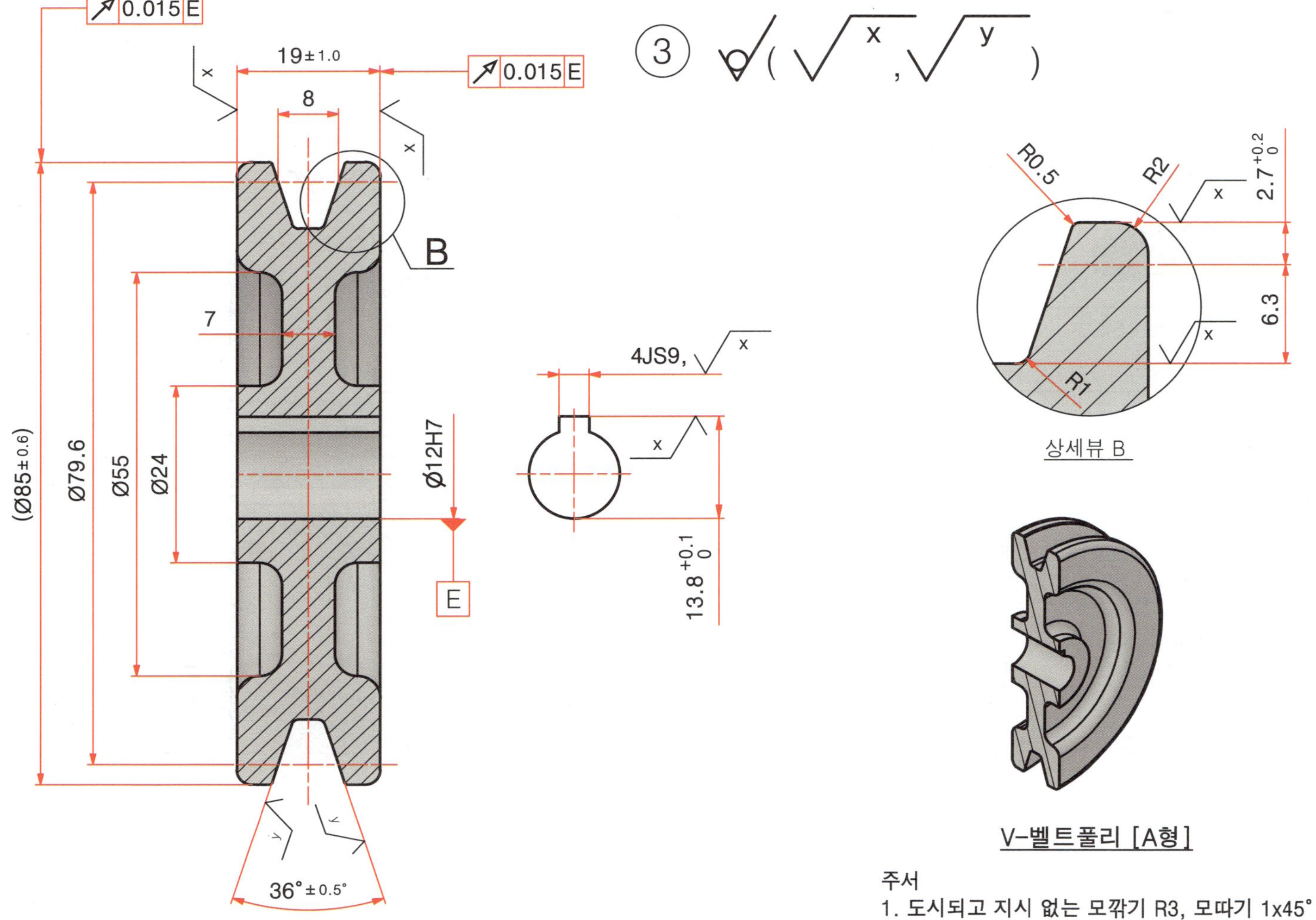

0.015 E
19±1.0
8
0.015 E
B
7
Ø12H7
(Ø85±0.6)
Ø79.6
Ø55
Ø24
E
36°±0.5°
③
4JS9,
13.8 +0.1/0
R0.5
R2
R1
2.7 +0.2/0
6.3
상세뷰 B
V-벨트풀리 [A형]
주서
1. 도시되고 지시 없는 모깎기 R3, 모따기 1x45°

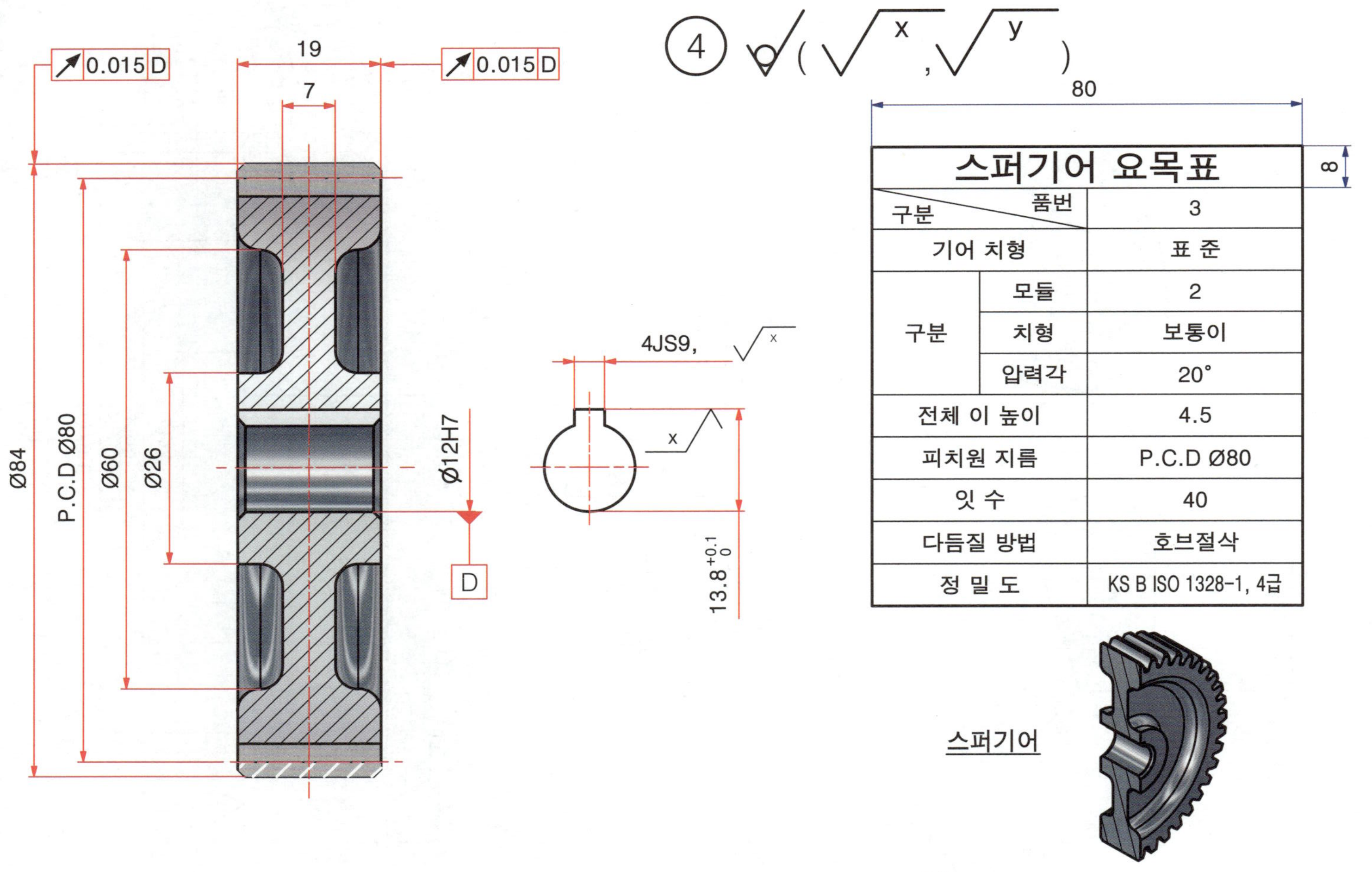

스퍼기어 요목표

구분		품번	3
기어 치형			표준
구분	모듈		2
	치형		보통이
	압력각		20°
전체 이 높이			4.5
피치원 지름			P.C.D Ø80
잇 수			40
다듬질 방법			호브절삭
정 밀 도			KS B ISO 1328-1, 4급

$4 \ \sqrt{} \left(\sqrt[x]{} , \sqrt[y]{} \right)$

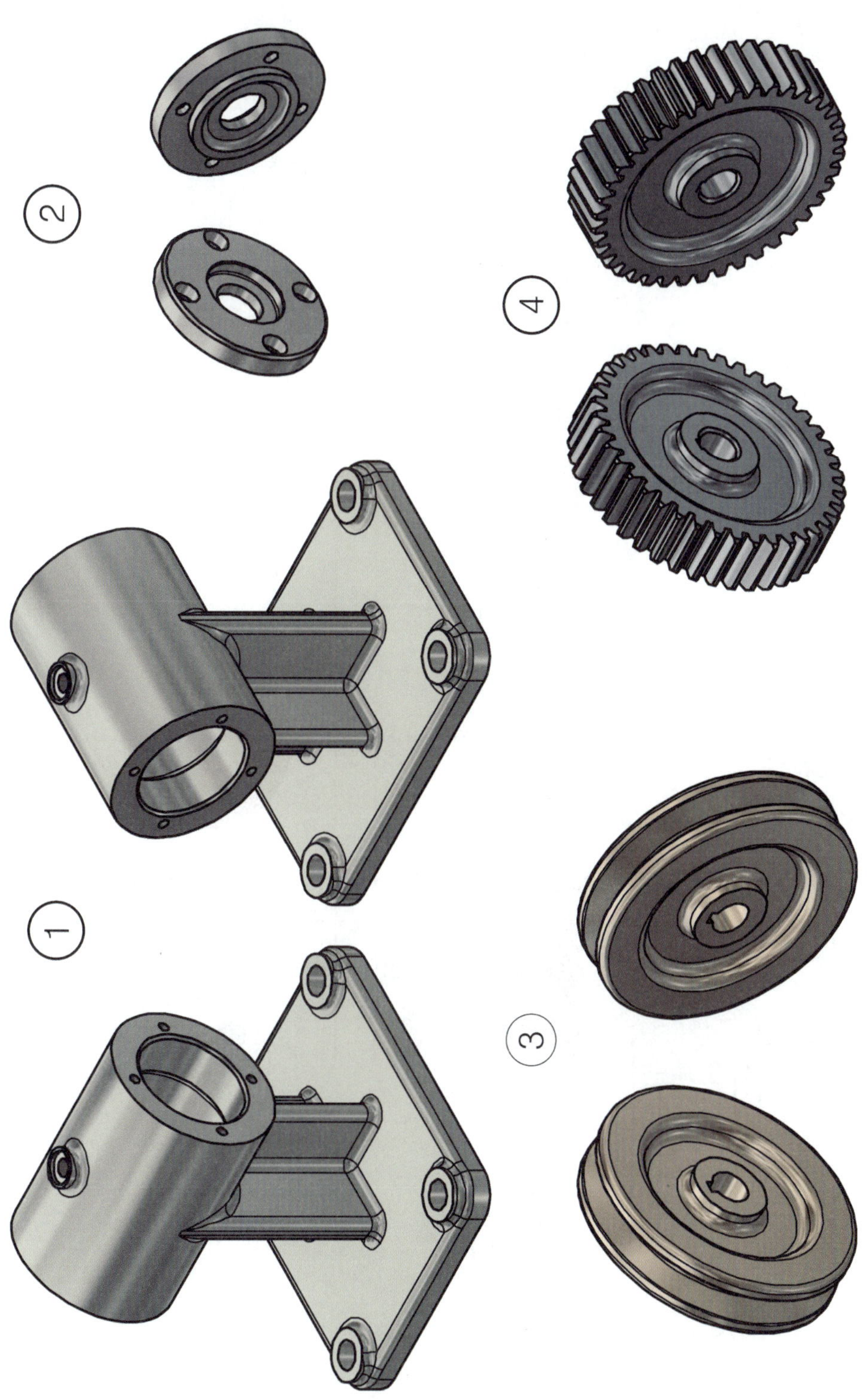

2
4
1
3

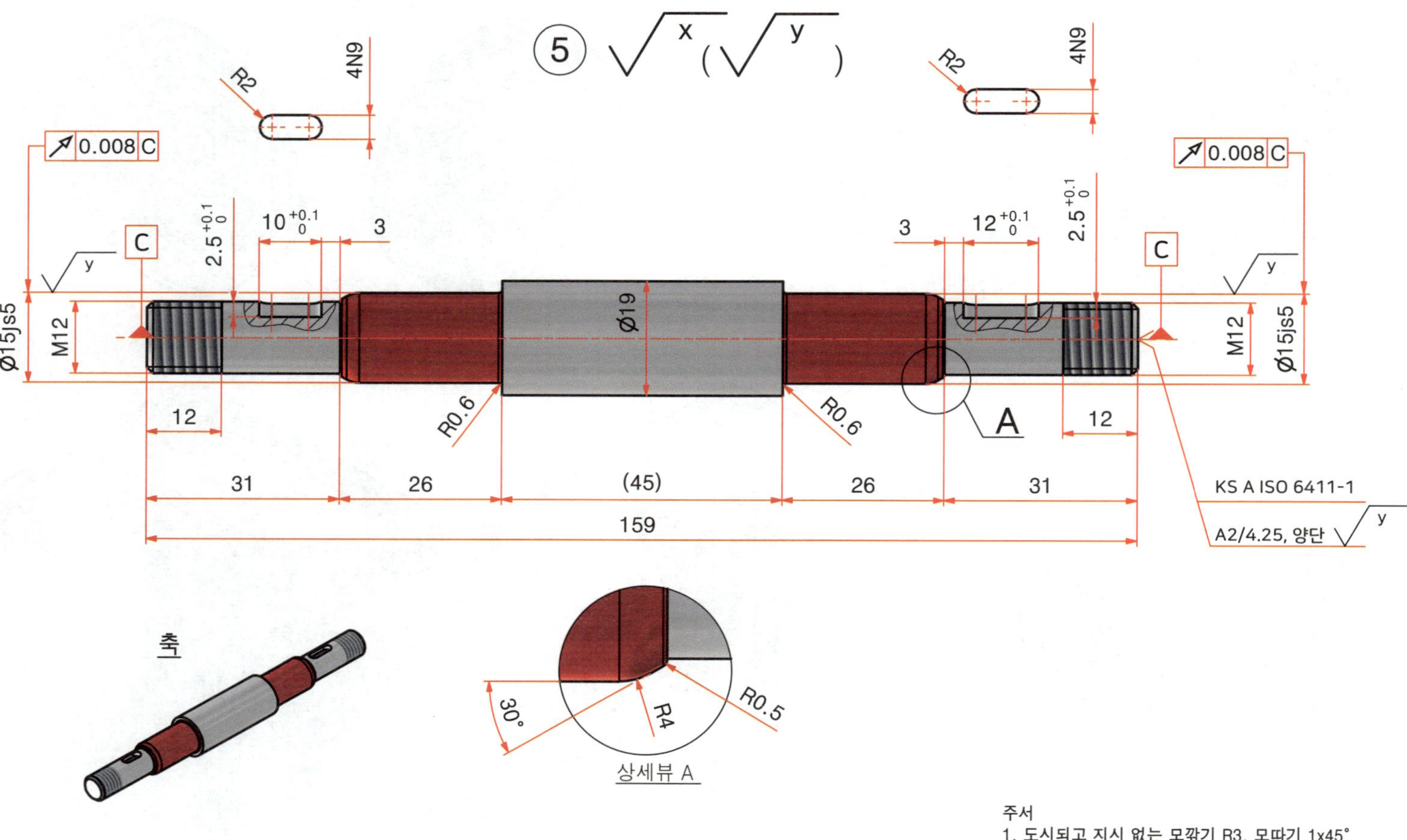
5
x (y)
R2
4N9
R2
4N9
0.008 C
0.008 C
C
y
2.5 +0.1 0
10 +0.1 0
3
3
12 +0.1 0
2.5 +0.1 0
C
y
Ø15js5
M12
Ø19
M12
Ø15js5
12
R0.6
R0.6
A
12
31
26
(45)
26
31
KS A ISO 6411-1
159
A2/4.25, 양단
y
축
30°
R4
R0.5
상세뷰 A
주서
1. 도시되고 지시 없는 모깎기 R3, 모따기 1x45°

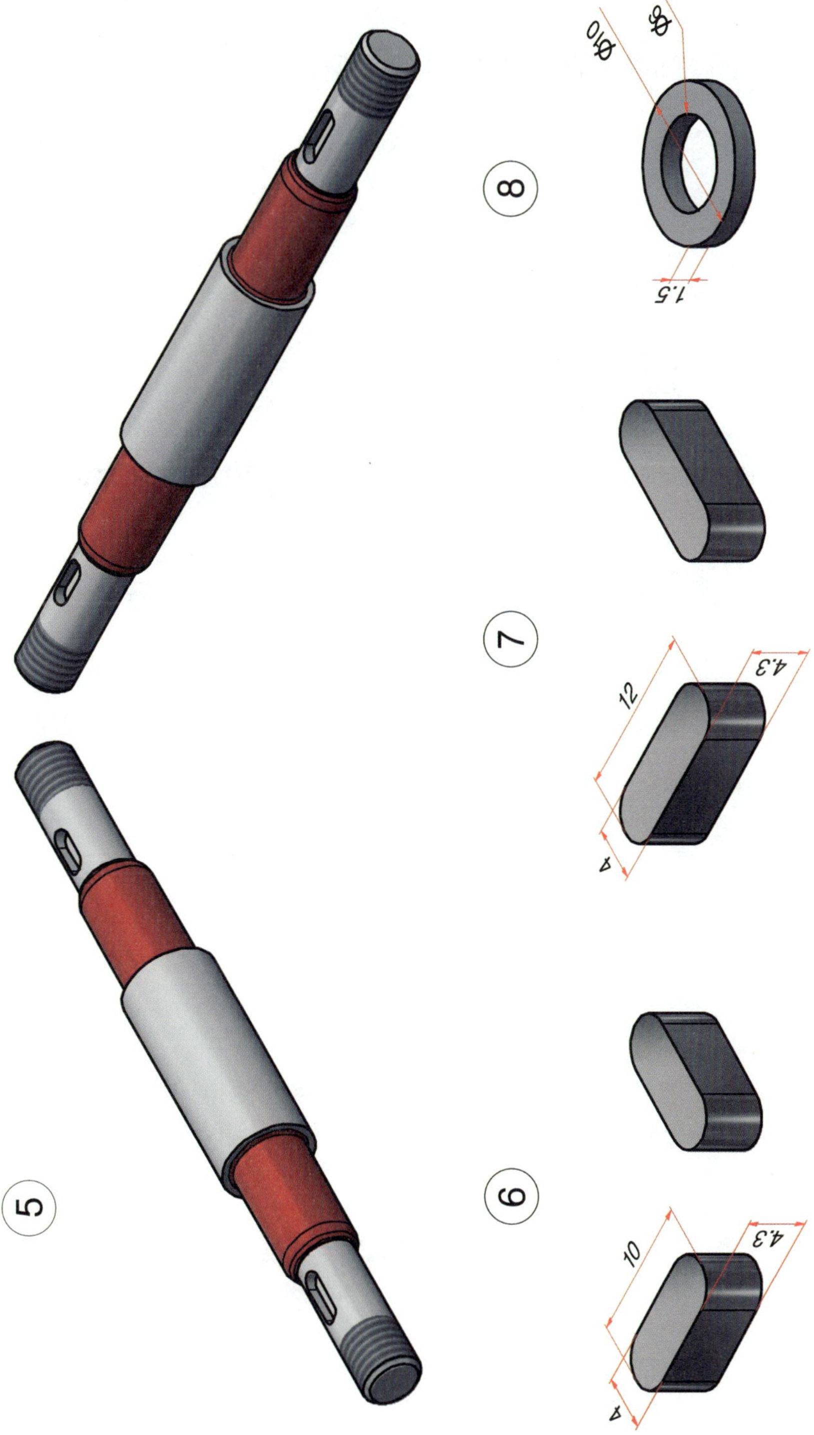
Ø10
Ø8
1.5
8
7
12
4.3
4
6
5
10
4.3
4

❶ 오일캡(공용 부품) 불러오기

① 새로 만들기 ▶ Metric ▶ Standard(mm).iam

② 컨텐츠 센터에서 배치 ▶ 기타 부품
　　▶ 그리스 부속품

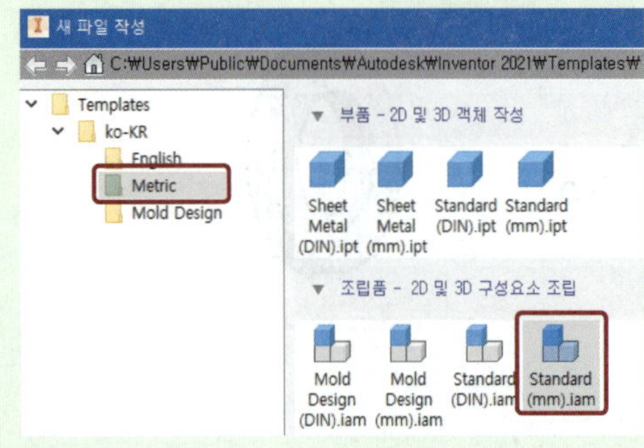

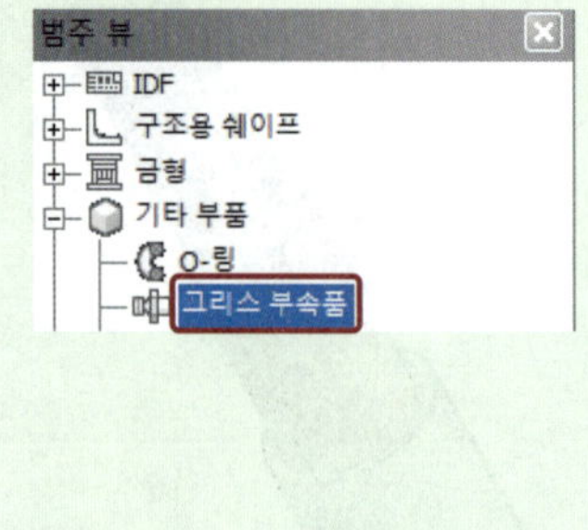

③ IS 4009A (또는 JIS B 1574A - 미터)

④ "사용자로"를 선택 ▶ M6 ▶ 확인

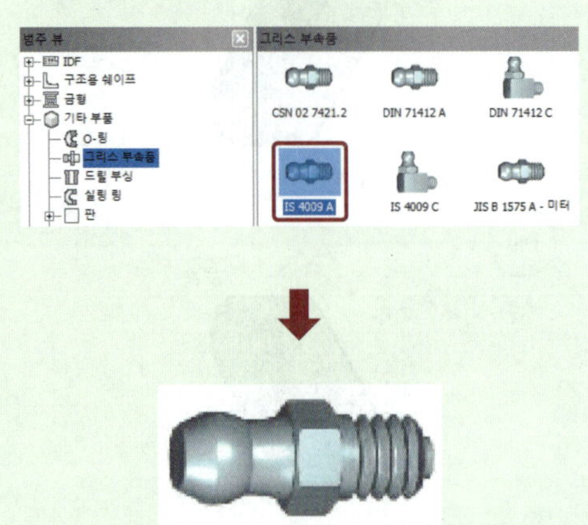

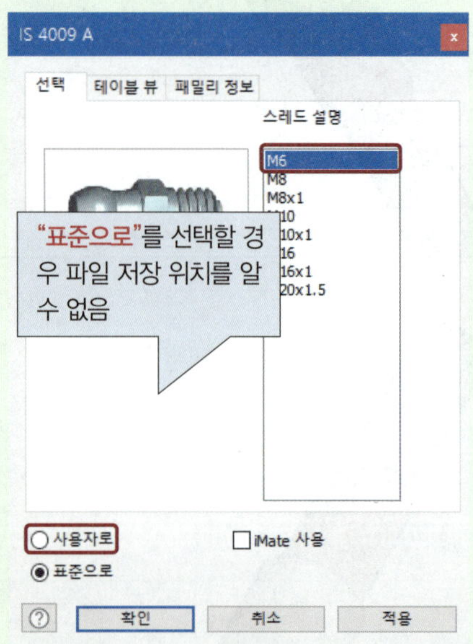

⑤ 파일 이름 ISO 4009 - M6 - 101(1).ipt ▶ 저장

⑥ 화면에서 임의의 위치를 지정 후 마우스 왼쪽 버
튼을 클릭하여 공용 부품을 불러옵니다.

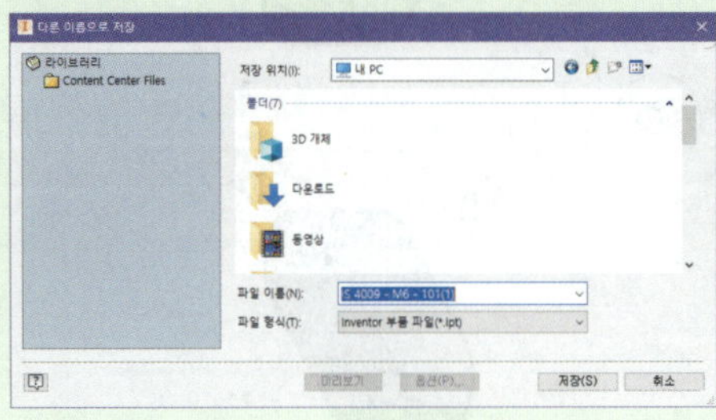

오일캡	볼트

ISO 4009 − M6 −101(1).ipt	KS B 1003 − M × 12.ipt

오일실	베어링

JIS B 2402 - 15 25 4 A(3).ipt	KS B 2023 - 6202 - 15 × 35 × 11 − 7.8.ipt

와셔	육각너트

KS B 1326 − 12 × 21 −100.ipt	ANSI B18.2.4.5M − M12 × 1.75.ipt

PART **2** 인벤터 실력 쌓기

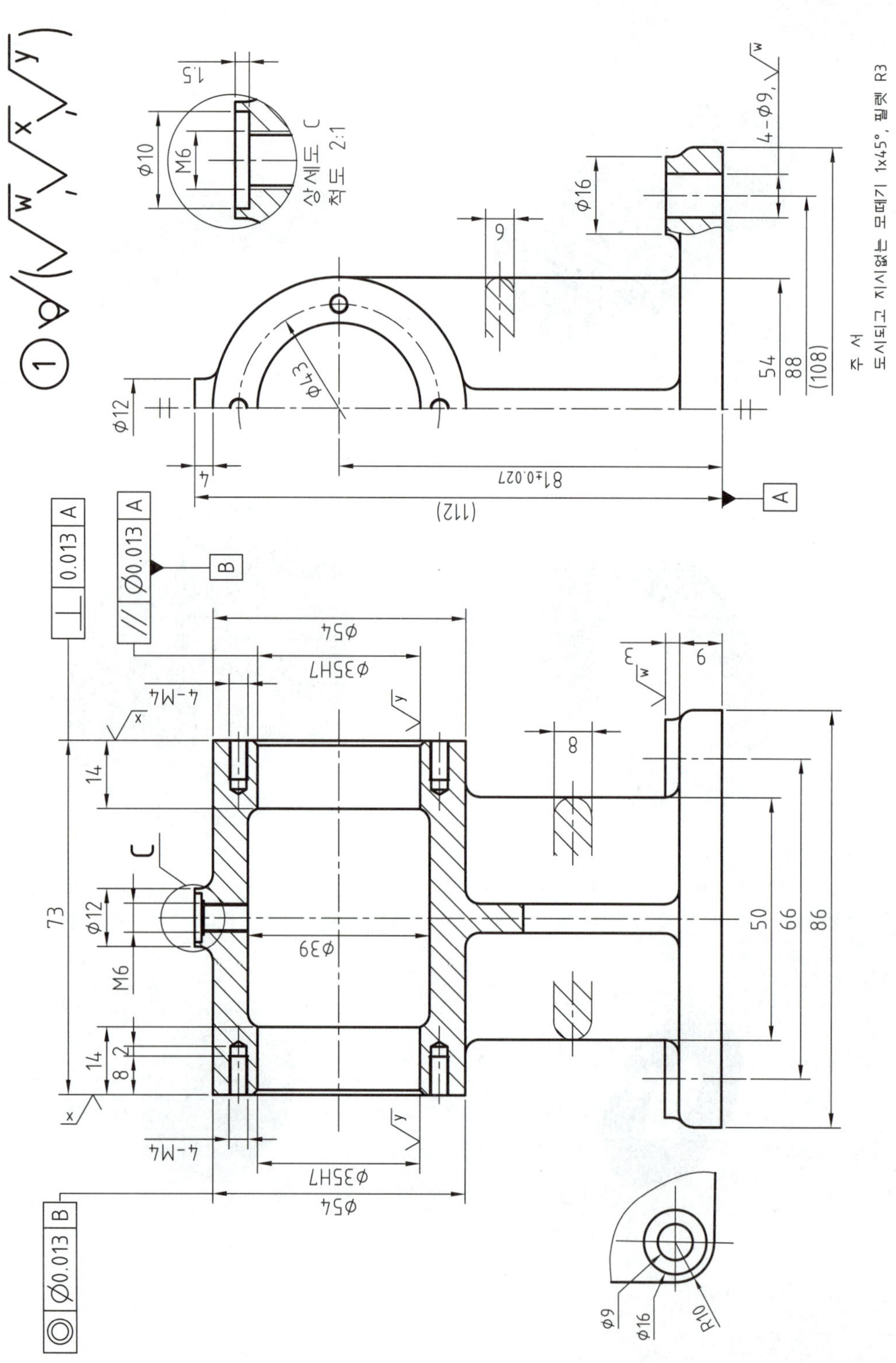

상세도 C
척도 2:1
주 서
도시되고 지시없는 모떼기 1x45°, 필렛 R3

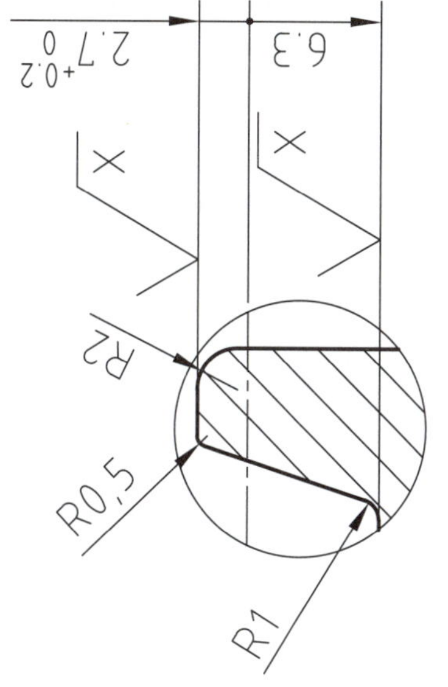

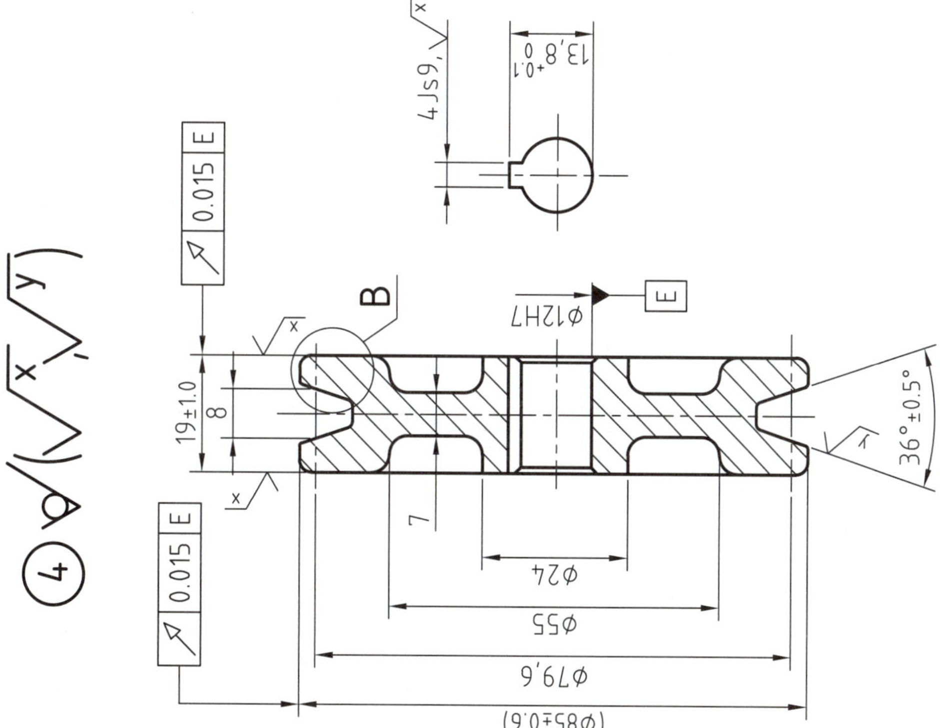

PART **2** 인벤터 실력 쌓기

스퍼기어 요목표

구분	품번		3
기어 치형			표 준
구분	모듈		2
	치형		보통이
	압력각		20°
전체 이 높이			4.5
피치원 지름			P.C.D Φ80
잇 수			40
다듬질 방법			호브절삭
정 밀 도			KS B ISO 1328-1, 4급

주 서
도시되고 지시없는 모떼기 1x45°, 필렛 R3

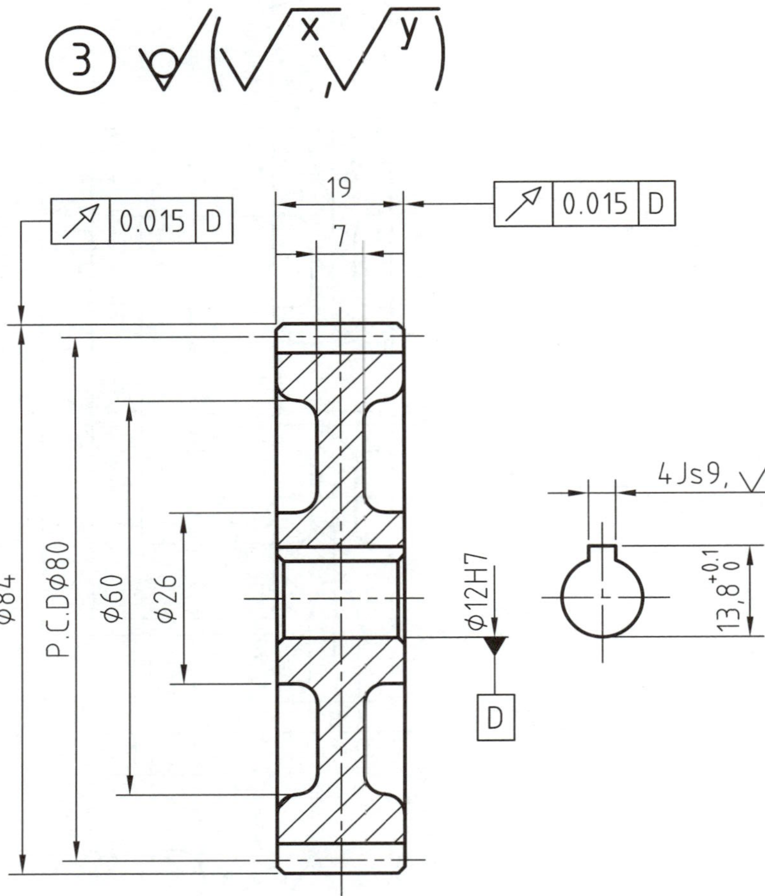

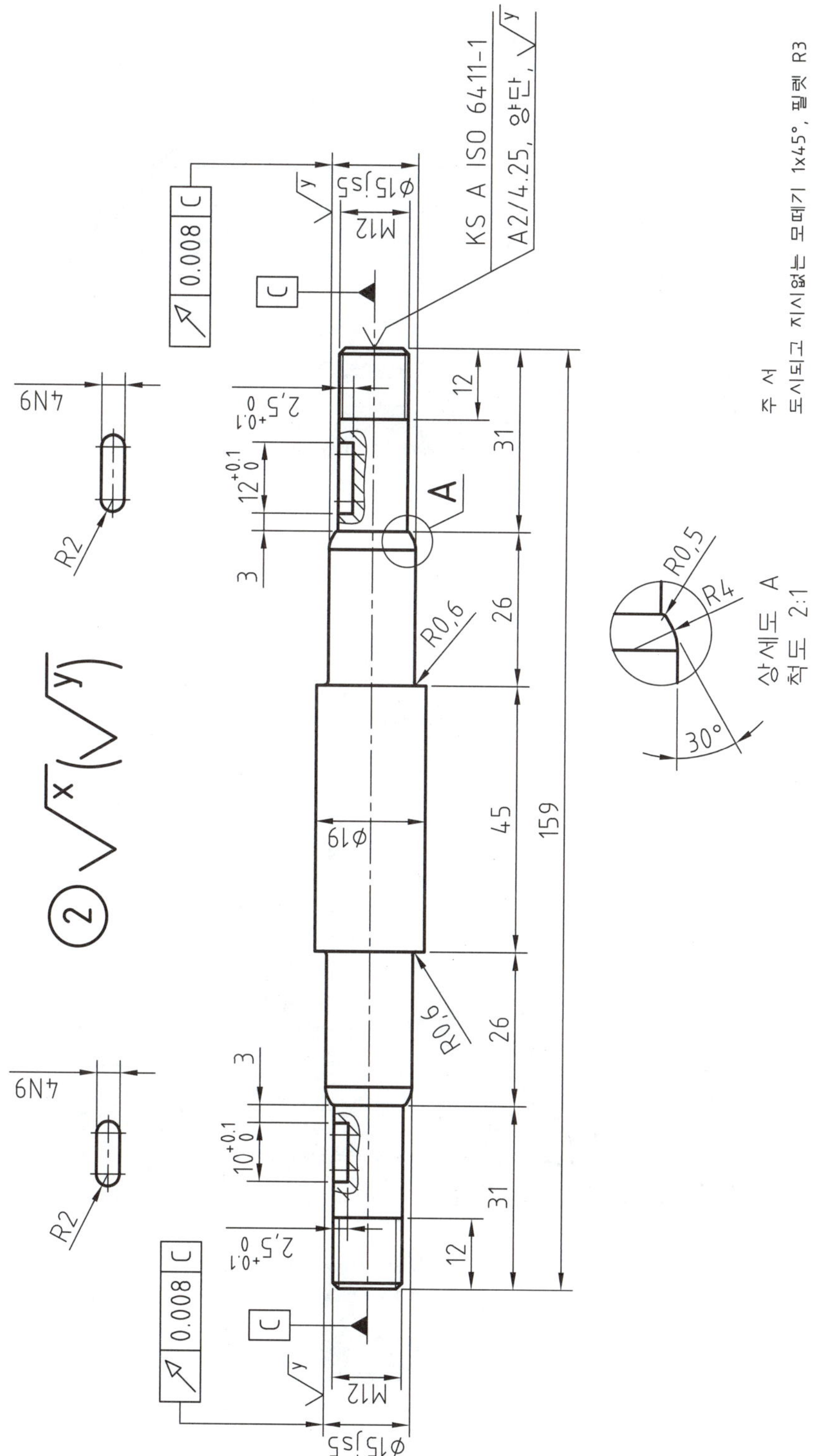

KS A ISO 6411-1
A2/4.25, 양단
주 서
모떼기 지시없는 모서리 끼리 1x45°, 필렛 R3
상세도 A
척도 2:1
R0.5
R4
R0.6
30°
159
45
26
26
31
31
12
12
ø19
M12
ø15 js5
2,5 +0,1 0
12 +0,1 0
10 +0,1 0
3
3
R2
4N9
0.008
C
A
ø15 js5
M12

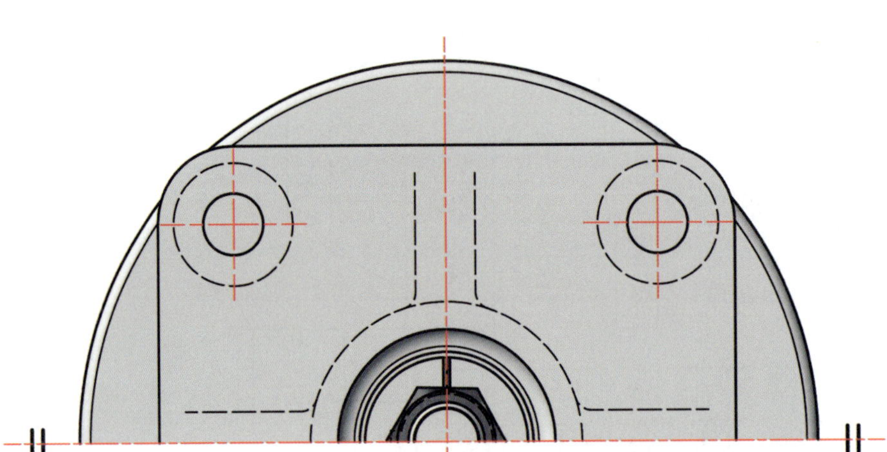

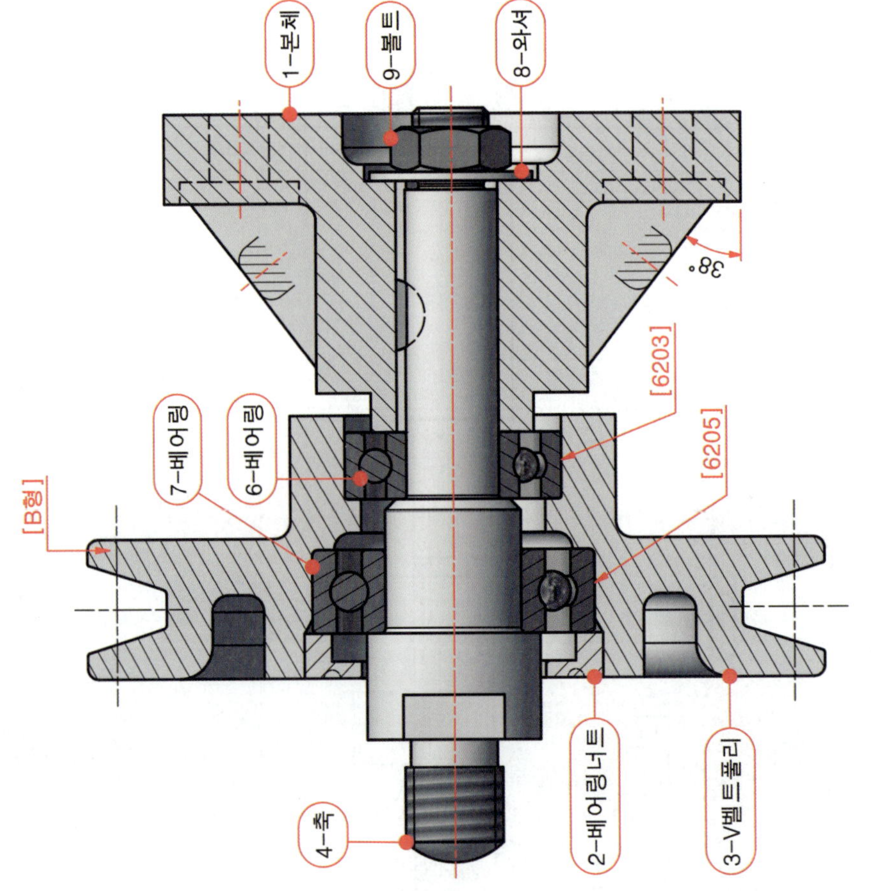

1-본체
9-볼트
8-와셔
38°
[6203]
[6205]
7-베어링
6-베어링
[B형]
4-축
2-베어링너트
3-V벨트풀리

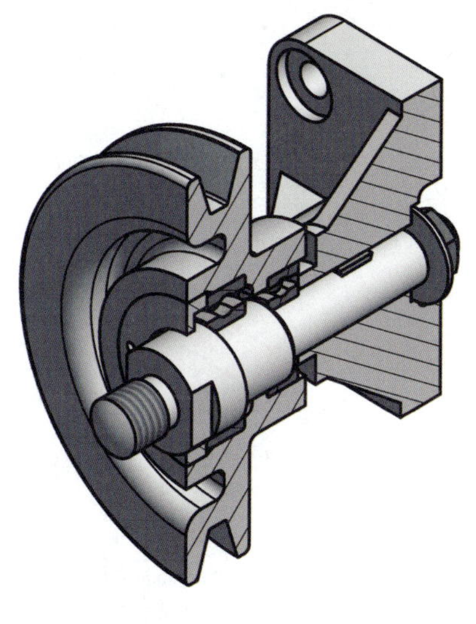
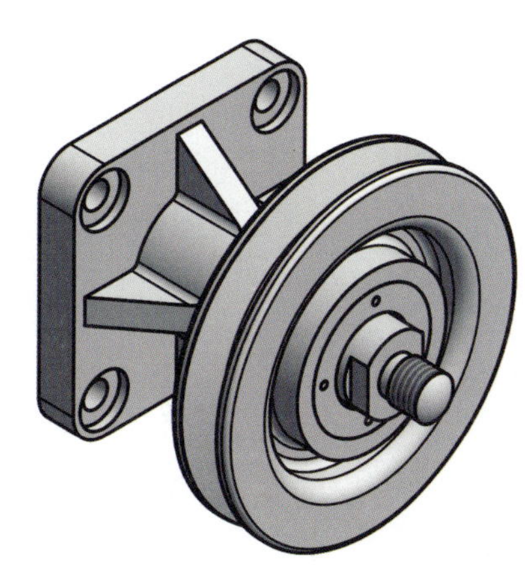

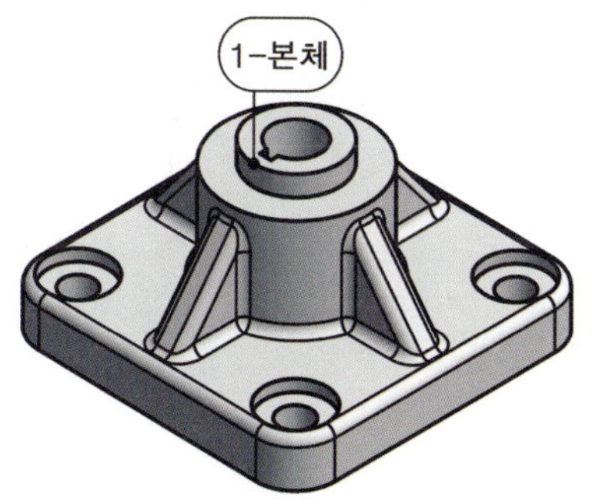

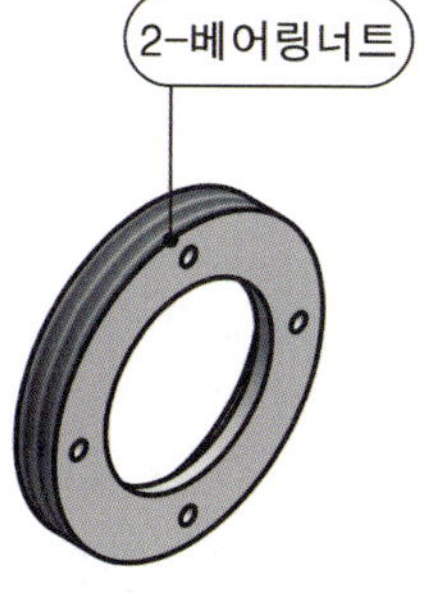

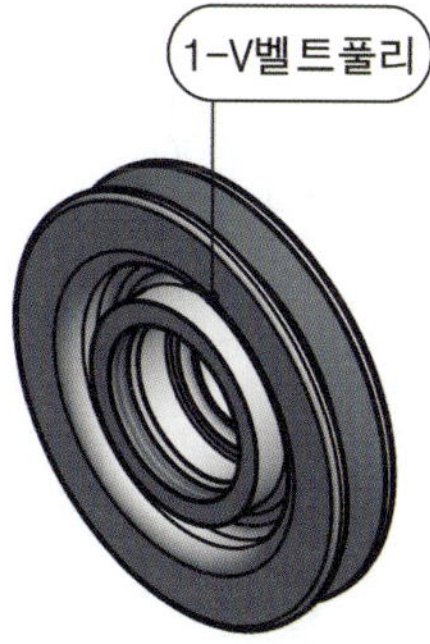

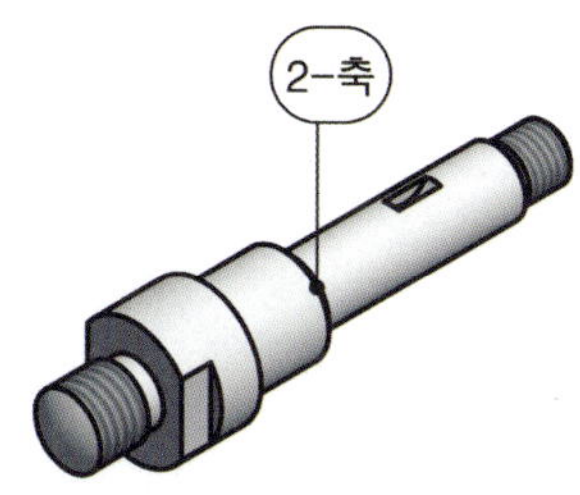

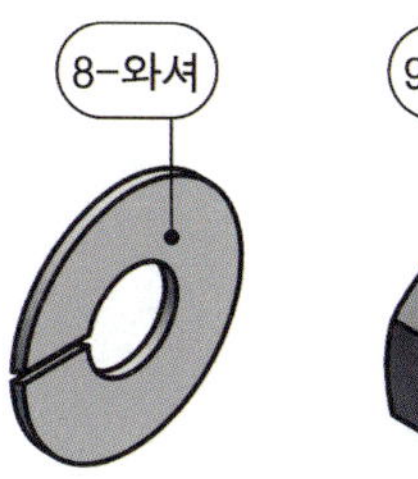

부품 리스트			
항목	부품 번호	수량	설명
1	본체	1	
2	베어링너트	1	
3	V벨트풀리 [A-TYPE]	1	
4	축	1	
5	반달키	1	
6	KS B 2023 − 6203 − 17 x 40 x 12	1	깊은 그루브 볼 베어링
7	KS B 2023 − 6205 − 25 x 52 x 15	1	깊은 그루브 볼 베어링
8	KS B 1324 − 번호 2 − 12	1	스프링 잠금 와셔
9	ANSI B18.2.4.5M − M12 x 1.75	1	6각 잼 너트

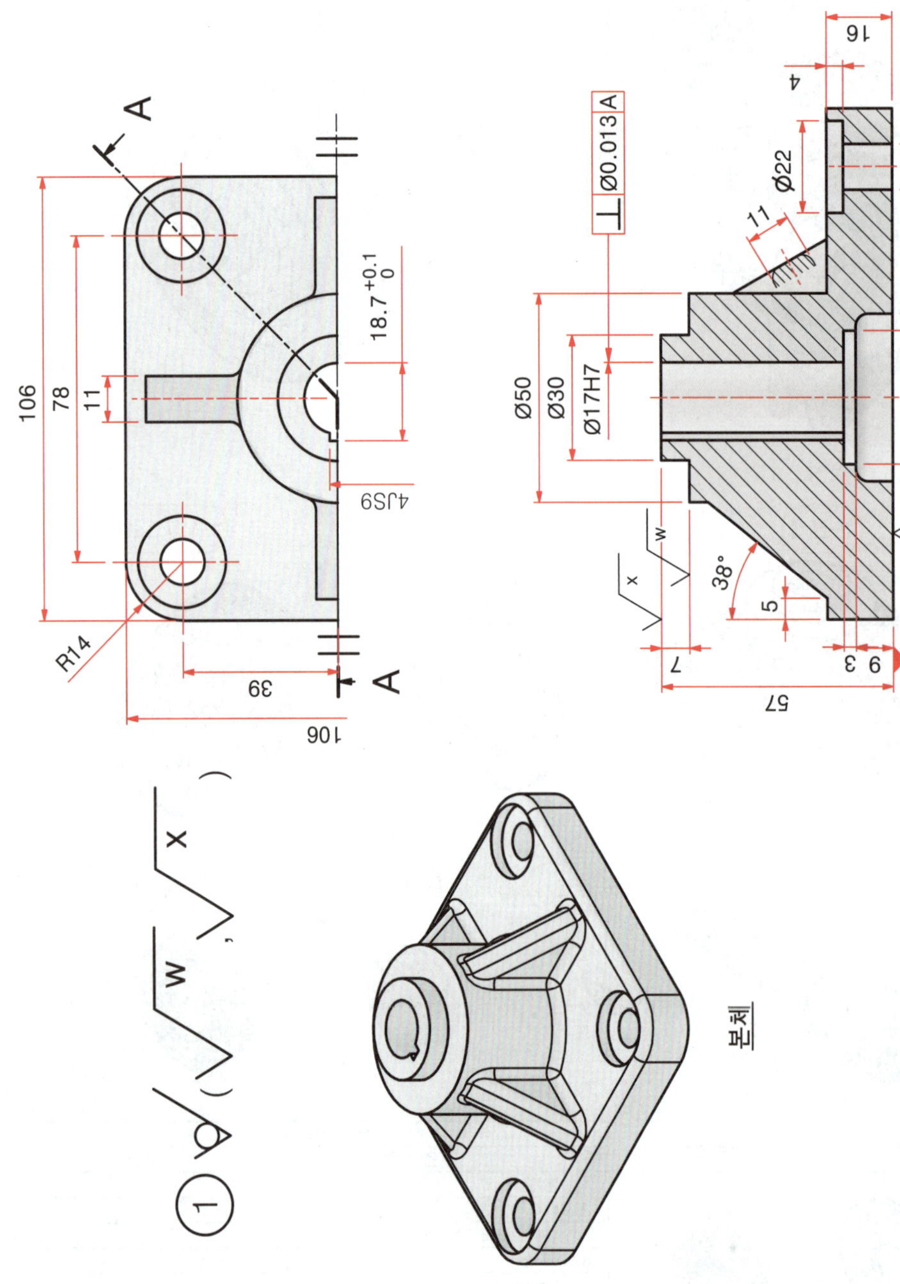
A
A
단면부 A-A
106
78
11
18.7 +0.1 0
4JS9
R14
39
106
Ø0.013 A
16
4
4-Ø11
Ø22
11
Ø50
Ø30
Ø17H7
Ø32
Ø40
w
x
x
38°
5
7
9 3
57
본체
주서
도시되고 지시없는 모떼기 1×45° , 필렛 R3, (V벨트전동장치)

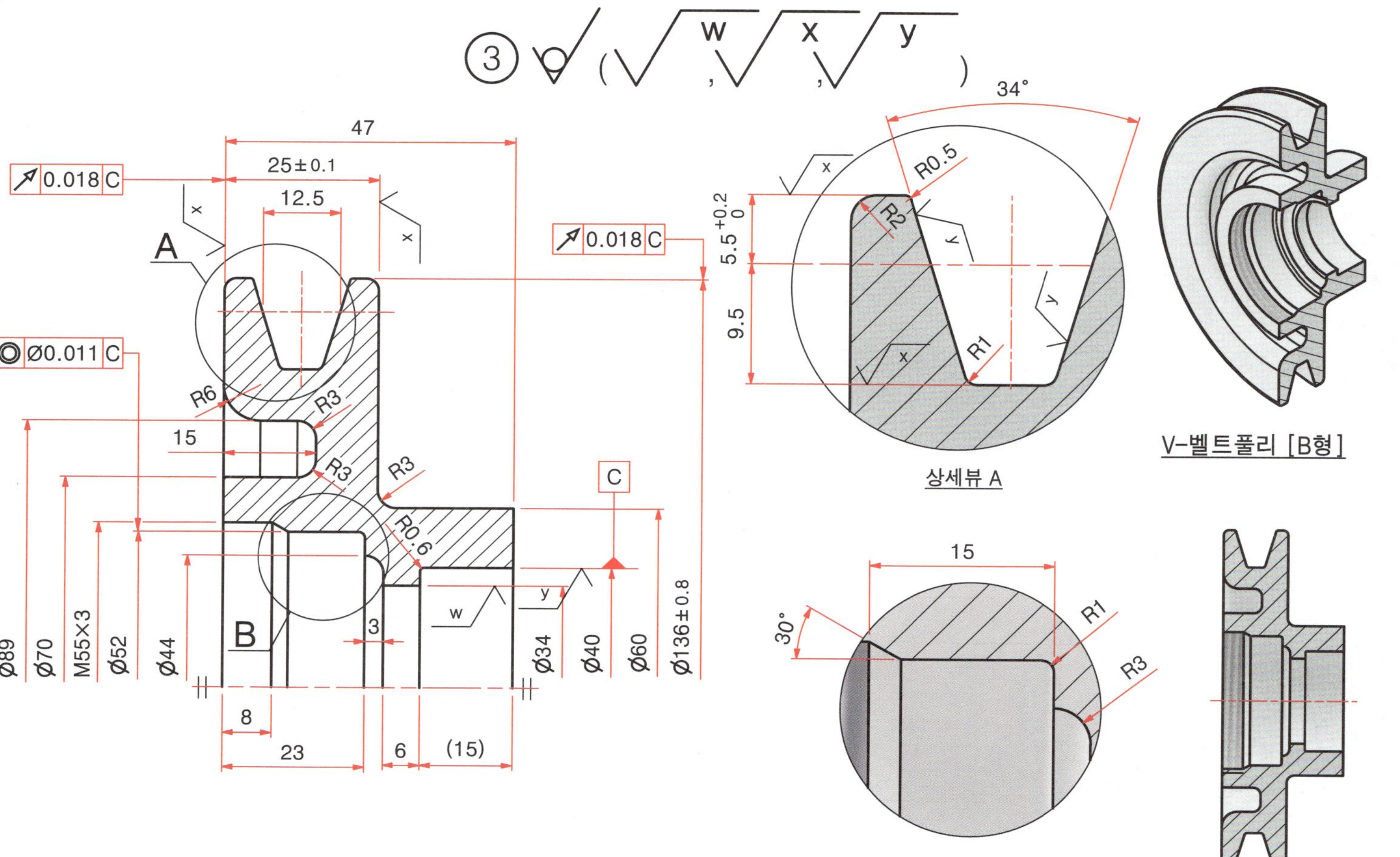
3
w　x　y
47
25±0.1
12.5
0.018 C
0.018 C
Ø0.011 C
A
B
C
R6
R3
R3
R3
R0.6
15
15
8
23
3
6
(15)
Ø89
Ø70
M55×3
Ø52
Ø44
Ø34
Ø40
Ø60
Ø136±0.8
x
x
w
y
34°
R0.5
R2
R1
5.5 +0.2 0
9.5
x
y
y
상세뷰 A
V-벨트풀리 [B형]
15
30°
R1
R3
상세뷰 B
주 서
도시되고 지시없는 모떼기 1×45°, 필렛 R3, (V벨트전동장치)

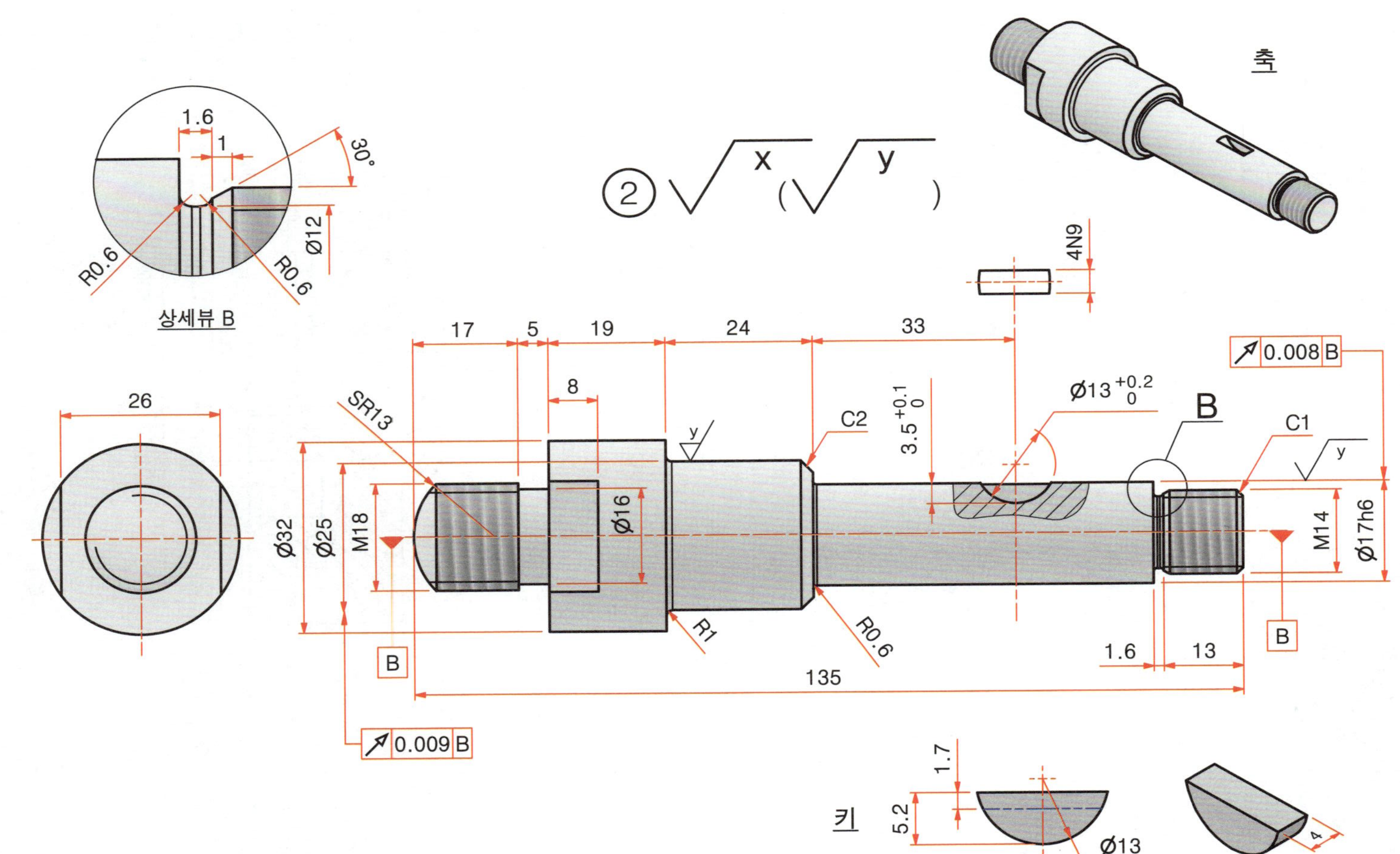

주 서
도시되고 지시없는 모떼기 1×45°, 필렛 R3, (V벨트전동장치)

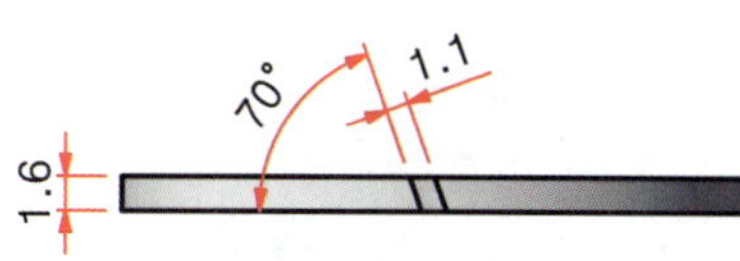

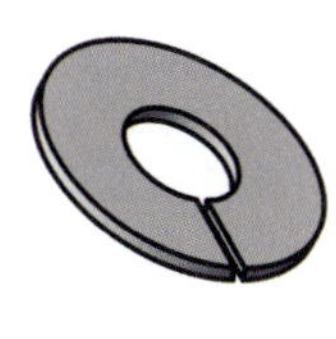

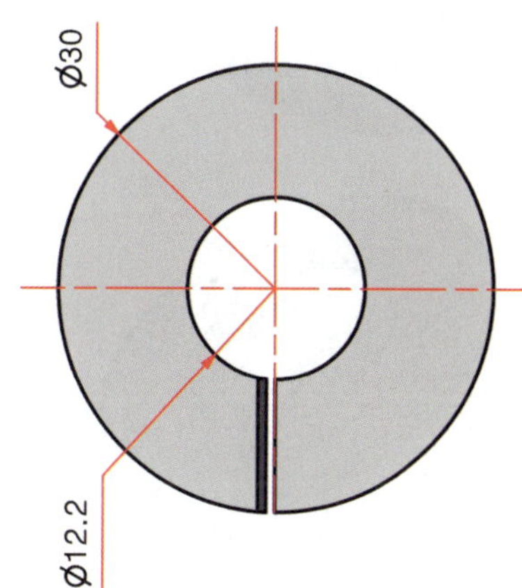

품번용도
KS B1324-와셔

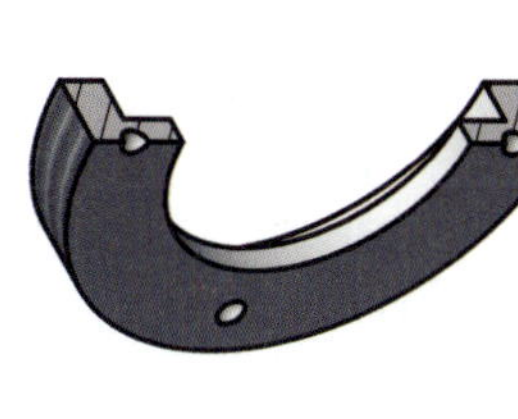

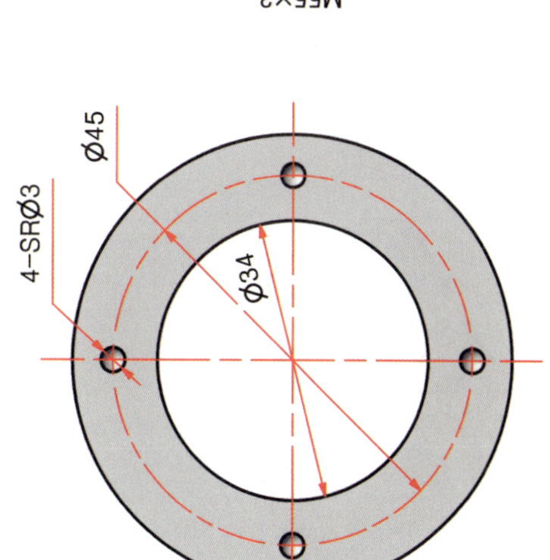

베어링커버

주서
도시퍼고 지시 없는 모떼기 1×45°, 필렛 R3 (V벨트전동장치)

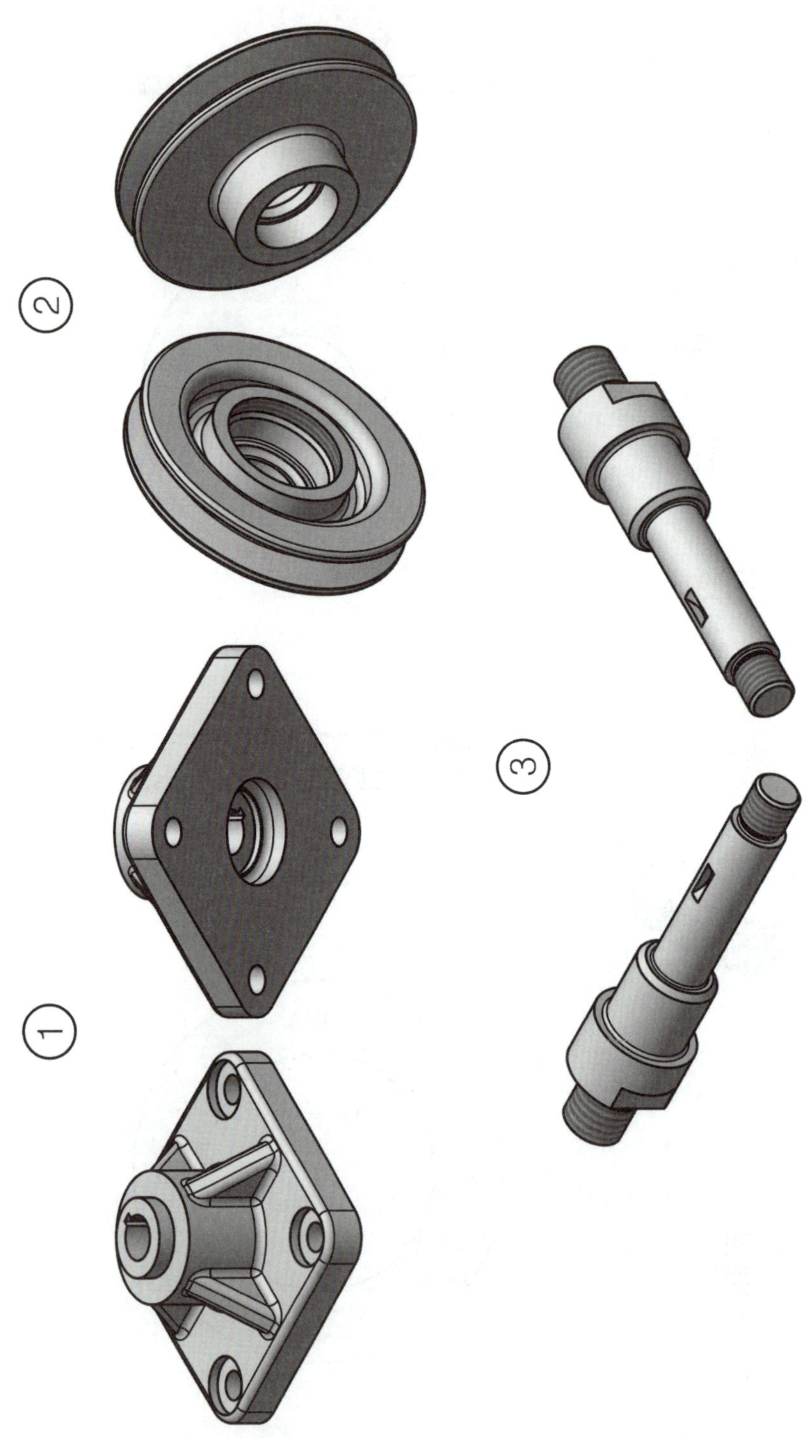

부품 리스트		
항목	부품 번호	수량
1	서포터	1
2	서포터	1
3	나사축	1

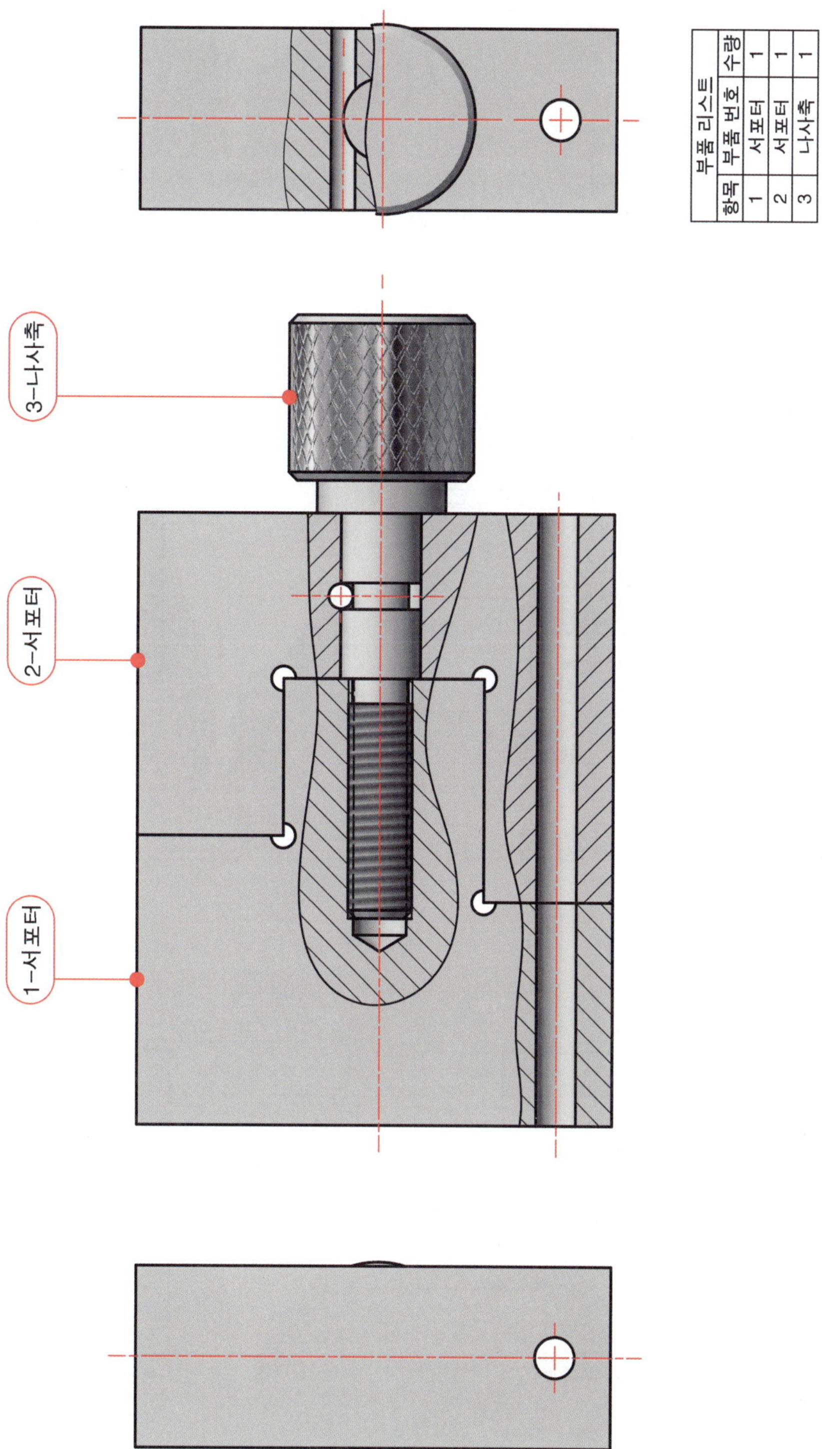

[서포터 1]

[모델링 치수]

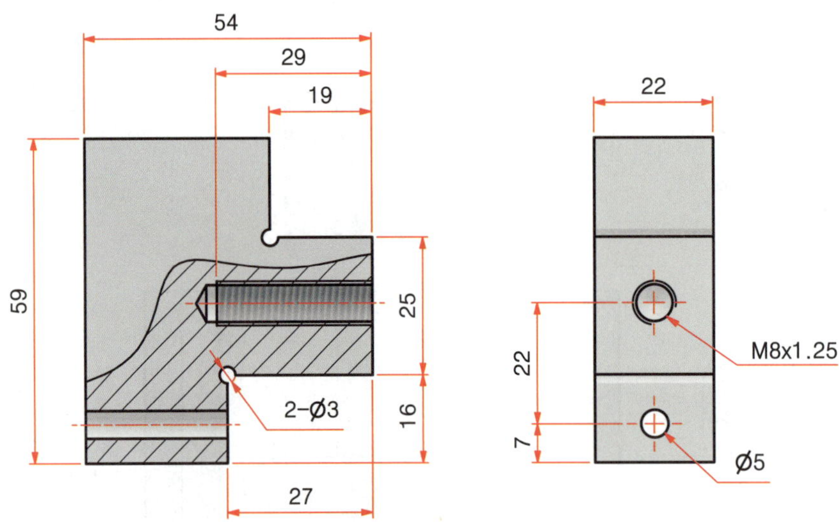

[거칠기 및 기하공차]

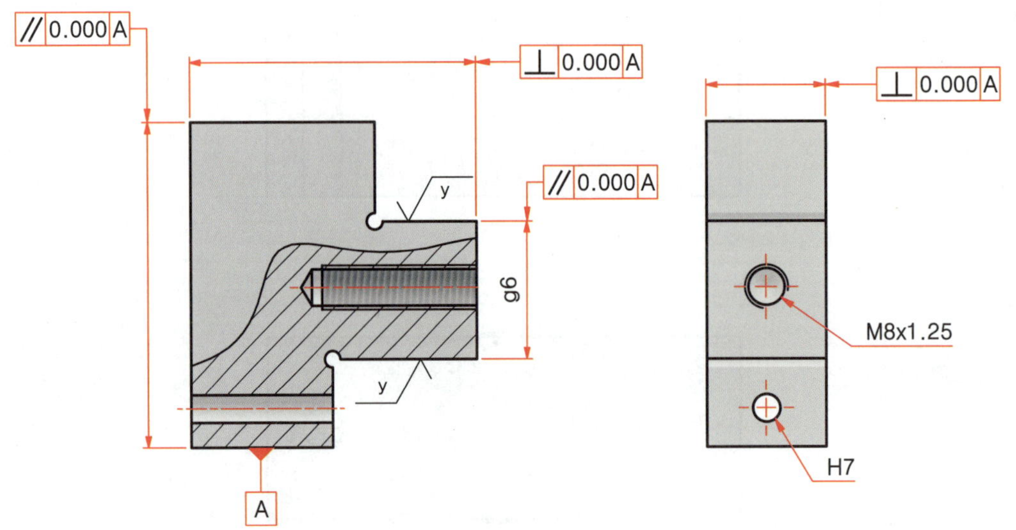

[서포터 2]

[모델링 치수]

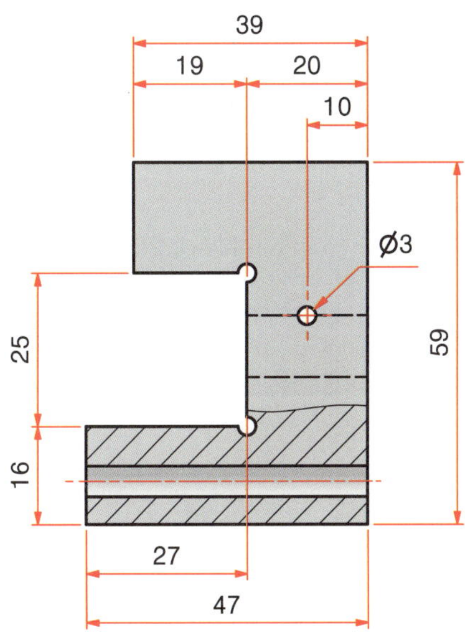

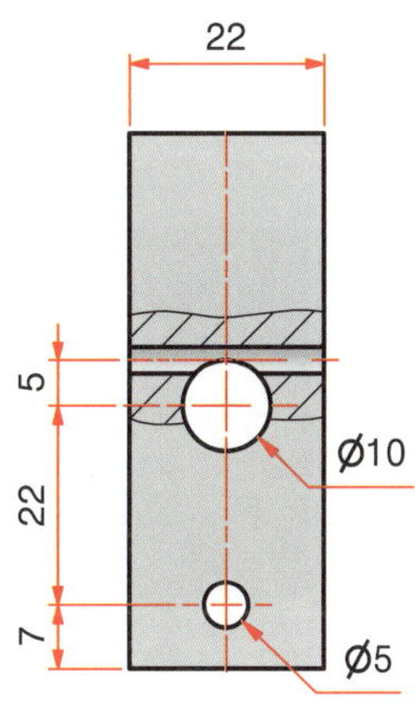

[거칠기 및 기하공차]

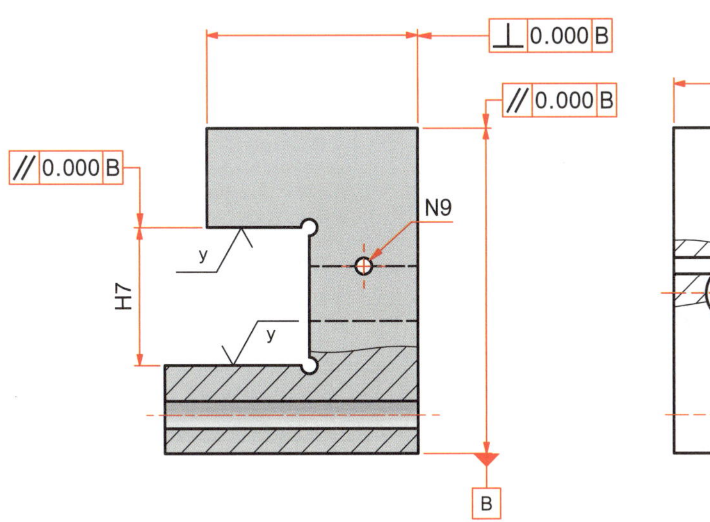

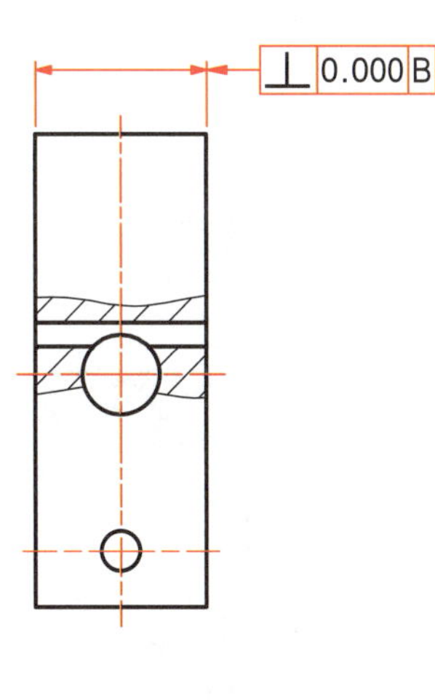

[나사축]

[모델링 치수]

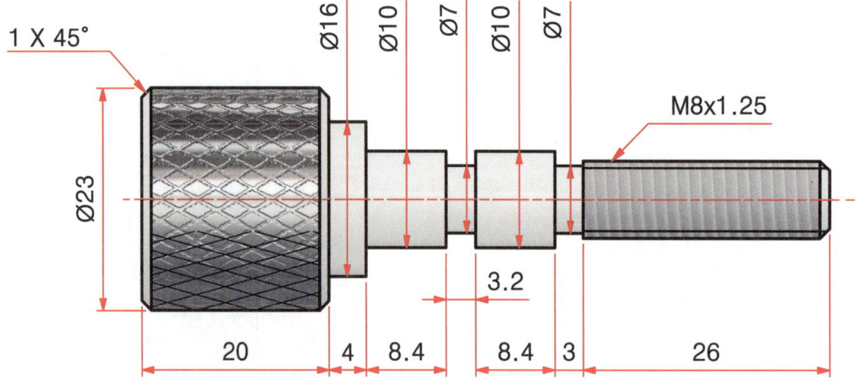

[거칠기 및 기하공차]

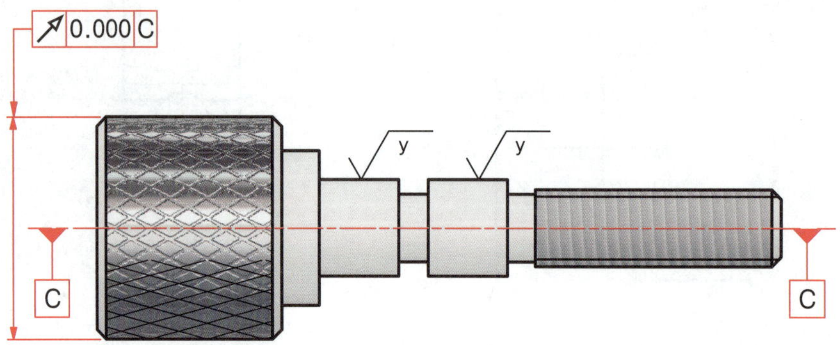

IT공차		등급
초과	이하	5급
-	3	4
3	6	5
6	10	6
10	18	8
18	30	9
30	50	11
50	80	13
80	120	15
120	180	18
180	250	20

서포터

IT공차		등급
초과	이하	5급
–	3	4
3	6	5
6	10	6
10	18	8
18	30	9
30	50	11
50	80	13
80	120	15
120	180	18
180	250	20

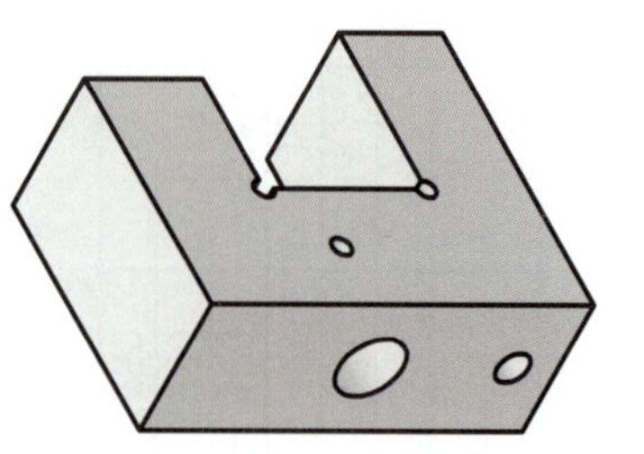

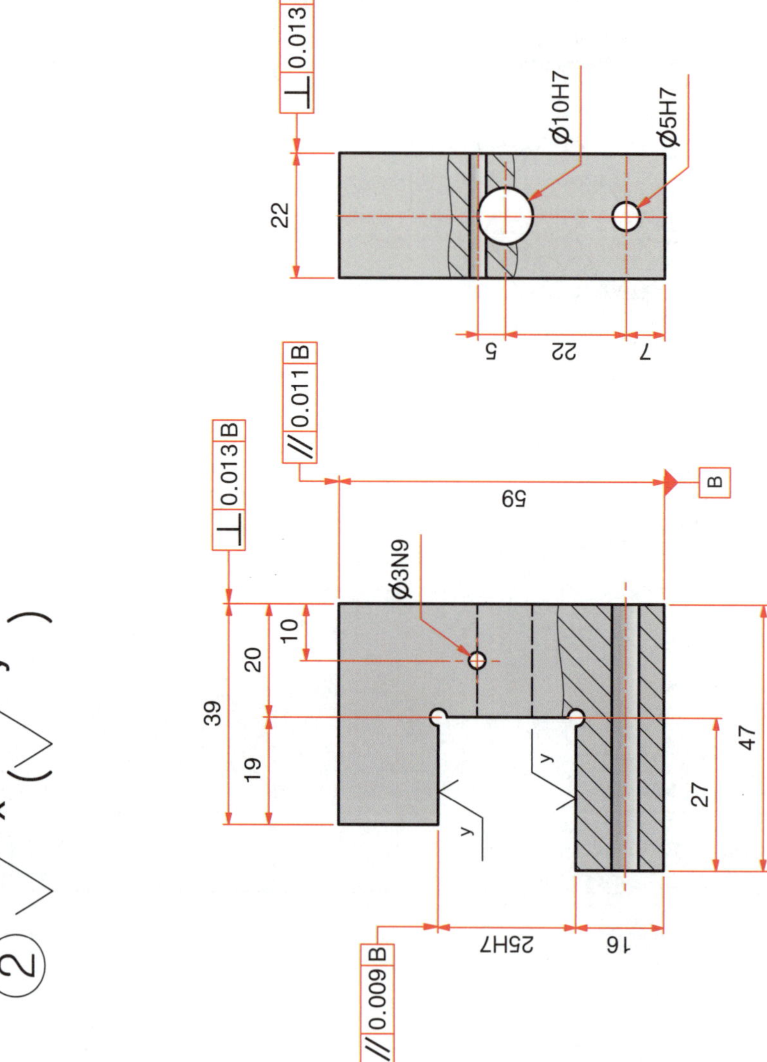

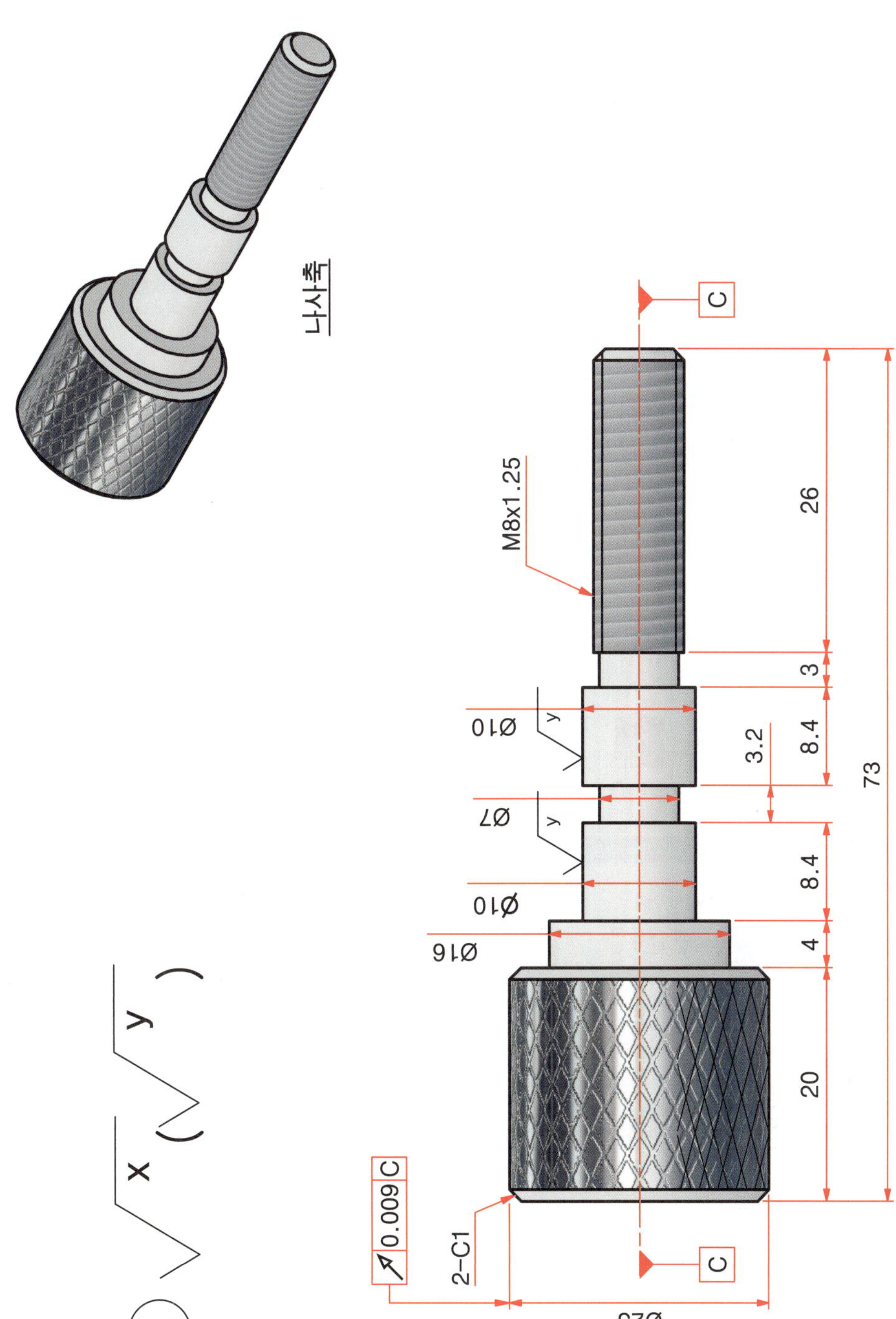

나사축
M8x1.25
Ø10
Ø7
Ø10
Ø16
Ø23
C
C
26
3
3.2
8.4
8.4
4
20
73
2-C1
0.009 C
x
y
y
y
3

- 널링 표현하기-

1. 도구 → 모양 클릭
2. 널링45 재질 선택
   - 기본값 복제하여 사용 가능
3. 범프 또는 릴리프 패턴 선택
4. 이미지 불러오기(아래 참고)
5. 축적(견본 크기) 조절
   - 기본 이미지가 큰 경우 보이지 않음
6. 범프 양, 반사도, 색조 등 변경

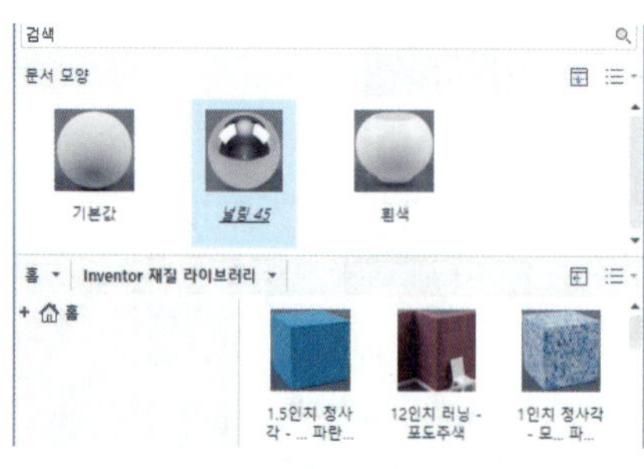

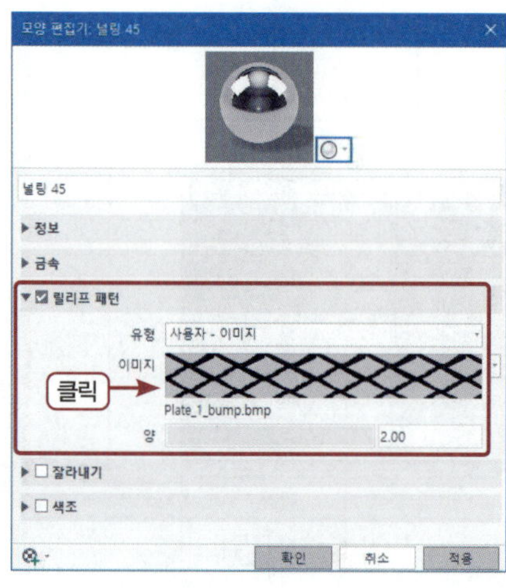

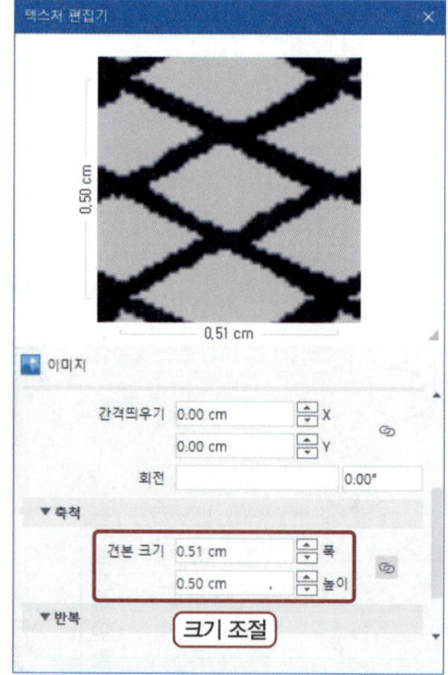

※ 이미지 검색 경로(버전마다 다를 수 있음)

C:₩Users₩Public₩Documents₩Autodesk₩Inventor 2021₩Textures₩bumpmaps

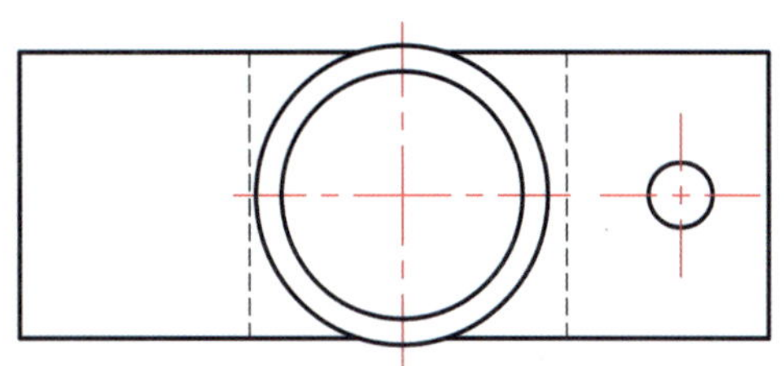

주석
도시되고 지시 없는 모떼기 1x45°, 필렛 R3

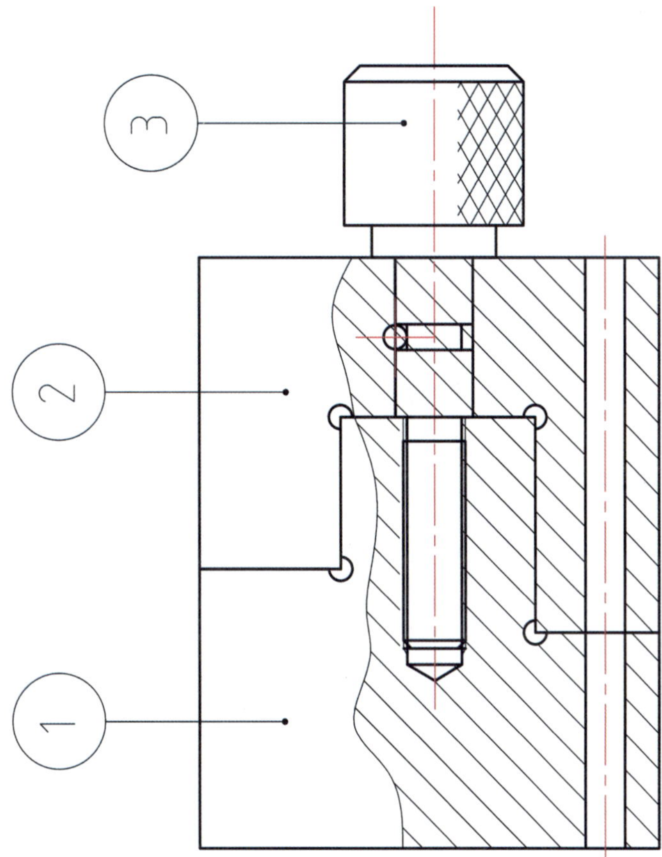

PART **2** 인벤터 실력 쌓기

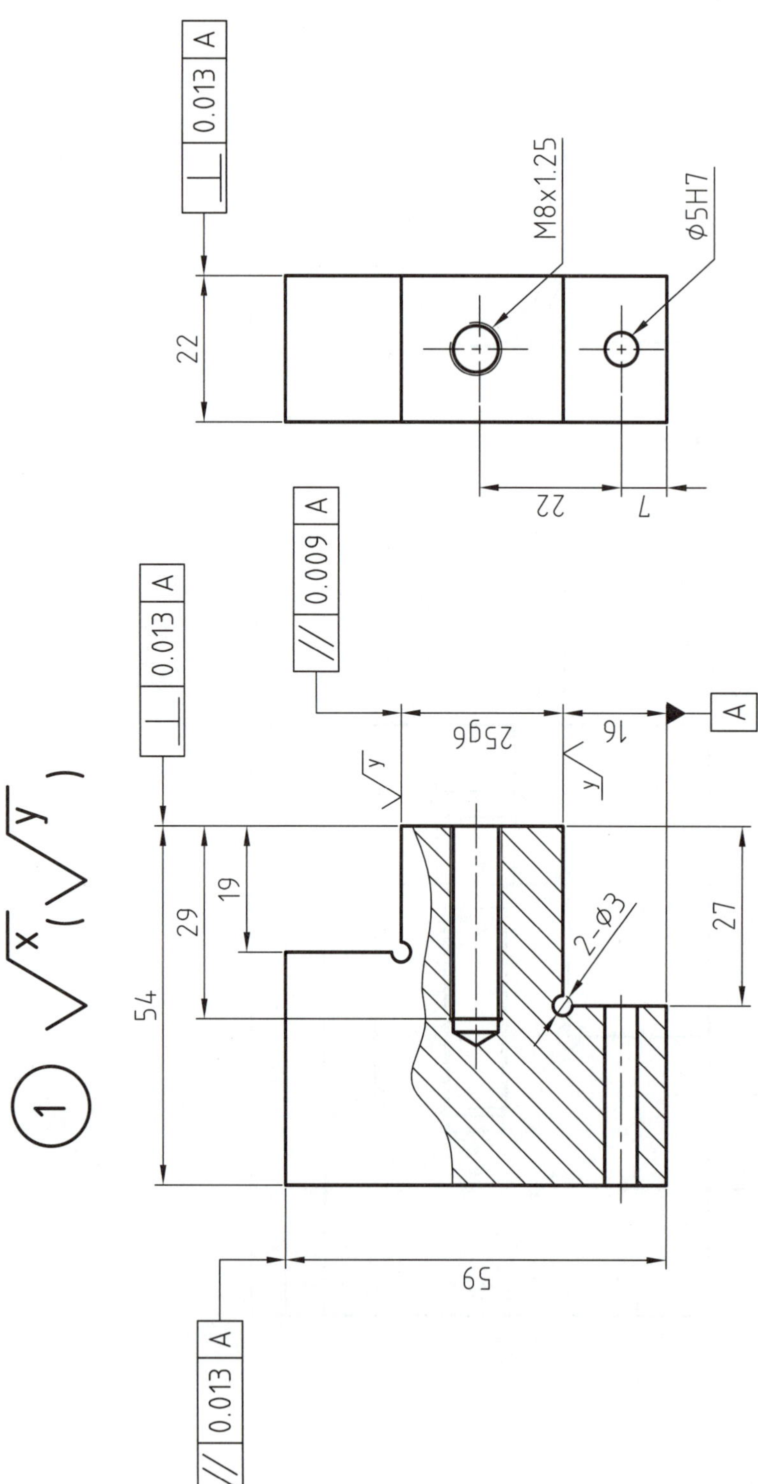

0.013 A
M8x1.25
Φ5H7
22
22
7
0.013 A
0.009 A
25g6
16
27
19
29
54
59
2-Φ3
A
주 서
도시되고 지시없는 모떼기 1x45°, 필렛 R3
0.013 A

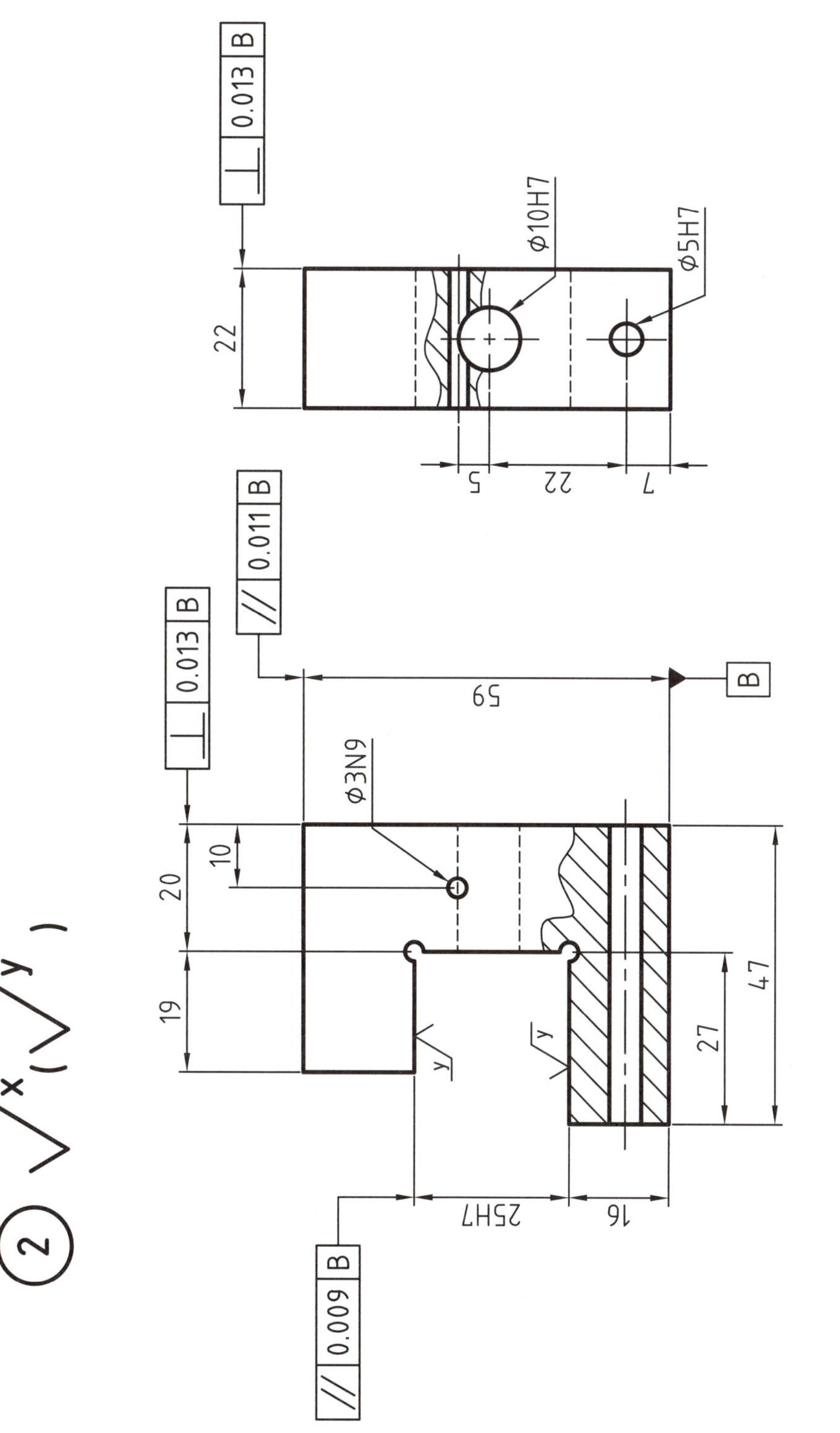
⊥ 0.013 B
Ø10H7
Ø5H7
22
5
22
7
주서
외형선 라운드는 도시되지 않음, 모떼기 1×45°, 필렛 R3
// 0.011 B
B
⊥ 0.013 B
59
Ø3N9
10
20
19
47
27
16
25H7
// 0.009 B
②

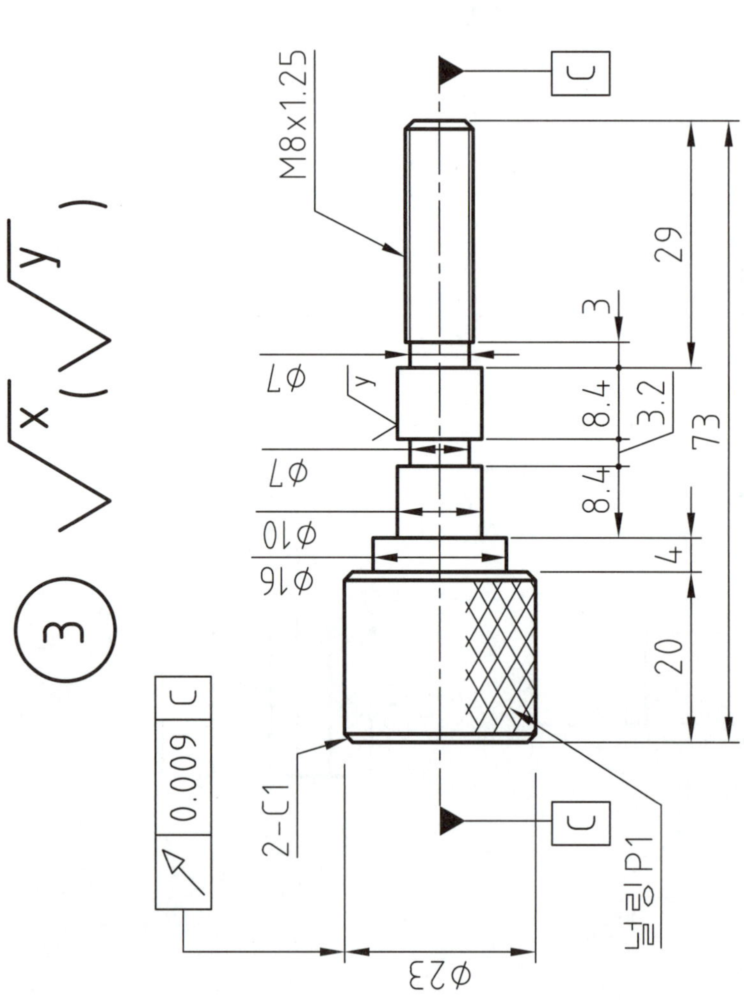

M8x1.25
φ7
y
φ7
φ10
φ16
29
3
8.4
3.2
73
8.4
4
20
2-C1
0.009
C
C
C
널링P1
φ23
주 서
도시되고 지시없는 모떼기 1x45°, 필렛 R3

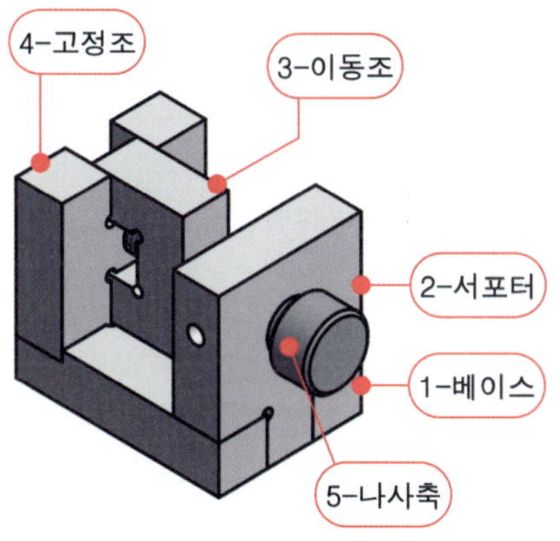

부품 리스트		
항목	부품 번호	수량
1	베이스	1
2	서포터	1
3	이동조	1
4	고정조	1
5	나사축	1
6	고정핀 지름3 X 18	1
7	KS B 1003 – M 4 x 16	4

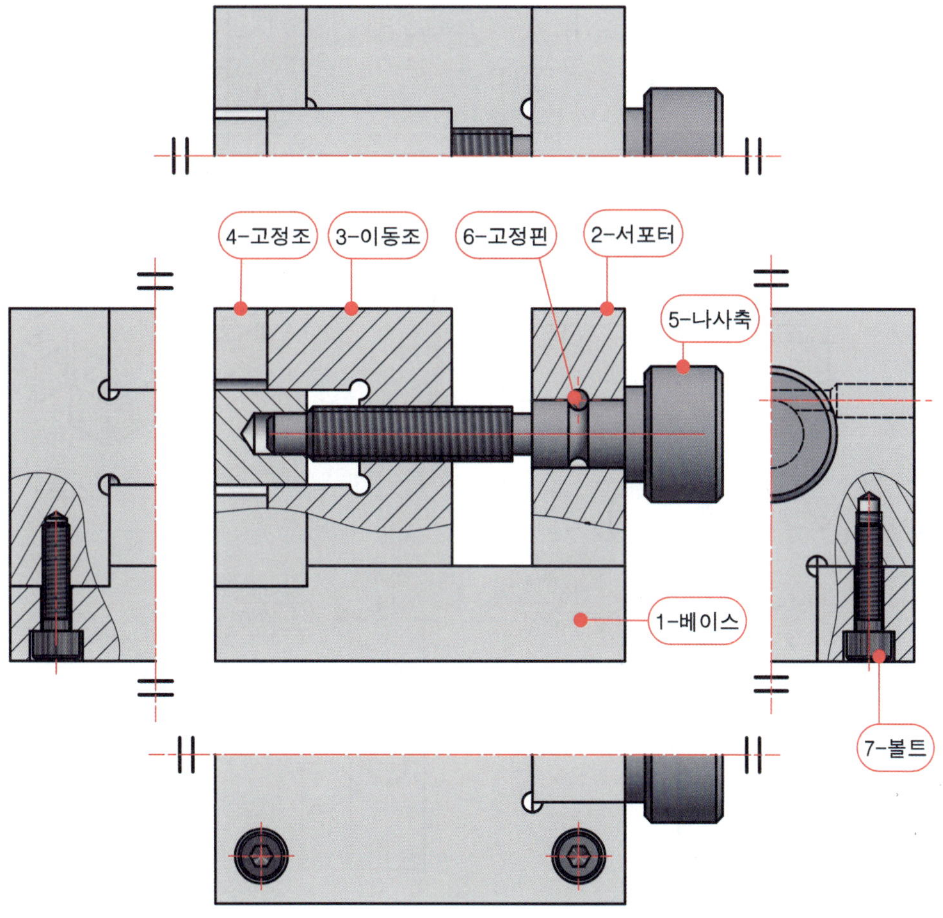

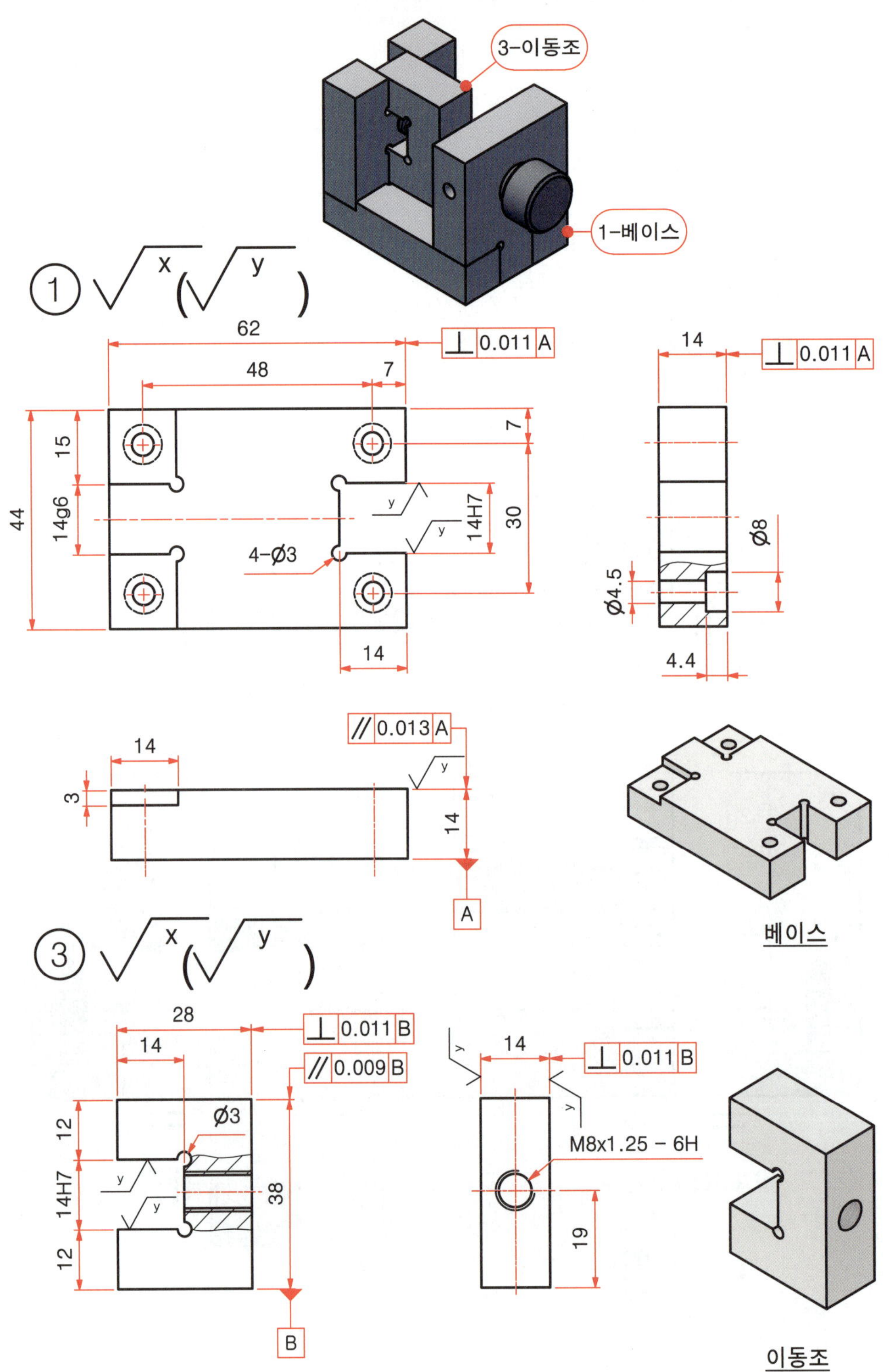

3-이동조
1-베이스
①
62
48
7
15
44
14g6
4-Ø3
14
y
y
14H7
30
7
⊥ 0.011 A
14
⊥ 0.011 A
Ø8
Ø4.5
4.4
14
3
y
// 0.013 A
14
A
베이스
③
28
14
12
14H7
12
Ø3
y
y
38
⊥ 0.011 B
// 0.009 B
B
14
y
y
⊥ 0.011 B
M8x1.25 – 6H
19
이동조

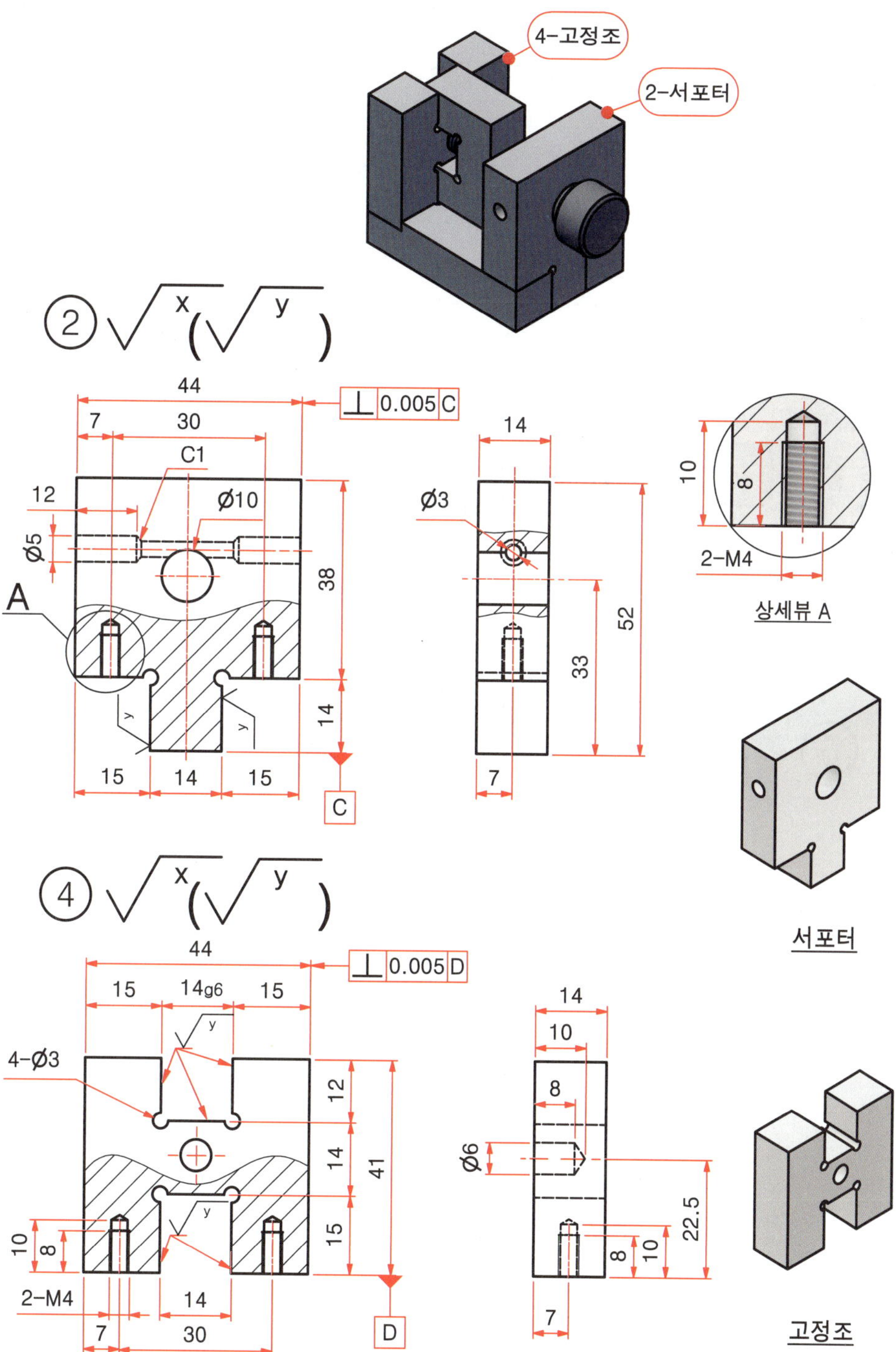

4-고정조
2-서포터
상세뷰 A
서포터
고정조

⑤ $\sqrt{\vphantom{x}}^{\,x}\left(\sqrt{\vphantom{y}}^{\,y}\right)$

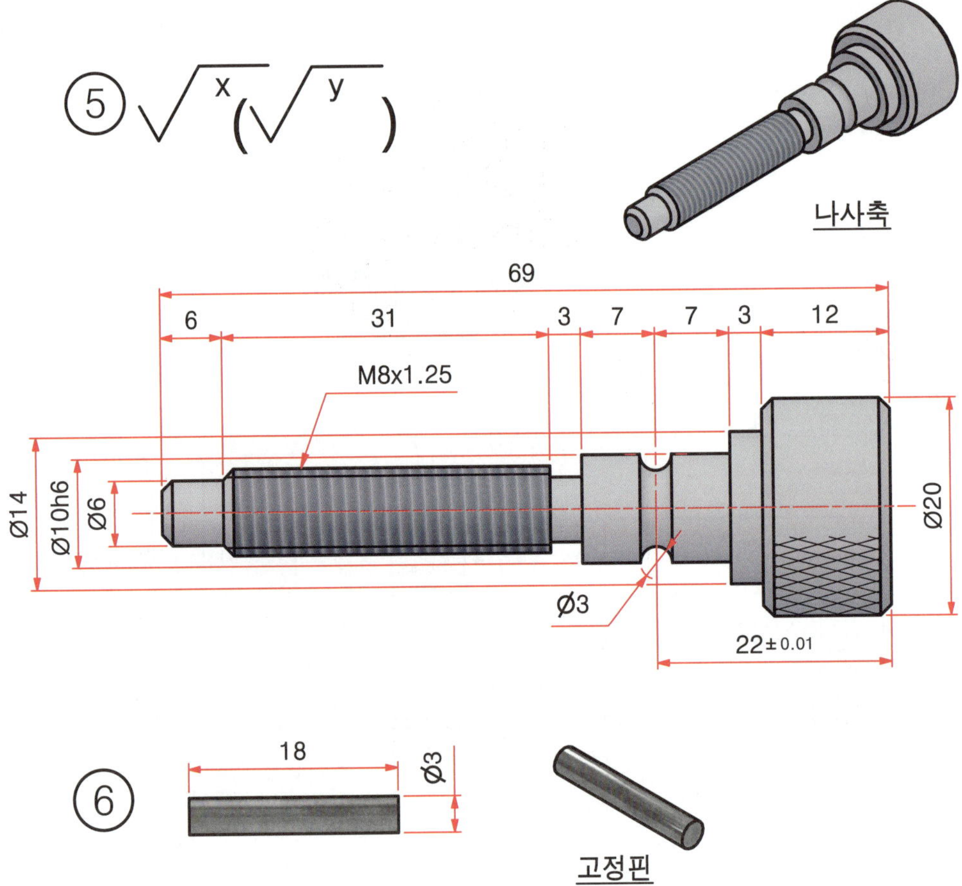

주서

1. 일반공차-가)가공부 :KS B ISO 2768-m

2. 도시되고 지시없는 모떼기는 1x45° 필렛과 라운드는 R3

3. 일반모떼기는 0.2x45°

4. 표면거칠기

$$\sqrt{\vphantom{x}}^{\,x} = \sqrt{\vphantom{Ra}}\ \text{Ra 3.2}$$
$$\sqrt{\vphantom{y}}^{\,y} = \sqrt{\vphantom{Ra}}\ \text{Ra 0.8}$$

5. 공용부품   KS B 1003

볼트 M 4 x 16

항목	부품 번호	수량
	부품 리스트	
1	베이스	1
2	고정조	1
3	이동조	1
4	나사축	1
5	KS B 1003 - M 6 x 16	1

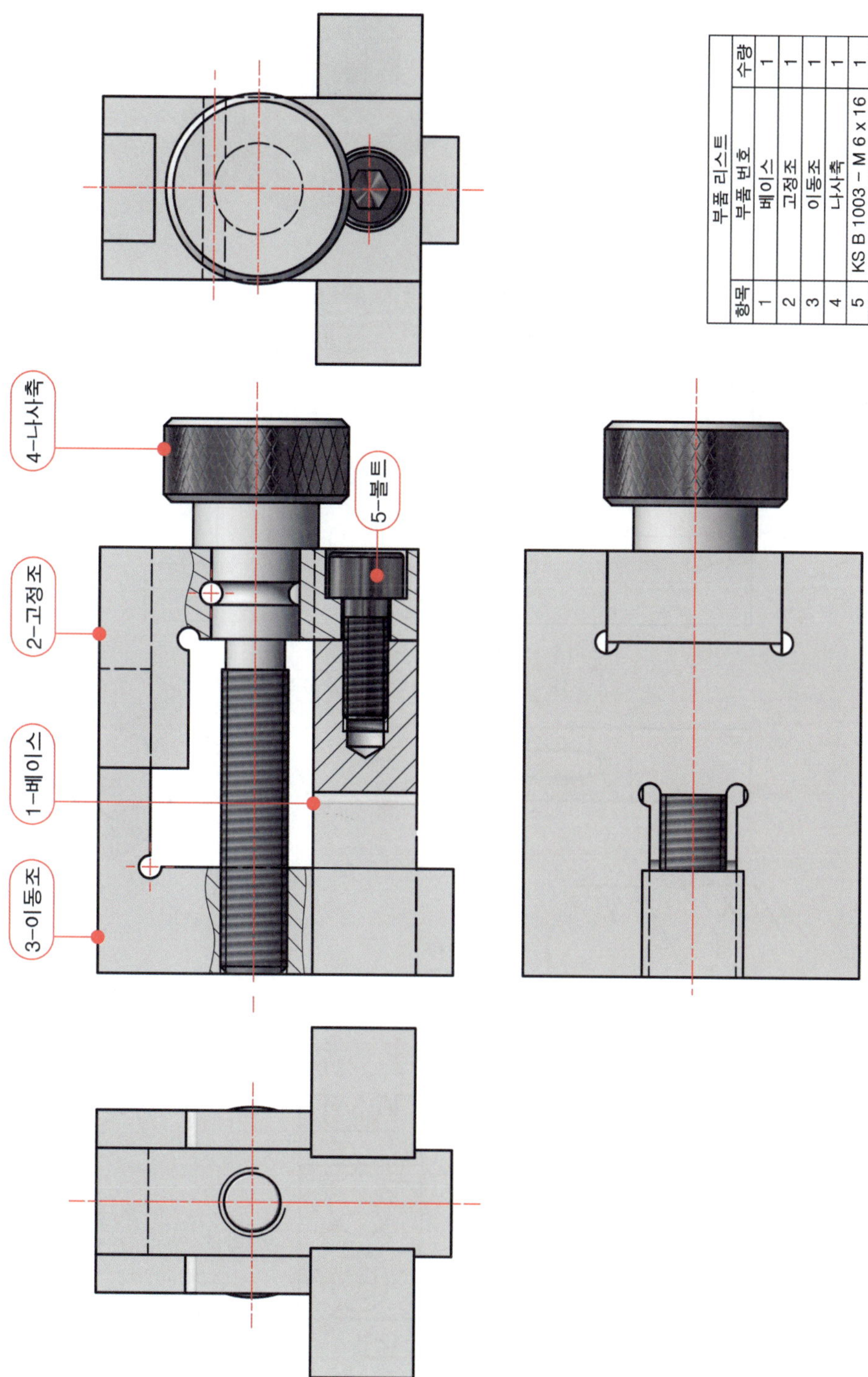

PART **2** 인벤터 실력 쌓기

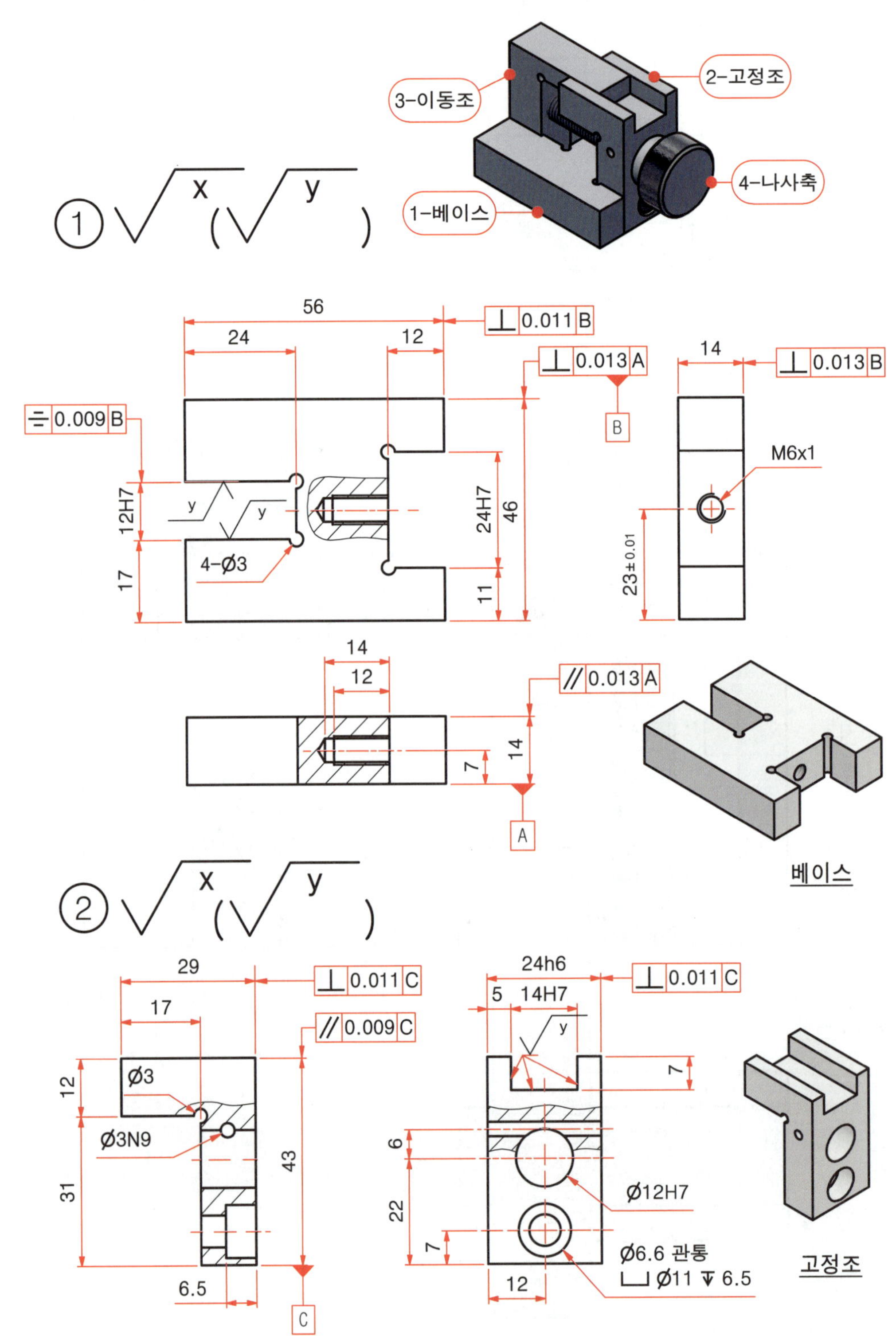

3-이동조
2-고정조
4-나사축
1-베이스
M6x1
23±0.01
베이스
Ø3
Ø3N9
Ø12H7
Ø6.6 관통
Ø11 ▼ 6.5
고정조

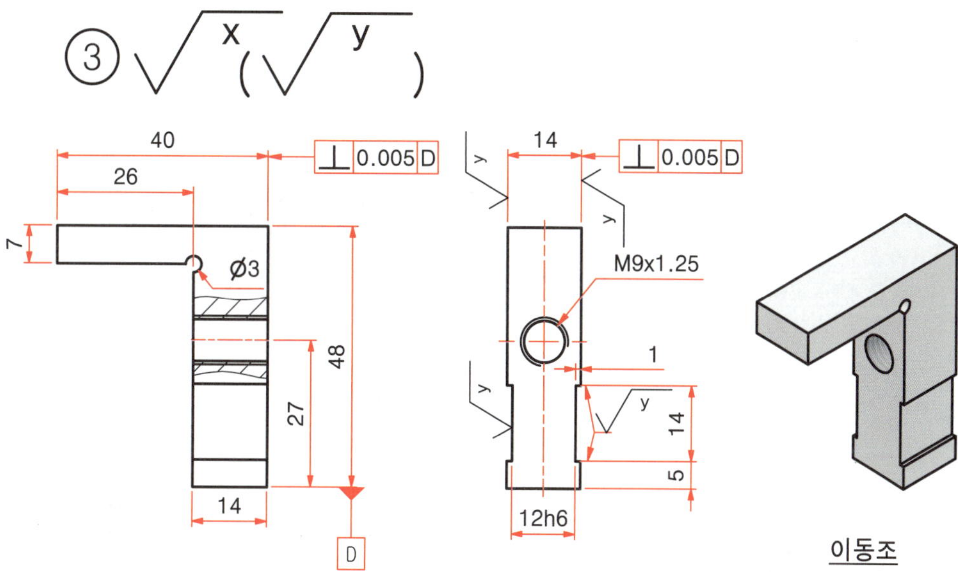

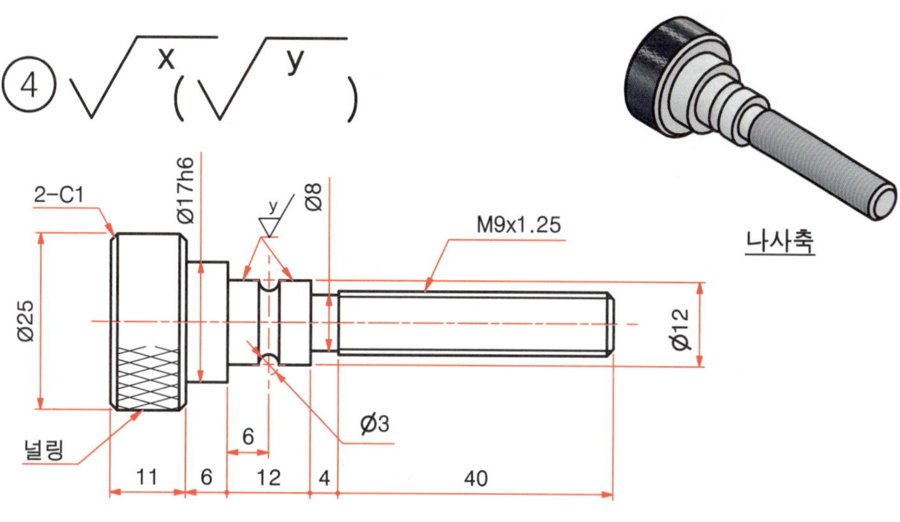

주서
1. 도시되고 지시없는 모깎기 R3, 모따기 1x45°
2. 공용부품   없는 모깎기 R3, 모따기 1x45°

볼트 M 6 x 16      KS B 1003

항목	부품 번호	수량
1	베이스	1
2	가이드블록	1
3	이동조	1
4	고정조	1
5	나사축	1
6	볼트 M4	4
7	고정판	1
8	손잡이고정판	1
9	손잡이4호	1

부품 리스트

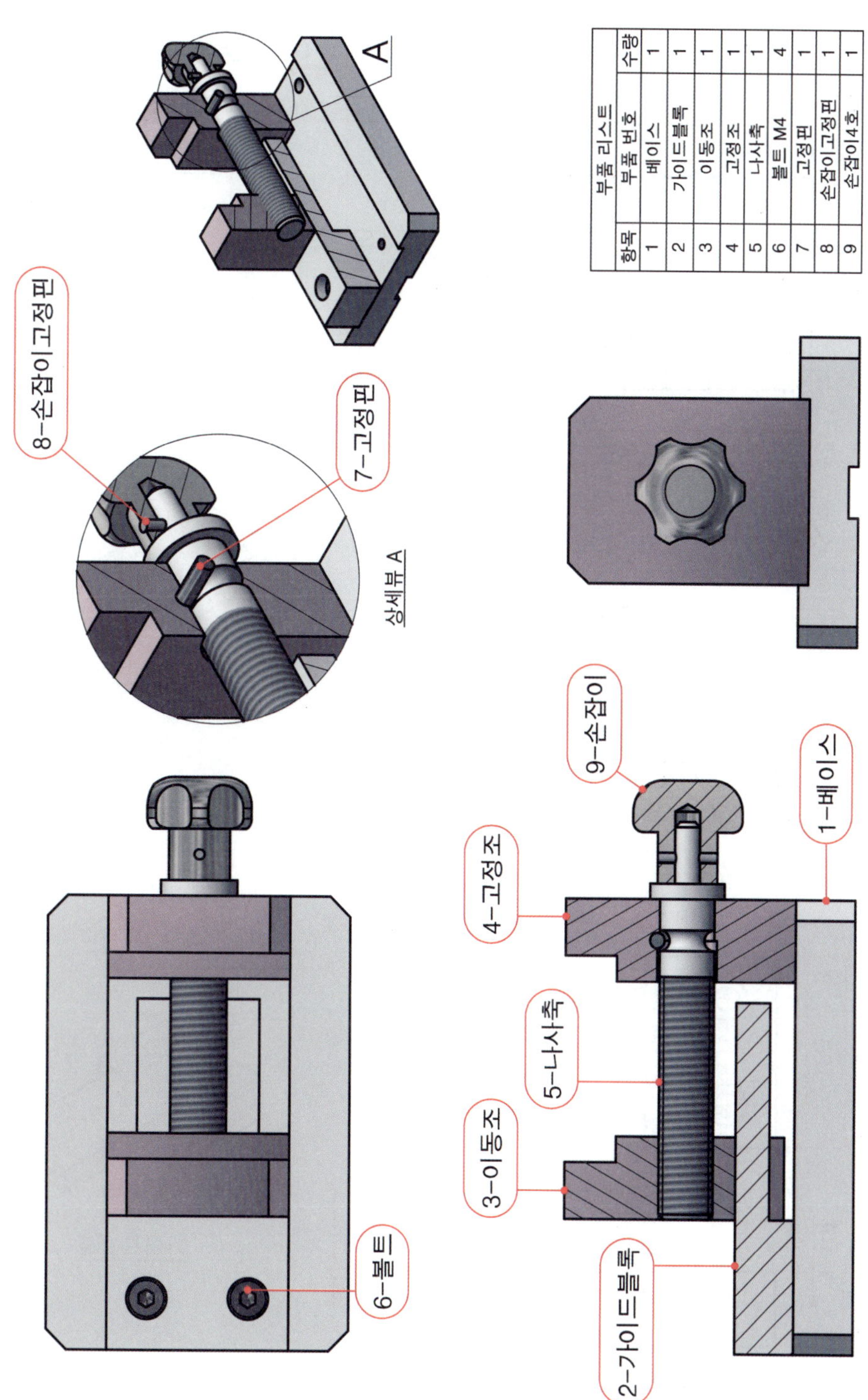

부품 리스트

항목	부품 번호	수량
1	베이스	1
2	가이드블록	1
3	이동조	1
4	고정조	1
5	나사축	1
6	볼트 M4	4
7	고정판	1
8	손잡이고정편	1
9	손잡이4호	1

PART **2** 인벤터 실력 쌓기

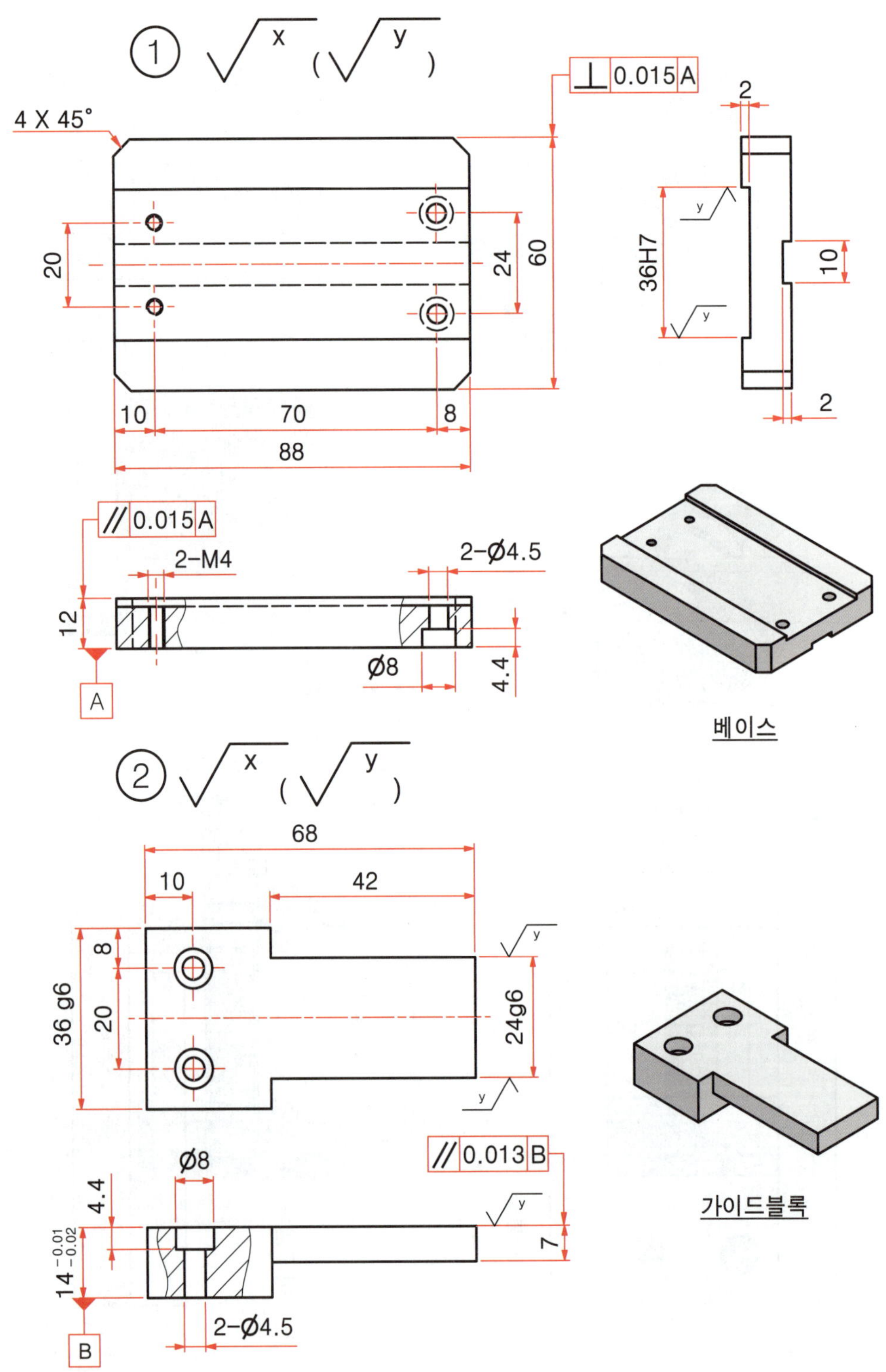
베이스
가이드블록

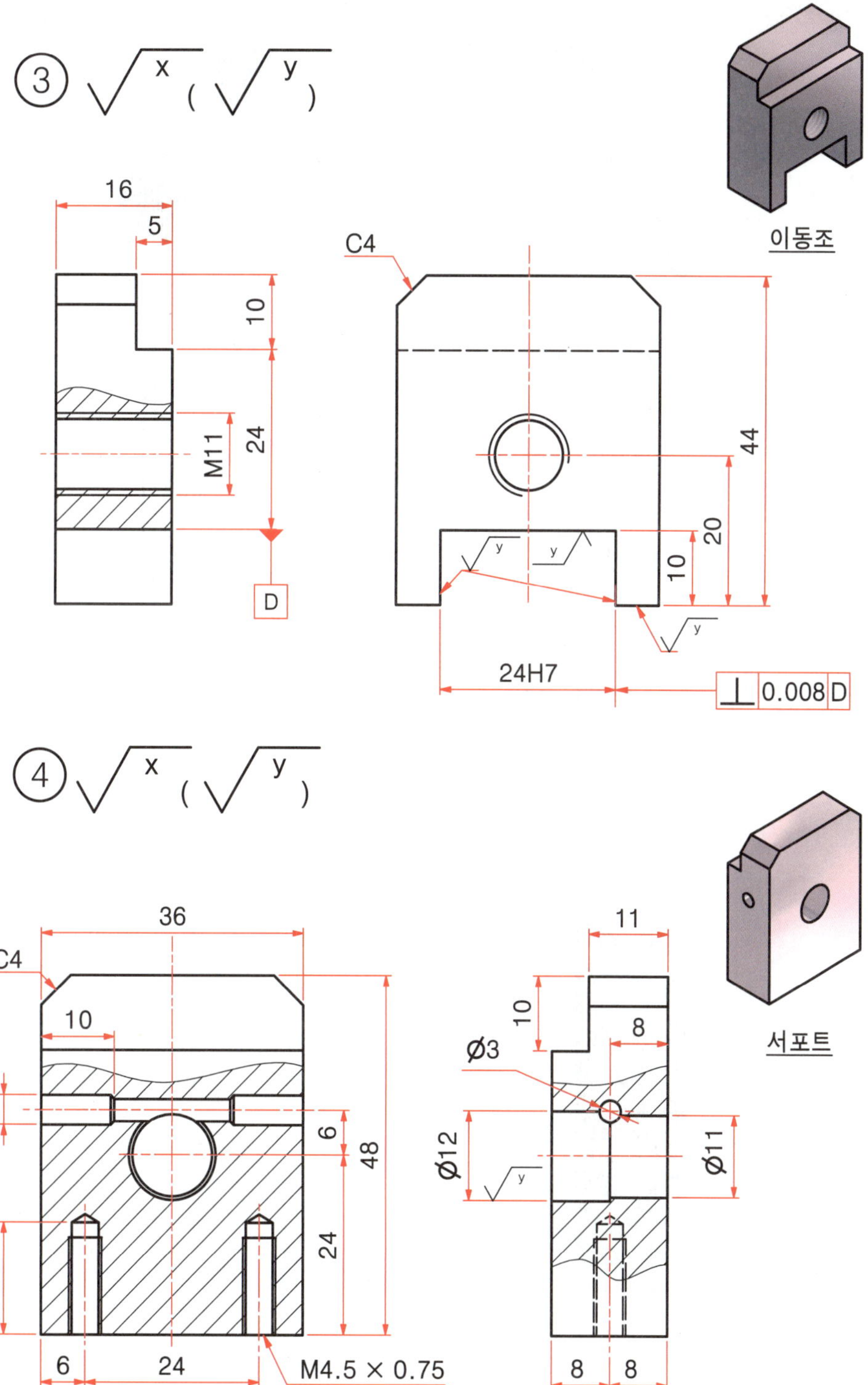

③
④
x
y
C4
16
5
10
24
M11
D
44
20
10
24H7
⊥ 0.008 D
이동조
36
C4
10
Ø4
6
48
24
15
6
24
M4.5 × 0.75
11
10
8
Ø3
Ø12
Ø11
8
8
서포트

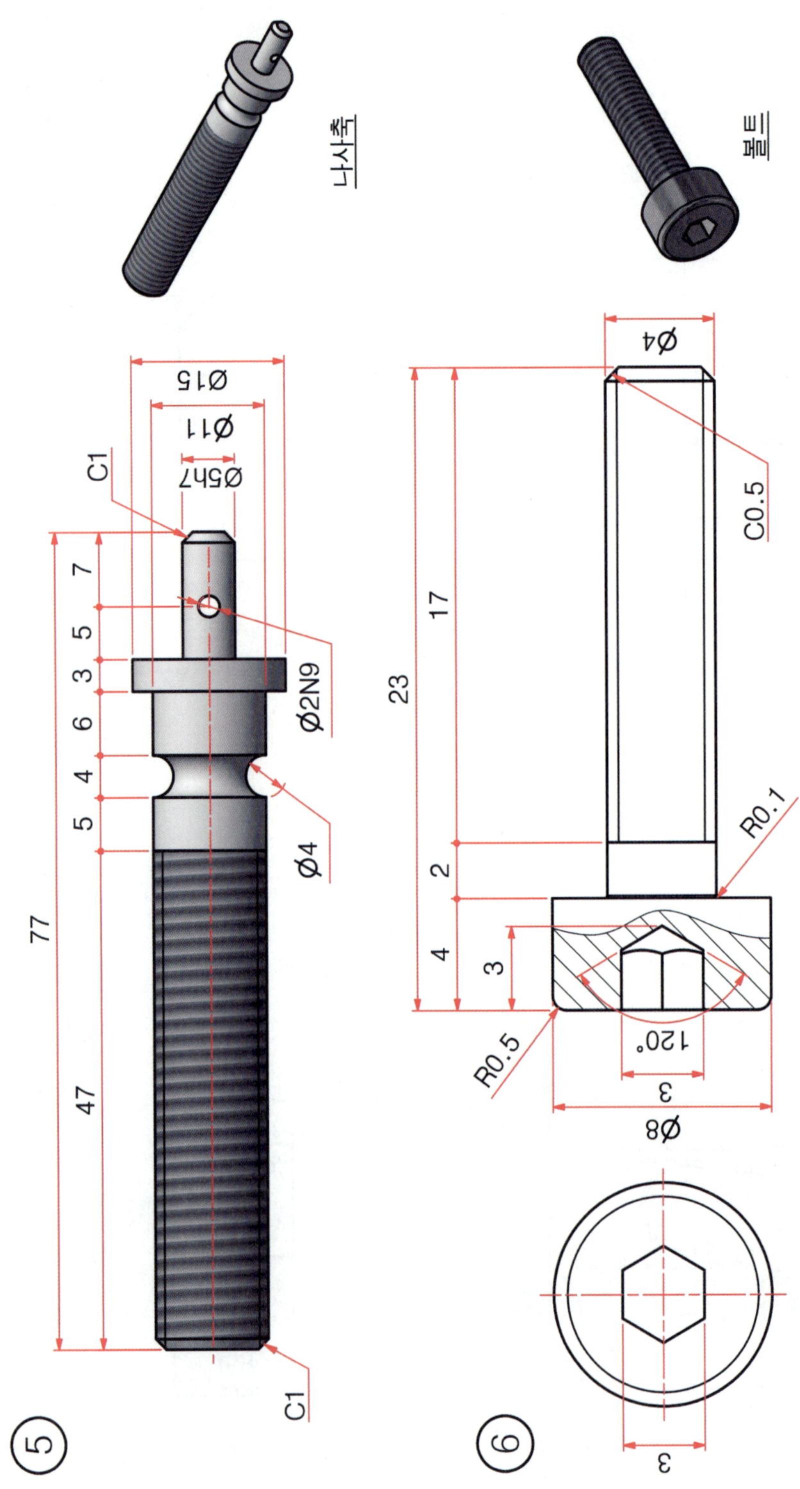

나사축
볼트
Ø15
Ø11
Ø5h7
C1
7
5
3
6
4
5
77
47
Ø2N9
Ø4
C1
Ø4
C0.5
23
17
2
4
3
R0.1
R0.5
120°
3
Ø8
3
5
6

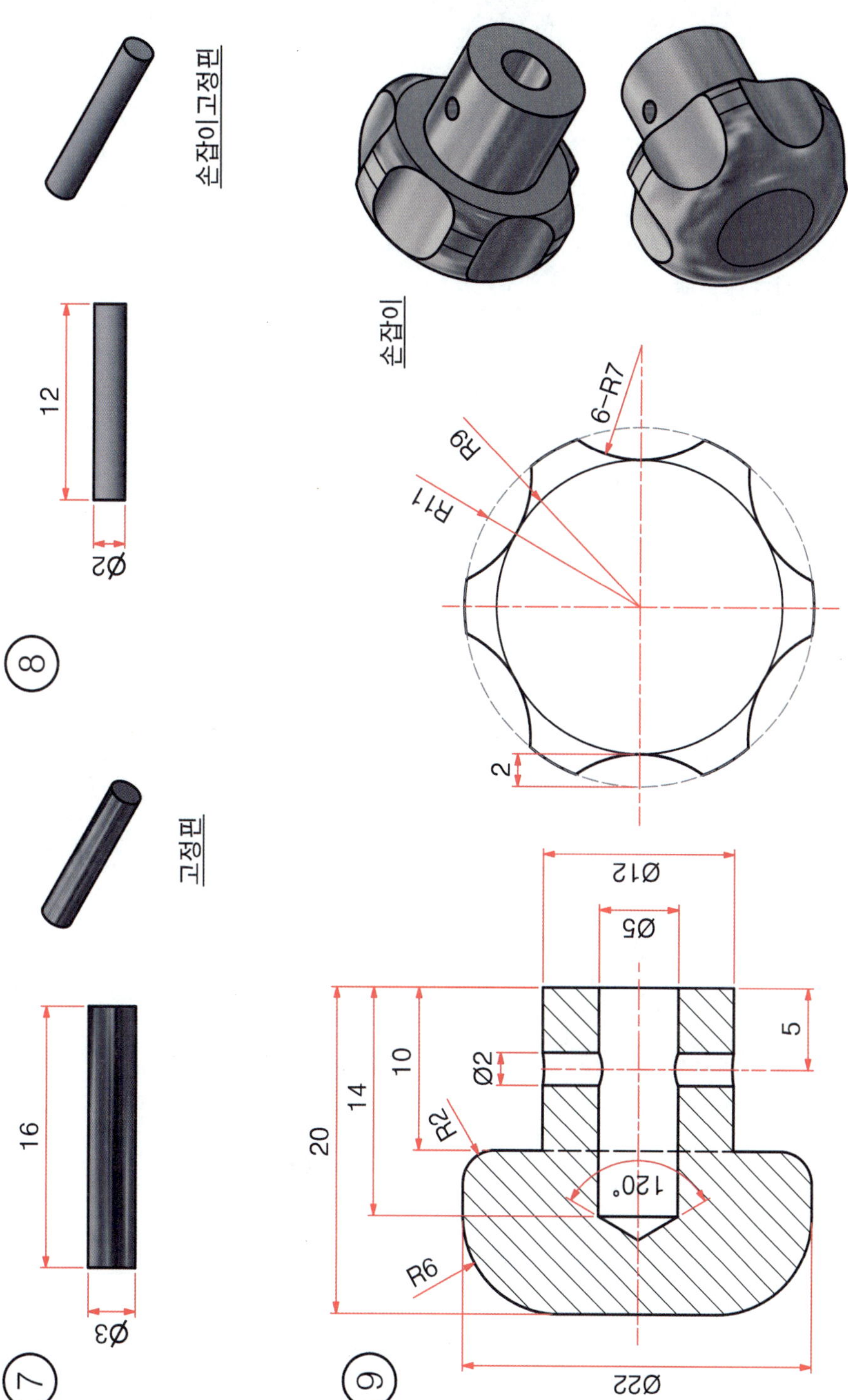

손잡이고정핀
손잡이
고정핀
12
Ø2
8
16
Ø3
7
6-R7
R9
R11
2
Ø12
Ø5
Ø2
R2
120°
R6
Ø22
20
14
10
5
9

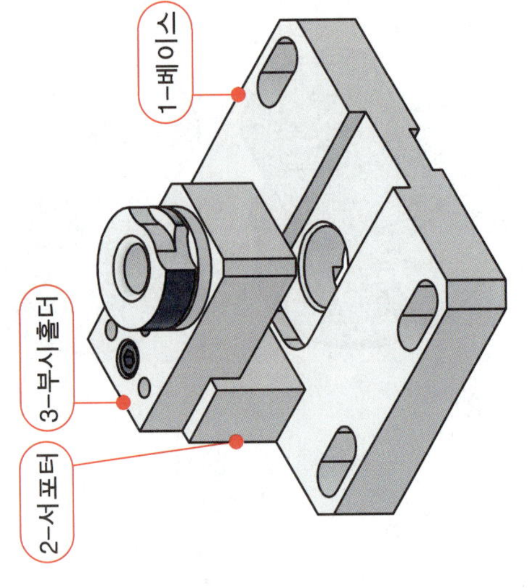

항목	부품 번호	수량
1	베이스	1
2	서포터	1
3	부시홀더	1
4	고정부시	1
5	삽입부시	1
6	KS B 1003 – M 5 x 16	3

부품 리스트

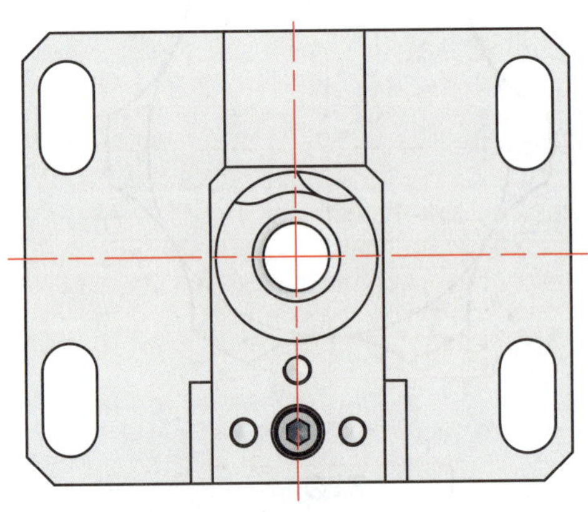

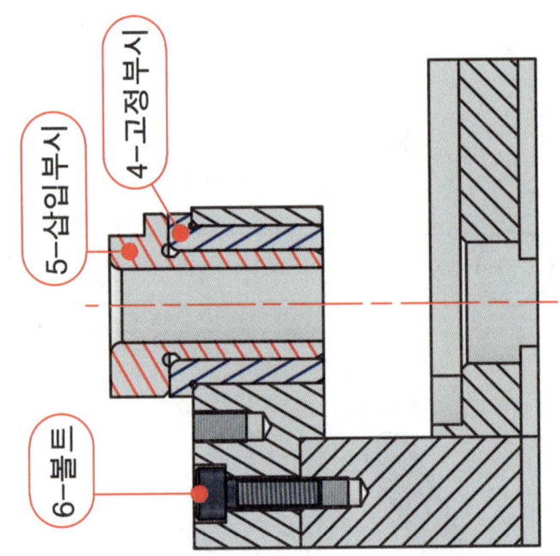

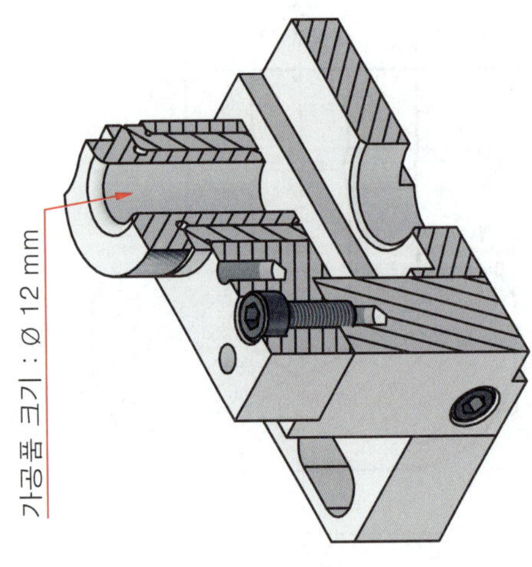

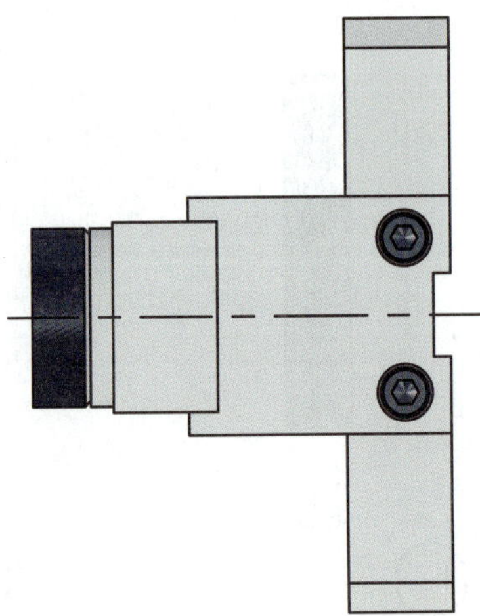

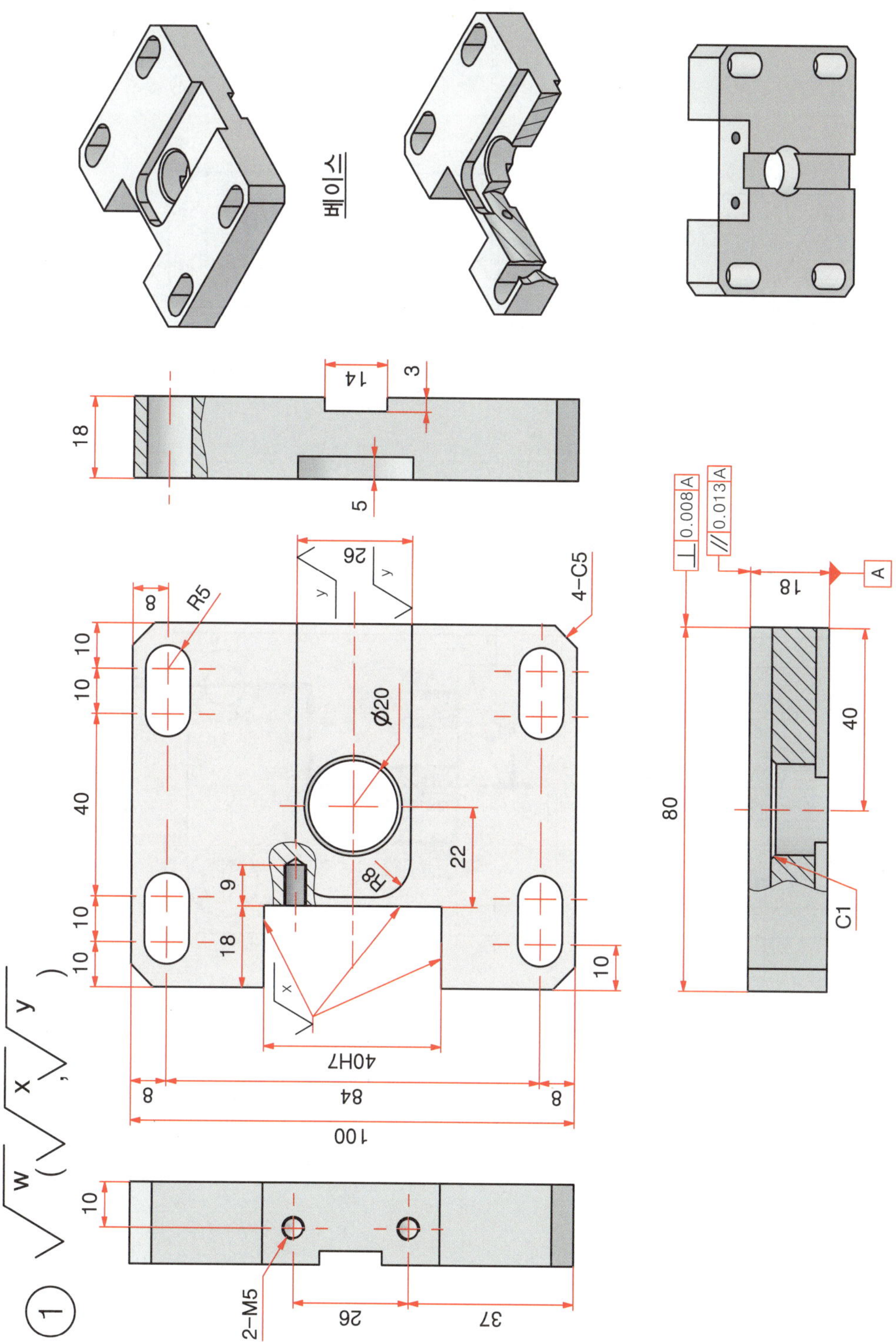
베이스
18
14
3
5
8
R5
10 10
10
40
10 10
10
26
Φ20
R8
22
9
18
x
40H7
8
84
8
100
2-M5
26
37
10
4-C5
0.008 A
0.013 A
A
18
80
40
C1
1

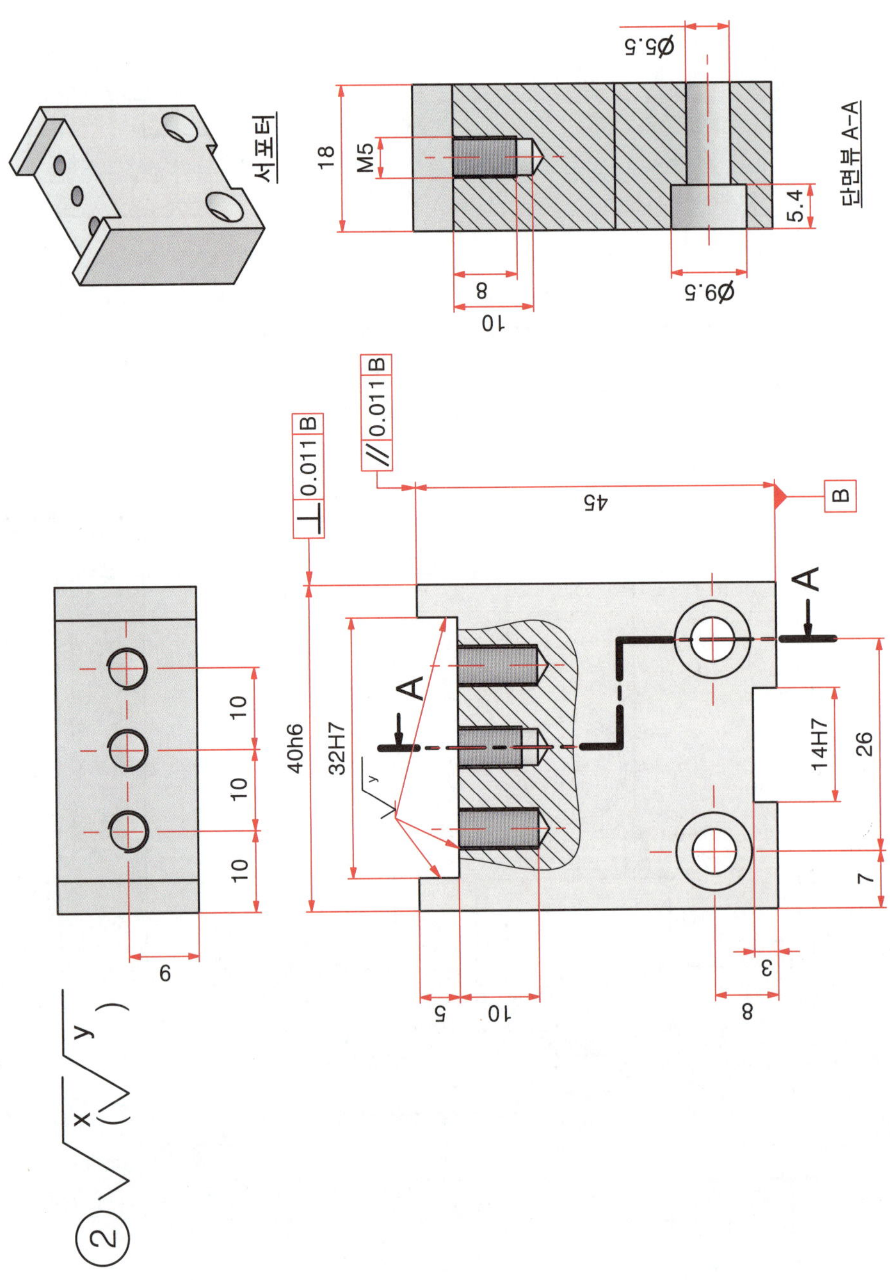

서포터
단면뷰 A-A
Ø5.5
M5
18
Ø9.5
5.4
8
10
⊥ 0.011 B
// 0.011 B
45
B
A
40h6
32H7
14H7
26
7
3
8
5
10
10
10
10
10
6
A
y
x
2

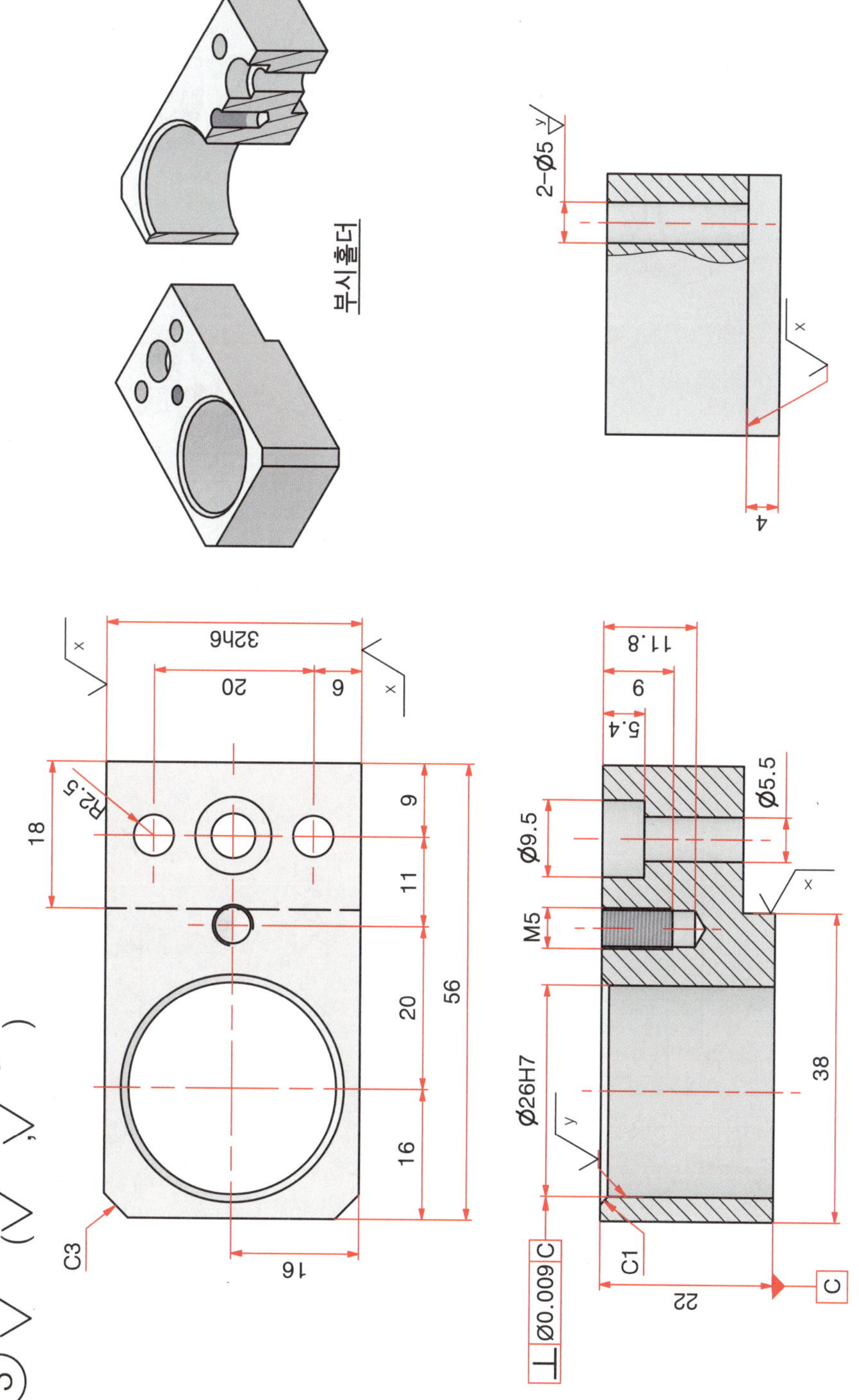
부시홀더
2-Ø5
4
32n6
20
6
18
R2.5
9
11
56
20
16
16
C3
11.8
9
5.4
Ø9.5
Ø5.5
M5
Ø26H7
38
22
C1
C
Ø0.009 C
x
y
w
③

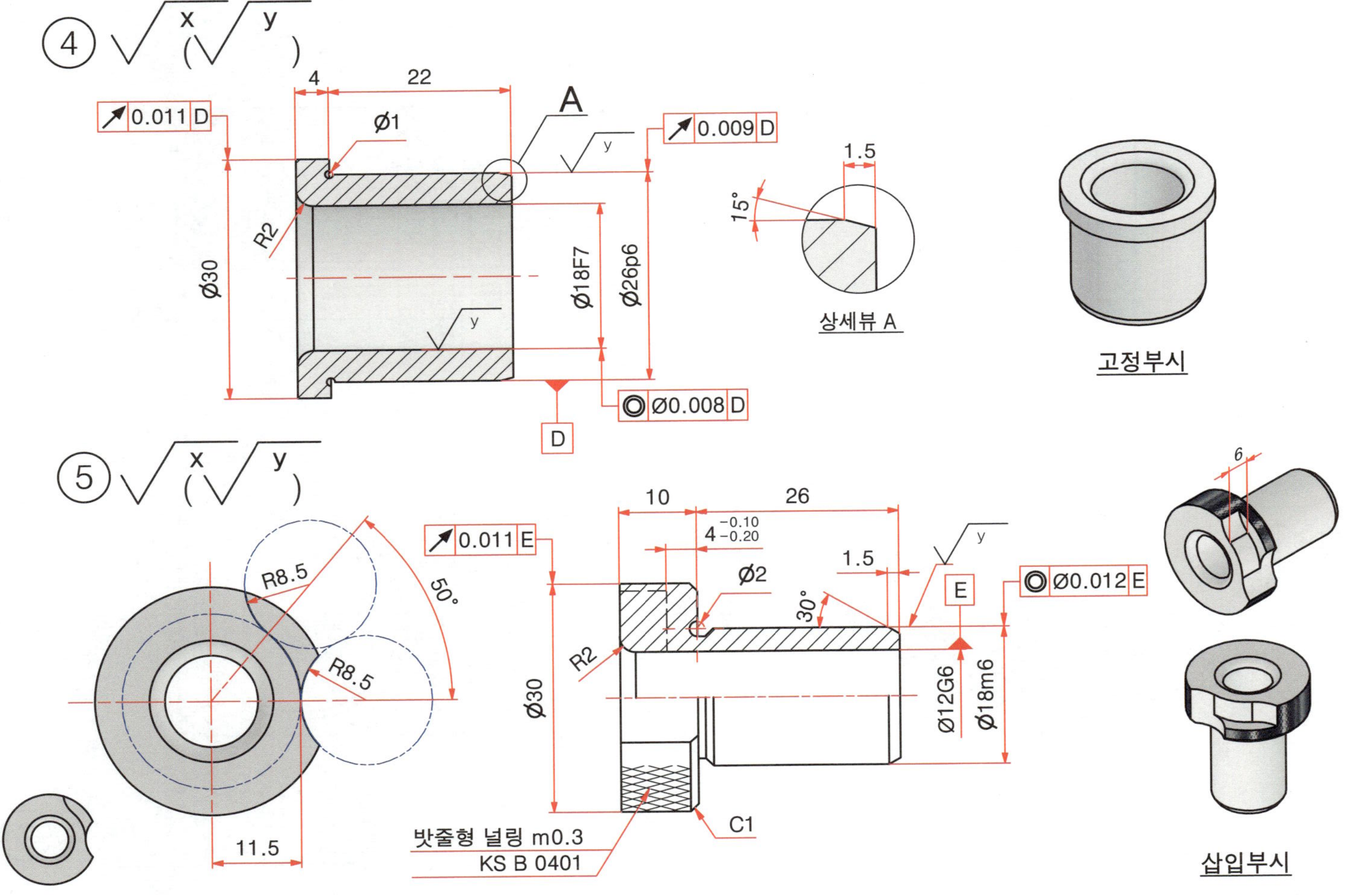
4
x
y
0.011 D
4
22
Ø1
A
y
0.009 D
R2
Ø30
Ø18F7
Ø26p6
Ø0.008 D
D
1.5
15°
상세뷰 A
고정부시
5
x
y
0.011 E
R8.5
50°
R8.5
10
26
4 −0.10/−0.20
Ø2
1.5
y
30°
E
Ø0.012 E
R2
Ø30
Ø12G6
Ø18m6
C1
11.5
밧줄형 널링 m0.3
KS B 0401
6
삽입부시

종합예제 12 클램프

항목	부품 번호	수량
1	베이스	1
2	슬라이더	1
3	나사축	1
4	서포터	1
5	ISO 4762 – M4 x 20	2
6	손잡이	1

부품 리스트

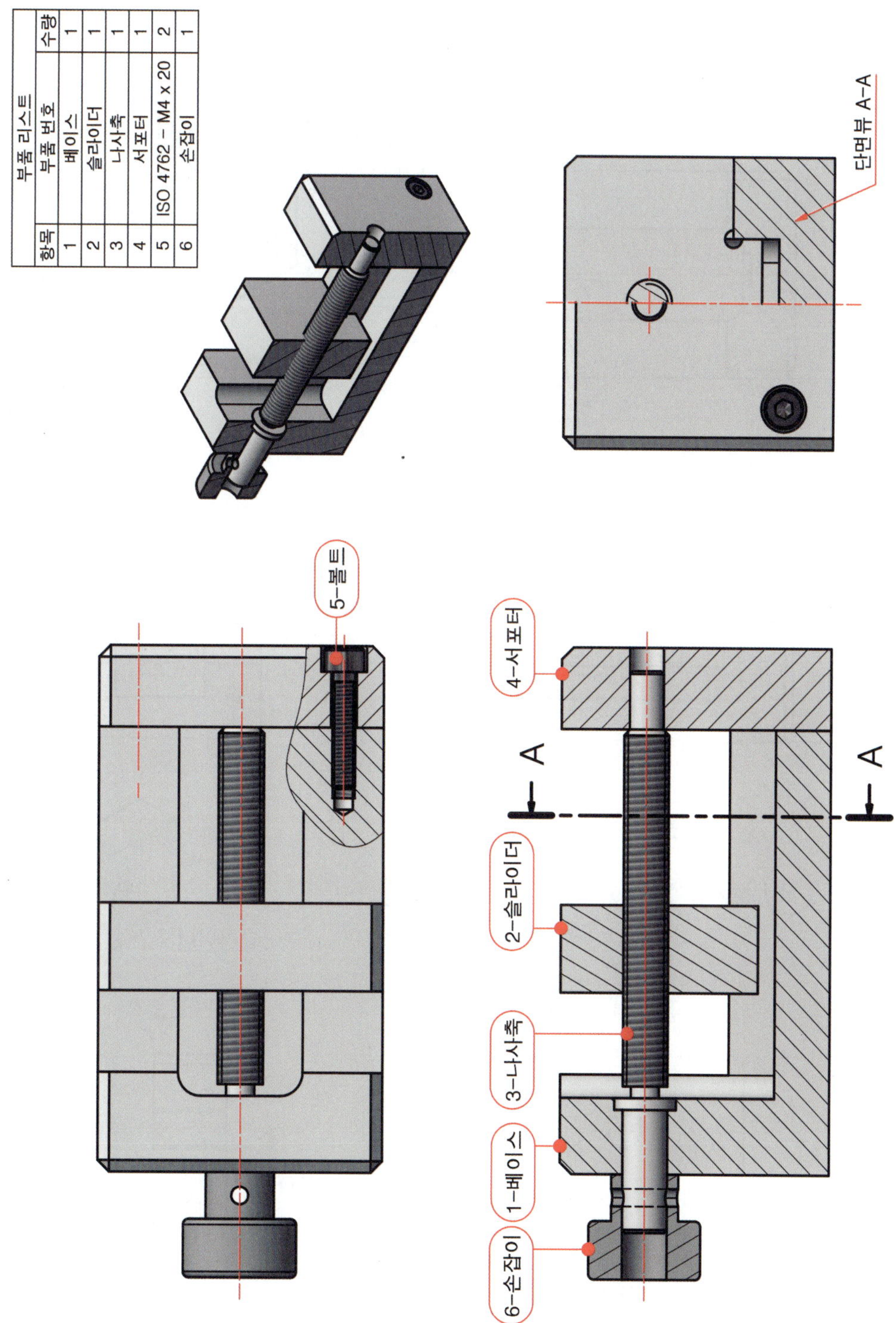

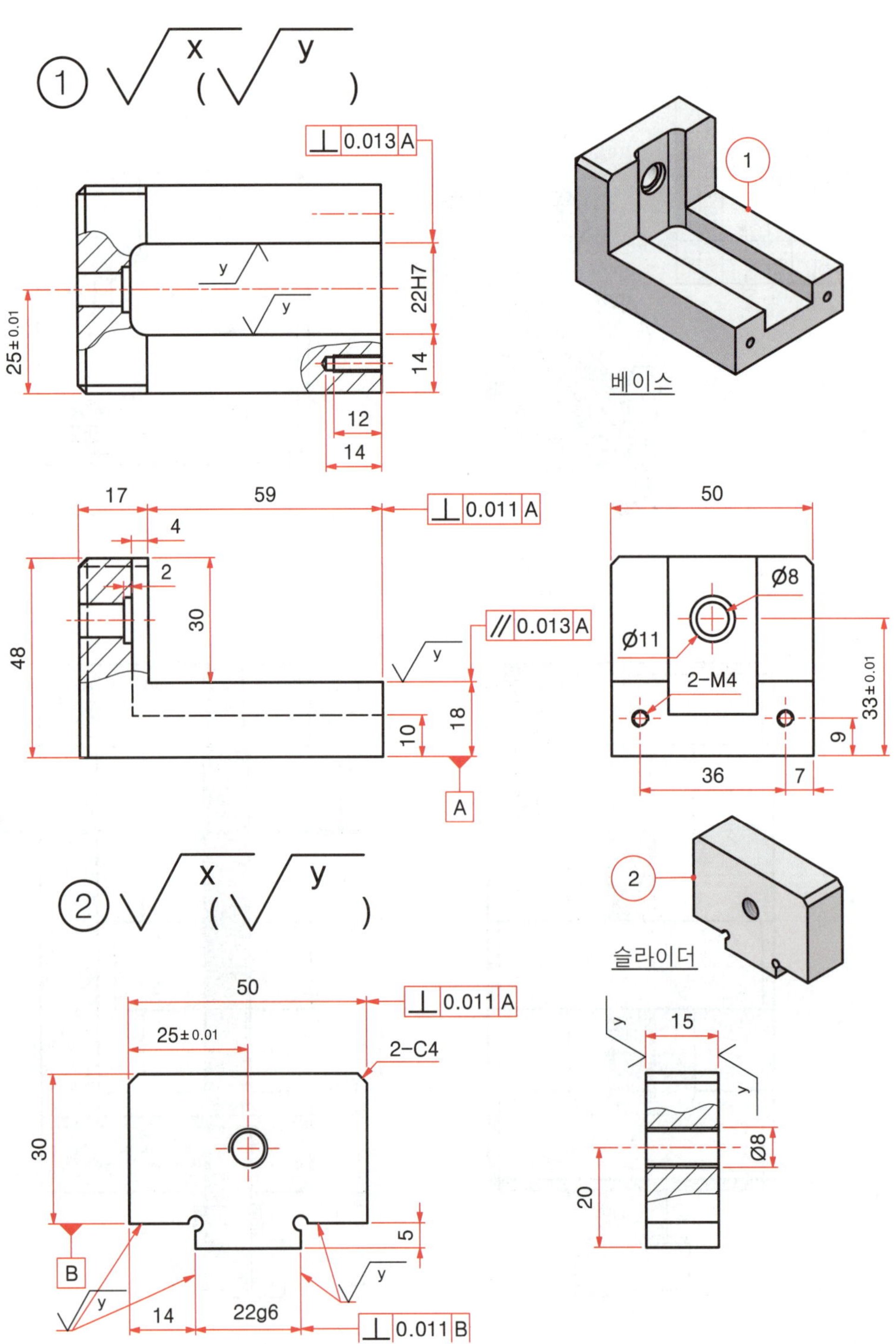

베이스
슬라이더

TIP) 나사 축의 다양한 표현 방법
나사 축 도면 작성 시 여러방법으로 표현이 가능합니다.
아래 도면을 참고 합니다.

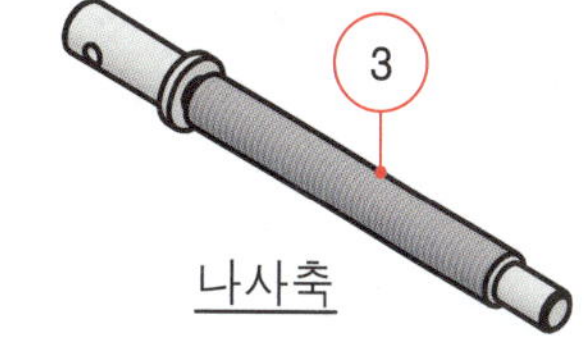

나사 축 표현-1

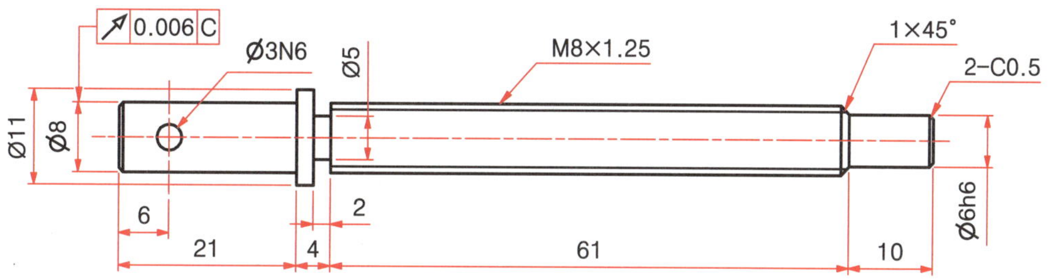

나사 축 표현-2

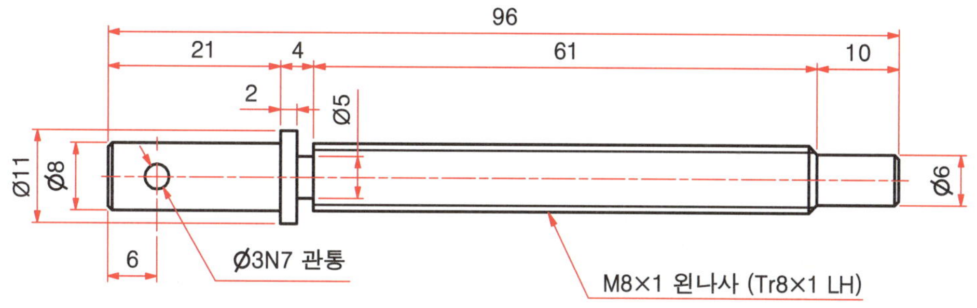

널링 나사 축 참고도면

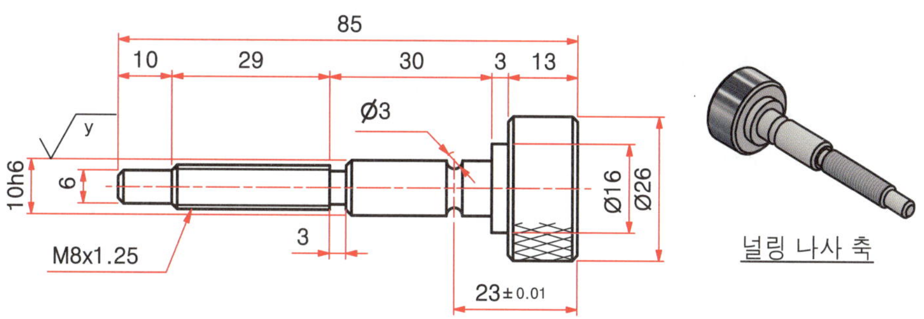

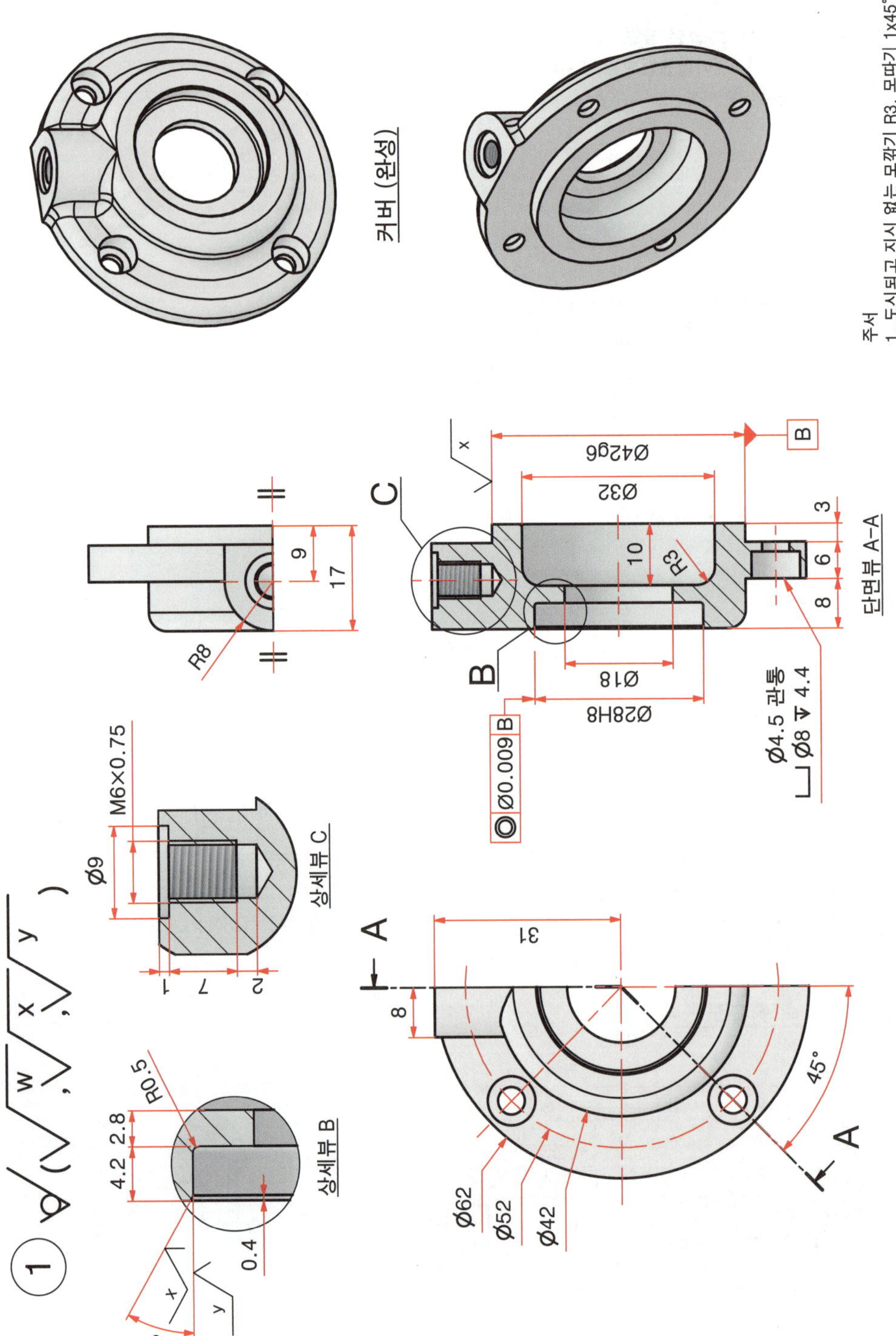

커버 (완성)
주서
1. 도시되고 지시 없는 모깎기 R3, 모따기 1x45°
17
9
R8
M6×0.75
Ø9
1 7 2
상세부 C
R0.5
4.2 2.8
0.4
상세부 B
Ø42g6
Ø32
10
R3
3
6
8
단면부 A-A
Ø4.5 관통
⊔ Ø8 ▽ 4.4
Ø18
Ø28H8
Ø0.009 B
B
C
x
A
31
8
45°
A
Ø62
Ø52
Ø42
1
w
x
y
30°

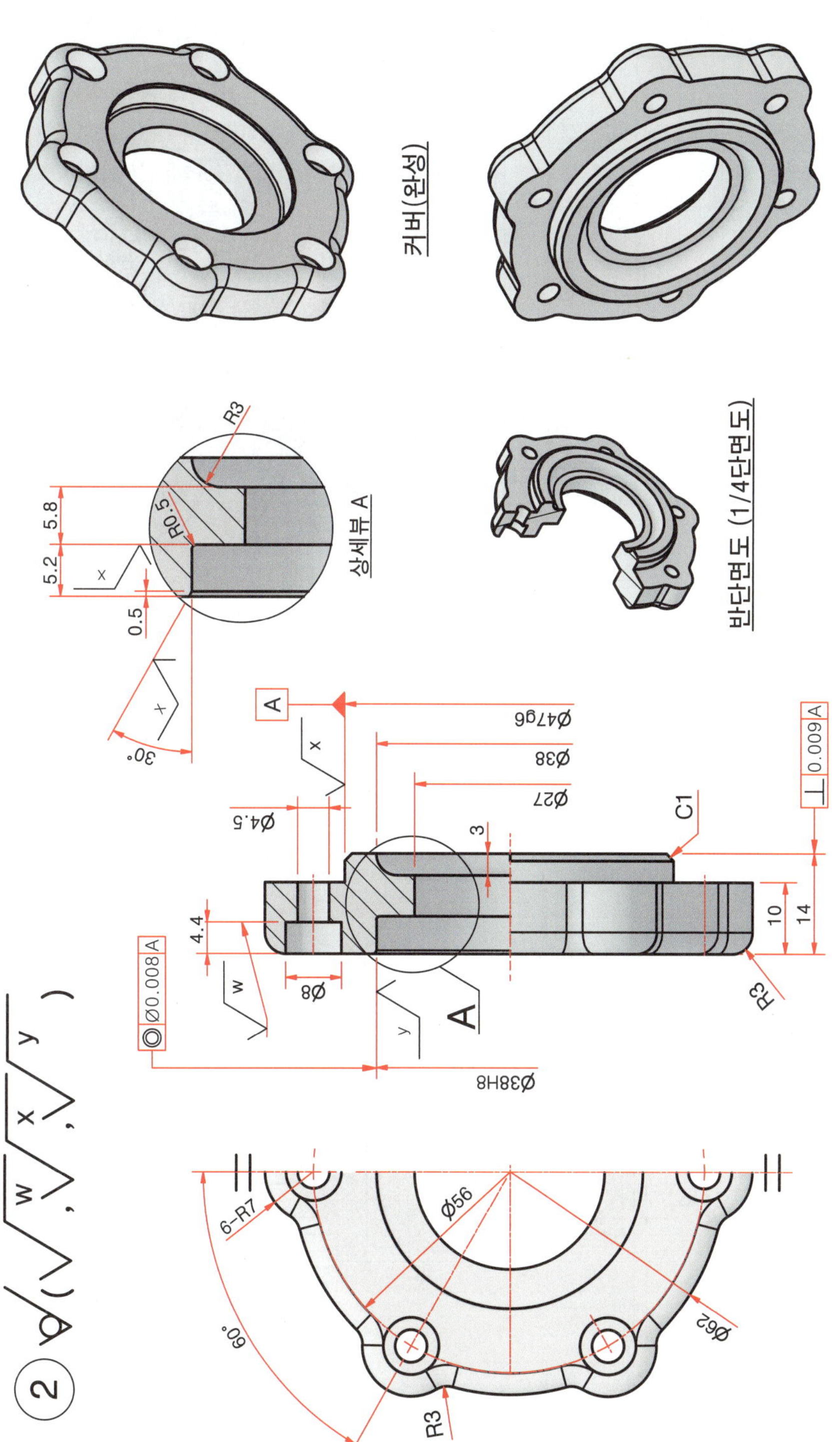

커버(완성)
R3
R0.5
5.8
5.2
0.5
x
x
30°
상세부 A
반단면도 (1/4단면도)
주서
1. 도시되고 지시 없는 모깎기 R3, 모따기 1x45°
A
Ø47g6
Ø38
Ø27
3
C1
0.009 A
10
14
R3
Ø4.5
4.4
Ø8
w
y
A
Ø0.008 A
Ø38H8
x
2
Ø56
6-R7
60°
Ø62
R3

스퍼기어 요목표

구분＼품번		3-a	3-b
기어치형		표준	
공구	치형	보통이	
	모듈	2	2
	압력각	20°	20°
잇수		39	29
피치원 지름		Ø78	Ø40
전체이 높이		4.5	
다듬질 방법		호브절삭	
정밀도		KS S ISO 1328-1, 6급	

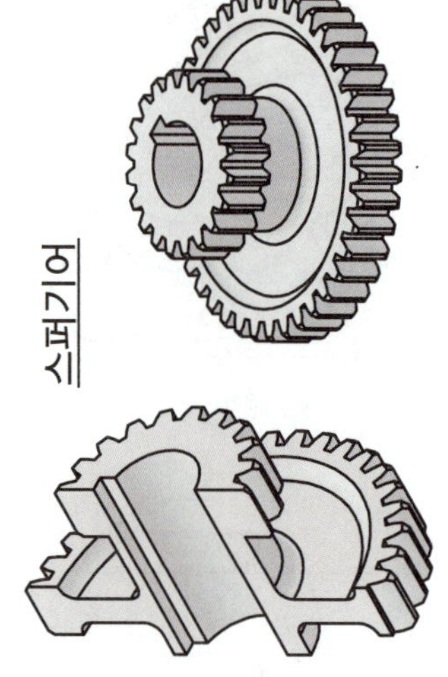

<u>스퍼기어</u>

주서
도시되고 지시없는 모따기 R3, 모따기1×45° (기어박스)

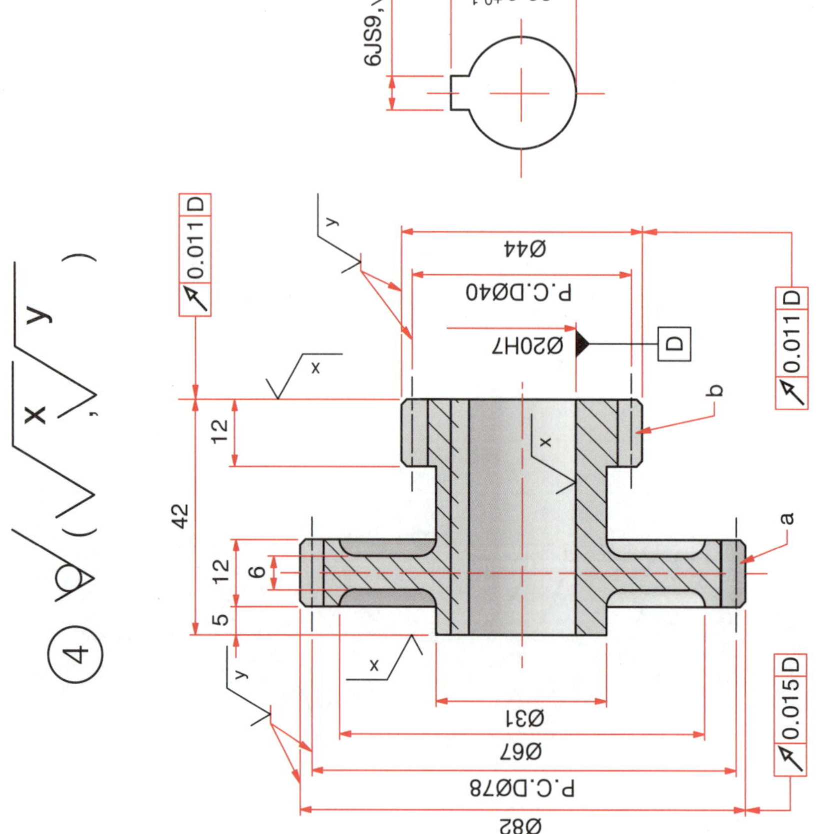

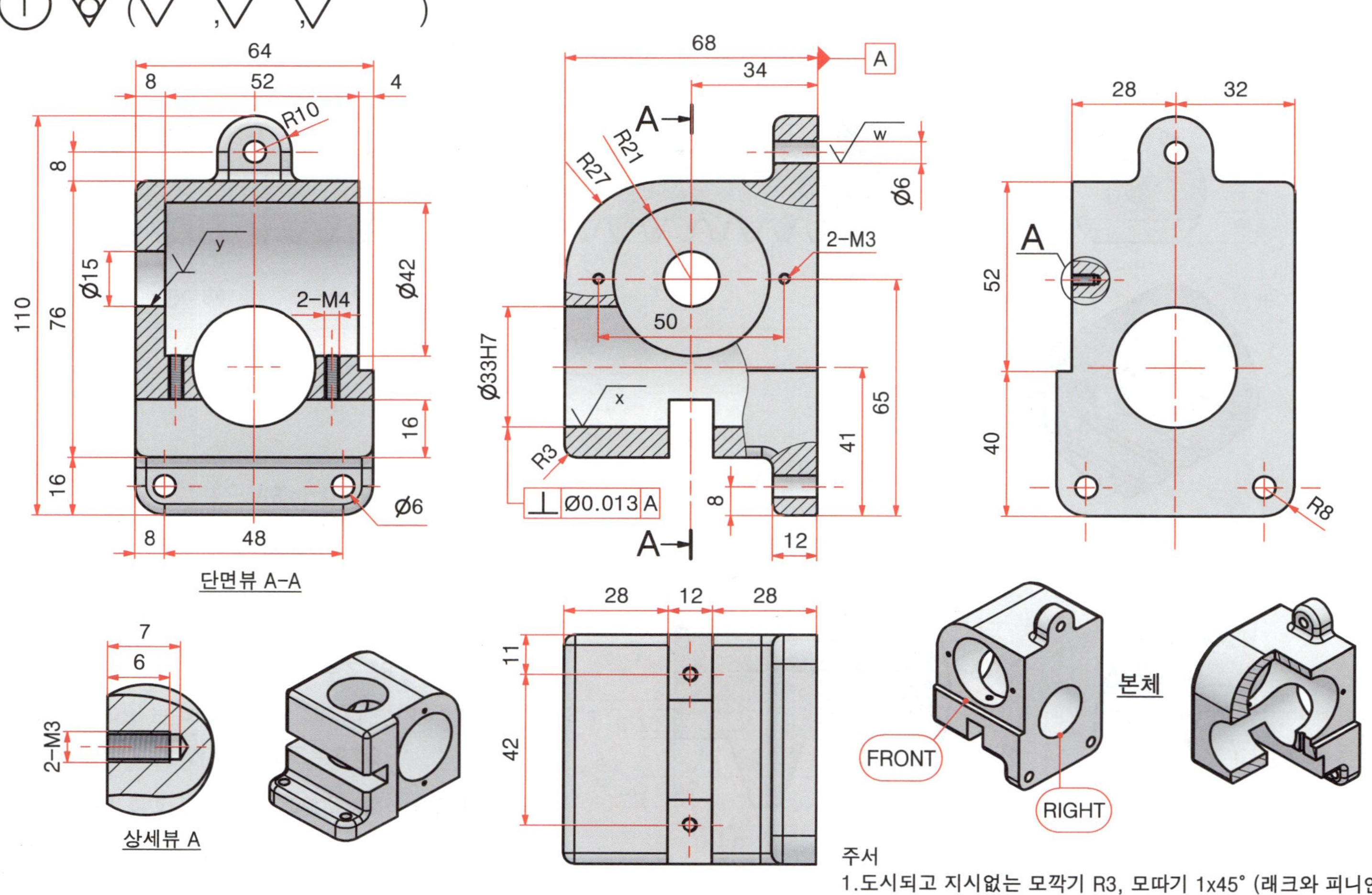
단면뷰 A-A
상세뷰 A
본체
FRONT
RIGHT
주서
1.도시되고 지시없는 모깍기 R3, 모따기 1x45° (래크와 피니언)

래크 작성 예시

M(모듈) 2mm 이고 Z(잇수) 가 23개 전체길이:150mm 인 경우

①피치(P)= 3.14xM = 3.14x2 = 6.28

②래크 길이(L)= Px잇수 = 6.28x23 = 144.44

③끝단 시작= (150−144.44)/2 = 2.78

M(모듈): 2mm
h(전체이높이): 4.5mm
3.14/모듈=3.14/2= 1.57
A(압력각): 20°

상세뷰 B

상세뷰 A

②144.44(잇수23*6.28)

①6.28

③2.78

주서
1.도시되고 지시 없는 모깎기 R3, 모따기 1x45° (래크와 피니언)

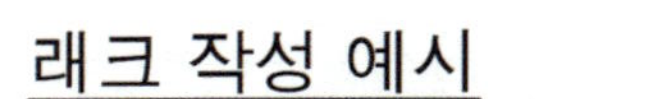
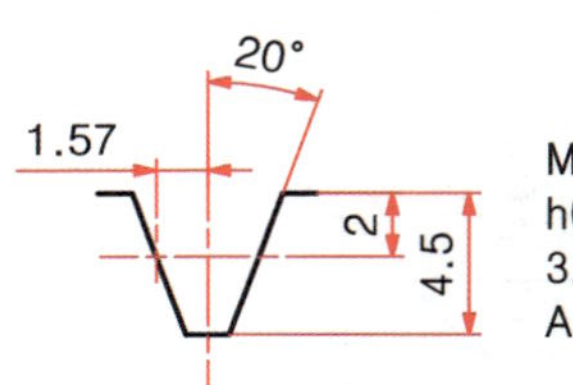
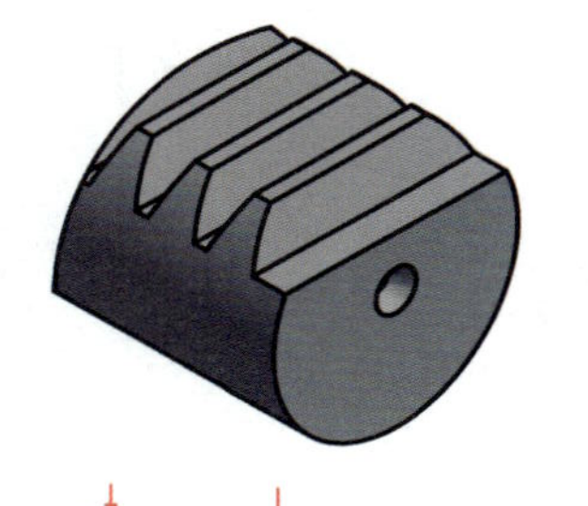
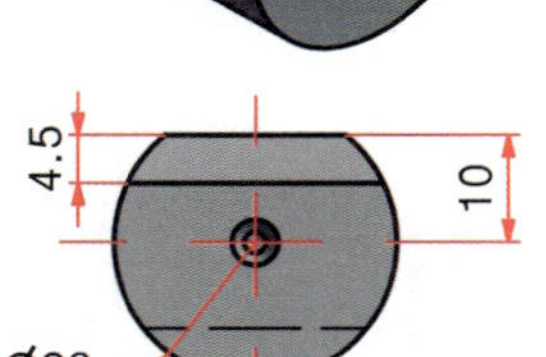
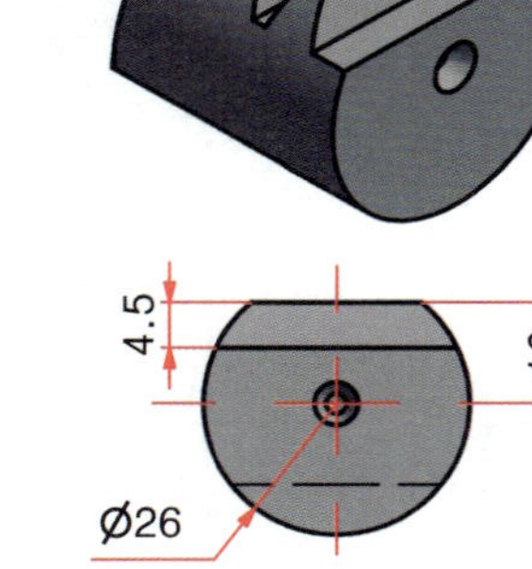
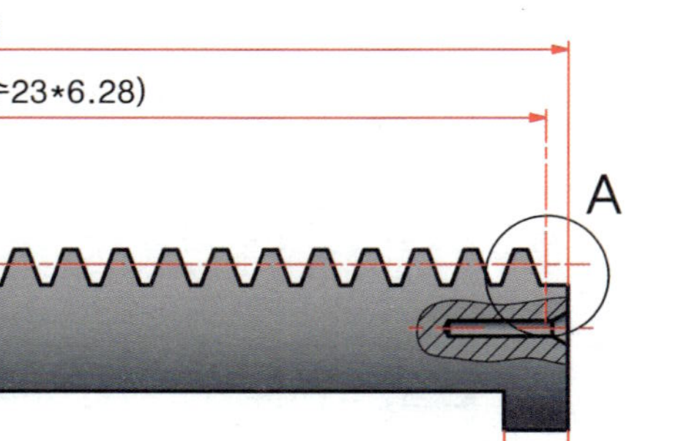

래 크

기어치형		표준
공구	치형	보통이
	모듈	2
	압력각	20°
잇수		23
전체이높이		4.5
다듬질방법		호브절삭
정밀도		KS B ISO 1328-1,4급

래크

$$②\ \sqrt[x]{\ }(\sqrt[y]{\ }\ )$$

주서
1.도시되고 지시없는 모깎기 R3, 모따기 1x45° (래크 피니언)

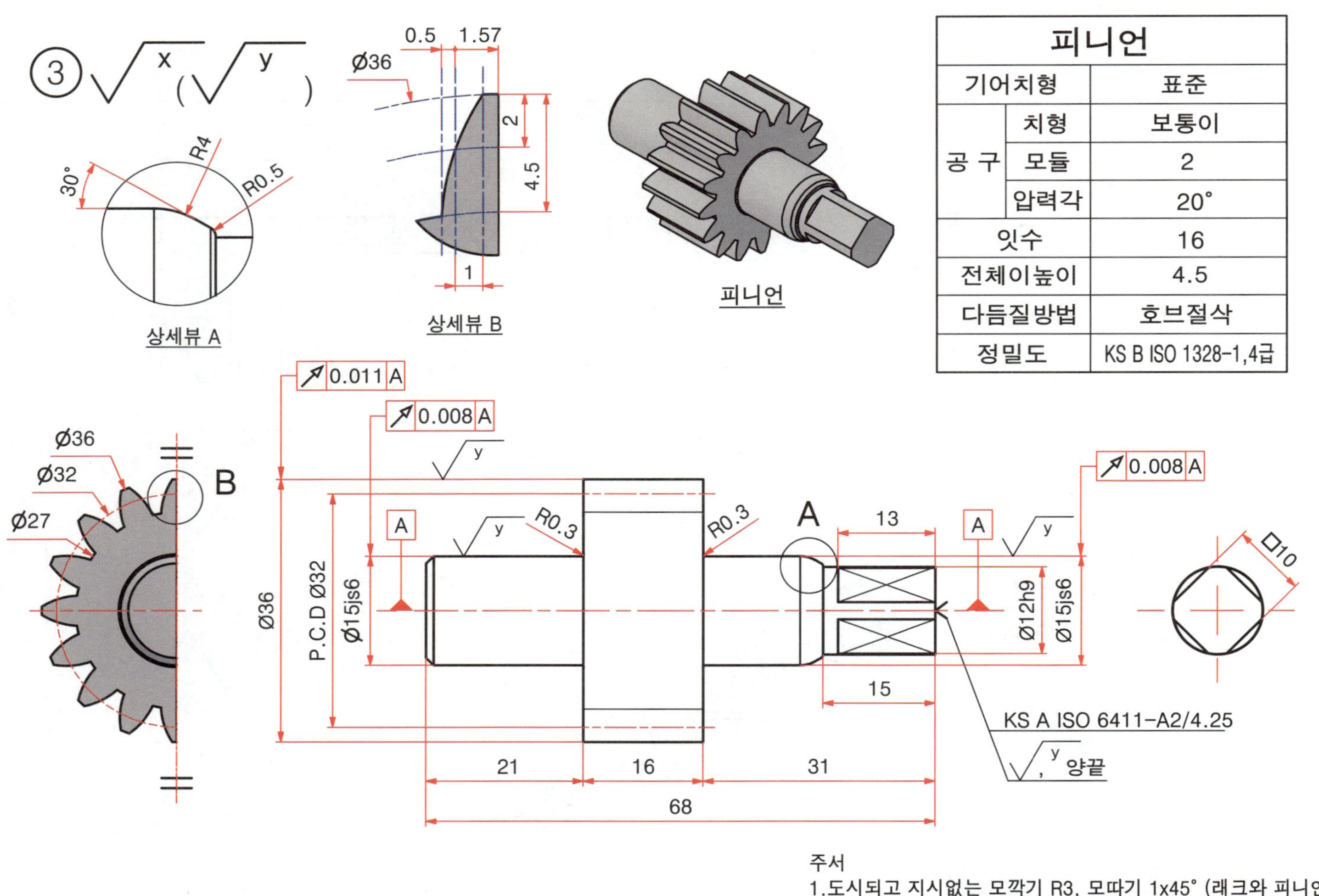

피니언		
기어치형		표준
공 구	치형	보통이
	모듈	2
	압력각	20°
잇수		16
전체이높이		4.5
다듬질방법		호브절삭
정밀도		KS B ISO 1328-1,4급

주서
1.도시되고 지시없는 모깍기 R3, 모따기 1x45° (래크와 피니언)

도면

작성한 모델링을 도면화합니다. 도면 작성에 필요한 뷰 생성 기능과 치수 기능을 활용하여 도면을 완성합니다. 도면의 환경 설정과 뷰 배치를 학습합니다.

1 도면 스타일 편집기 설정

[새로 만들기] 아이콘 클릭 ▶ metric ▶ 도면의 ISO.idw 선택 ▶ 작성

1 [관리] 탭 ▶ 스타일 편집기 아이콘

2 스타일 편집기 ▶ 기본 표준(ISO) ▶ 뷰 기본 설정 ▶ 삼각법으로 설정 ▶ 저장

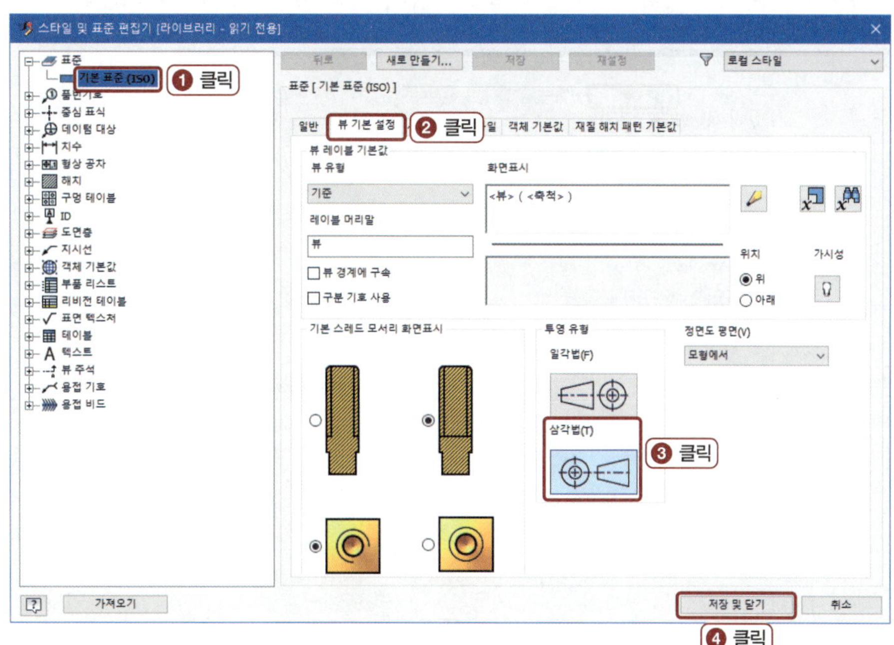

❸ 글자(TEXT) 설정

❶ 글자체 변경

- **스타일 편집기 ▶ 텍스트 ▶ 주 텍스트 글꼴 ▶ (지시되거나 지정된) 글꼴 변경 ▶ 저장**

  – 레이블 텍스트도 동일하게 변경. 한글 지원 글꼴(굴림, 돋움, 바탕체) 등으로 변경

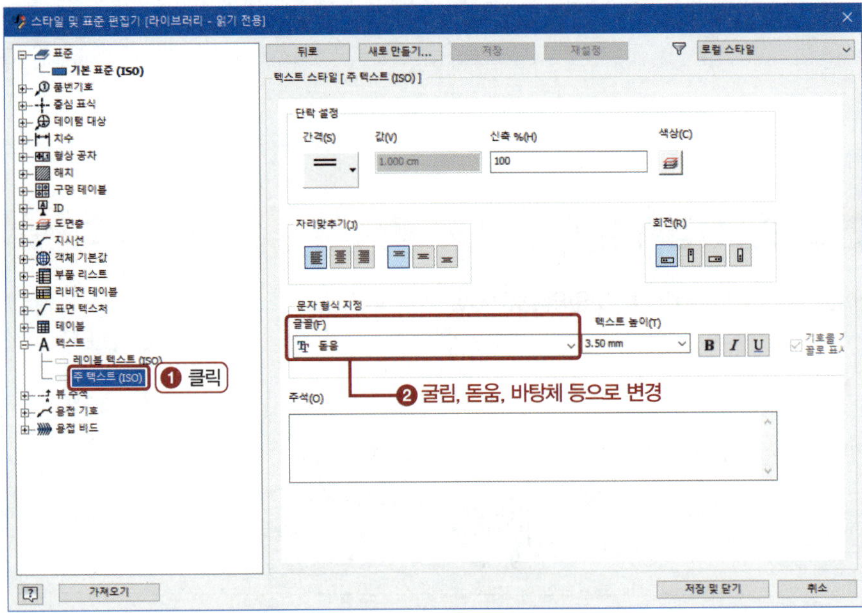

❷ 글자 크기 설정

- **새로 만들기 ▶ 텍스트 이름 2.5와 5로 각각 저장 ▶ 텍스트 높이 2.5와 5로 각각 변경 ▶ 저장**

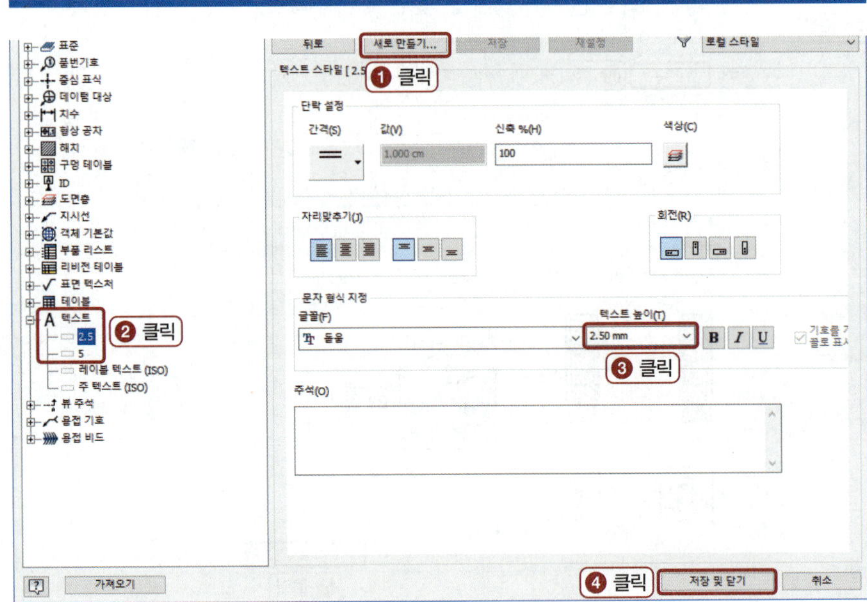

④ 표면 텍스처 설정

❶ 표면 텍스처 ▶ 표준 참조(R) ▶ "ISO 1302-2002"로 변경 ▶ 저장

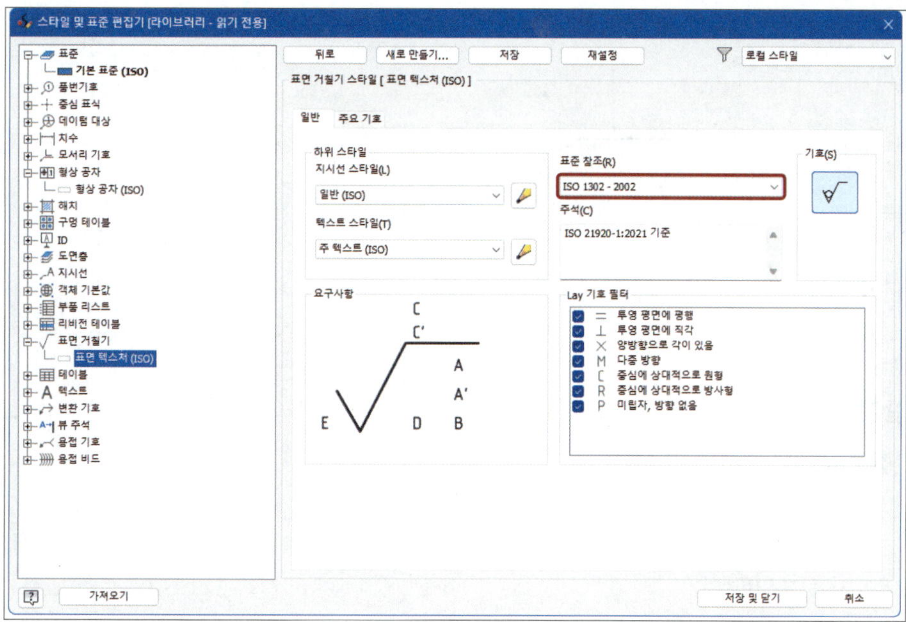

❷ 표면 텍스처

・ 새로 만들기 ▶ 2.5와 5의 이름으로 각각 새로 만들기 ▶ 텍스트 스타일 2.5와 5로 각각 변경 ▶ 저장

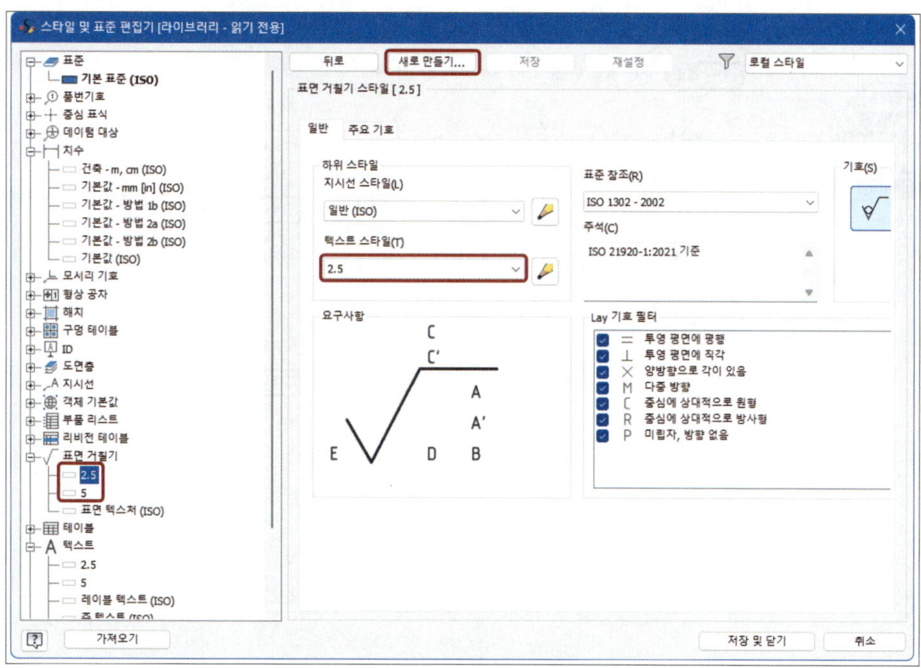

• 거칠기 표시가 서로 다른 크기의 2.5와 5의 이름으로 설정

  – 거칠기 표시를 넣을 때 아래 그림과 같이 원하는 크기를 선택하여 삽입합니다.

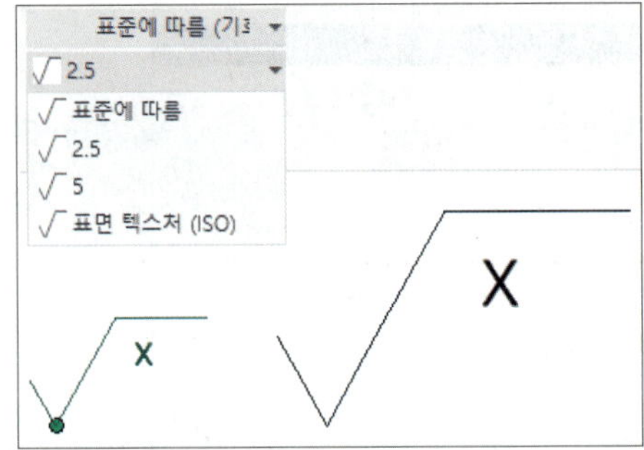

5 치수 설정

치수 ▶ 기본값(ISO) 선택

❶ [단위] 탭

• 십진 표식기 : "마침표" 변경

• 화면 표시 : "후행" 체크 해체

• 각도 화면 표시 : "후행" 체크 해체

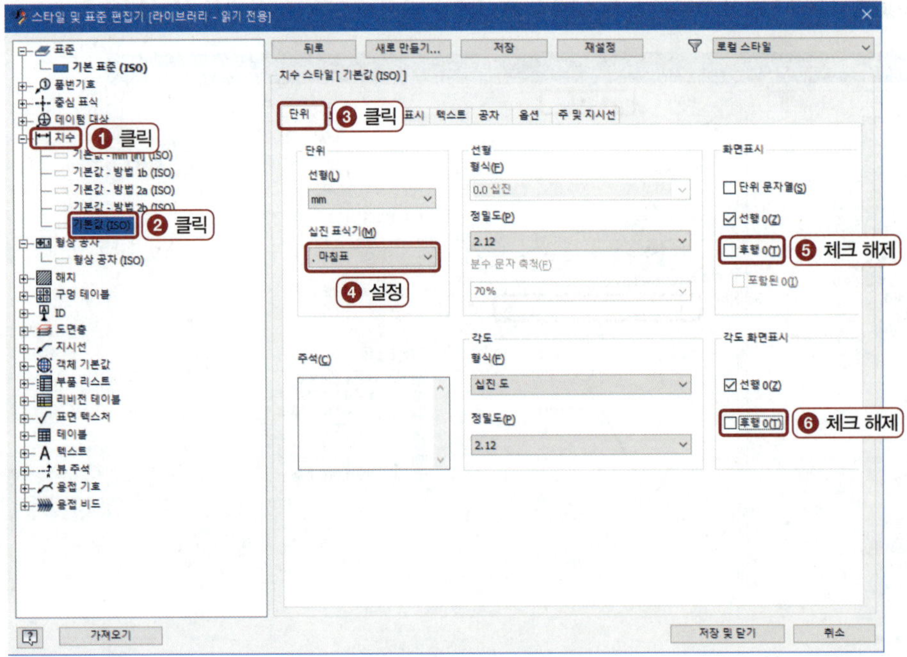

❷ [화면 표시] 탭

• A : 연장 – 2.00mm 변경

• D : 간격 – 8.00mm 변경 설정 후 저장

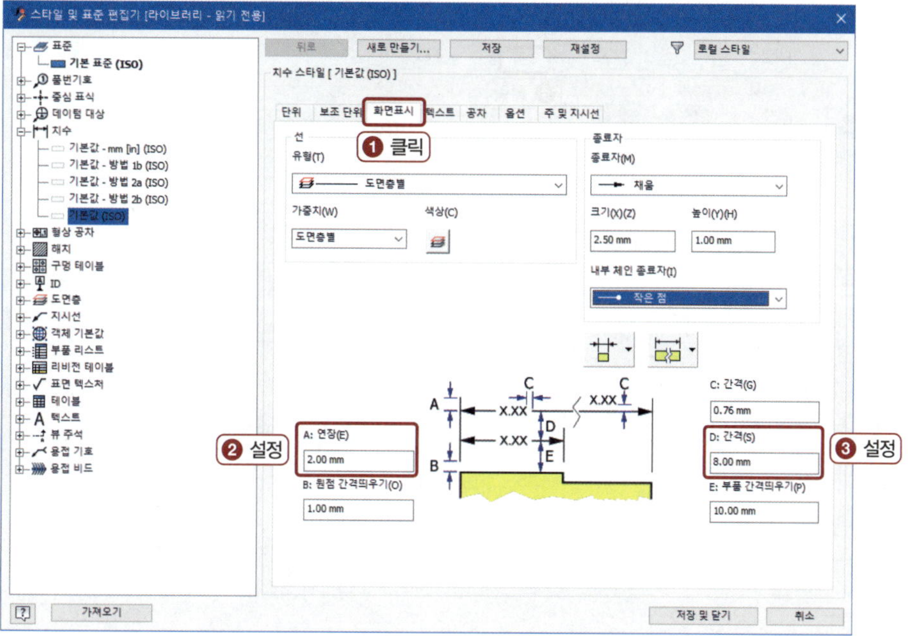

❸ [텍스트] 탭

• 공차 텍스트 스타일의 크기 2로 변경

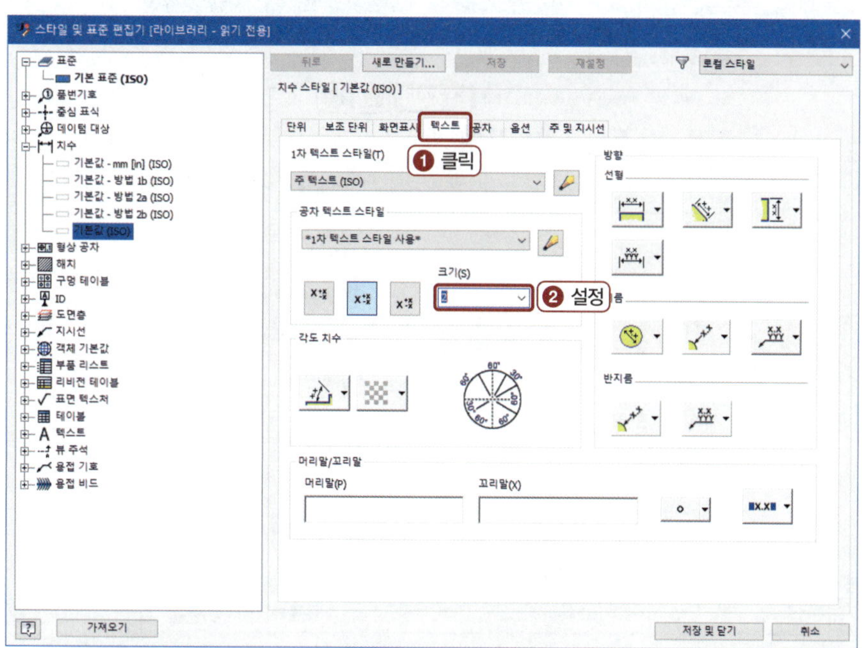

❹ [공차] 탭

• 표시 옵션 2번째 선택

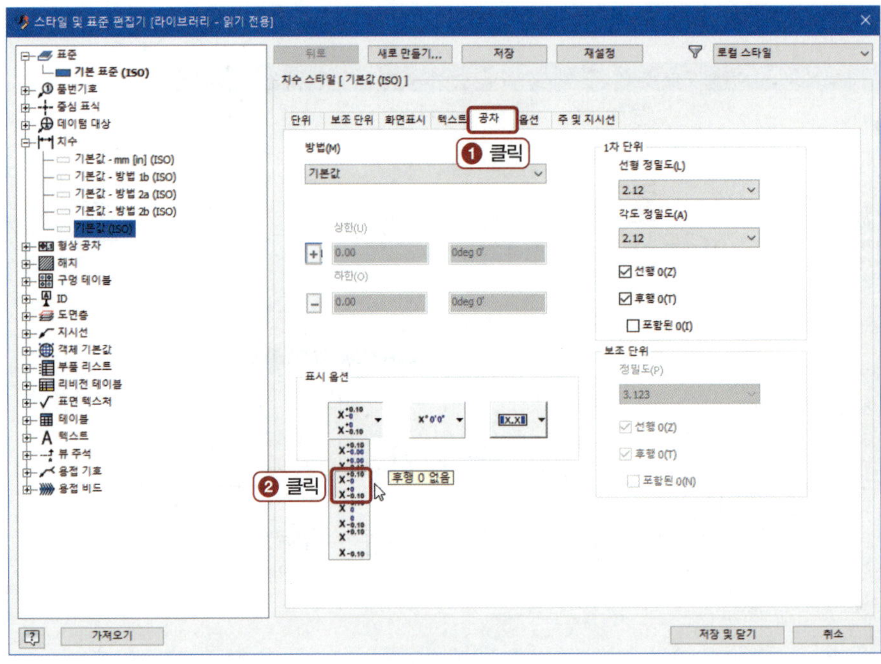

❺ [주 및 지시선] 탭

• 지시선 스타일의 "지시선 텍스트 방향"을 정렬 또는 수평으로 설정

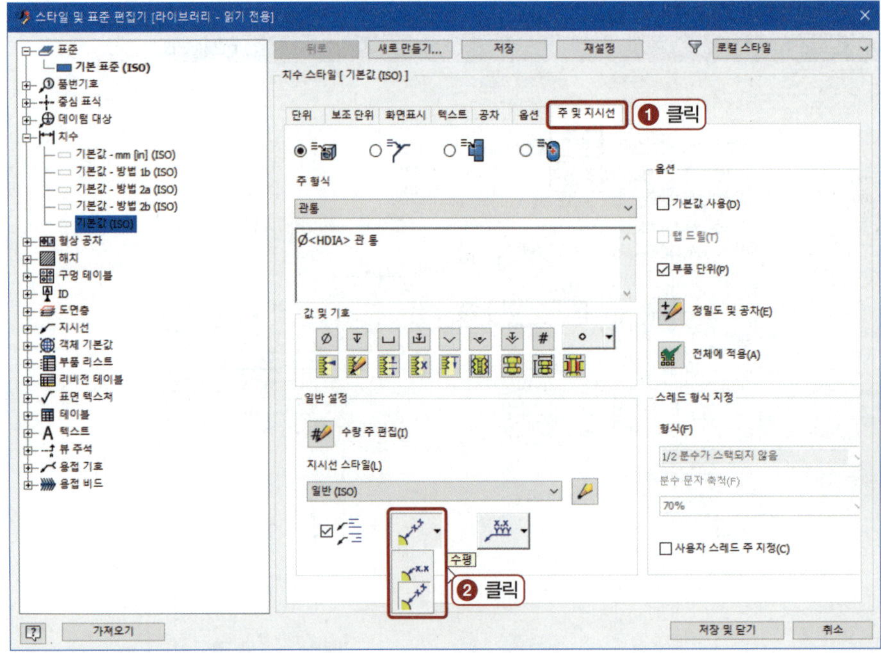

• 모따기 기입 시 'C4' 와 같이 거리값 앞에 C 표시를 하고자 할 경우

– 치수 ▶ 기본값(ISO) ▶ 주 및 지시선 ▶ ●⫯ 아이콘 선택

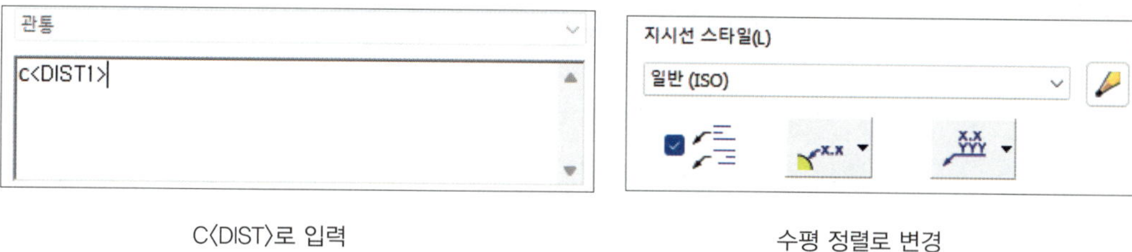

C⟨DIST⟩로 입력　　　　　　　　　　　　　수평 정렬로 변경

예시)

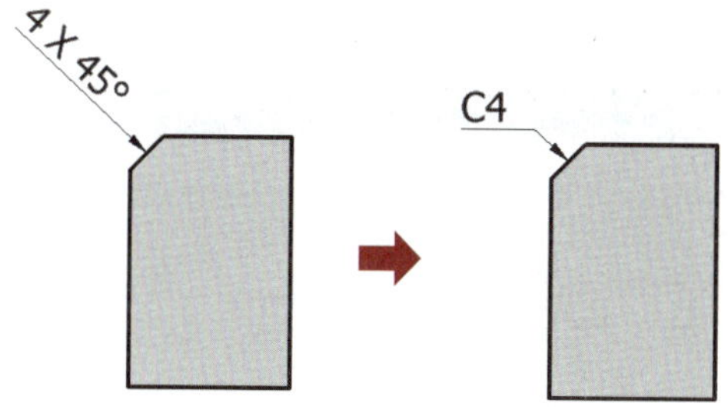

2　용지 설정

❶ 검색기의 시트 아래 기본 경계와 ISO 선택 후 마우스 오른쪽 버튼을 클릭하여 삭제합니다.

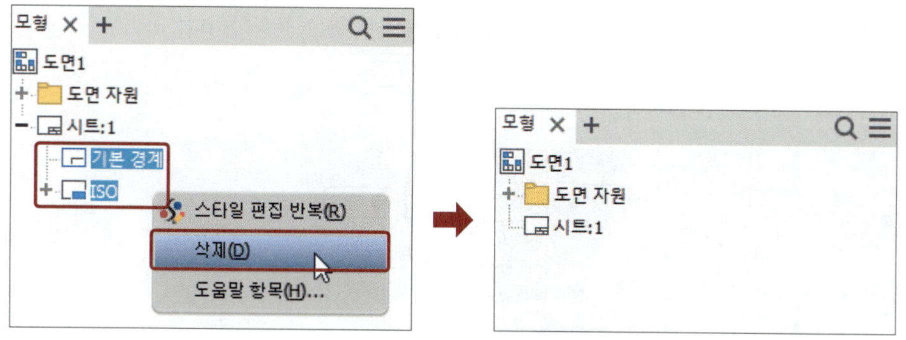

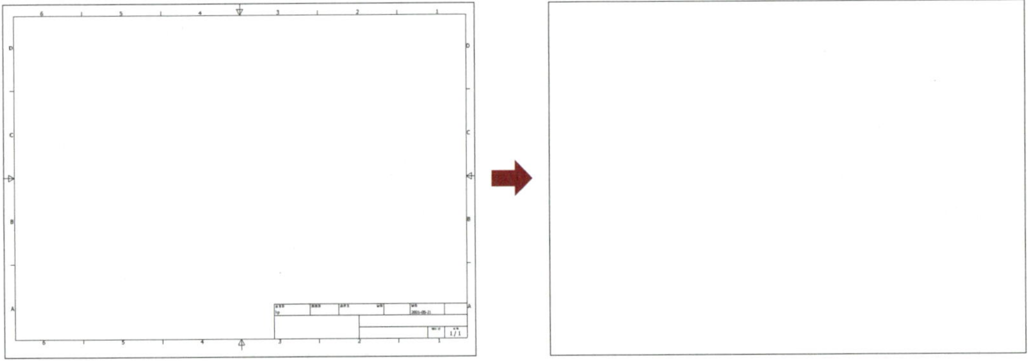

❷ 검색기의 **시트 선택 ▶ 마우스 오른쪽 버튼을 클릭 ▶ 시트 편집 클릭 ▶ 용지 크기**를 설정합니다.

(예시) A4 크기로 설정

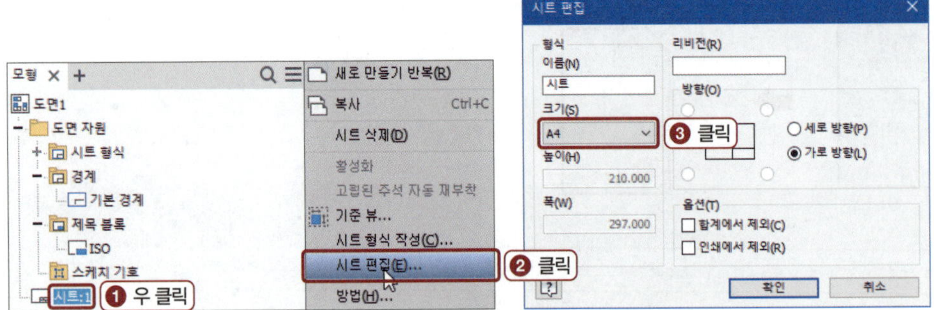

3 표제란 그리기

❶ 검색기의 **경계 선택 ▶ 마우스 오른쪽 버튼 클릭 ▶ 새 경계 정의 선택**을 클릭합니다.

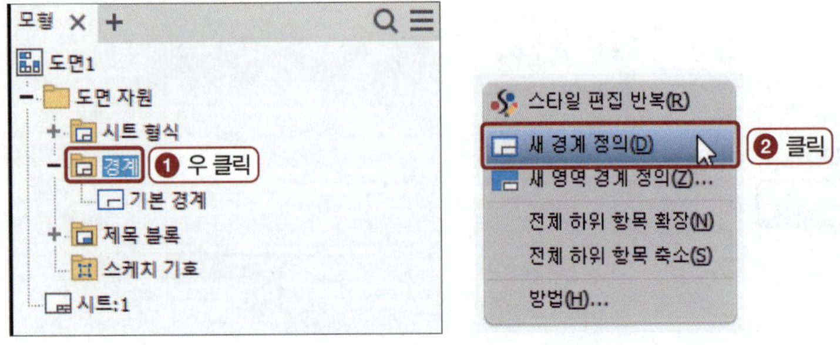

❷ 편집 모드에서 임의의 직사각형을 아래와 같이 그립니다.

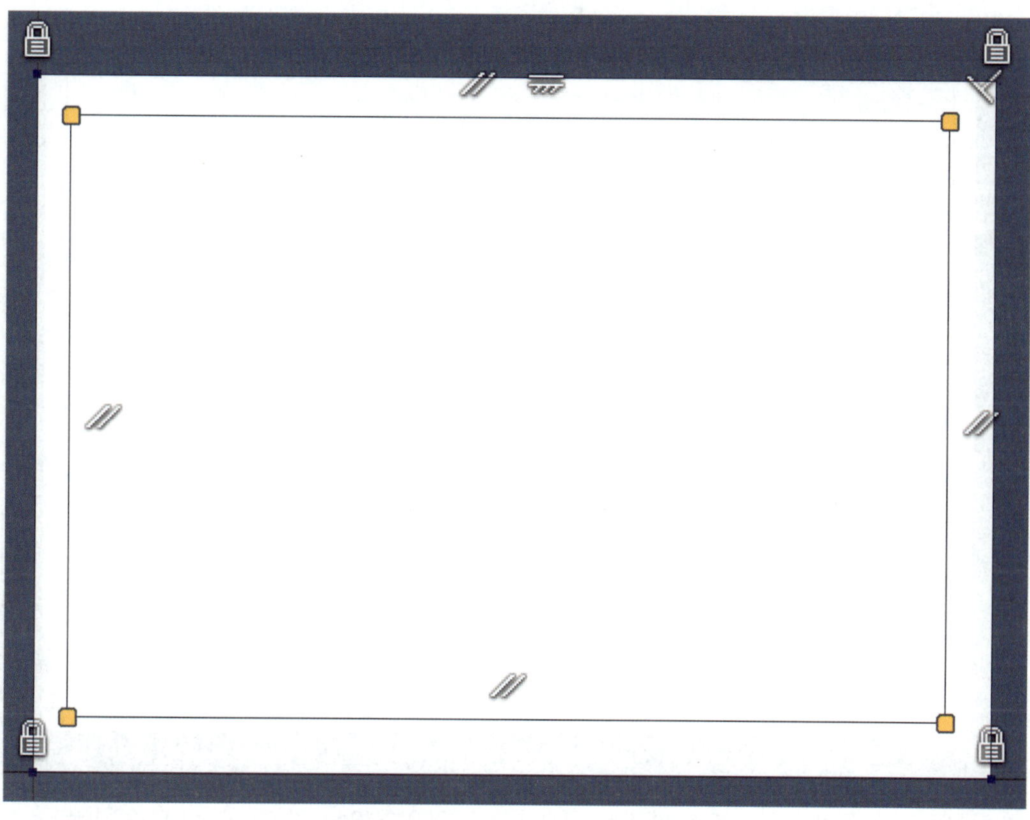

❸ 치수 아이콘 (⊢⊣) 클릭 ▶ 안쪽 여백 10mm의 여백 선을 작성합니다.

• 모서리 점과 수평, 수직 선을 각각 선택하여 치수로 구속해 줍니다.

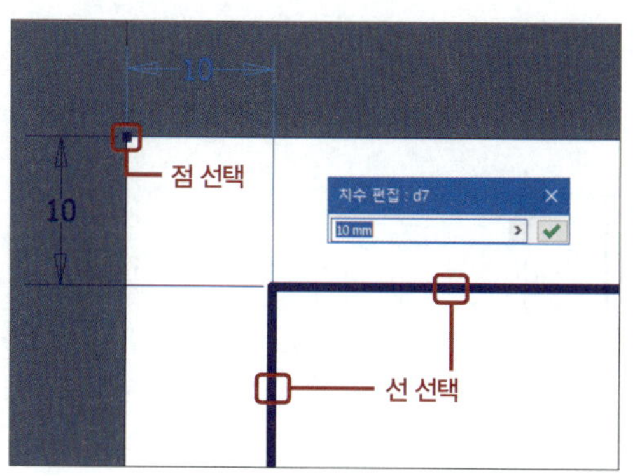

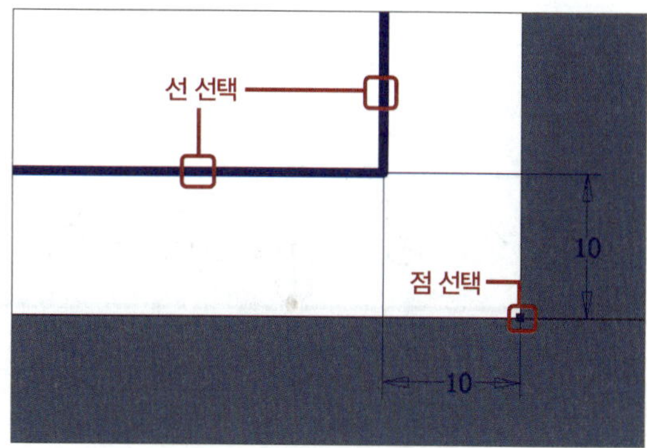

❹ 안쪽 여백 선 구속 완성

※ 치수와 구속이 되어야 용지 크기를 변경해도 구속이 적용되어 여백 10mm의 간격을 유지할 수 있습니다.

❺ 왼쪽 상단 ▶ 80×15의 사각형 작성 ▶ 중간 선 선택 ▶ [주석] 탭 도면층 "외형선"으로 변경 후 아래와 같이 작성합니다.

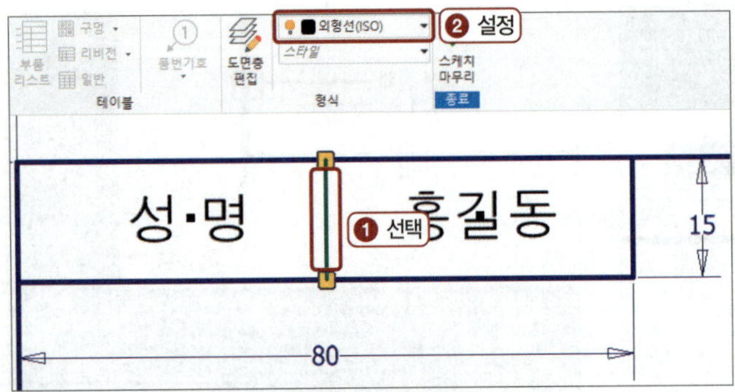

❻ 스케치 마무리 클릭 ▶ 이름 10 입력 ▶ 저장 순서로 작업합니다.

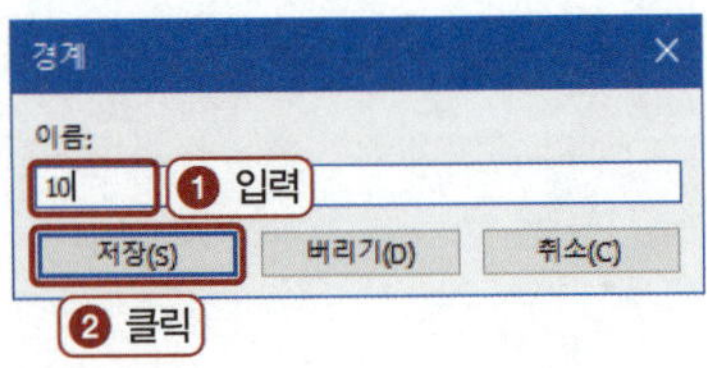

❼ **검색기 경계에 저장된 "10" 선택 ▶ 마우스 왼쪽 버튼 더블 클릭**하면 여백 선이 삽입됩니다.

❽ **검색기 제목 블록 선택 ▶ 마우스 오른쪽 버튼 ▶ 새 제목 블록 정의**를 선택합니다.

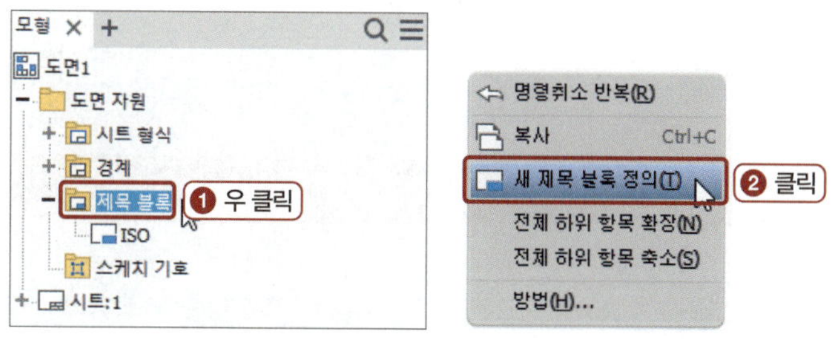

❾ 화면의 임의의 공간 클릭 후 제목 블록을 작업합니다.(✔ 표시된 선은 선택 후 레이어의 "좁은 외형선"으로 변경합니다.)

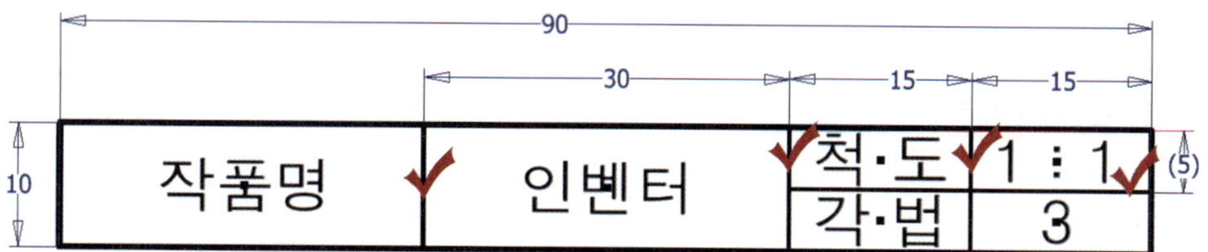

• 글자체 : 돋움   • 크기 : 3.5   • 자리 맞춤 : 중간/중심

❿ **스케치 마무리 클릭 ▶ 이름 "1" 입력 ▶ 저장** 순서로 작성합니다.

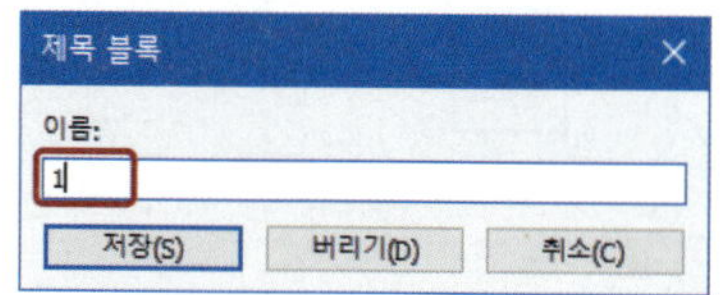

⑪ **검색기 제목 블록에 저장된 "1" 선택 ▶ 마우스 왼쪽 버튼 더블 클릭하면 제목 블록이 삽입**됩니다.

다음과 같이 작성해 봅니다.

성 명	홍길동		
		작품명	인벤터 · 척도 1:1 · 각법 3

4　뷰 배치

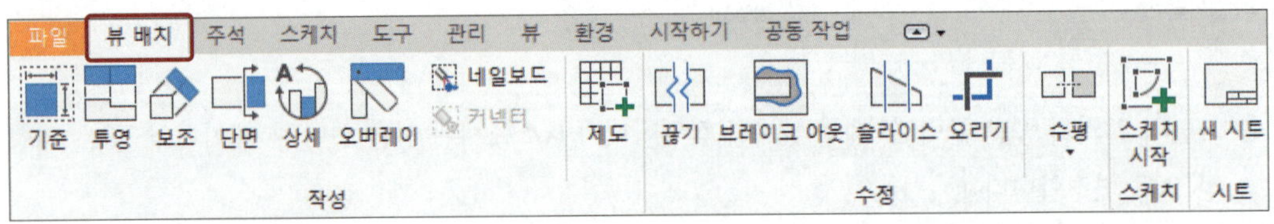

▣ 뷰 배치 탭 아이콘

icon	명령	기능
	기준	도면 뷰의 가장 처음 작성하는 뷰. 파생되는 다른 뷰들의 기준이 됨
	투영	기준 뷰를 중심으로 수직, 수평 혹은 대각선 방향의 등각투상 형태의 파생뷰를 작성

	보조	기준 뷰의 참조 모서리 혹은 스케치 선에 수직으로 배치되는 투상도를 작성
	단면	절단선으로 기준 뷰를 잘라서 도면의 단면도를 생성
	상세	기준 뷰의 일부분에 영역을 지정하여, 그 부분만 잘라서 표시하는 뷰를 작성
	오버레이	조립품의 위치 항목과 연동되는 뷰 명령 조립품의 여러 가지 위치에 대한 뷰를 작성
	끊기	연속된 모양의 기준 뷰를 수직 혹은 수평 방향으로 연속된 구간을 잘라내 간략하게 뷰로 표시
	브레이크 아웃	기준 뷰의 일부분에 영역을 지정하여, 그 부분만 단면으로 표시하는 뷰로 변경
	슬라이스	두 개의 뷰를 준비해서 첫 번째 뷰에 연속 단면하는 선을 작성한 후 그 잘라낸 모양을 두 번째 뷰에 표시
	오리기	기준 뷰의 일부분의 영역만 제외하고, 나머지 부분을 삭제하는 방법으로 기준 뷰를 변경

2 기준 뷰

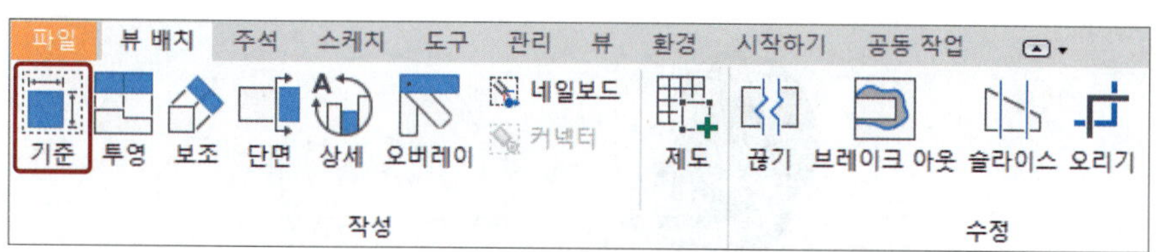

기준 뷰는 도면 뷰의 가장 기준이 되는 뷰를 작성하는 명령입니다. 새 도면에서 첫 번째 뷰를 작성하고, 나머지 뷰는 이 뷰로부터 파생됩니다. 뷰의 축척을 설정할 수 있으며, 종속 직교투영 뷰의 표시 스타일을 설정할 수 있습니다.

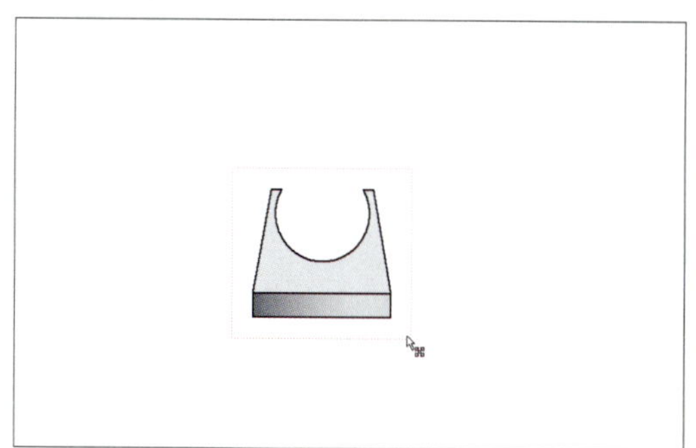
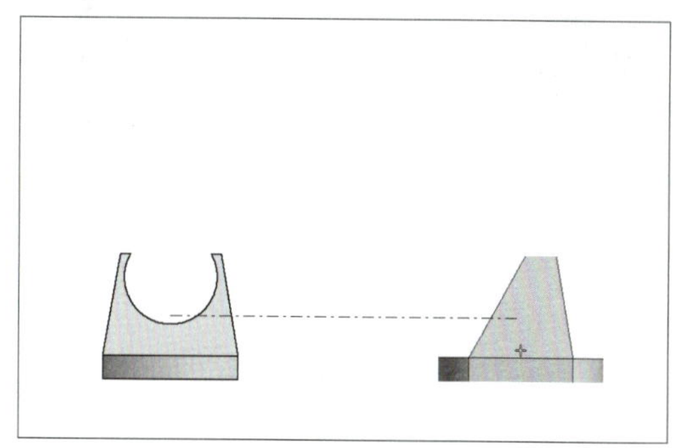

③ 투영 뷰 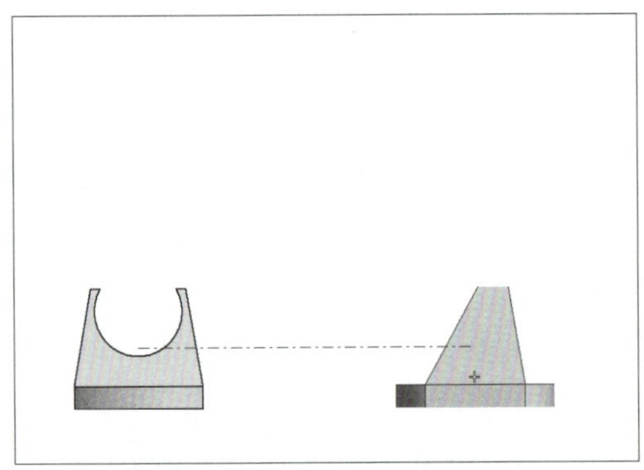

기준 뷰나 기타 다른 기존 뷰에서 직교 또는 등각투영 뷰를 생성합니다. 도면의 제도 표준에 따라 일각법 또는 삼각법으로 투영된 뷰를 작성할 수 있으며, 투영된 뷰를 작성하기 전에 기준 뷰가 있어야 합니다. 기준 뷰를 투영해 보조 뷰를 작성하는 명령으로, 투영 뷰는 기준 뷰뿐만 아니라 기준 뷰를 기준으로 하여 생성되어진 투영 뷰를 클릭하여도 또 다른 투영 뷰를 만들어 낼 수 있습니다.

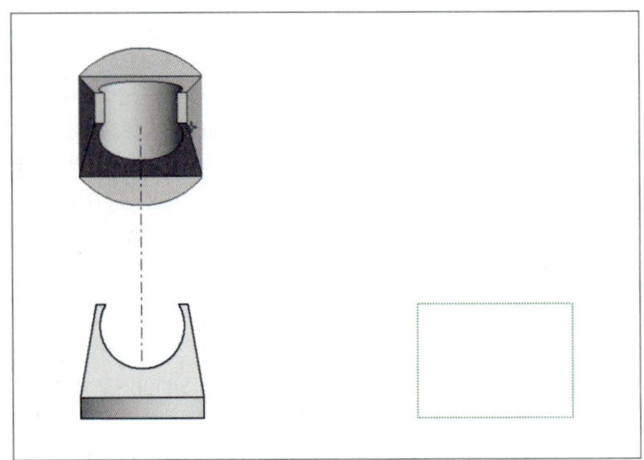

④ 보조 뷰

상위 뷰에서 모서리 또는 스케치 선에 직각이 되는 투영된 뷰를 작성합니다.

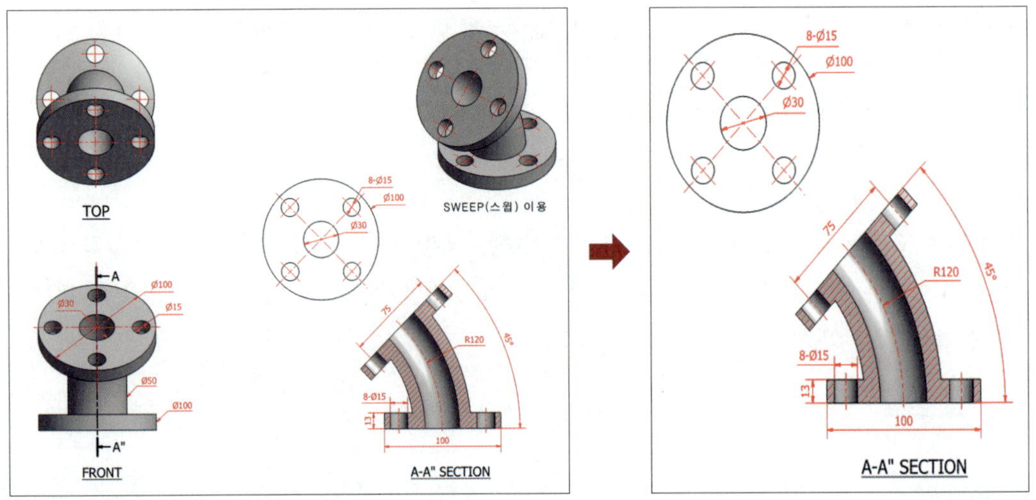

5️⃣ 단면뷰

정의된 평면에서 절단된 모형의 상세한 내부 모습을 표시합니다. 단면도를 잘라낼 위치를 정의하는 선을 지정합니다.

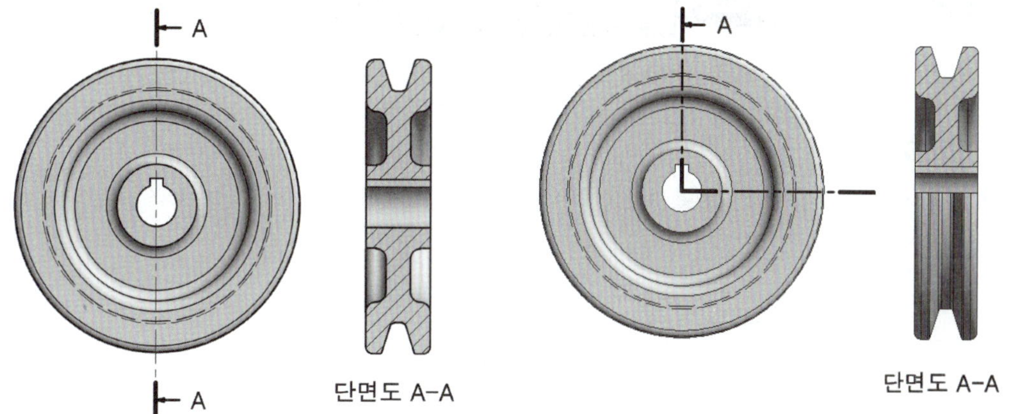

6️⃣ 상세뷰

영역을 선택해 상세 뷰를 작성하는 명령으로, 또 다른 도면 뷰의 일부분이나 전체가 확대된 원형 또는 직사각형 모양의 뷰를 작성합니다. 상세 뷰에는 작은 피쳐와 구성요소가 명확하게 표시됩니다.

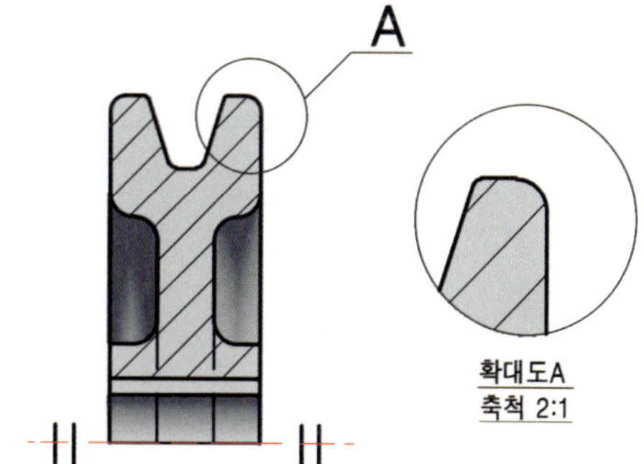

7️⃣ 오버레이 뷰

여러 개의 위치별 표현에서 단일 뷰를 구성하여 다양한 위치에서 조립품을 표시합니다. 조립품에서 원하는 개수만큼 위치별 표현을 작성하여 도면의 다양한 위치를 표시합니다. 오버레이 뷰는 끊어지지 않는 뷰, 기준 뷰, 투영된 뷰 및 보조 뷰에 사용할 수 있습니다.

8️⃣ 브레이크 아웃 뷰

정의된 재질 영역을 제거하려면 기존 도면 뷰의 가려진 부품 또는 피쳐를 보이게 합니다. 상위 뷰는 브레이크 아웃 경계를 정의하는 닫힌 루프 프로파일을 포함하는 스케치와 연관되어야 합니다.

⑨ 오리기 ⊓

뷰에서 이미지의 불필요한 부분을 제거합니다. 걸쳐 있는 창이나 스케치와 함께 유지할 뷰의 영역을
선택합니다.

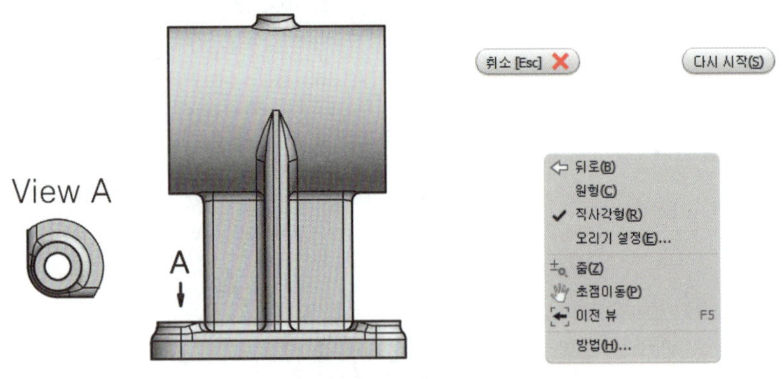

⑩ 뷰 정렬

수평 ▯-▯ , 수직 ▯ , 위치 내 ◇ , 정렬 끊기 ▯✗▯

⑪ 2D 스케치 작성 ▦ (단축키 : S)

도면 시트 또는 활성 뷰에서 2D 스케치를 작성합니다. 뷰를 선택하면 해당 스케치가 해당 뷰와 연관
되며, 뷰가 선택되어 있지 않으면 스케치는 도면 시트에 연관됩니다.

⑫ 새 시트 ▭

새 페이지를 시트 세트에 추가합니다. 활성 시트의 사본을 만들고 배치된 도면 자원을 포함하며, 검색
기에서 끌어서 시트를 재정리할 수 있습니다. 시트를 활성화하려면 시트를 두 번 클릭하거나 마우스
오른쪽 버튼으로 클릭한 다음 활성화를 클릭합니다.

① 주석 탭 아이콘

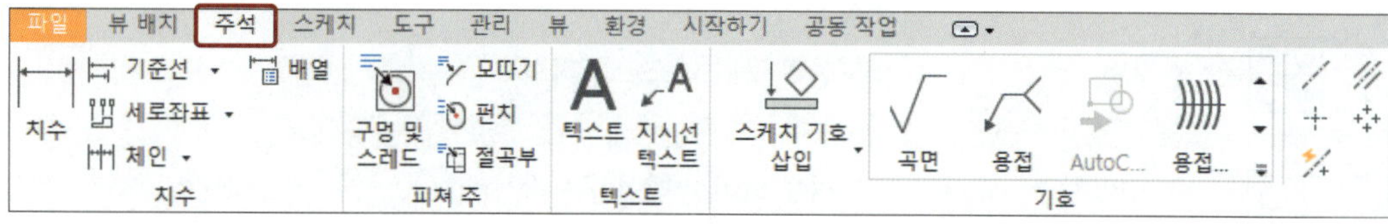

icon	명령	기능
	치수 (D)	도면 뷰에 치수를 작성하는 명령
	기준선	여러 개의 치수를 한번에 작성하는 명령으로 누적 치수를 작성
	세로좌표	원점을 지정해 그 원점을 기준으로 좌표 치수를 표시
	체인	여러 개의 치수를 한번에 작성하는 명령으로 연속 치수를 작성
	배열	여러 개의 치수를 선택해 서로 위치를 정렬
	모형 주석 검색	모델링 매개변수 데이터를 불러와 치수로 표시
	구멍 및 스레드	도면 뷰에 작성된 구멍 피쳐의 속성을 지시선 텍스트로 작성
	모따기	모따기 피쳐로 작성된 치수를 작성
	텍스트 (T)	도면에 텍스트를 작성
	지시선 텍스트	도면에 지시선 텍스트를 작성(Ctrl+Shift+T)
	스케치 기호 삽입 / 새기호 정의	사용자, 용접, 모깎기, 형상공차, 데이텀 등 도면에 여러 개의 주석을 배치
	중심선 기호	선, 이등분, 중심 표식, 원형 패턴, 자동화된 중심선 등 여러 가지 종류의 중심선을 작성

	스케치 시작 (S)	도면 뷰에 2D 스케치를 작성
	부품 리스트	도면에 부품 리스트를 작성
	구멍	도면에 구멍 리스트를 작성
	리비전	도면에 리비전 테이블을 작성
	일반	도면에 여러 가지 종류의 테이블을 작성
	품번 기호 (B)	도면에 여러 가지 종류의 부품번호를 작성
	도면층 편집	도면 층 편집 및 스타일 속성을 표시

② 치수 ├──┤ (단축키 : D)

도면 뷰에 도면 치수를 작성합니다. 직교 뷰 또는 등각투영 뷰에서 일반 치수를 작성할 수 있습니다. 선택한 형상과 마우스 오른쪽 버튼을 클릭하여 사용할 수 있는 옵션에 따라 치수 유형이 달라지며, 치수 스타일에서 치수의 기본 모양을 정의합니다.

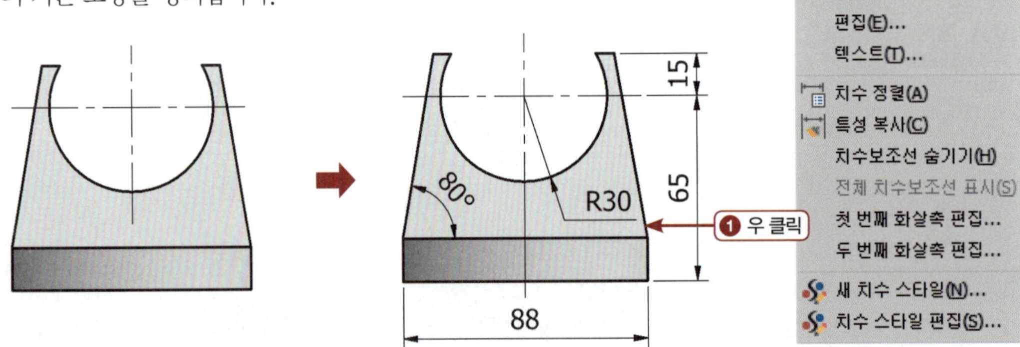

③ 기준선 ├──┤

단일 프로세스에서 하나 이상의 개별 기준선 치수를 작성합니다. 기준선 치수는 원점(기준선)과 선택한 모서리 또는 점 간의 직교 거리를 표시하며, 치수를 계산할 원점을 지정하고 치수를 기입할 형상을 선택합니다.

4 체인

단일 프로세스에서 하나 이상의 개별 체인 치수를 작성합니다. 체인 치수를 배치하면 자동으로 정렬되며, 치수 텍스트가 겹치면 치수 위치 또는 치수 스타일을 수정할 수 있습니다.

5 배열

선형, 각도, 좌표, 실제 등각투영 치수 등 선택한 치수 그룹을 배열합니다. 동시에 하나 이상의 치수를 선택한 다음 하나 이상의 뷰에서 치수를 배열할 수 있으며, 동일한 축을 따라 놓여 있는 치수 또는 다른 축을 따라 놓여 있는 축을 배열할 수 있습니다.

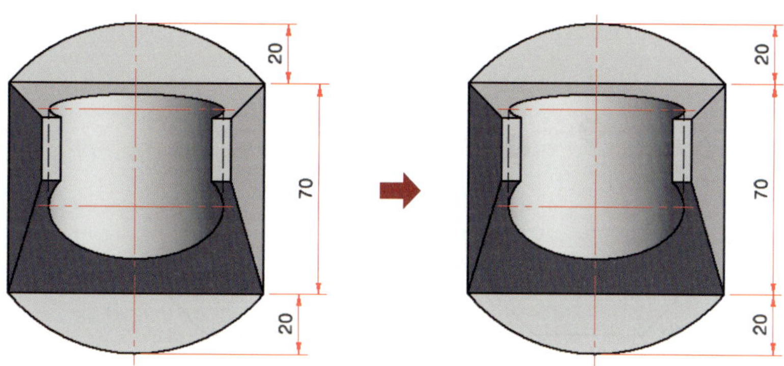

6 모형 주석 검색

도면 뷰에 사용할 모형 주석을 검색합니다. 스케치에 사용된 치수 및 피쳐 치수 또는 3D 주석을 검색하며, 도면 뷰에 표시할 치수 또는 주석을 선택합니다.

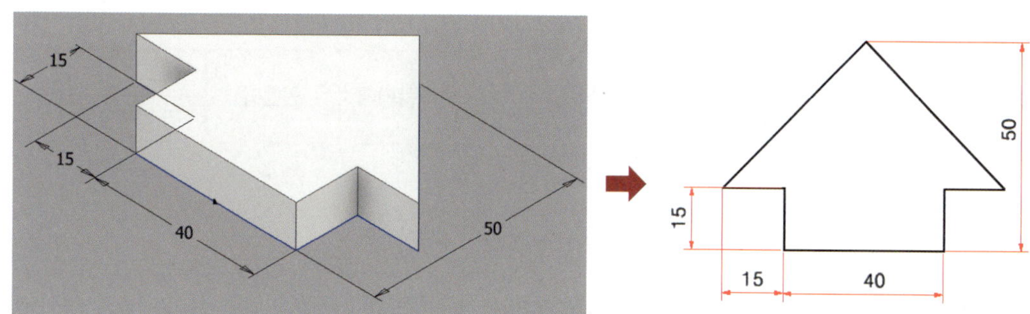

7 구멍 및 스레드

지시선이 있는 구멍 또는 스레드 주석을 추가합니다.

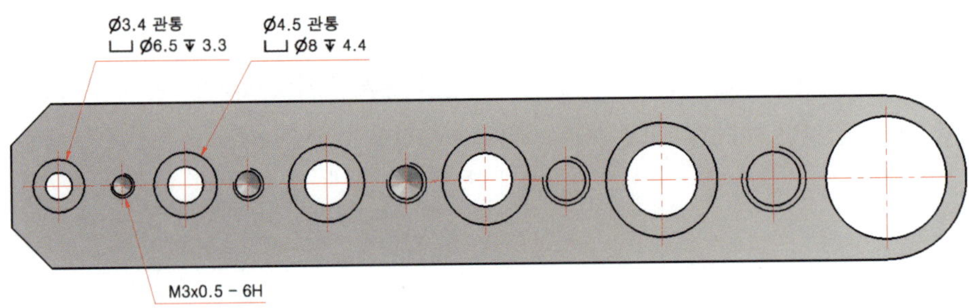

8 모따기

선택한 모형 모서리 또는 스케치된 선에 모따기 주를 배치합니다. 뷰 또는 스케치에서 모따기에 모따기 주를 부착할 수 있습니다.

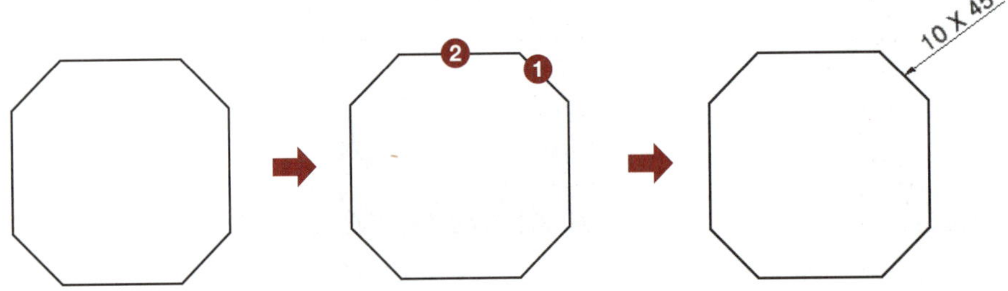

9 텍스트 A (단축키 : T)

도면 내 지정된 점에 일반적인 주를 작성합니다. 텍스트 형식 대화상자에서 텍스트 속성 및 특성을 입력하고 편집할 수 있습니다.

주서
1. 도시되고 지시 없는 모깎기 R3, 모따기 1×45°
2. 엠보싱 문자 : 글꼴(돋움), 정렬(중간/중심),
　　　　　　　크기(7mm), 높이(1mm)

작품명	인벤터	척 도	1:1
		각 법	3

10 지시선 텍스트 A (단축키 : Ctrl + Shift + T)

지시선이 있는 주를 작성합니다. 지시선의 점을 지정한 후 메모 텍스트를 입력합니다. 텍스트 형식 대화상자에서 텍스트 콘텐츠, 속성 및 특성을 설정하고 편집합니다.

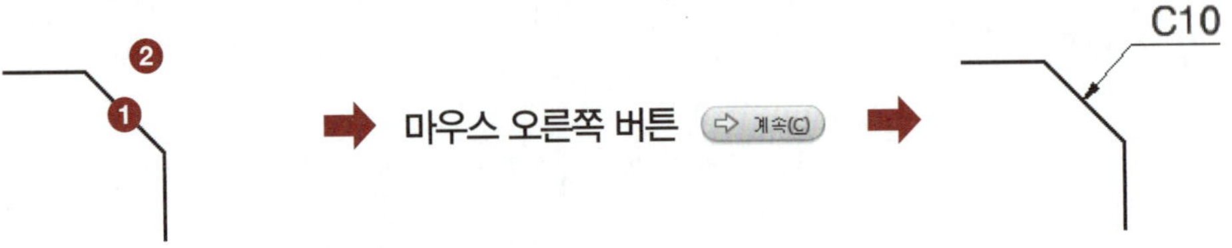

⑪ 스케치 기호 삽입 및 새기호 정의

❶ 스케치 기호 삽입

여러 기호를 선택하고 외부 스케치 기호 라이브러리에 저장할 수 있습니다.

❷ 새 기호 정의

도면에 사용자 정의 스케치 기호를 작성합니다. 도면 간의 사용자 정의 기호와 기타 도면 자원을 복사하여 도면 템플릿에 유지할 수 있습니다.

⑫ 중심선 기호

❶ 중심선

선택한 모서리의 중심선을 작성합니다. 선의 중간점이나 호 또는 원의 중심점에 중심선을 배치하며, 피쳐가 원형 패턴을 구성하는 경우 원형 중심선을 작성합니다.

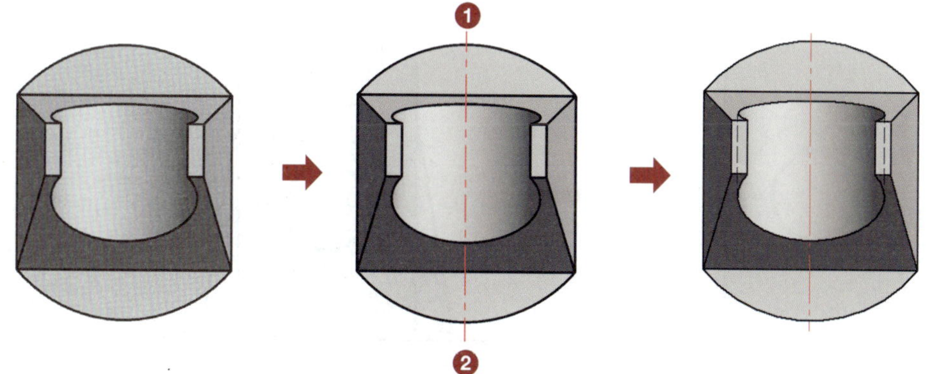

❷ 중심선 이등분

중심선을 작성하여 두 개의 모서리를 이등분합니다. 두 개의 선, 동심 호에 이등분 중심선을 배치합니다.

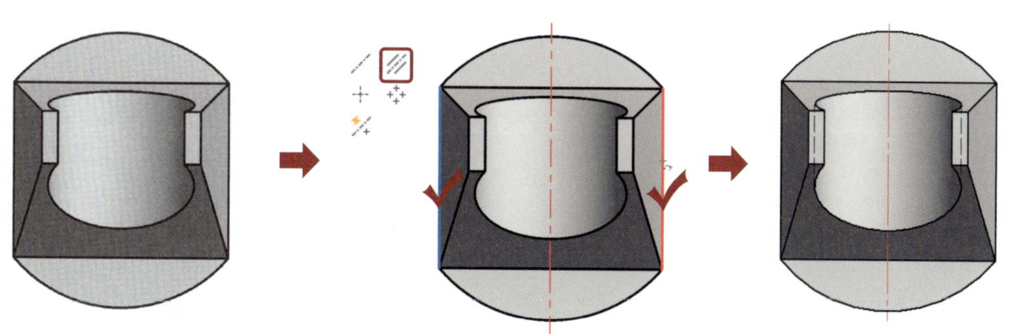

❸ 중심 표식 ┼

선택한 호 및 원에 대해 중심 표식을 작성할 수 있습니다. 중심 표식 스타일은 도면에서 중심 표식 모
양을 결정합니다.

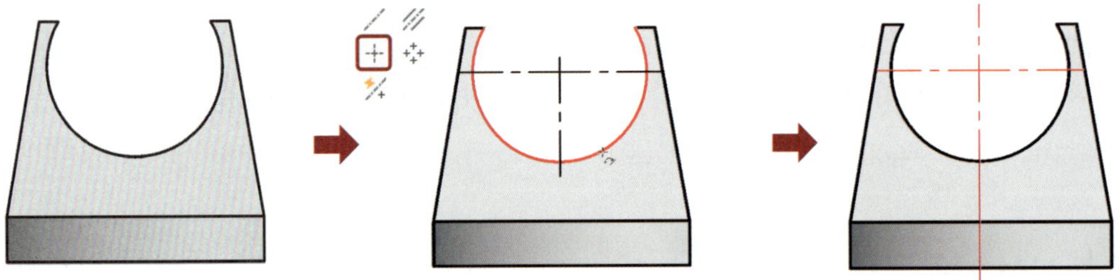

❹ 중심 패턴 ⁺⁺⁺

피쳐 패턴에 대해 원형 중심선을 작성합니다. 중심 표식 치수보조선 핸들을 끌어 원을 닫습니다.

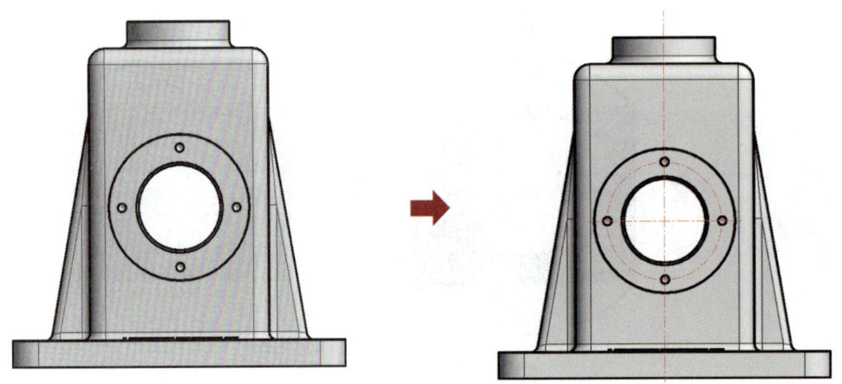

❺ 자동화된 중심선 ⚡

선택한 뷰에 대한 중심선을 지정할 수 있는 자동화된 중
심선 대화상자에 액세스할 수 있습니다. 뷰를 선택하여
선택한 뷰에 대한 설정을 구성합니다.

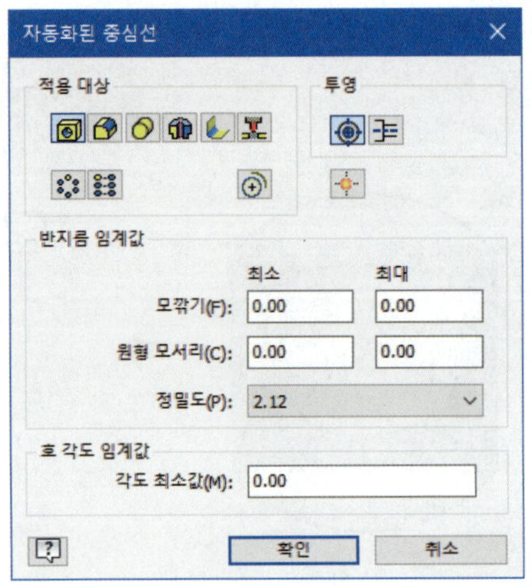

🔢 부품 리스트 ▦ (BOM 작성)

부품 리스트를 작성하여 도면에 배치합니다. 부품 리스트는 BOM에 저장된 데이터를 표시합니다.

부품 리스트		
항목	부품번호	수량
1	본체	1
2	앞 커버	1
3	뒤 커버	1
4	V밸트풀리	1
5	편심축	1

🔢 구멍

모든 구멍, 선택한 구멍 또는 선택한 구멍 유형에 대한 테이블을 작성합니다.

❶ 뷰의 모든 구멍에 대해 구멍 테이블 추가

❷ 뷰의 선택한 구멍에 대해 구멍 테이블 추가

❸ 구멍 테이블에 선택한 유형의 구멍 추가

🔢 품번기호(단축키 : B)

도면 뷰에서 구성요소의 품번기호를 작성합니다. 품번기호는 부품 리스트에 나열된 항목을 식별하는 주석 태그입니다. 품번기호 스타일을 변경할 수 있습니다.

❶ 품번기호 ① : 개별 부품에 품번기호 추가

❷ 자동 품번기호 ① : 여러 부품에 품번기호 자동으로 추가

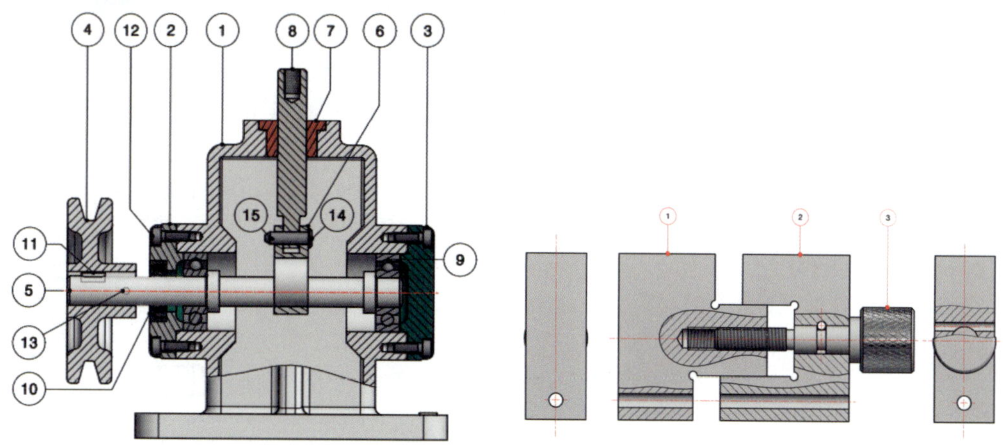

16 도면층 편집

현재 문서에서 도면층을 선택, 수정 또는 작성합니다. 도면층을 표시하거나 숨기고, 색상, 선 종류 및 선 가중치 등의 도면층 특성을 수정할 수 있습니다.

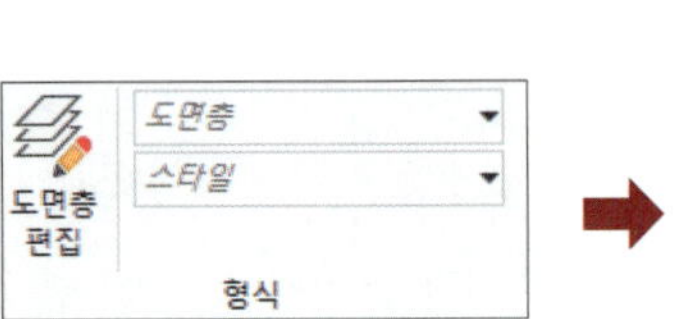

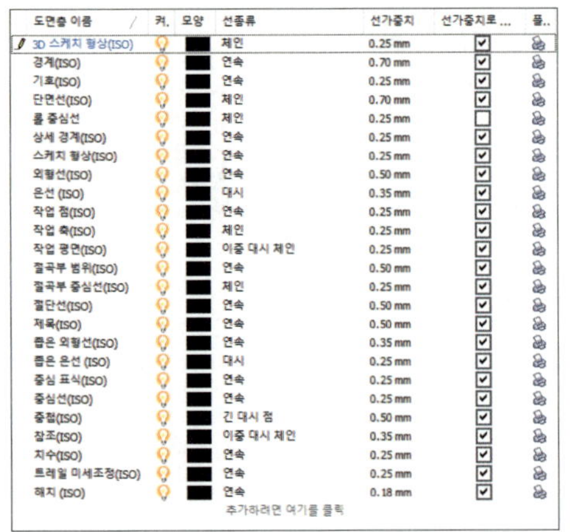

---

6 뷰 배치 따라하기

1 기준 뷰

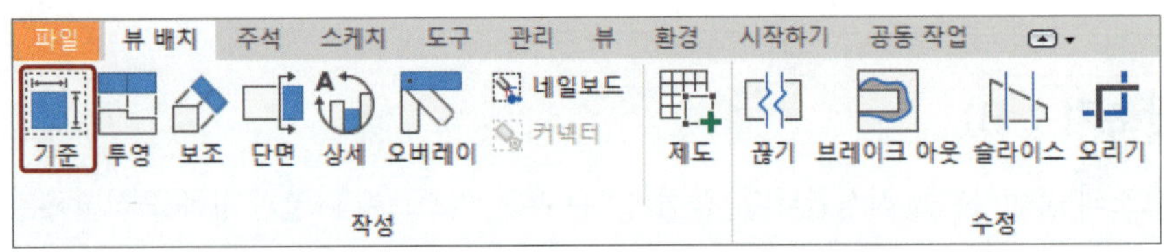

앞서 작성한 모델링을 불러오기하여 뷰 배치를 작성하도록 합니다.

❶ 도면 뷰

도면 뷰 창의 파일 열기 버튼을 클릭하여 모델링 파일을 엽니다.

- 스타일
  - 숨은선의 표시 여부 및 음영 표시 여부를 선택한 후 확인
  - 은선 : 뷰의 은선을 표시한다.
  - 은선 제거 : 뷰의 은선을 제거
  - 음영 처리 : 뷰의 음영 처리

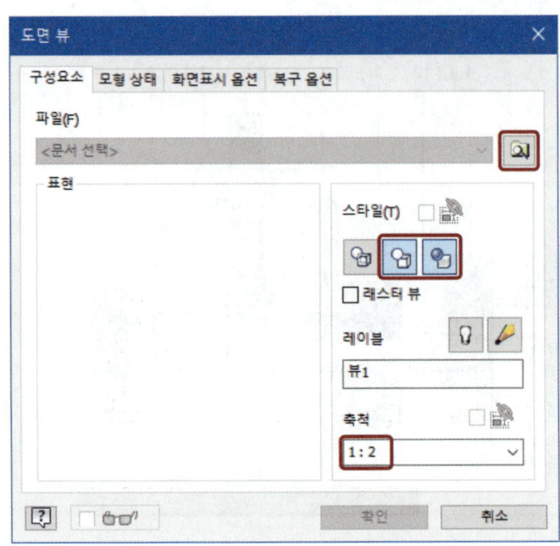

• 축척

– 뷰의 축척을 변경한다. 목록에서 고르거나 직접 입력할 수 있습니다.

– 예시 축척 1:2

• 뷰 방향 바꾸기

– 뷰 큐브를 이용하여 방향을 설정할 수 있습니다.

– 뷰를 선택 ▶ 마우스 왼쪽 버튼 더클 클릭 ▶ 뷰의 오른쪽 위에 있는 뷰 큐브를 회전

• 뷰 회전하기

– 뷰를 선택 ▶ 마우스 우측 버튼 클릭 ▶ 회전 명령을 클릭

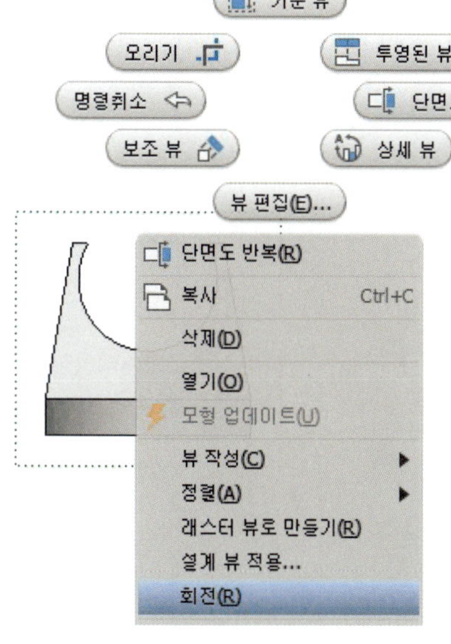

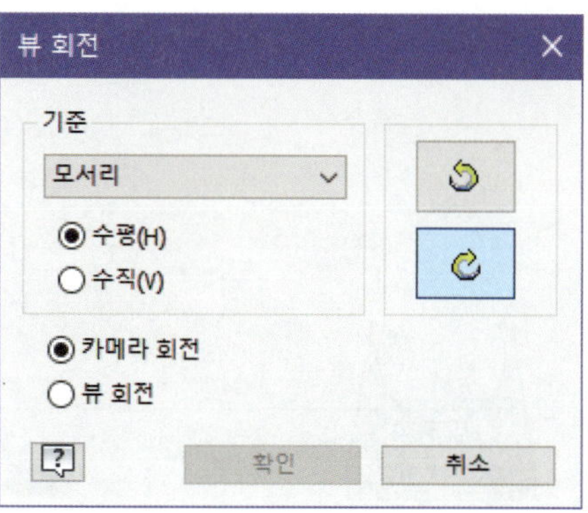

– a. 모서리-수평 옵션 : 클릭한 모서리가 수평 방향으로 회전

– b. 모서리-수직 옵션 : 클릭한 모서리가 수직 방향으로 회전

– c. 절대 각도 ▶ 뷰가 가지는 절대 각도 값으로 회전

– d. 상대각도 ▶ 현재 상태에서 증분 각도로 회전

• 뷰 이동하기

뷰에 사각 점선 부분에 마우스를 올려 놓고 마우스 왼쪽 버튼을 누른 상태로 끌어서 아래 그림과 같이 화면의 좌측 하단으로 이동합니다.

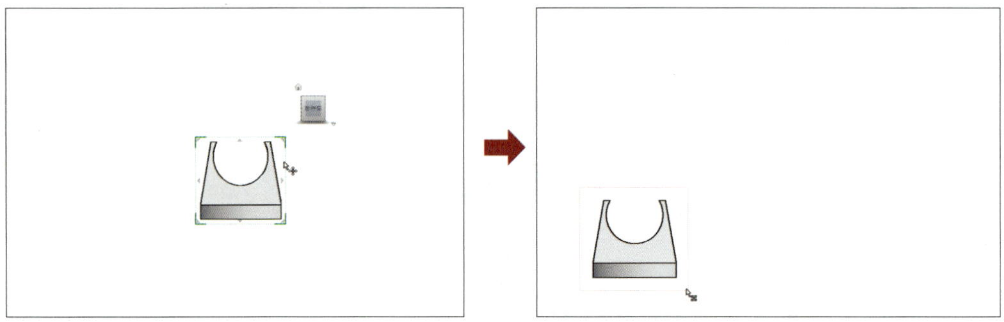

② 투영 뷰 작성하기

투영 아이콘 클릭하여 우측면 뷰, 정면 뷰, 등각투상 뷰를 생성합니다.

❶ 기존 뷰를 작성한 상태에서 우측 뷰가 삽입될 적당한 위치에 마우스 왼쪽 버튼을 클릭합니다.

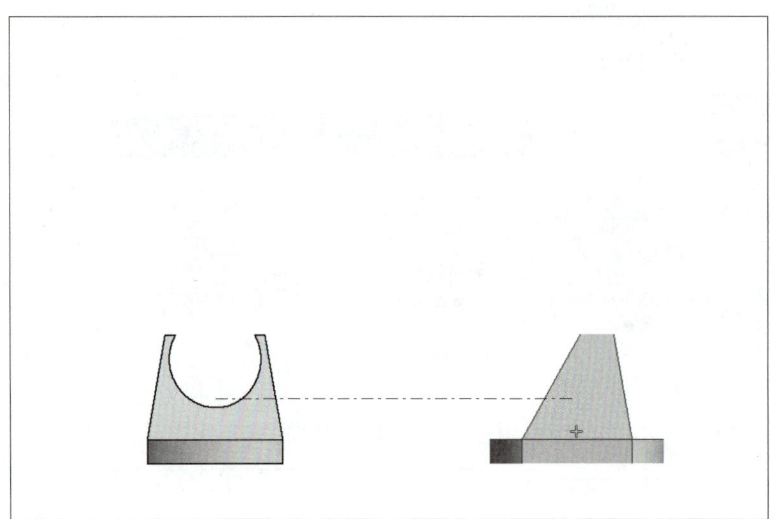

❷ 계속해서 평면 뷰가 삽입될 적당한 위치에 마우스 왼쪽 버튼을 클릭합니다.

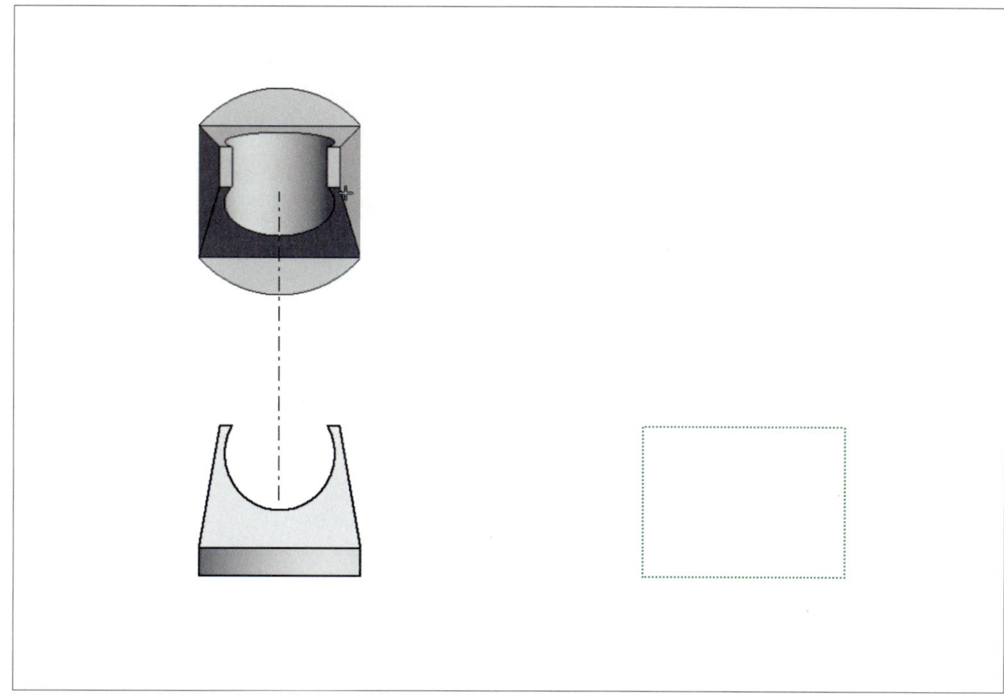

❸ 등각투상 뷰를 배치할 위치에 마우스 왼쪽 버튼을 클릭합니다.

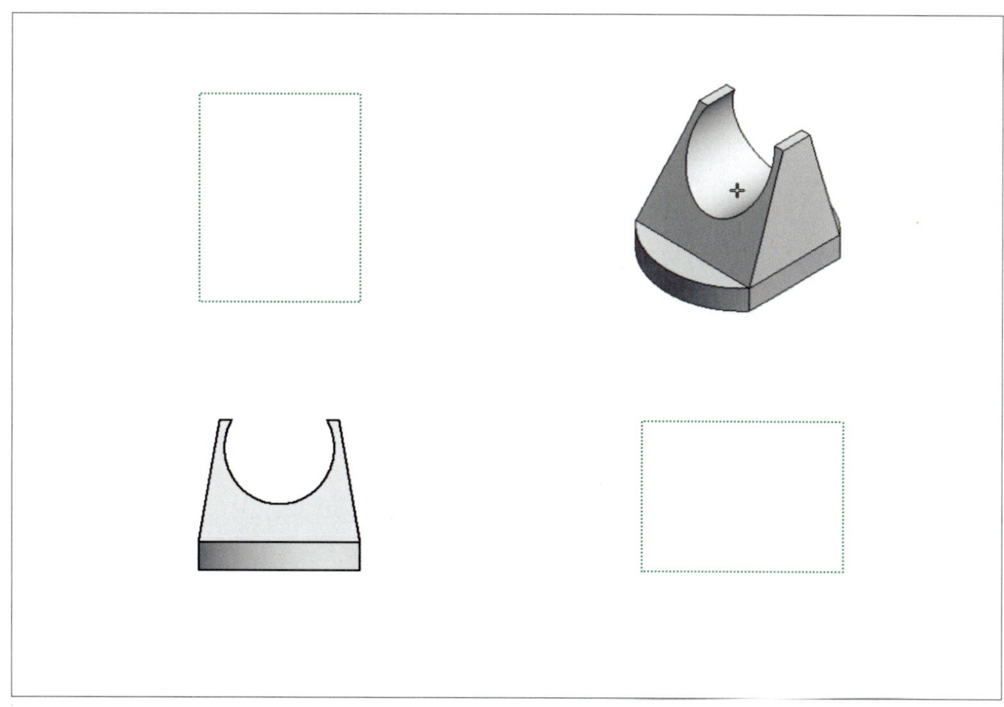

❹ 마우스 오른쪽 버튼을 클릭하면 나타나는 작성 버튼을 선택합니다.

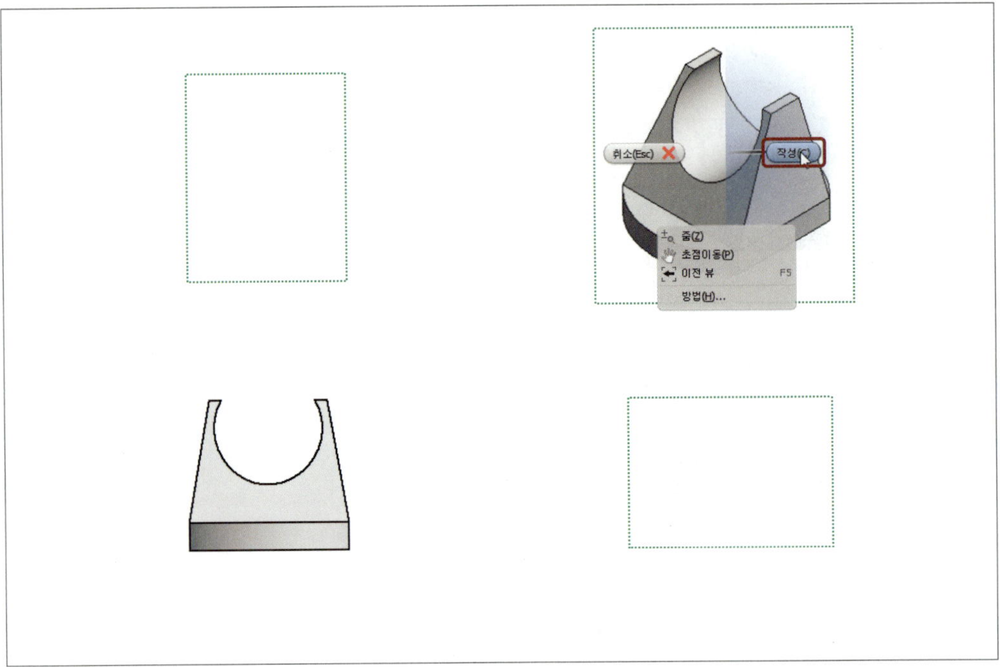

❺ 투영 뷰가 모두 완성되었습니다.

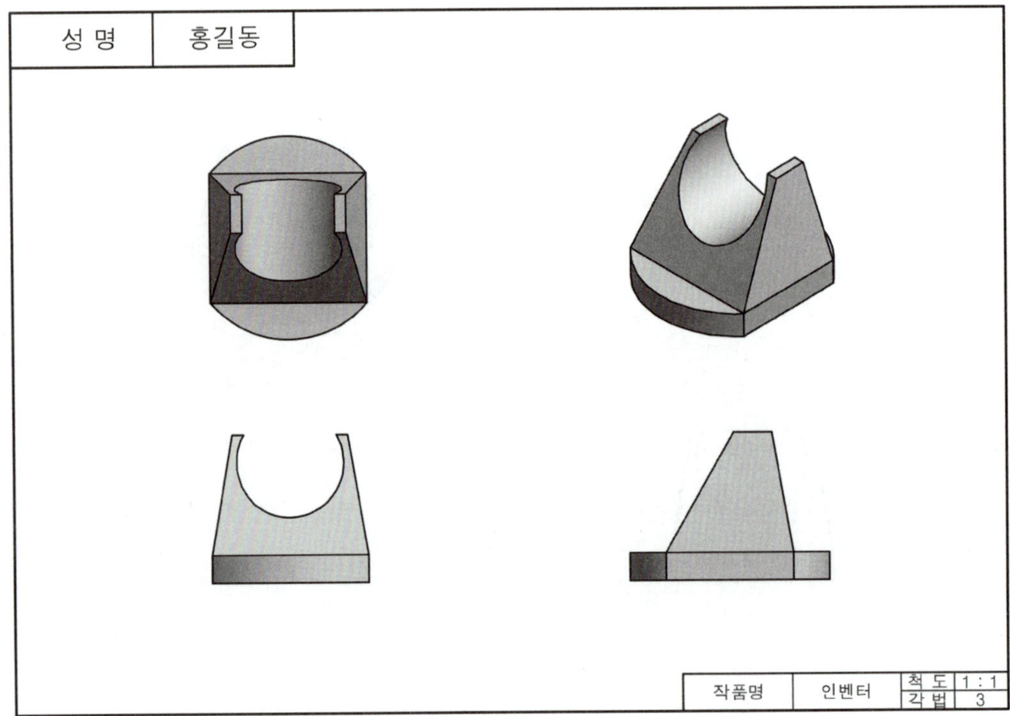

3 중심선 표시하기

도면에 중심선을 표시합니다. 주석 탭의 중심선을 도면에 표현하도록 합니다.

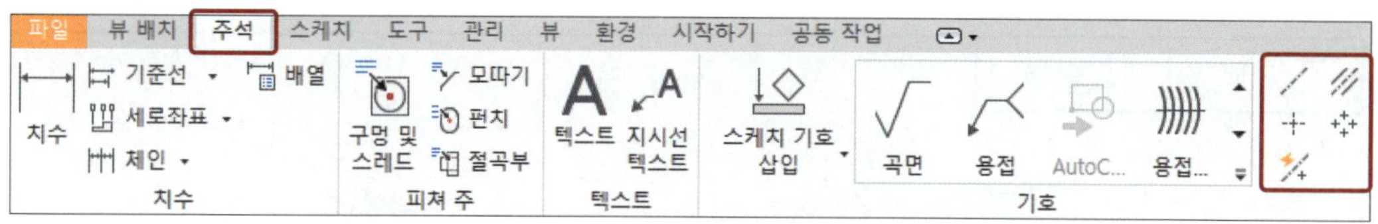

❶ **중심선 이등분 아이콘 클릭 ▶ 왼쪽 수직선 선택 ▶ 오른쪽 수직선 선택 ▶ 마우스 오른쪽 버튼 클릭 ▶ 확인** 순서로 작성합니다.

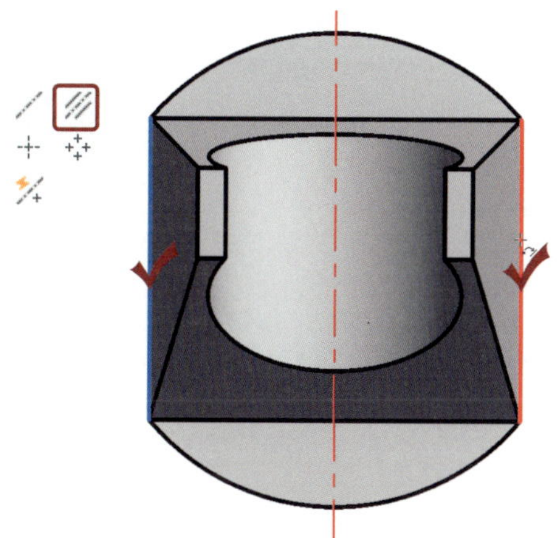

❷ **중심 표식 클릭 ▶ 원 선택 ▶ 마우스 오른쪽 버튼 클릭 ▶ 확인** 순서로 작성합니다.

수직의 중심선은 그림과 같이 늘려줍니다.

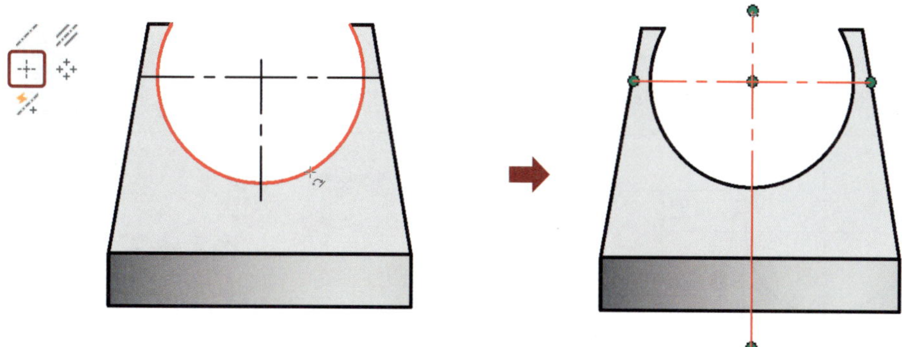

④ 치수 넣기

치수 아이콘 (├──┤)을 클릭하여 아래와 같이 치수를 기입합니다.

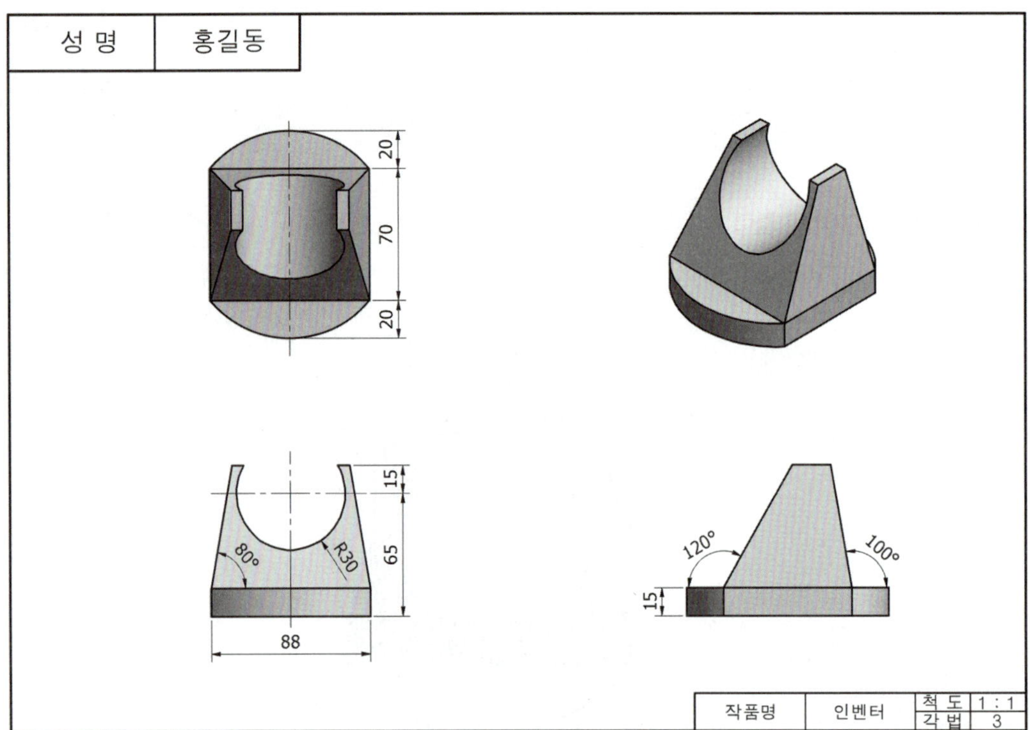

반지름의 텍스트를 수평으로 기입하고자 할 때 스타일 편집기에서 설정을 변경합니다.

R30 치수 선택 ▶ 마우스 오른쪽 버튼 클릭 ▶ 새 치수 스타일 ▶ 스타일 편집기 ▶ 텍스트 ▶ 반지름 수평 아이콘 순서로 변경합니다.

- 새 치수 스타일 – 현재 선택한 치수만 변경된 설정이 적용됩니다.
- 치수 스타일 편집 – 모든 치수에 변경한 스타일로 적용됩니다.

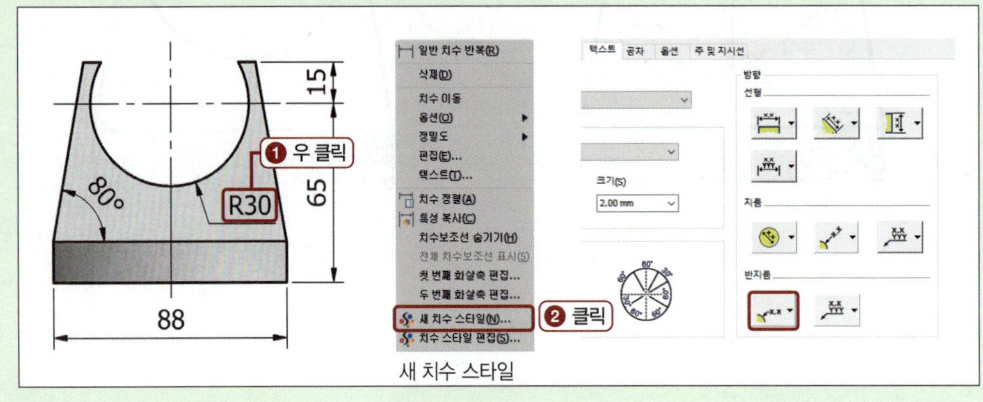

[전단면도] 온단면도

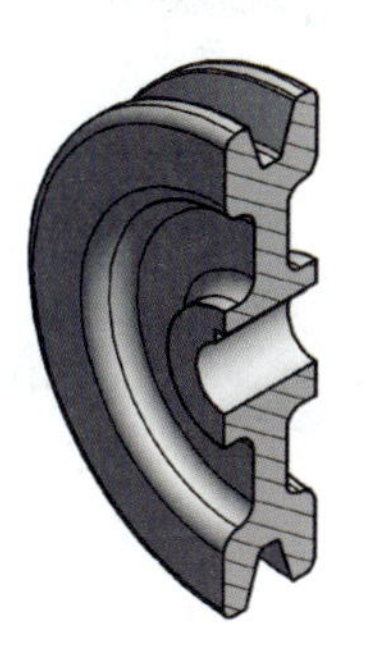
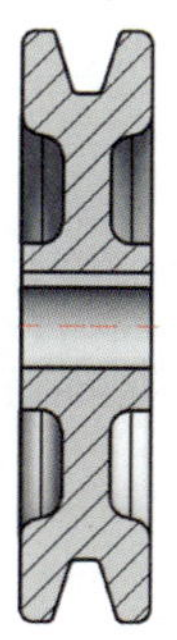

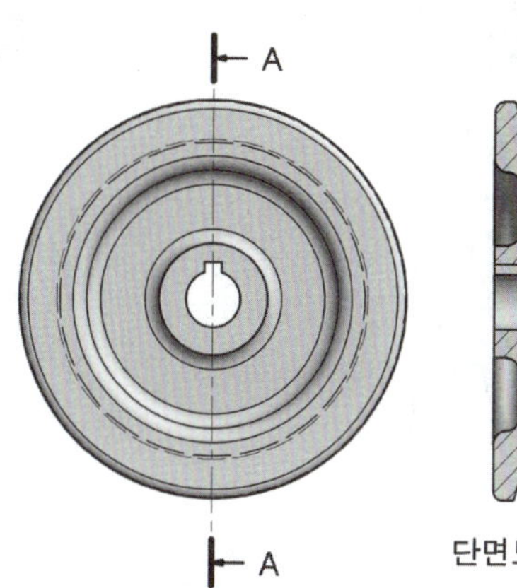

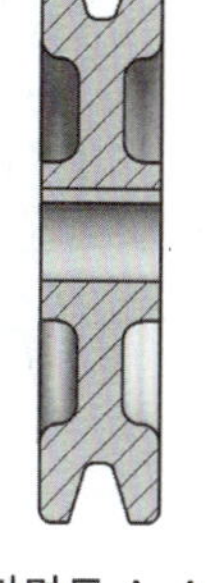

단면도 A-A

[반단면도] 한쪽단면도, 1/4단면도

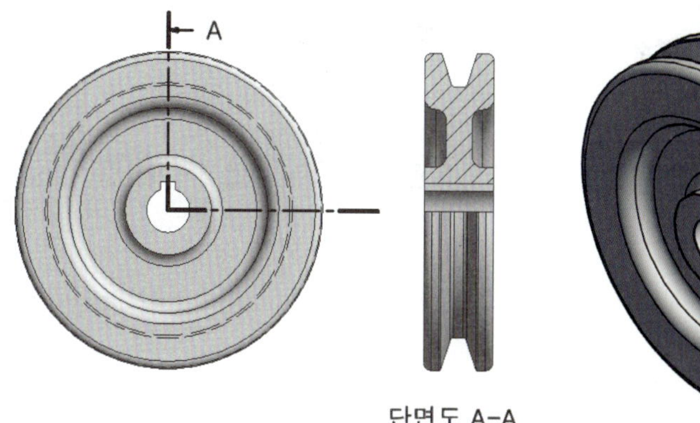

단면도 A-A

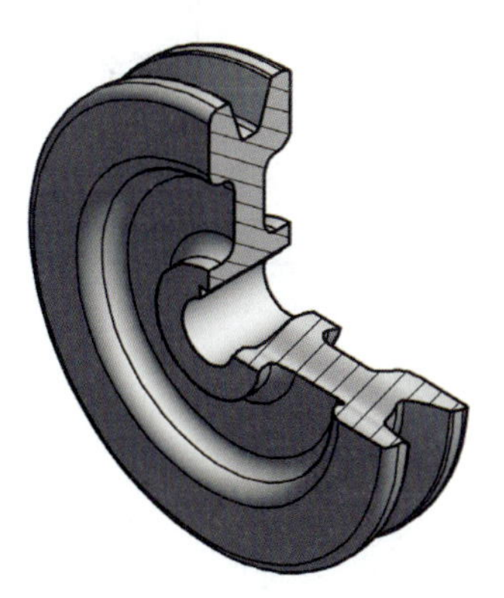
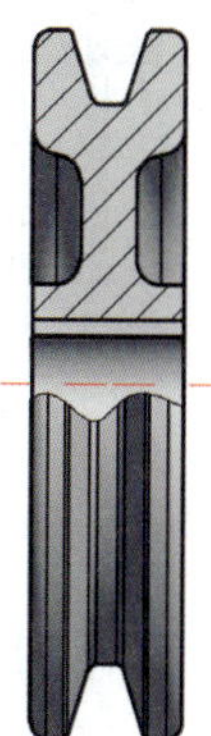

[부분단면도]

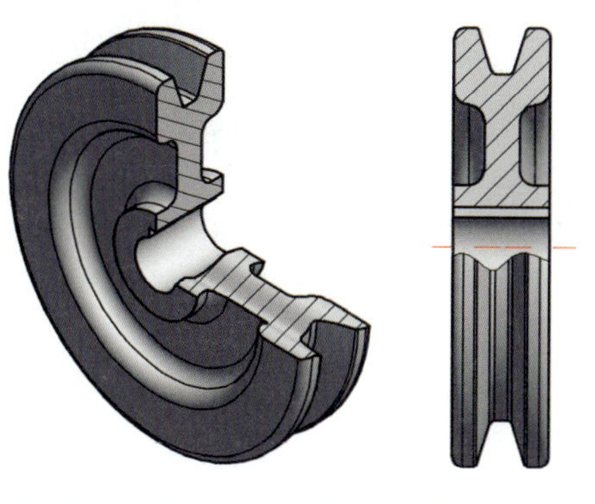

[부분확대도]

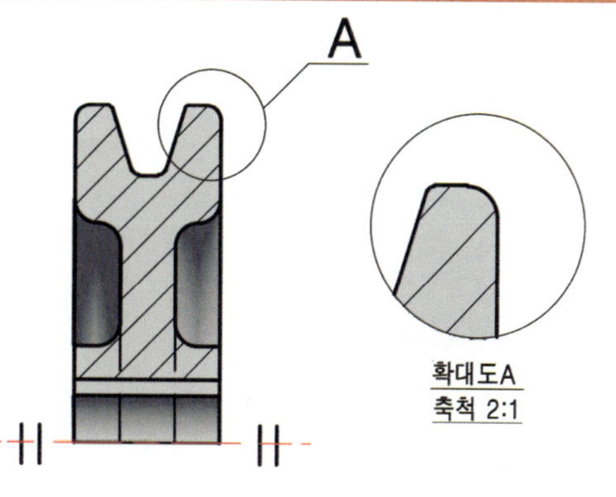

확대도A
축척 2:1

[국부투상도]

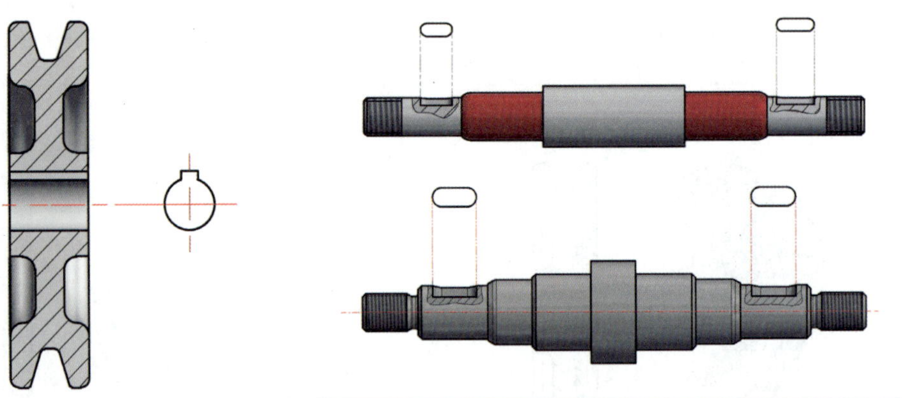

[회전단면도]

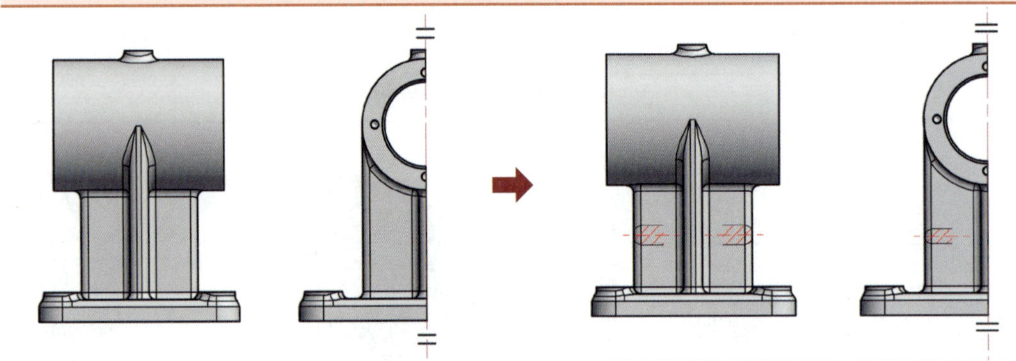

[부분투상도]

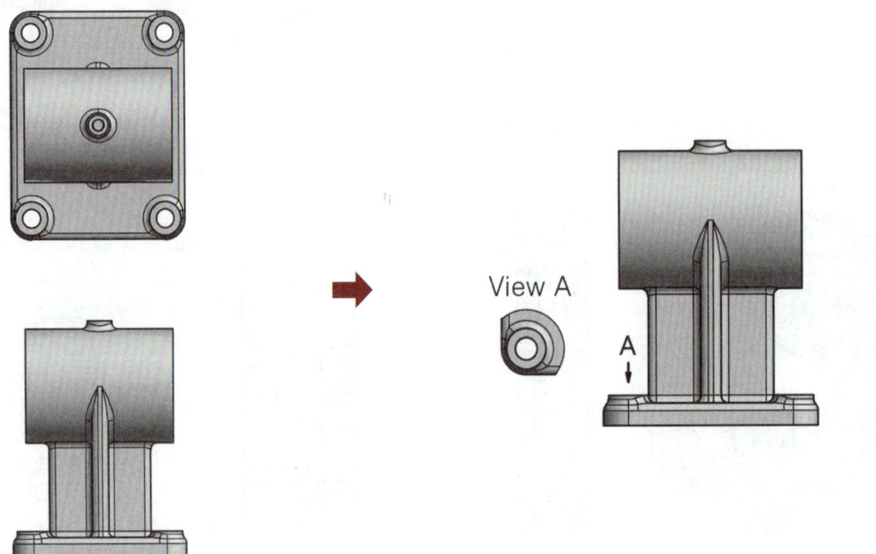
View A
A

KS 규격집 적용하기

인벤터는 기계 분야의 모델링에 최적화되어 있는 프로그램입니다. 모델링 작성과 도면 작성 시 KS 규격을 적용하여야 합니다. 부품별 KS 규격 적용 방법에 대해 학습합니다.

1 IT 등급별 공차 적용

- IT 공차 18 등급
- IT 01~ IT 4 : 주로 게이지(Gauge)류
- IT 5~ IT 10 : 주로 끼워맞춤(Fitting)을 적용하는 부분
- IT 11~ IT 16 : 끼워맞춤(Fitting)이 필요 없는 부분

규격집	3. IT 공차

3. IT 공차(단위 : μm)

치수 초과	등급 이하	IT 4 4급	IT 5 5급	IT 6 6급	IT 7 7급
−	3	3	4	6	10
3	6	4	5	8	12
6	10	4	6	9	15
10	18	5	8	11	18
18	30	6	9	13	21
30	50	7	11	16	25
50	80	8	13	19	30
80	120	10	15	22	35
120	180	12	18	25	40
180	250	14	20	29	46
250	315	16	23	32	52
315	400	18	25	36	57
400	500	20	27	40	63

IT 등급	적용 용도
IT 01	고급 정밀 표준 게이지(Gauge)류
IT 0	고급 정밀 표준 게이지류, 고급 단도기
IT 1	표준 게이지류, 단도기
IT 2	고급 게이지, 플러그 게이지
IT 3	양질의 게이지, 스냅 게이지
IT 4	게이지, 일반 래핑, 슈퍼피니싱 가공
IT 5	볼베어링, 머신래핑, 정밀 보링, 정밀 연삭, 호닝가공
IT 6	연삭, 보링, 핸드리밍
IT 7	정밀 선삭, 브로칭, 호닝 및 연삭의 일반 작업
IT 8	센터 작업에 의한 선삭, 보링, 일반 기계 리밍, 터렛 및 자동선반 가공 제품
IT 9	터렛 및 자동선반에 의한 일반 가공품, 보통 보링작업, 수직선반, 정밀 밀링작업
IT 10	일반 밀링작업, 세이빙, 슬로팅, 플레이너가공, 드릴링, 압연 및 압출 제품
IT 11	황삭 기계가공, 정밀인발, 파이프, 펀칭, 프레스, 구멍가공
IT 12	일반 파이프 및 봉 프레스 제품
IT 13	프레스 제품, 압연 제품
IT 14	금형, 다이캐스팅, 고무형 프레스, 쉘몰딩 주조품
IT 15	형단조, 쉘몰딩 주조, 시멘트 주조
IT 16	일반 주물과 불꽃(Gas) 절단품

- 형식 확인, P.C.D 거리 측정 후 규격집 검색 [KS 규격집 40. V–벨트 풀리]

※ 정해진 거칠기 사용 ⑩ 형식– M형, A형, B형

규격집	40 V–벨트 풀리

40. V–벨트 풀리

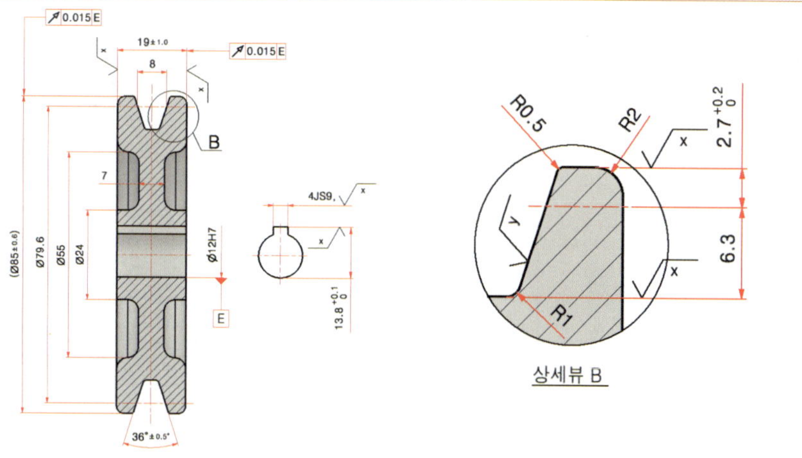

dp=호칭 지름 (홈의 나비가 lo인 곳의 지름)

V벨트의 형 별	α의 허용차(°)	k의 허용차	e의 허용차	f의 허용차
M			-	
A	±0.5	+0.2 / 0	±0.4	±1.0
B				

호칭지름 (mm)	바깥지름 de 허용차	바깥둘레 흔들림 허용값	림 측면 흔들림 허용값
75 이상 118 이하	±0.6	0.3	0.3
125 이상 300 이하	±0.8	0.4	0.4

V벨트 형별	호칭 지름	α (°)	lo	k	k0	e	f	r1	r2	r3	비고
M	50이상~71이하	34	8.0	2.7	6.3	-	9.5	0.2~0.5	0.5~1.0	1~2	M형은 원칙적으로 한 줄만 걸친다.(e)
	71초과~90이하	36									
	90초과	38									
A	71이상~100이하	34	9.2	4.5	8.0	15.0	10.0	0.2~0.5	0.5~1.0	1~2	
	100초과~125이하	36									
	125초과	38									
B	125이상~165이하	34	12.5	5.5	9.5	19.0	12.5	0.2~0.5	0.5~1.0	1~2	
	165초과~200이하	36									
	200초과	38									

- 키 홈 [KS 규격집 21. 평행 키(키 홈)] ※ 규격집에 표시되어진 거칠기 사용

  - 적용 축 지름 확인

  - t_2 (하우징 높이) 값

  - b_2 (키 홈의 폭) 값 (보통형 b_2 허용차 JS9 적용)

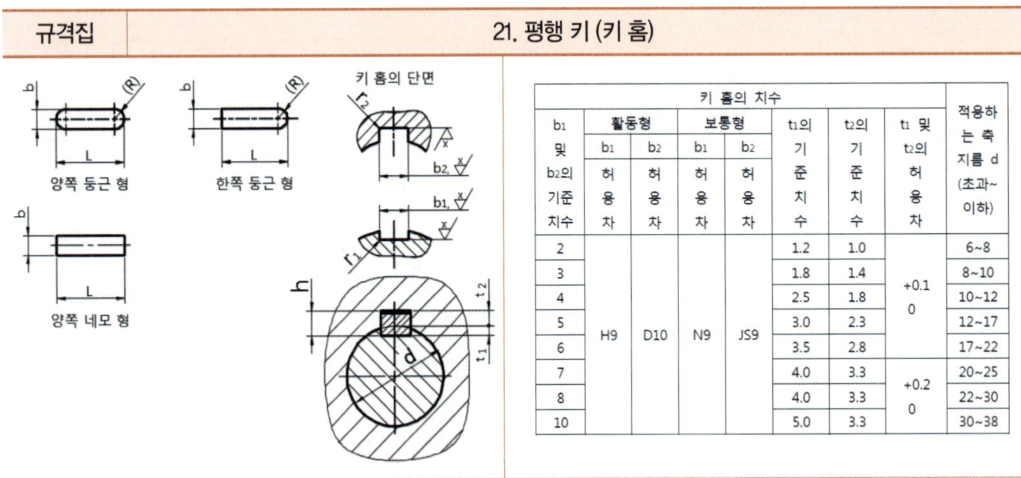

규격집	21. 평행 키(키 홈)

키 홈의 치수

| b1 및 b2의 기준치수 | 활동형 | | 보통형 | | t1의 기준치수 | t2의 기준치수 | t1 및 t2의 허용차 | 적용하는 축지름 d (초과~이하) |
	b1 허용차	b2 허용차	b1 허용차	b2 허용차				
2	H9	D10	N9	JS9	1.2	1.0	+0.1 0	6~8
3					1.8	1.4		8~10
4					2.5	1.8		10~12
5					3.0	2.3		12~17
6					3.5	2.8		17~22
7					4.0	3.3	+0.2 0	20~25
8					4.0	3.3		22~30
10					5.0	3.3		30~38

키 홈의 경우 KS 규격집 [21. 평행 키(키 홈)]의 내용 중 축의 깊이는 t_1 부분이고, V−벨트 풀리 등 결합되는 부품 구멍의 키 홈의 높이는 t_2이다.

아래 그림을 참고합니다.

❶ 적용 축지름 확인(안지름이 12mm인 경우 10 초과~12 이하 부분을 확인)

❷ 축 작도 시 키의 평면에 '보통형 b_1' N9를 기입하고 축의 깊이값에 t_2 허용차 +0.1/0을 기입한다.
　 V−벨트 풀리 등 하우징 부분에 표시된 키 홈 높이에 JS(대문자)9를 기입합니다.

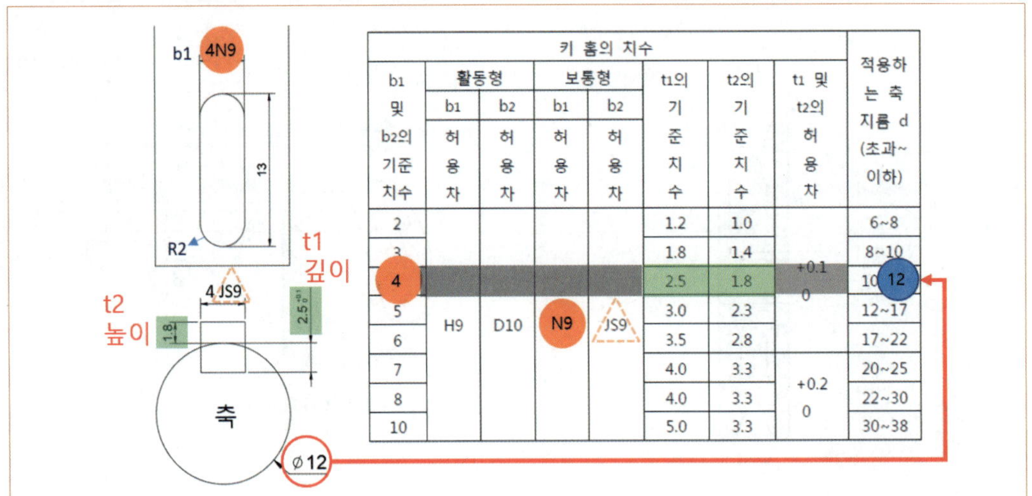

키 홈의 치수

| b1 및 b2의 기준치수 | 활동형 | | 보통형 | | t1의 기준치수 | t2의 기준치수 | t1 및 t2의 허용차 | 적용하는 축지름 d (초과~이하) |
	b1 허용차	b2 허용차	b1 허용차	b2 허용차				
2	H9	D10	N9	JS9	1.2	1.0	+0.1 0	6~8
3					1.8	1.4		8~10
4					2.5	1.8		10~12
5					3.0	2.3		12~17
6					3.5	2.8		17~22
7					4.0	3.3	+0.2 0	20~25
8					4.0	3.3		22~30
10					5.0	3.3		30~38

• 스퍼기어 작성 시 모듈값(M)과 잇수값(Z)을 확인하여 작성합니다.

  – 모듈(M)×잇수(Z)=피치원지름(P.C.D) 값

스퍼기어 기본 명칭	
P.C.D	• 기어와 이거가 맞물릴 때 가장 힘을 많이 받는 부분 • 기어에서 가장 기준이 되는 직경값
M(모듈)	• P.C.D에서 기어 잇수(Z)를 나눈 수치 • 기어 치형의 크기를 정하는 수치
Z(잇수)	• 기어 이 개수 • P.C.D를 M(모듈)으로 나눈 개수
압력각(a)	• 기어가 기어를 밀 때, P.C.D 위치에서 접선을 이루는 각도 • 표준 인벌류트 치형의 압력각은 20°이다.
이끝 원	• 기어의 이끝을 연결한 원 • 기어의 외경을 뜻함
이뿌리 원	• 기어의 이뿌리(지처, 齒底)를 연결한 원
이 높이	• 기어의 전체 이 높이 값, 모듈(M)에 2.25를 곱한 값 • 이끝 원에서 이뿌리 원까지의 유효거리

스퍼기어 계산 공식	
P.C.D	M(모듈)×Z(잇수)
M(모듈)	P.C.D/Z(잇수)
Z(잇수)	P.C.D/M(모듈)
이끝 원 지름	P.C.D+(M×2)
이뿌리 원 지름	이끝원 지름−(전체 이 높이×2)
전체 이 높이	M(모듈)×2.25

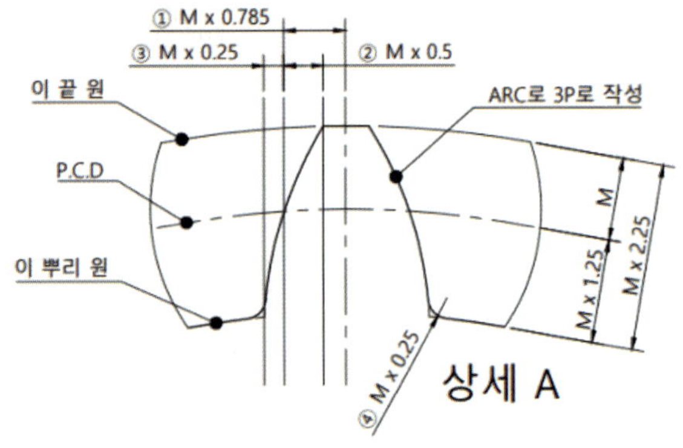

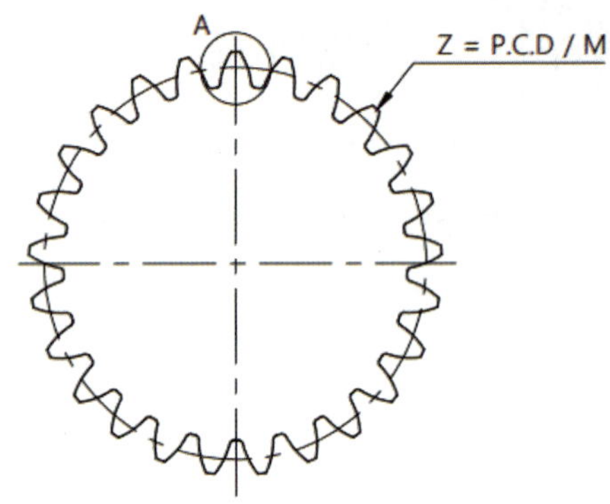

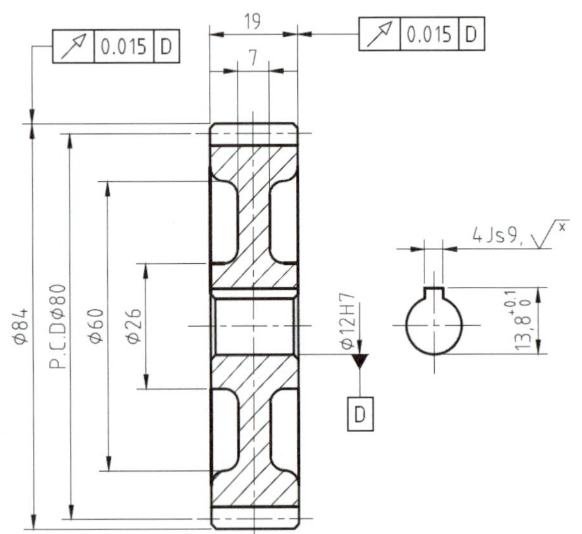

스퍼기어 요목표		
구분	품번	3
기어 치형		표준
구분	모듈	2
	치형	보통이
	압력각	20°
전체 이 높이		4.5
피치원 지름		P.C.D Ø80
잇수		40
다듬질 방법		호브 절삭
정밀도		KS B ISO 1328−1, 4급

❶ 축을 제도하기 위해 조립된 부품과 결합 부위 규격집 적용 유·무 등 면밀히 확인하여 작성해야 합니다.

❷ 축은 자로 측정해야 될 부분과 자로 임의 측정해선 안되는 부분을 구별할 수 있어야 합니다.

❸ 축과 조립된 부위에 부품을 확인하여 공용 부품 등 KS 규격에 의해 치수가 정해지는 부위는 반드시 규격집을 확인합니다.

❹ 축 작성 시 확인할 부분은 아래와 같습니다.

• 베어링 결합 여부 [KS 규격집 23. 깊은 홈 볼 베어링]

• 축의 베어링 결합 부위 모깎기 [KS 규격집 31. 베어링 구석 홈 부 둥글기]

- 키 홈 적용 [KS 규격집 21. 평행 키(키 홈)]

- 오일실 부착 관계 [KS 규격집 38. 오일 실 부착 관계]

- 릴리프 홈 [KS 규격집 17. 나사의 틈새]

- 베어링 끼워맞춤 공차 [KS 규격집 32. 베어링 끼워 맞춤]

- 센터 구멍 표시 [KS 규격집 47. 센터 구멍 / 48. 센터 구멍의 간략 도시 방법]

위 내용의 KS 규격집을 확인하여 축을 작성해 봅니다.

1 베어링 결합 여부

예 6000 : 6(깊은 볼 베어링 형식을 의미)

0(하중을 의미 0,1−특경하중 / 2−경하중 / 3−보통하중 / 4−중하중)

00(베어링 안지름을 의미 00−10mm, 01−12mm, 02−15mm, 03−17mm, 04×(5)−20mm)

규격집	23. 깊은 홈 볼 베어링

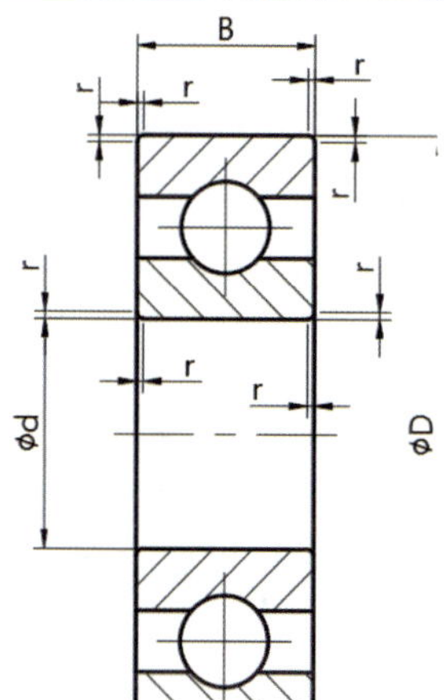

호칭 번호 (62계열)	치수				호칭 번호 (60계열)	치수			
	d	D	B	r		d	D	B	r
6200	10	30	9	0.6	6000	10	26	8	0.3
6201	12	32	10	0.6	6001	12	28	8	0.3
6202	15	35	11	0.6	6002	15	32	9	0.3
6203	17	40	12	0.6	6003	17	35	10	0.3
6204	20	47	14	1	6004	20	42	12	0.6
6205	25	52	15	1	6005	25	47	12	0.6
6206	30	62	16	1	6006	30	55	13	1
6207	35	72	17	1.1	6007	35	62	14	1
6208	40	80	18	1.1	6008	40	68	15	1

② 축의 베어링 결합 부위 모깎기

베어링(r)= 축 또는 하우징(R) 동일한 값으로 모깎기

규격집	31. 베어링 구석 홈 부 둥글기		

| r 또는 r1 (min) | R(max) | 하우징 또는 축 | |
| | | 레이디얼 베어링 경우의 어깨 높이 h | |
		일반	특수
0.1	0.1	0.4	
0.15	0.15	0.6	
0.2	0.2	0.8	
0.3	0.3	1.25	1
0.6	0.6	2.25	2
1.0	1.0	2.75	2.5

③ 키 홈 적용

– 적용 축 지름

– t1 (축의 깊이) 값

– b1(키 홈의 폭) 값 (보통형 b1 허용차 N9, JS9 적용)

규격집	21. 평행 키(키 홈)		

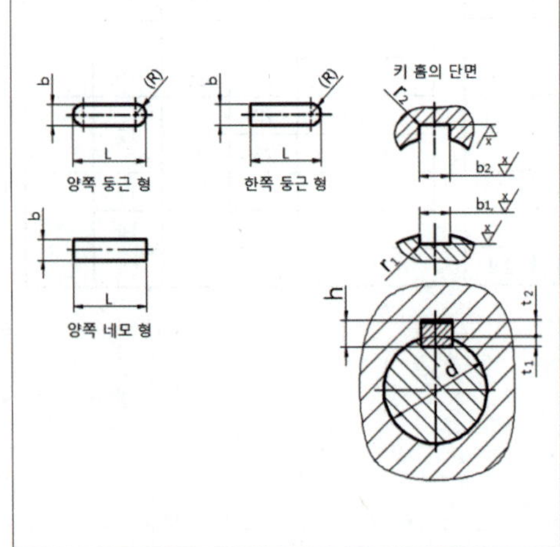

| 키 홈의 치수 | | | | | | | | 적용하는 축 지름 d (초과~이하) |
| b1 및 b2의 기준 치수 | 활동형 | | 보통형 | | t1의 기준 치수 | t2의 기준 치수 | t1 및 t2의 허용차 | |
	b1 허용차	b2 허용차	b1 허용차	b2 허용차				
2	H9	D10	N9	JS9	1.2	1.0	+0.1 0	6~8
3					1.8	1.4		8~10
4					2.5	1.8		10~12
5					3.0	2.3		12~17
6					3.5	2.8		17~22
7					4.0	3.3	+0.2 0	20~25
8					4.0	3.3		22~30
10					5.0	3.3		30~38

④ 오일실 부착 관계

• 오일 실 부분–h8(축) / 키 홈–h6 / 본체 구멍–H7

규격집	규격집 38. 오일 실 부착 관계

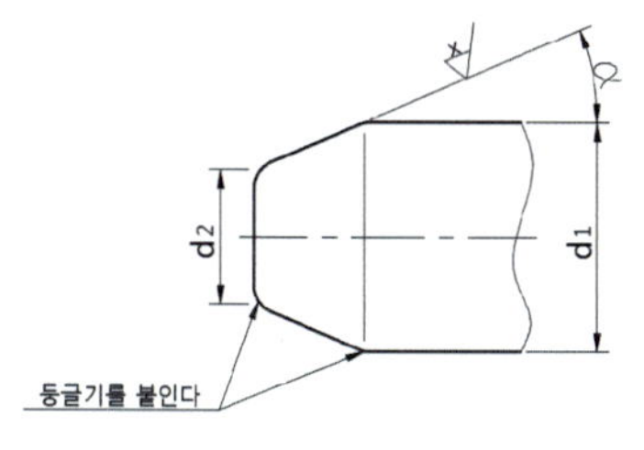

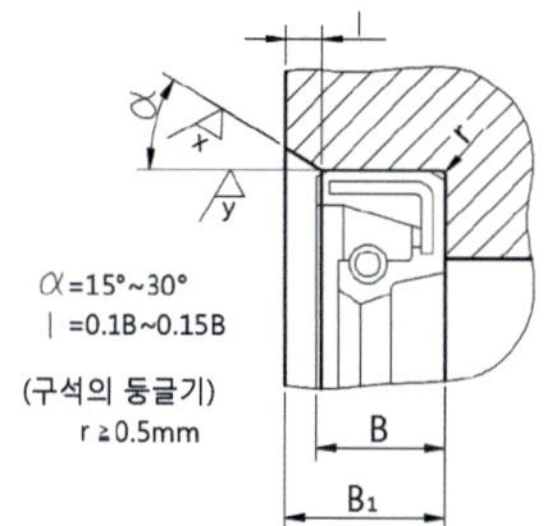

오일 실 부착 관계 참고 (작성 예)		
B	B_1	하우징 크기
6 이하	B+0.2	B=5, B_1=5.2
6 초과 10 이하	B+0.3	B=8, B_1=8.3
10 초과 14 이하	B+0.4	□
14 초과 18 이하	B+0.5	□

※ 규격은 KS B 0406에 없다.

※ 바깥지름에 대응하는 하우징의 구멍 지름의 허용차는 원칙적으로 KS B 0401의 H8로 한다.

※ 축의 호칭 지름은 오일실에 적합한 지름과 같고, 그 허용차는 원칙적으로 KS B 0401 h8로 한다.

⑤ 릴리프 홈

• 와셔가 있을 경우 하지 않는다.

규격집	17. 나사의 틈새

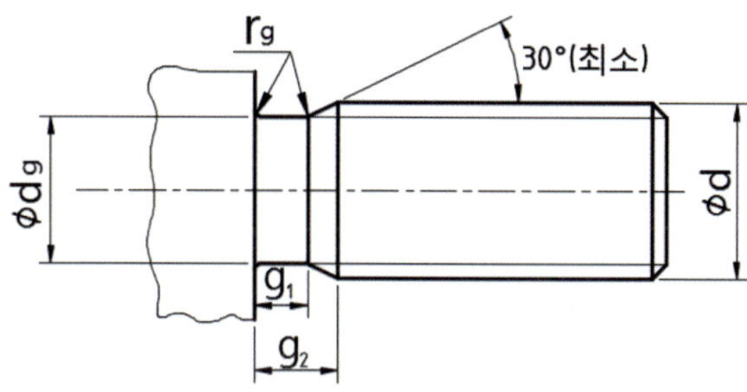

나사의 피치	dg		g_1	g_2	rg
	기준 치수	허용차	최소	최대	약
0.5	d – 0.8		0.8	1.5	0.2
0.7	d – 1.1		1.1	2.1	0.4
0.8	d – 1.3	호칭지름이 3mm 이	1.3	2.4	0.4
1	d – 1.6	하는 h12, 호칭지름이	1.6	3	0.6
1.25	d – 2	3mm 초과는 h13	2	3.75	0.6
1.5	d – 2.3	적용	2.5	4.5	0.8
1.75	d – 2.6		3	5.25	1
2	d – 3		3.4	6	1

6 베어링 끼워맞춤 공차

- 축 부분–내륜회전 하중(보통하중) 적용(18 이하–js5 18 초과–k5)

- 하우징 부분–외륜 정지 하중–H7 / 외륜 회전 하중–N7

규격집	32. 베어링 끼워 맞춤

32. 베어링 끼워 맞춤

내륜회전 하중 또는 방향 부정 하중(보통 하중)			
볼 베어링	원통, 테이퍼 롤러 베어링	자동조심 롤러 베어링	허용차 등급
축 지름			
18 이하	-	-	js5
18 초과 100 이하	40 이하	40 이하	k5
100 초과 200 이하	40 초과 100 이하	40 초과 65 이하	m5

내륜정지 하중			
볼 베어링	원통, 테이퍼 롤러 베어링	자동조심 롤러 베어링	허용차 등급
축 지름			
내륜이 축 위를 쉽게 움직일 필요가 있다.	전체 축 지름		g6
내륜이 축 위를 쉽게 움직일 필요가 없다.	전체 축 지름		h6

하우징 구멍 공차		
외륜 정지 하중	모든 종류의 하중	H7
외륜 회전 하중	보통하중 또는 중하중	N7

7 센터 구멍 표시

- KS A ISO 6411−1 양단, A2/4.25

규격집	47. 센터 구멍 / 48. 센터 구멍의 간략 도시 방법

호칭 지름 d	D	D1	L (최대)	참 고			
				L1	L2	t	a
(0.5)	1.06	1.6	1	0.48	0.64	0.5	0.16
(0.63)	1.32	2	1.2	0.6	0.8	0.6	0.2
(0.8)	1.7	2.5	1.5	0.78	1.01	0.7	0.23
1	2.12	3.15	1.9	0.97	1.27	0.9	0.3
(1.25)	2.65	4	2.2	1.21	1.6	1.1	0.39
1.6	3.35	5	2.8	1.52	1.99	1.4	0.47
2	4.25	6.3	3.3	1.95	2.54	1.8	0.59

*센터 구멍의 간략 표시 방법은 KS A ISO 6411에 따른다.

센터 구멍의 필요 여부	도시 기호	센터 구멍 규격 번호 및 호칭 방법을 지정하지 않는 경우	센터 구멍의 규격 번호 및 호칭 방법을 지정하는 경우
			도시 방법
필요한 경우	<		규격번호, 호칭방법 규격번호, 호칭방법

6 기계 재료

- GC250 (주철 : 본체, 커버, V 벨트 등) ※ 250-인장강도를 의미.

- SC480 (주강품 : 스퍼기어, 스프로킷 등)

- SCM430 (가공품 : 축, 치공구 등) ※ 4-CR(크롬) 함유량, 30-탄소함유량

- SM45C (바이스, 클램프, 치공구 등)-기계구조용 탄소강재

규격집		규격집 50. 기계재료 기호(작성 예)	
명 칭	기 호	명 칭	기 호
회 주철품*	GC100, GC150, GC200, GC250	구상흑연 주철품*	GCD 350-22, GCD 400-18, GCD 450-10, GCD 500-7
탄소강 주강품*	SC360, SC410, SC450, SC480	탄소강 단강품	SF390A, SF440A, SF490A
인청동 주물*	CAC502A, CAC502B	청동 주물*	CAC402
침탄용 기계구조용 탄소강재	SM9CK, SM15CK, SM20CK	알루미늄 합금주물	AC4C, AC5A
탄소공구강 강재	STC85, STC90, STC105, STC120	기계구조용 탄소강재	SM25C, SM30C, SM35C, SM40C, SM45C
합금공구강 강재	STS3, STD4	화이트메탈	WM3, WM4
크로뮴 몰리브데넘 강	SCM415, SCM430, SCM435	니켈 크로뮴 몰리브데넘 강	SNCM415, SNCM431
니켈 크로뮴 강	SNC415, SNC631	크로뮴 강	SCr415, SCr420, SCr430, SCr435
스프링강재	SPS6, SPS10	스프링용 냉간압연강대	S55C-CSP
피아노선	PW1	일반 구조용 압연강재	SS330, SS440, SS490
알루미늄 합금주물	ALDC6, ALDC7	용접 구조용 주강품*	SCW410, SCW450
인청동 봉	C5102B	인청동 선	C5102W

- 주서 작성 시 일반공차의 가), 나), 다)와 표면 거칠기는 작성 도면에 있는 부분만 작성합니다.

규격집	46. 주서(작성 예)

주서(예)
1. 일반공차 : 가)가공부 : KS B ISO 2768 – m
　　　　　　　 나)주조부 : KS B 0250 – CT11
2. 도시되고 지시없는 모따기는 1x45°, 필렛 및 라운드는 R3
3. 일반 모따기는 0.2x45°
4. ∇ 부위의 외면 처리 – 명녹색 도장
　　　　 내면 처리 – 광명단 도장
5. 파커라이징 처리
6. 전체 열처리 HRC 50±3
7. 표면거칠기

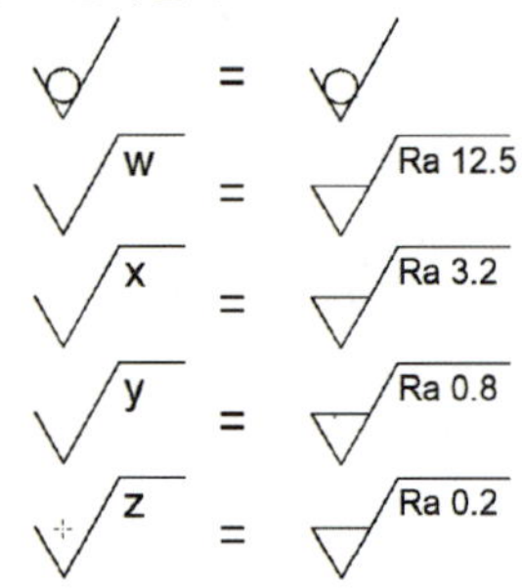

※ 주서(예) 자료는 예시로서 과제 도면에 맞도록 적절히 수정하셔야 합니다.

Chapter 4

공용 부품

공용 부품 작성은 직접 모델링 하는 경우와 인벤터 프로그램에 포함되어 있는 부품을 불러오기
하는 경우입니다. 공용 부품을 불러오는 방법과 적용에 대해 학습합니다.

1 공용 부품(스타일 라이브러리)

■ 컨텐츠 센터 부품 삽입 방법

❶ 컨텐츠 센터 부품을 "표준으로" 부품을 배치하는 경우

- "표준으로"를 선택하여 컨텐츠 센터 파일 폴더에 저장되고 조립 시 **링크만 저장**됩니다.

- 조립품 파일에서 조립 탭 ▶ 구성요소 패널 ▶ 컨텐츠 센터에서 배치를 클릭합니다.

❷ 컨텐츠 센터 부품을 "사용자로" 부품을 배치하는 경우

- 사용자 컨텐츠 센터 부품은 일반 부품 파일로 취급되며 Autodesk Inventor 편집 명령을 사용하
  여 편집할 수 있습니다.

- "사용자로"를 선택하여 공용 부품을 **파일로 저장**할 수 있습니다.

2 인벤터 공용 부품(컨텐츠 센터)

인벤터에서 부품 조립 시 컨텐츠 센터의 공용 부품을 검색하여 조립할 수 있습니다. 규격은 특수한 경
우를 제외한 대부분의 경우 ISO, KS, JIS 중에서 적용하고자 하는 부품을 찾습니다.

NO	부품명	규격(적합한 규격 적용)	검색 경로
1	베어링	KS B 2023 / JIS B 1521	샤프트 부품-볼베어링-깊은 그루브 볼 베어링
2	오일실	JIS B 2402 B타입	샤프트 부품-실링-립실
3	키	JIS B 1301	샤프트 부품-키-기계-등급
4	볼트	KS B 1003/JIS B 1176	조임쇠-소켓머리
5	너트	JIS B 1181 A/B	조임쇠-너트-6각

6	와셔	JIS B 1256	조임쇠-와셔-플레인
7	스프링와셔	KS B 1324 / JIS B 1251	조임쇠-와셔-스프링
8	니플	JIS B 1575 A	기타 부품-그리스 부속품

1 베어링

- 조립공간(*. iam)에서 배치 아래의 화살표(▼)를 눌러 "컨텐츠 센터에서 배치"를 클릭

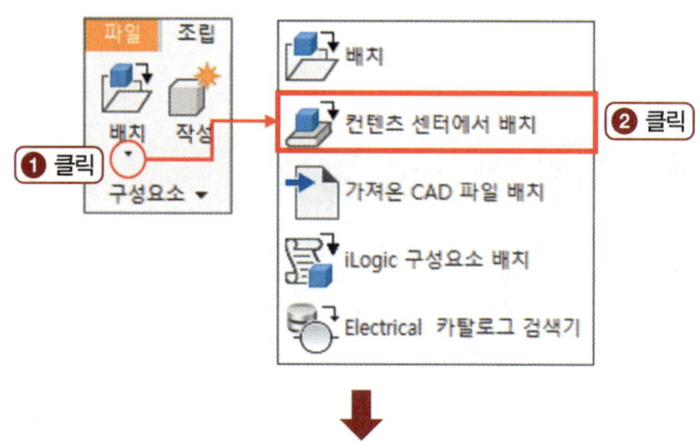

- [파일 검색] 범주 뷰 → 샤프트 부품 → 베어링 → 볼 베어링 → 깊은 그루브 볼 베어링

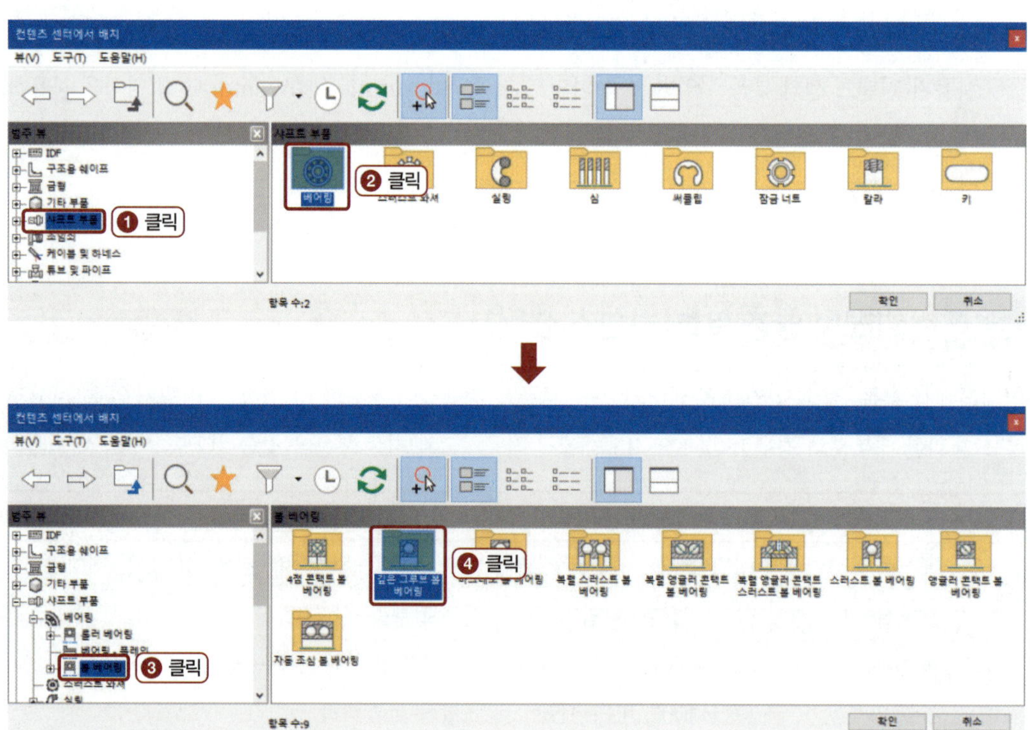

• "표준으로" 선택 시 공용 부품의 링크만 연결됩니다. 만약 공용 부품을 **파일로 저장하고자 할 경우** **"사용자로" 선택 후 확인하여 저장**합니다.

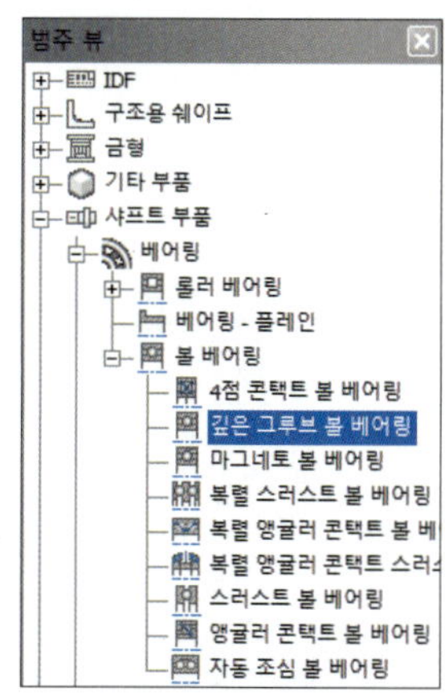

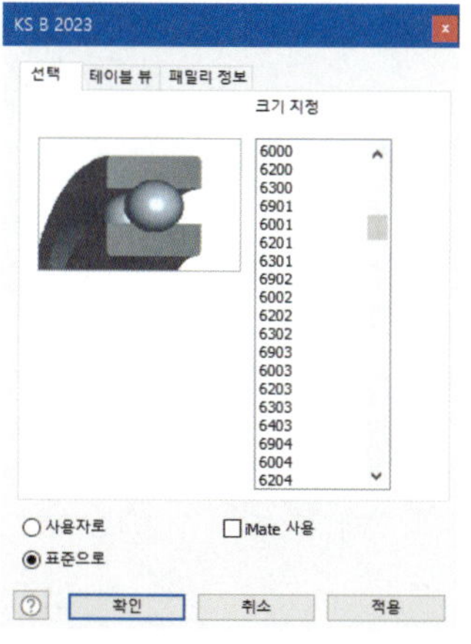

▲ KS B 2023

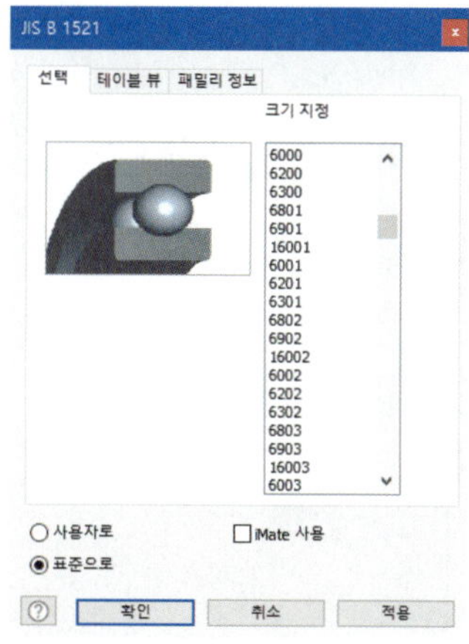

▲ JIS B 1521

2 오일실

• [파일 검색] 범주 뷰 → 샤프트 부품 → 실링 → 립실 (오일실 JIS B 2402 B타입)

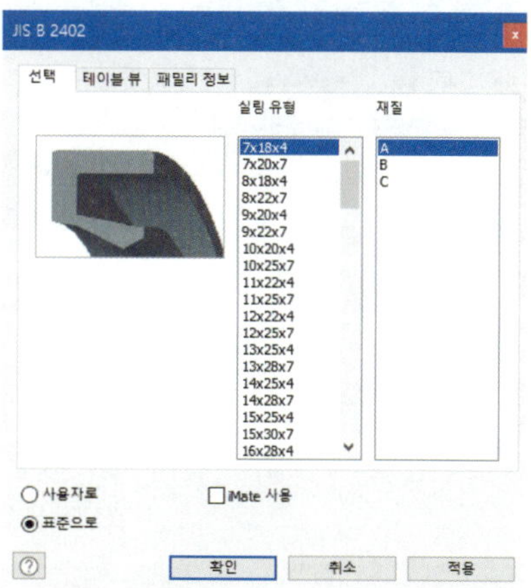

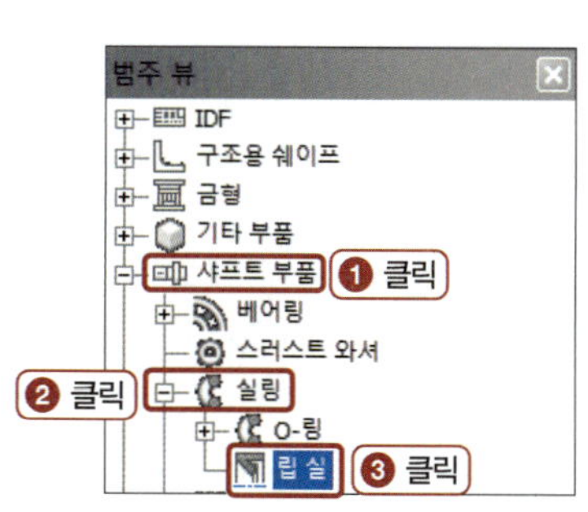

▲ JIS B 2402

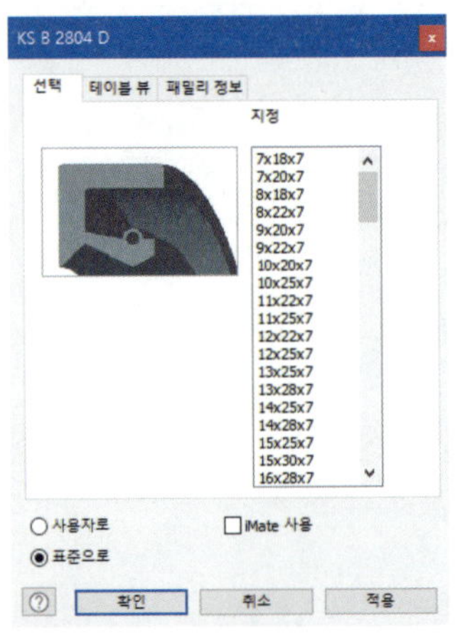

▲ KS B 2804 D

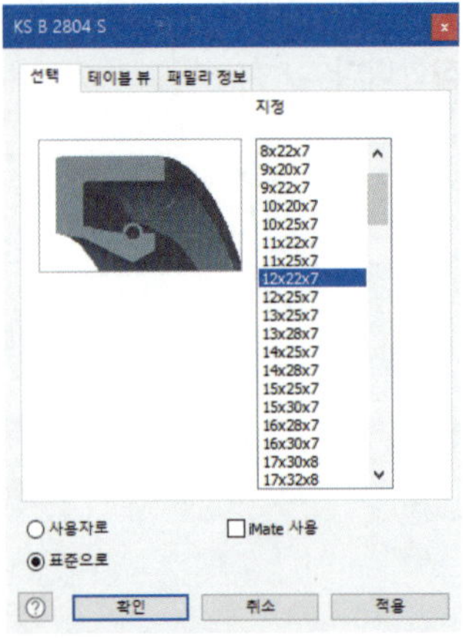

▲ KS B 2804 S

③ 키

• [파일 검색] 범주 뷰 → 샤프트 부품 → 키 → 기계 → 둥금 (JIS B 1301)

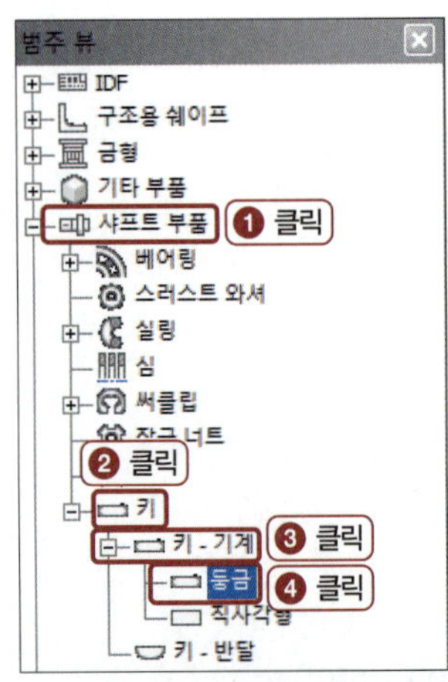

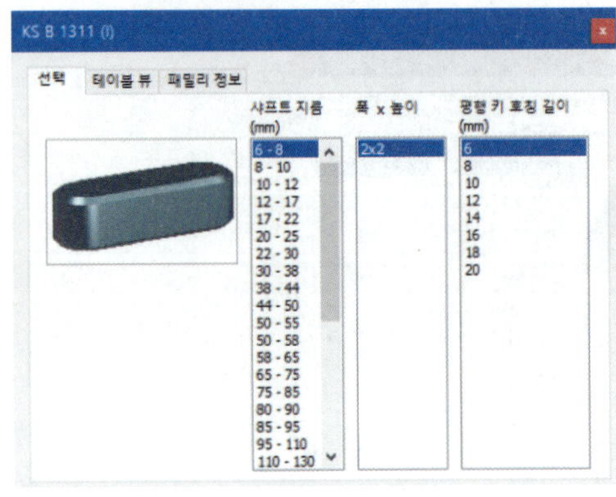

▲ KS B 1311 (I)

▲ JIS B 1301

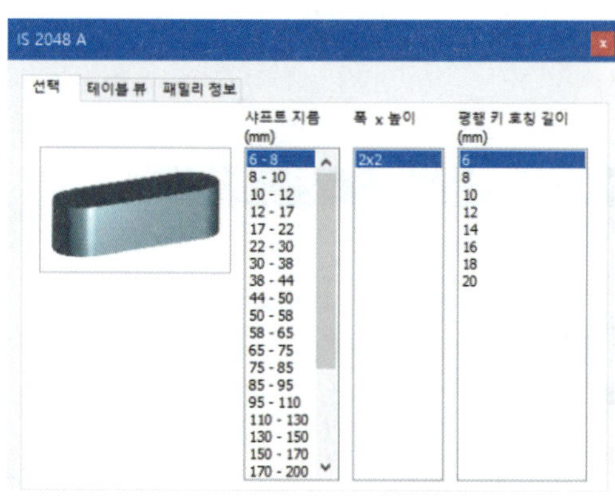

▲ IS 2048 A

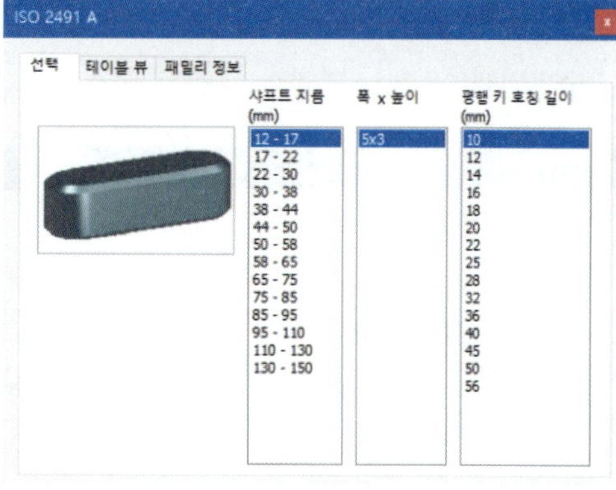

▲ ISO 2491 A

4 볼트

1 소켓머리 볼트

• [파일 검색] 범주 뷰 → 조임쇠 → 볼트 → 소켓머리 (KS B 1003 / JIS B 1176)

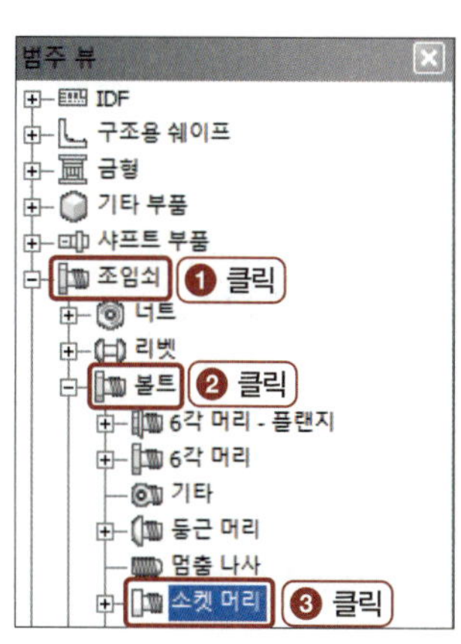

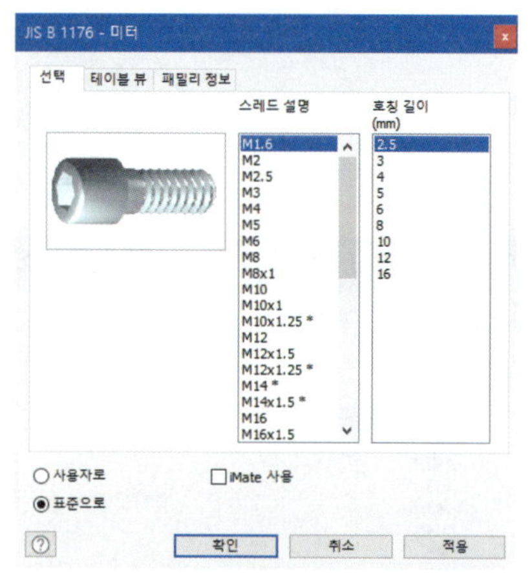

▲ JIS B 1176 – 미터

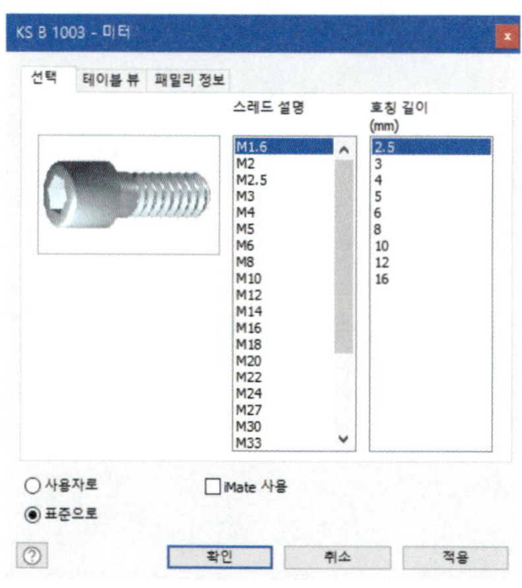

▲ KS B 1003 – 미터

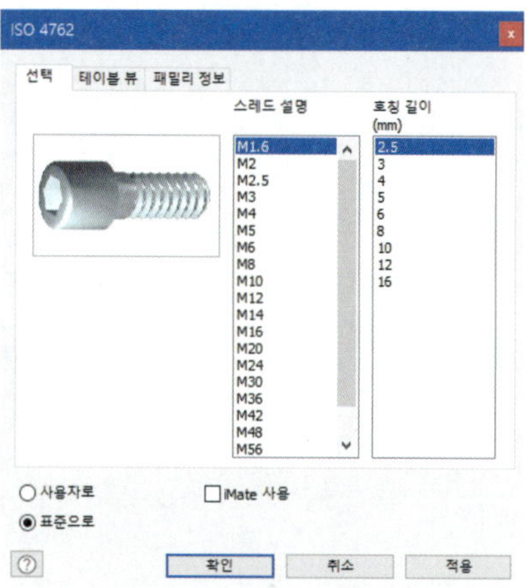

▲ ISO 4762

❷ 육각 볼트

• [파일 검색] 범주 → 조임쇠 → 볼트 → 6각 머리

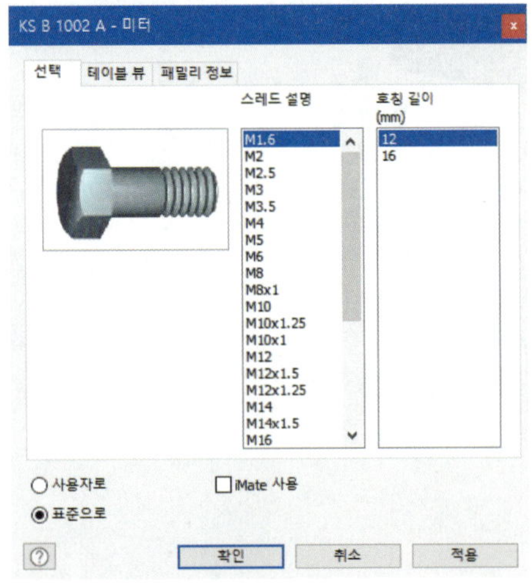

▲ KS B 1002 A – 미터

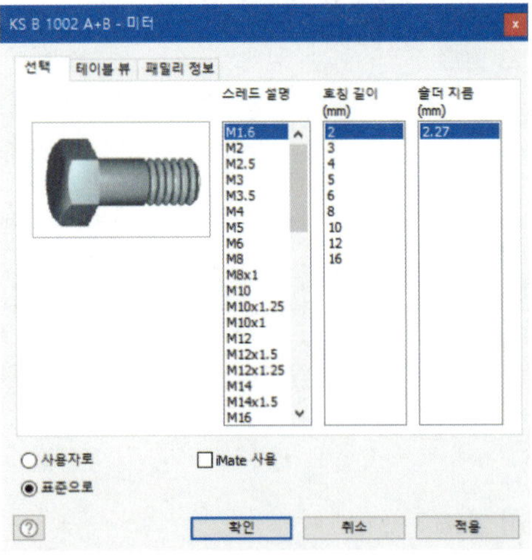

▲ KS B 1002 A+B – 미터

5 너트

• [파일 검색] 범주 뷰 → 조임쇠 → 너트 → 6각 (JIS B 1181 A/B)

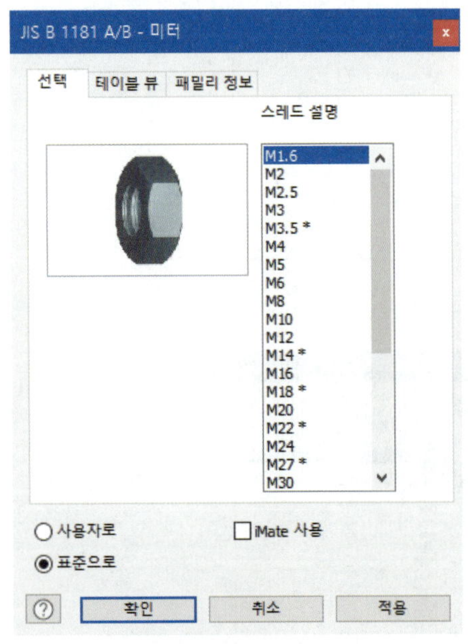

▲ JIS B 1181 A/B – 미터

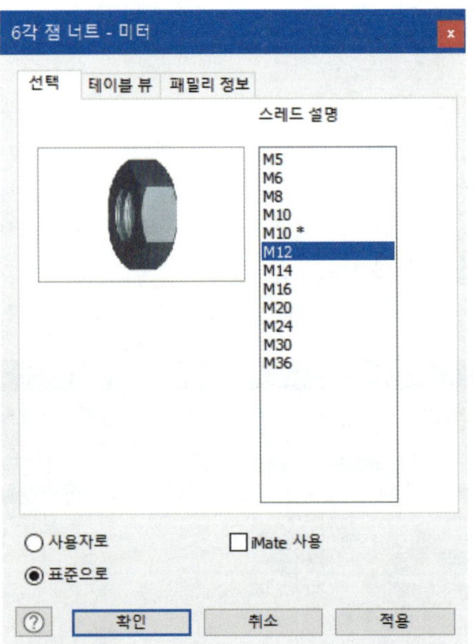

▲ 6각 잼 너트 – 미터

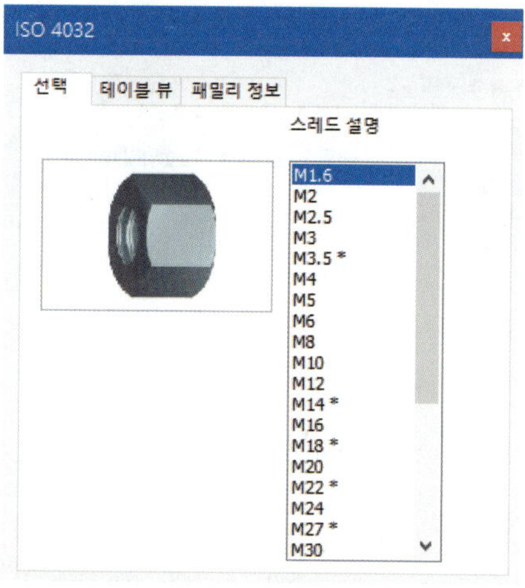

▲ ISO 4032

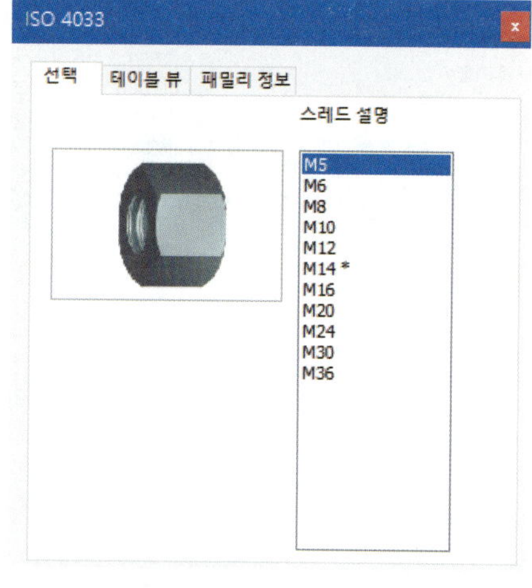

▲ ISO 4033

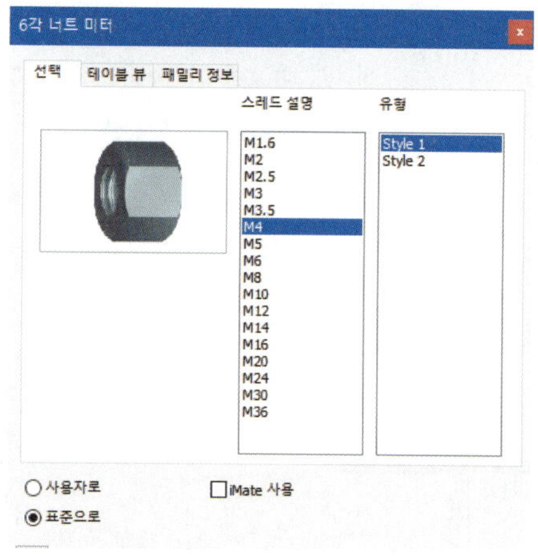

▲ 6각 너트 미터

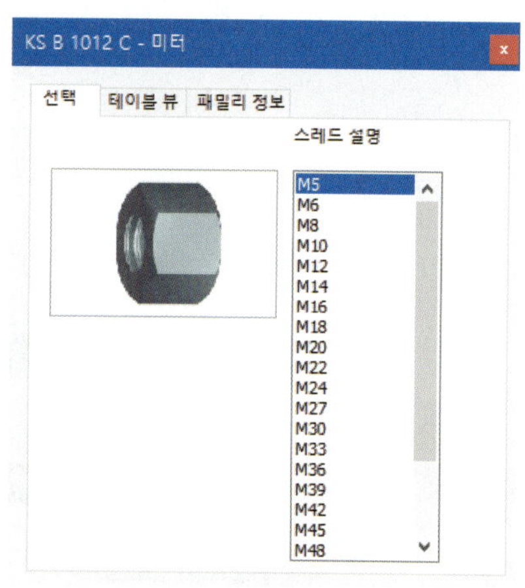

▲ KS B 1012 C - 미터

6 와셔

- [파일 검색] 범주 뷰 → 조임쇠 → 와셔 → 플레인(너트) (KS B 1326 / JIS B 1256)

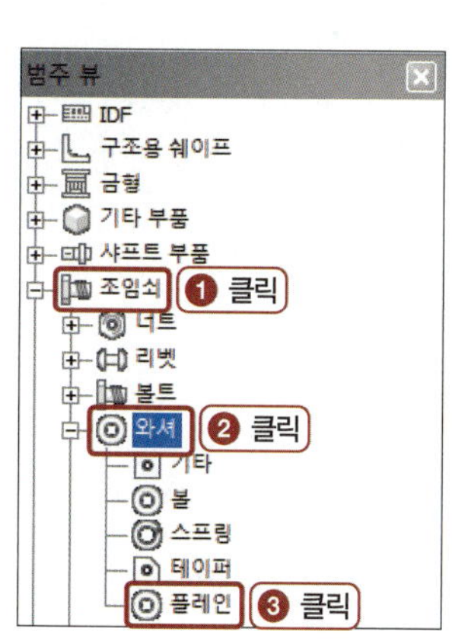

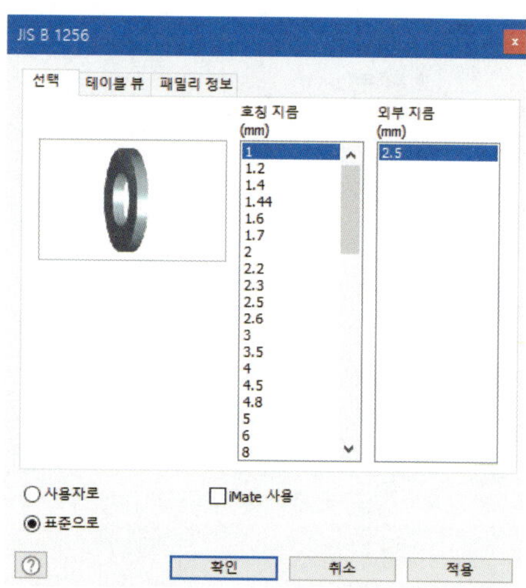

▲ JIS B 1256

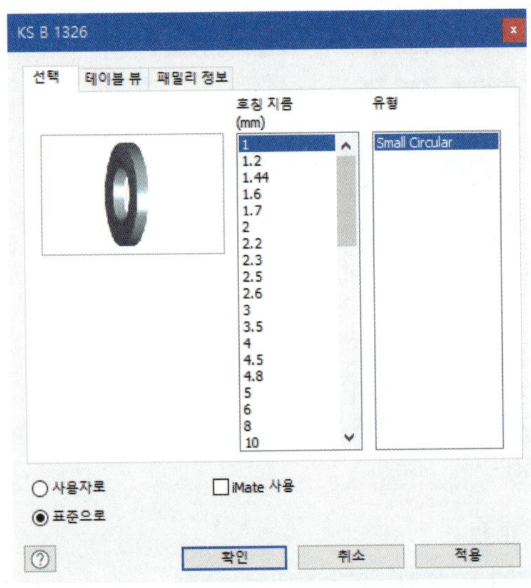

▲ KS B 1326

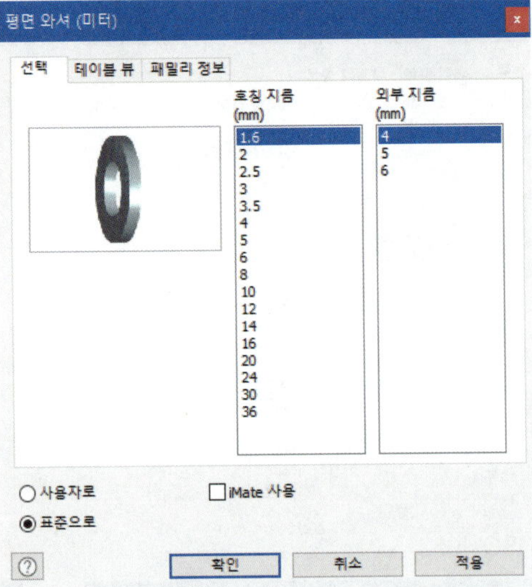

▲ 평면 와셔 (미터)

7 클레비스 핀

- [파일 검색] 범주 뷰 → 조임쇠 → 핀 → 클레비스 핀 → 드릴 섕크 (ISO 2341 B)

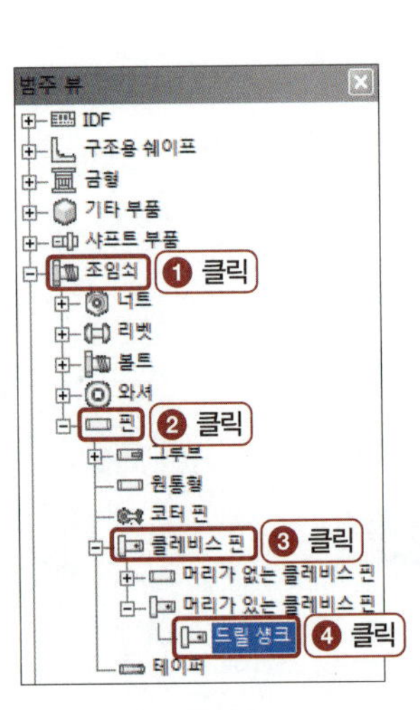

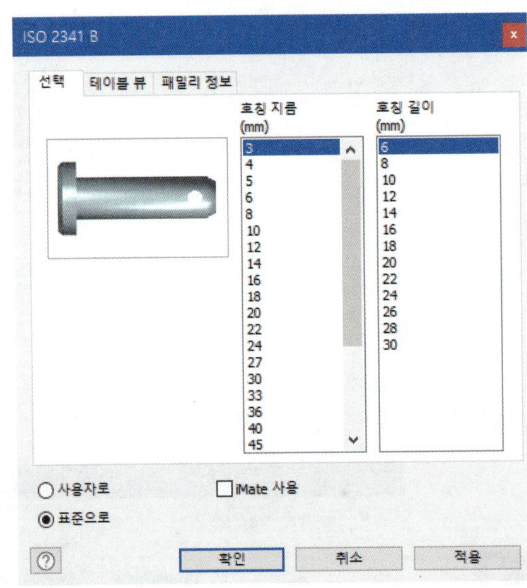

▲ ISO 2341 B

8 스프링 와셔

• [파일 검색] 범주 뷰 → 조임쇠 → 와셔 → 스프링 (KS B 1324 / JIS B 1251)

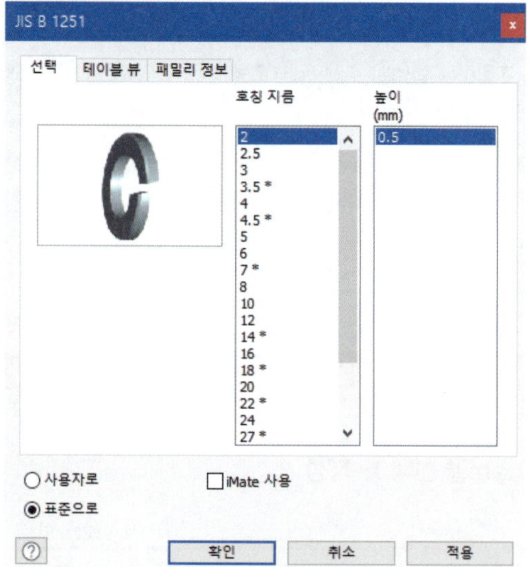

▲ KS B 1324

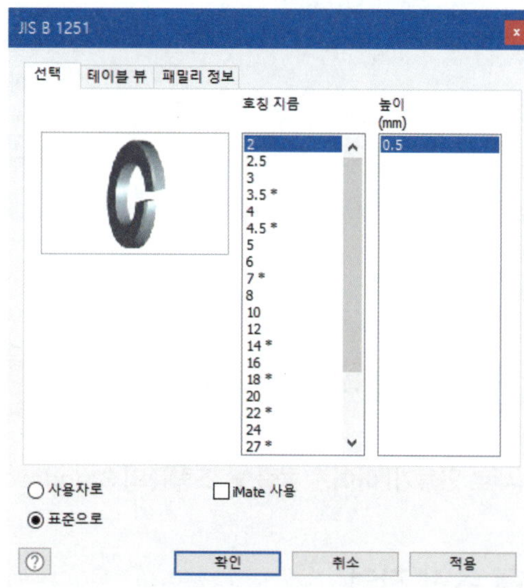

▲ JIS B 1251

9 니플

• [파일 검색] 범주 뷰 → 기타 부품 → 그리스 부속품 → 〈JIS B 1575 A–미터〉

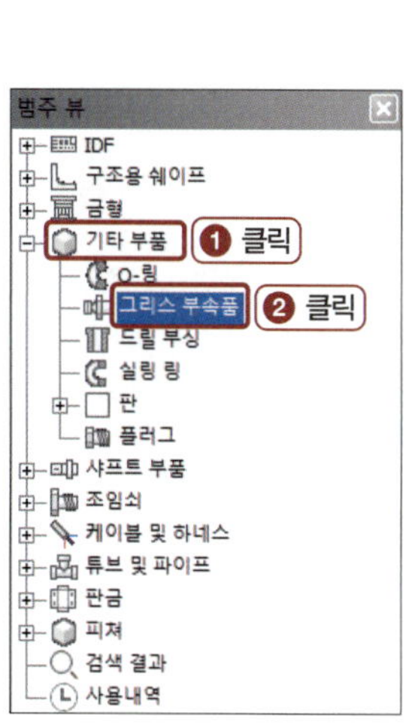

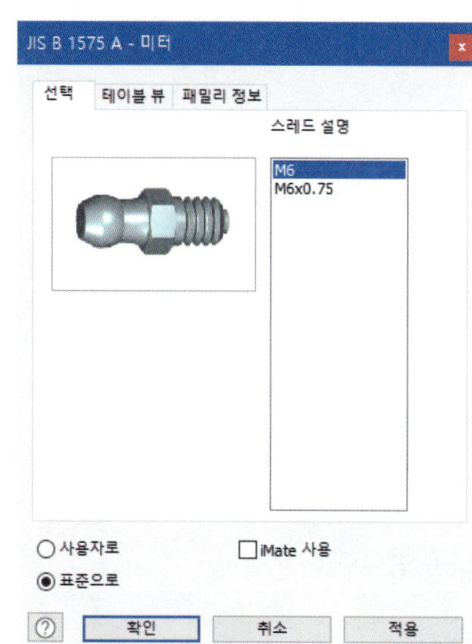

▲ JIS B 1575 A–미터

조립하기

조립에 필요한 기능을 학습하고, 조립하는 방법과 순서 등 부품별 조립에 필요한 내용에 대해 학습합니다.

1 조립 환경 시작하기

[새로 만들기] 아이콘 클릭 ▶ 조립품의 Standard(mm).iam을 선택 ▶ 작성

1 조립 작업

[배치] 아이콘을 클릭하여 부품 불러오기 합니다.

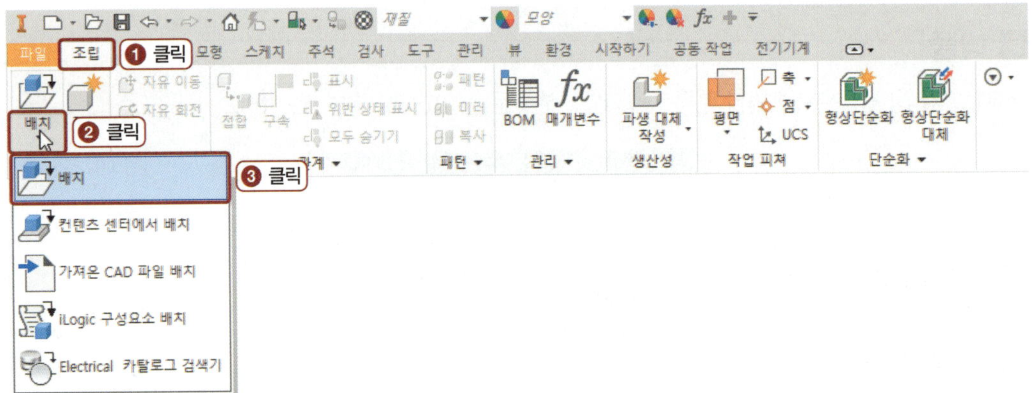

2 조립 명령 익히기

조립 부품을 이동, 회전하고 구속조건을 적용하여 조립합니다. 조립에 자주 쓰이는 간단한 단축키는 숙지하여 작업의 효율성을 높이도록 합니다.

아래 단축키 일람표를 참고합니다.

NO	icon	단축키	기능	NO	icon	단축키	기능
1		C	구속조건	4		P	배치
2		G	자유 회전	5		N	구성요소 작성
3		V	자유 이동				

③ 구속조건 실행하기

리본의 **조립 탭 ▶ 관계 패널 ▶ 구속** 을 차례로 클릭한 다음 조립품 탭을 클릭합니다.

조립품 구속조건은 선택한 구성요소 사이의 자유도를 제거합니다.

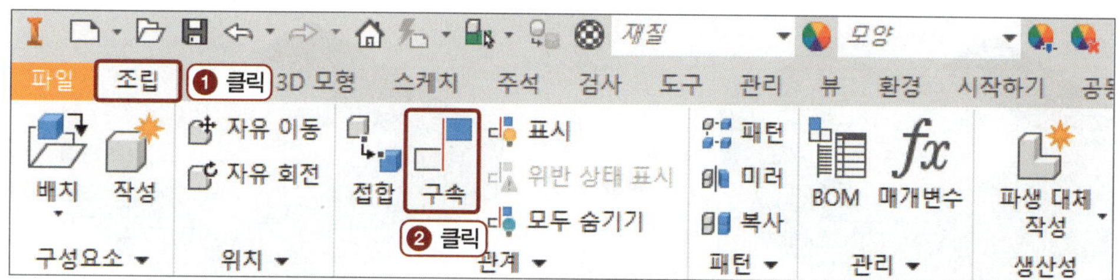

④ 메이트 구속조건

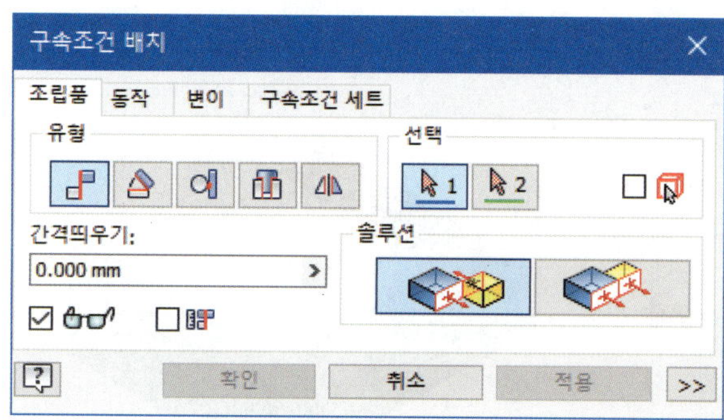

메이트 구속조건은 구성요소들이 서로 마주 보도록 배치하거나 면들이 플러시된 상태가 되도록 나란히 배치합니다. 면과 면 또는 모서리 선과 선으로 구속할 수 있습니다.

메이트 구속조건	플러시 구속조건
선택한 면 또는 모서리 등이 일치된 상태로 구속하여 배치됩니다.	구성요소를 나란히 정렬합니다. 선택한 면이 정렬되도록 배치합니다.

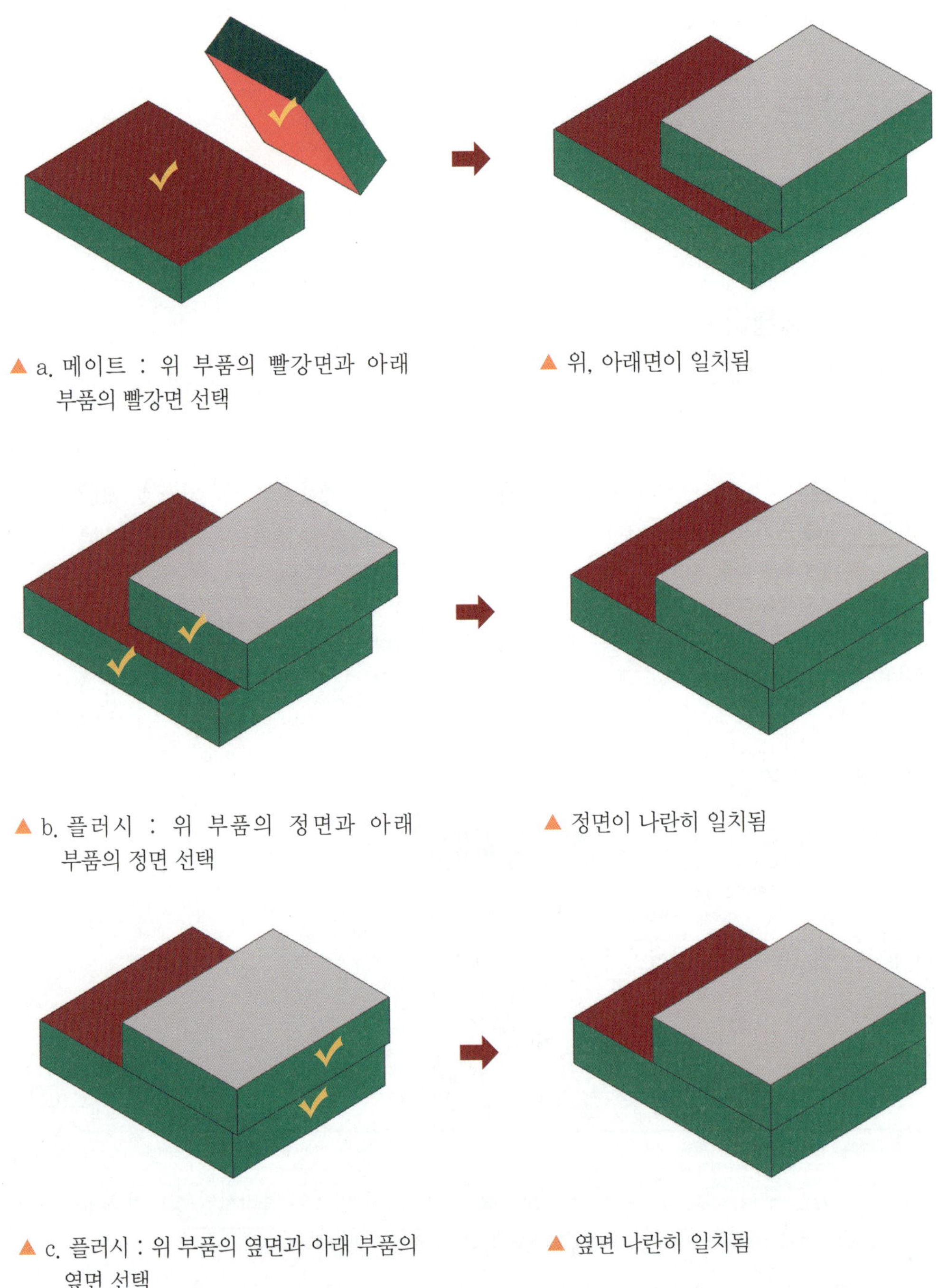

▲ a. 메이트 : 위 부품의 빨강면과 아래
　부품의 빨강면 선택

▲ 위, 아래면이 일치됨

▲ b. 플러시 : 위 부품의 정면과 아래
　부품의 정면 선택

▲ 정면이 나란히 일치됨

▲ c. 플러시 : 위 부품의 옆면과 아래 부품의
　옆면 선택

▲ 옆면 나란히 일치됨

❷ (모서리) 선과 선으로 구속하기

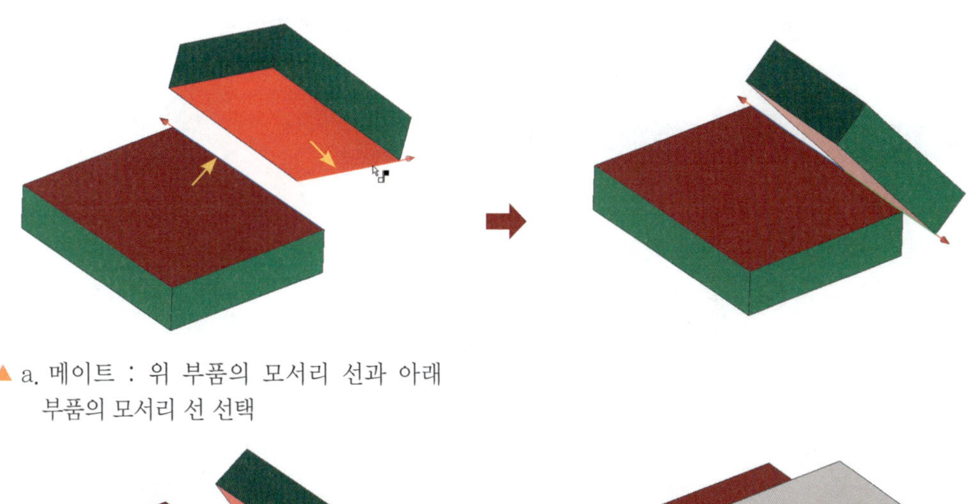

▲ a. 메이트 : 위 부품의 모서리 선과 아래 부품의 모서리 선 선택

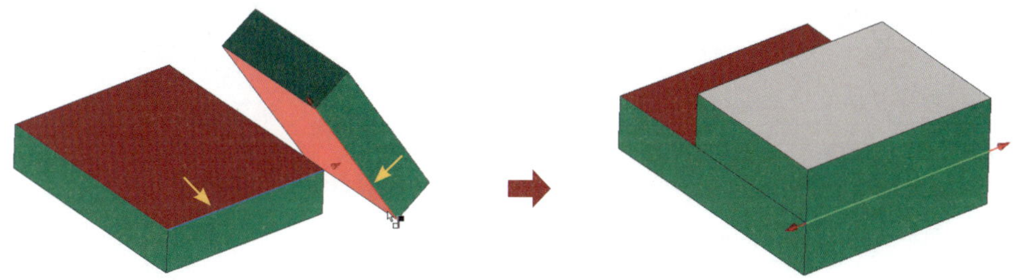

▲ b. 메이트 : 위 부품의 옆 모서리 선 과 아래 부품의 모서리 선 선택

❸ (중심) 축과 축으로 구속하기

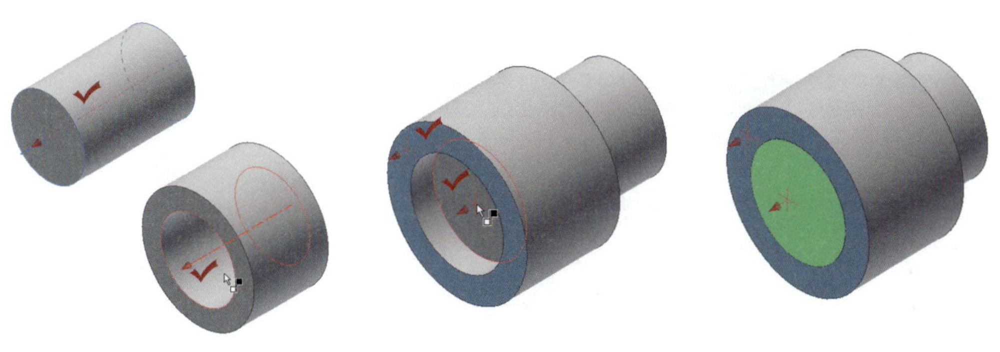

▲ a. 2개의 원통 옆면 또는 안쪽 면을 선택하여 중심축을 선택 ▲ b. 메이트 : 축이 일치됨 ▲ c. 플러시를 이용하여 앞면 정렬(면과 면으로 구속하기 참고)

5 각도 구속조건

모서리 또는 평면을 지정한 각도로 두 구성요소를 배치합니다. 솔루션 방법 3가지 방법을 이용하여 구속합니다.

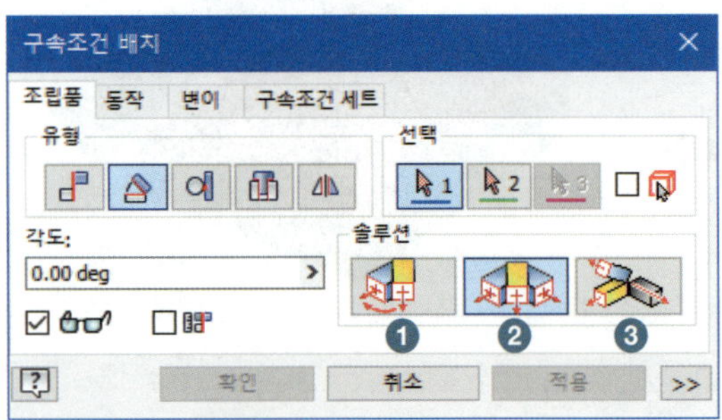

❶ 지정 각도

솔루션이 항상 오른쪽 규칙을 적용합니다.

❷ 미지정 각도

양방향이 모두 허용되기 때문에 구속조건을 연동하거나 끌 때 구성요소 방향이 반전되는 상황을 해결합니다.

❸ 명시적 참조 벡터

선택 프로세스에 세 번째 선택을 추가하여 Z축 벡터(교차곱)의 방향을 명시적으로 정의합니다.

6 접선 구속조건

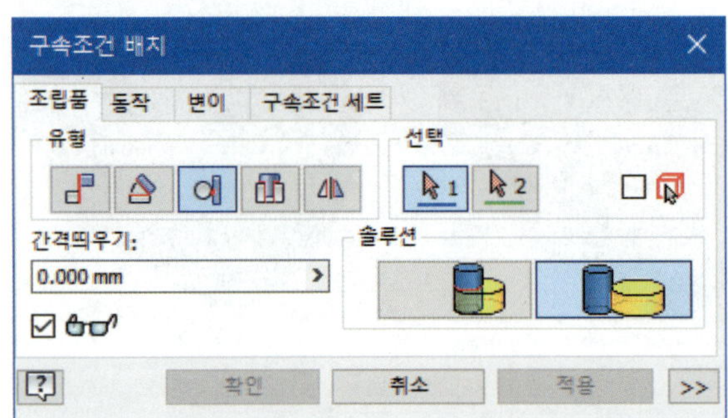

면, 평면, 원통, 구 및 원 추가 접점에 닿도록 합니다. 접선은 선택한 곡면 법선의 방향에 따라 곡선의 내부 또는 외부에 있을 수 있으며, 접선 구속조건은 선형 변환도 하나를 제거합니다.

❶ 2개의 원통 옆면을 클릭

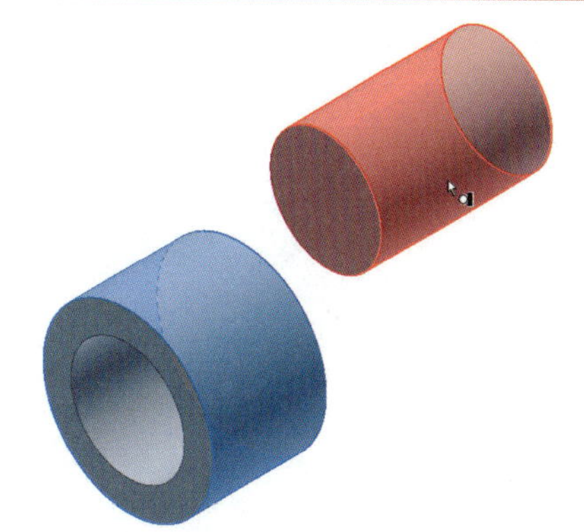

❷ 외부 

첫 번째로 선택한 부품을 접점에서 두 번째로 선택한 부품 바깥쪽에 배치합니다. 외부 접선이 기본 솔루션입니다. 사용자 지정 제한 및 정지 위치를 지원합니다.

❸ 내부 

첫 번째로 선택한 부품을 접점에서 두 번째로 선택한 부품 안쪽에 배치합니다. 사용자 지정 제한 및 정지 위치를 지원합니다.

7 삽입 구속조건

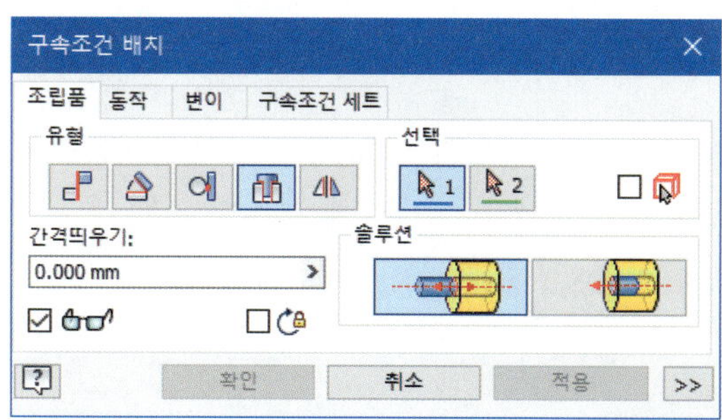

면 사이의 직접적인 메이트 구속과 두 구성요소 축의 메이트 구속조건을 결합한 것입니다. 삽입 구속조건은 볼트를 구멍 안에 배치할 때 사용하며, 구멍에 맞게 정렬되고 볼트 머리 하단이 평면형 면에 맞춰집니다.

❶ 1번 원통 안쪽 모서리 선 클릭

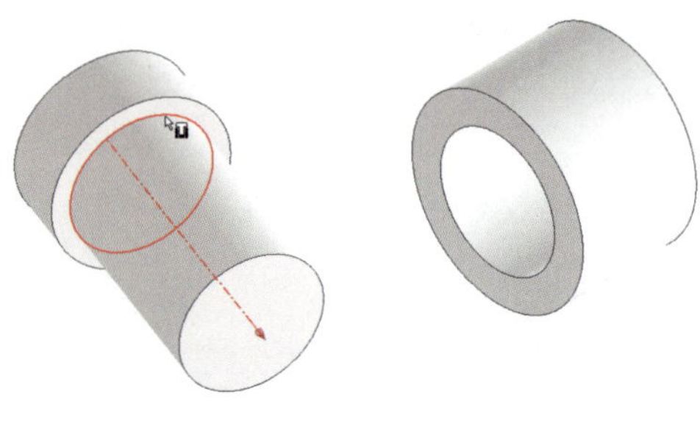

❷ 2번 원통 안쪽 모서리 선 클릭

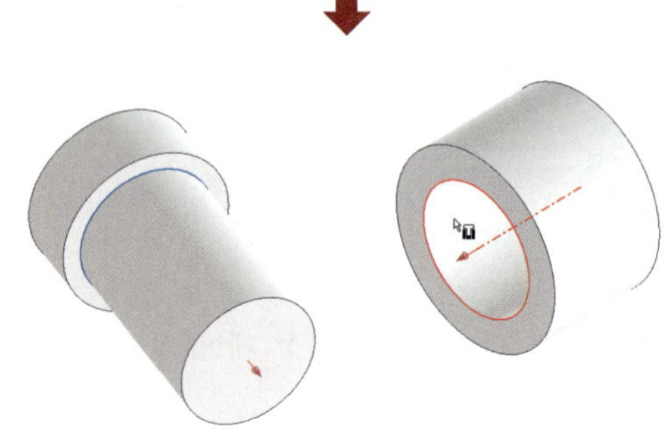

❸ 반대 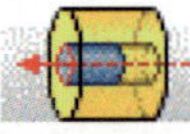

첫 번째로 선택한 구성요소의 메이트 방향을
반전합니다. 사용자 지정 제한 및 정지 위치를
지원합니다.

❹ 정렬

두 번째로 선택한 구성요소의 메이트 방향을
반전합니다. 사용자 지정 제한 및 정지 위치를
지원합니다.

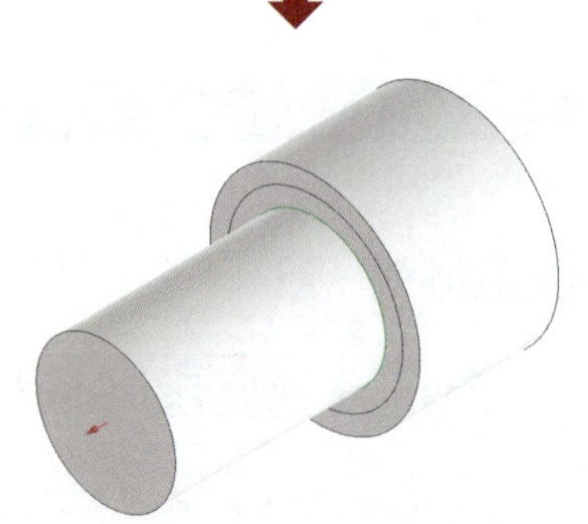

❺ 간격 띄우기 또는 각도

　– 구속된 구성요소들 사이에 간격 띄우기를 할 거리를 지정합니다.

– 조립품에 있는 거리 또는 각도와 일치하는 값을 입력할 때 간격 띄우기 또는 각도를 모르는 경우에 사용합니다. 아래쪽 화살표를 클릭하여 구성요소 사이의 각도 또는 거리를 측정하거나, 선택한 구성요소의 치수를 표시하거나, 최근 사용한 값을 입력합니다.

– 양수 또는 음수 값을 지정합니다. 기본 설정은 0입니다. 첫 번째로 선택한 구성요소는 양의 방향을 결정합니다. 간격 띄우기 또는 각도 방향을 반전시키려면 음수 값을 입력합니다.

❻ 미리보기 표시

선택한 형상에 대한 구속조건의 영향을 표시합니다. 두 구성요소 중 하나가 가변이면 구속조건을 미리 볼 수 없습니다.

8 대칭 구속조건

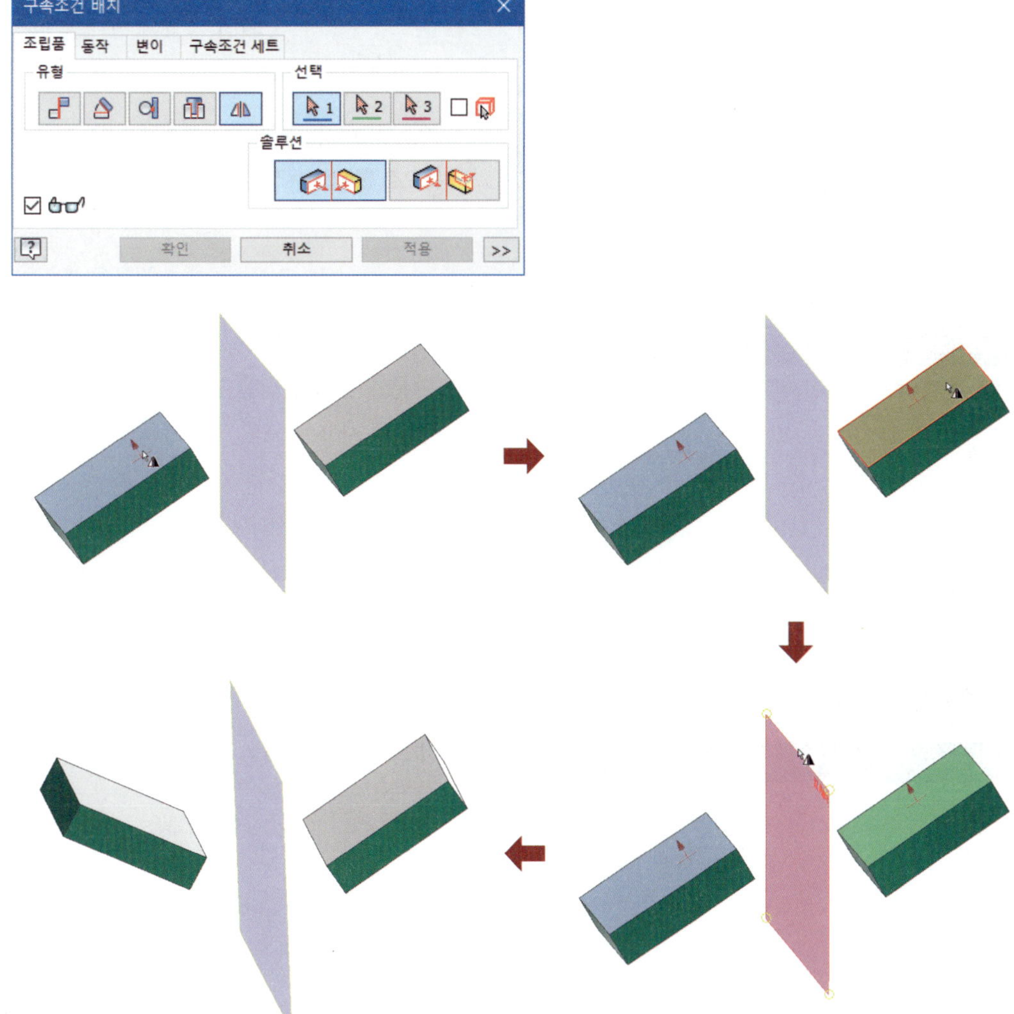

9 동작 구속조건(회전)

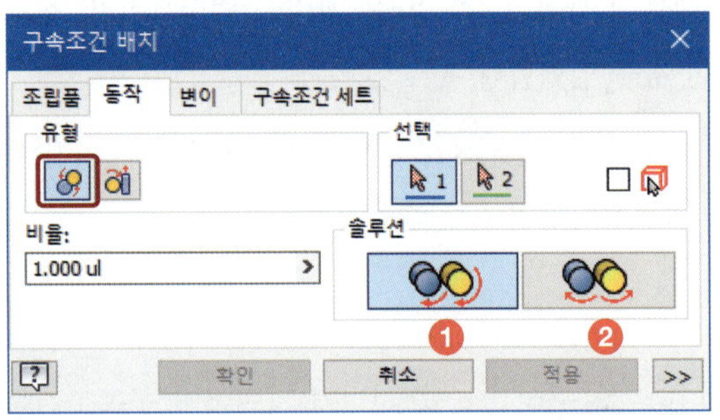

❶ 앞으로 : 두 개의 원통면이 서로 같은 방향
으로 회전

❷ 뒤로 : 두 개의 원통면이 서로 반대 방향으
로 회전

10 동작 구속조건(회전-변환)

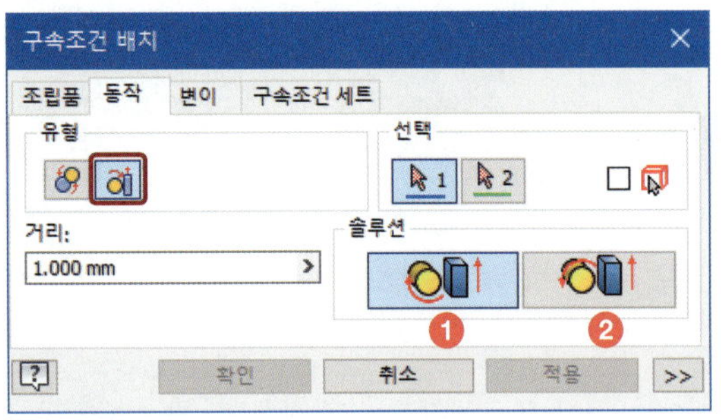

❶ 앞으로 : 원통형의 회전 방향에 따라 평면
부품이 이동

❷ 뒤로 : 원통형의 회전 방향의 반대 방향으
로 평면 부품이 이동

※ 래크와 피니언 조립품과 같이 회전을 직선 운
동으로 변환하는 작업에 사용

11 변이 구속조건

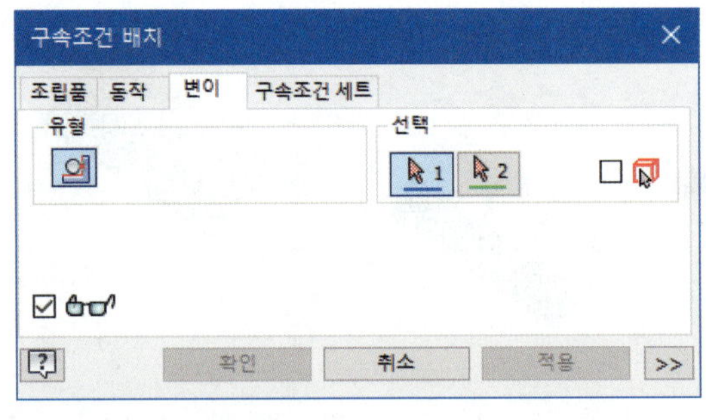

슬롯의 캠과 같이 일반적으로 원통형 부품 면
과 다른 부품의 인접한 면 사이의 구속조건을
작성할 때 사용

12 구속조건 세트

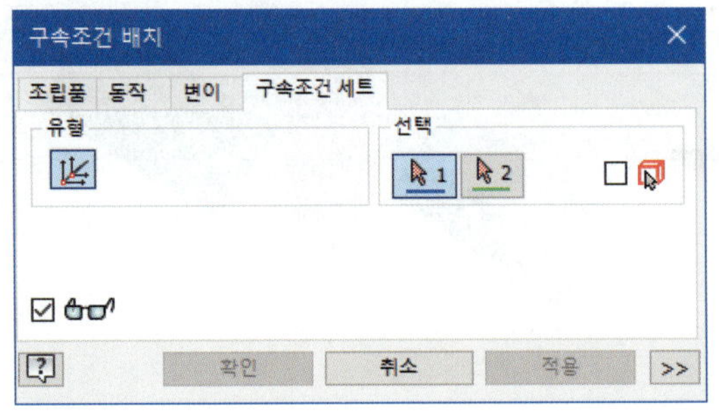

두 개의 부품이 가지는 UCS를 일치시키는 구
속조건을 적용할 경우 사용

2 조립 흐름도(종합예제-01)

※ 종합예제-01에서 모델링한 부품을 참고합니다.

Step-01 본체 불러오기 ※ 고정하기

Step-02 앞 커버

Step-03 뒤 커버

Step-04 베어링

Step-05 축

Step-06 링크

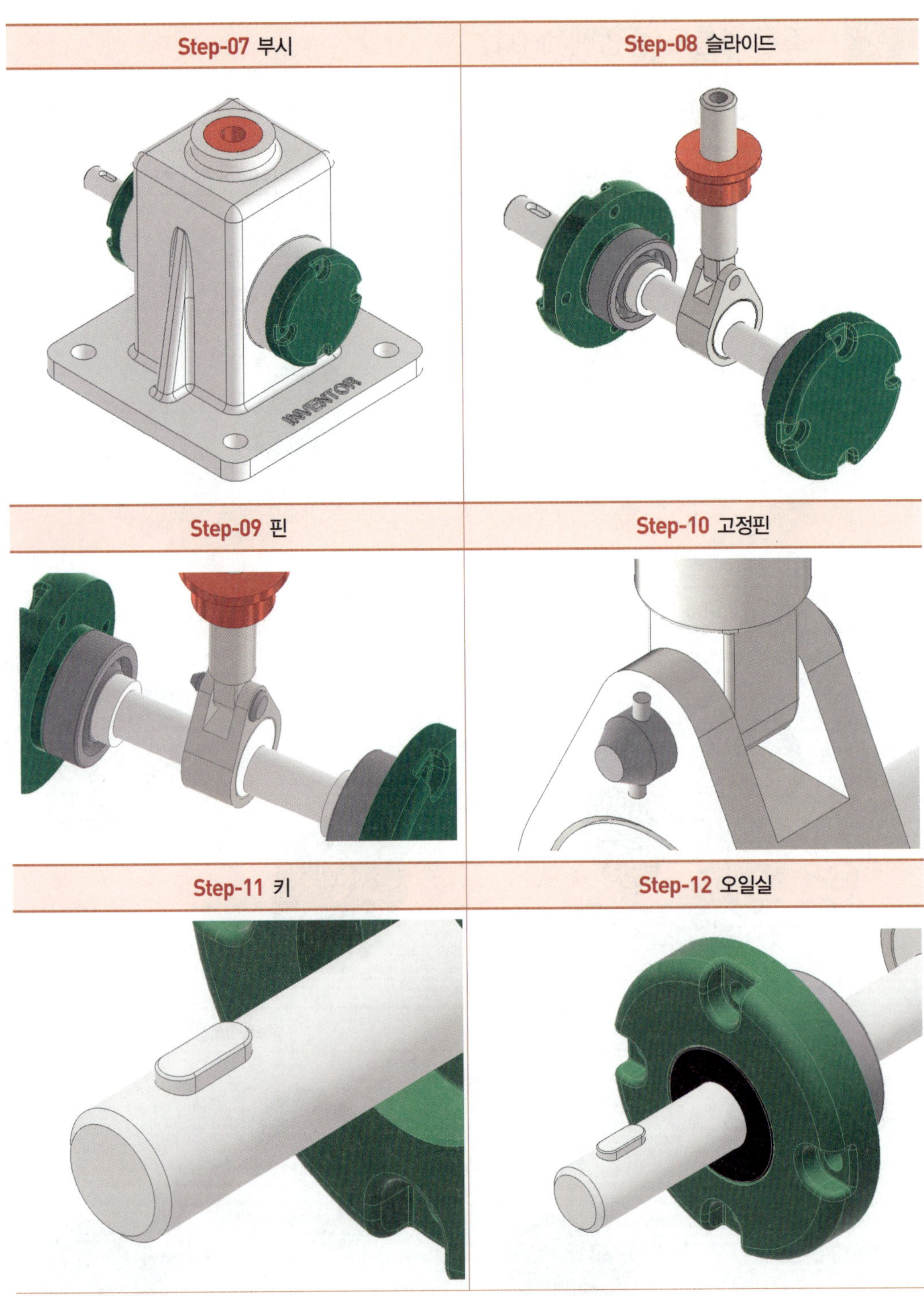

Step-07 부시
Step-08 슬라이드
Step-09 핀
Step-10 고정핀
Step-11 키
Step-12 오일실

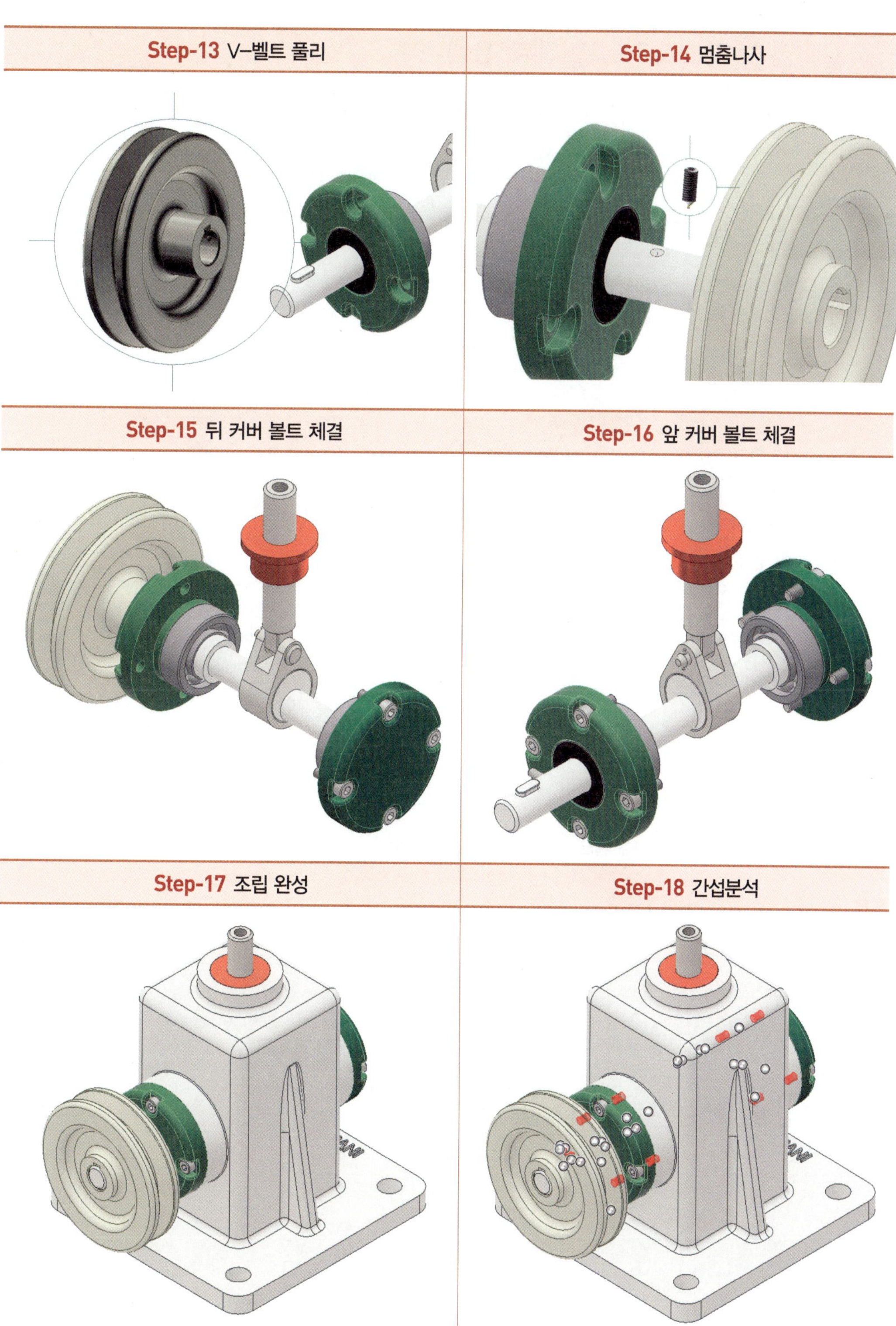

조립 순서와 부품별 구속조건 적용 방법은 상황 또는 사용자에 따라 다를 수 있습니다. 앞서 모델링한 부품을 본체부터 축, 커버, 공용 부품 등을 불러와서 조립해 보도록 합니다.

[시작하기] ▶ [새로 만들기] ▶Metric ▶ 조립품의 Standard(mm).iam 선택 ▶ 작성

Step 01 본체 불러오기 ※ 고정하기

❶ 배치 클릭 ▶ 본체.ipt 선택 ▶ 열기 ▶ 화면 클릭 ▶ 마우스 오른쪽 버튼 ▶ 확인

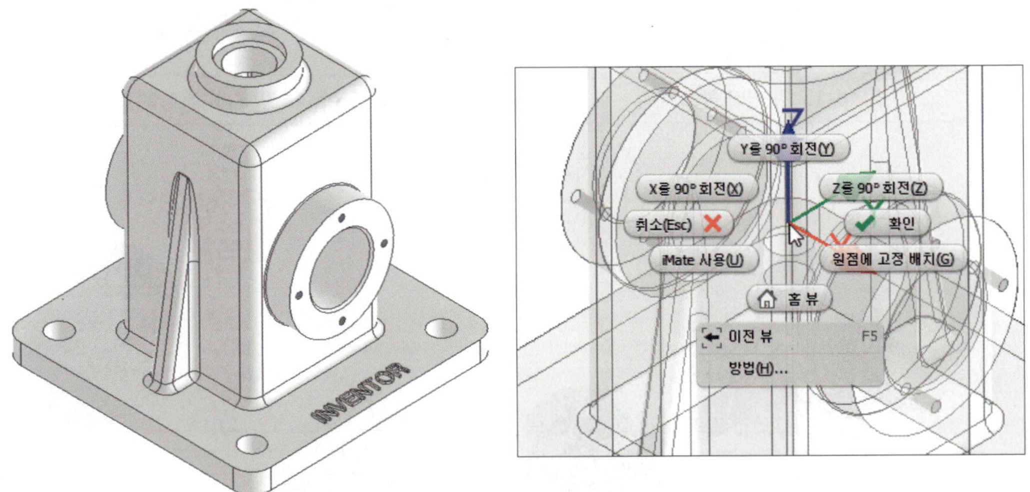

❷ 검색기 본체 선택 ▶ 마우스 오른쪽 버튼 클릭 ▶ 고정(또는 응용프로그램 옵션에서 설정)

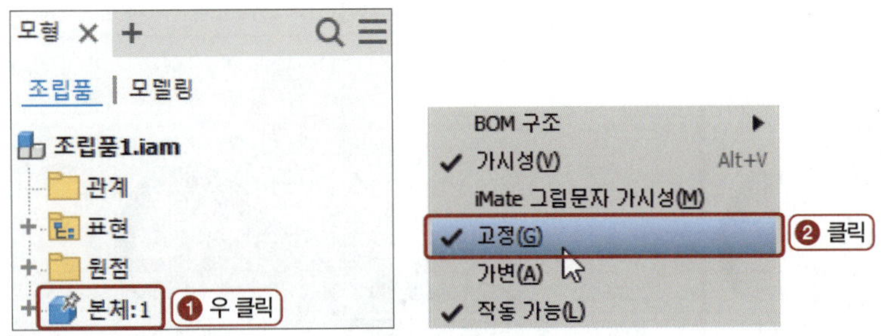

도구▶ 응용프로그램 옵션▶ 조립품 ▶ 〈원점에 첫 번째 구성요소 배치 및 고정▶ 체크

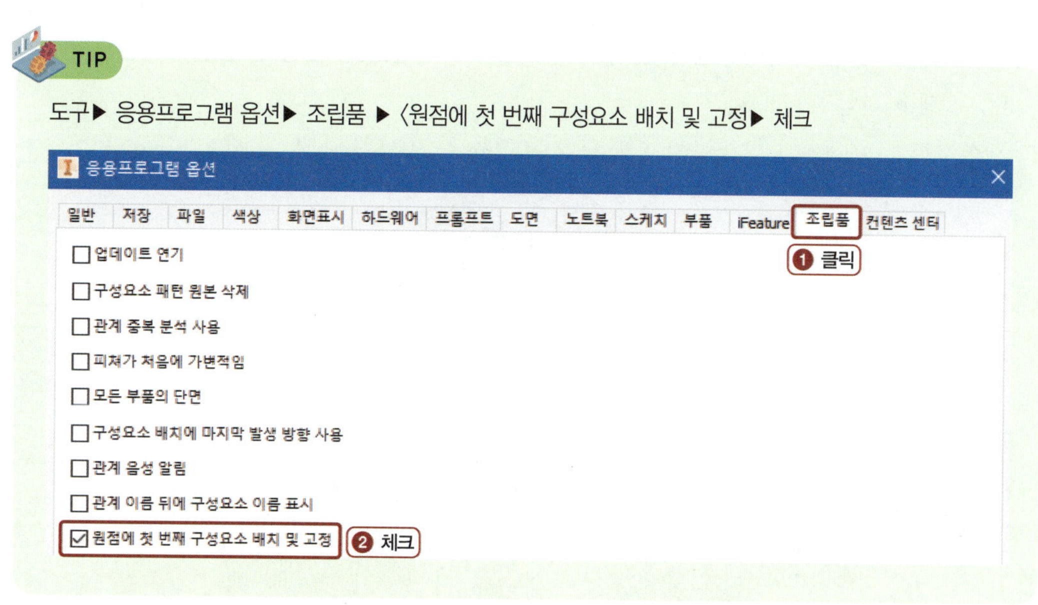

Step 02 앞 커버

① 배치 클릭 ▶ 앞 커버.ipt 선택 ▶ 열기 ▶ 화면 클릭 ▶ 마우스 오른쪽 버튼 ▶ 확인 ▶ 자유 회전 (V) 클릭 ▶ 앞 커버 안쪽이 보이게 배치

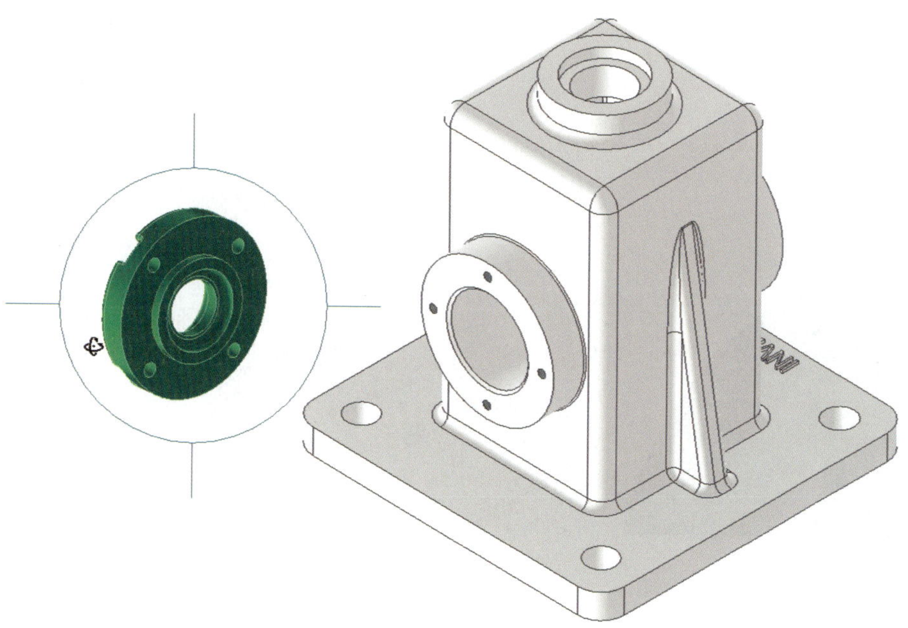

❷ 구속조건(C) 실행 ▶ 유형 : 메이트 / 솔루션 : 메이트 ▶ 앞 커버 옆면 선택 (축) ▶ 본체 원통 면
(축) 선택 ▶ 확인

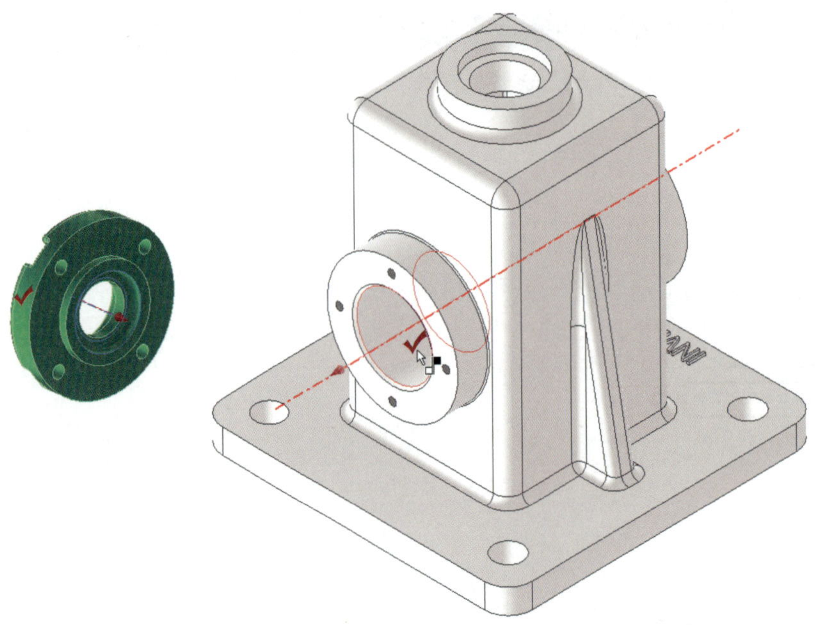

❸ 구속조건(C) 실행 ▶ 유형 : 메이트 / 솔루션 : 메이트 ▶ 앞 커버 볼트 구멍 안쪽 면 선택 ▶ 본체
볼트 구멍 안쪽 면 선택 ▶ 확인

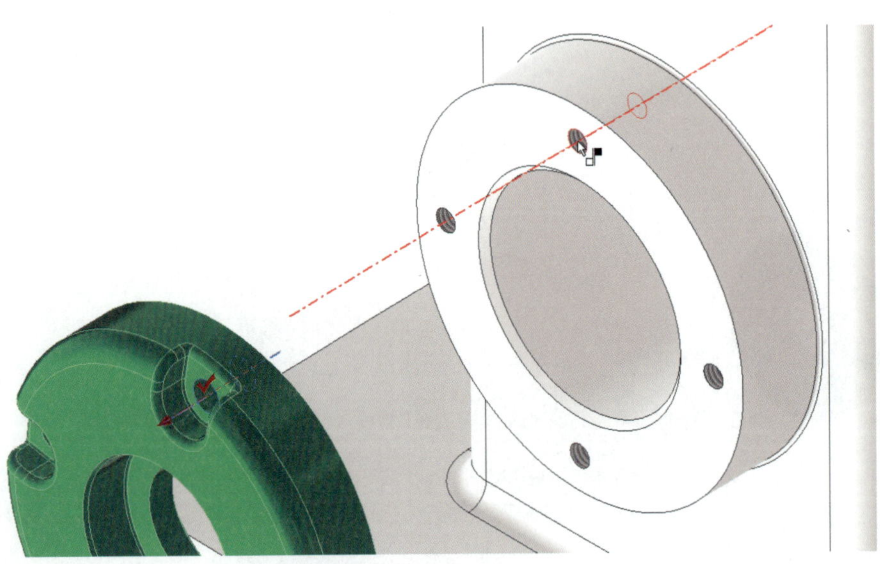

❹ 구속조건(C) 실행 ▶ 유형 : 메이트 / 솔루션 : 메이트 ▶ 앞 커버 안쪽 면 선택 ▶ 뷰 회전 ▶본체 커버 면 선택 ▶ 확인

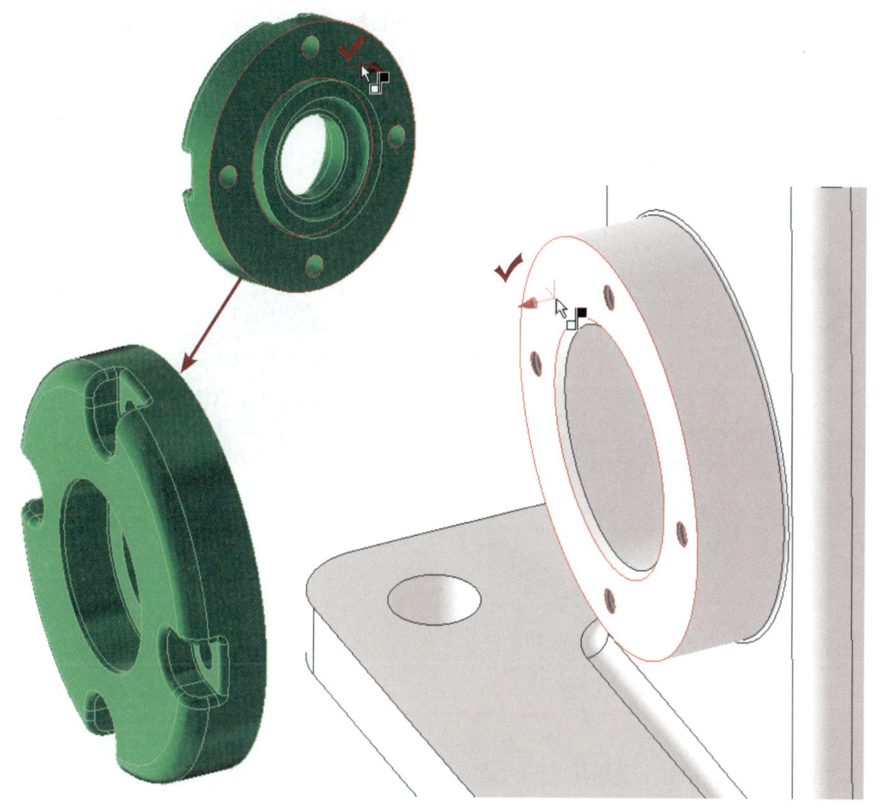

❺ 앞 커버 조립 완성

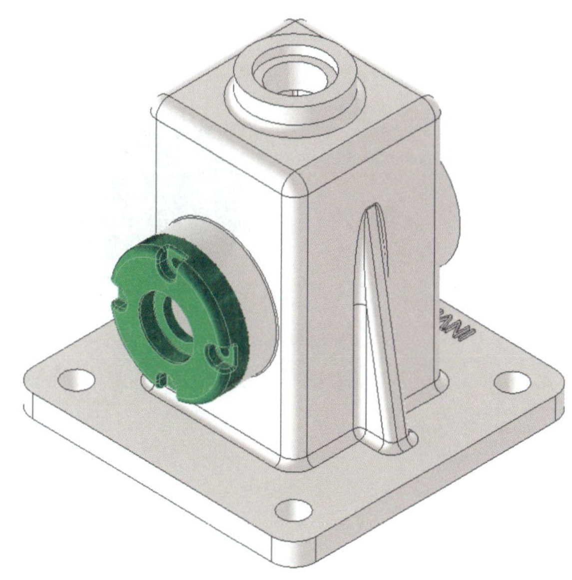

❶ 배치 클릭 ▶ 뒤 커버.ipt 선택 ▶ 열기 ▶ 화면 클릭 ▶ 마우스 오른쪽 버튼 ▶ 확인 ▶ 자유 회전
　(V) 클릭 ▶ 뒤 커버 안쪽이 보이게 배치

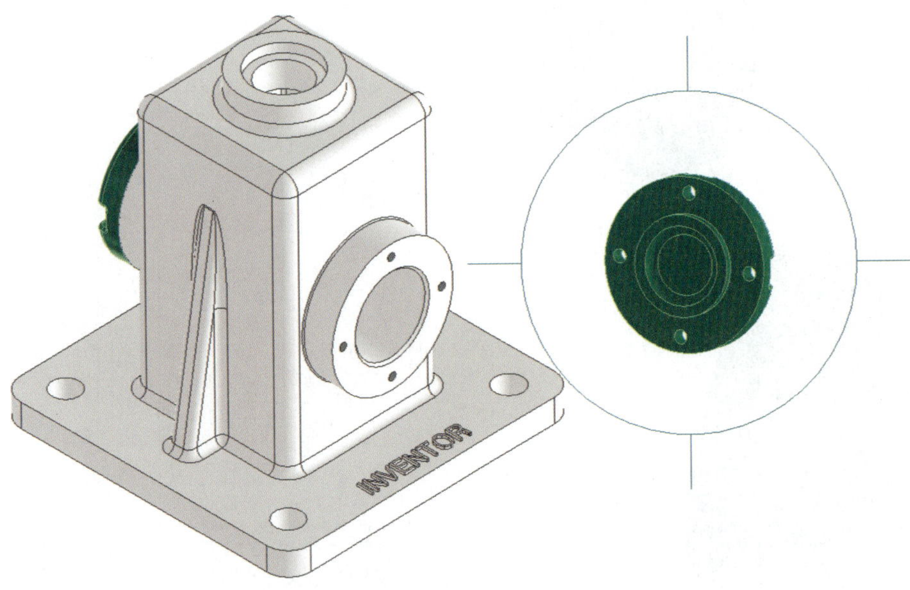

❷ 구속조건(C) 실행 ▶유형 : 메이트 / 솔루션 : 메이트 ▶ 뒤 커버 옆면 선택(축) ▶ 본체 원통 면(축)
　선택 ▶ 확인

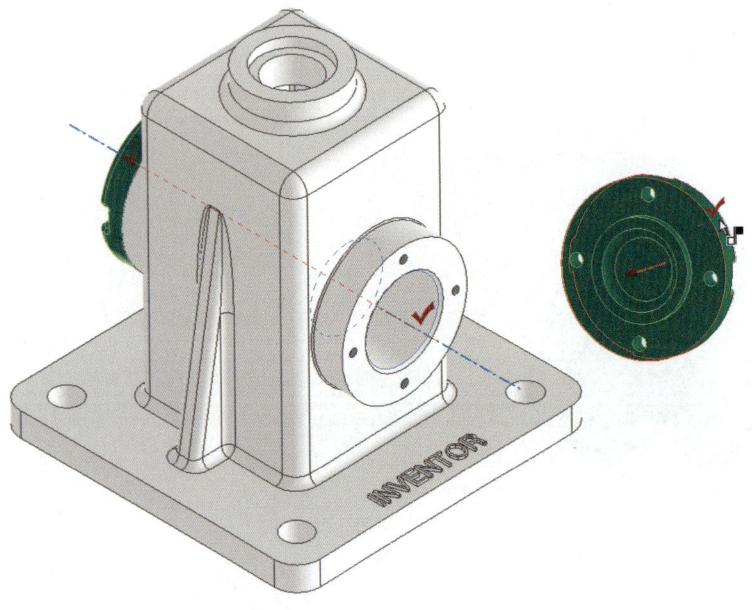

❸ 구속조건(C) 실행 ▶유형 : 메이트
/ 솔루션 : 메이트 ▶ 뒤 커버 볼트
구멍 안쪽 면 선택 ▶ 본체 볼트 구
멍 안쪽 면 선택 ▶ 확인

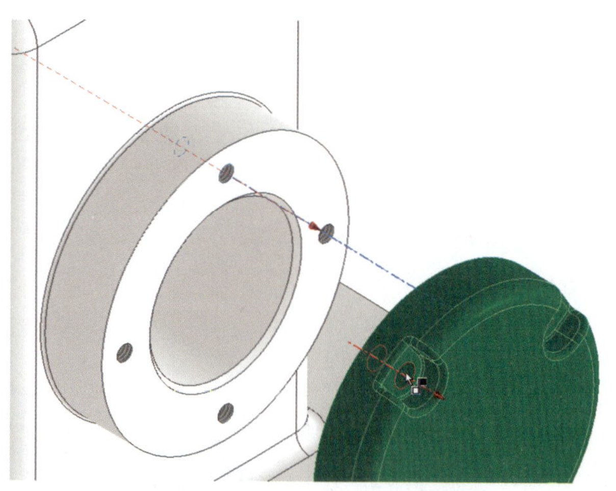

❹ 구속조건(C) 실행 ▶유형 : 메이트 / 솔루션 : 메이트 ▶ 뒤 커버 안쪽 면 선택 ▶ 뷰 회전 ▶ 본체
커버 면 선택 ▶ 확인

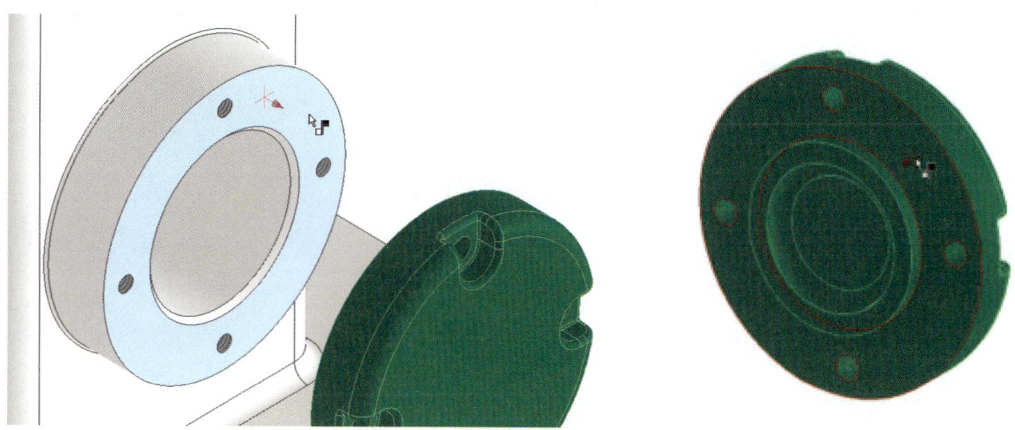

❺ 뒤 커버 조립 완성

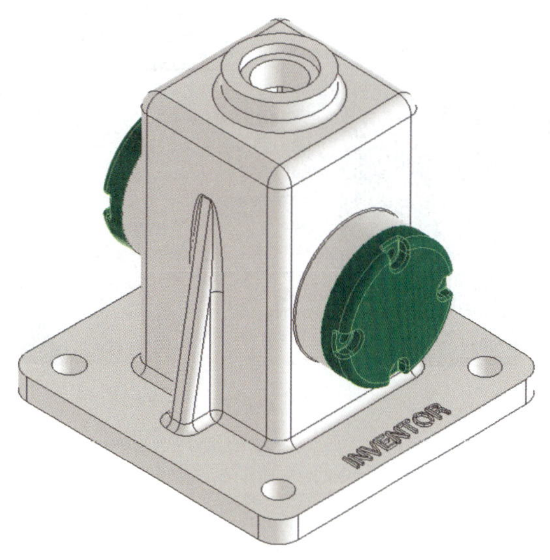

❶ 배치 클릭 ▶ 베어링12×32×10.ipt 선택 ▶ 열기 ▶ 화면 클릭 ▶ 마우스 오른쪽 버튼 ▶ 확인

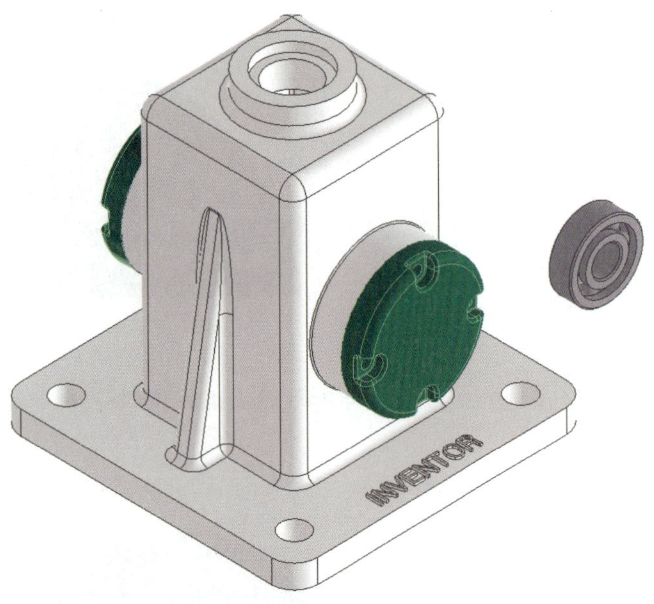

❷ 본체 선택 ▶ 마우스 오른쪽 버튼 클릭 ▶ 가시성 체크 해제

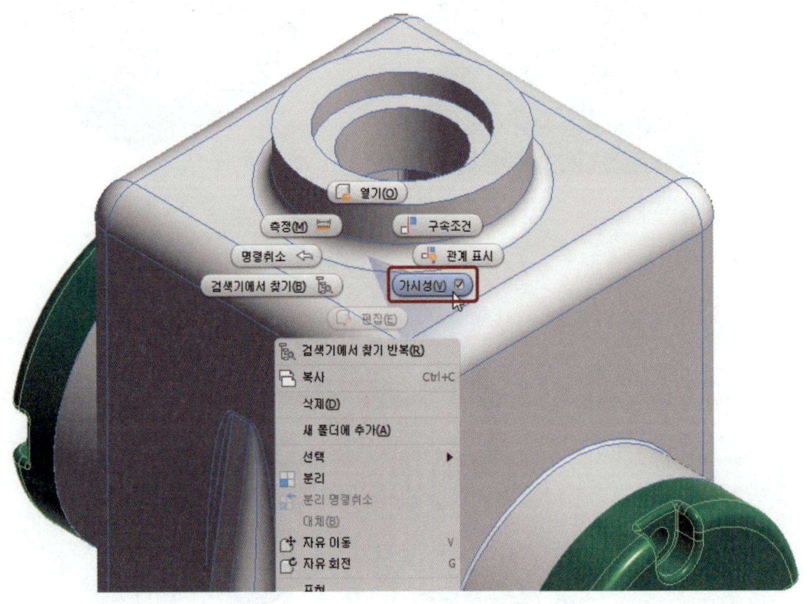

❸ 구속조건(C) 실행 ▶유형 : 삽입 / 솔루션 : 반대 ▶ 앞 커버 안쪽 모서리 선 선택 ▶ 베어링 안쪽
모서리 선 선택 ▶ 확인

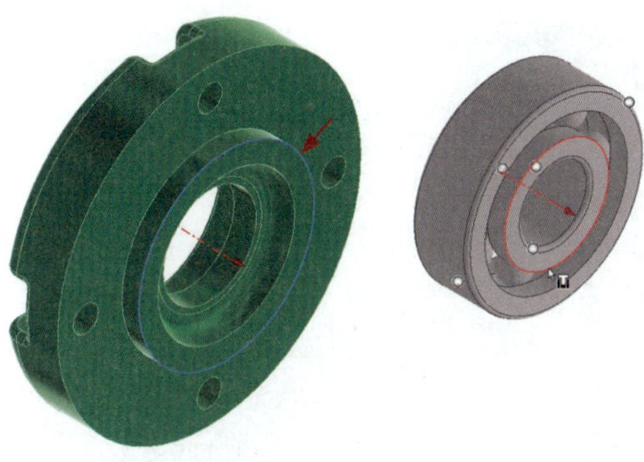

❹ 앞 커버 베어링 조립 완성

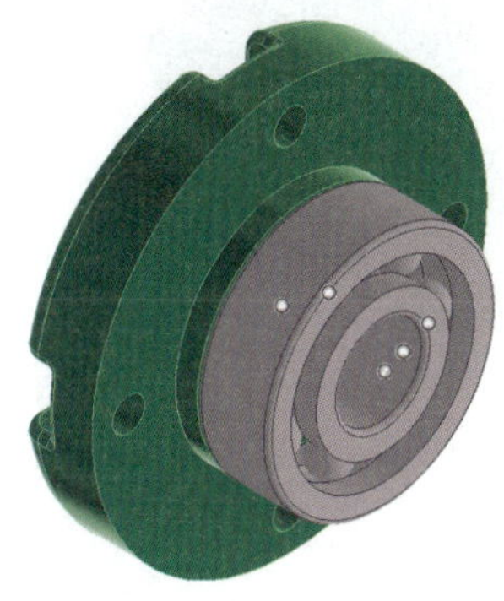

❺ 배치 클릭 ▶ 베어링12×32×10.ipt 선택 ▶ 열기 ▶ 화면 클릭 ▶ 마우스 오른쪽 버튼 ▶ 확인

※ 불러온 베어링을 선택하여 복사(Ctrl + C)하여 붙여넣기(Ctrl + V) 할 수 있습니다.

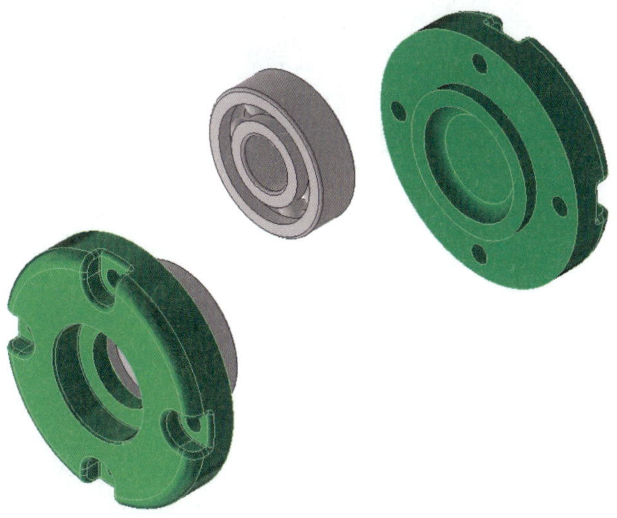

❻ 구속조건(C) 실행 ▶유형 : 삽입 / 솔루션 : 반대 ▶ 뒤 커버 안쪽 모서리 선 선택 ▶ 베어링 안쪽
모서리 선 선택 ▶ 확인

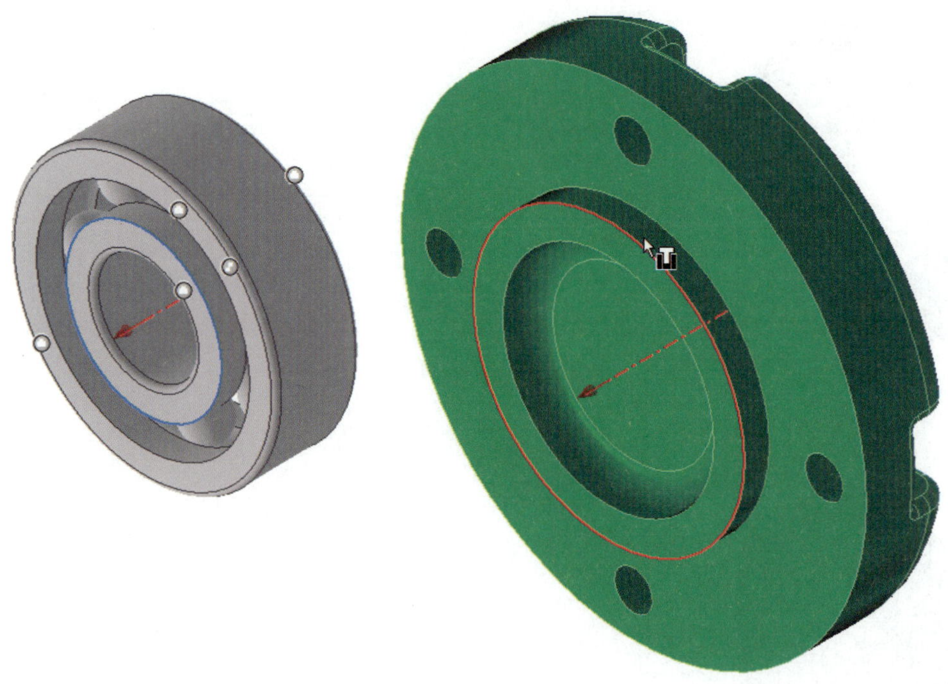

❼ 뒤 커버 베어링 조립 완성

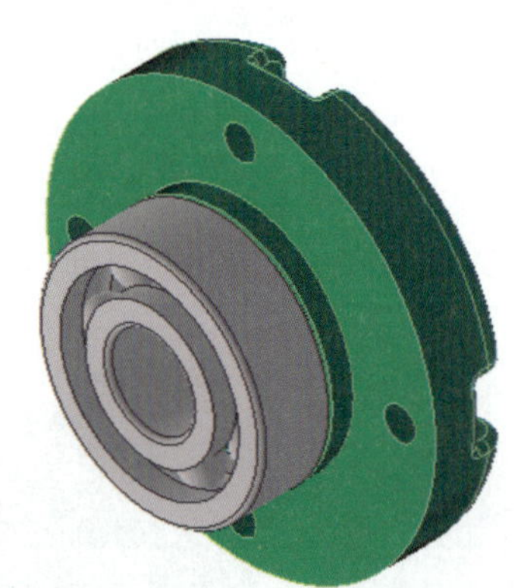

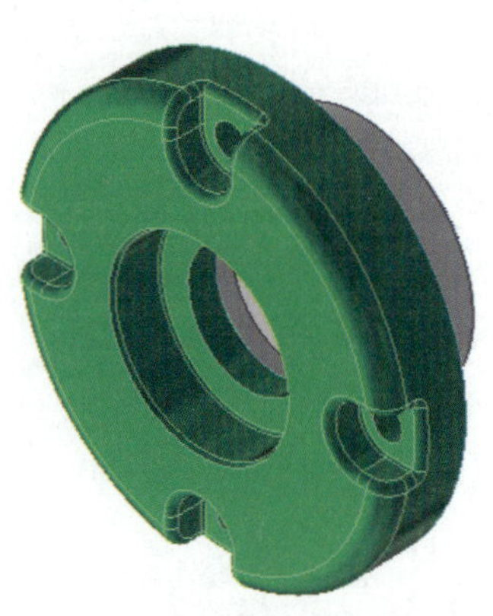

❶ 배치 클릭 ▶ 편심 축.ipt 선택 ▶ 열기 ▶ 배경화면 클릭 ▶ 마우스 오른쪽 버튼 ▶ 확인 ▶ 자유 회전(V) 클릭 ▶ 앞 커버 안쪽과 편심 축 결합 부위가 보이게 배치

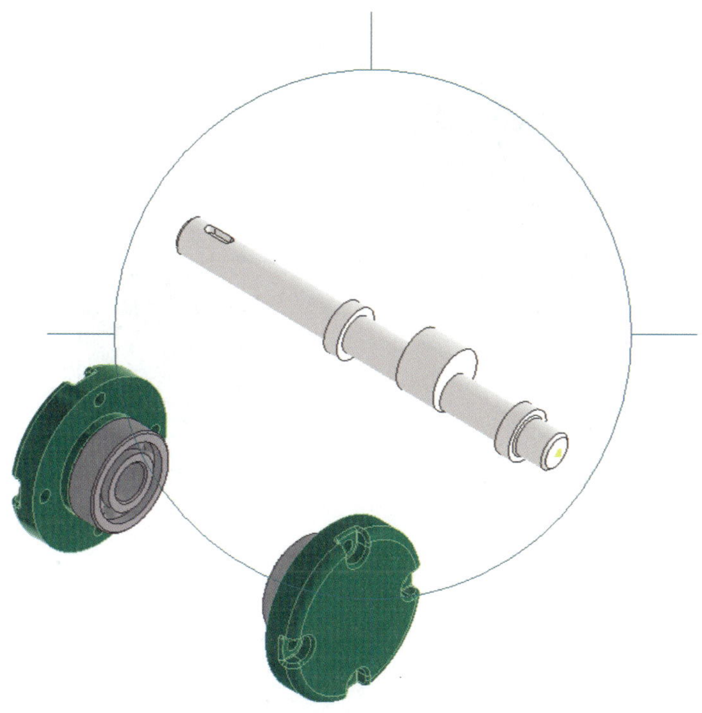

❷ 구속조건(C) 실행 ▶유형 : 삽입 / 솔루션 : 반대 ▶ 편심 축 모서리 선 선택 ▶ 앞 커버 베어링 안쪽 모서리 선 선택 ▶ 확인

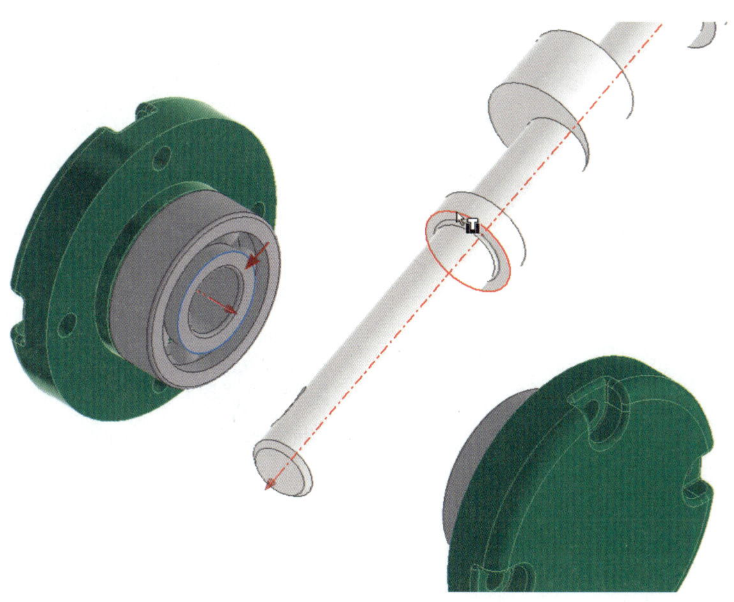

※ 축의 경우 각도 구속조건을 주어 조립 완성 후 드라이브(구동) 할 수 있도록 작업해 놓습니다. 구동하기 위해
  각도 구속조건을 주어야 드라이브(구동) 할 수 있습니다.

❸ 편심 축 원점 XY 평면을 마우스 선택 후 오른쪽 버튼 클릭하여 가시성 켜기 ▶ 원점의 XY Plane
  마우스 선택 후 오른쪽 버튼 클릭하여 가시성 켜기

❹ 구속조건(C) 실행 ▶ 유형 : 각도 / 솔루션 : 미지정 각도 ▶ 원점의 XY Plane 선택 ▶ 편심 축
  원점 XY 평면 선택 ▶ 각도 0도 ▶ 확인

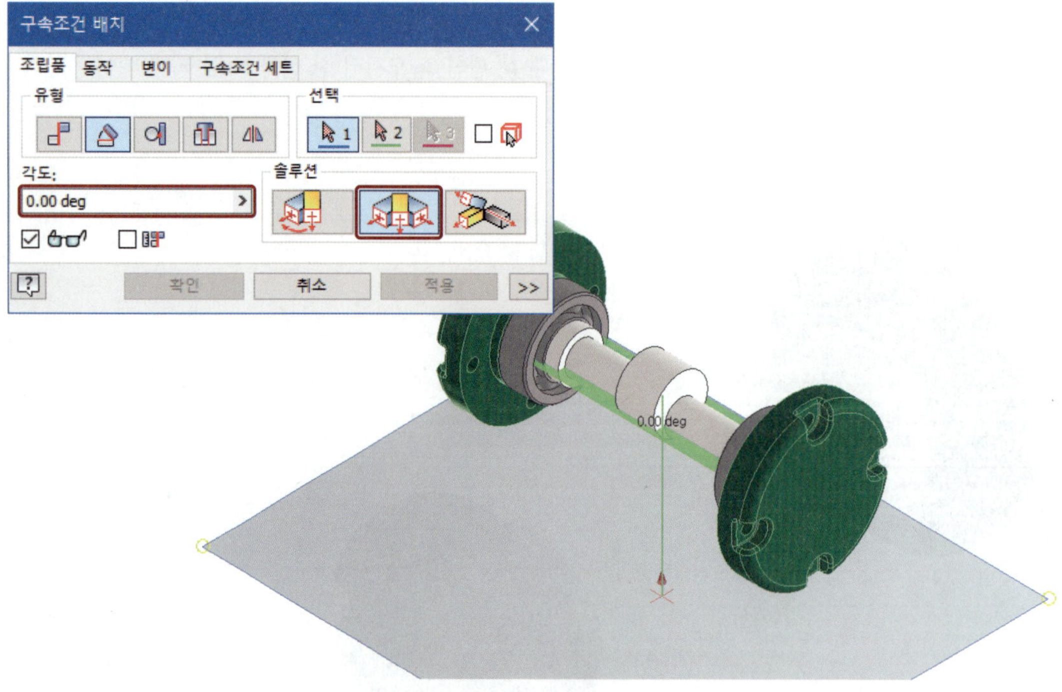

❺ 편심 축 원점 XY 평면 가시성 *끄기* ▶ 원점의 XY 평면 가시성 *끄기* ▶ 편심 축 조립 완성

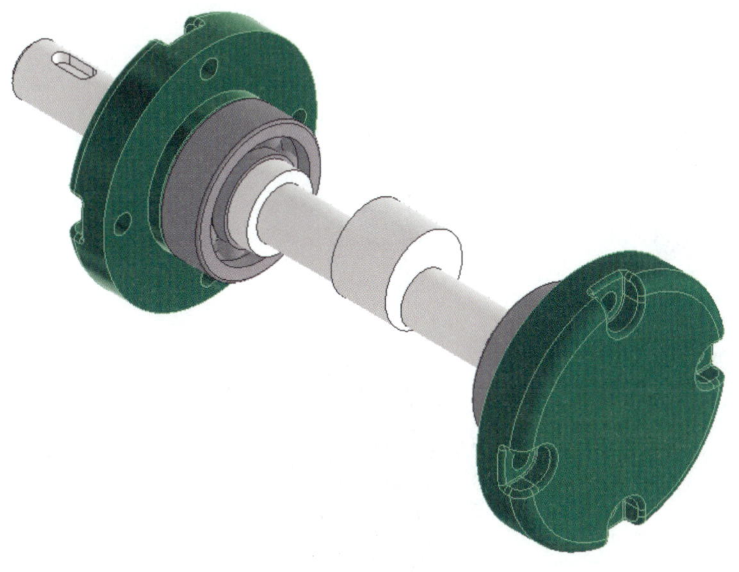

| Step 06 | 링크 |

❶ 배치 클릭 ▶ 링크.ipt 선택 ▶ 열기 ▶ 배경화면 클릭 ▶ 마우스 오른쪽 버튼 ▶ 확인

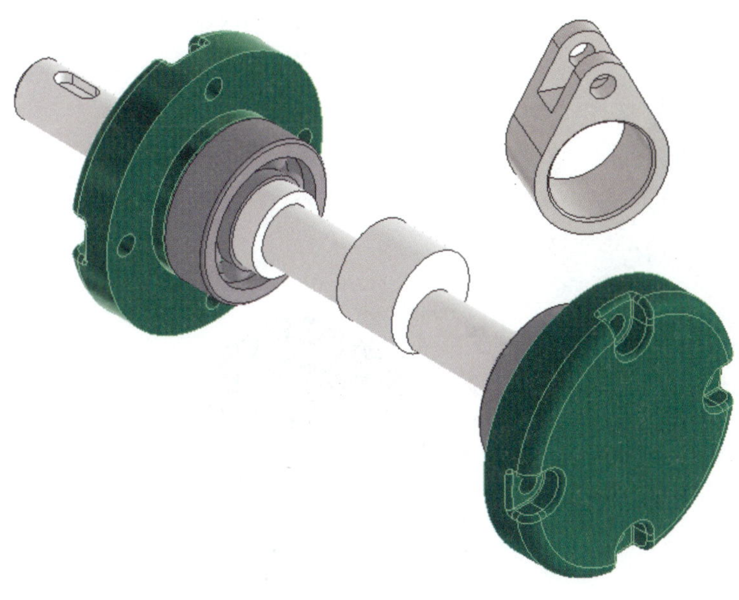

❷ 구속조건(C) 실행 ▶유형 : 메이트 / 솔루션 : 메이트 ▶ 편심 축 원통 면 선택 ▶ 링크 안쪽 원통 면 선택 ▶ 확인

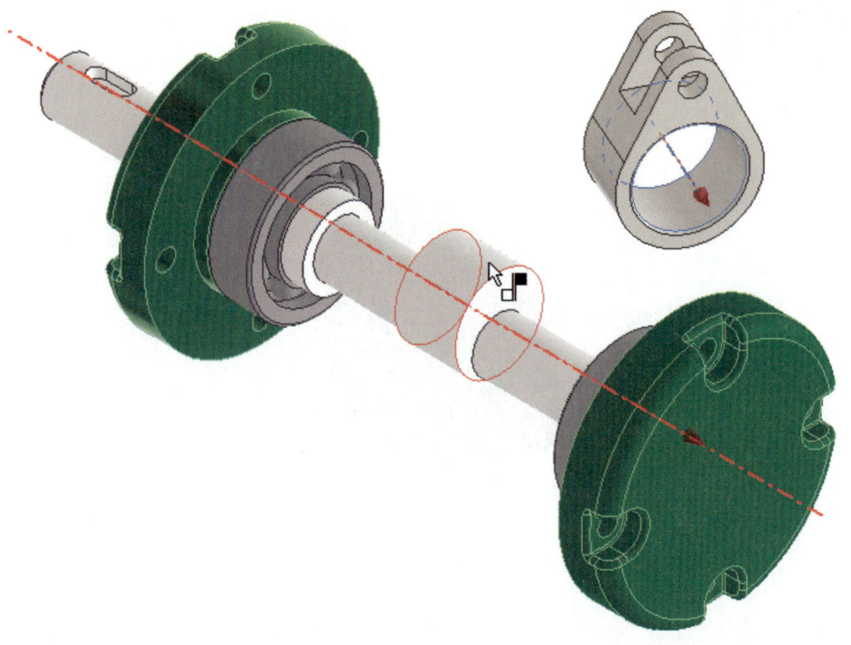

❸ 구속조건(C) 실행 ▶유형 : 메이트 / 솔루션 : 플러시 ▶ 편심축 옆면 선택 ▶ 링크 안쪽 옆면 선택 ▶ 확인

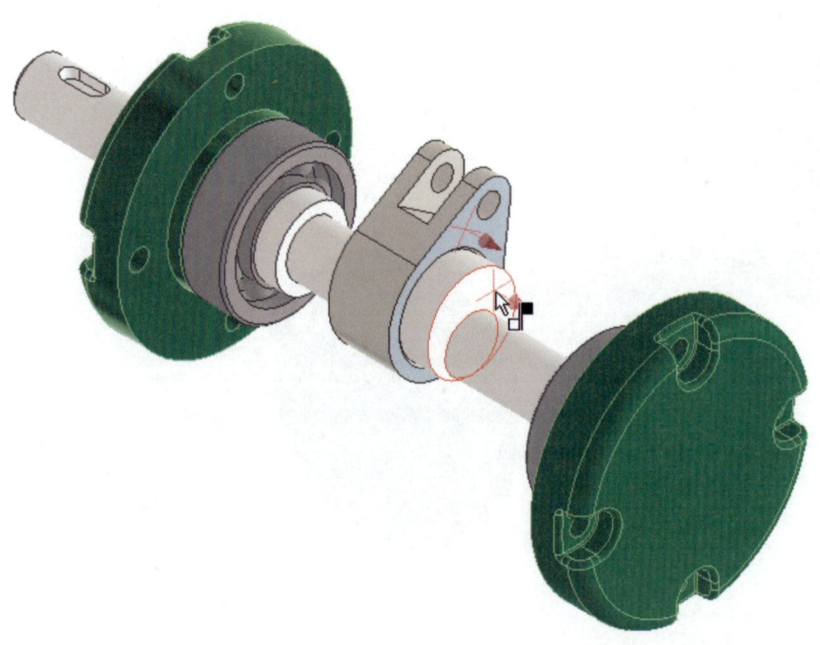

❹ 링크 조립 완성

<table><tr><td>Step 07</td><td>부시</td></tr></table>

❶ 배치 클릭 ▶ 부시.ipt 선택 ▶ 열기 ▶ 배경화면 클릭 ▶ 마우스 오른쪽 버튼 ▶ 확인 ▶ 검색기 본체 선택 ▶ 마우스 오른쪽 버튼 ▶ 가시성 켜기

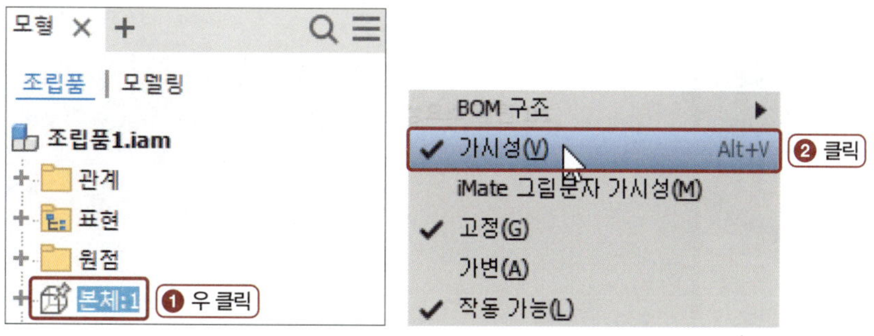

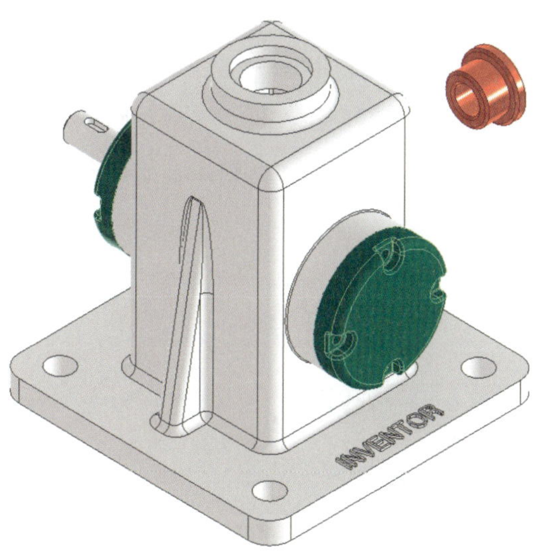

❷ 구속조건(C) 실행 ▶ 유형 : 삽입 / 솔루션 : 정렬 ▶ 본체 부시 삽입 모서리 선 선택 ▶ 부시 윗면
모서리 선 선택 ▶ 확인

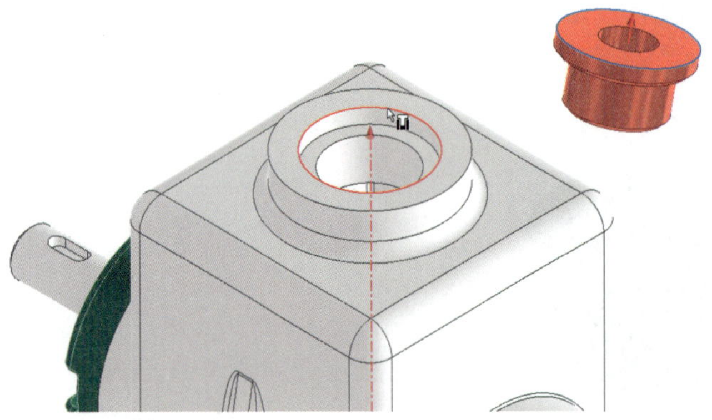

❸ 부시 조립 완성

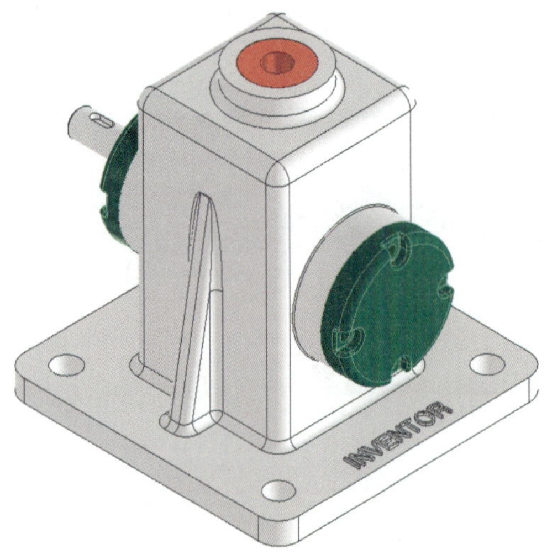

Step 08 슬라이드

❶ 배치 클릭 ▶ 슬라이드.ipt 선택 ▶ 열기 ▶ 배경화면 클릭 ▶ 마우스 오른쪽 버튼 ▶ 확인 ▶ 검색기
본체 선택 ▶ 마우스 오른쪽 버튼 ▶ 가시성 끄기

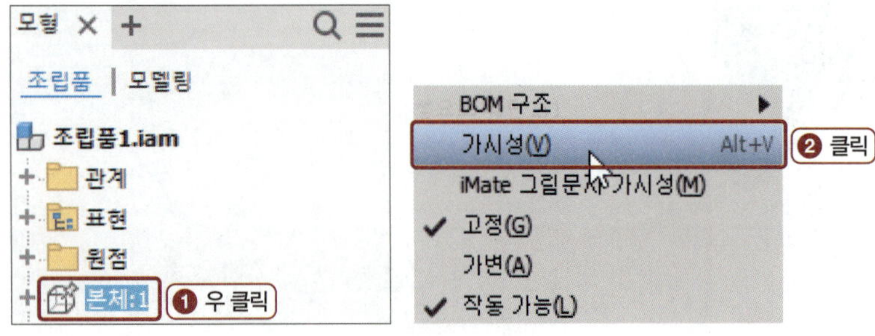

❷ 자유 회전(V) 클릭 ▶ 슬라이드 세로 방향으로 배치

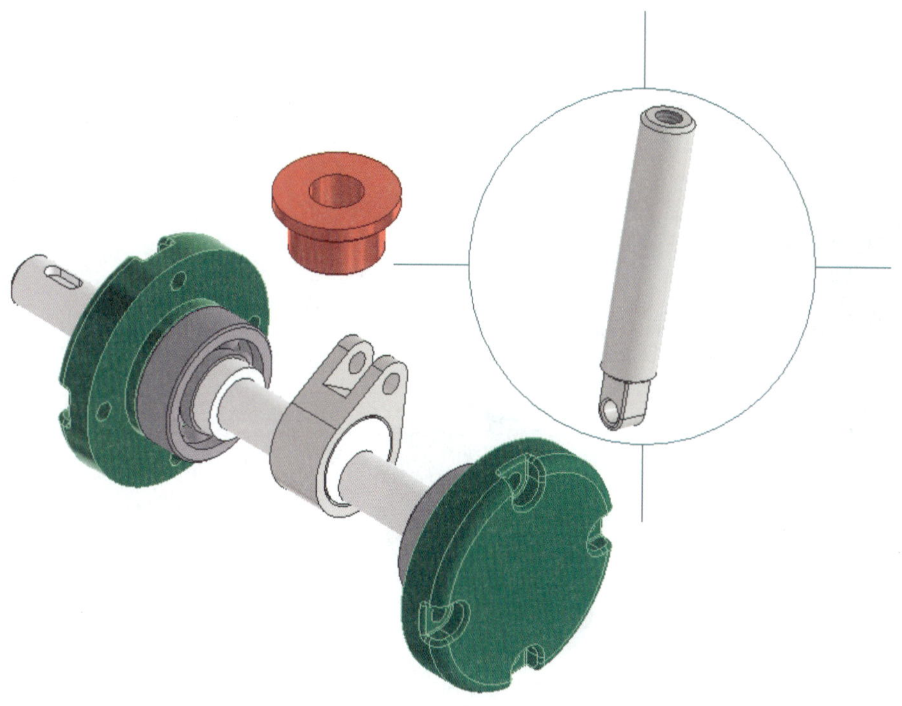

❸ 구속조건(C) 실행 ▶ 유형 : 메이트 / 솔루션 : 메이트 ▶ 슬라이드 원통 옆면 선택 ▶ 부시 안쪽 면
선택 ▶ 확인

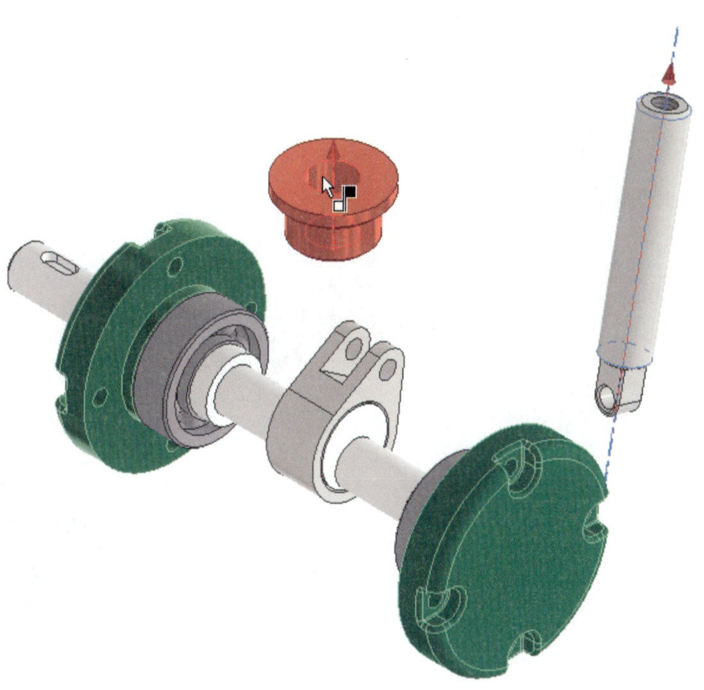

❹ 슬라이드 부시 구속 완성

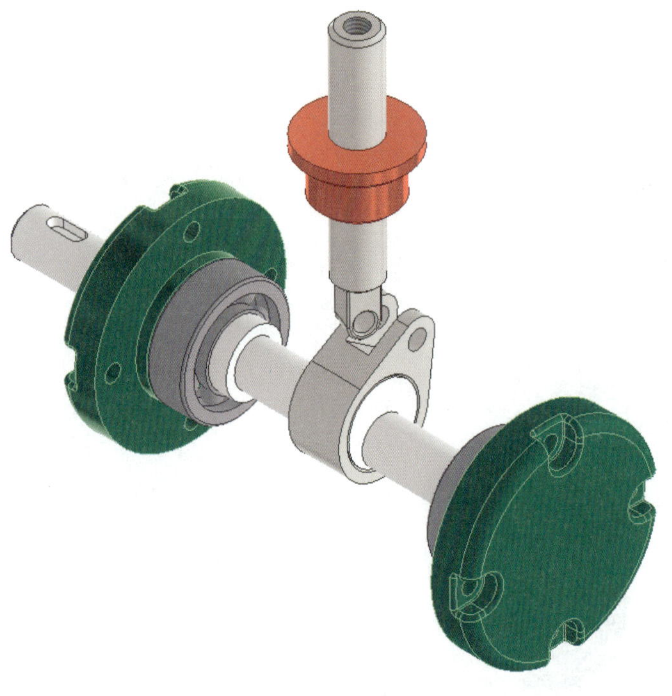

❺ 구속조건(C) 실행 ▶ 유형 : 메이트 / 솔루션 : 메이트 ▶ 슬라이드 핀 구멍 안쪽 면 선택 ▶ 부시 안쪽 면 선택 ▶ 확인

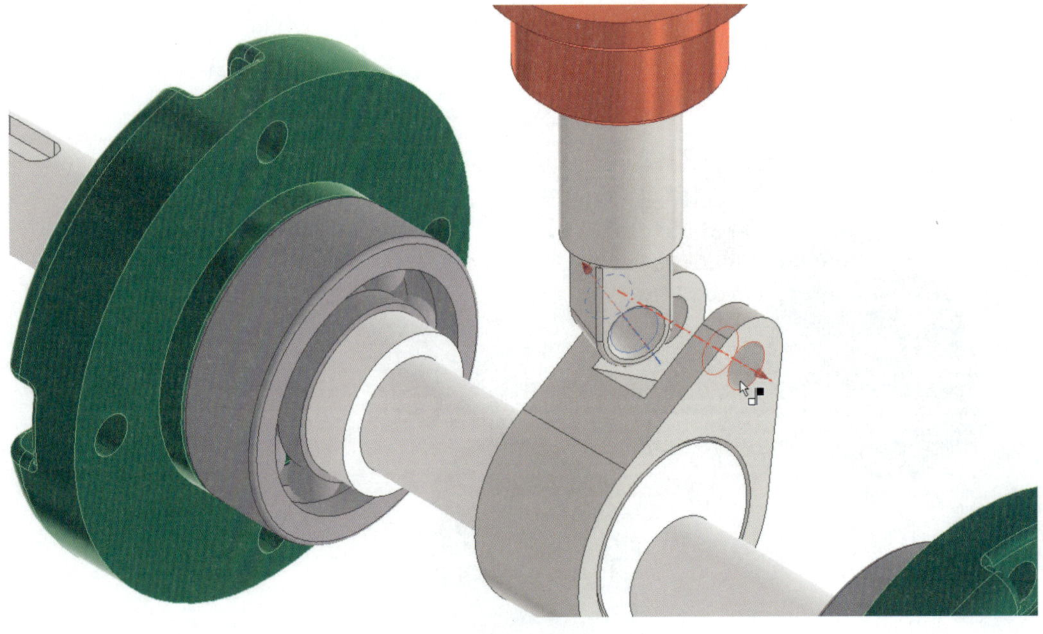

❻ 부시와 슬라이드 구속 완성

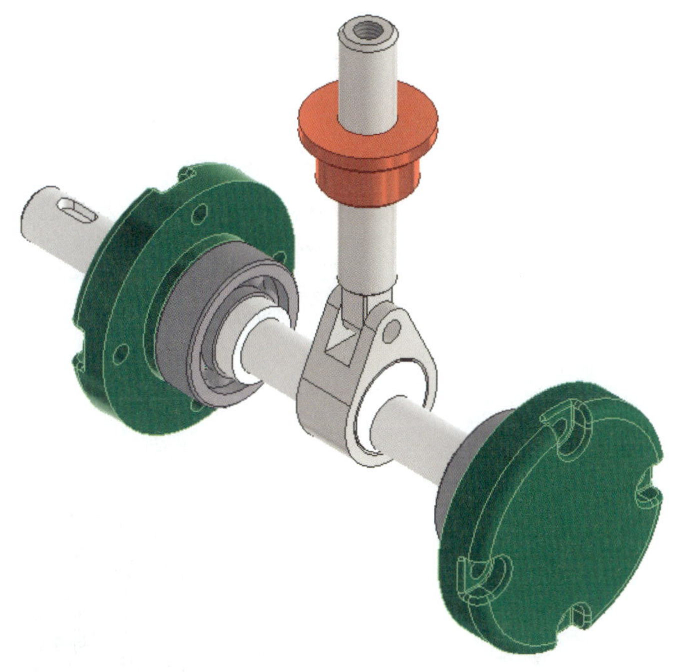

Step 09 핀

❶ 배치 클릭 ▶ 핀 5×18.ipt 선택 ▶ 열기 ▶ 화면 클릭 ▶ 마우스 오른쪽 버튼 ▶ 확인 ▶ 자유 회전
(V) 클릭 ▶ 핀 5×18▶ 아래 그림과 같이 배치

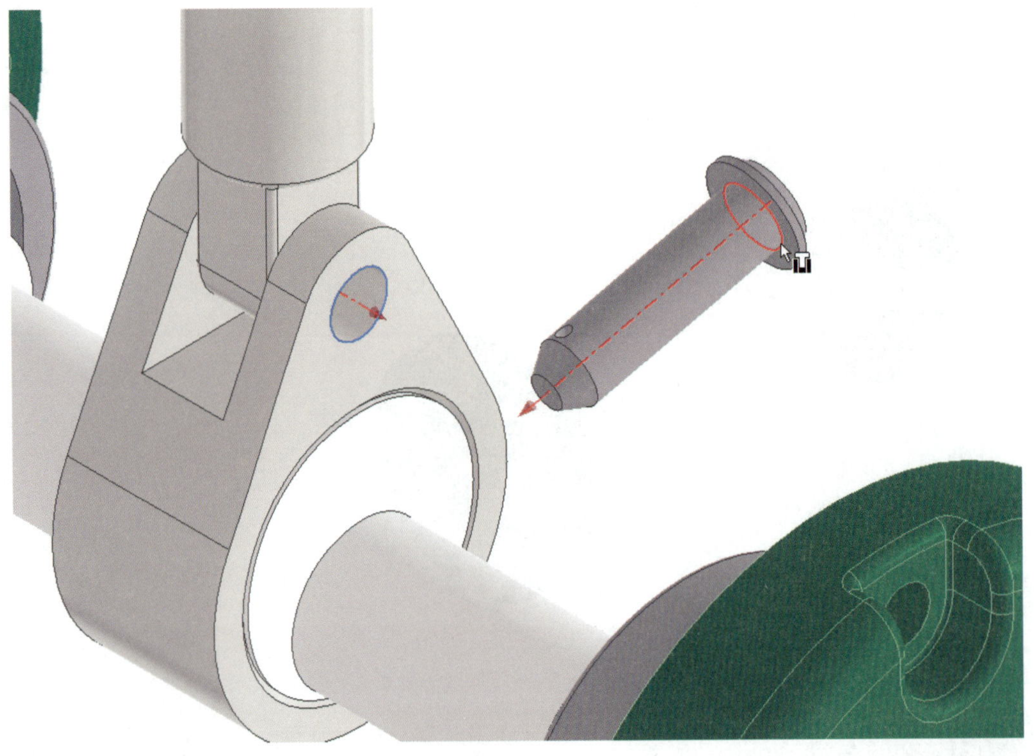

❸ 핀 조립 완성

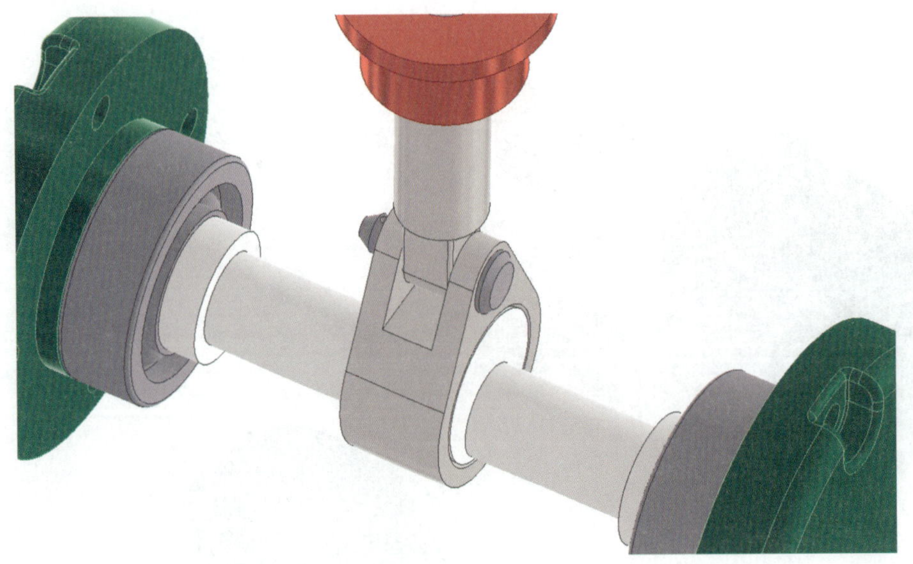

❶ 배치 클릭 ▶ 고정핀.ipt 선택 ▶ 열기 ▶ 화면 클릭 ▶ 마우스 오른쪽 버튼 ▶ 확인 ▶ 검색기의
고정핀 중간 작업 평면을 찾아 가시성 켜기 ▶ 핀 5×18 수평 중간 작업 평면 가시성 켜기

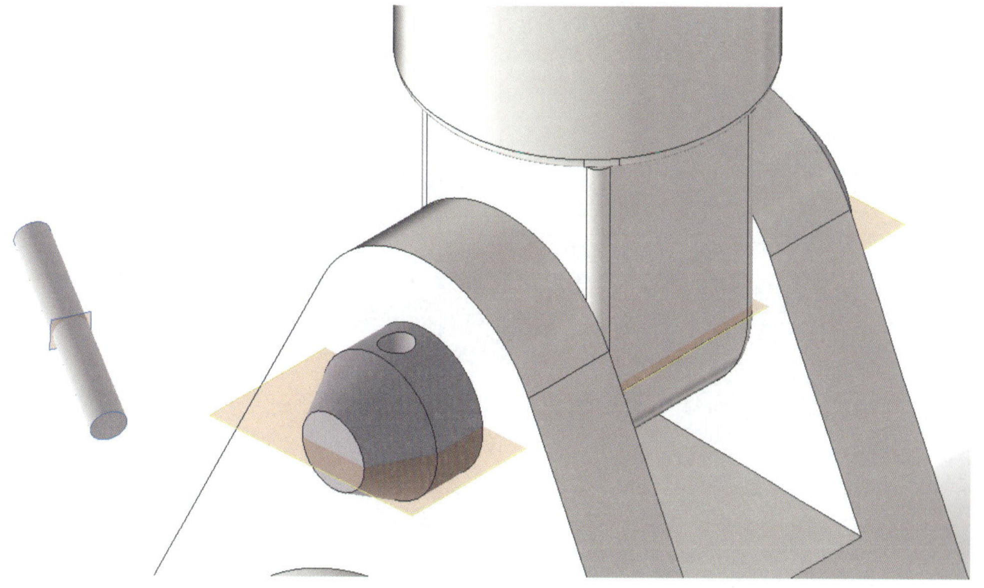

❷ 구속조건(C) 실행 ▶ 유형 : 메이트 / 솔루션 : 메이트 ▶ 핀 5×18 안쪽 면 선택 ▶ 고정핀 원통
옆면 선택 선택 ▶ 확인

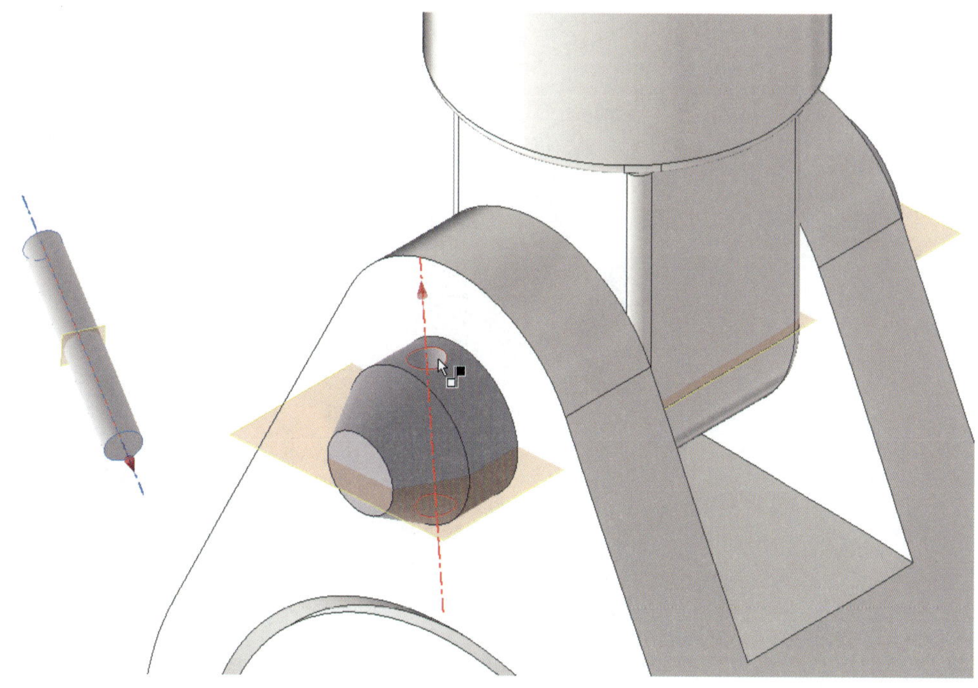

❸ 구속조건(C) 실행 ▶ 유형 : 메이트 / 솔루션 : 메이트 ▶ 핀 5×18 작업 평면 선택 ▶ 고정핀 작업
평면 선택 ▶ 확인

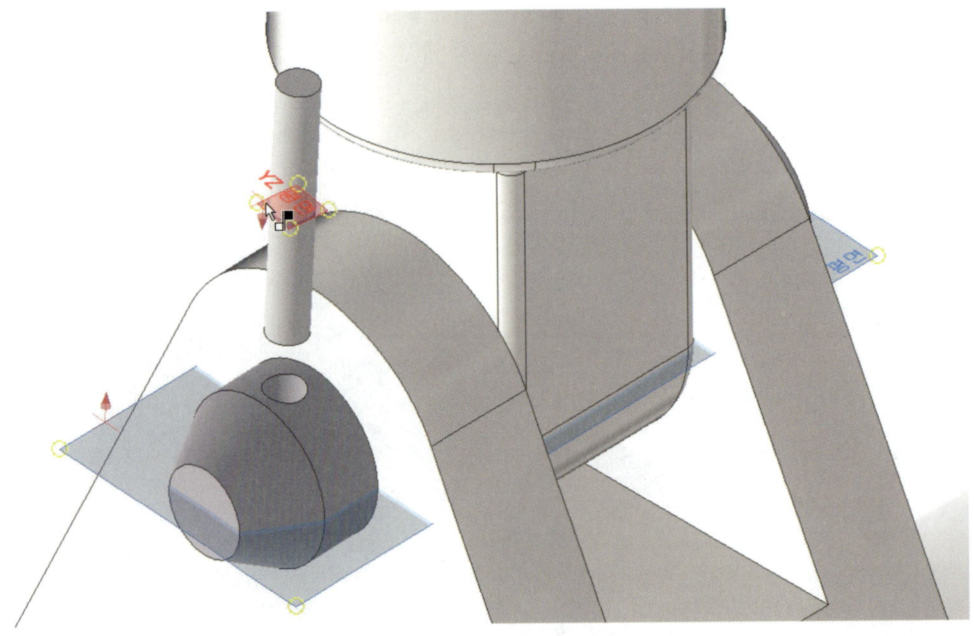

❹ 고정핀 조립 완성

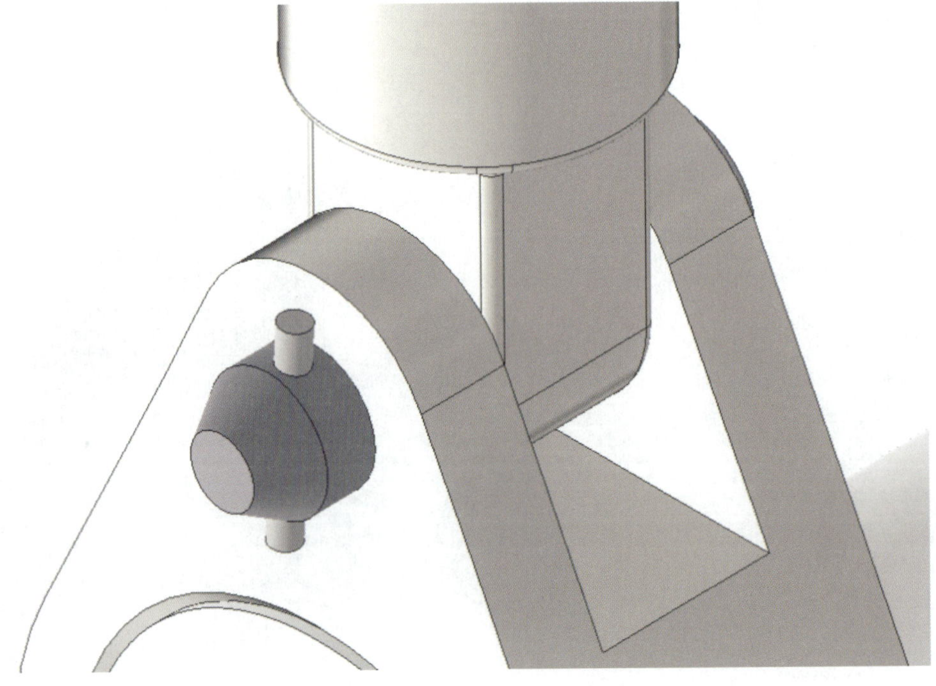

Step 11　키

❶ 배치 클릭 ▶ 키.ipt 선택 ▶ 열기 ▶ 화면 클릭 ▶ 마우스 오른쪽 버튼 ▶ 확인

❷ 구속조건(C) 실행 ▶ 유형 : 메이트 / 솔루션 : 메이트 ▶ 키 옆면 선택 ▶ 축의 키 구멍 옆면 선택
　▶ 확인

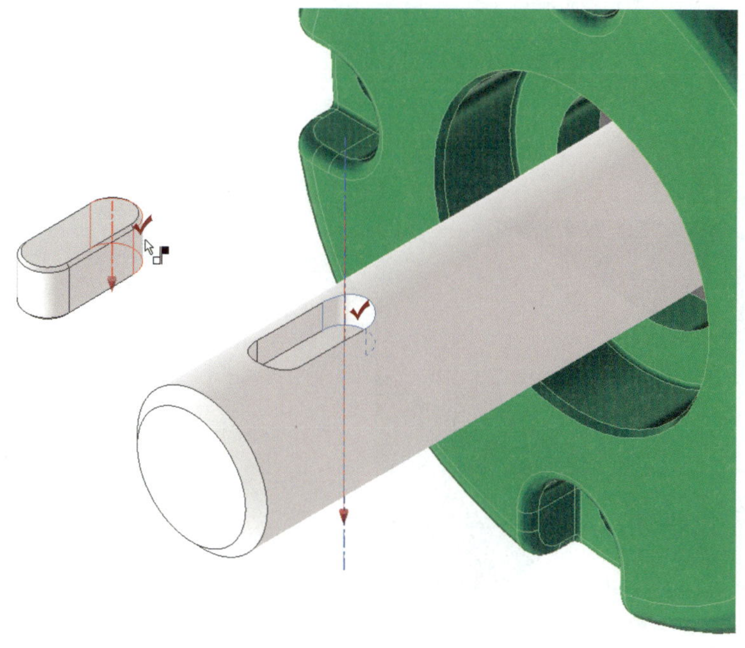

❸ 키 자유 이동(V) ▶ 구속조건(C) 실행 ▶ 유형 : 메이트 / 솔루션 : 메이트 ▶ 키 옆면 선택 ▶ 축의
키 구멍 옆면 선택 ▶ 확인

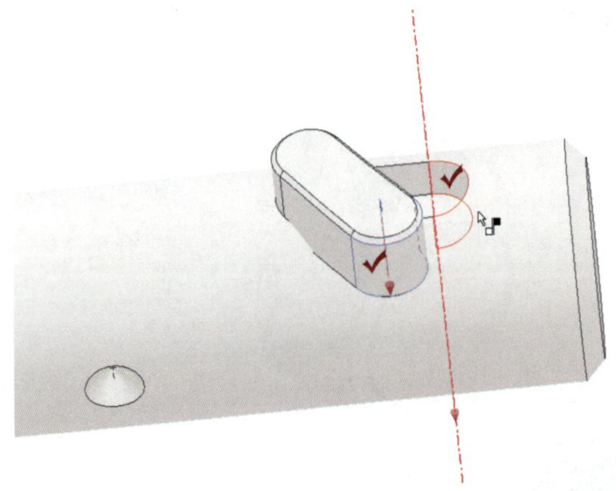

❹ 키 자유 이동(V) ▶ 구속조건(C) 실행 ▶유형 : 메이트 / 솔루션 : 메이트 ▶ 키 밑면 선택 ▶ 축의
키 구멍 밑면 선택 ▶ 확인

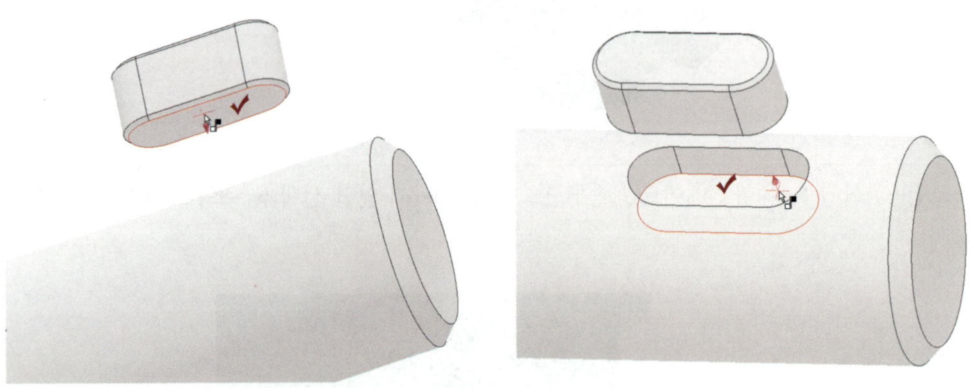

❺ 키 조립 완성

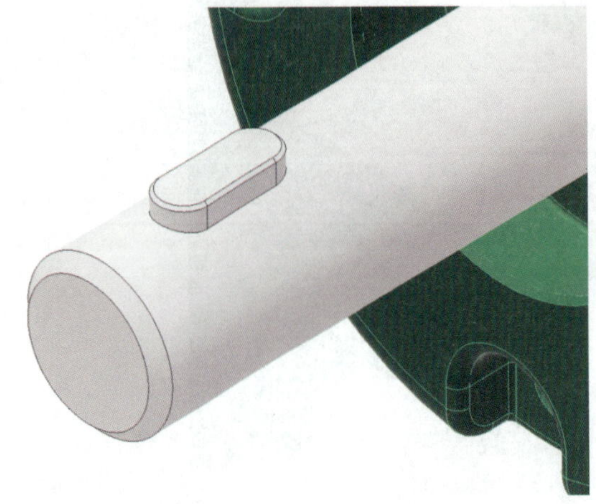

❶ 배치 클릭 ▶ 오일실 12×25×7.ipt ▶ 선택 ▶ 열기 ▶ 화면 클릭 ▶ 마우스 오른쪽 버튼 ▶ 확인

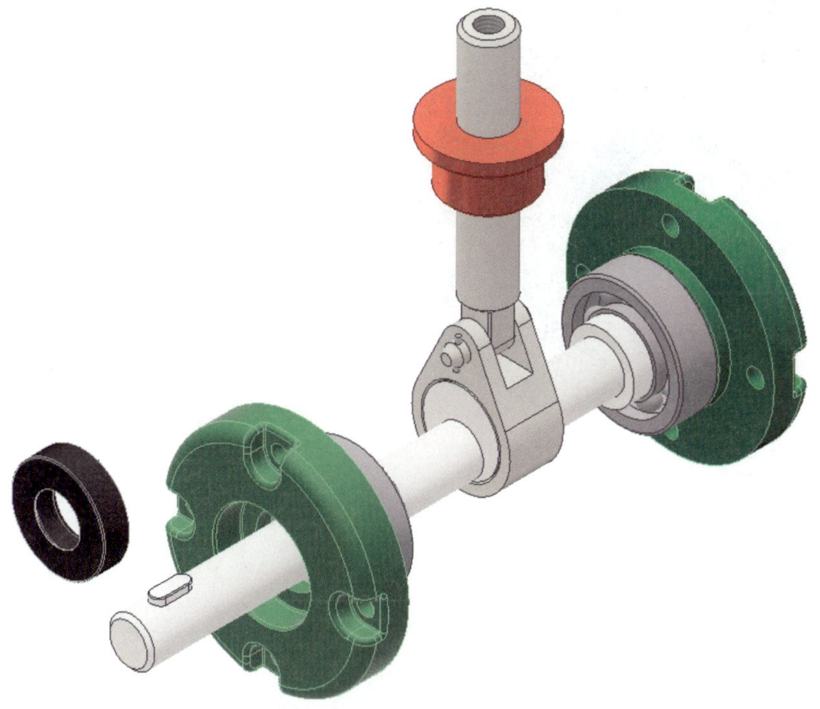

❷ 구속조건(C) 실행 ▶ 유형 : 삽입 / 솔루션 : 반대 ▶ 오일실 안쪽 모서리 선 선택 ▶ 앞 커버 오일실 안쪽 모서리 선 선택 ▶ 확인

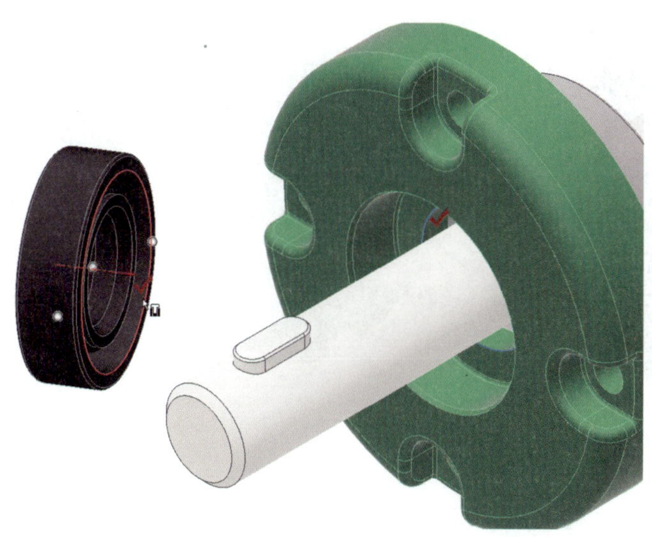

❸ 오일실 조립 완성

❶ 배치 클릭 ▶ V-벨트 풀리.ipt 선택 ▶ 열기 ▶ 화면 클릭 ▶ 마우스 오른쪽 버튼 ▶ 확인 ▶ 자유 회전(V) 클릭 ▶ V-벨트 풀리 안쪽이 보이게 배치

❷ 구속조건(C) 실행 ▶ 유형 : 메이트 / 솔루션 : 메이트 ▶ V−벨트 풀리 안쪽 원통 면 선택 ▶ 축의 옆면 선택 ▶ 확인

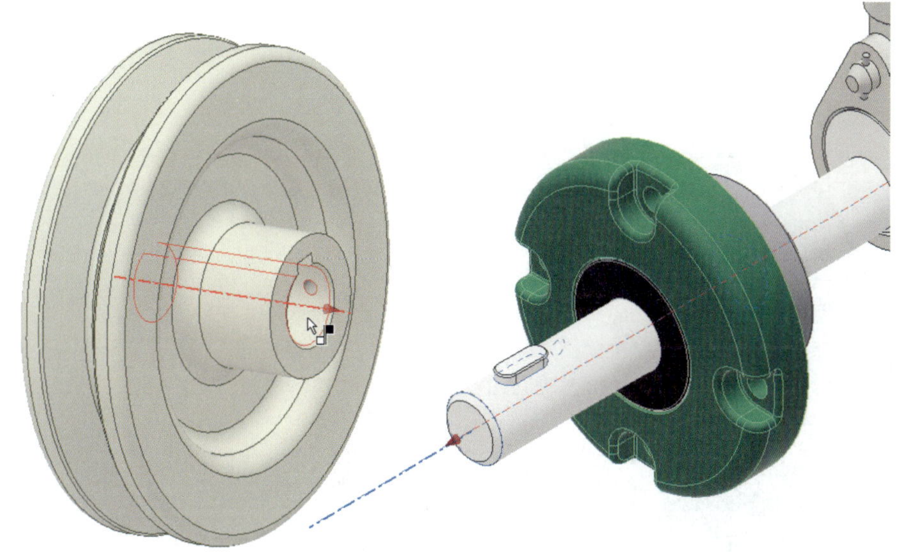

❸ 구속조건(C) 실행 ▶ 유형 : 각도 / 솔루션 : 지정각도 ▶ V−벨트 풀리 키 구멍 부분 옆면 선택 ▶ 축의 키 옆면 선택 ▶ 확인

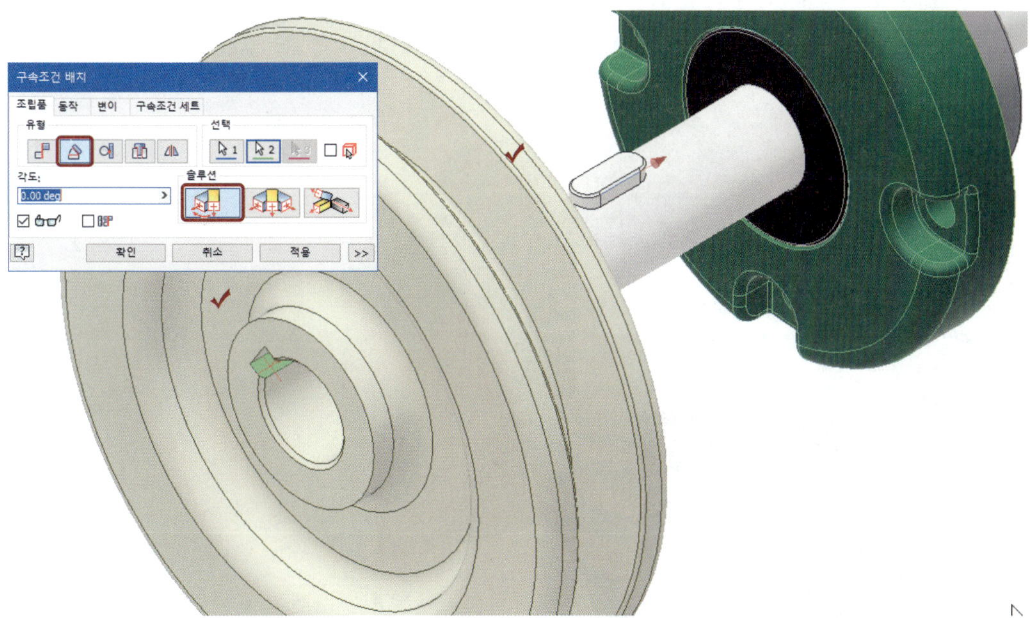

❶ 배치 클릭 ▶ 멈춤나사 M3×8.ipt 선택 ▶ 열기 ▶ 화면 클릭 ▶ 마우스 오른쪽 버튼 ▶ 확인 ▶ 자유 회전(V) 클릭 ▶ 멈춤나사 M3×8 ▶ 수직 방향으로 회전 배치

❷ 구속조건(C) 실행 ▶ 유형 : 메이트 / 솔루션 : 메이트 ▶ 멈춤나사 옆면 선택 ▶ 축의 멈춤나사 구멍 안쪽 면 선택 ▶ 확인

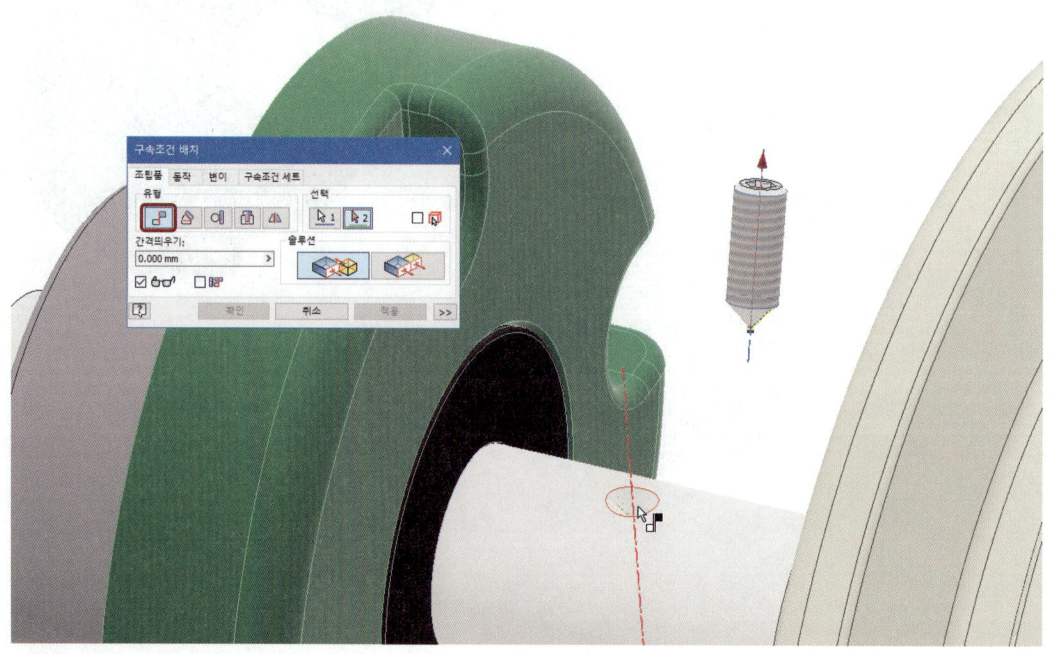

❸ 구속조건(C) 실행 ▶ 유형 : 접선 / 솔루션 : 내부 ▶ 멈춤나사 아래 원뿔 면 선택 ▶ 축 멈춤나사 구멍 안쪽 면 선택 ▶ 확인

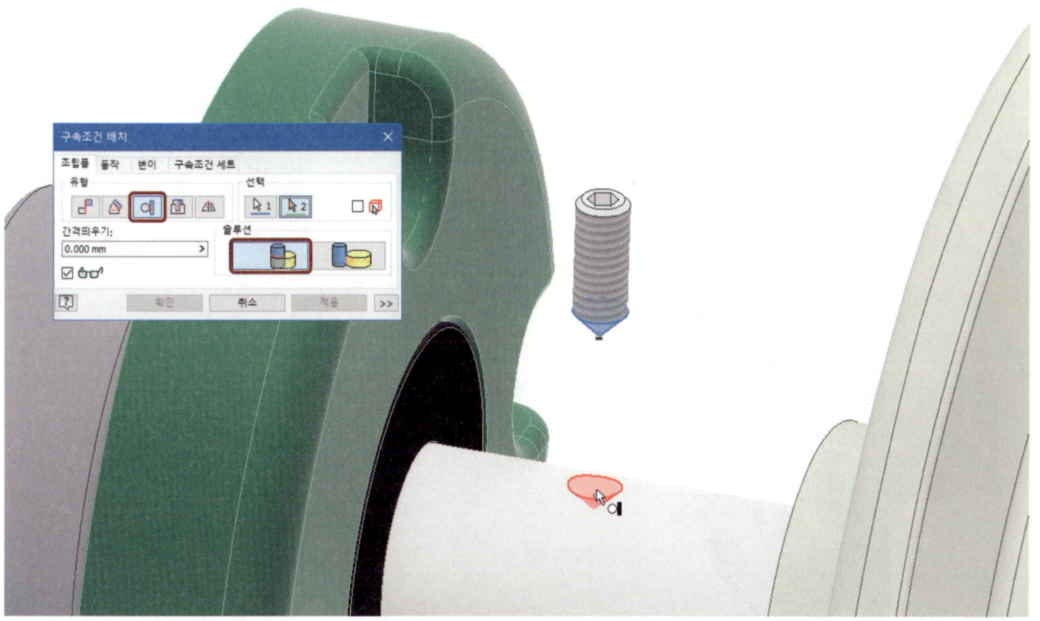

❹ 멈춤나사 조립 완성

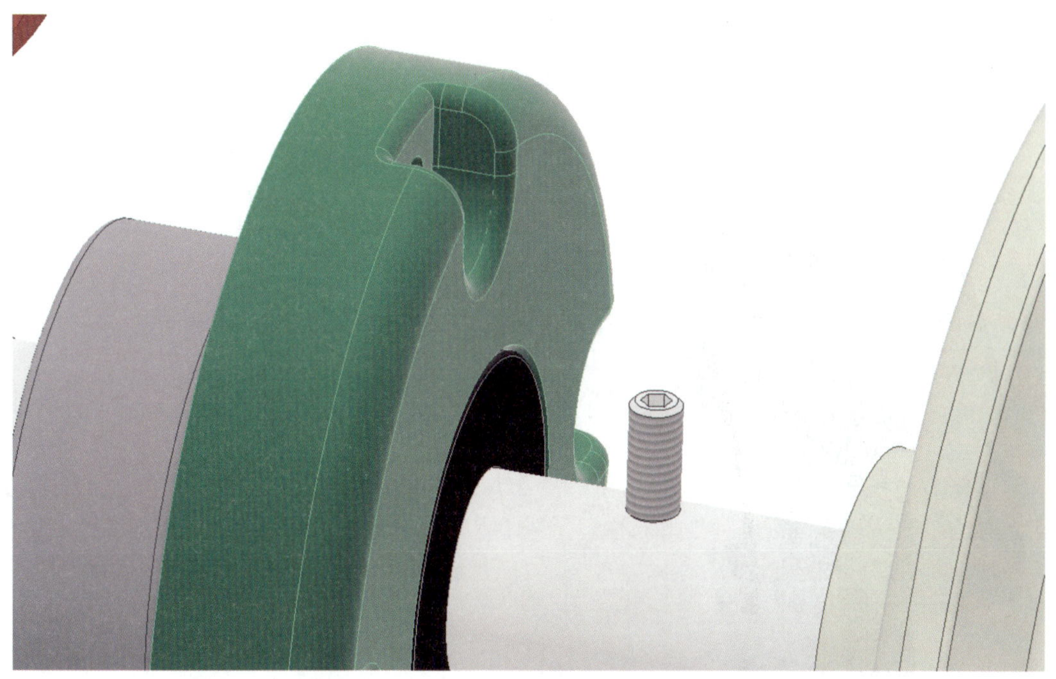

❺ 구속조건(C) 실행 ▶ 유형 : 메이트 / 솔루션 : 메이트 ▶ 멈춤나사 옆면 선택 ▶ V-벨트 풀리 멈춤
나사 구멍 안쪽 면 선택 ▶ 확인

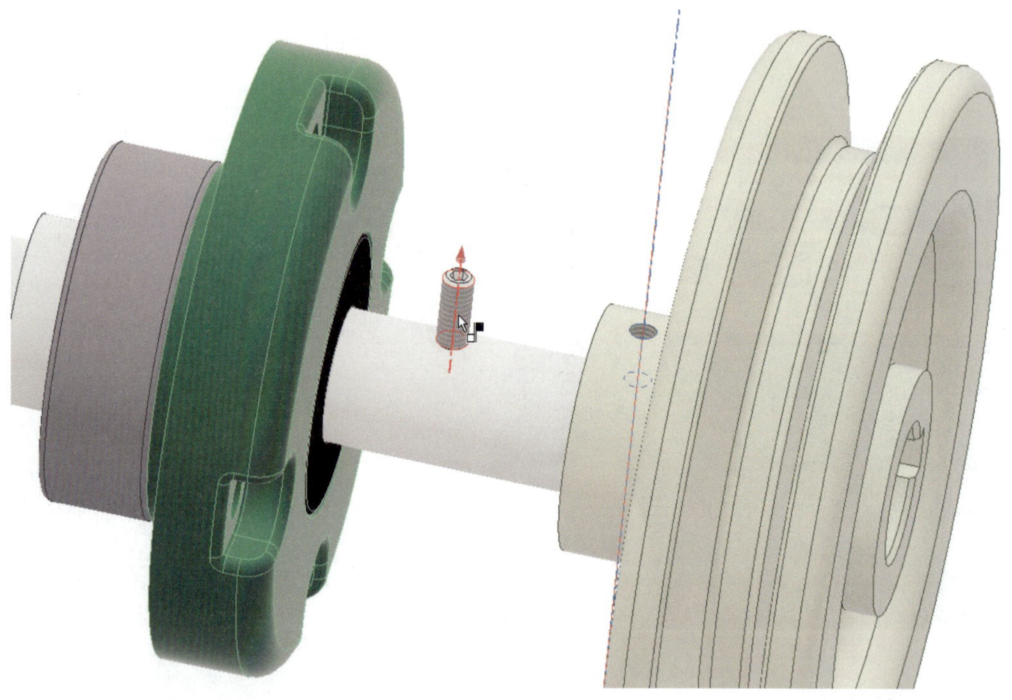

❻ 멈춤나사와 V-벨트 풀리 조립 완성

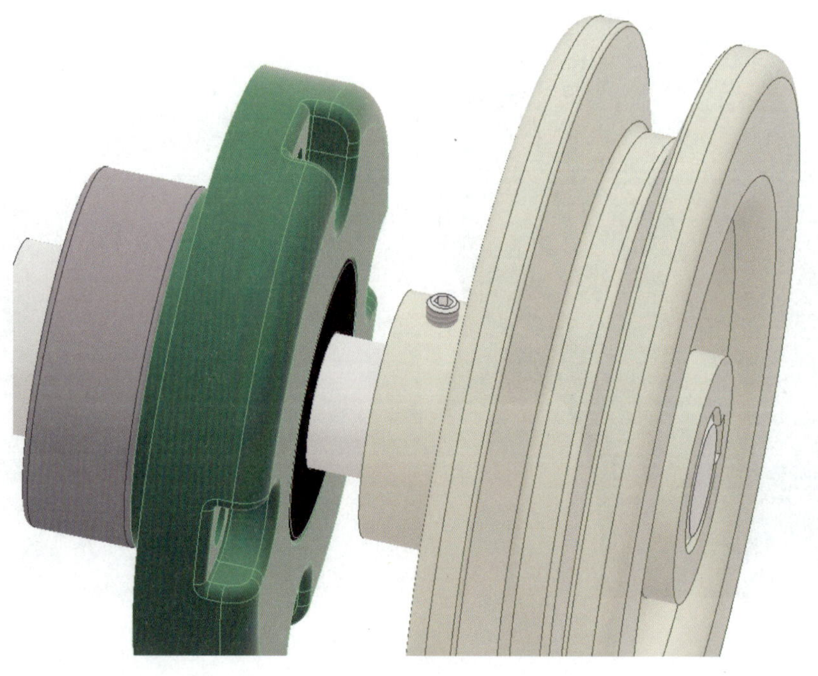

❶ 배치 클릭 ▶ M4-볼트.ipt 선택 ▶ 열기 ▶ 화면 2번 클릭 ▶ 마우스 오른쪽 버튼 ▶ 확인

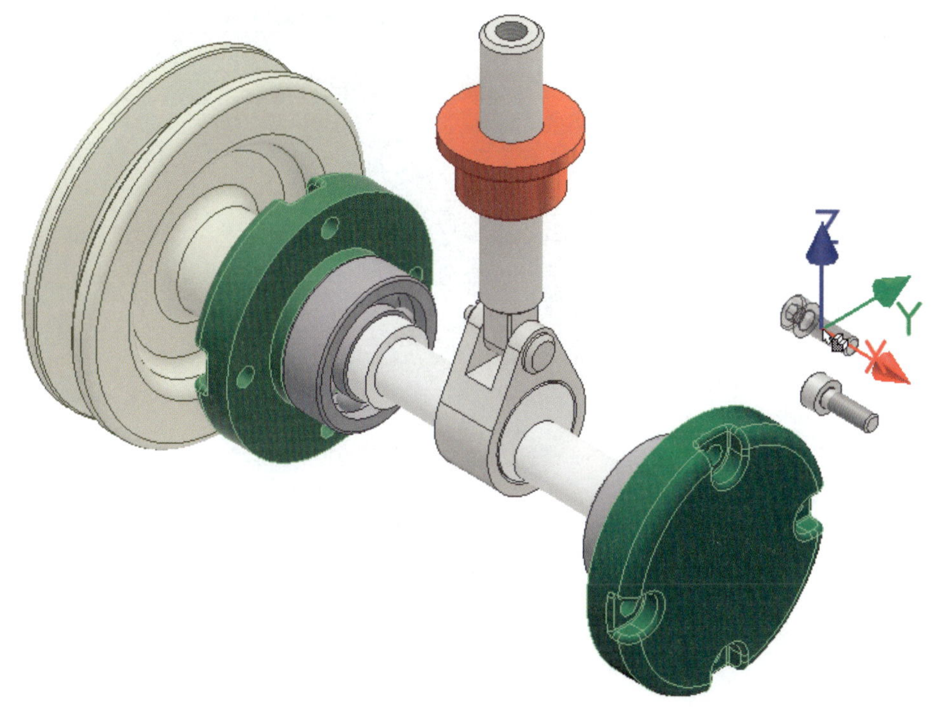

❷ 구속조건(C) 실행 ▶ 유형 : 삽입 / 솔루션 : 반대 ▶ 뒤 커버 볼트 구멍 모서리 선 선택 ▶ M4-볼트 접촉면 모서리 선 선택 ▶ 확인

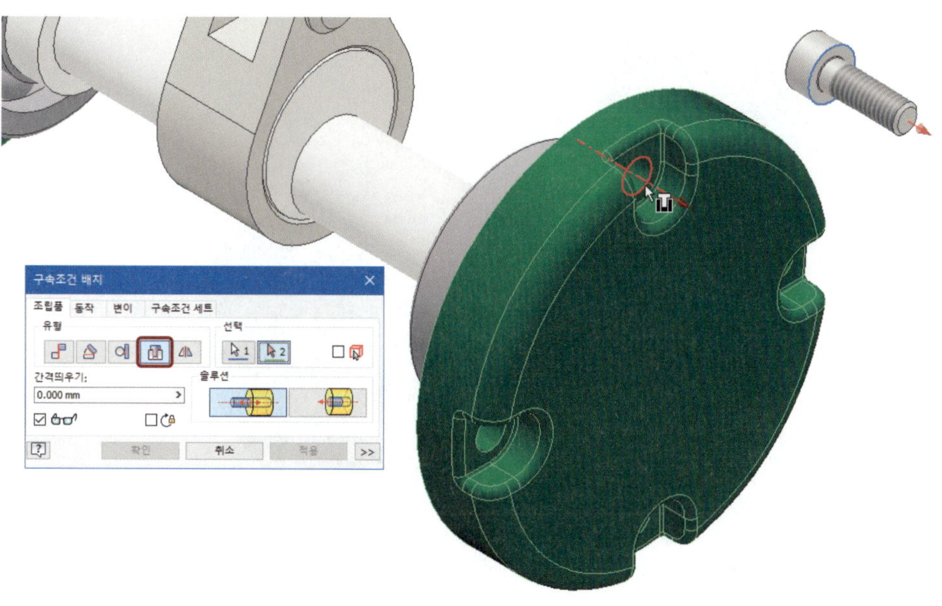

❸ 패턴 실행 ▶ 원형 패턴 ▶ 구성요소– 볼트 선택 ▶ 원형– 마우스 아이콘 클릭 ▶ 뒤 커버 옆 면 선택 ▶ 갯수 4 입력 ▶ 확인

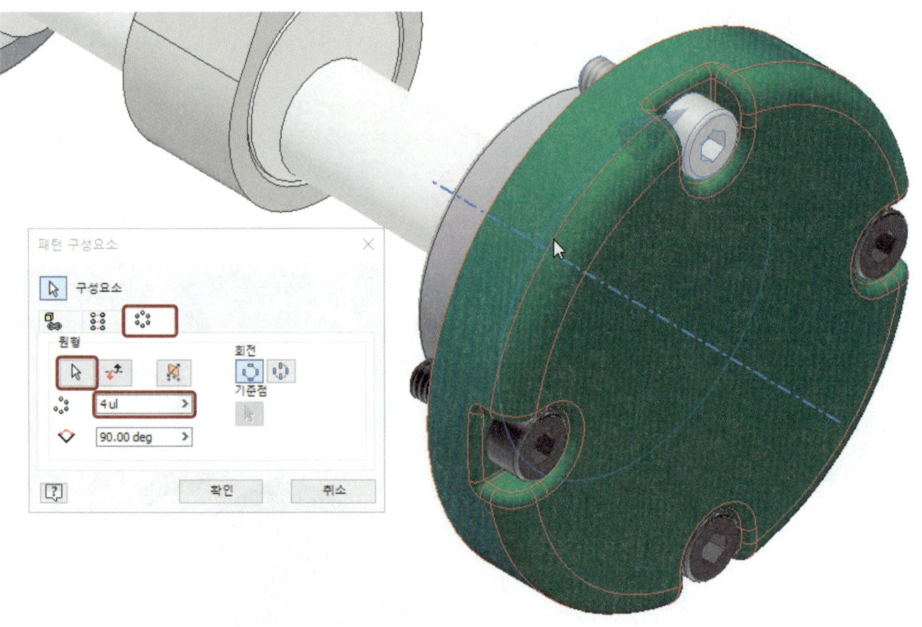

❹ 뒤 커버 볼트 체결 완성

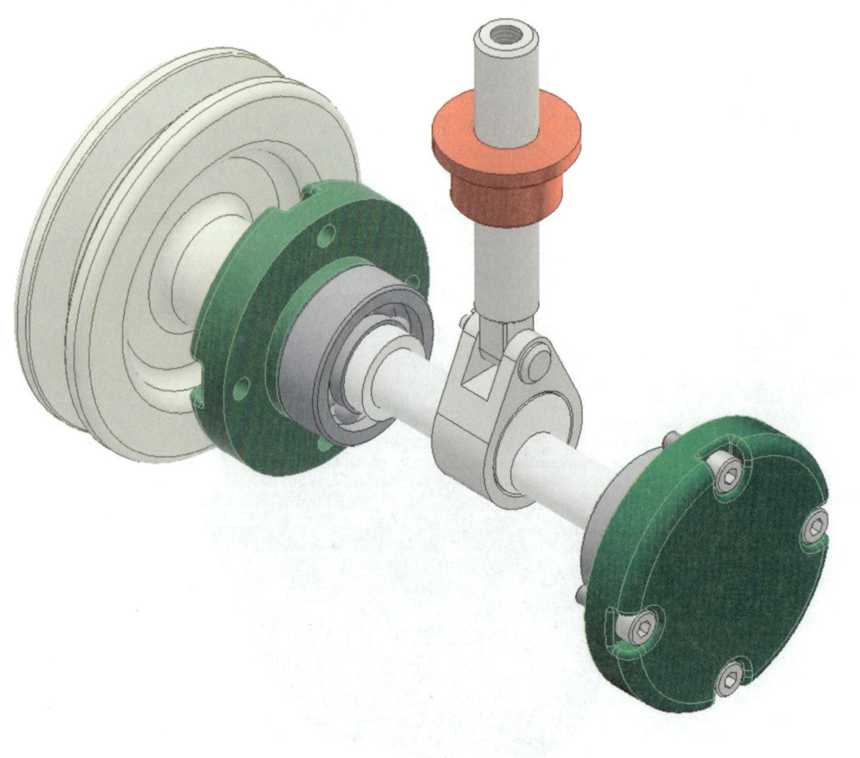

❶ 불러온 나머지 M4-볼트를 자유 회전(V) 클릭 ▶ M4 볼트와 앞 커버 안쪽이 보이게 배치

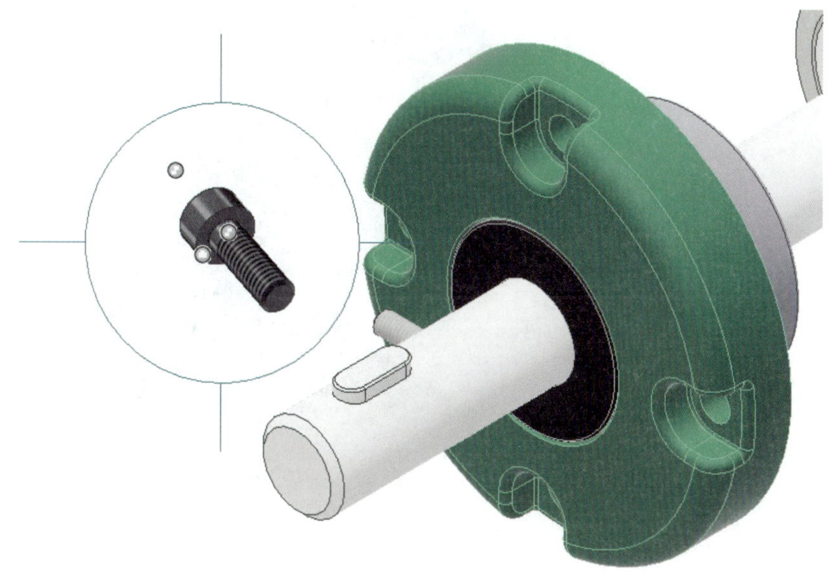

❷ 구속조건(C) 실행 ▶ 유형 : 삽입 / 솔루션 : 반대 ▶ 앞 커버 볼트 구멍 모서리 선 선택 ▶ M4-볼트 접촉면 모서리 선 선택 ▶ 확인

❸ 패턴 실행 ▶ 원형 패턴 ▶ 구성요소– 볼트 선택 ▶ 원형– 마우스 아이콘 클릭 ▶ 앞 커버 옆 면 선택 ▶ 갯수 4 입력 ▶ 확인

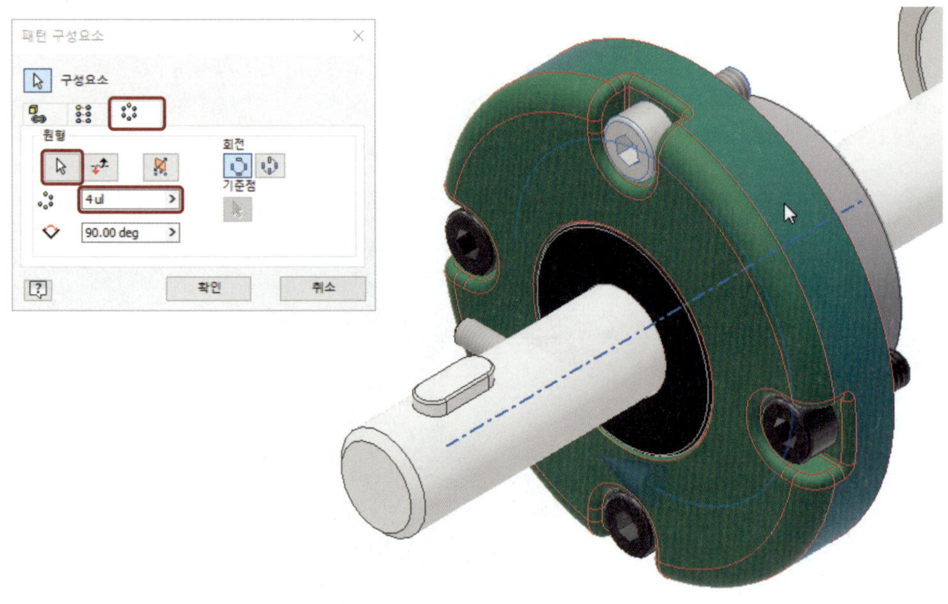

❹ 앞 커버 볼트 체결 완성

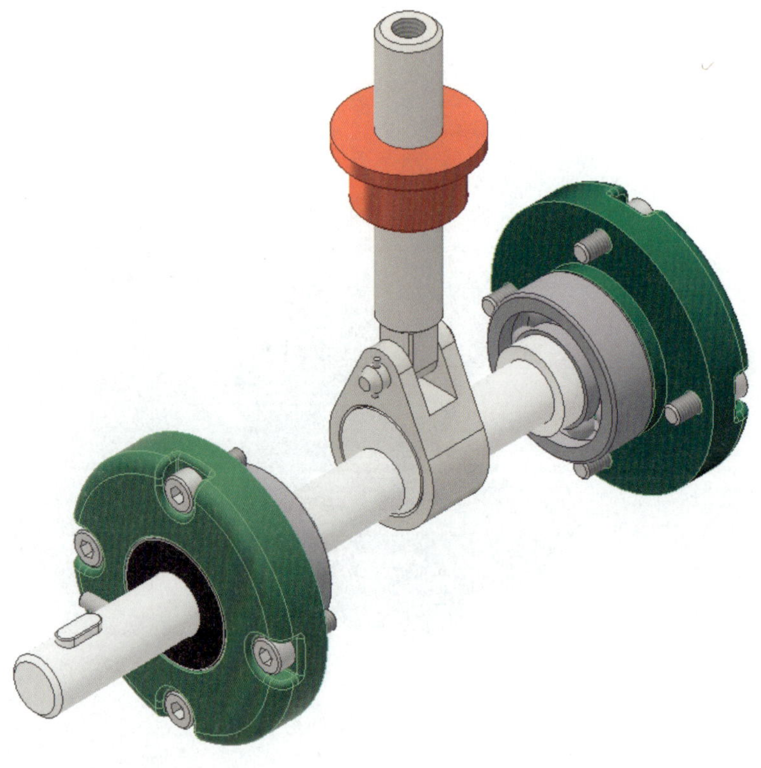

검색기의 본체와 V−벨트 풀리 가시성 켜기 ▶ 전체
조립품 완성

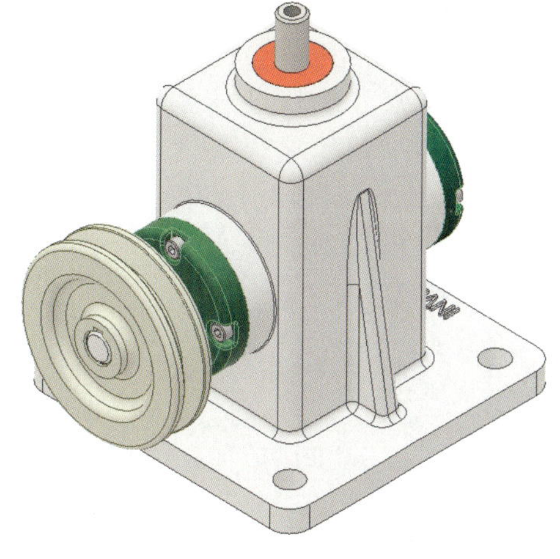

완성된 조립품의 간섭 분석을 실행하여 조립의 불량 여부를 확인합니다. 조립 시 부품별 구속조건으로
체결할 때마다 검사하며 작업하는 것이 좋습니다.

• 검사 탭 ▶ 간섭 분석 클릭

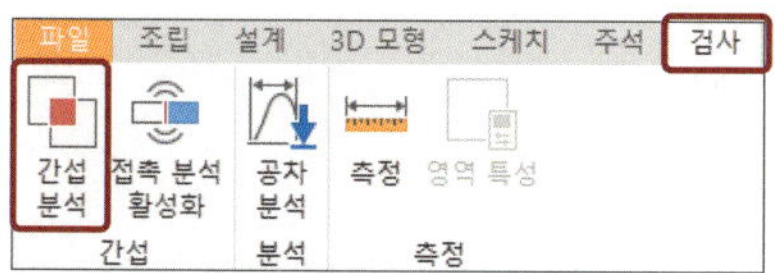

• 조립품 전체 드래그하여 선택 ▶ 간섭 탐지 창 확인

※ 간섭 탐지 시 볼트와 멈춤나사 등만 탐지되어야 합니다. 만약 다른 부품이 탐지 시 탐지된 부품의 기존 구속
　조건을 삭제 후 다시 수정하고 검사해 봅니다.

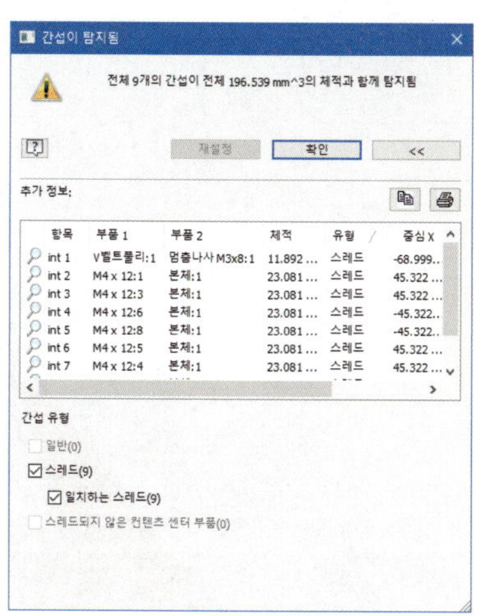

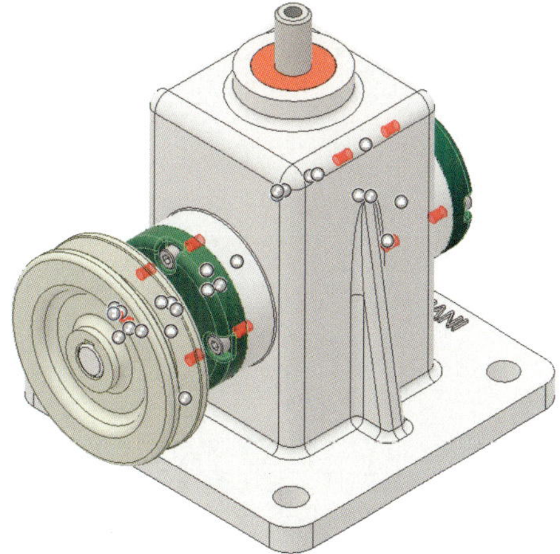

인벤터 실무 활용

회사 실무에서 자주 쓰이는 곡면 모델링, CAM 도면과 분해도 및 BOM 작성
에 대해 학습해 볼 수 있도록 구성하였습니다. 그리고 실무에서 프레젠테이션을
위해 재질 및 실무활용 예제를 수록하여 설명하였습니다.

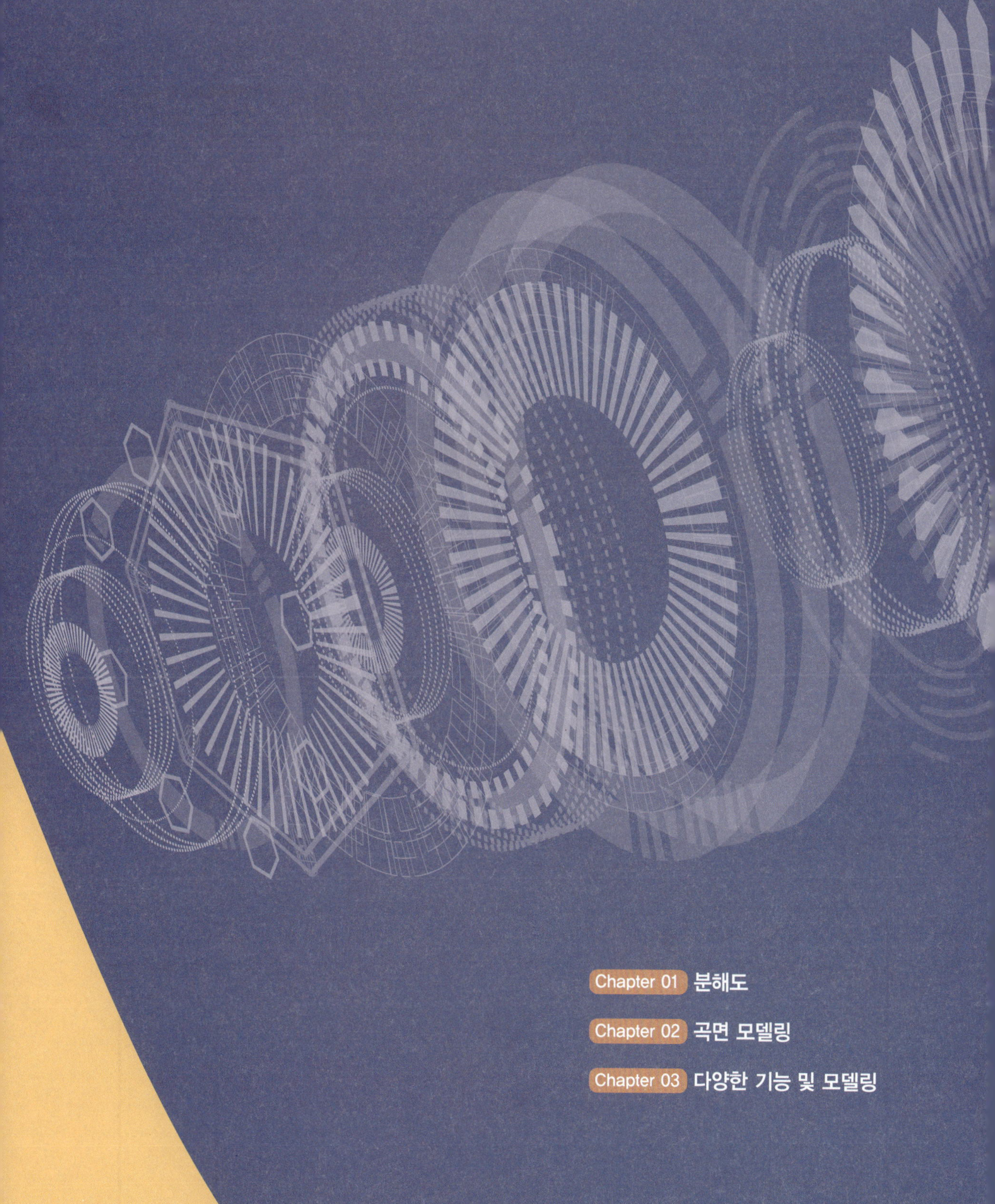

Chapter 01 분해도

Chapter 02 곡면 모델링

Chapter 03 다양한 기능 및 모델링

분해도

분해도 작성은 실무에서 자주 쓰이고, 필요한 작업입니다. 조립된 부품을 분해도로 표현하는 방법과 BOM 작성 방법 등을 학습합니다.

1 프레젠테이션

NO	icon	기능	NO	icon	기능
1		모형 삽입	5		카메라 캡처
2		새 스토리보드	6		도면 뷰 작성
3		새 스냅샷 뷰	7		비디오
4		구성요소 미세조정(단축 명령 : T)	8		래스터

파일 〉 새로 만들기 를 클릭합니다. 새 파일 작성에서 기본 Standard(mm)ipt 템플릿을 선택한 후 작성을 클릭합니다.

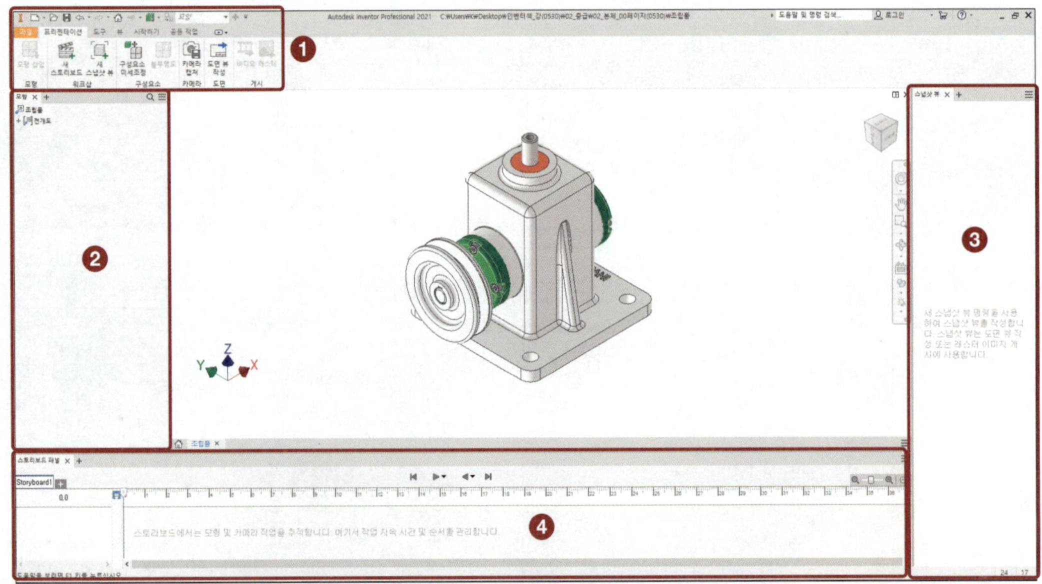

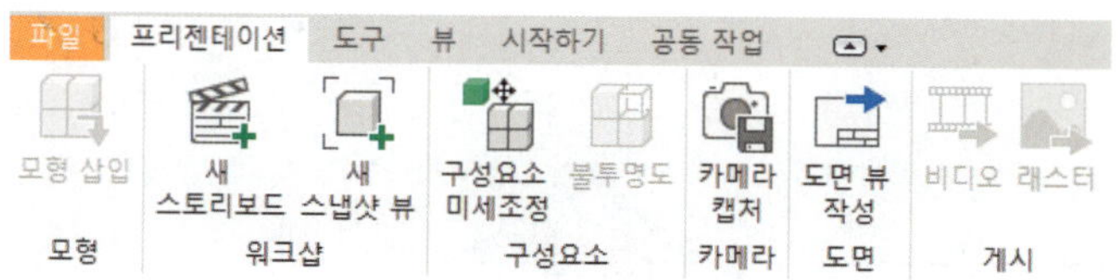

② 모형 검색기

③ 스냅샷 뷰

④ 스토리보드 패널

1 모형

삽입 대화상자에서 첫 번째 전개도에 삽입할 모형 파일을 찾아 선택합니다.

2 새 스토리보드

새 스토리보드를 클릭하면 스토리보드 유형을 지정하고 확인합니다.

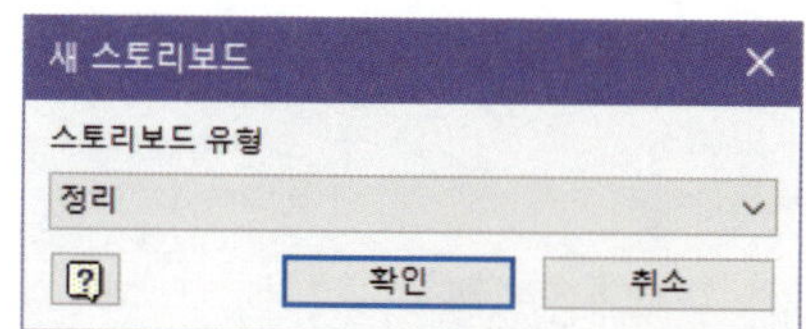

3 새 스냅샷 뷰

원하는 모형 모양 및 뷰가 준비되면 새 스냅샷 뷰를 클릭합니다.

4 구성요소 미세조정 (단축키 : T)

구성요소 미세조정을 클릭하고 부품을 선택합니다. 또는 '모형 검색기'에서 부품 선택 Ctrl 키를 누른 채 클릭하여 다중 선택합니다. (Shift 키도 다중 선택이 가능합니다. 첫 번째 클릭한 부품과 두 번째 클릭한 부품 사이의 부품 전체 선택)

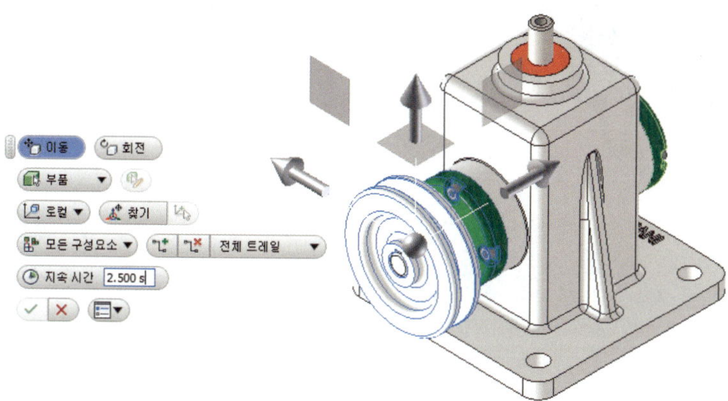

- 미세조정하려는 구성요소를 마우스 오른쪽 버튼으로 클릭하고 표식 메뉴에서 "구성요소 미세조정"
  을 클릭합니다.

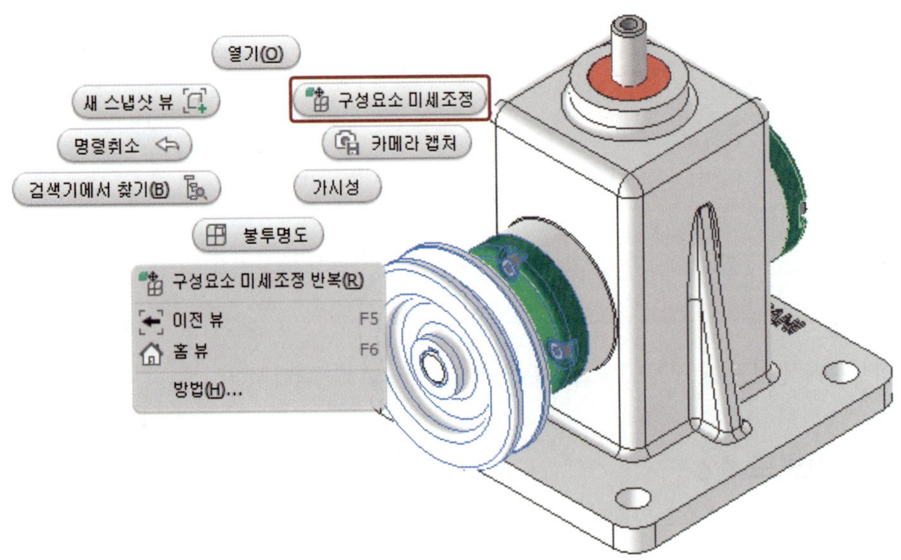

❶ 이동

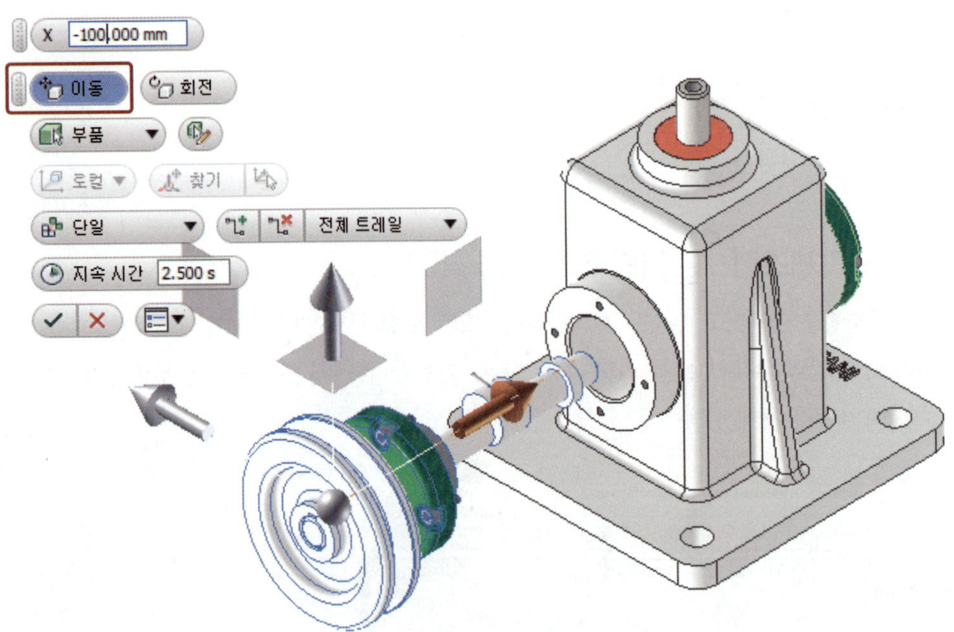

❷ 회전

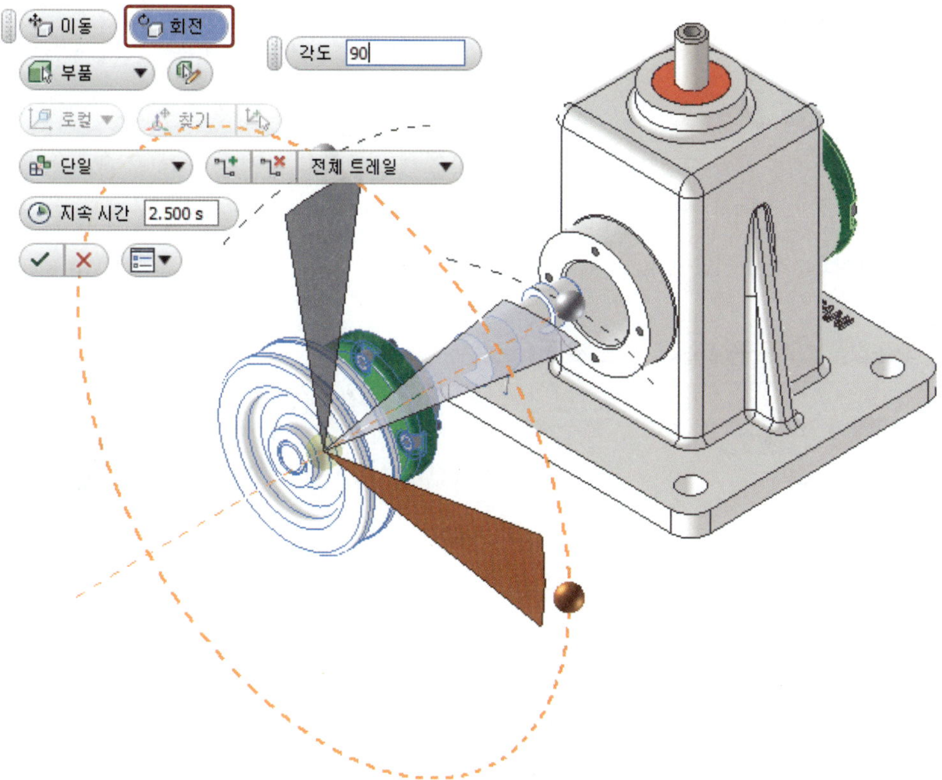

❸ 부품 및 구성요소

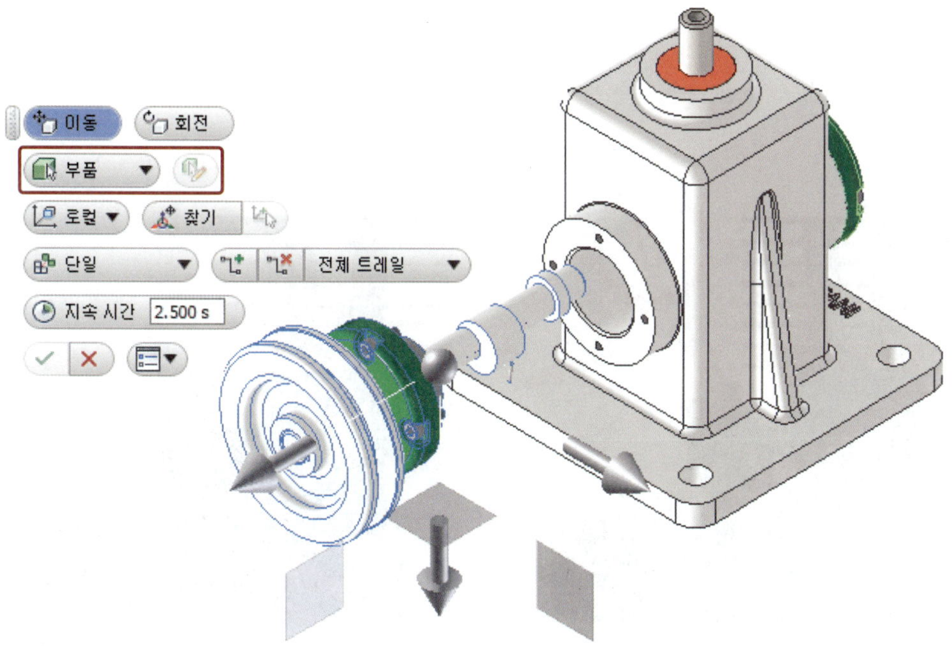

• 구성요소 추가 / 제거 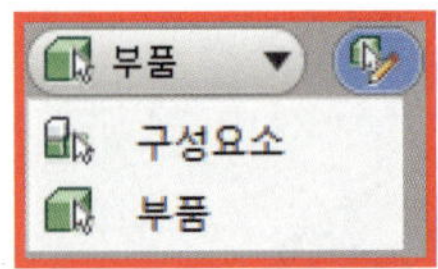

선택된 구성요소를 끌어 구성요소 추가/제거 명령을 활성화한 후 '구성요소 추가/ 제거'를 클릭하고
추가 구성요소를 선택합니다. 선택 영역에서 구성요소를 제거하려면 Ctrl 키를 누른 채로 클릭하여
제거할 구성요소를 선택합니다.

❹ 트레일 없음 / 모든 구성요소 / 모든 부품 / 단일

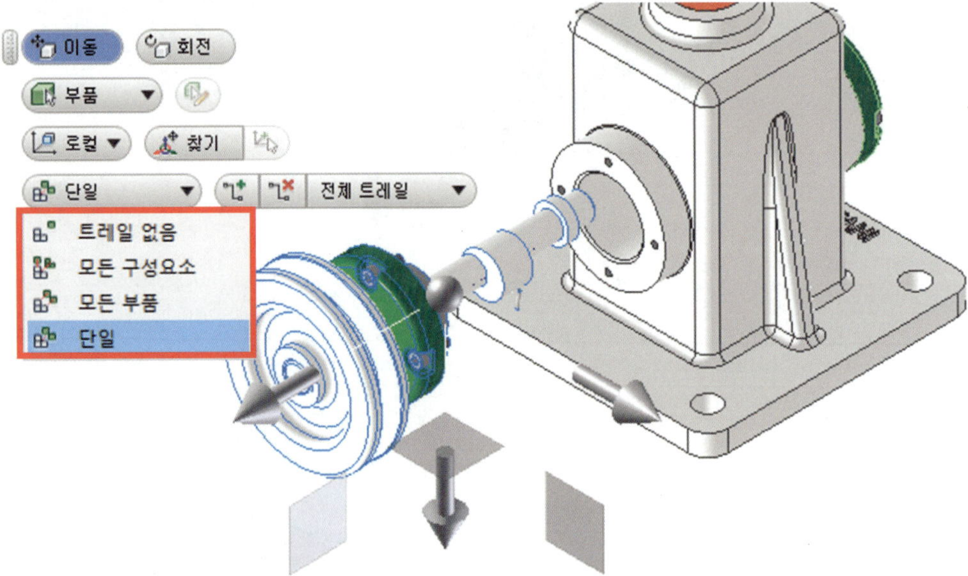

❺ 로컬 및 표준

▲ 로컬 : 원래 객체 방향 또는 대각선 방향   ▲ 표준 : 수직 또는 직각 방향

❻ 찾기 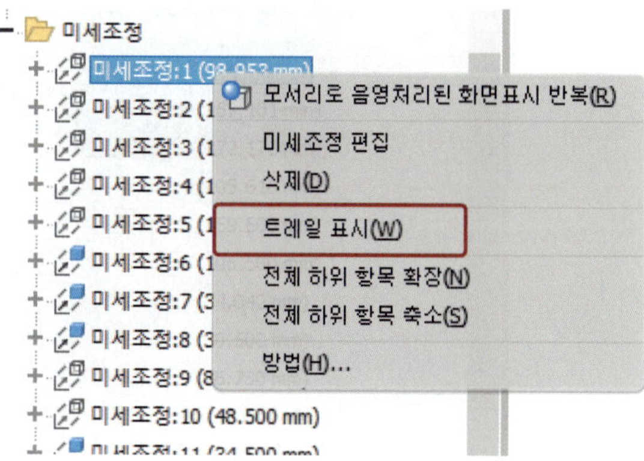

다른 미세조정 방향을 정의하려면 찾기를 클릭하고 면 또는 모서리를 선택하여 벡터를 재정의합니다.

❼ 트레일 가시성

• 모형 검색기에서 미세조정 노드를 마우스 오른쪽 버튼으로 클릭하고 트레일 숨기기 또는 트레일 표시를 선택합니다. 미세조정 편집을 사용하여 트레일을 추가 또는 삭제할 수도 있습니다.

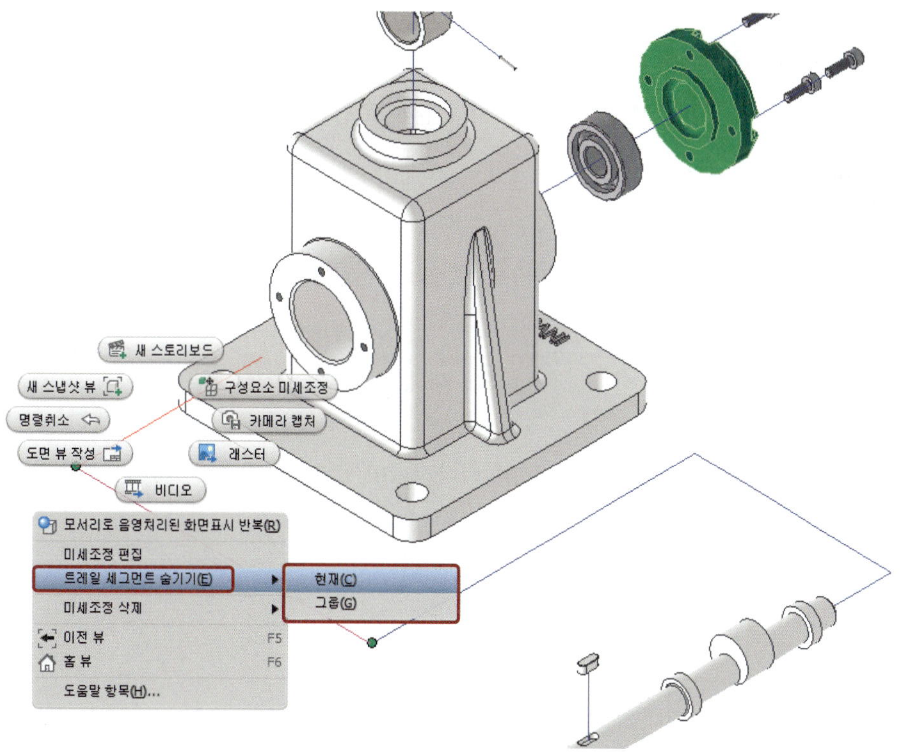

• 트레일에서 마우스 오른쪽 버튼으로 클릭하고 트레일 세그먼트 숨기기를 선택합니다. 현재 트레일 또는 전체 그룹을 숨길 수 있습니다.

• 객체에서 마우스 오른쪽 버튼 클릭으로 트레일 숨기기 또는 전체 트레일을 표시합니다.

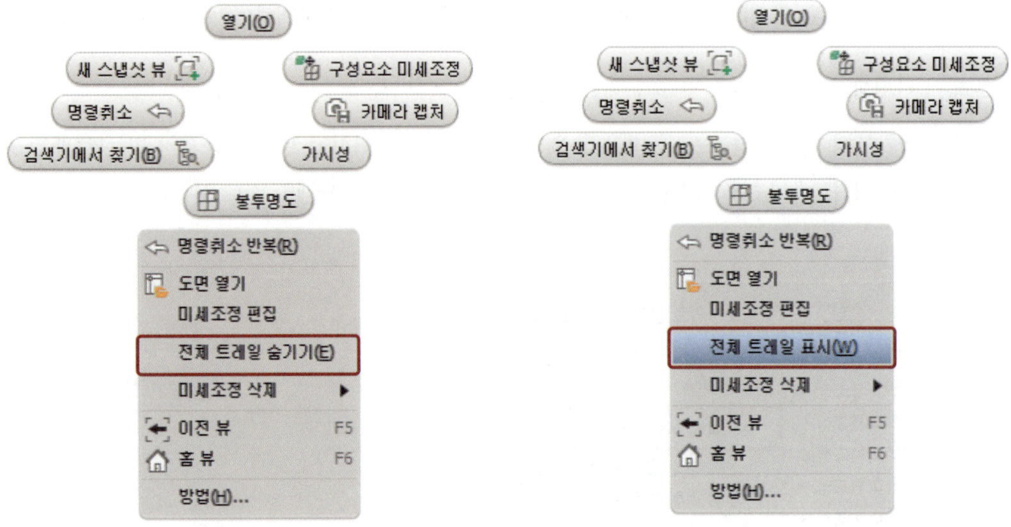

5 카메라 캡처

현재 카메라 위치를 저장합니다.

6 도면 뷰 작성

IPN 파일에 저장된 스냅샷 뷰를 기반으로 도면 뷰를 작성합니다. 도면 뷰에는 스냅샷 뷰에 대한 링크가 유지되므로 스냅샷 뷰가 변경되면 도면 뷰도 업데이트됩니다.

7 비디오

AVI 및 WMV 비디오 파일에 스토리보드를 게시할 수 있습니다. 대화창의 출력에서 출력 파일 이름을 입력하고 파일 저장 위치를 지정합니다.

8 래스터로 게시

스냅샷 뷰를 기반으로 이미지 파일을 작성합니다. BMP, GIF, JPG, PNG 및 TIFF 유형의 파일을 지원합니다.

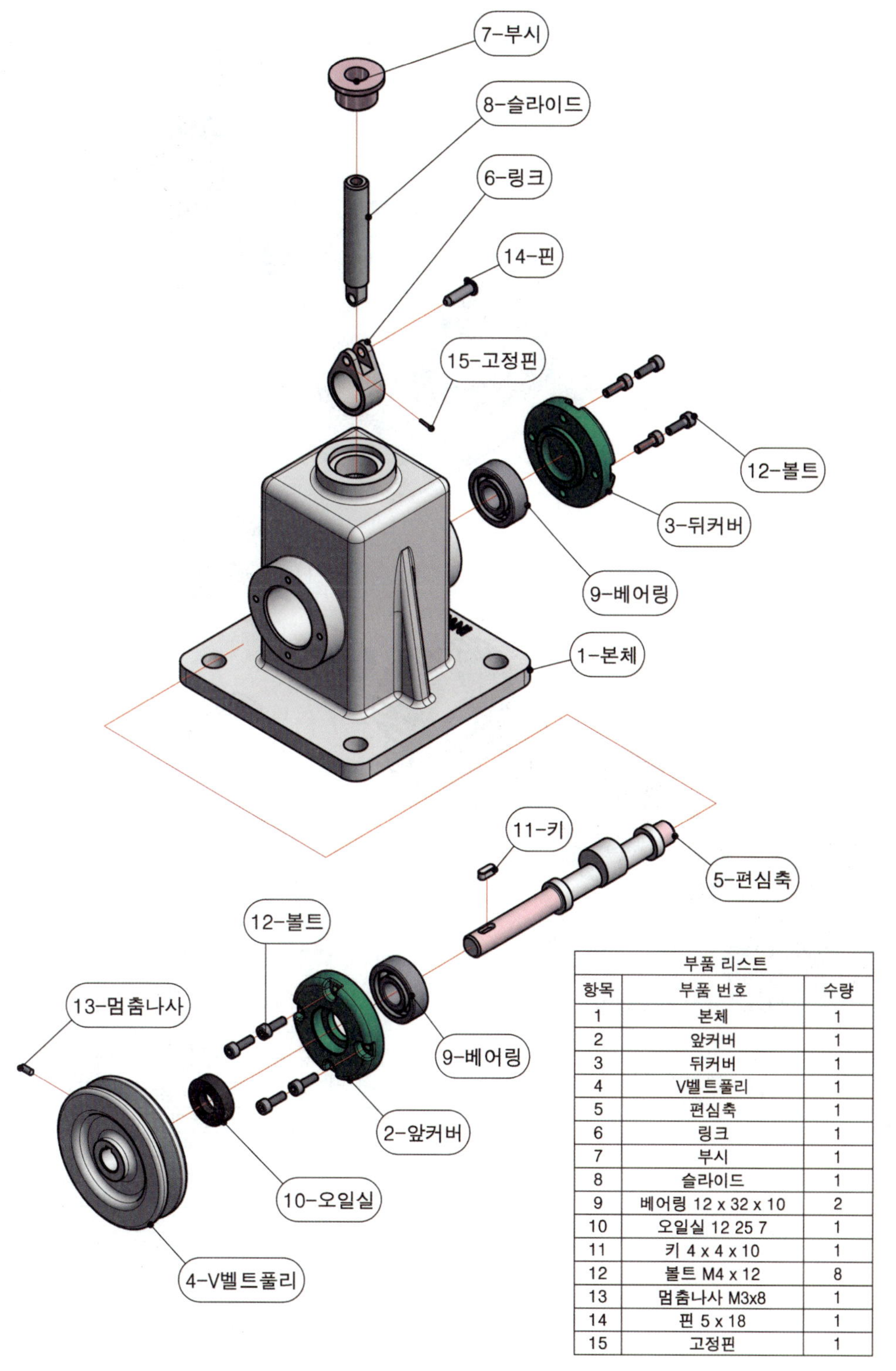

부품 리스트		
항목	부품 번호	수량
1	본체	1
2	앞커버	1
3	뒤커버	1
4	V벨트풀리	1
5	편심축	1
6	링크	1
7	부시	1
8	슬라이드	1
9	베어링 12 x 32 x 10	2
10	오일실 12 25 7	1
11	키 4 x 4 x 10	1
12	볼트 M4 x 12	8
13	멈춤나사 M3x8	1
14	핀 5 x 18	1
15	고정핀	1

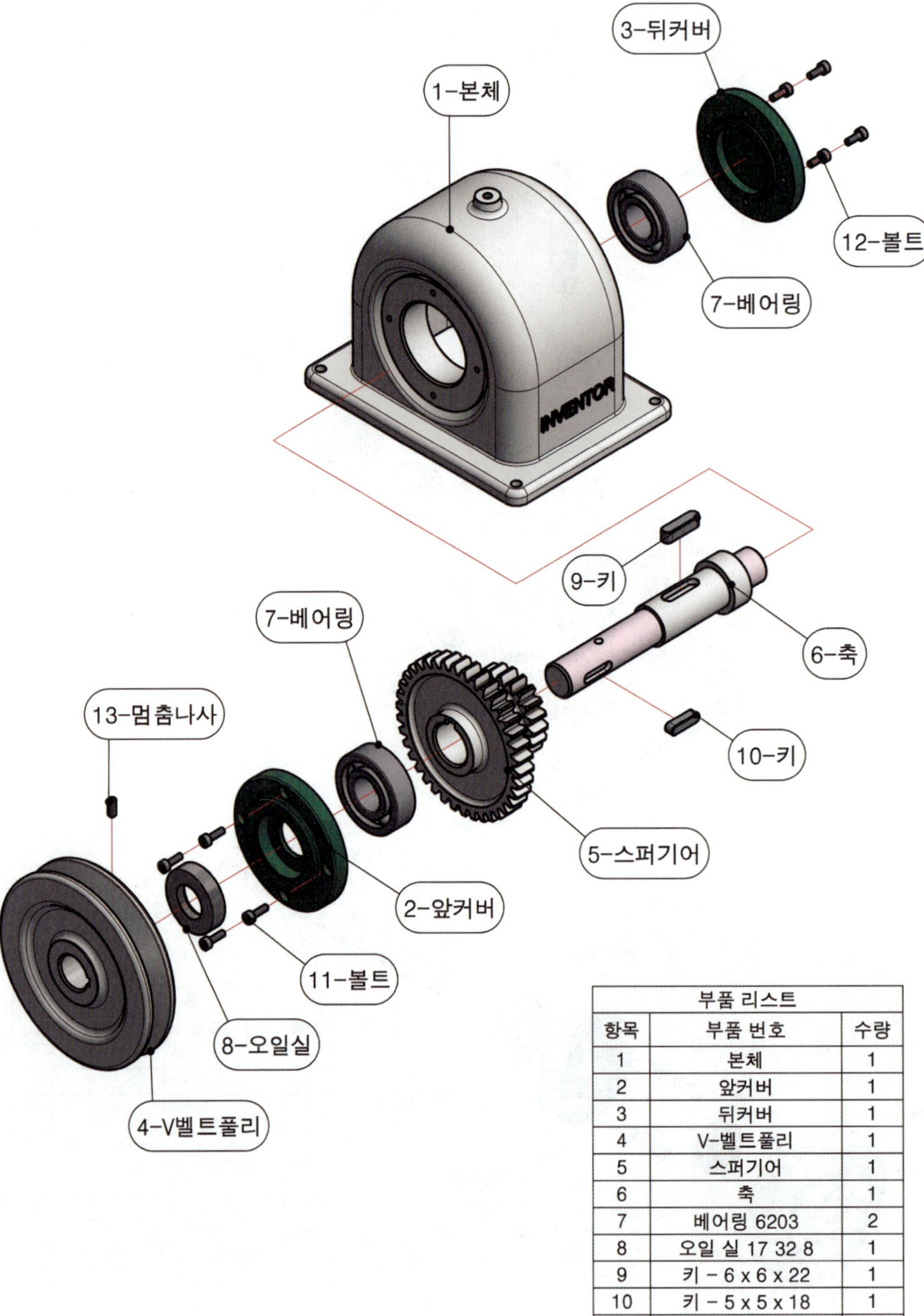

부품 리스트		
항목	부품 번호	수량
1	본체	1
2	앞커버	1
3	뒤커버	1
4	V-벨트풀리	1
5	스퍼기어	1
6	축	1
7	베어링 6203	2
8	오일 실 17 32 8	1
9	키 - 6 x 6 x 22	1
10	키 - 5 x 5 x 18	1
11	볼트 - M3 x 10	4
12	볼트 - M3 x 8	4
13	멈춤나사 - M4x10	1

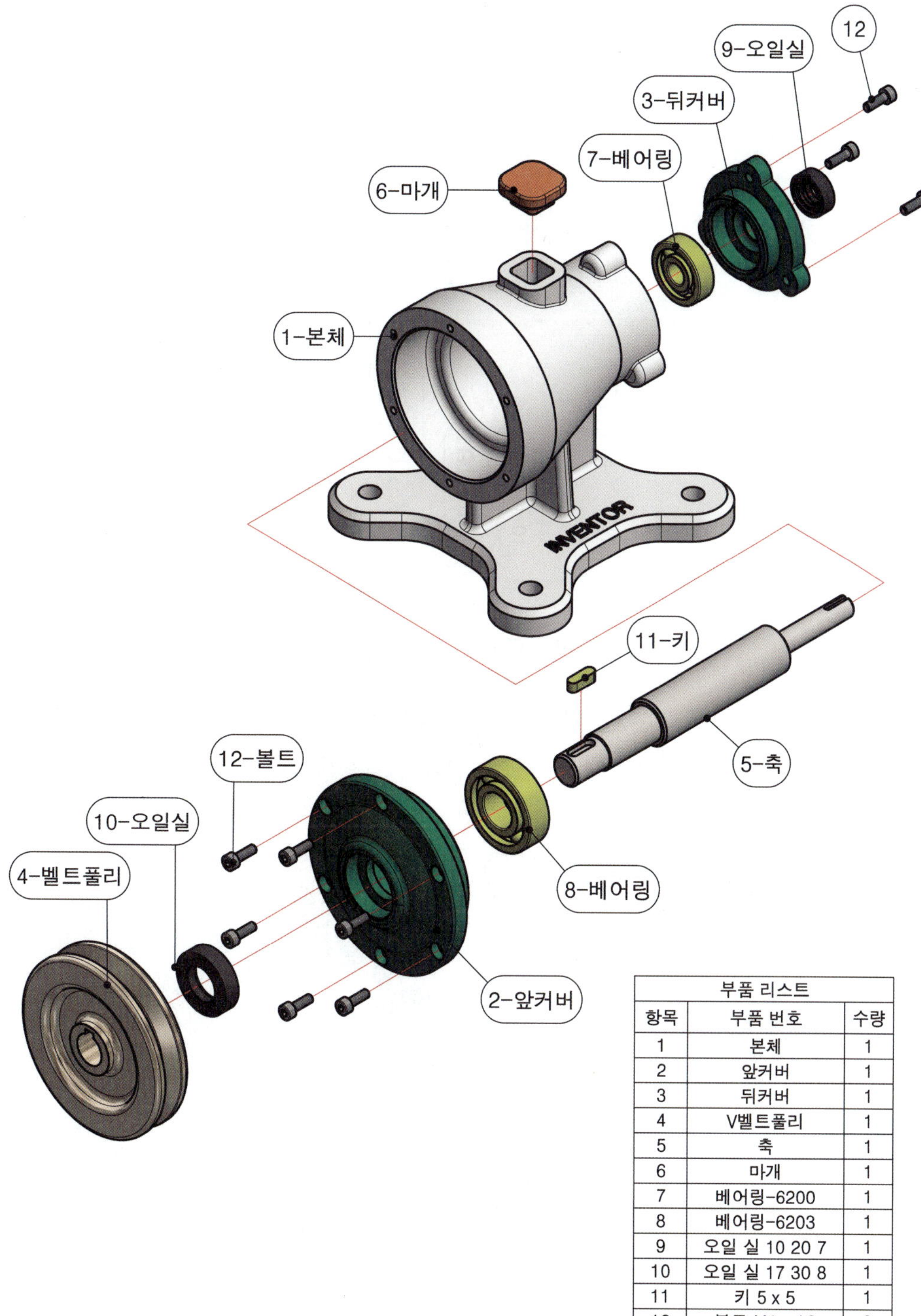

부품 리스트		
항목	부품 번호	수량
1	본체	1
2	앞커버	1
3	뒤커버	1
4	V벨트풀리	1
5	축	1
6	마개	1
7	베어링-6200	1
8	베어링-6203	1
9	오일 실 10 20 7	1
10	오일 실 17 30 8	1
11	키 5 x 5	1
12	볼트 M4 x 12	9

항목	부품 번호	수량
	부품 리스트	
1	본체	1
2	탑 커버	1
3	V-벨트풀리	1
4	편심축	1
5	링크	1
6	탑 부시	1
7	부시2	1
8	부시1	2
9	슬라이더	1
10	베어링 15 x 35 x 11	2
11	오일 실 15 25 7	1
12	키 4 x 4 x 18	1
13	볼트 M4 x 10	1
14	볼트 M4 x 12	4
15	멈춤링 35x1.6	1
16	멈춤링 15 x 1	1
17	와셔 4x16	1
18	와셔 10x21	1
19	너트 M10	1
20	클레스터 편 6 x 24	1
21	사이드 커버	1
22	고정판	1

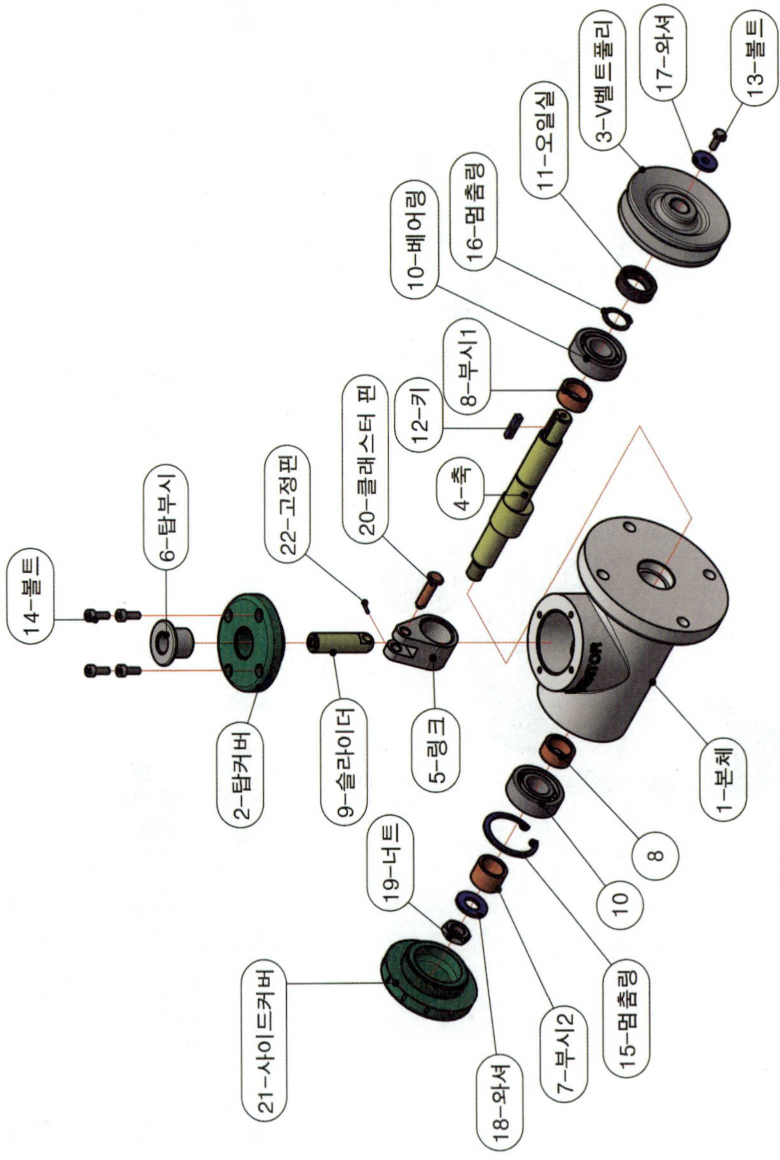

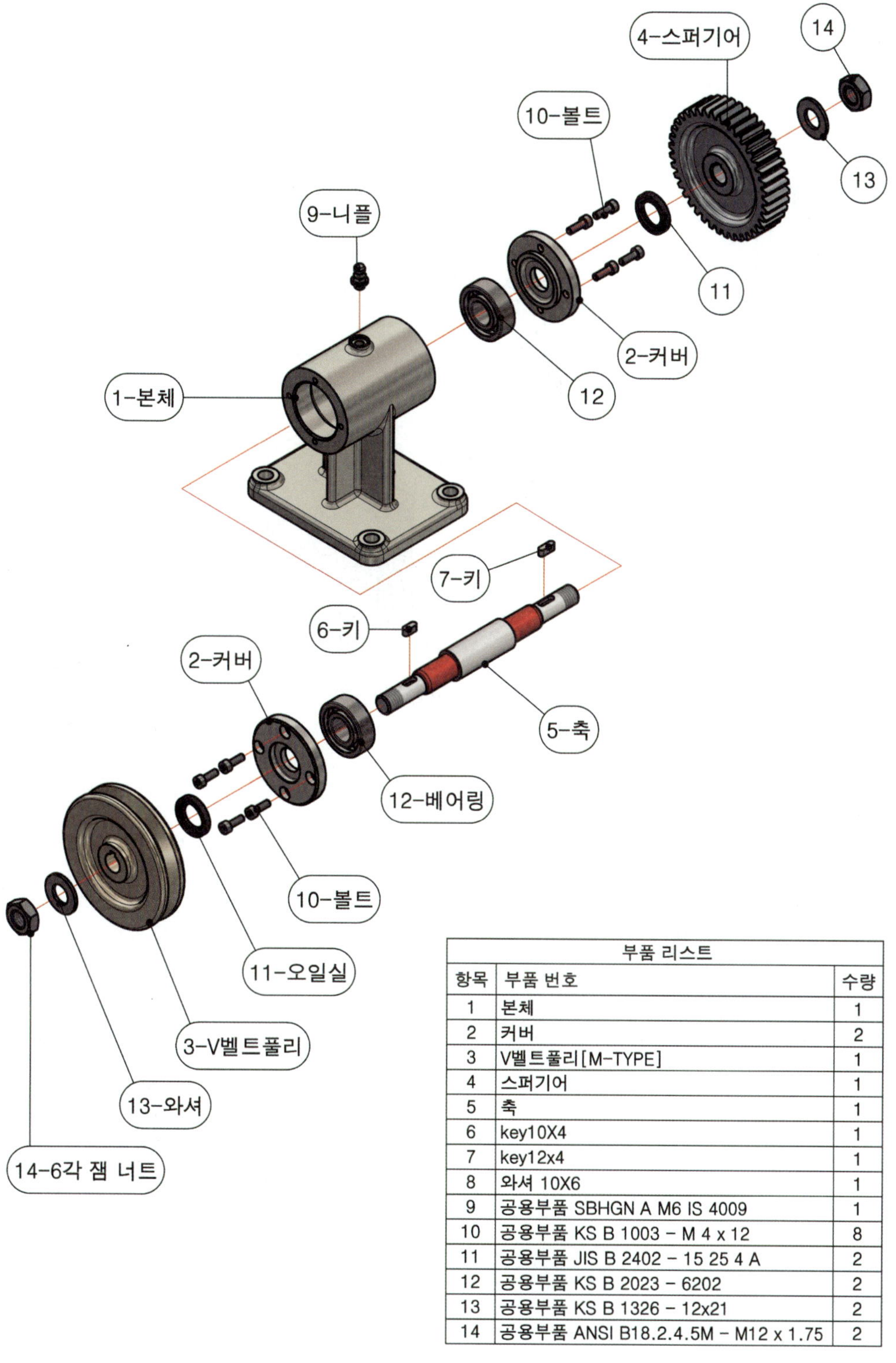

부품 리스트		
항목	부품 번호	수량
1	본체	1
2	커버	2
3	V벨트풀리[M-TYPE]	1
4	스퍼기어	1
5	축	1
6	key10X4	1
7	key12x4	1
8	와셔 10X6	1
9	공용부품 SBHGN A M6 IS 4009	1
10	공용부품 KS B 1003 – M 4 x 12	8
11	공용부품 JIS B 2402 – 15 25 4 A	2
12	공용부품 KS B 2023 – 6202	2
13	공용부품 KS B 1326 – 12x21	2
14	공용부품 ANSI B18.2.4.5M – M12 x 1.75	2

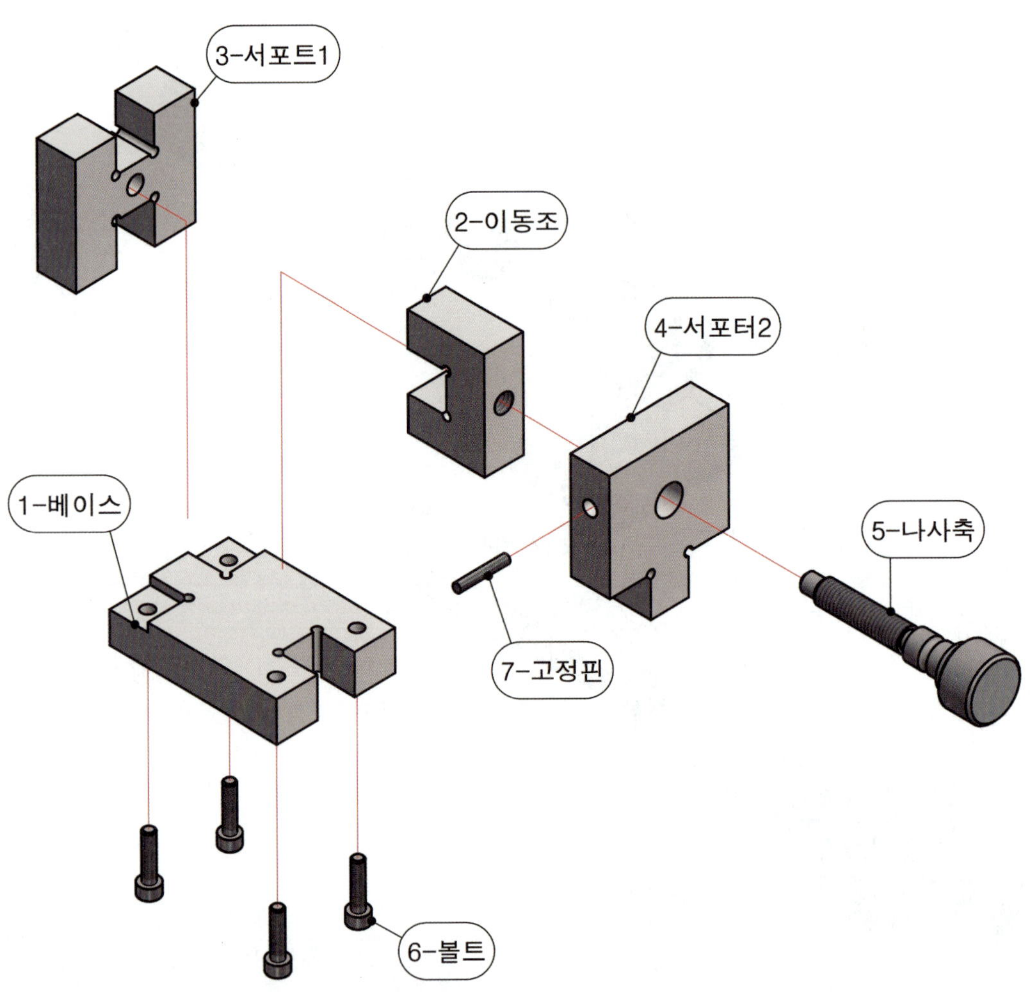

부품 리스트		
항목	부품 번호	수량
1	베이스	1
3	이동조	1
4	서포트1	1
2	서포터2	1
5	나사축	1
7	볼트 M 4 x 16	4
6	고정핀	1

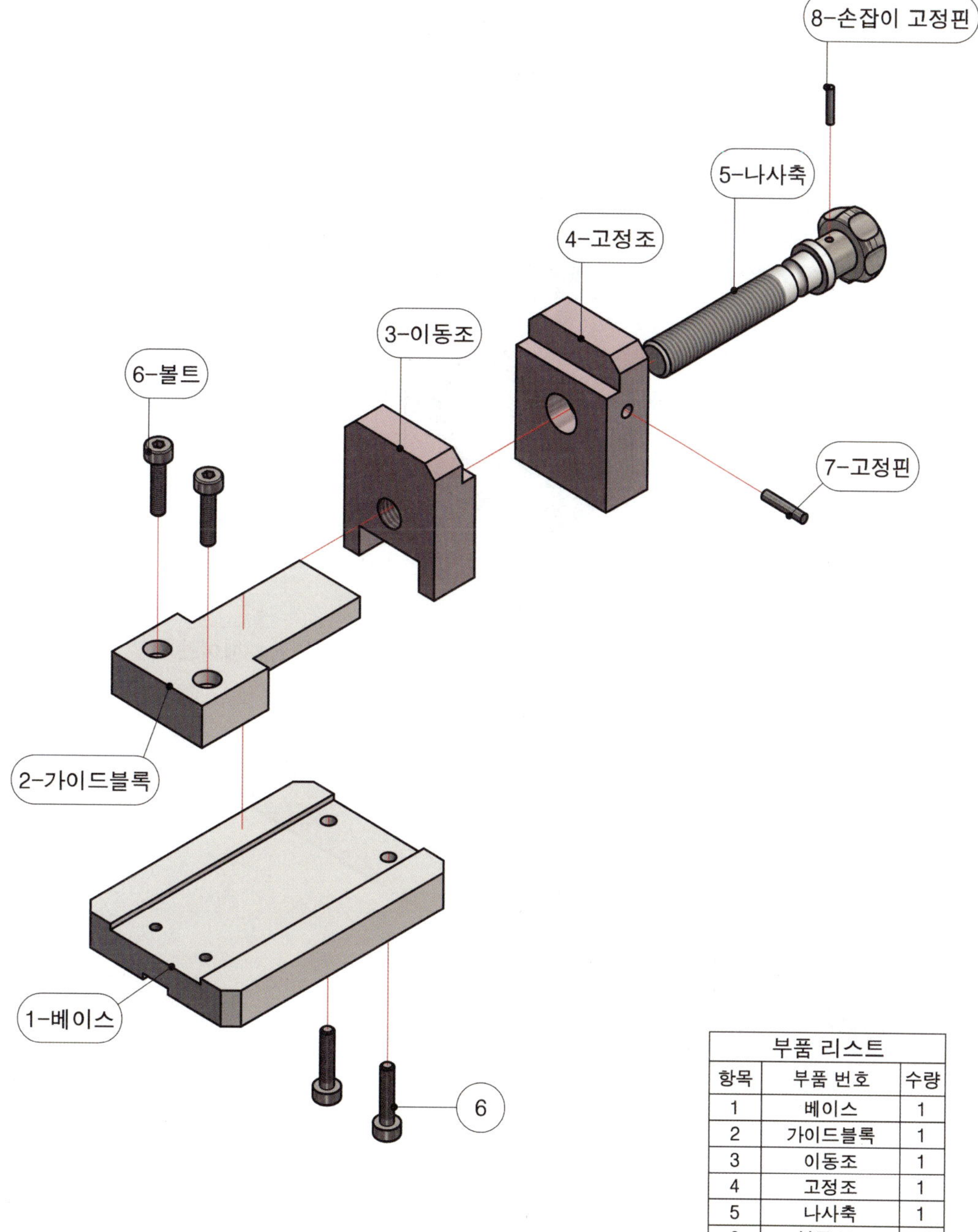

부품 리스트		
항목	부품 번호	수량
1	베이스	1
2	가이드블록	1
3	이동조	1
4	고정조	1
5	나사축	1
6	볼트 M4	4
7	고정핀	1
8	손잡이고정핀	1
9	손잡이4호	1

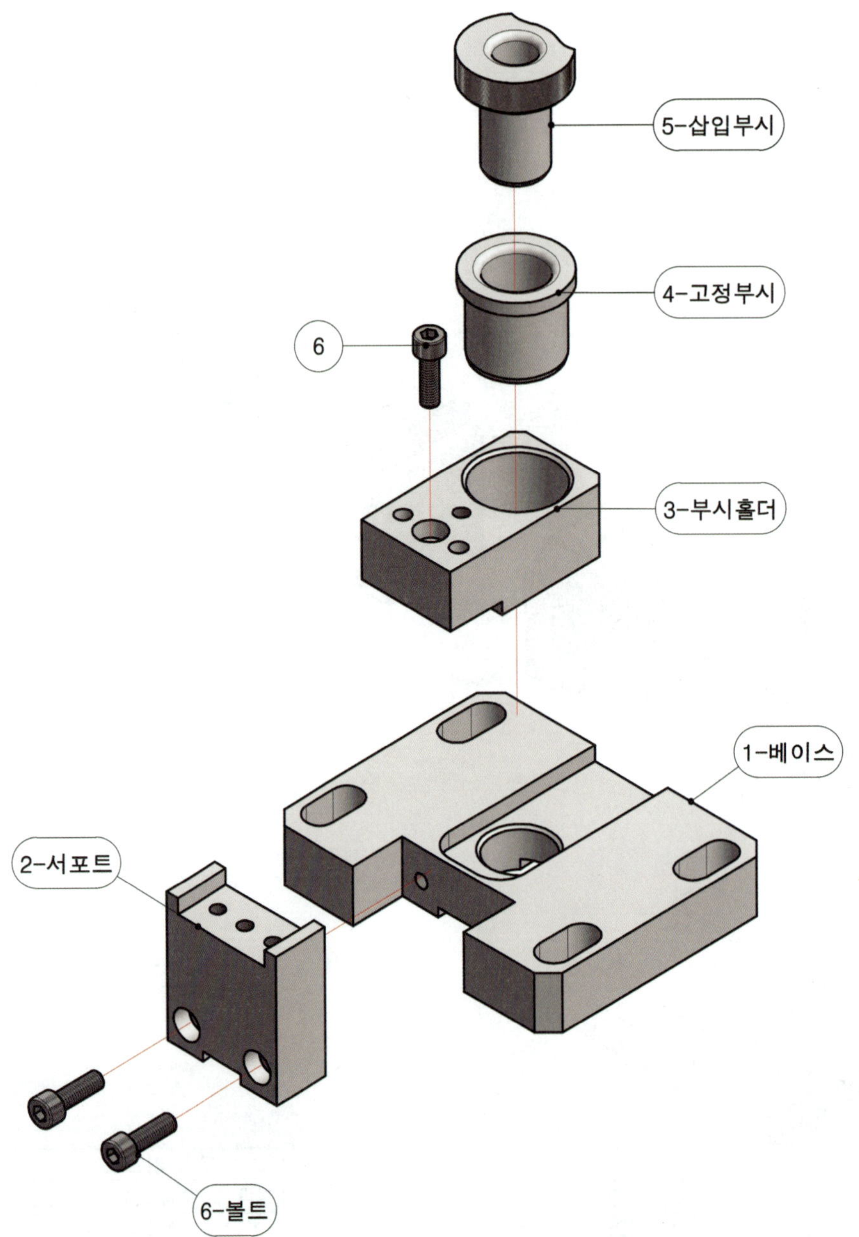

부품 리스트		
항목	부품 번호	수량
1	베이스	1
2	서포트	1
3	부시홀더	1
4	고정부시	1
5	삽입부시	1
6	볼트 KS B 1003 – M 5 x 16	3

CAM 도면을 통해 곡면(Surface) 기능을 활용하여 모델링 해봅니다. 난이도가 있는 모델링으로서 실무능력에서의 능력을 향상할 수 있도록 학습합니다.

1 서피스 기능

NO	icon	기능	NO	icon	기능
1		스티치	5		자르기(단축 명령 : P)
2		패치	6		연장
3		조각	7		면 대체(단축 명령 : N)
4		직선보간 곡면			

1 스티치

생성된 경계 패치를 하나의 경계로 작업할 수 있는 기능으로 모두 **닫힌 경계를 선택하여 스티치 하게 되면 솔리드로 변환**됩니다. 각각의 천을 바느질해서 하나의 모양을 만드는 과정으로 면을 솔리드로 접합합니다. 접합될 곡면 모서리의 크기는 같아야 하고 서로 인접해야 하며, 체적을 형성하는 곡면을 스티치 하면 솔리드가 작성됩니다.

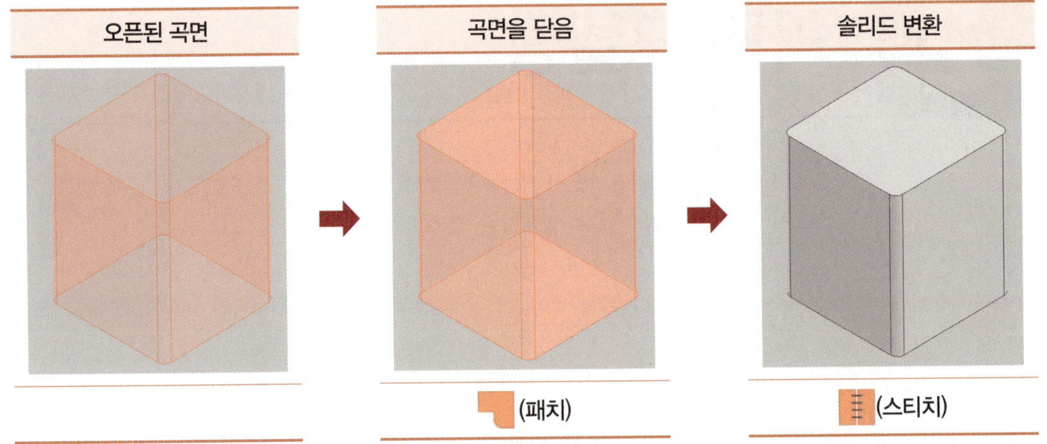

2 패치

경계 패치 기능을 이용하여 **오픈되어 있는 곡면을 닫아 줄 수 있습니다.** 지정한 닫힌 루프의 경계 내에서 평면 표면 또는 3D 표면을 작성하며, 곡면의 각 모서리에 접촉, 접선 및 부드럽게 경계 조건을 적용할 수 있습니다.

③ 조각 

곡면을 이용하여 솔리드 모양을 변형할 수 있으며, **솔리드 모형에 재질을 추가하거나 솔리드 모형에서 재질을 제거하거나 선택한 곡면 형상을 기준으로 곡면 피쳐를 추가하거나 제거합니다.** 조각은 둘러싸인 체적을 형성하는 자르지 않은 곡면 형상으로부터 새 솔리드 본체를 작성하며, 조각은 원치 않은 재질을 잘라냅니다.

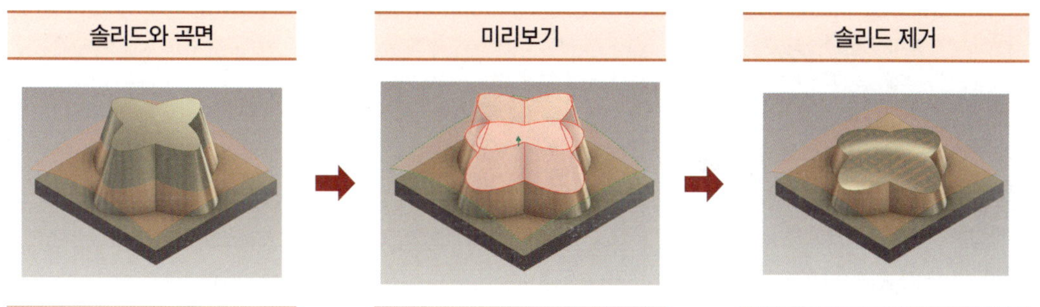

④ 직선보간 곡면

선택한 모서리에서 지정된 거리 및 방향으로 연장되는 곡면을 작성하며, 방향은 선택한 면에 대해 법선 또는 접선에 의해 자동으로 설정됩니다. 벡터를 사용하여 면, 작업 평면, 모서리 또는 축을 통해 설정합니다.

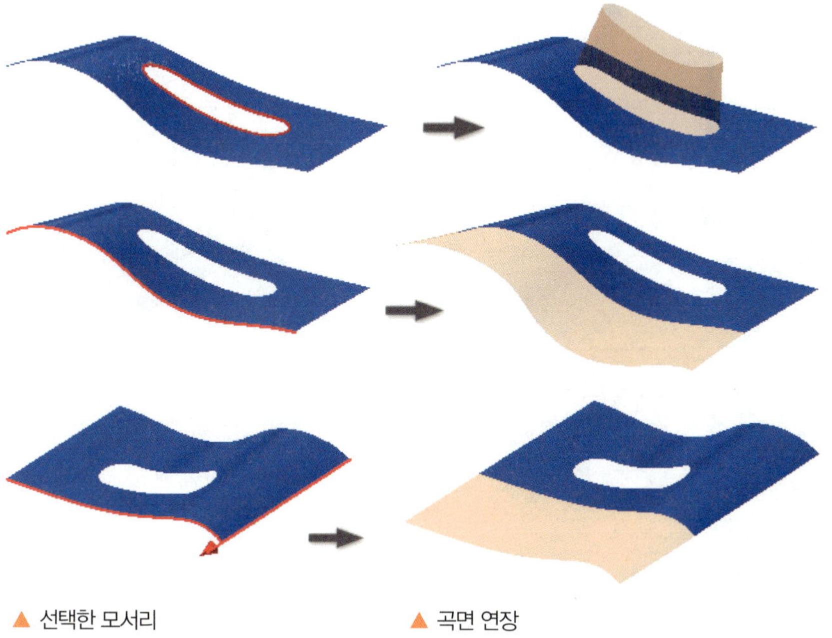

▲ 선택한 모서리   ▲ 곡면 연장

5 자르기 ✂(P)

교차된 곡면 중 필요한 부분만 남기고 자를 수 있으며, 절단 명령에 의해 정의된 곡면의 영역을 제거합니다. 절단 도구는 곡면 퀼트, 단일 부품 면, 단일 비교차 2D 스케치 곡선 또는 작업 평면이 될 수 있으며, 곡면 자르기는 곡면을 교차하지 않는 2D 스케치 절단 명령을 자동으로 연장합니다.

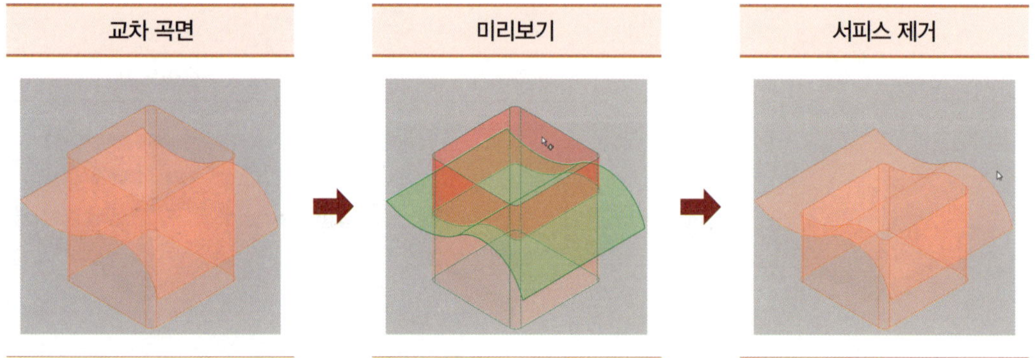

6 연장

곡면의 모서리를 선택하여 연장하는 기능으로 거리 또는 종료 평면을 지정하여 하나 이상의 방향으로 곡면을 연장합니다. 대화상자에서 '자세히'를 클릭하여 모서리를 연장할 방법을 지정합니다. 연장 시 선택한 모서리와 인접한 모서리의 방향을 따르며, 늘이기 시 선택한 모서리에 인접한 모서리에서 직선으로 모서리를 연장합니다.

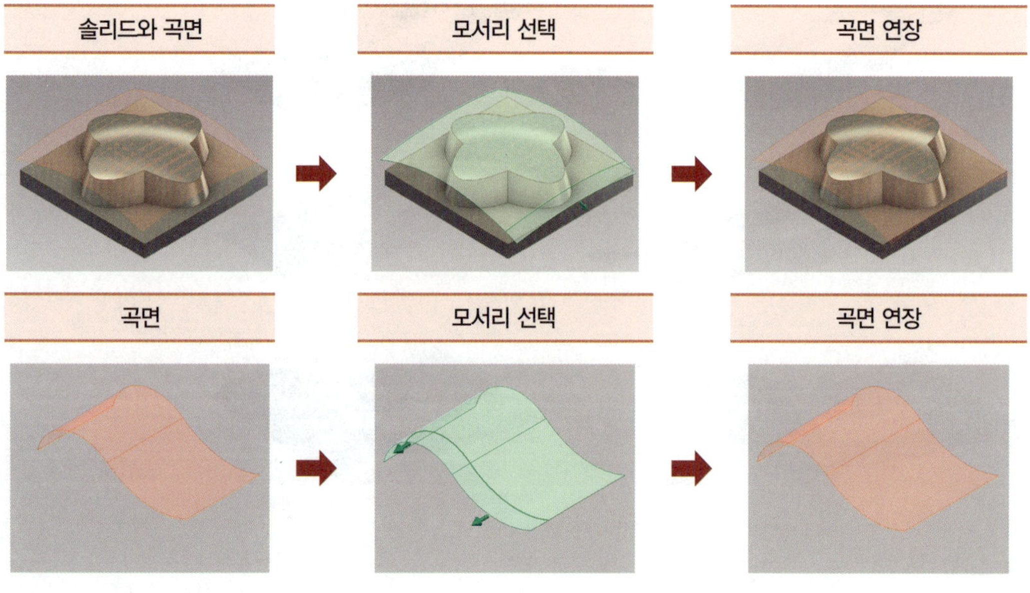

⑦ 면 대체 (N)

생성된 면을 기준으로 솔리드 모양을 변형할 수 있습니다. 하나 이상의 부품 면을 다른 면으로 대체
하고, 새 면은 부품을 완전히 교차하며, 필요한 경우 면 대체는 새 면을 잘라 기존 부품 면과 일치시
킵니다.

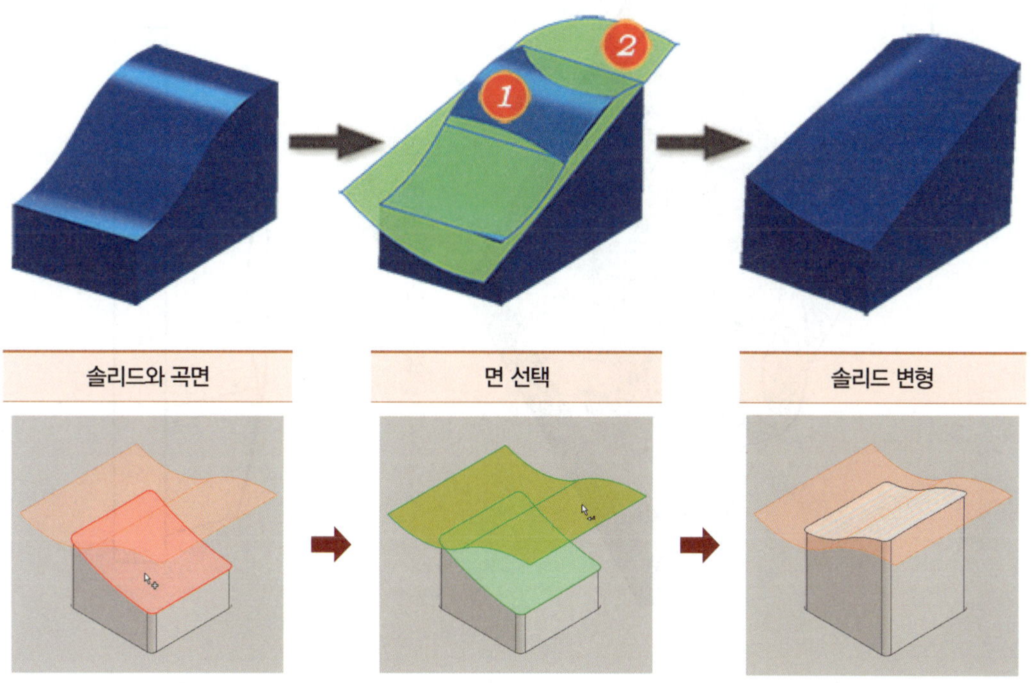

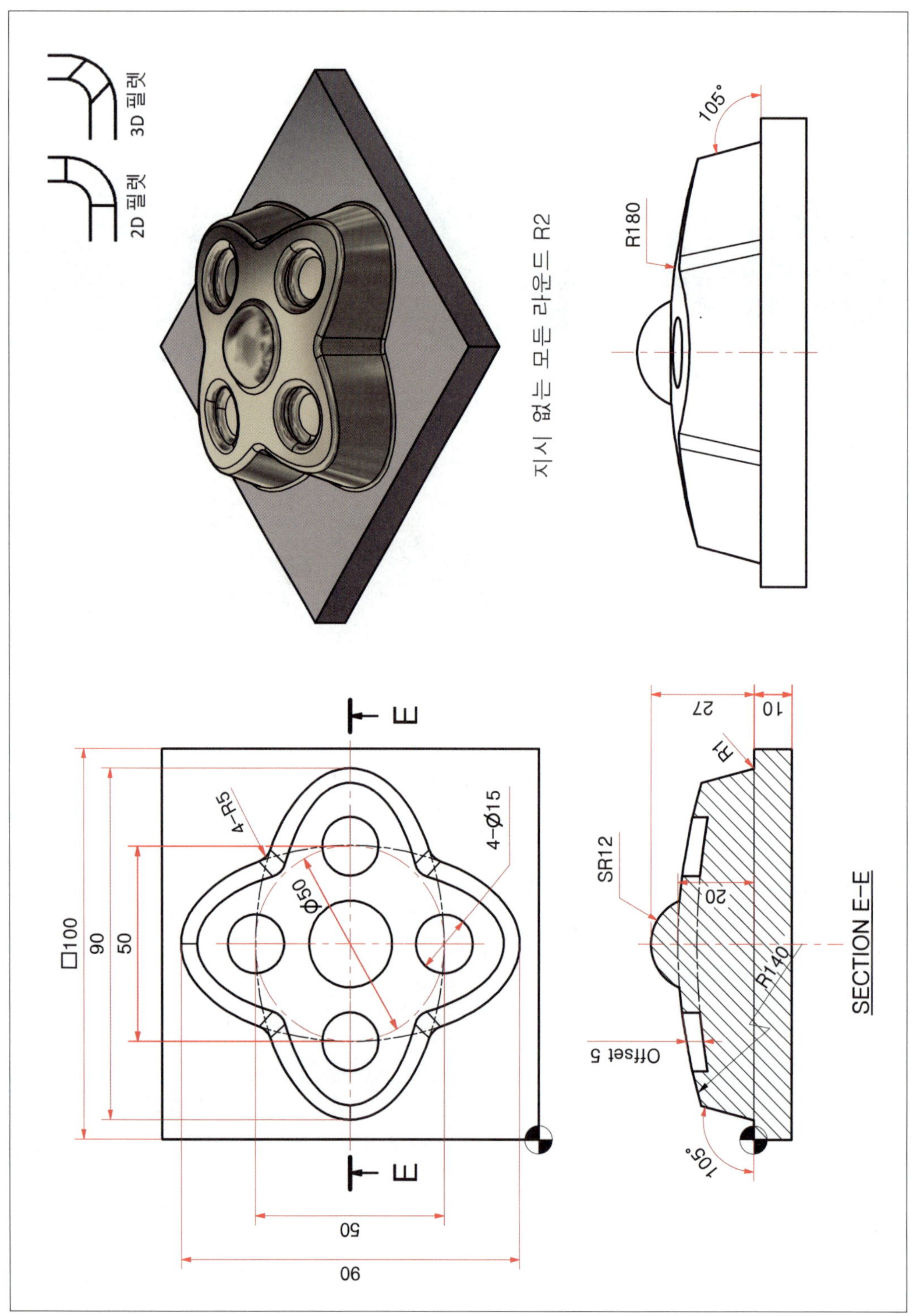
2D 필렛
3D 필렛
지시 없는 모든 라운드 R2
105°
R180
□100
90
50
4-R5
Ø50
4-Ø15
E
E
50
90
SR12
27
10
R1
20
R140
Offset 5
105°
SECTION E-E

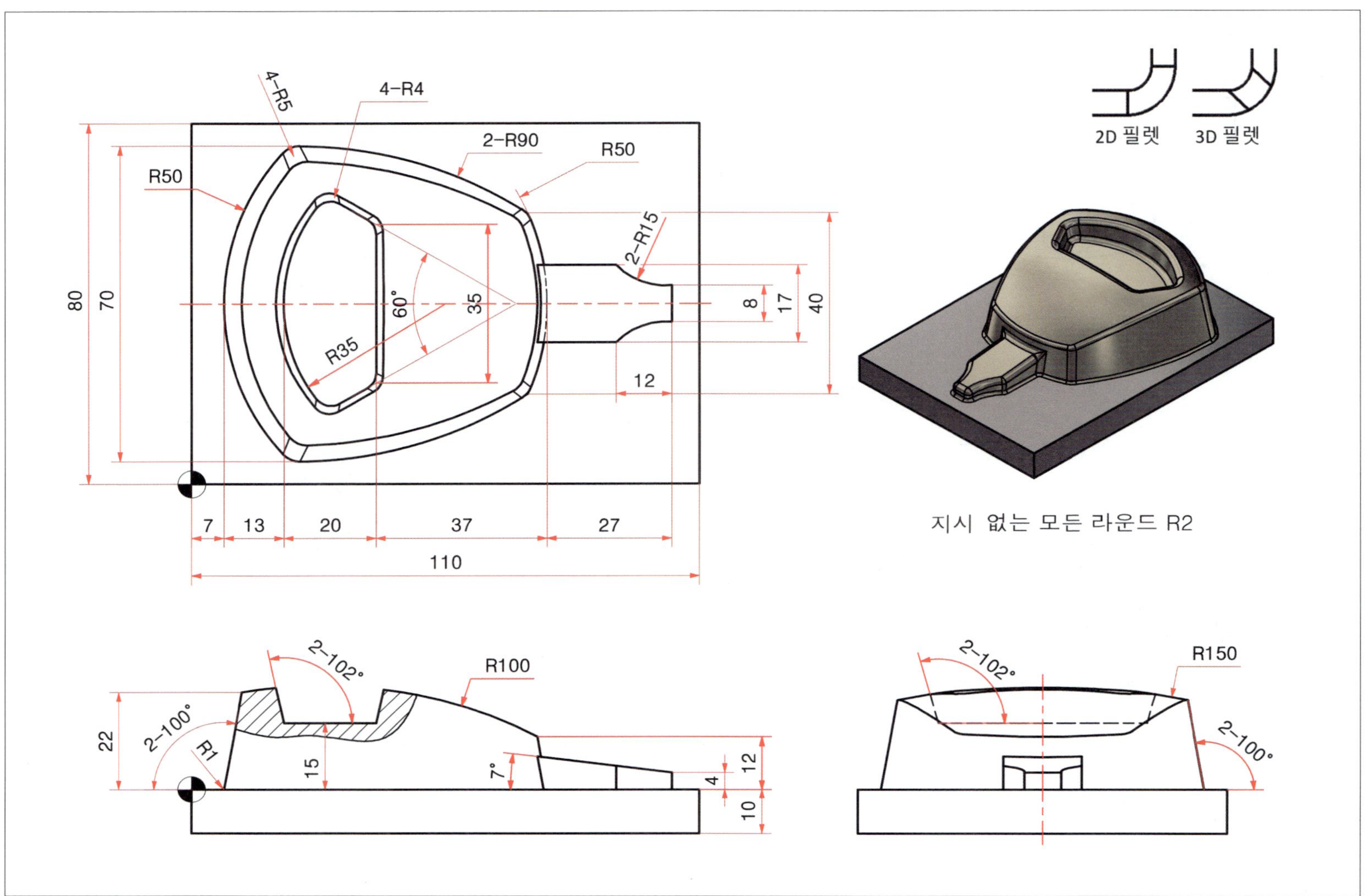

2D 필렛
3D 필렛
지시 없는 모든 라운드 R2
4-R5
4-R4
2-R90
R50
R50
2-R15
60°
35
R35
80
70
8
17
40
12
7
13
20
37
27
110
2-102°
R100
2-100°
R1
22
15
7°
4
12
10
2-102°
R150
2-100°

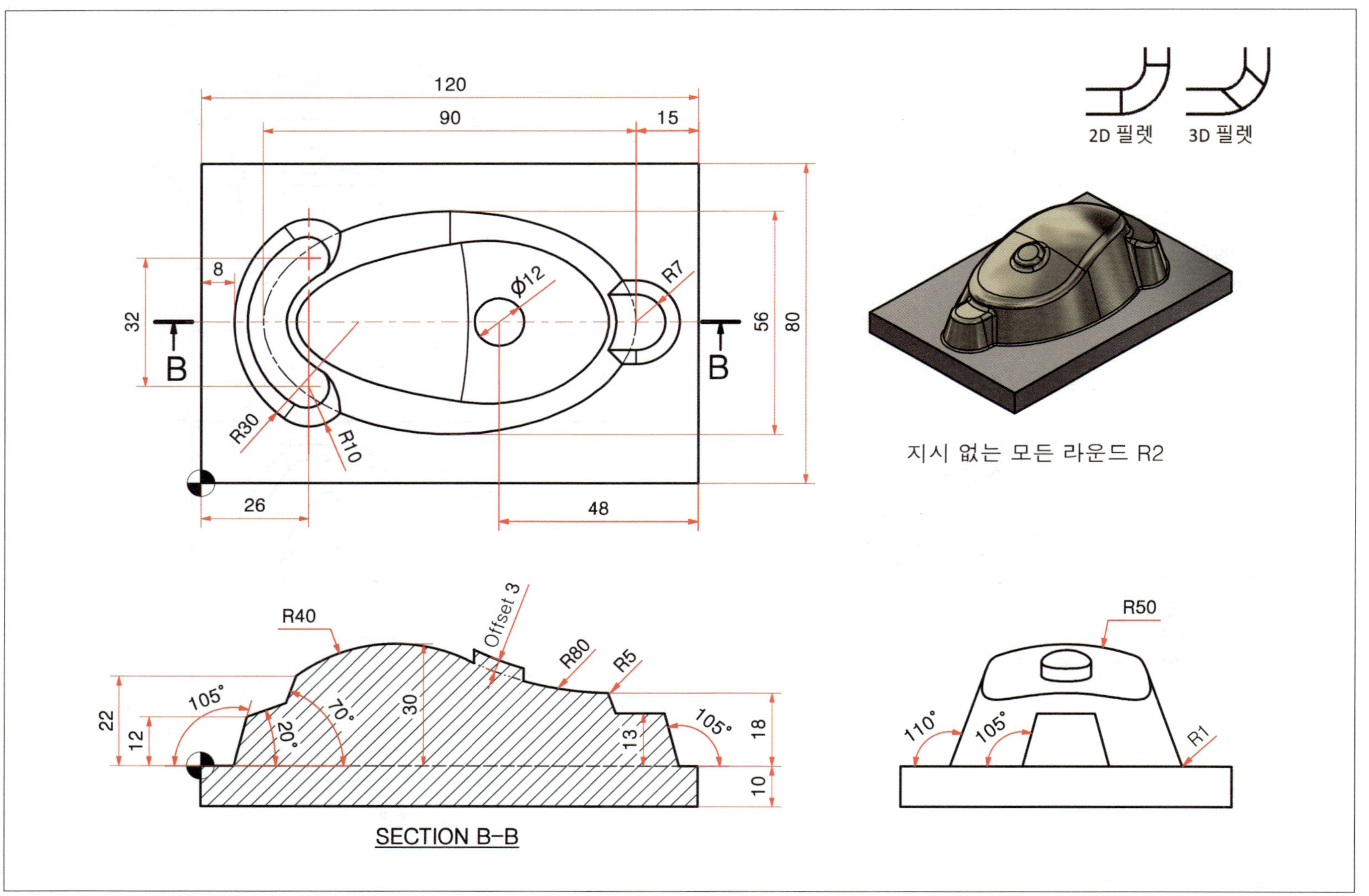

2D 필렛
3D 필렛
120
90
15
8
Φ12
R7
32
56
80
B
B
R30
R10
26
48
지시 없는 모든 라운드 R2
R40
Offset 3
R80
R5
22
12
105°
20°
70°
30
13
105°
18
10
SECTION B-B
R50
110°
105°
R1

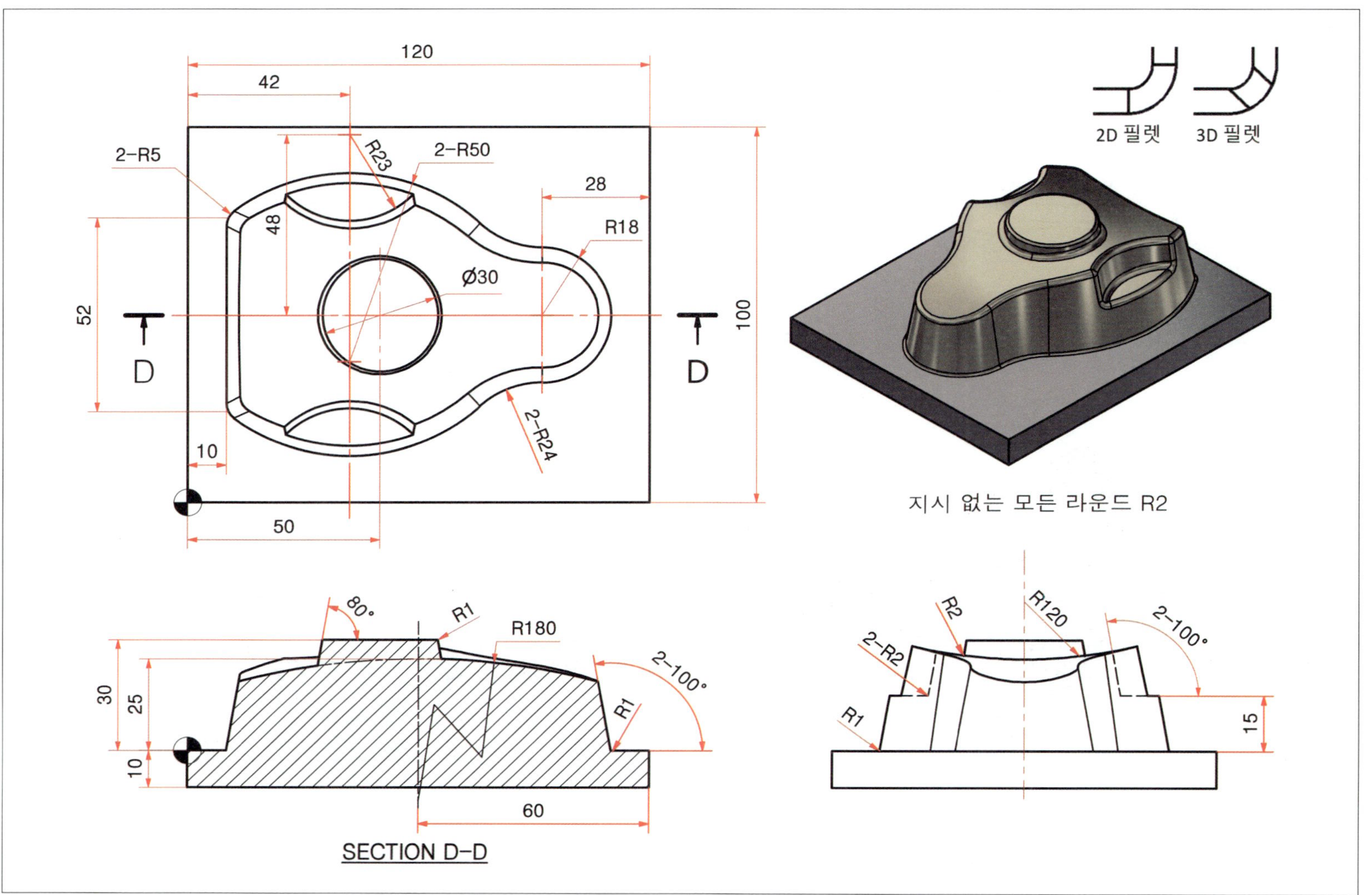

2D 필렛
3D 필렛
120
42
2-R5
R23
2-R50
28
48
R18
Ø30
52
100
D
D
10
2-R24
50
지시 없는 모든 라운드 R2
80°
R1
R180
2-100°
30
25
R1
10
60
SECTION D-D
2-R2
R2
R120
2-100°
R1
15

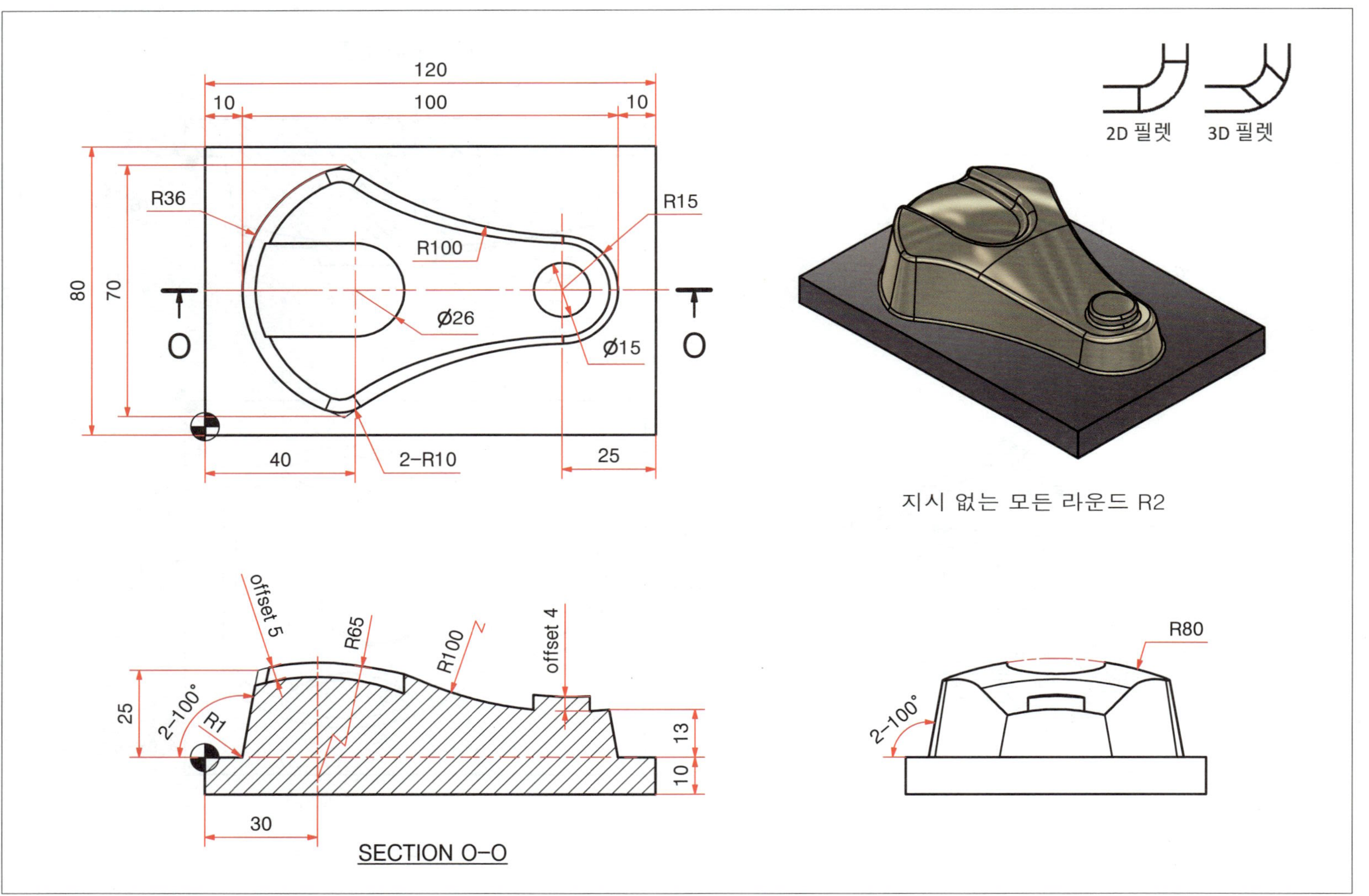

2D 필렛
3D 필렛
120
10
100
10
R36
R100
R15
80
70
Ø26
Ø15
O
O
40
2-R10
25
지시 없는 모든 라운드 R2
offset 5
R65
R100
offset 4
25
2-100°
R1
13
10
30
SECTION O-O
R80
2-100°

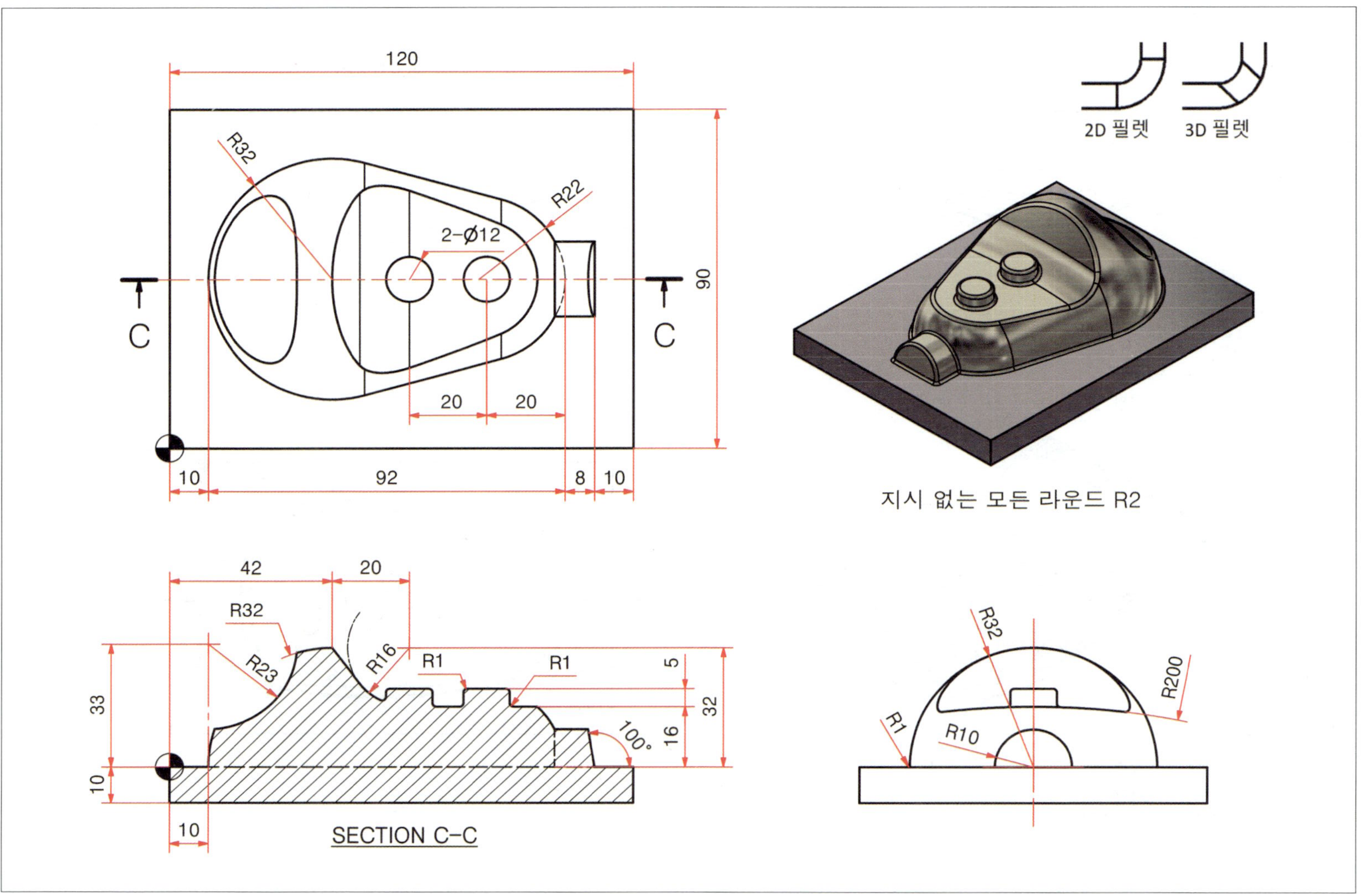
2D 필렛
3D 필렛
120
90
R32
R22
2-Ø12
20
20
10
92
8
10
C
C
지시 없는 모든 라운드 R2
42
20
R32
R23
R16
R1
R1
5
32
16
100°
33
10
10
SECTION C-C
R32
R200
R1
R10

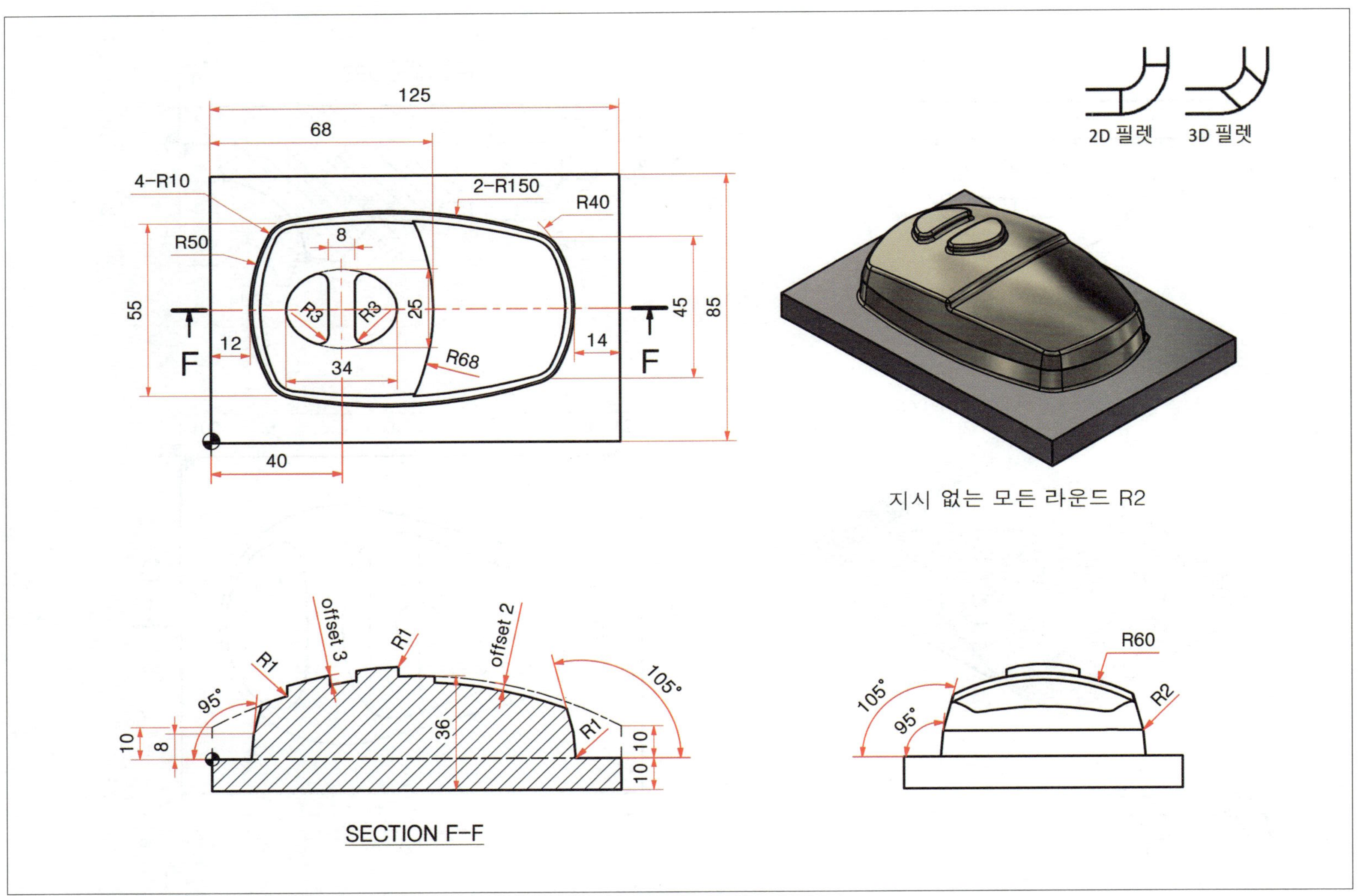

2D 필렛
3D 필렛
125
68
4-R10
2-R150
R40
R50
8
55
R3
R3
25
85
45
F
F
12
14
34
R68
40
지시 없는 모든 라운드 R2
offset 3
R1
offset 2
R1
105°
95°
R1
10
8
36
10
10
SECTION F-F
R60
105°
95°
R2

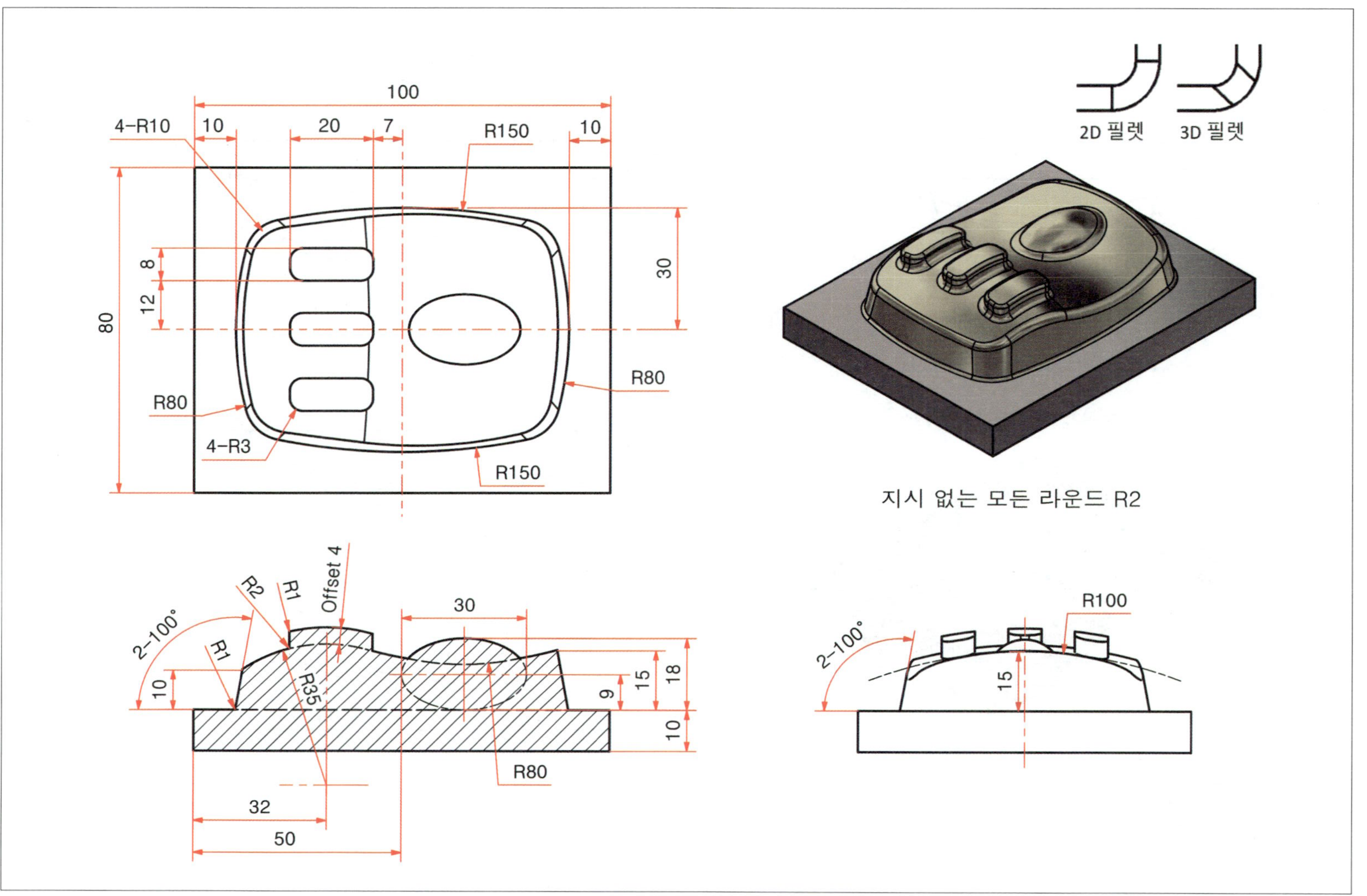

100
4-R10
10
20
7
R150
10
80
8
12
30
R80
R80
4-R3
R150
2D 필렛
3D 필렛
지시 없는 모든 라운드 R2
2-100°
R2
R1
Offset 4
R1
R35
30
15
18
9
10
32
50
R80
2-100°
R100
15

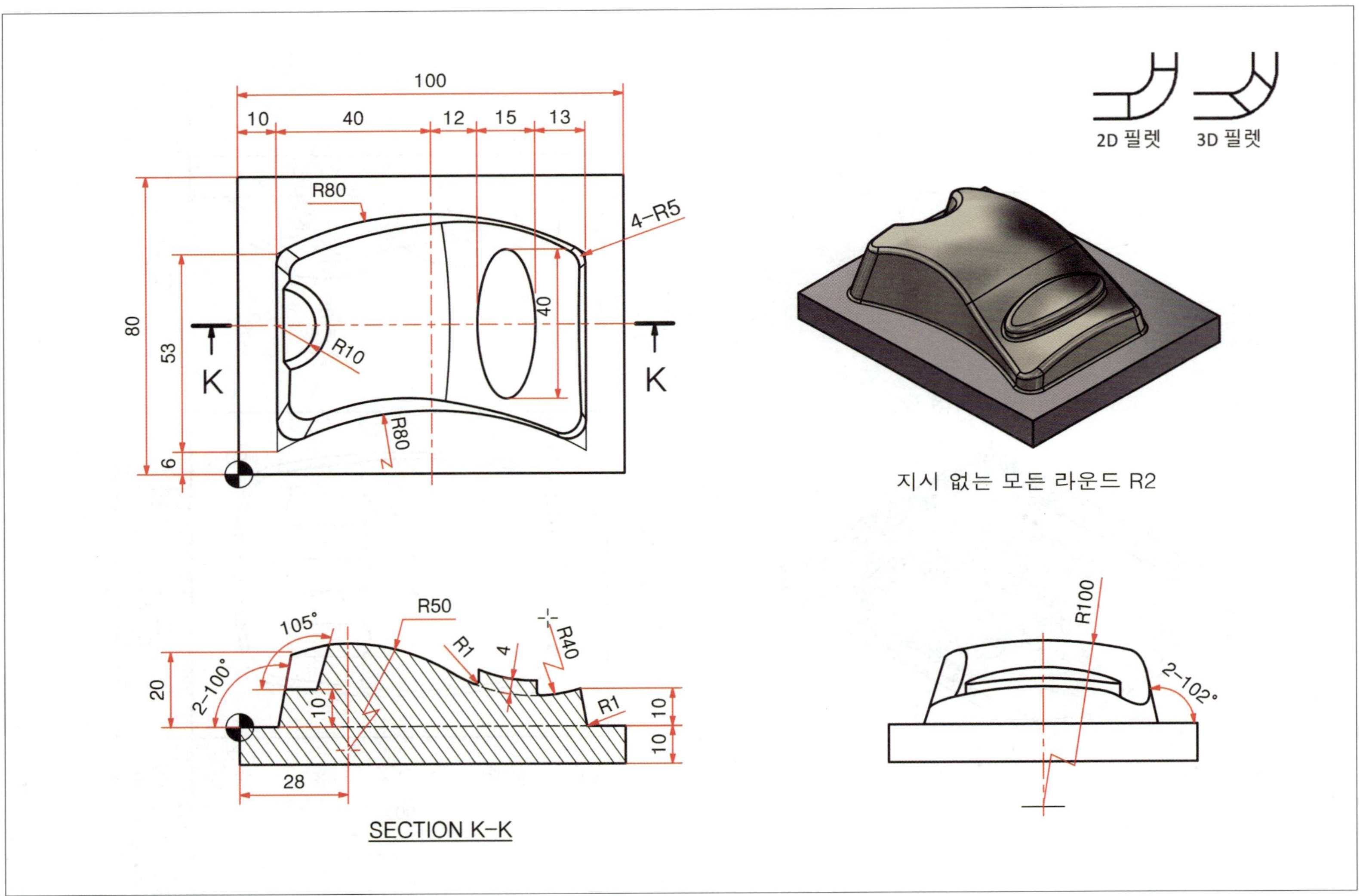

2D 필렛
3D 필렛
100
10
40
12
15
13
R80
4-R5
80
53
40
R10
6
R80
K
K
지시 없는 모든 라운드 R2
105°
R50
R1
4
R40
2-100°
20
10
R1
10
10
28
SECTION K-K
R100
2-102°

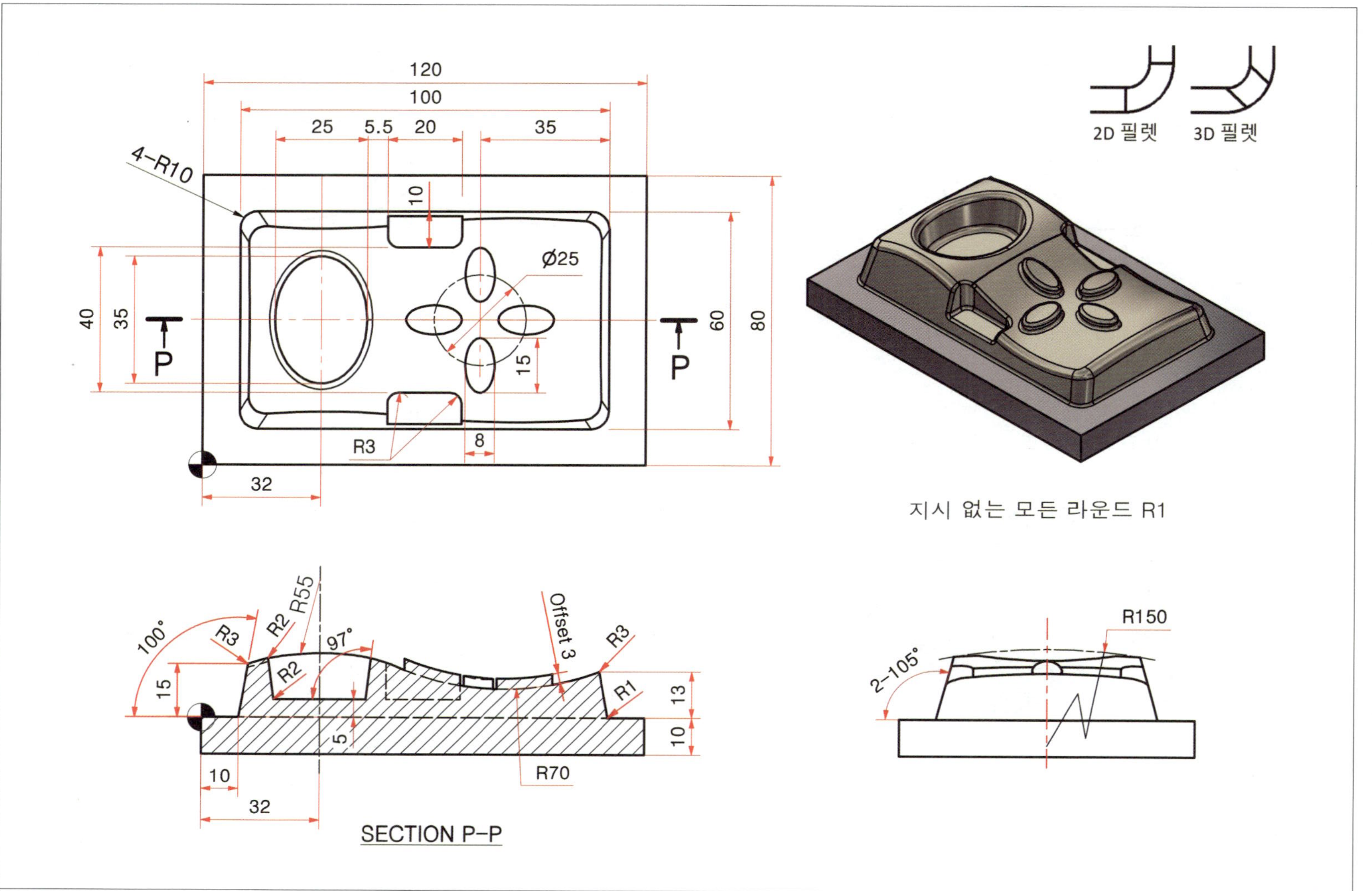
2D 필렛
3D 필렛
120
100
25
5.5
20
35
4-R10
10
Ø25
40
35
P
60
80
15
R3
8
32
P
지시 없는 모든 라운드 R1
100°
R3
R2 R55
R2
97°
Offset 3
R3
15
R1
5
10 13
10
R70
32
SECTION P-P
2~105°
R150

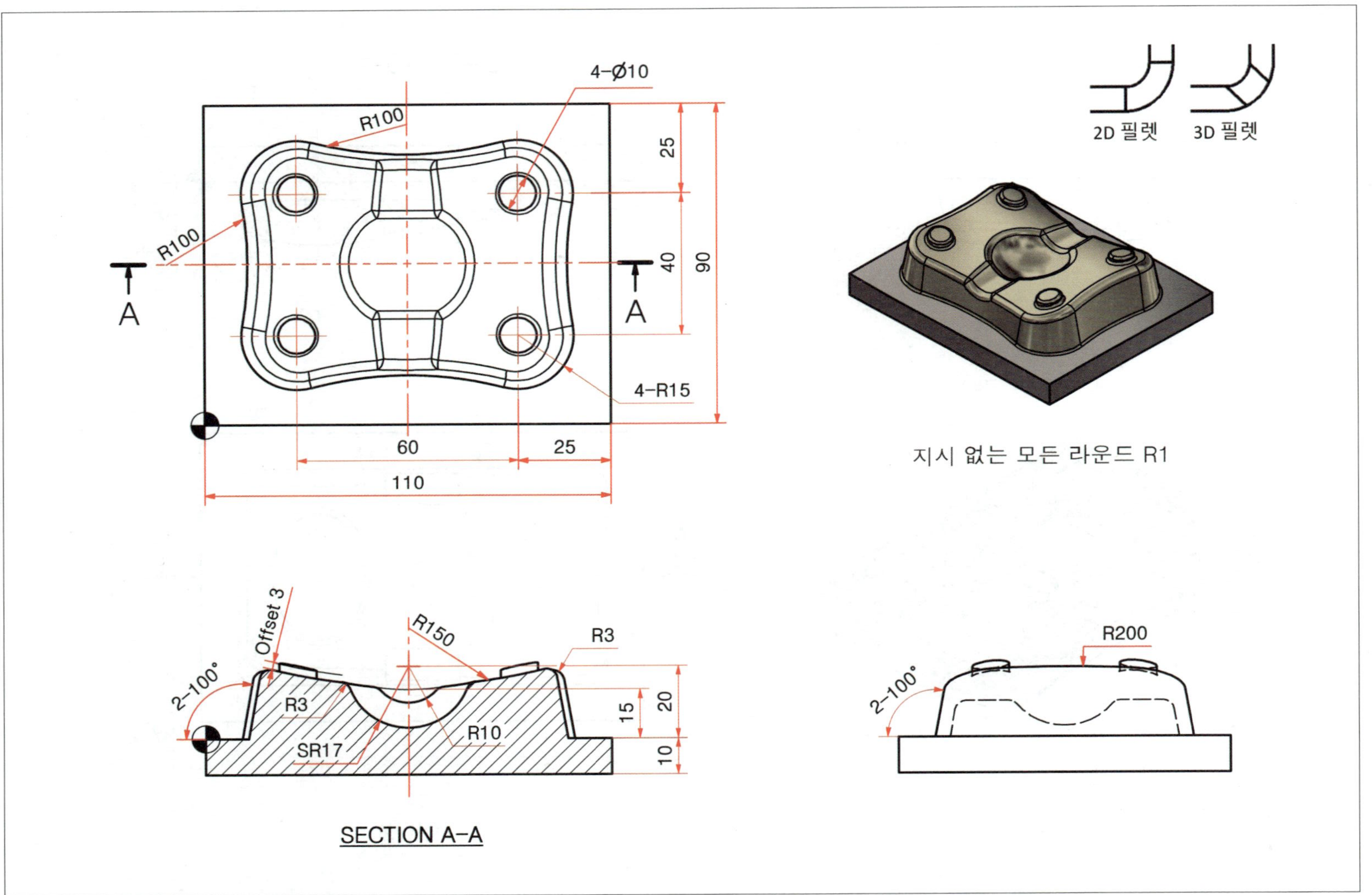

4-Ø10
R100
R100
25
40
90
A
A
4-R15
60
25
110
2D 필렛
3D 필렛
지시 없는 모든 라운드 R1
Offset 3
R150
R3
2-100°
R3
SR17
R10
15
20
10
SECTION A-A
R200
2-100°

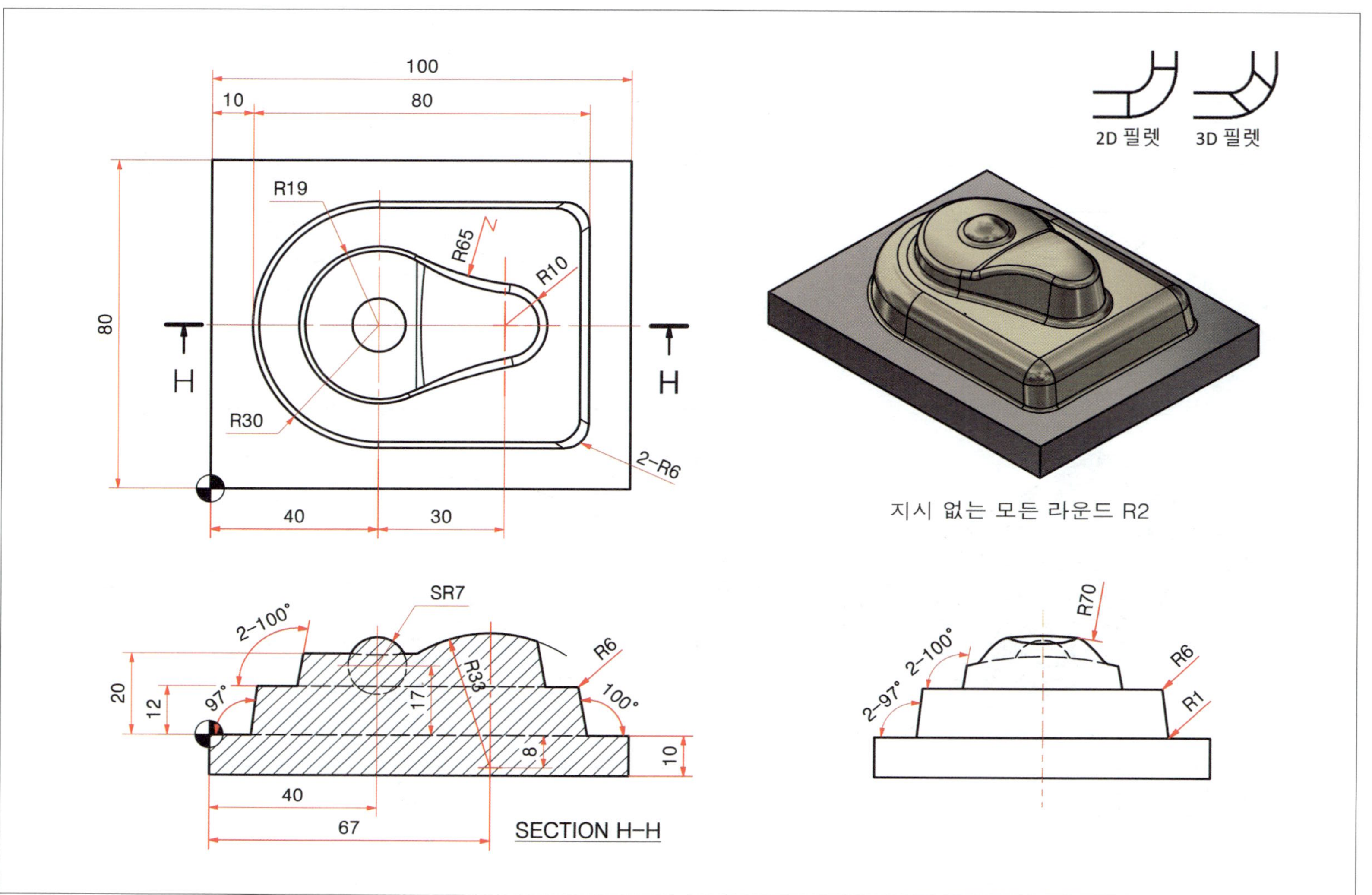

2D 필렛
3D 필렛
100
10
80
R19
R65
R10
80
H
H
R30
2-R6
40
30
지시 없는 모든 라운드 R2
2-100°
SR7
R6
97°
R33
100°
20
12
17
8
10
40
67
SECTION H-H
R70
2-97° 2-100°
R6
R1

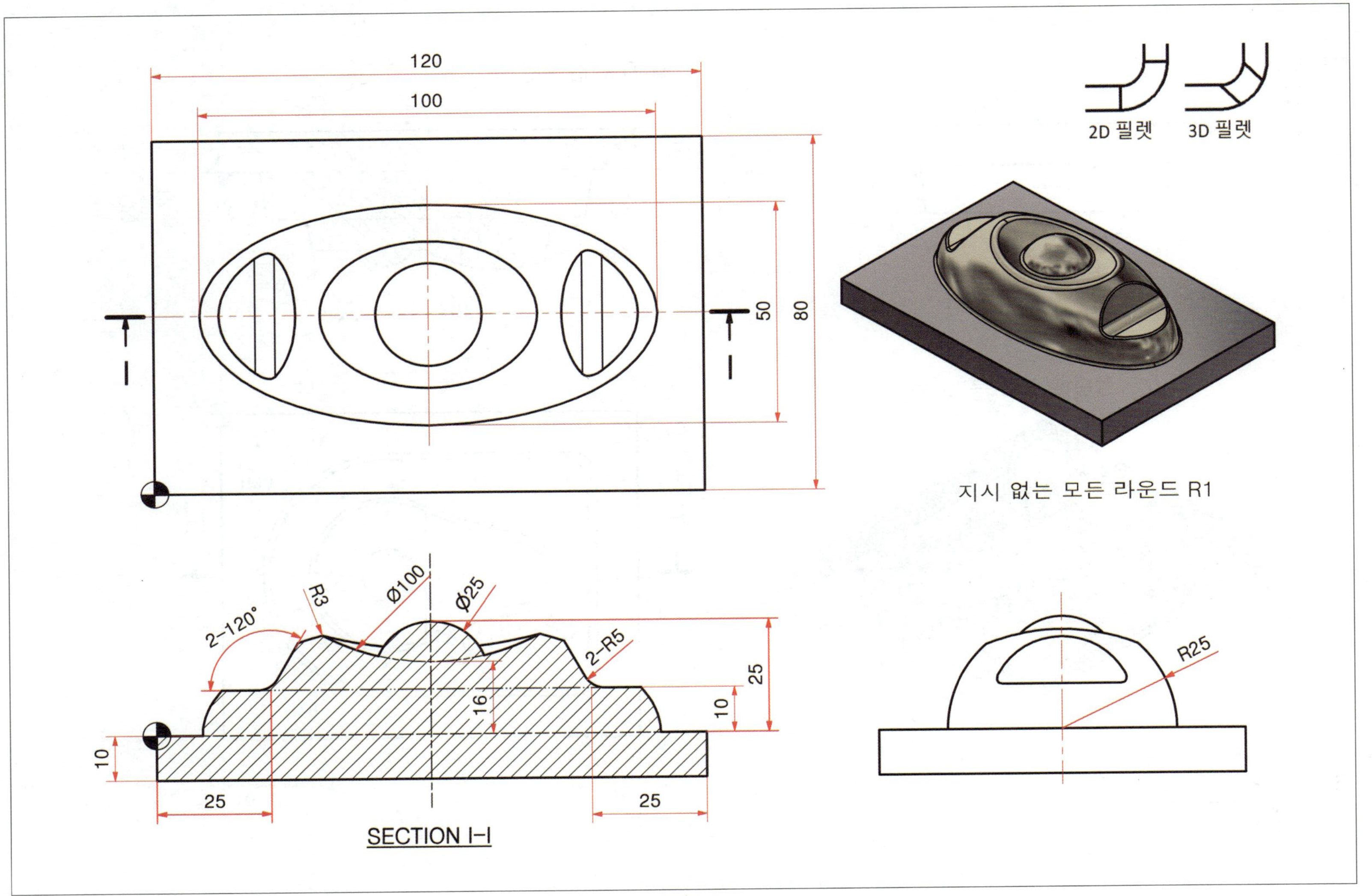

120
100
50
80
2D 필렛
3D 필렛
지시 없는 모든 라운드 R1
2-120°
R3
Ø100
Ø25
2-R5
16
25
10
10
25
25
SECTION I-I
R25

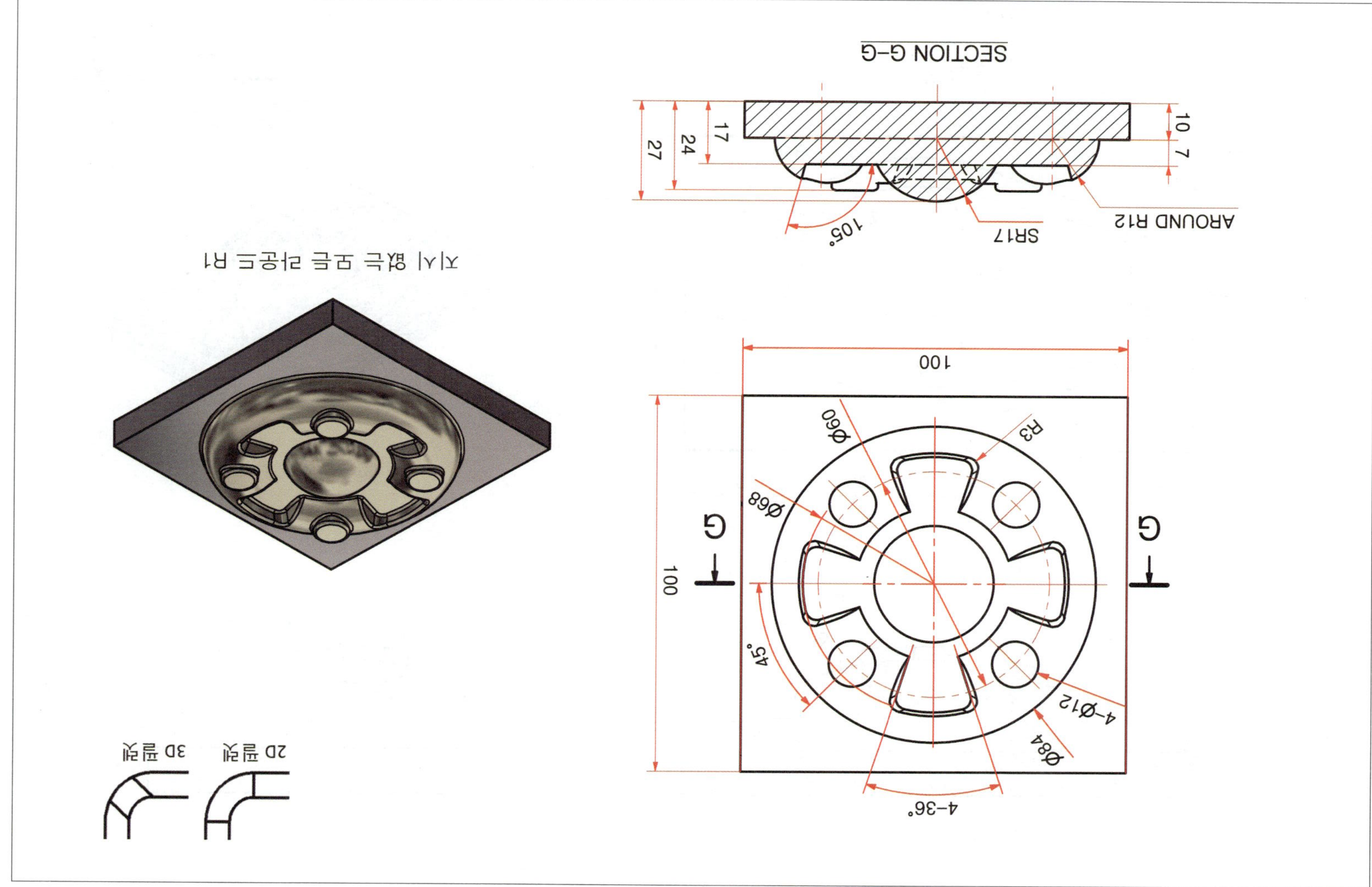
SECTION G-G
17
24
27
10
7
105°
SR17
AROUND R12
지시 없는 모든 라운드 R1
100
100
Ø60
R3
Ø68
G
G
45°
4-Ø12
Ø84
4-36°
3D 필렛
2D 필렛

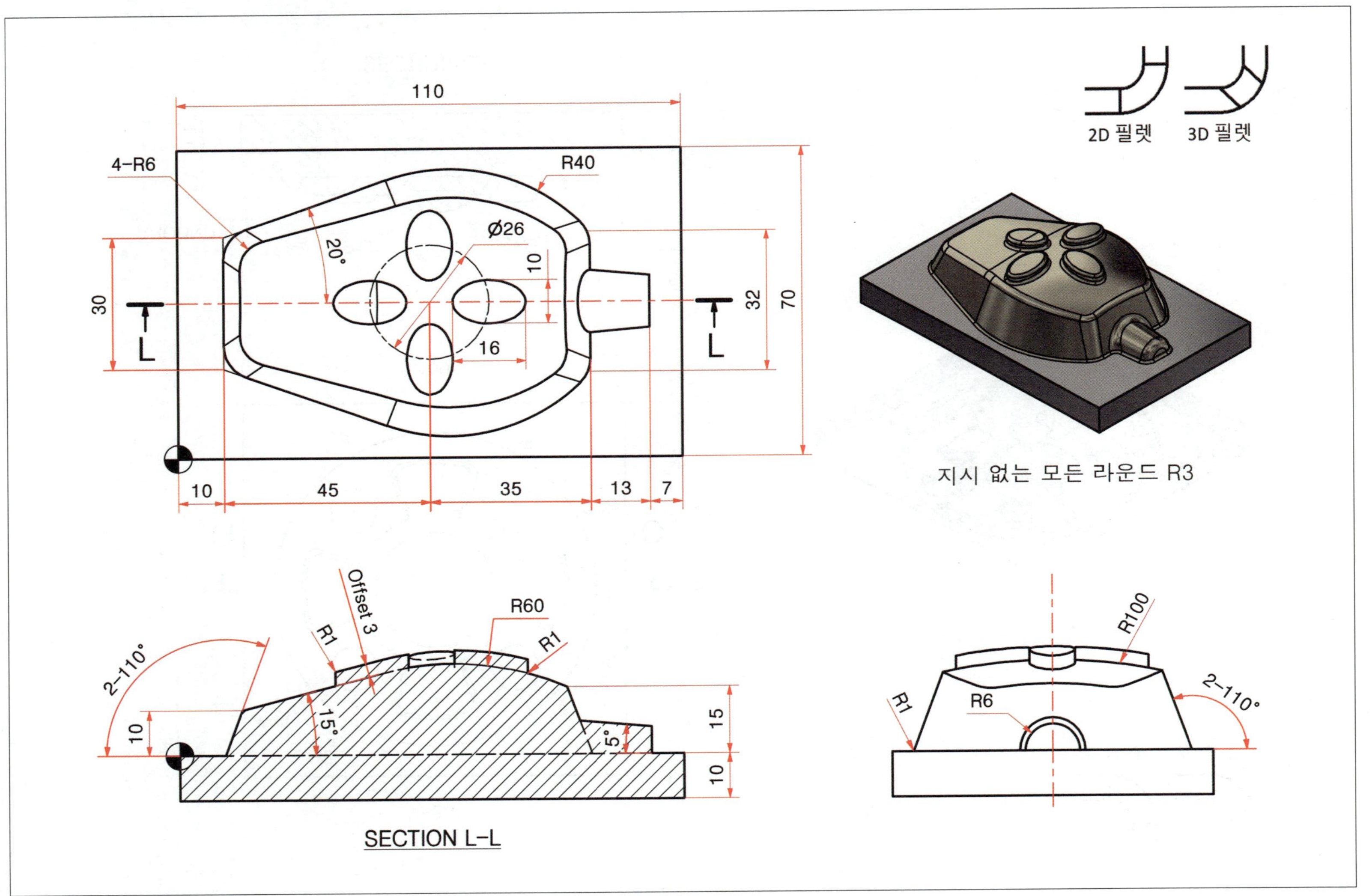

2D 필렛
3D 필렛
지시 없는 모든 라운드 R3
2-110°
R100
R6
R1
70
32
R40
Ø26
10
16
7
13
35
45
10
110
20°
4-R6
30
15
10
5°
R60
R1
R1
Offset 3
15°
2-110°
10
SECTION L-L

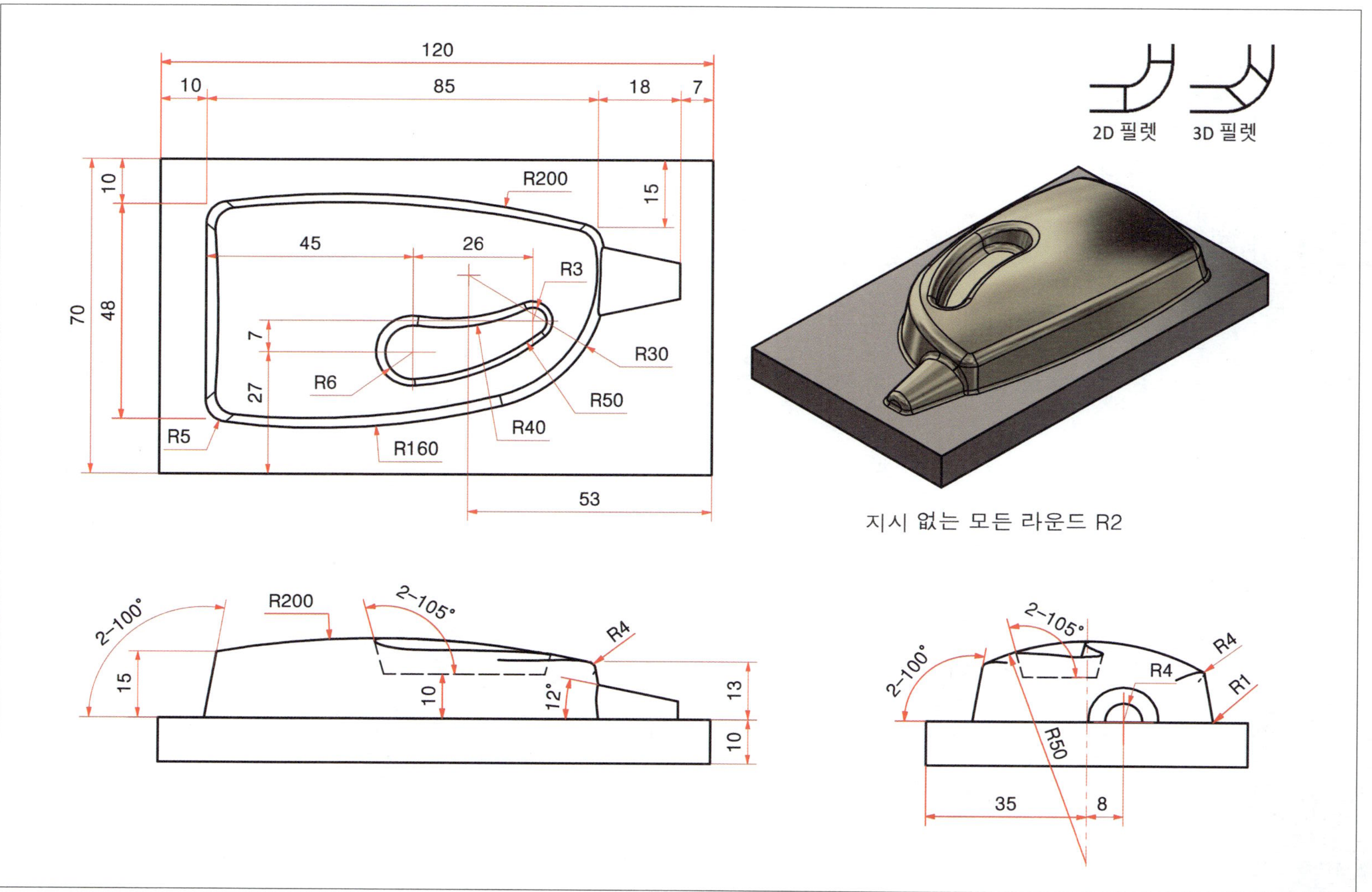

2D 필렛
3D 필렛
지시 없는 모든 라운드 R2
120
10
85
18
7
10
70
48
27
R5
45
26
7
R6
R160
R40
R50
R30
R3
R200
15
53
R200
2-100°
15
2-105°
10
12°
R4
13
10
2-100°
2-105°
R50
R4
R4
R1
35
8

다양한 기능 및 모델링

재질 입히기, 질량 구하기 등 다양한 기능 활용과 회전 날개 모델링 방법에 대해 학습합니다.

1 재질 입히기

모델링한 파일에 재질을 입히는 방법은 리본 메뉴의 "모양"을 클릭하여 원하는 색과 질감을 입힐 수 있습니다. 우선 리본 메뉴의 재질 아이콘은 밀도값, 질량값 등 금속의 속성이 포함되어 있습니다. 그러나 "모양" 아이콘의 재질은 모델링의 원하는 면이나 일부분에 원하는 색과 질감 등을 표현하는 것입니다.

리본 메뉴의 "모양" 아이콘을 이용한 재질 적용 방법에 대해 알아보도록 하겠습니다.

1 모델링 파일 불러오기

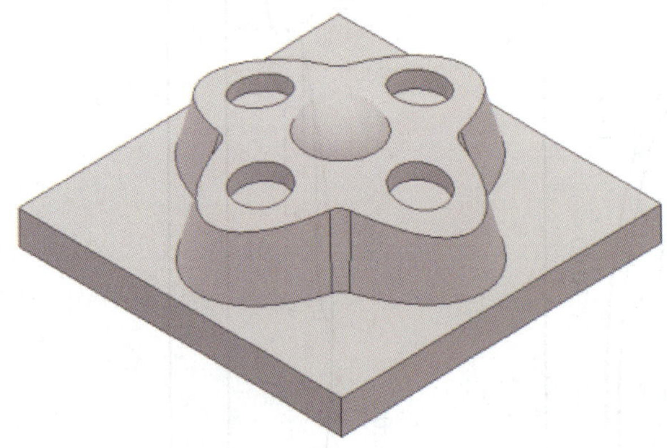

2 도구 ▶ 모양 클릭

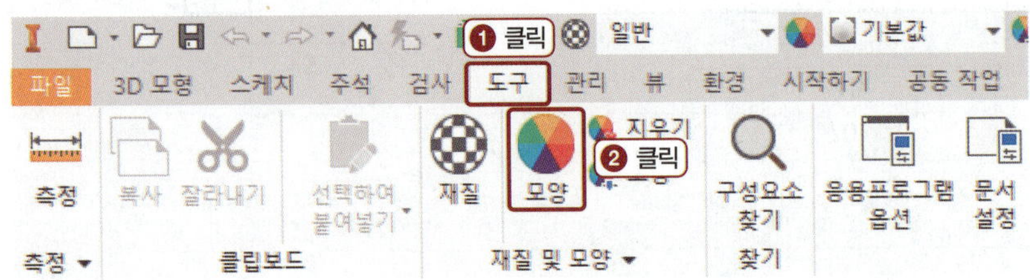

❶ 모양 검색기 재질 검색 ▶ 반연마,
니켈 선택

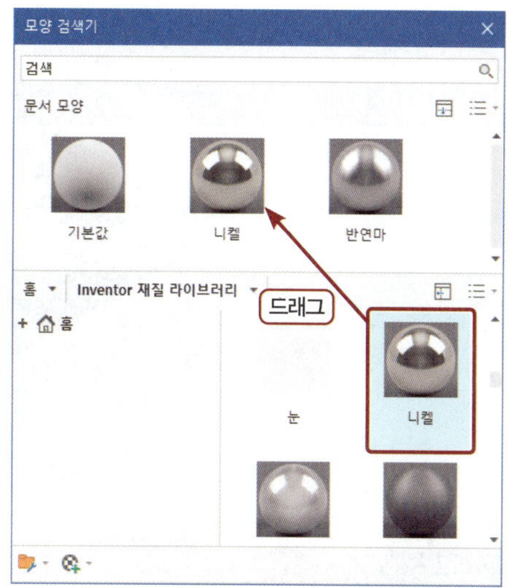

❷ 검색기 ▶ 피처 선택 ▶ 모양 검색기 반연마 선택

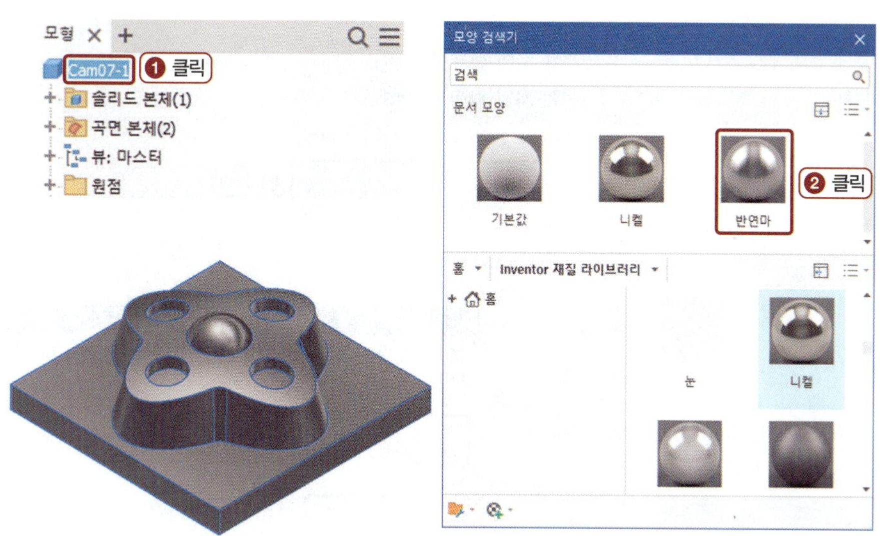

❸ 모델링 윗 부분 마우스로 드래그하
여 선택

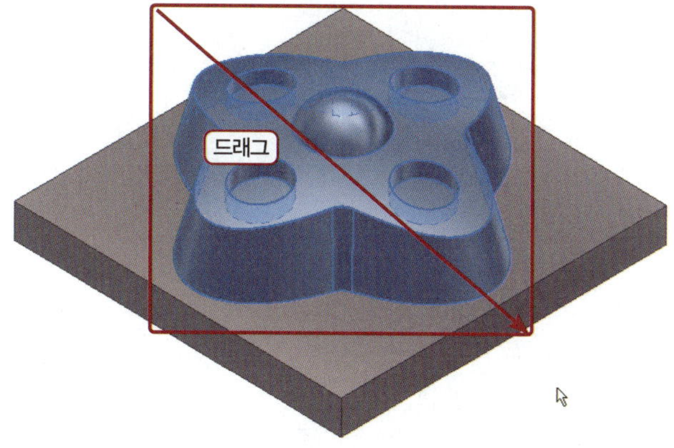

❹ 모양 검색기 ▶ 니켈 선택

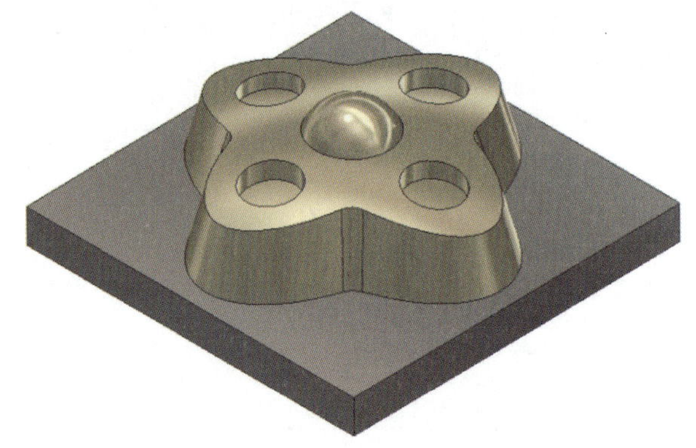

2 질량 구하기

1 기존 재질을 이용하여 질량값을 구하는 방법(밀도값 7.85)

❶ 검색기 ▶ 피처(100×100) 아이콘 선택 ▶ 마우스 오른쪽 버튼 클릭 ▶ iProerties 선택

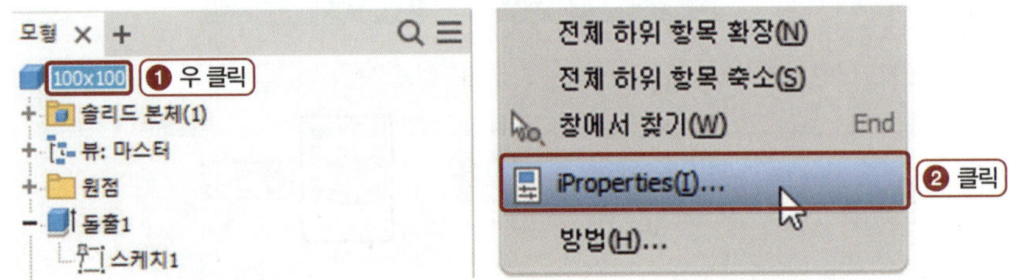

❷ 재질을 "강철"로 변경 (밀도 : 7.85) ▶ 요청된
  정확도 "매우 높음"으로 변경 ▶ 질량값 확인

※ 현재 질량값의 단위는 킬로그램(kg)입니다. 그램(g)
  단위로 변경합니다. (다음 순서 참고)

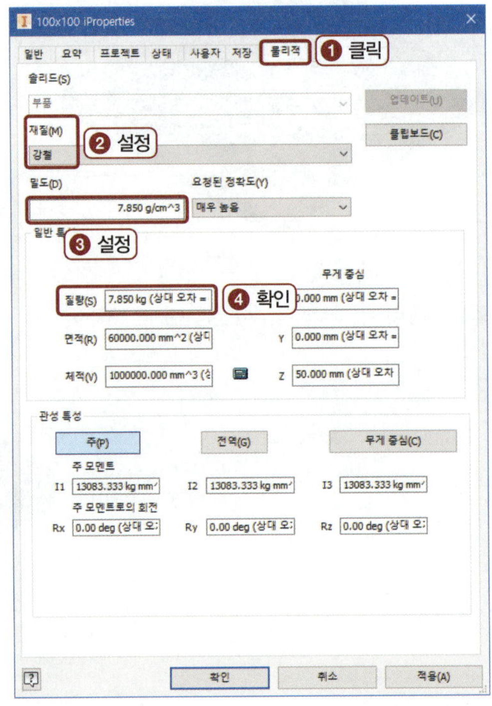

❸ 도구 탭 ▶ 문서 설정 클릭

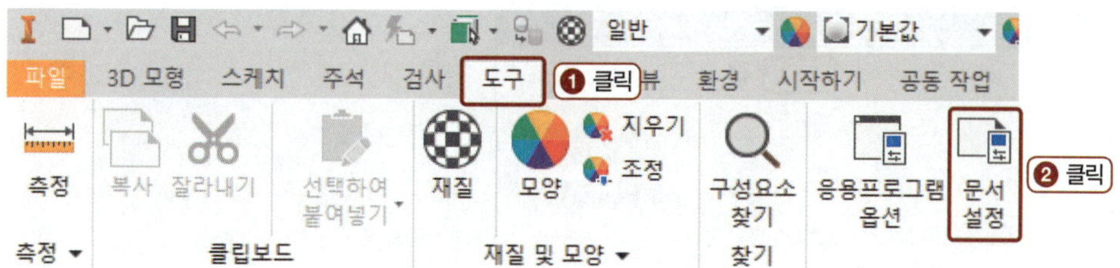

❹ 단위 탭 ▶ 질량 ▶ 그램으로 변경 ▶ 확인

❺ 검색기 ▶ 피처(100×100) 아이콘 선택 ▶ 마우스 우 클릭 ▶ iProerties 선택

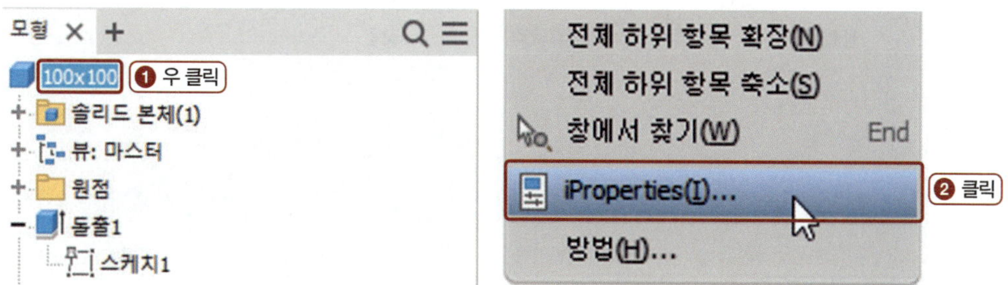

❻ 질량값 단위(g) 변경 확인

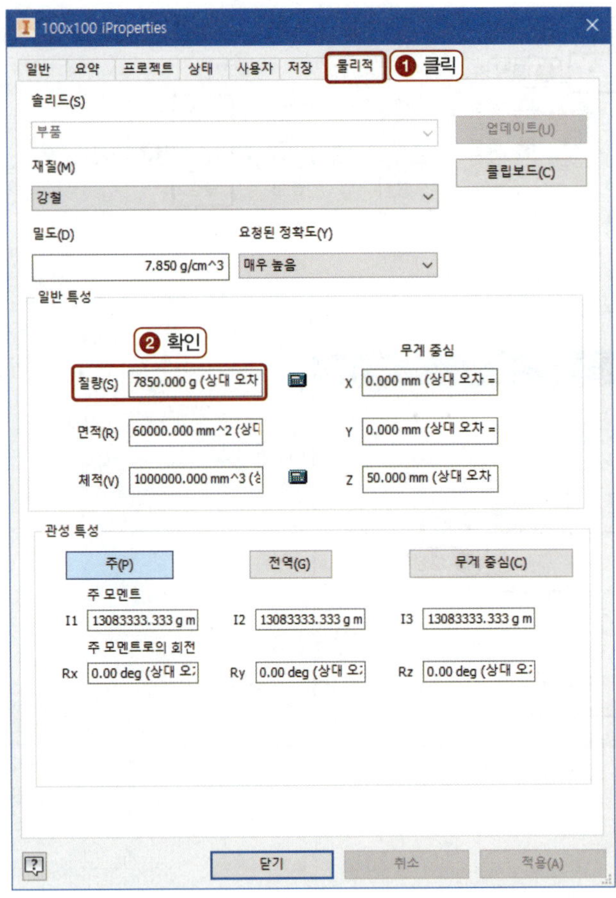

▣ 새로운 재질을 만들어 질량값을 구하는 방법

❶ 도구 탭 ▶ 재질 클릭

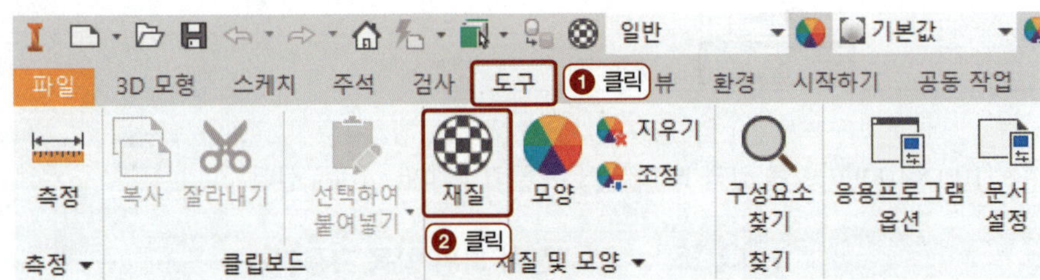

❷ 검색기 하단 새로 만들기 아이콘 클릭 ▶ 새로 만들어진 재질 선택 ▶ 마우스 우 클릭 ▶ 이름 변경
▶7.85 ▶ 7.85 재질 마우스 왼쪽 버튼 더블 클릭 ▶ 물리적 탭 ▶ 밀도값 7.85 입력▶ 확인

❸ 재질 검색기 ▶ 피처(100×100) 선택 후 새로 만든 재질(7.85)을 선택하여 적용 후 iProerties에서
질량값 확인

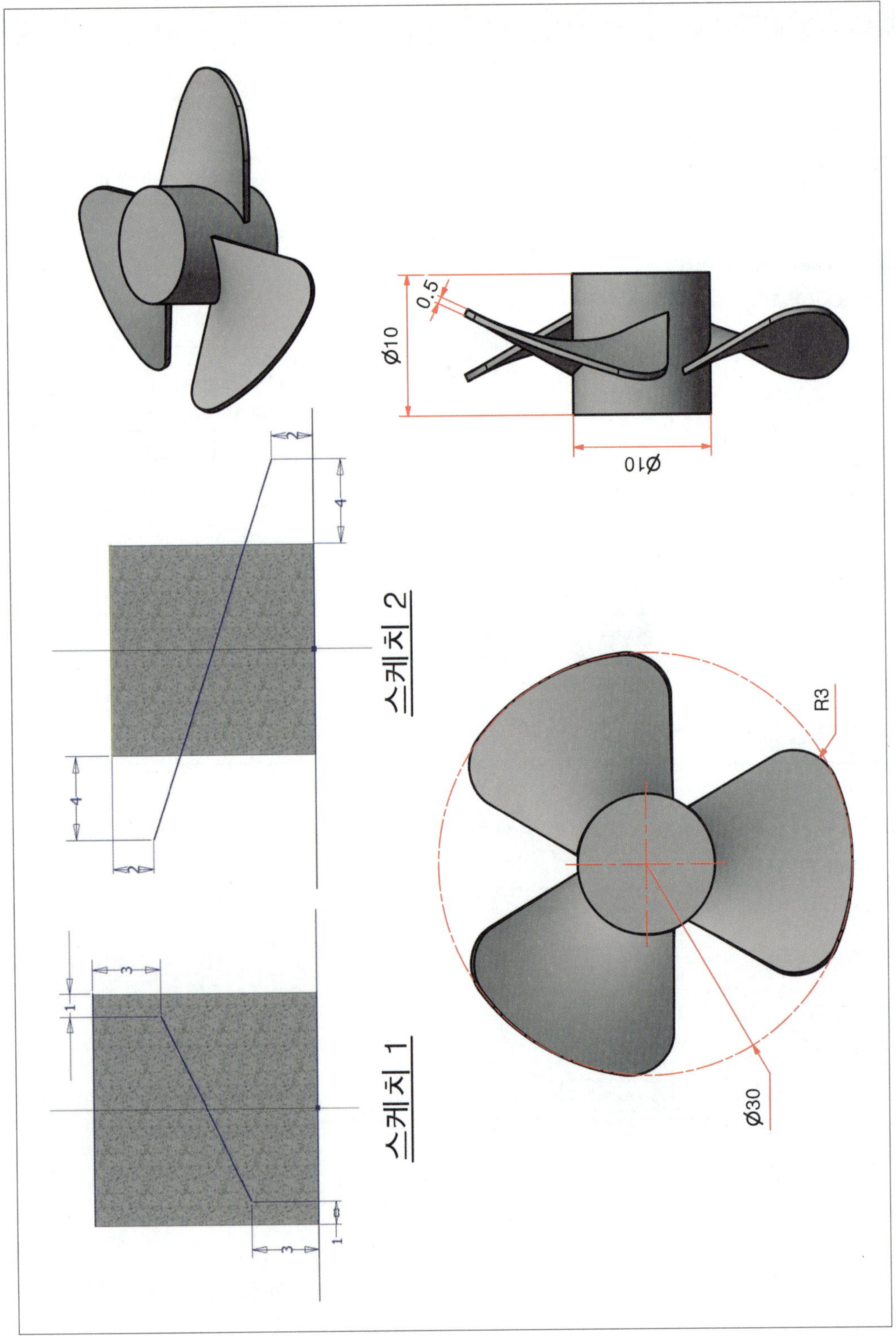
Ø10
0.5
Ø10
스케치 2
4
2
4
2
스케치 1
3
1
1
3
R3
Ø30

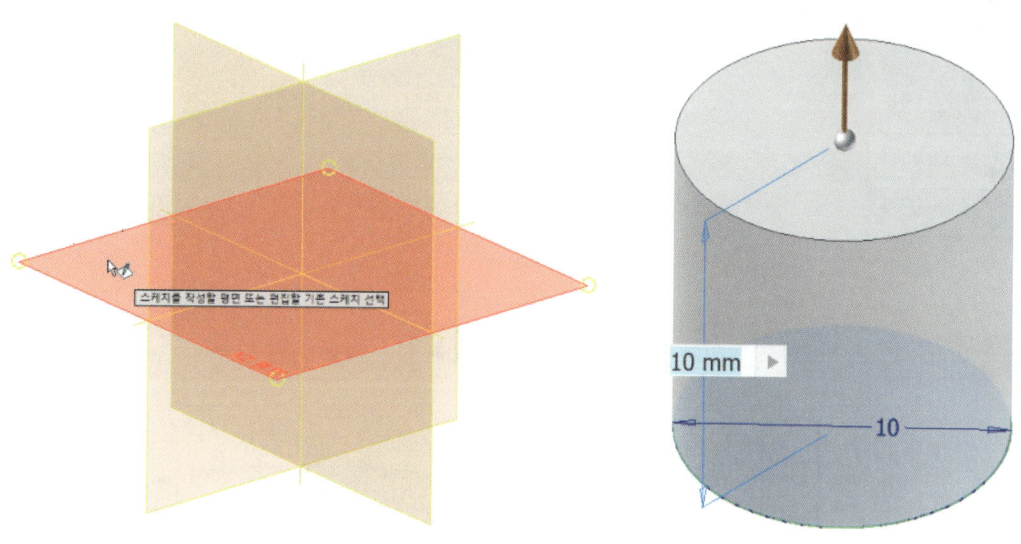

Step 02   검색기 원점의 XY 평면 선택 ▶ 새 스케치 ▶ F7 (그래픽 슬라이스) ▶ 아래와 같이 스케치 ▶ 스케치 마무리

※ 예제의 치수와 동일하게 작성하지 않을 경우 오류가 발생할 수 있습니다.

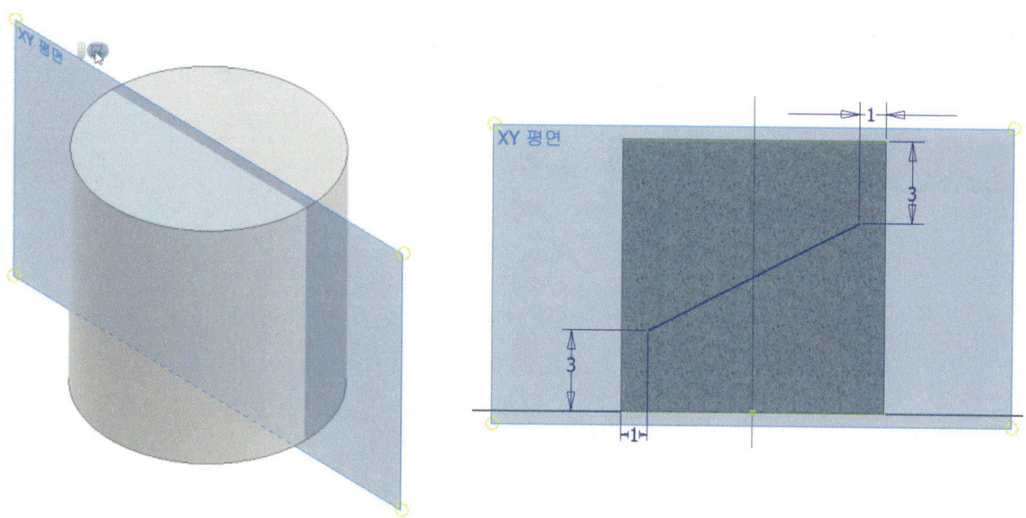

3D 스케치 시작

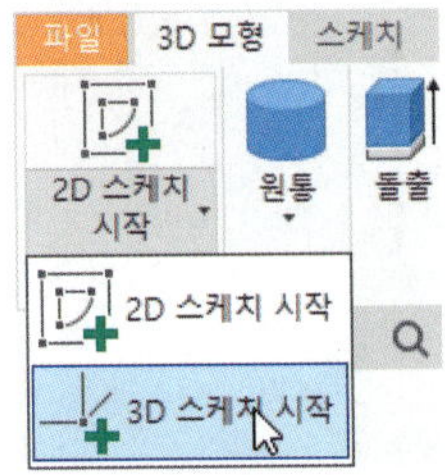

곡면에 투영 아이콘 클릭 ▶ 원통 옆면 선택 ▶ 선 선택 ▶ 확인

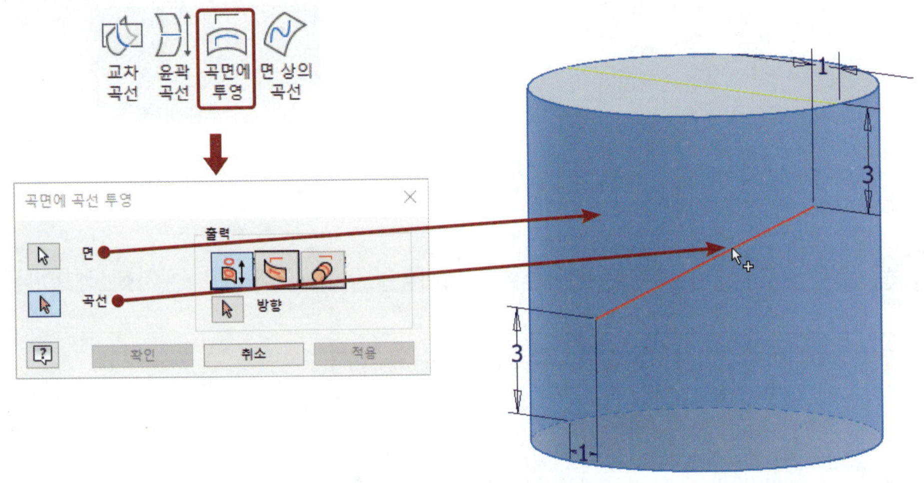

원통 옆면에 곡선 투영 완성

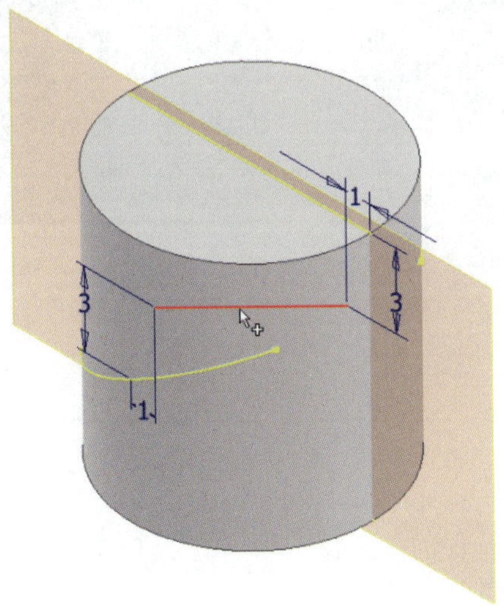

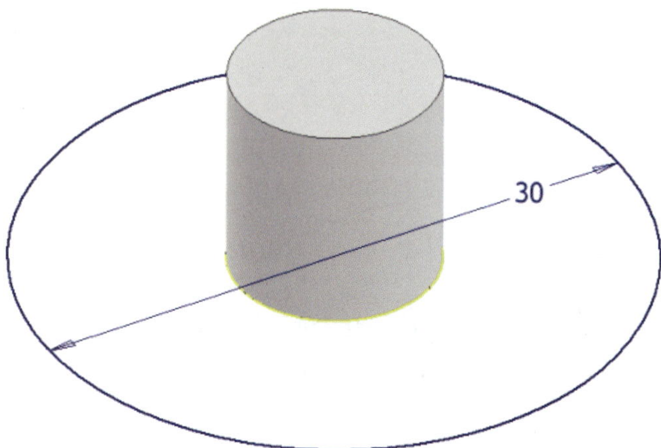
30

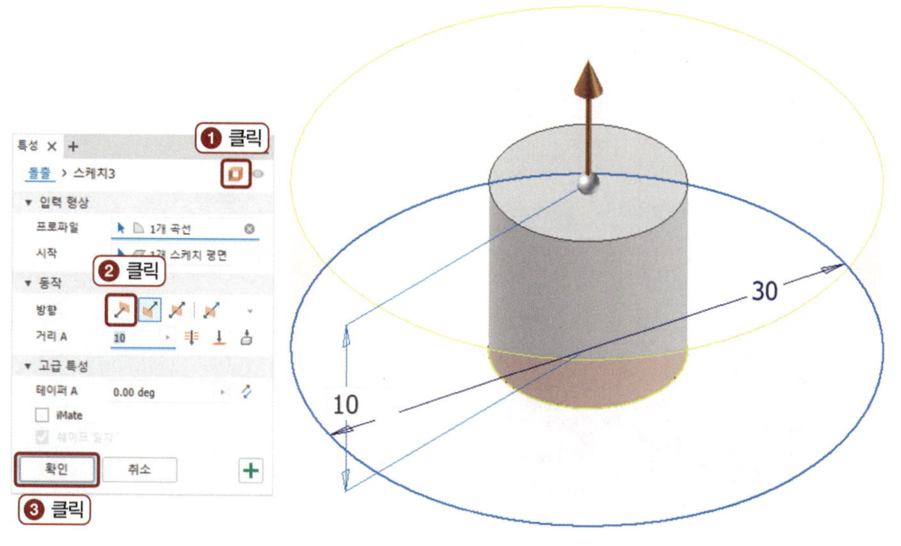
1 클릭
특성 × +
돌출 > 스케치3
▼ 입력 형상
프로파일   1개 곡선
시작   1개 스케치 평면
2 클릭
▼ 동작
방향
거리 A   10
▼ 고급 특성
테이퍼 A   0.00 deg
iMate
셰이프 일치
확인   취소
3 클릭
30
10

Step 08
검색기 원점의 XY 평면 선택 ▶ 새 스케치

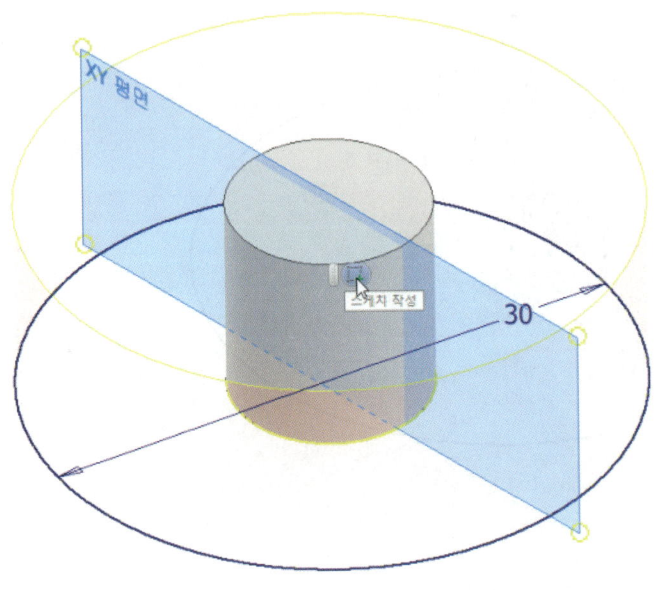

XY 평면
스케치 작성
30

Step 09
F7 (그래픽 슬라이스) ▶ 아래와 같이 스케치 ▶ 스케치 마무리

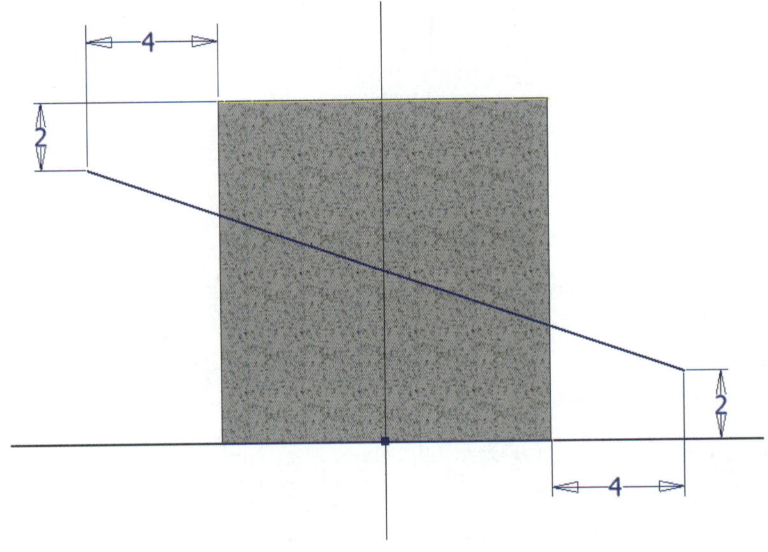

4
2
2
4

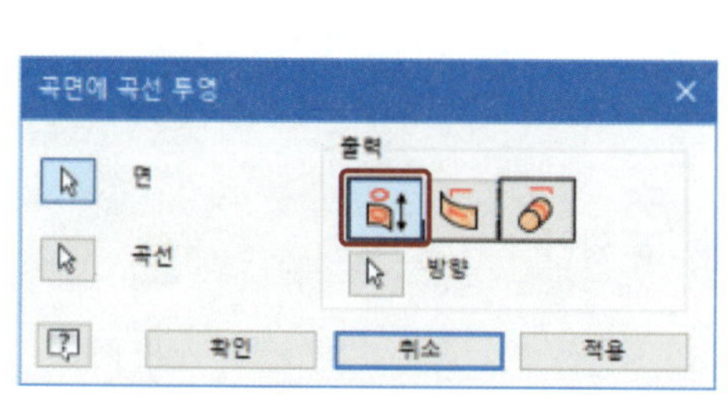

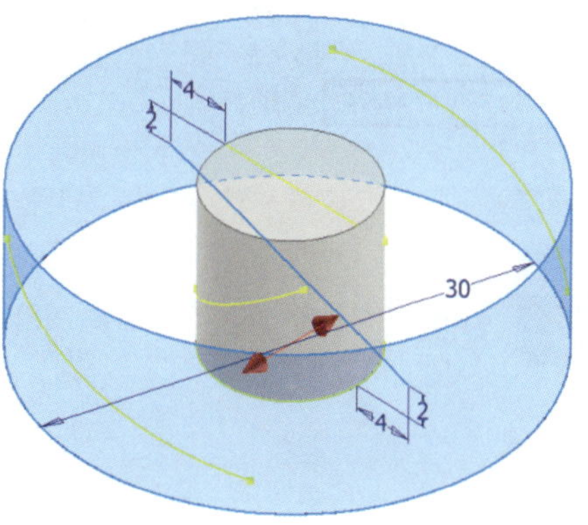

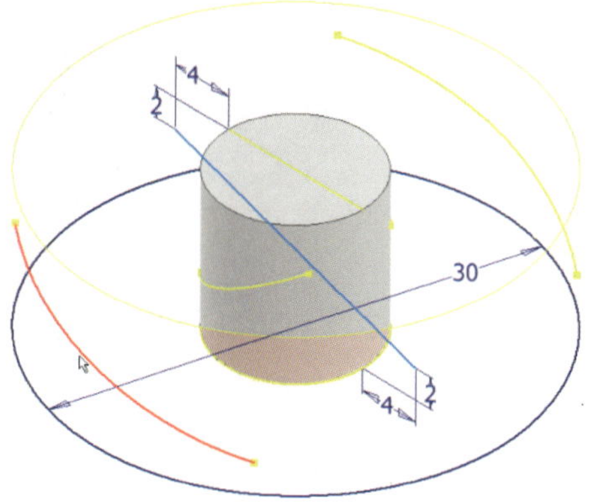

※ 대화창에서 반드시 곡면을 먼저 선택 후 선을 선택합니다. 순서가 바뀌면 오류가 발생할 수 있습니다.

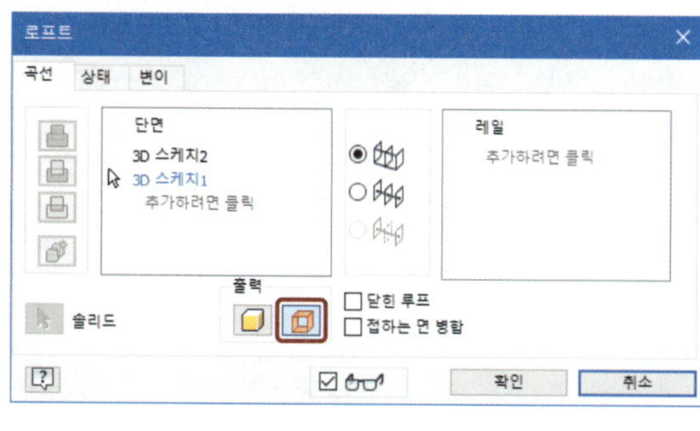

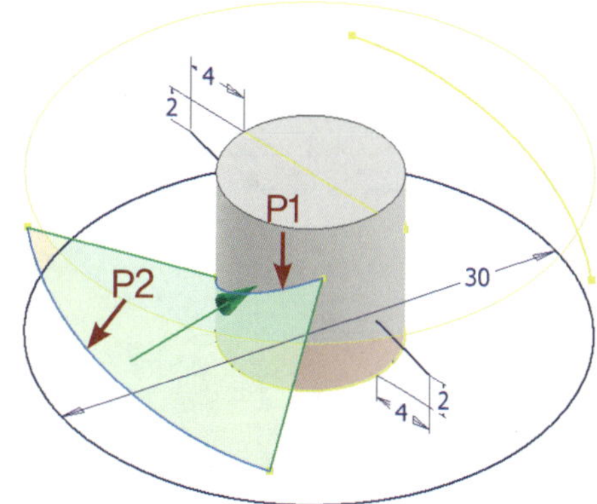

 두껍게 하기 / 간격 띄우기 아이콘 클릭

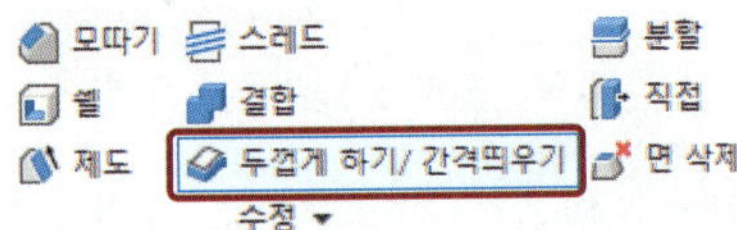

 방향은 양쪽"대칭"으로 클릭 ▶ 거리 0.5 입력 ▶ 확인

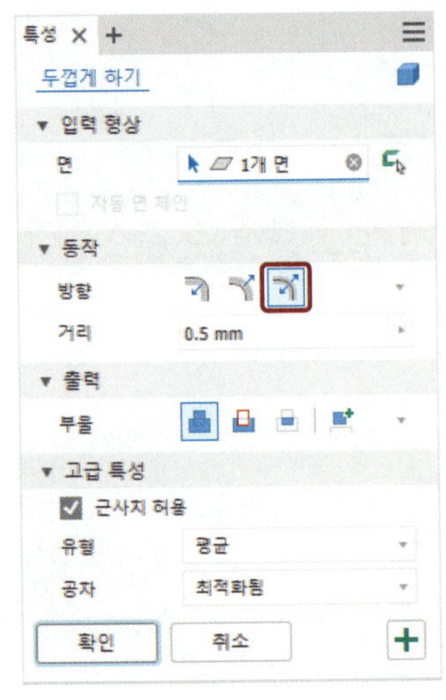

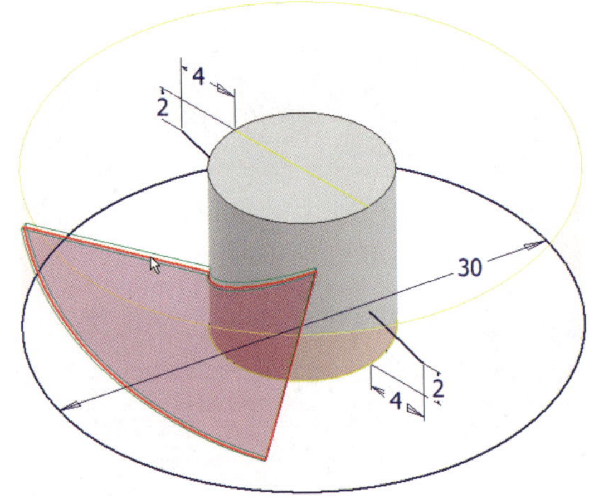

 모깎기 3 입력 ▶ 모서리 선 선택 ▶ 확인

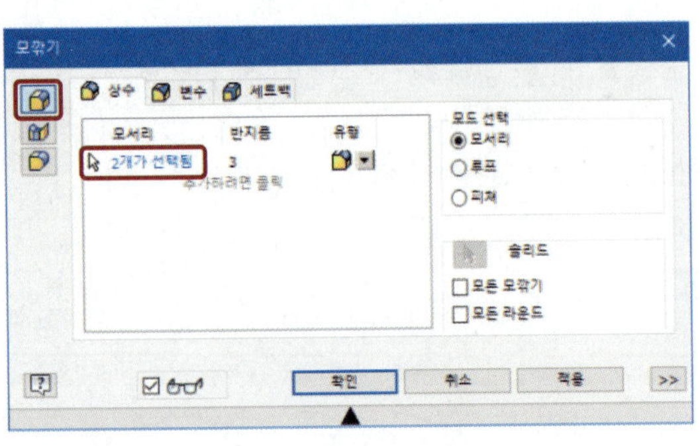

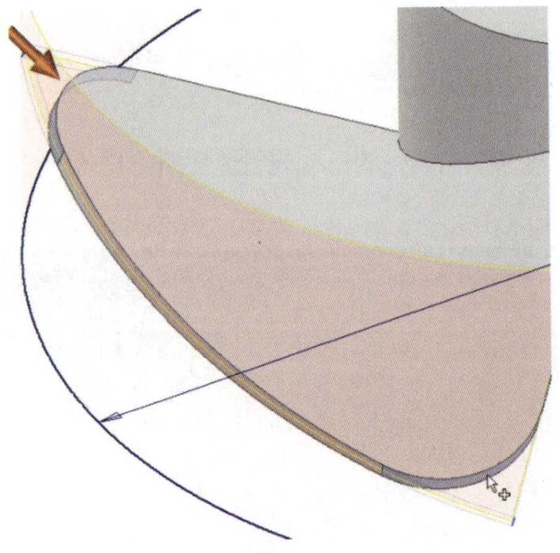

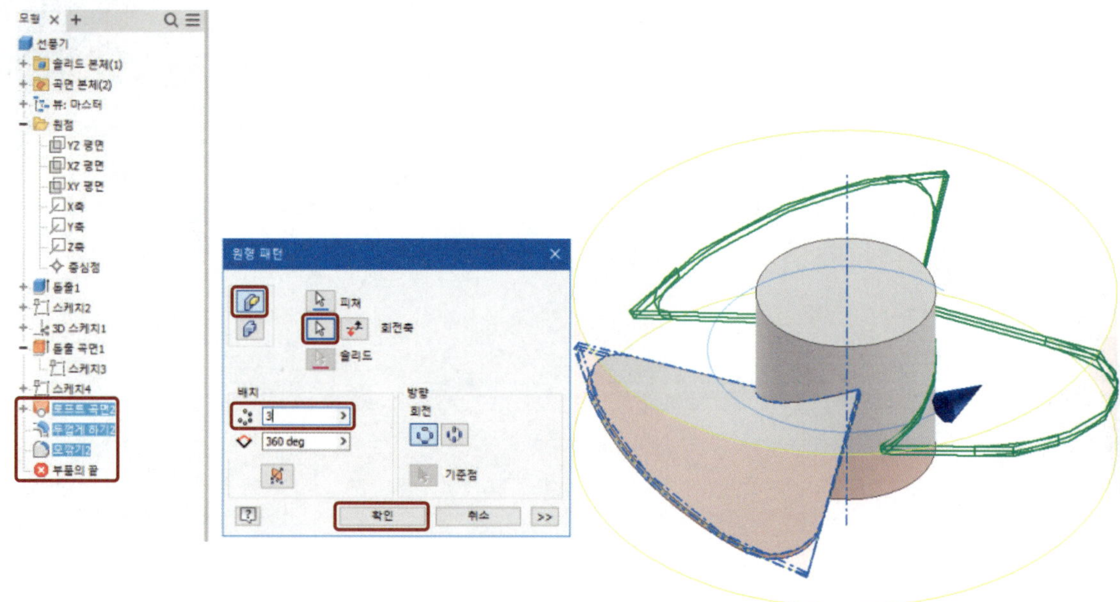

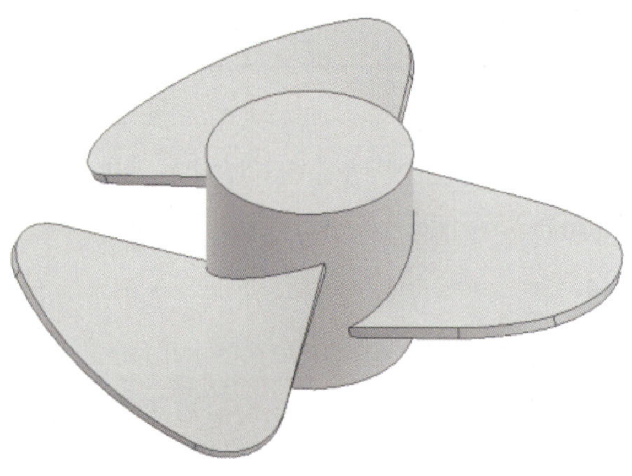

부록

기초 기능을 학습할 수 있는 예제를 수록하였습니다. 도면 해석과 3D 모델링
능력이 향상될 수 있도록 학습해 봅니다.

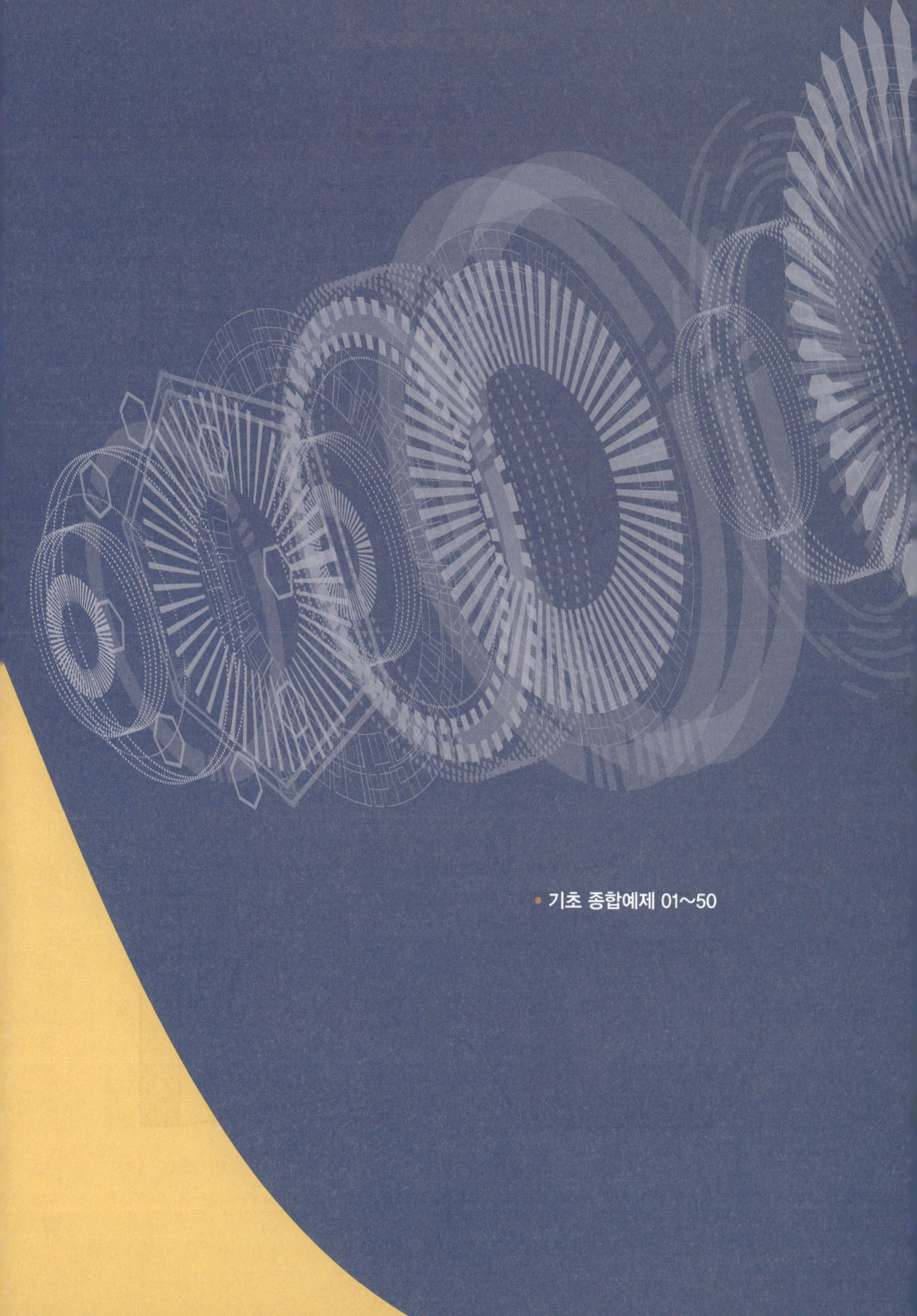
기초 종합예제 01~50

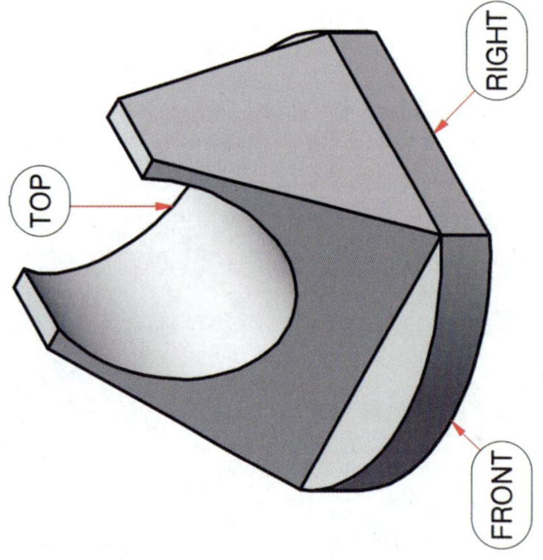

TOP
RIGHT
FRONT

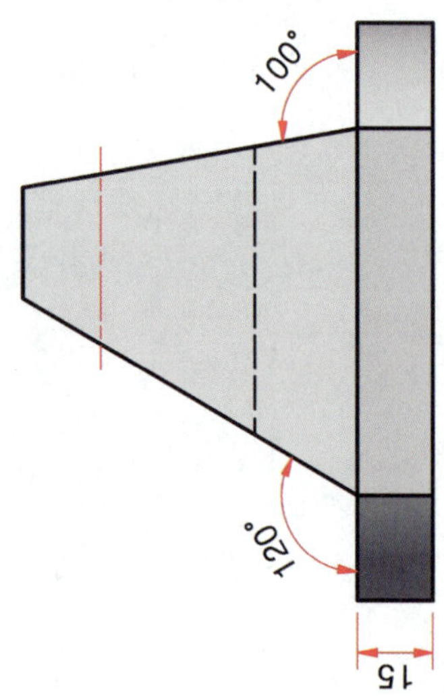

100°
120°
15

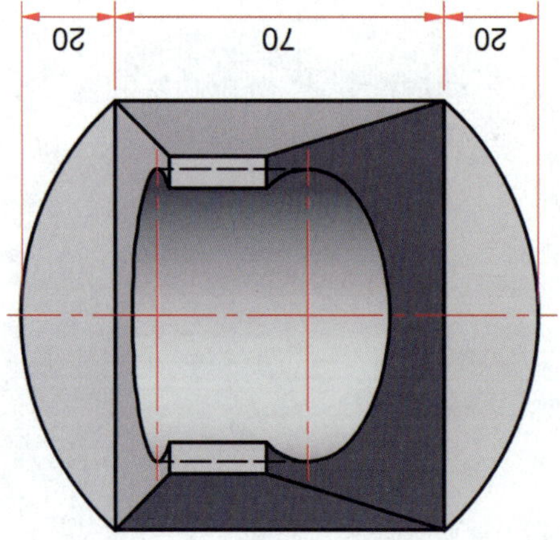

20
70
20

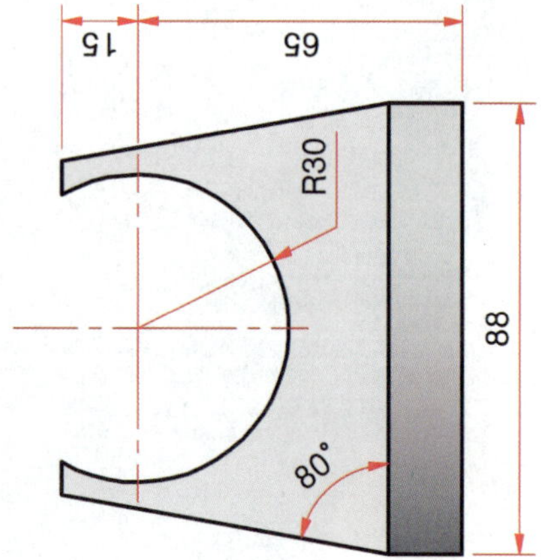

15
65
R30
88
80°

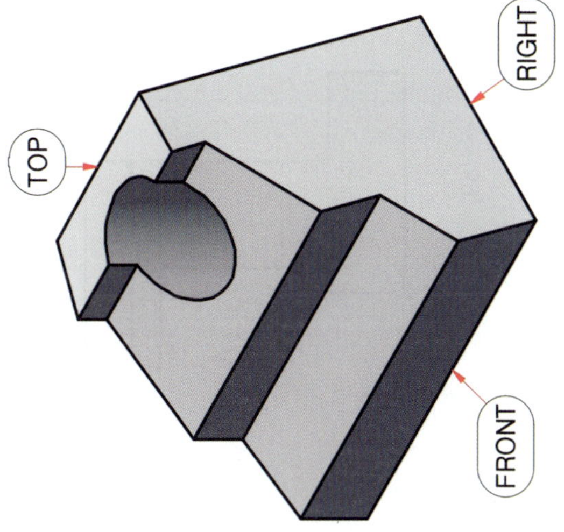

TOP
RIGHT
FRONT

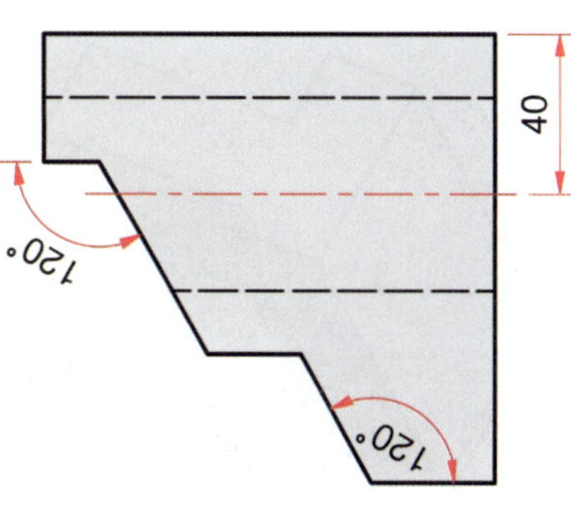

120°
120°
40

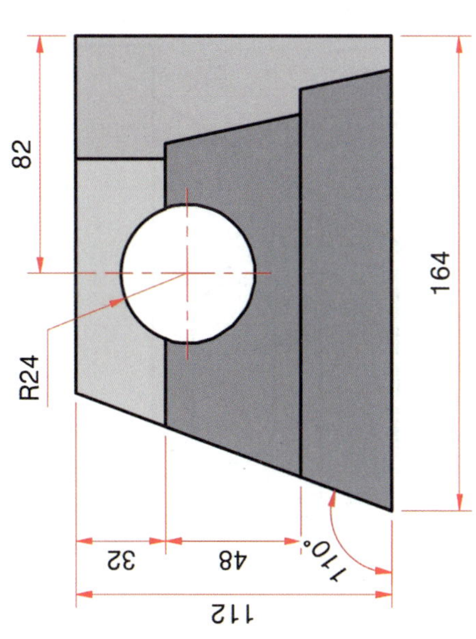

82
164
R24
32
48
110°
112

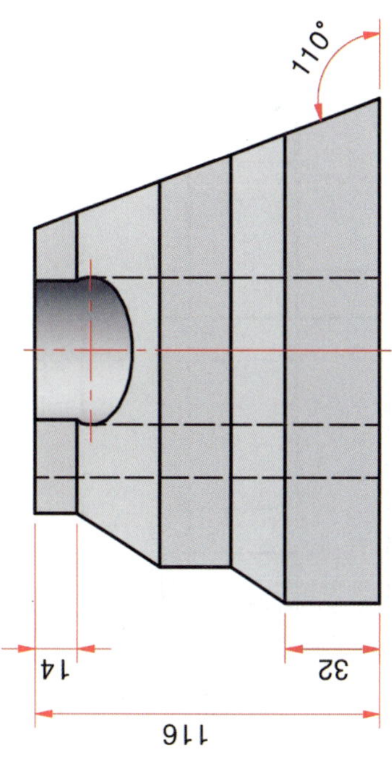

110°
14
32
116

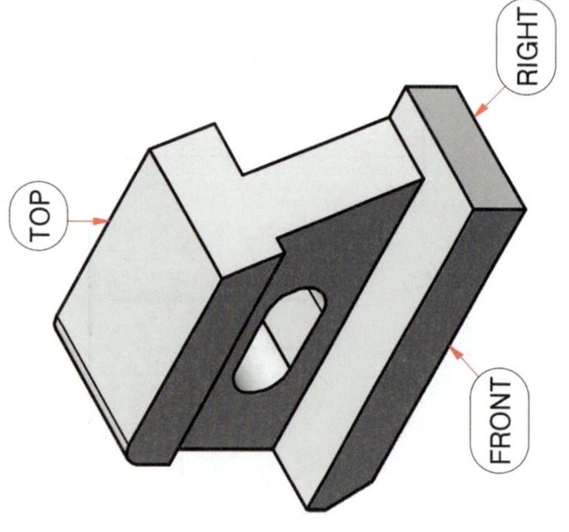

TOP
RIGHT
FRONT

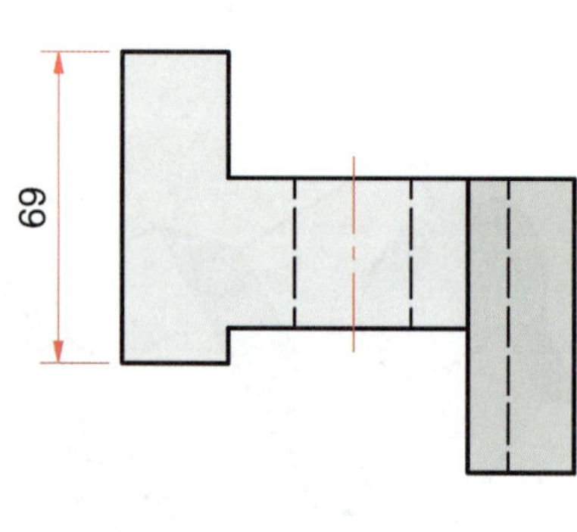

69

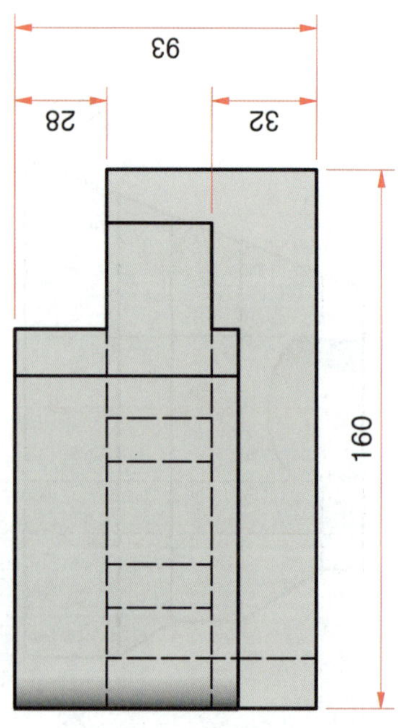

93
28
32
160

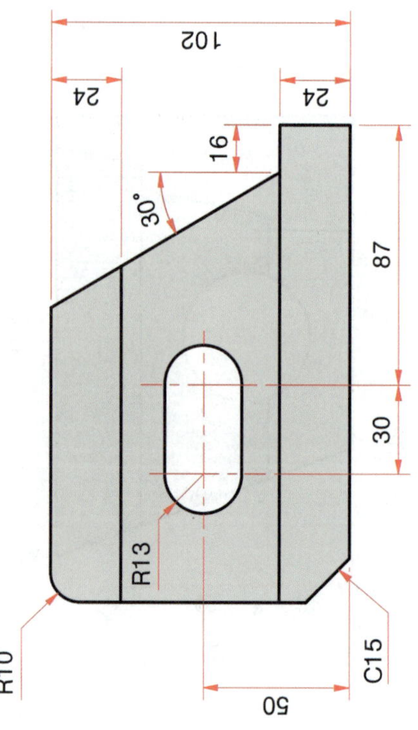

102
24
24
16
30°
87
30
50
R13
R10
C15

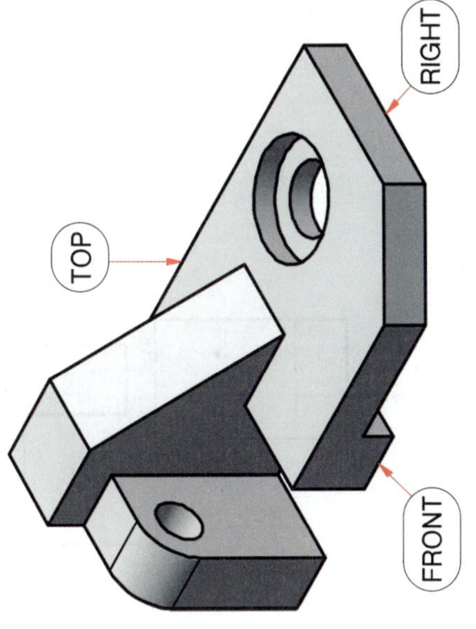

RIGHT
TOP
FRONT

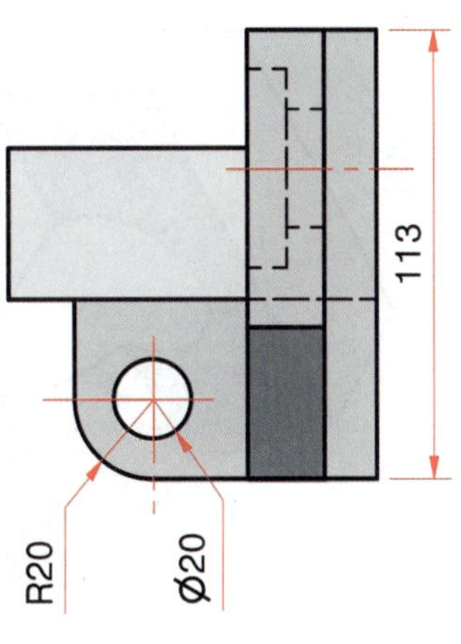

113
R20
Ø20

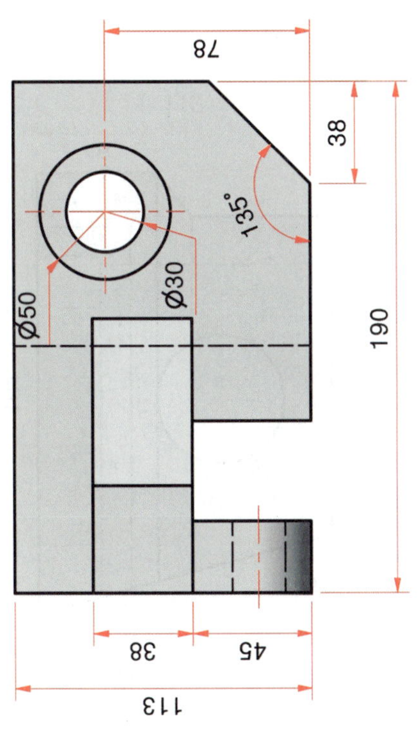

78
38
135°
190
Ø50
Ø30
38
45
113

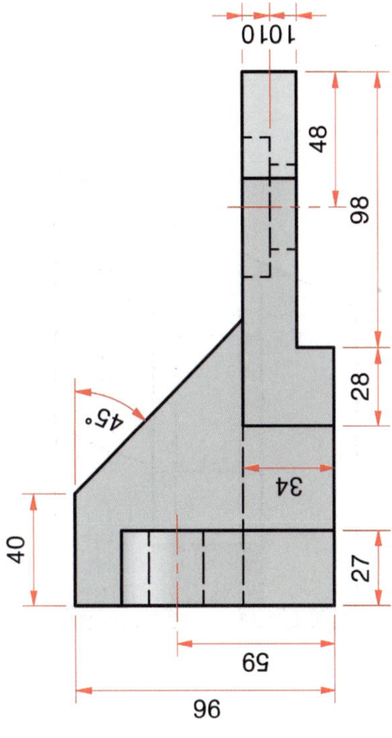

1010
48
98
28
45°
34
40
27
59
96

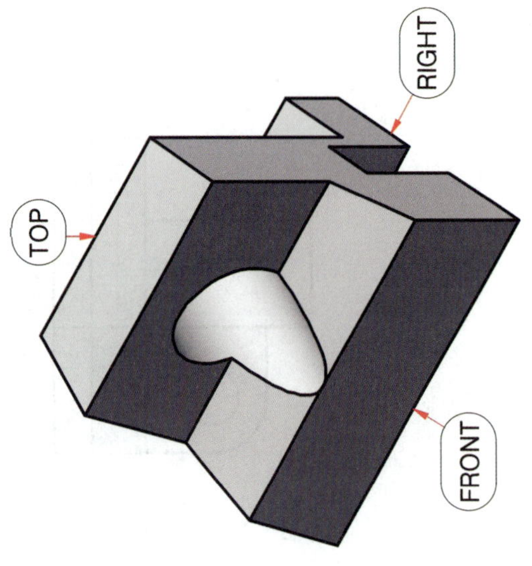

TOP
RIGHT
FRONT

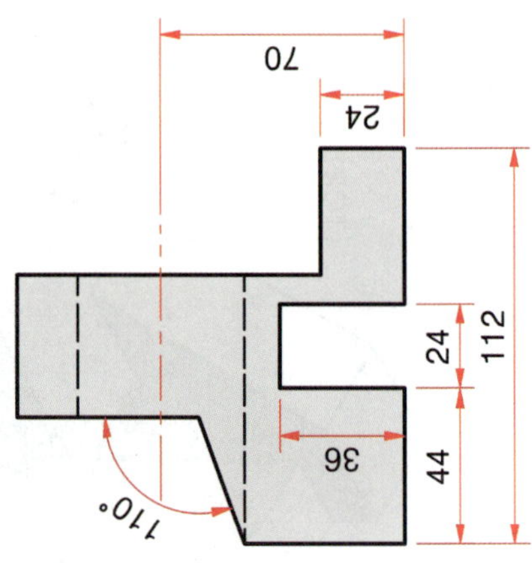

70
24
112
24
36
44
110°

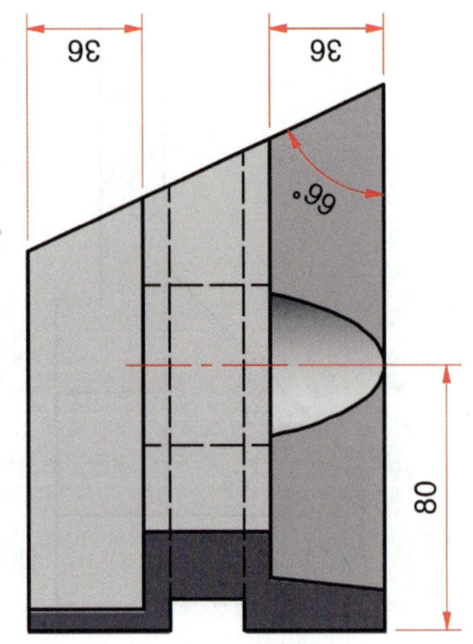

36
36
66°
80

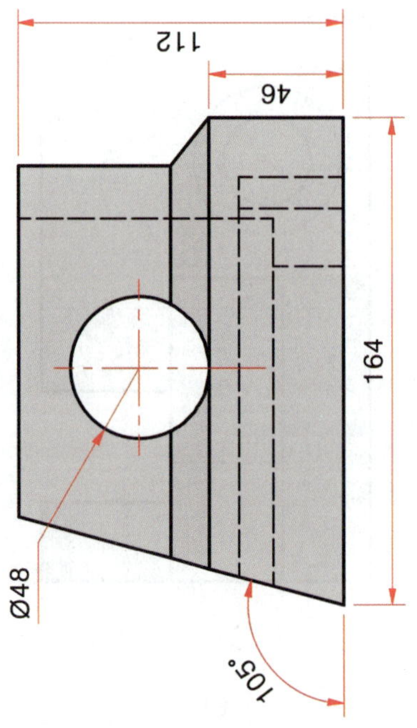

112
46
164
Ø48
105°

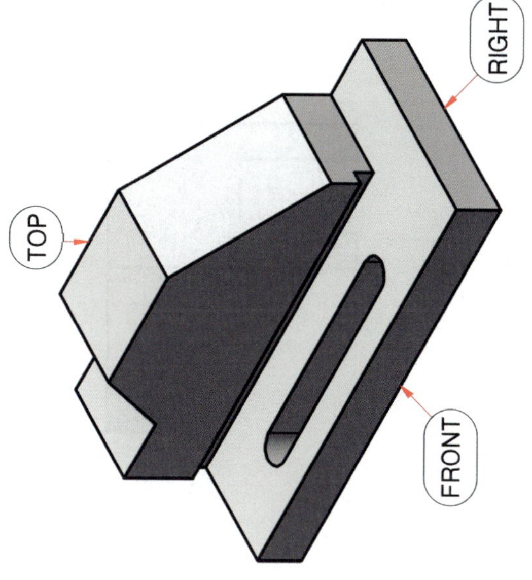

TOP
RIGHT
FRONT

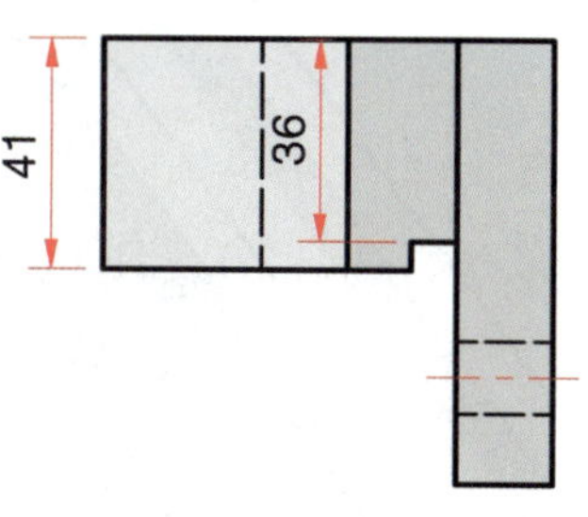

41
36

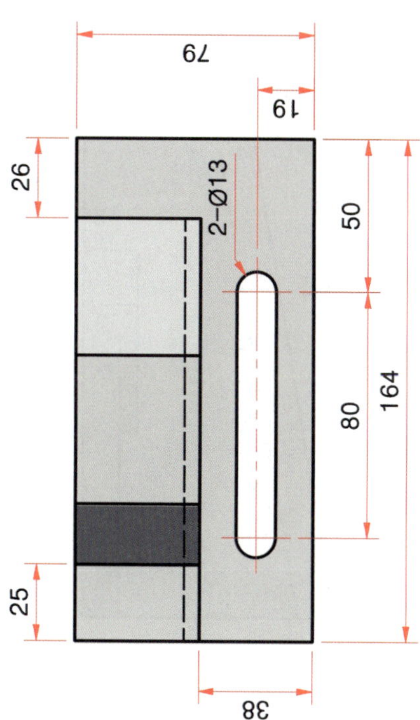

79
19
26
2-Ø13
50
80
164
25
38

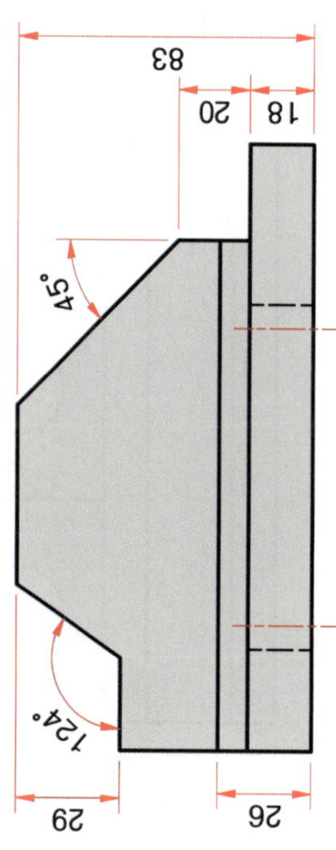

83
18
20
45°
124°
29
26

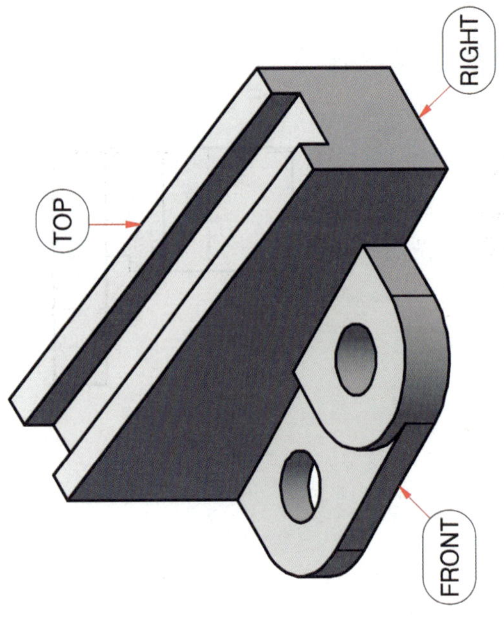

TOP
RIGHT
FRONT

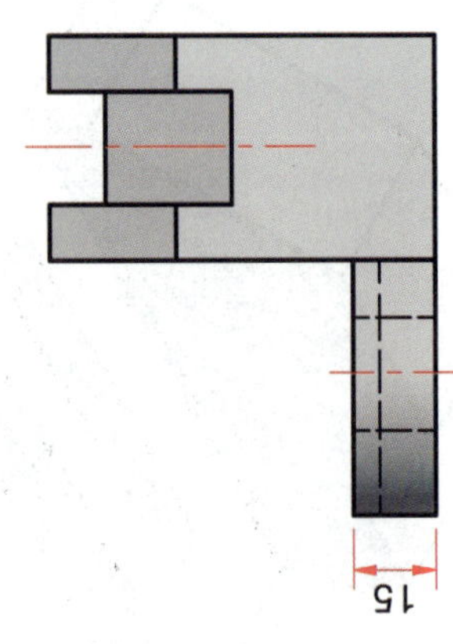

15

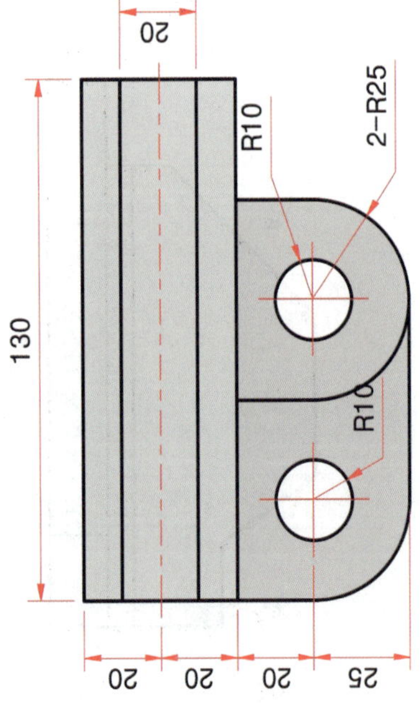

20
130
R10
2-R25
R10
25
20
20
20

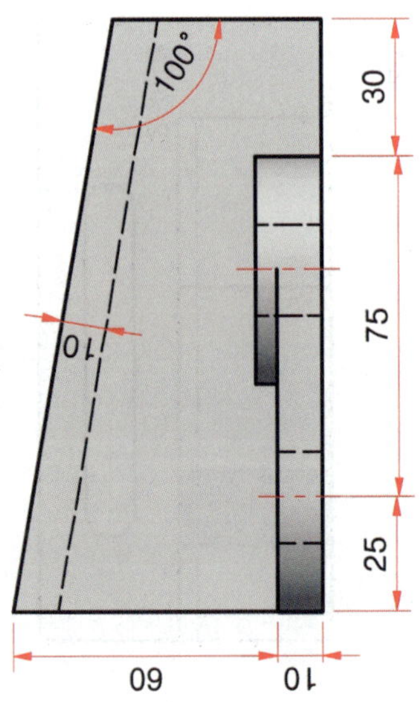

100°
10
30
75
25
60
10

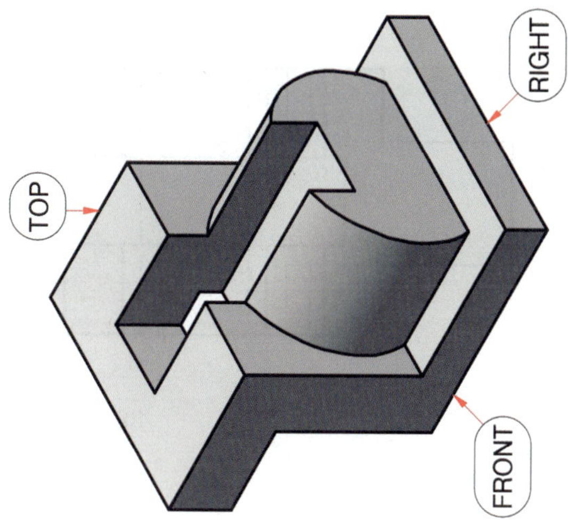

TOP
RIGHT
FRONT

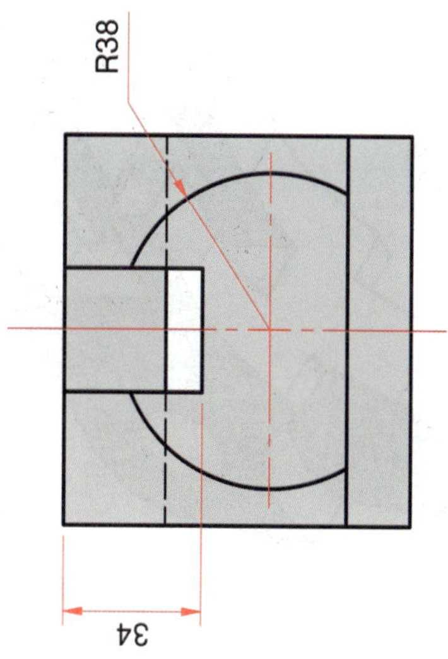

R38
34

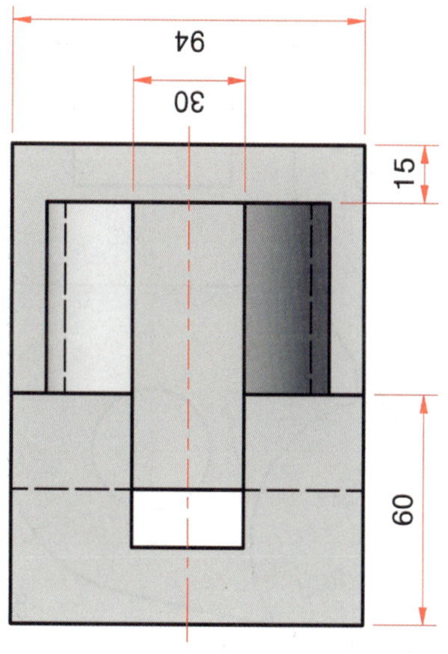

94
30
15
60

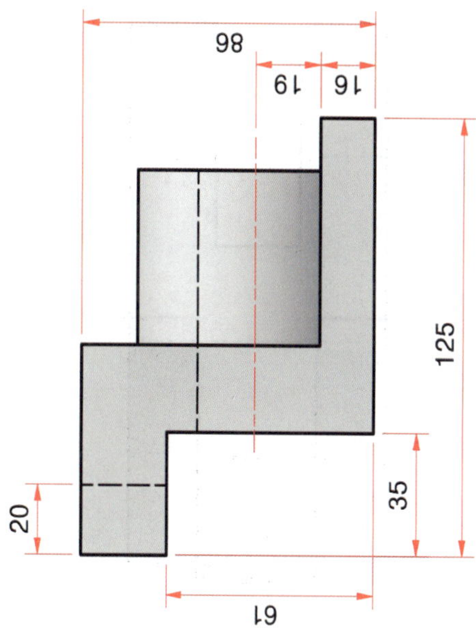

86
19
16
125
20
35
61

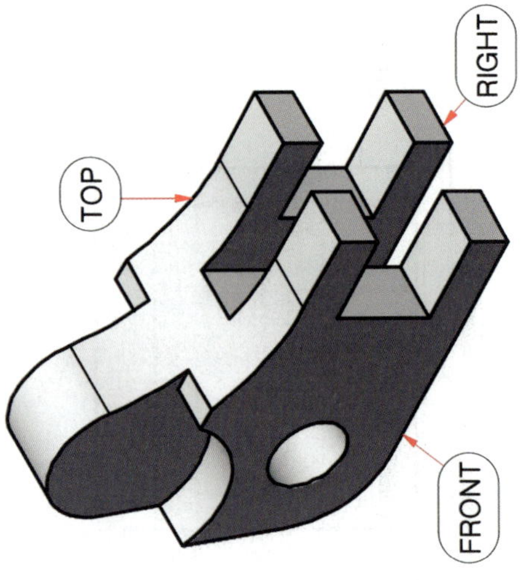
TOP
RIGHT
FRONT

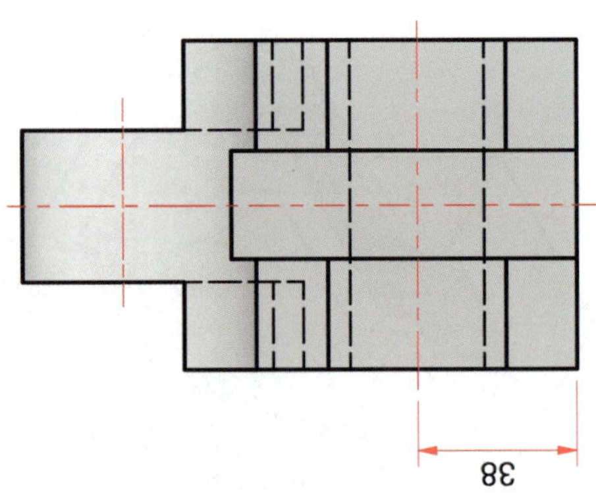
38

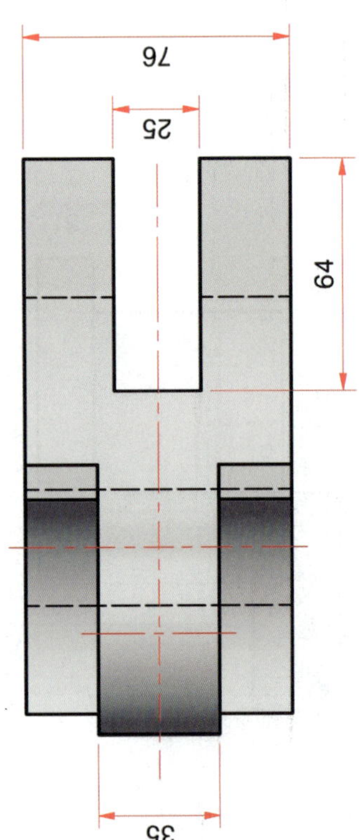
76
25
64
35

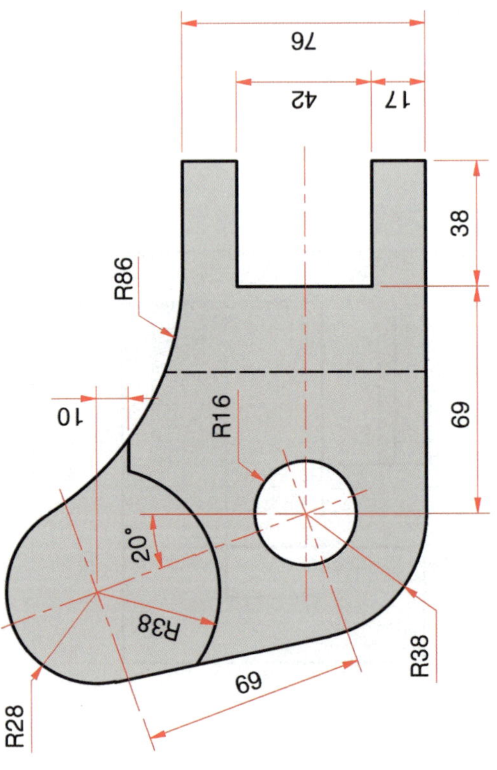
76
42
17
38
R86
69
R16
10
20°
R38
69
R28
R38

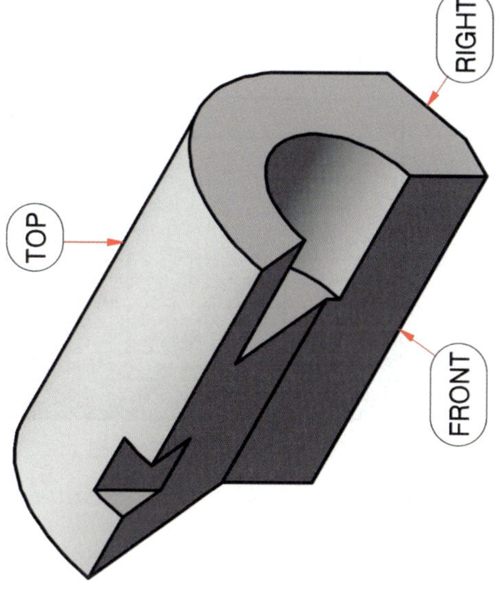
TOP
RIGHT
FRONT

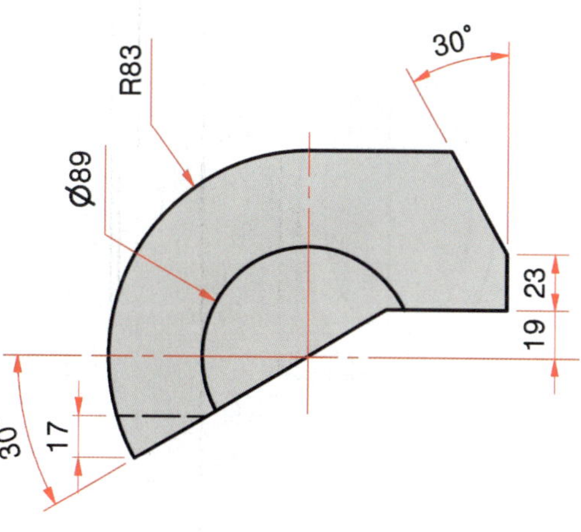
R83
Ø89
30°
30°
17
19 23

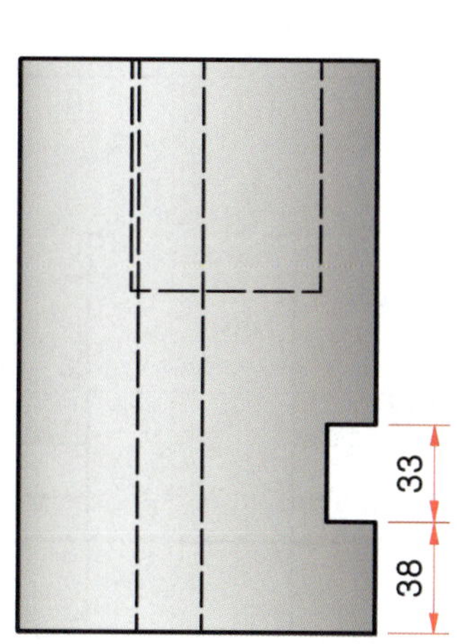
33
38

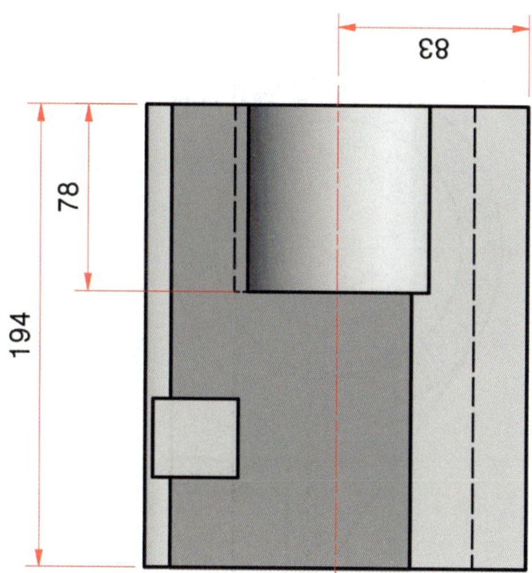
83
78
194

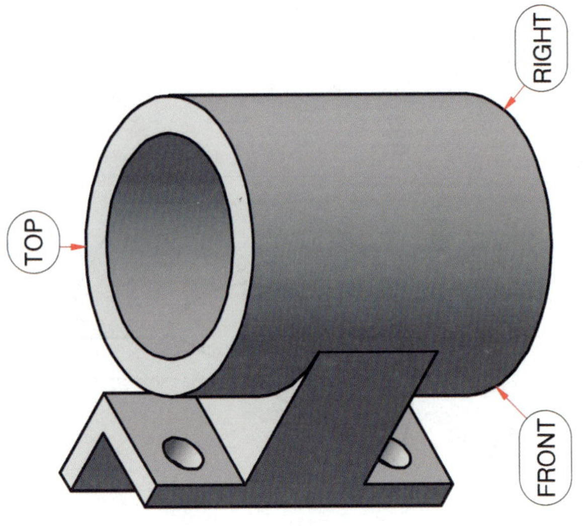

TOP
RIGHT
FRONT

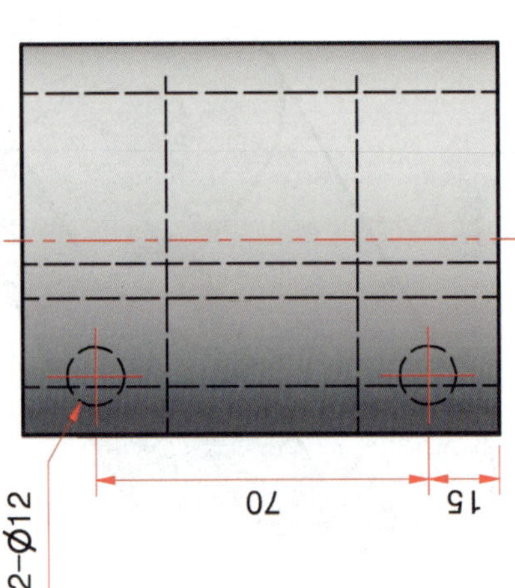

2-Ø12
70
15

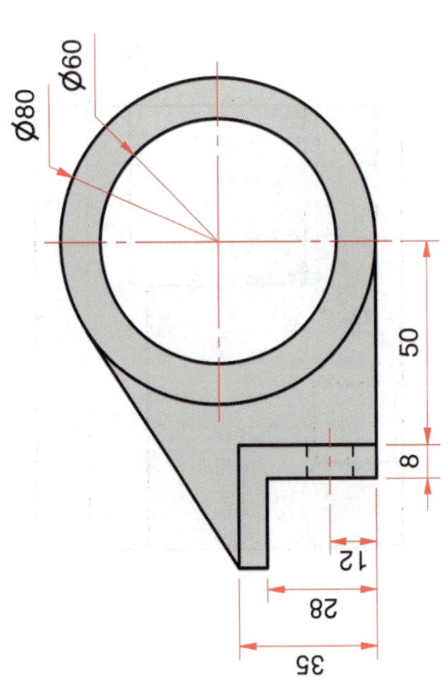

Ø80
Ø60
50
8
12
28
35

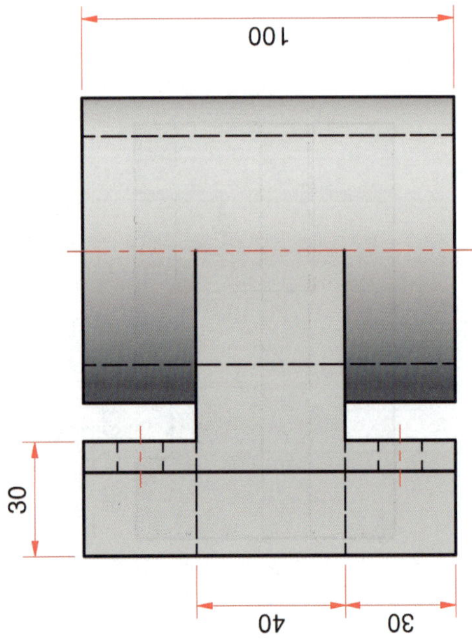

100
30
40
30

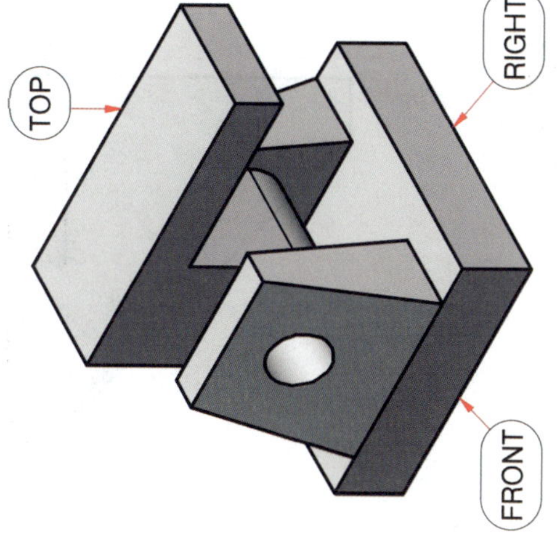

TOP
RIGHT
FRONT

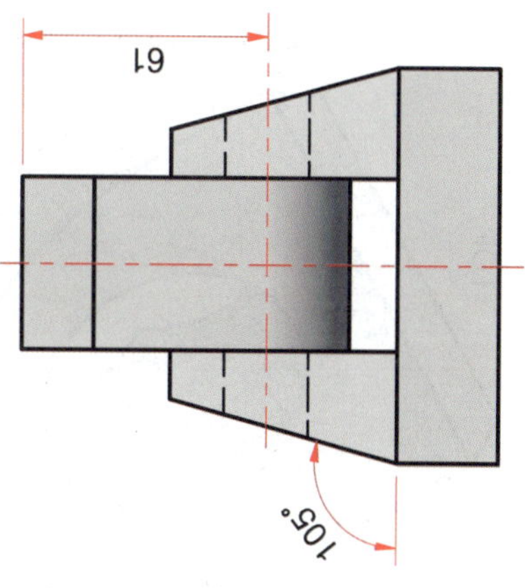

61
105°

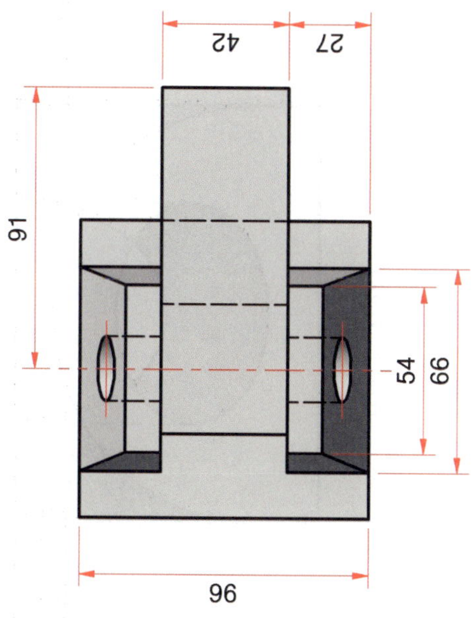

42
27
91
54
66
96

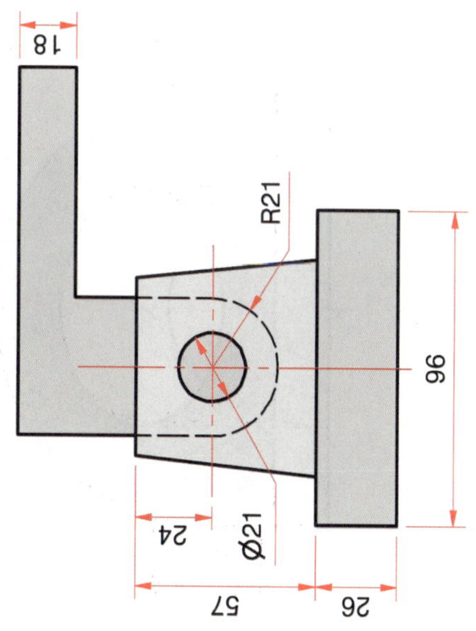

18
R21
96
24
Ø21
57
26

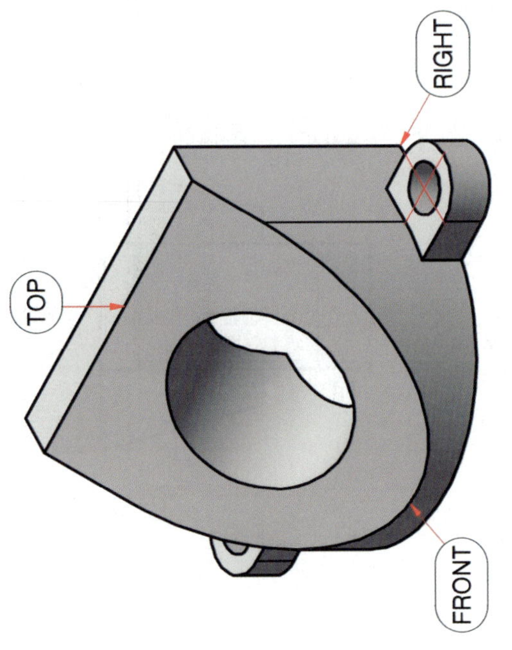

RIGHT
TOP
FRONT

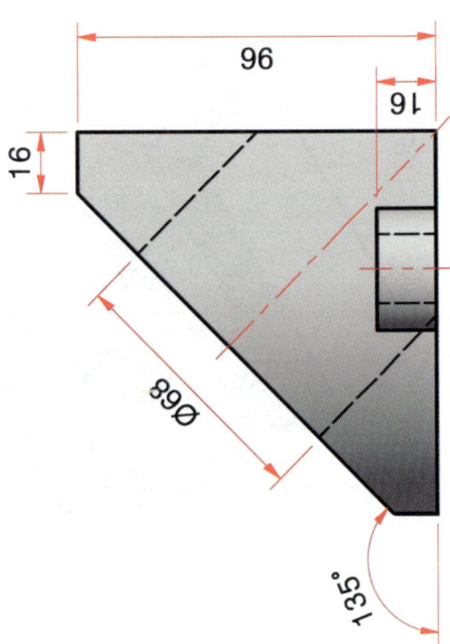

96
16
16
Ø89
135°

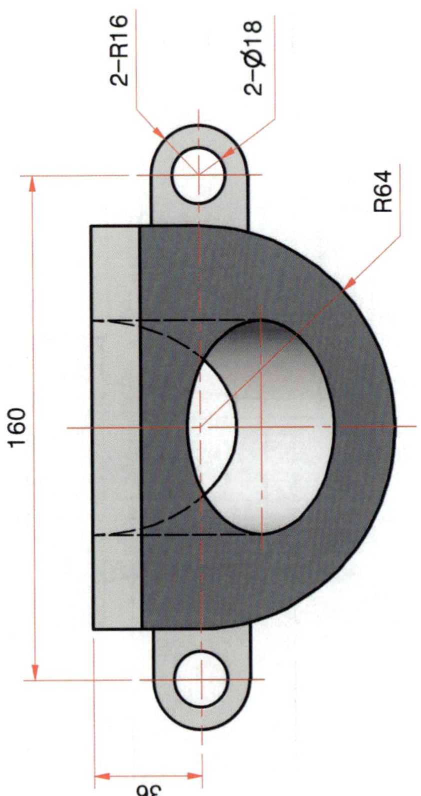

2-R16
2-Ø18
R64
160
36

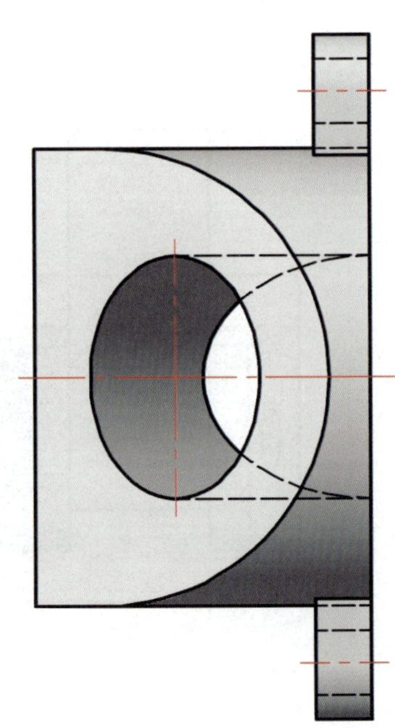

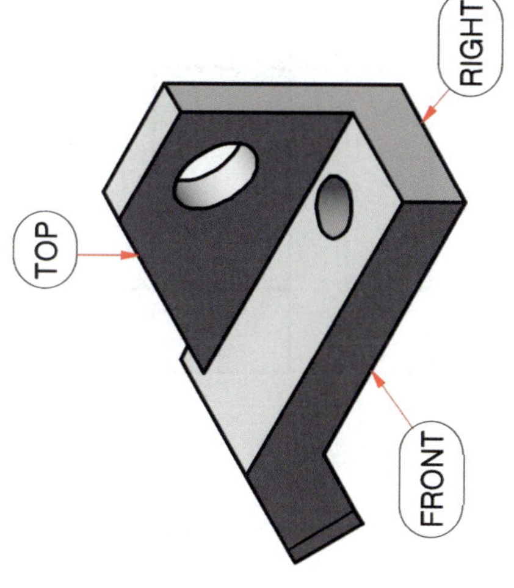
RIGHT
TOP
FRONT

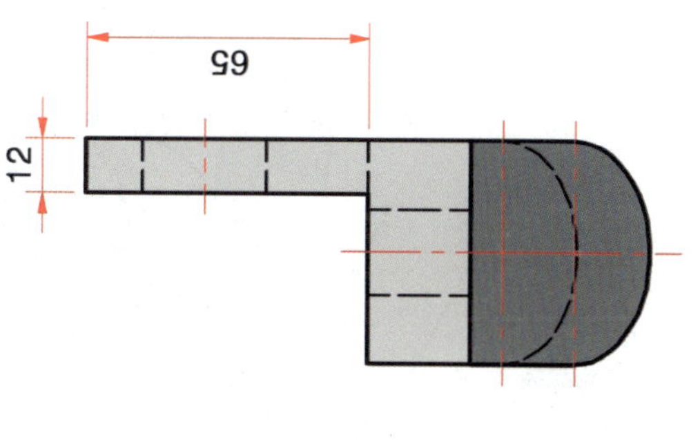
65
12

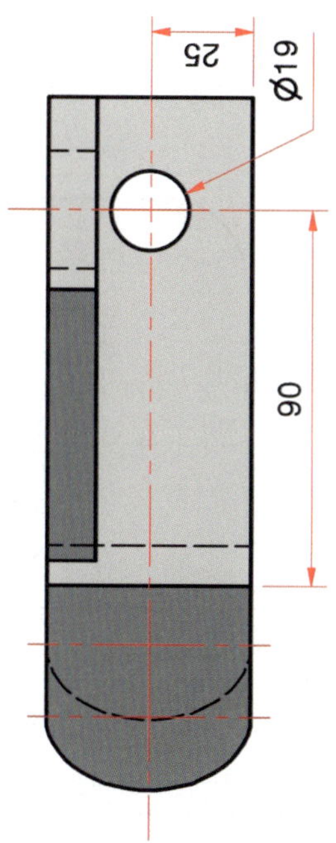
25
Ø19
90

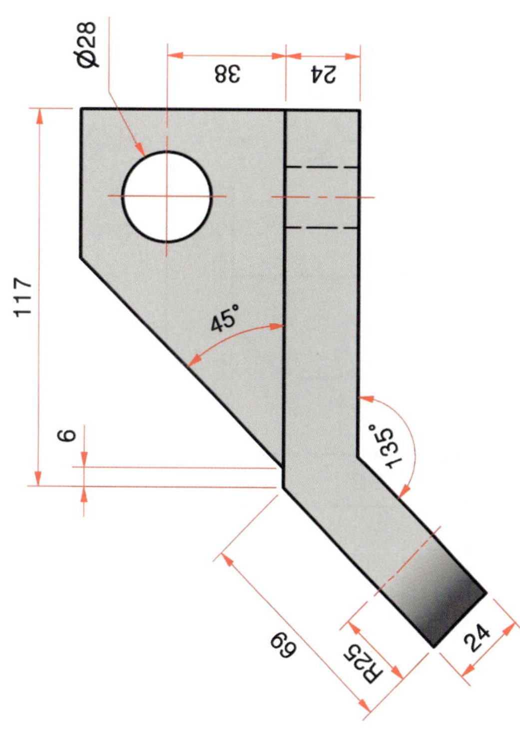
Ø28
38
24
117
6
45°
135°
69
R25
24

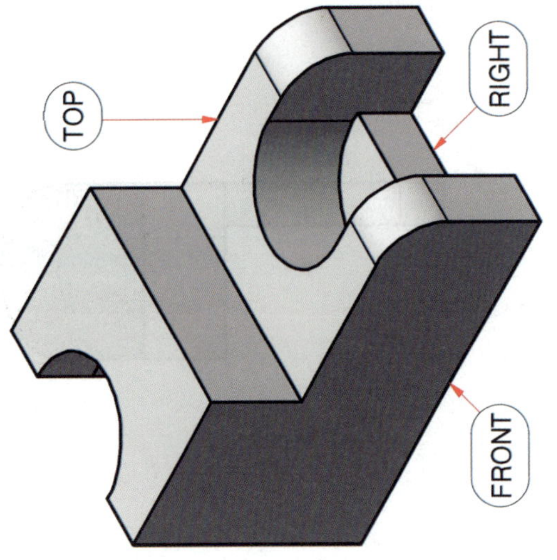

TOP
RIGHT
FRONT

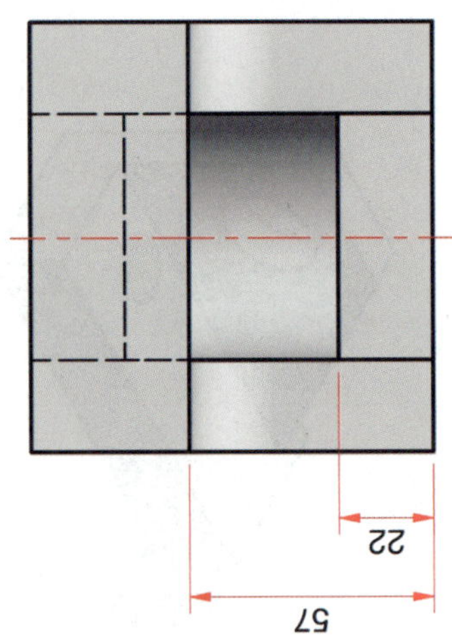

22
57

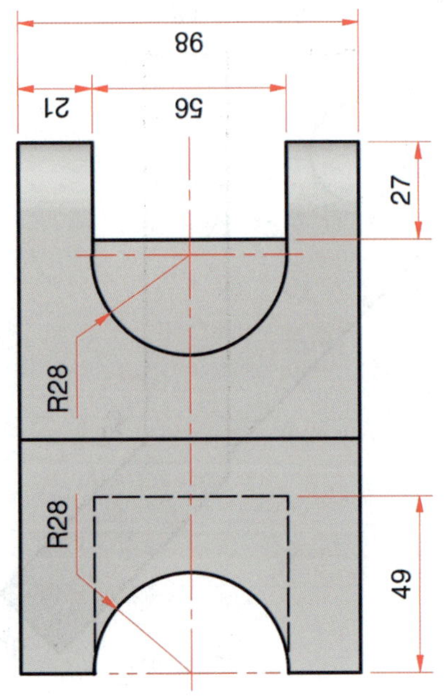

86
21
56
27
R28
R28
49

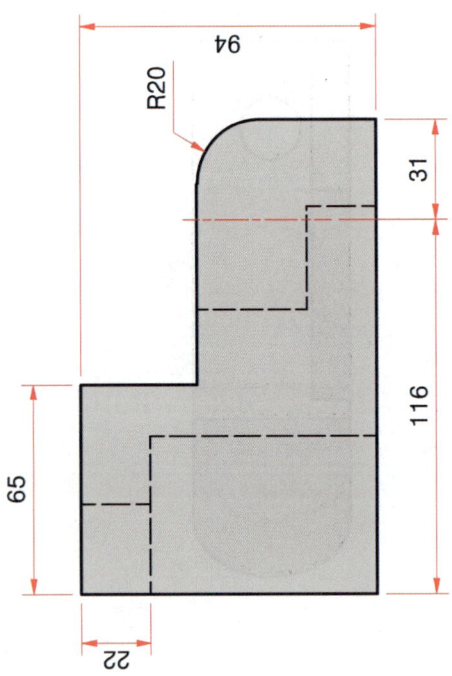

94
R20
31
116
65
22

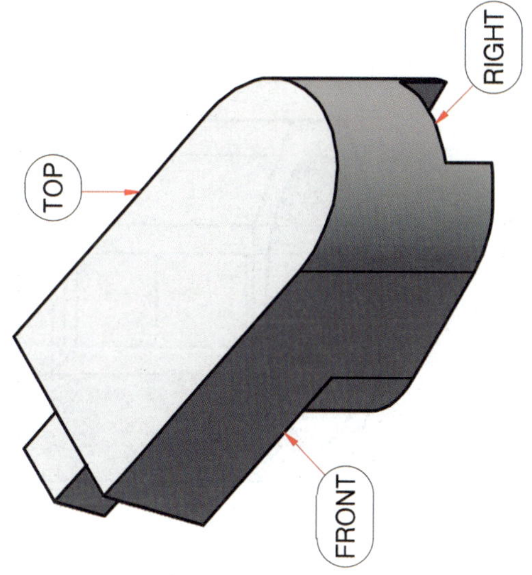

TOP
RIGHT
FRONT

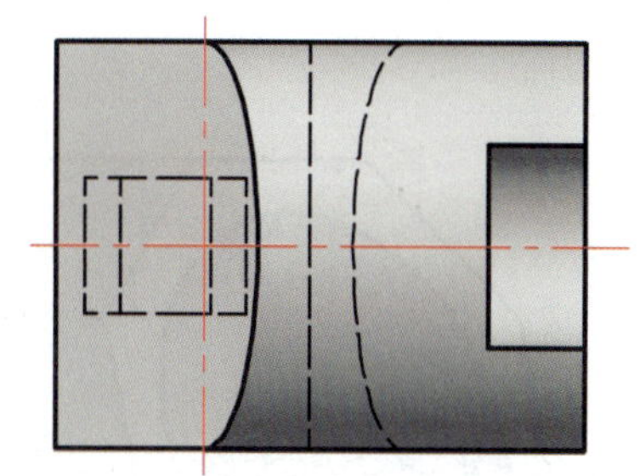

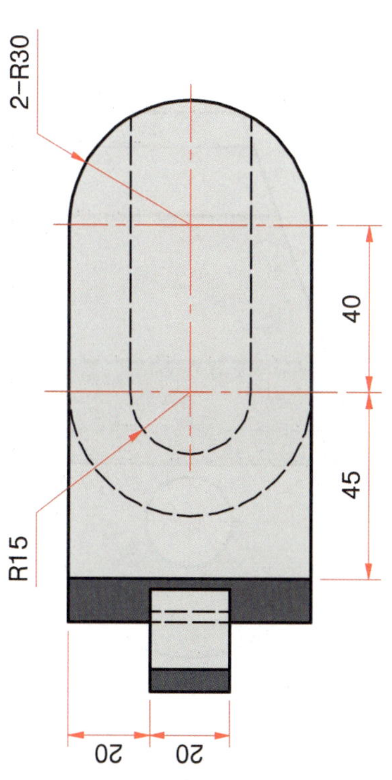

2-R30
R15
40
45
20
20

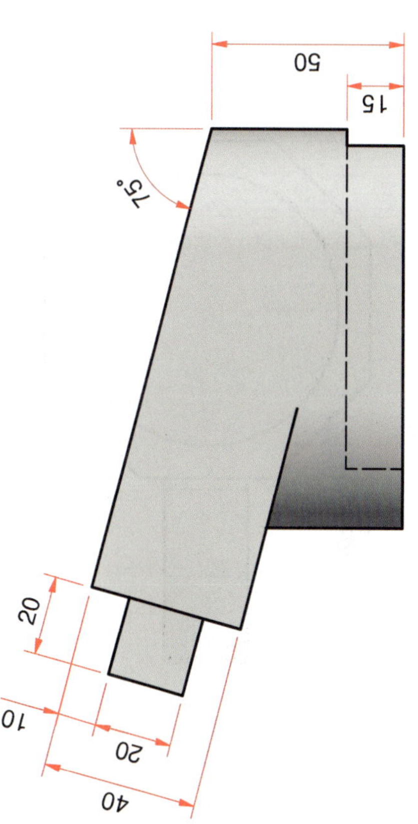

50
15
75°
20
10
20
40

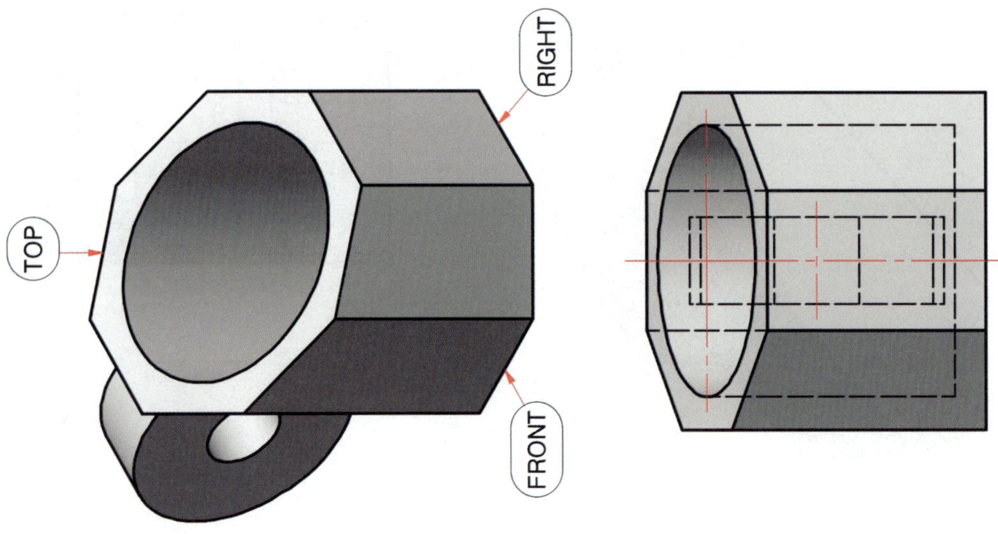

TOP
RIGHT
FRONT

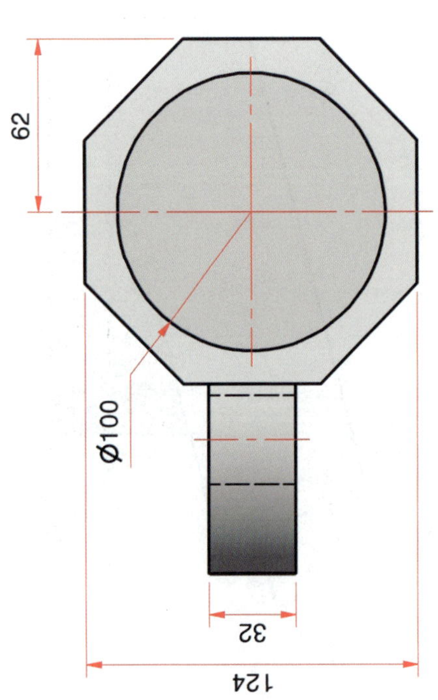

62
Ø100
32
124

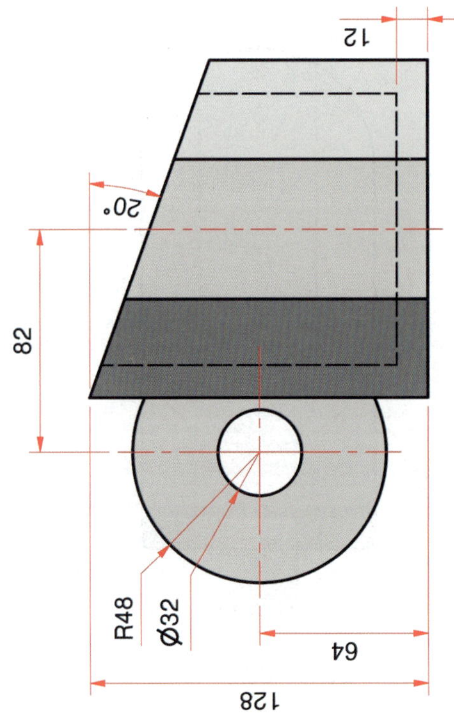

12
20°
82
R48
Ø32
64
128

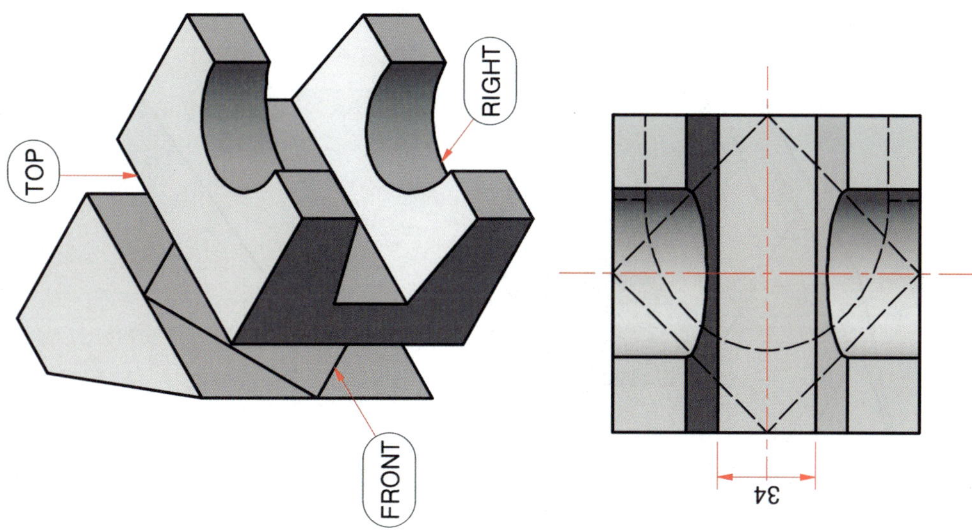

TOP
RIGHT
FRONT

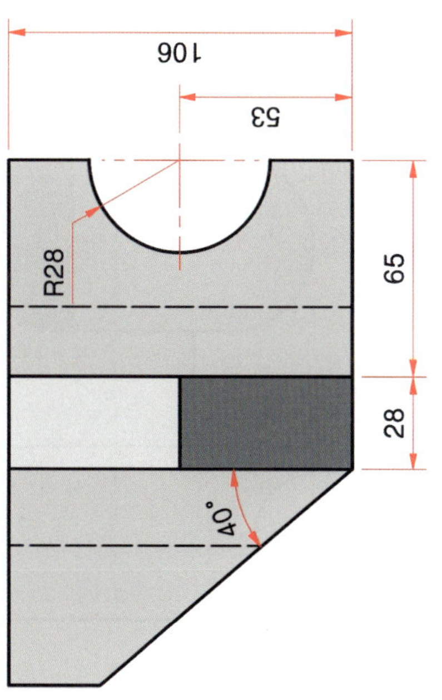

106
53
R28
65
28
40°

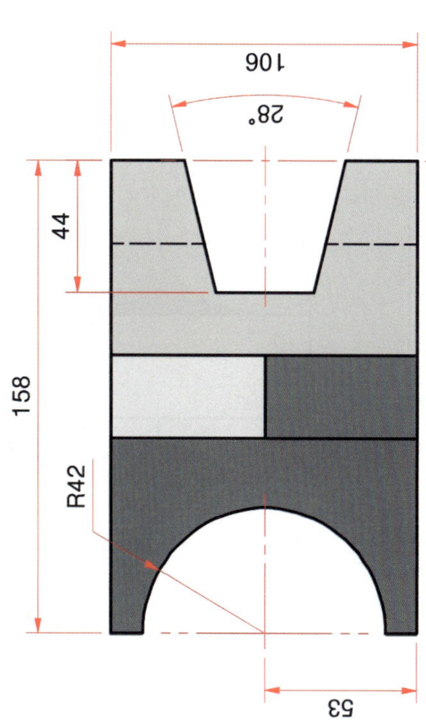

106
28°
44
158
R42
53

34

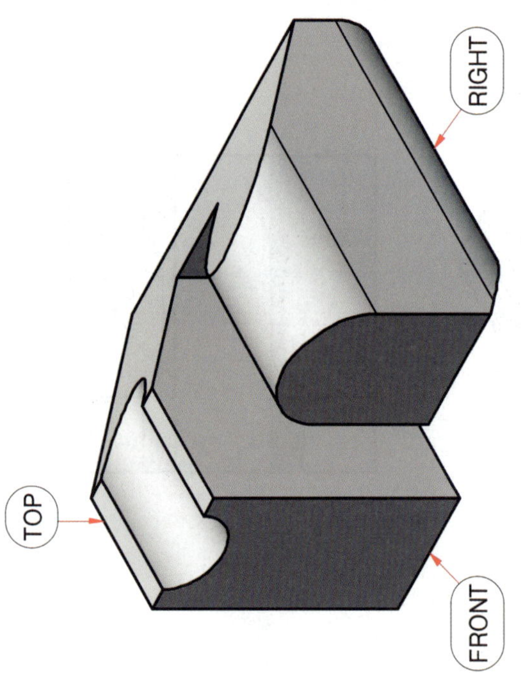

RIGHT
TOP
FRONT

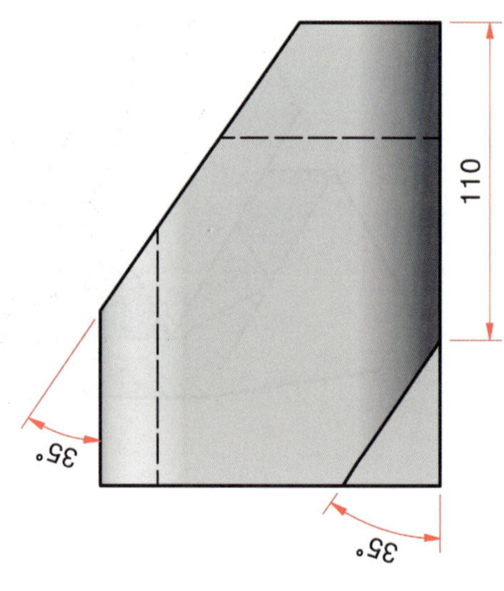

110
35°
35°

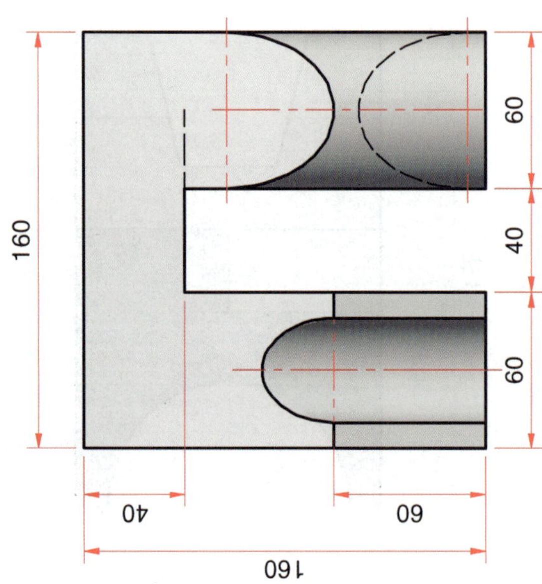

60
40
60
160
40
60
160

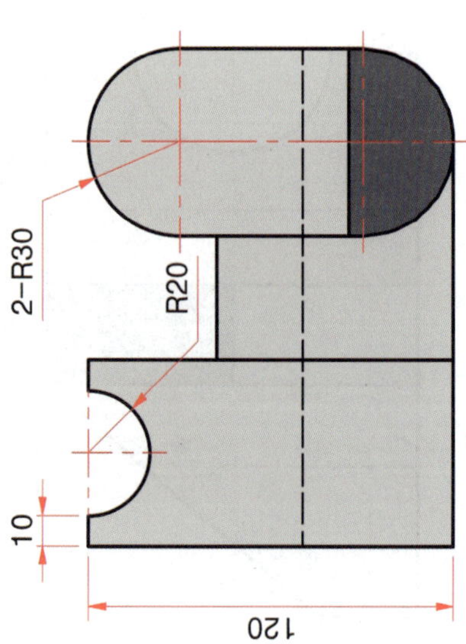

2-R30
R20
10
120

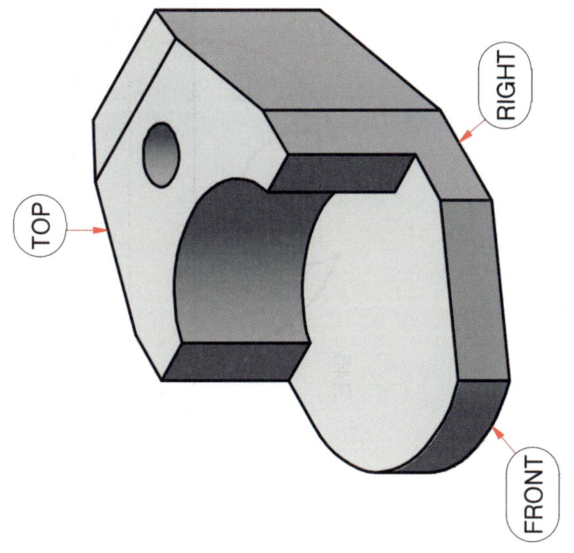
TOP
RIGHT
FRONT

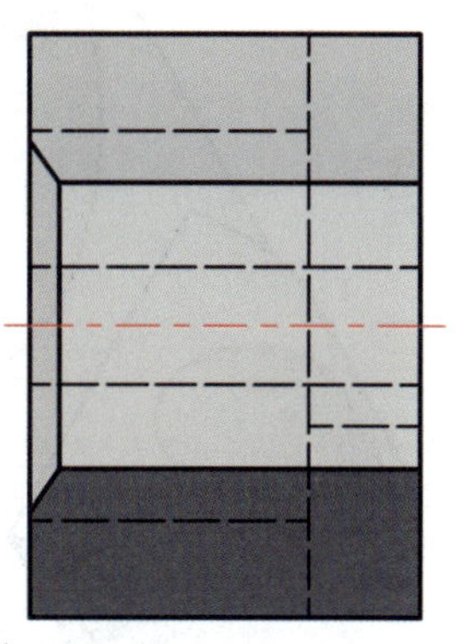

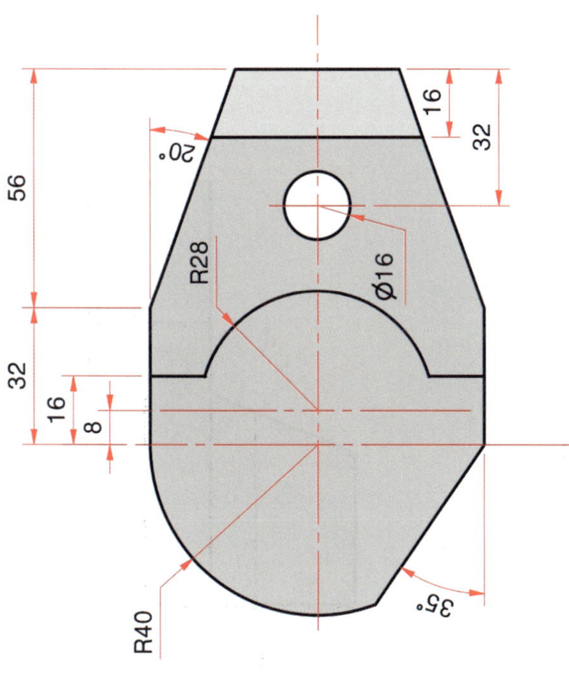
56
32
16
20°
R28
R40
Ø16
16
32
35°

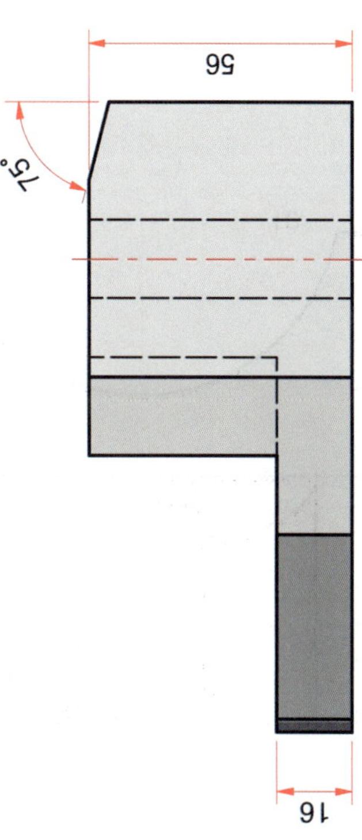
56
75°
16

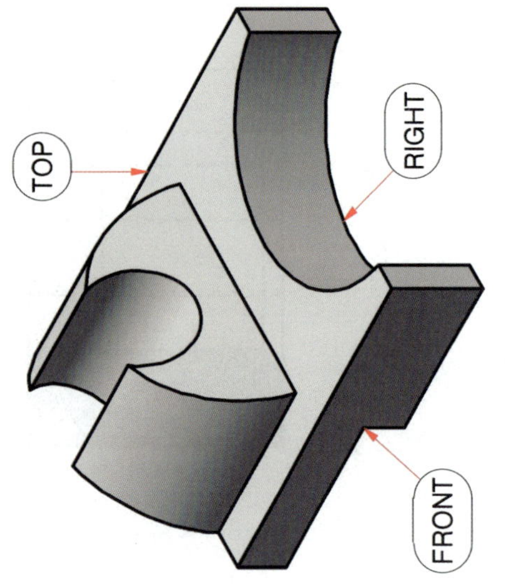

TOP
RIGHT
FRONT

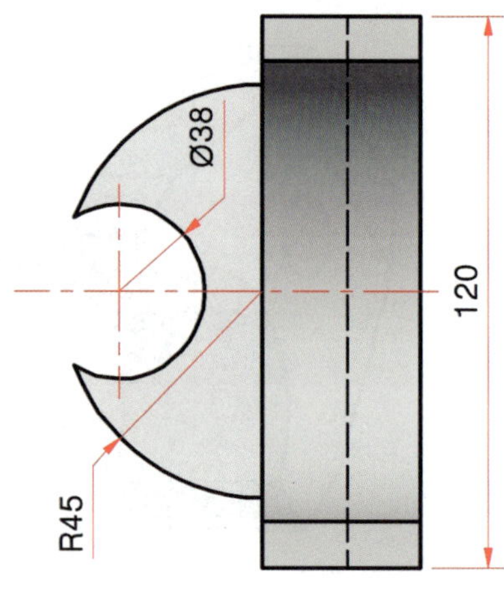

Ø38
R45
120

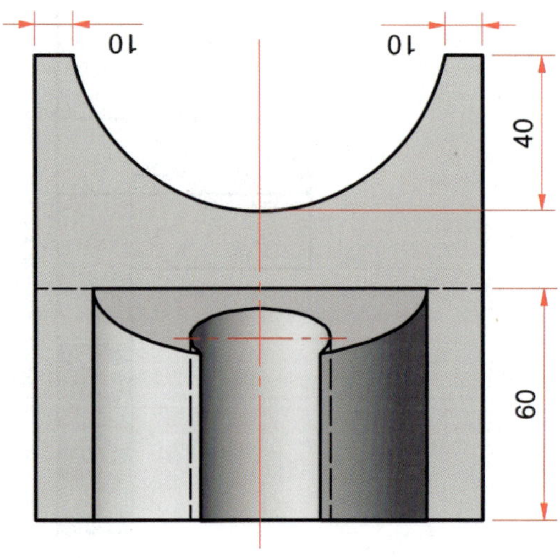

10
10
40
60

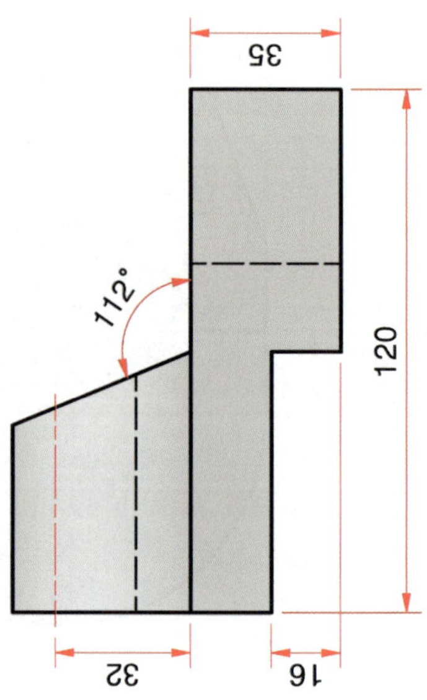

35
112°
120
32
16

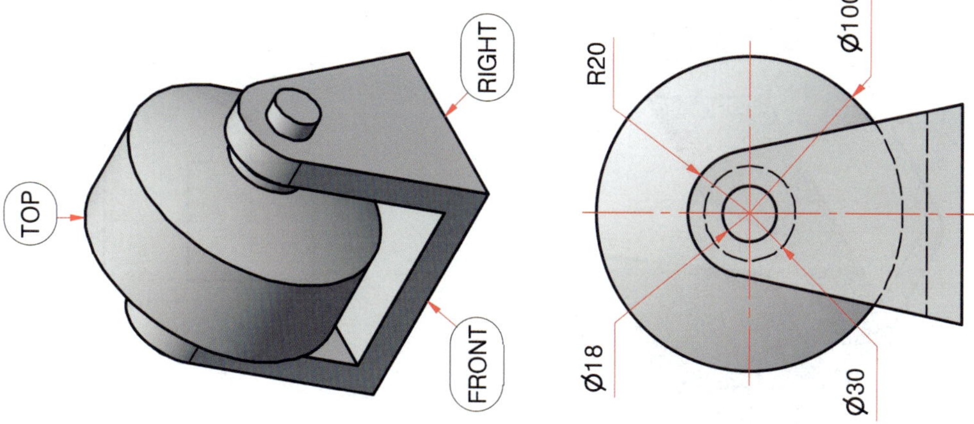

TOP
RIGHT
FRONT
R20
Ø100
Ø18
Ø30

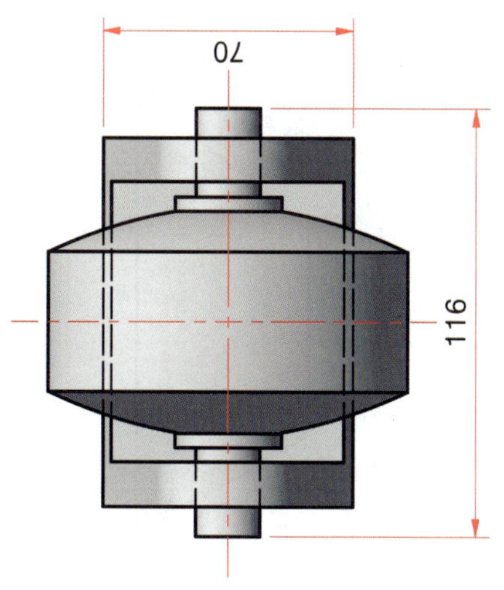

70
116

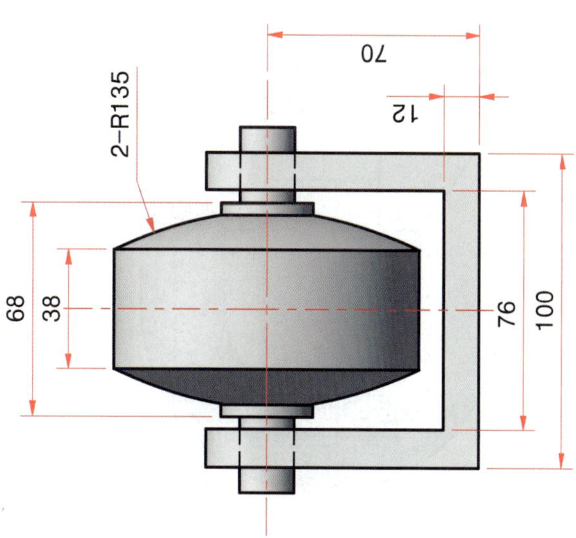

2-R135
70
12
68
38
76
100

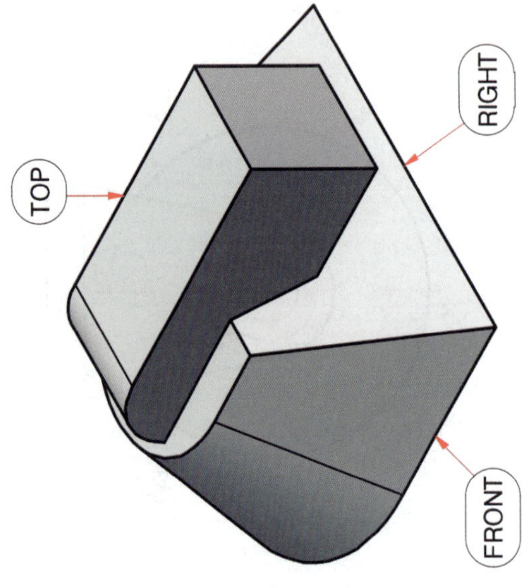

TOP
RIGHT
FRONT

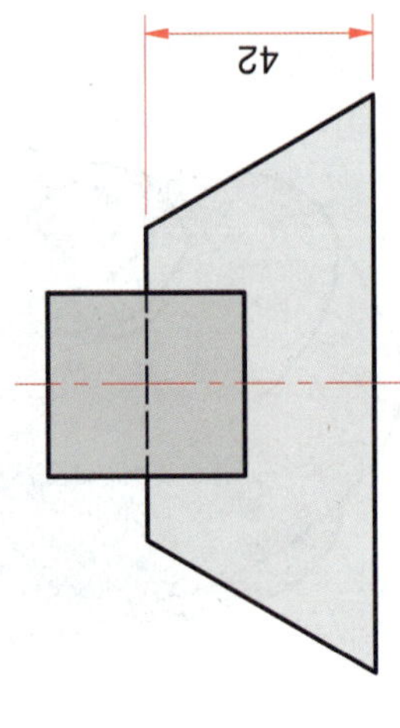

42

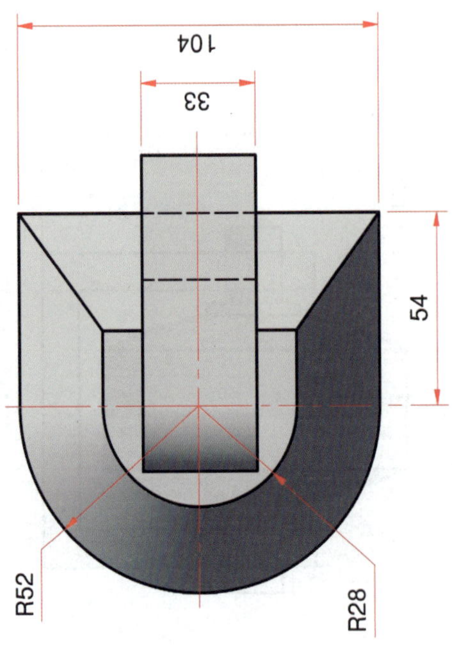

104
33
54
R52
R28

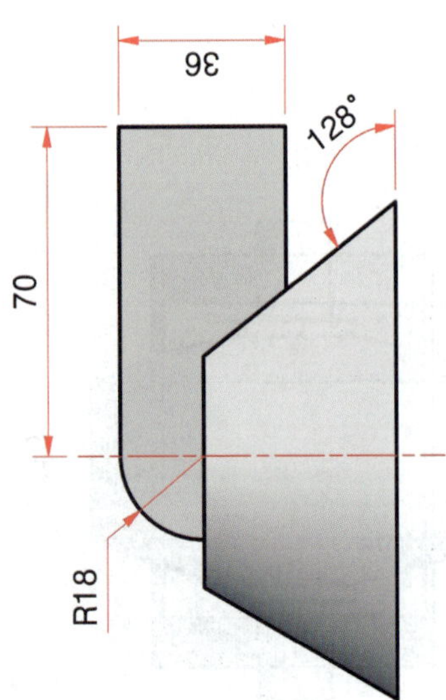

36
128°
70
R18

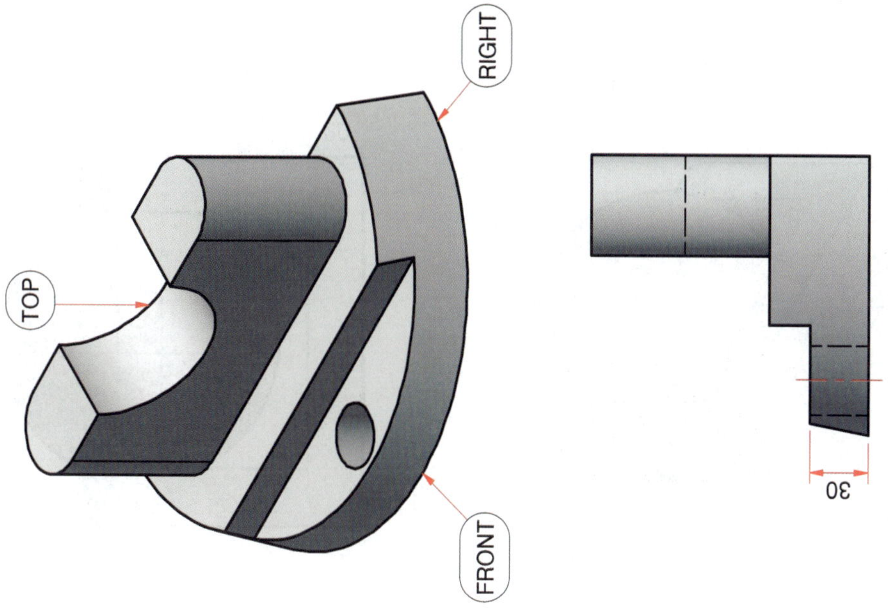
RIGHT
TOP
FRONT

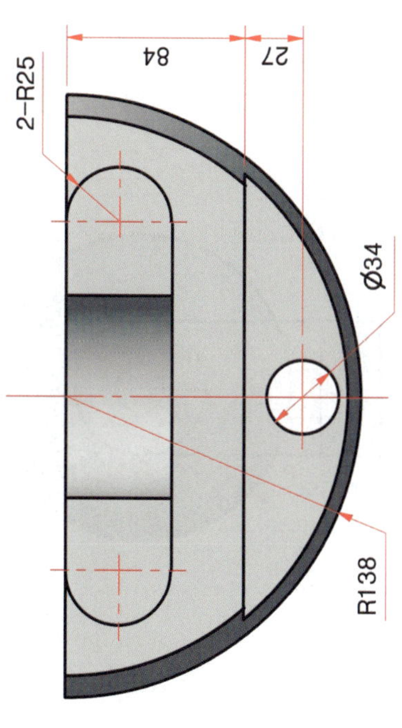
2-R25
84
27
Ø34
R138

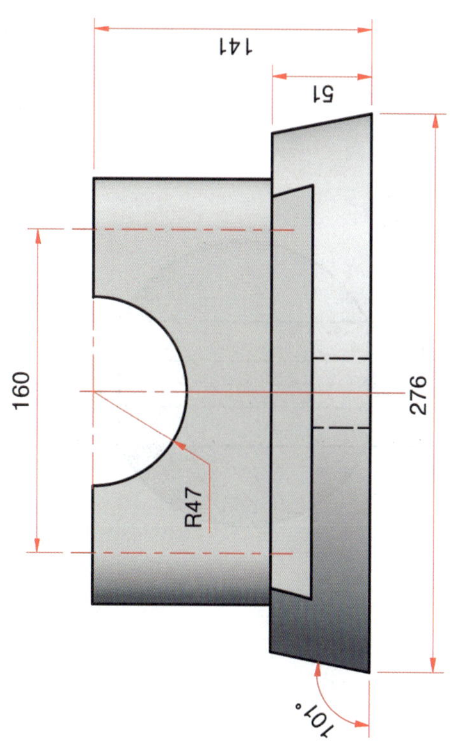
141
51
160
276
R47
101°
30

340 | 부록

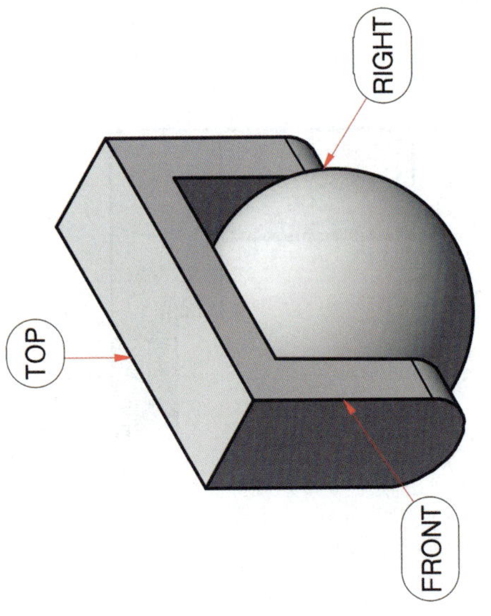

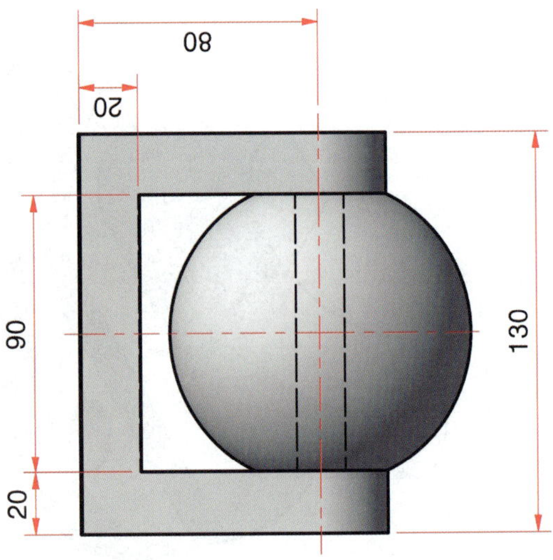

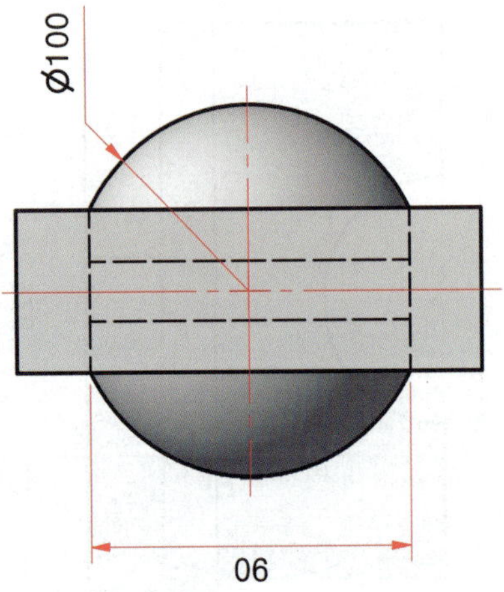

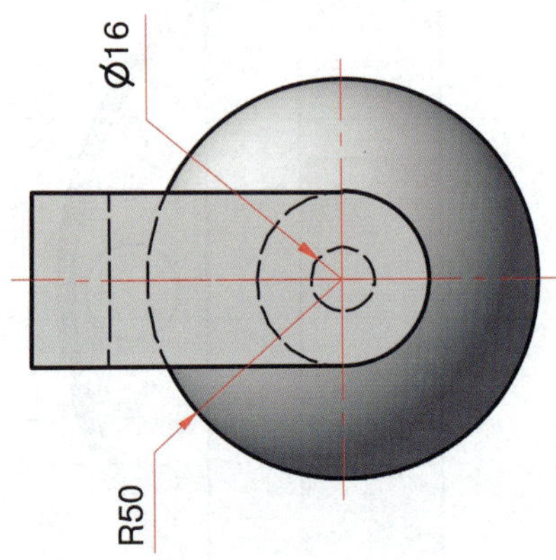

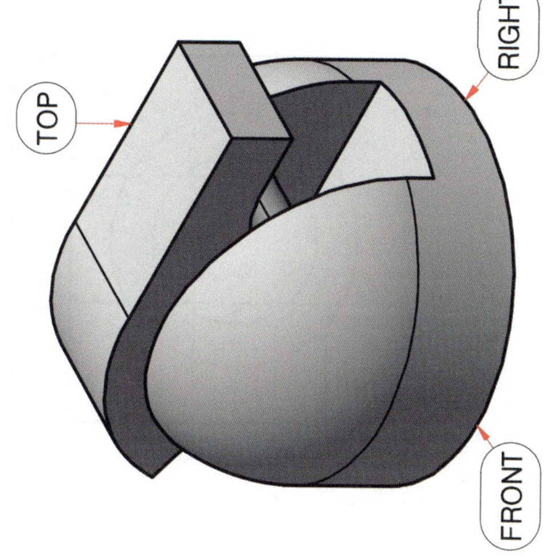
TOP
RIGHT
FRONT

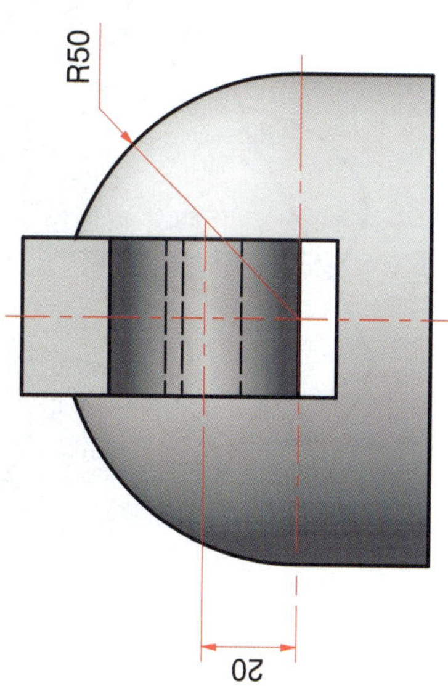
R50
20

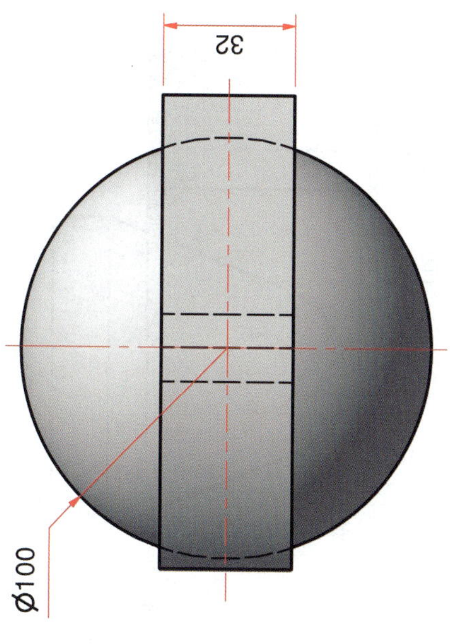
32
Ø100

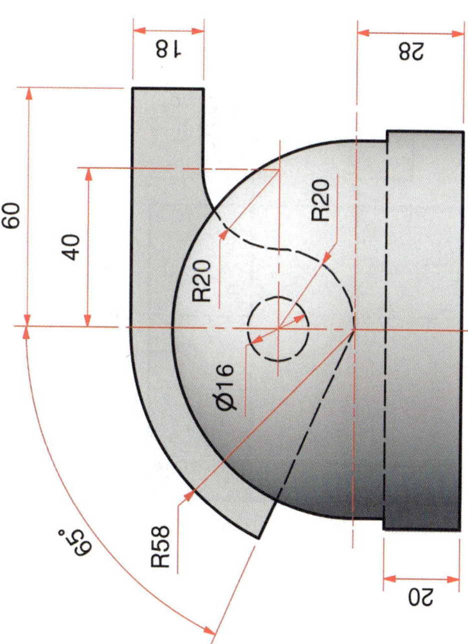
18
28
60
40
R20
R20
Ø16
R58
65°
20

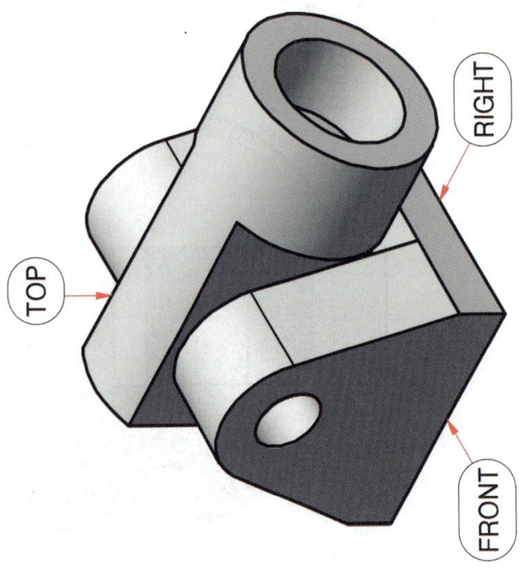

TOP
RIGHT
FRONT

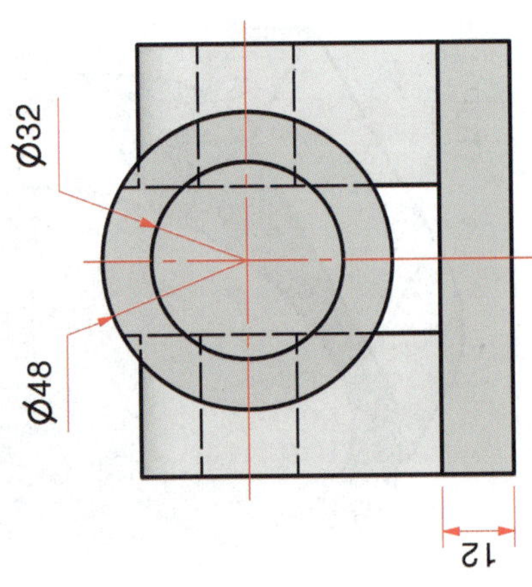

Ø32
Ø48
12

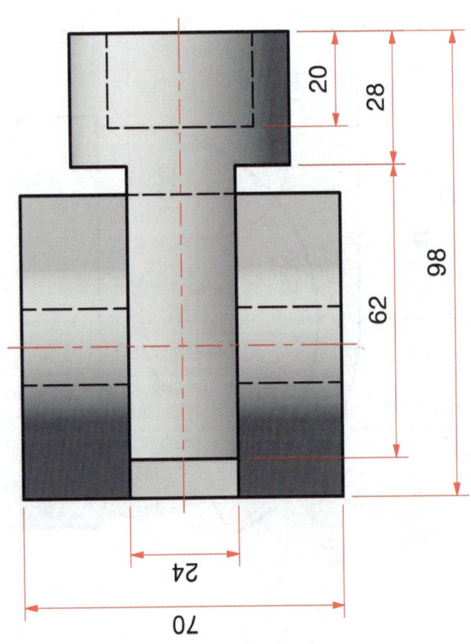

20
28
98
62
24
70

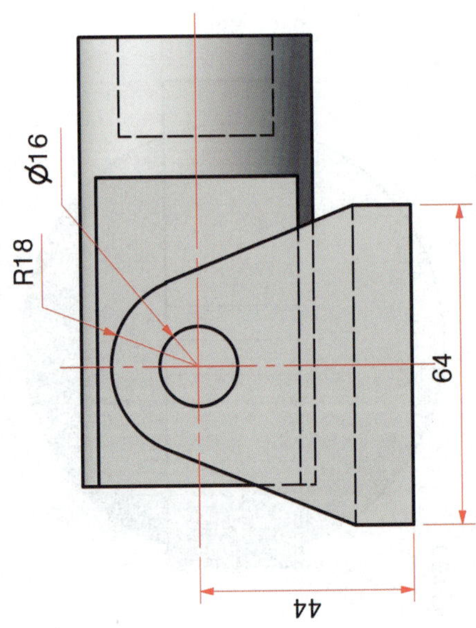

Ø16
R18
64
44

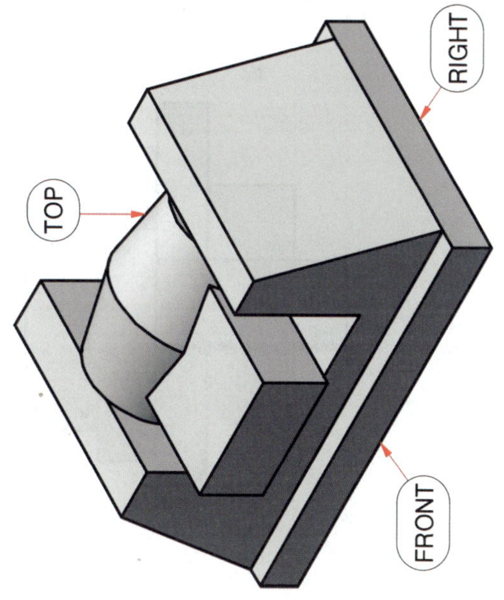
TOP
RIGHT
FRONT

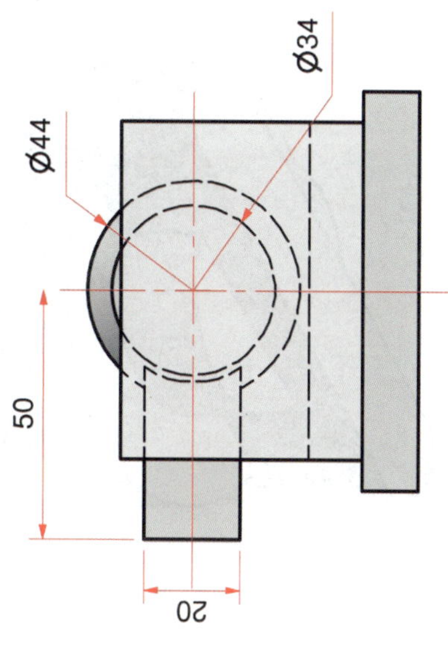
Ø44
Ø34
50
20

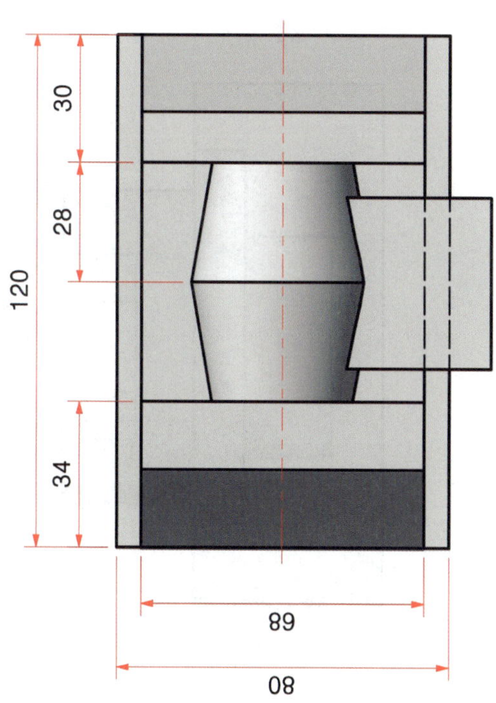
30
28
120
34
68
80

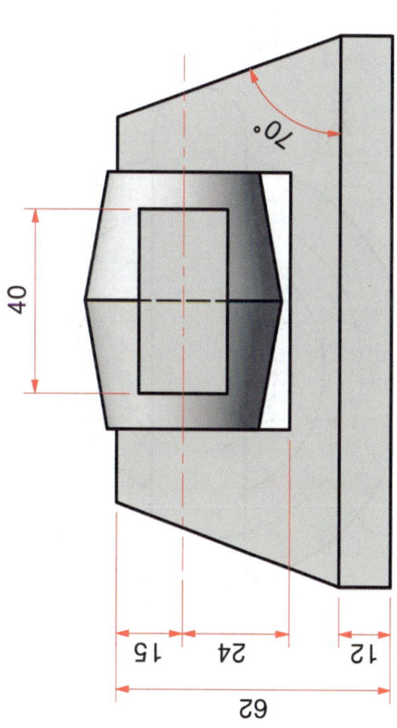
70°
40
15
24
12
62

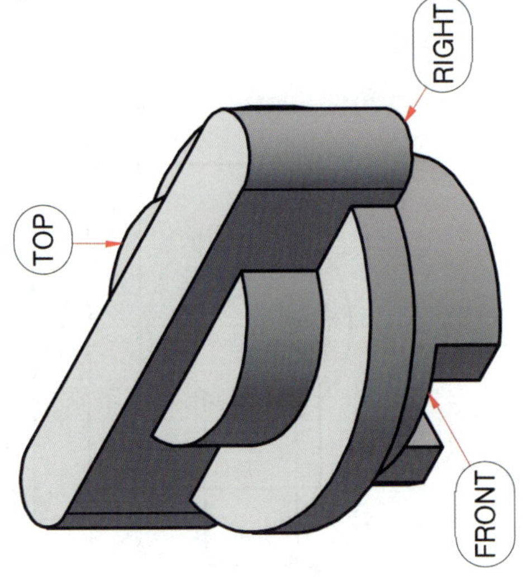
RIGHT
TOP
FRONT

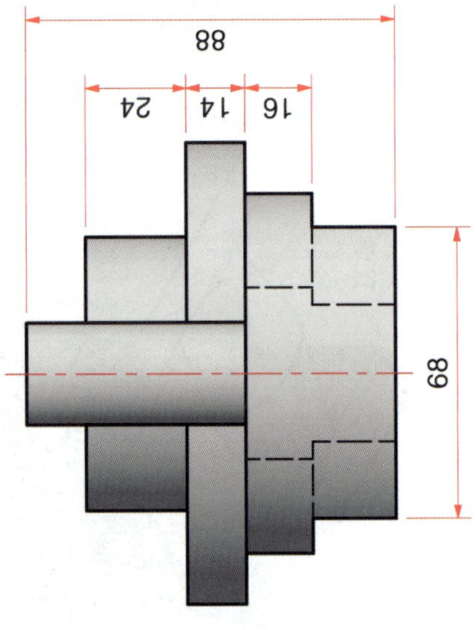
88
24
14
16
68

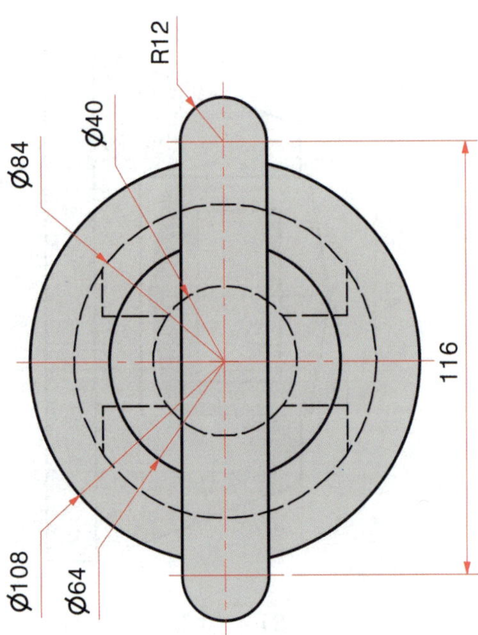
R12
Ø40
Ø84
Ø108
Ø64
116

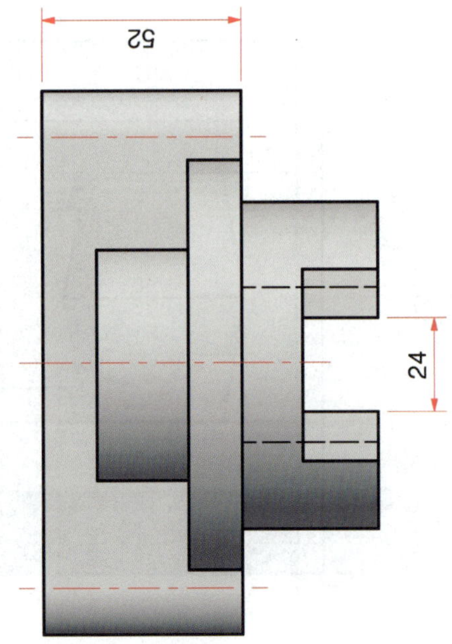
52
24

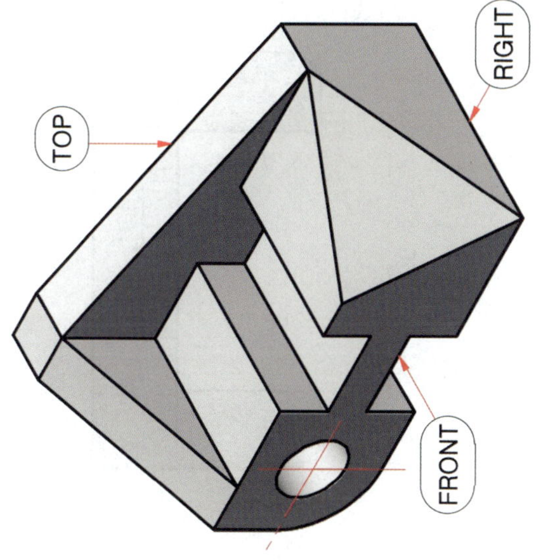

TOP
RIGHT
FRONT

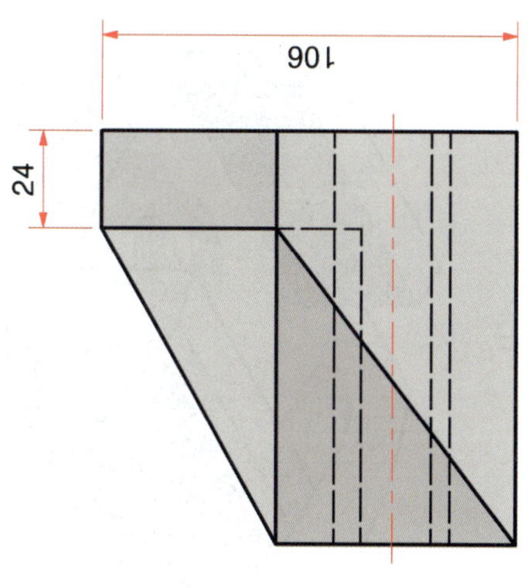

106
24

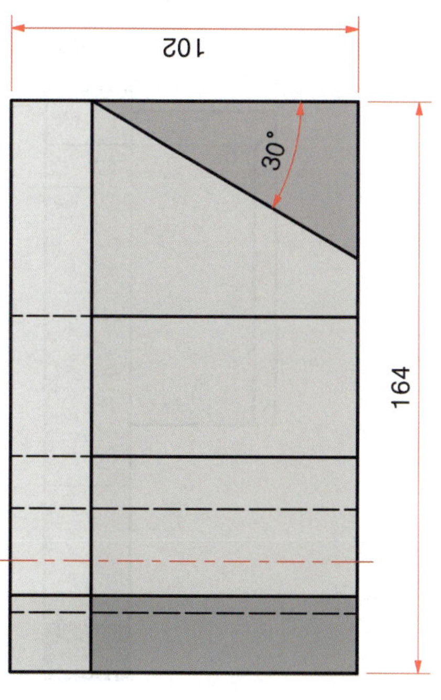

102
30°
164

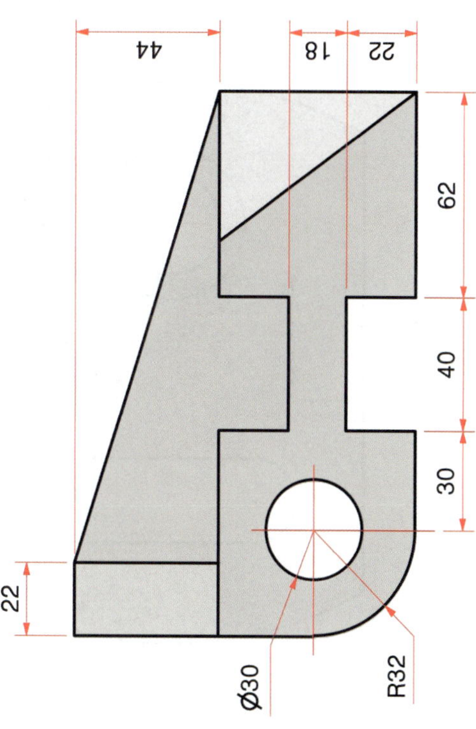

44
18
22
62
40
30
22
Ø30
R32

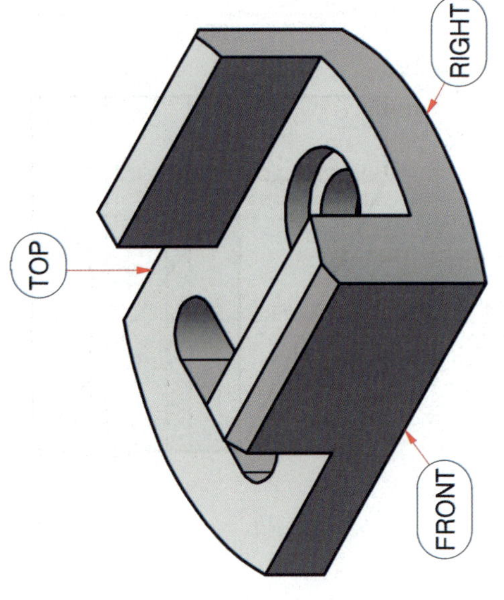

TOP
RIGHT
FRONT

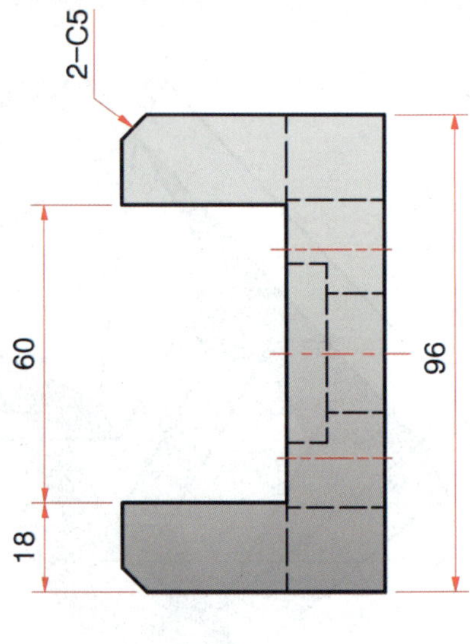

2-C5
60
18
96

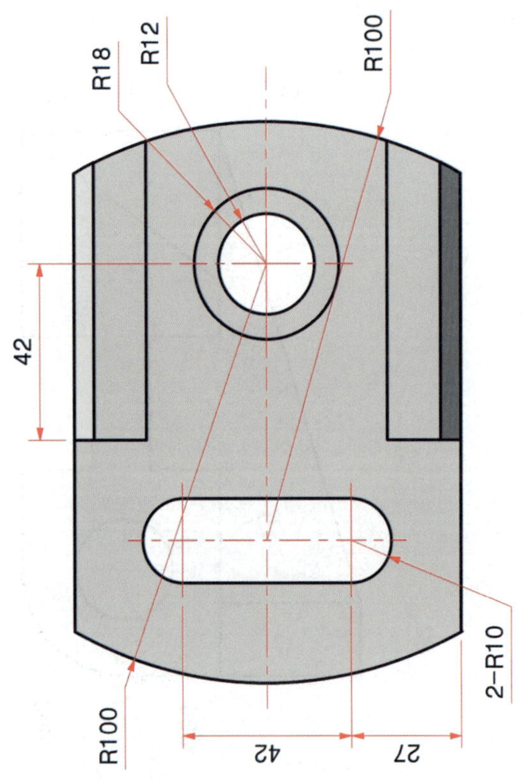

R18
R12
R100
R100
2-R10
42
42
27

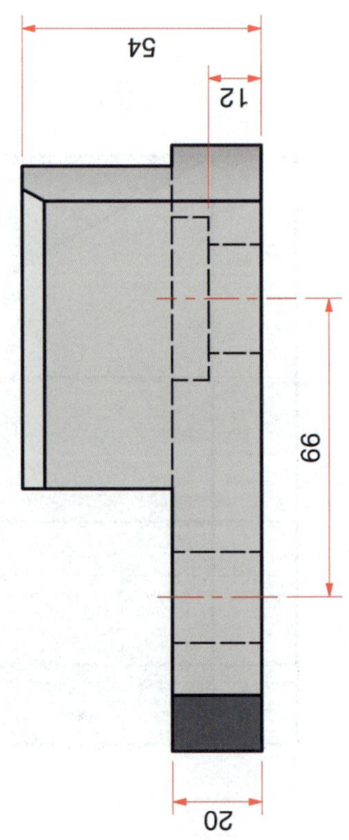

54
12
66
20

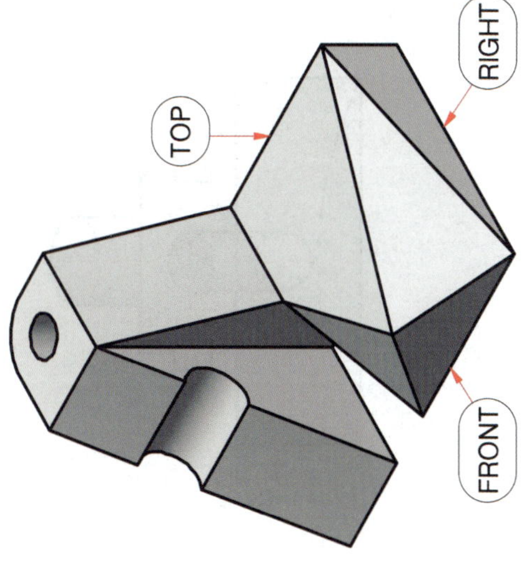

TOP
RIGHT
FRONT

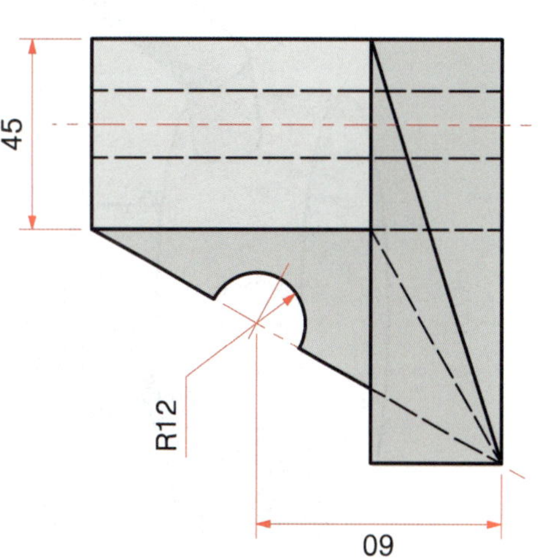

45
R12
60

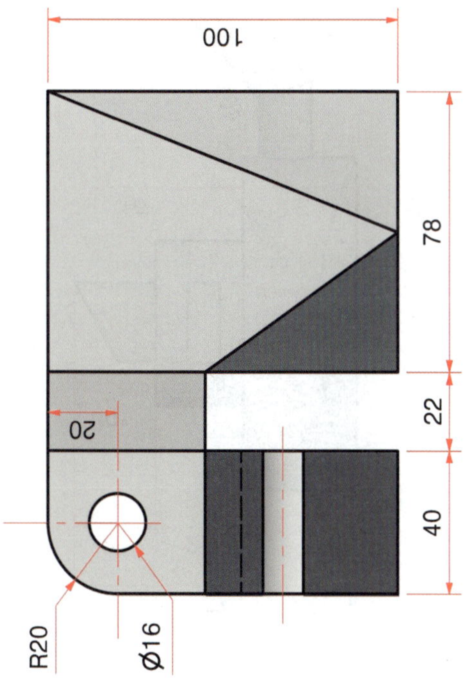

100
78
22
40
20
R20
Ø16

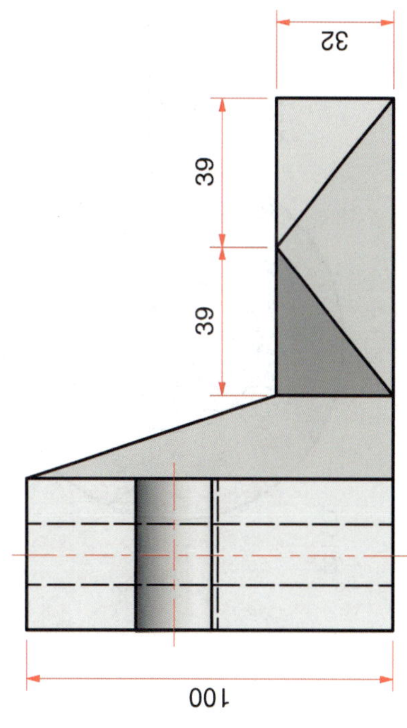

32
39
39
100

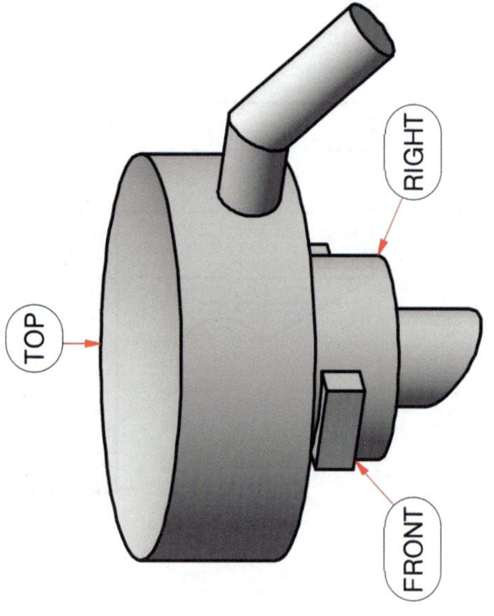

TOP
RIGHT
FRONT

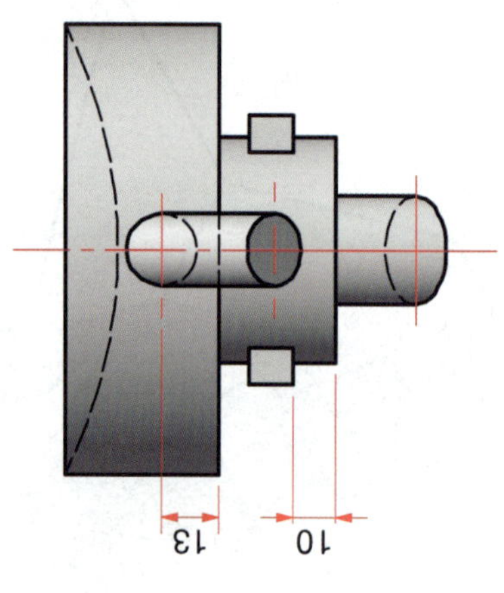

13
10

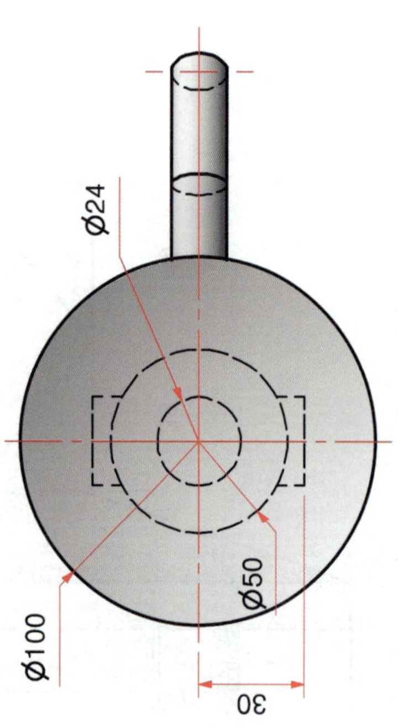

Ø24
Ø100
Ø50
30

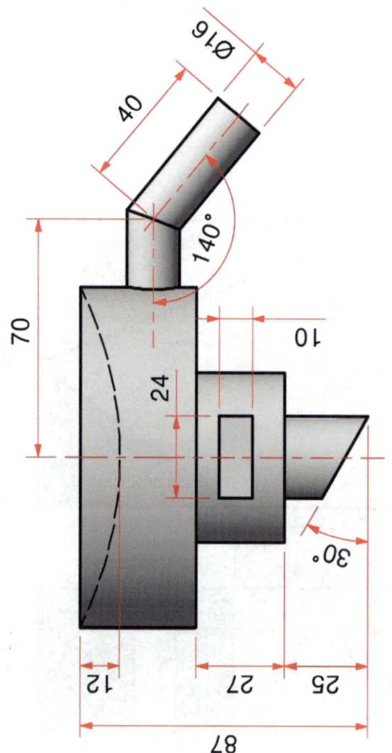

Ø16
40
140°
70
24
10
30°
12
27
25
87

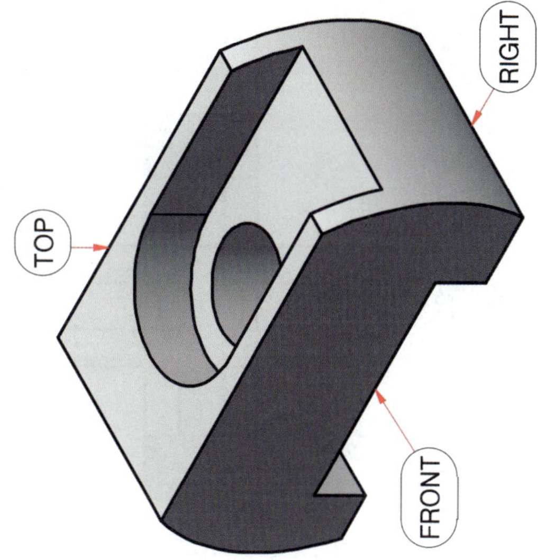

RIGHT
TOP
FRONT

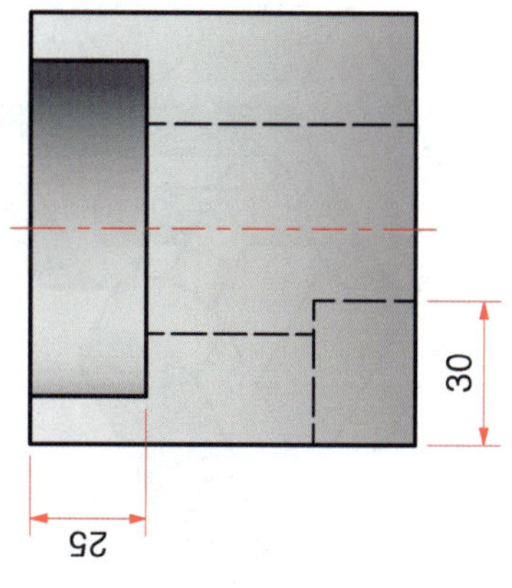

30
25

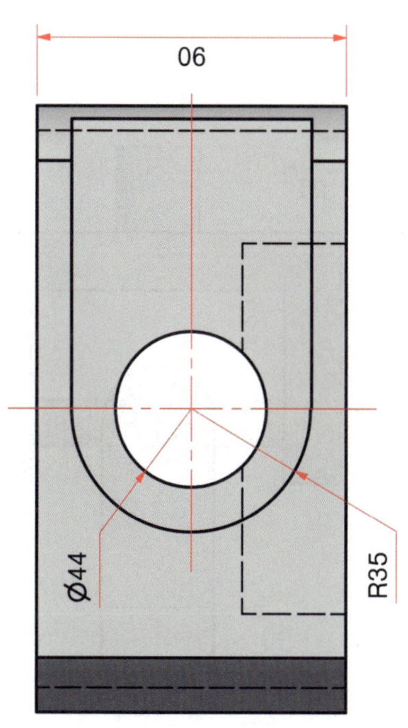

90
Ø44
R35

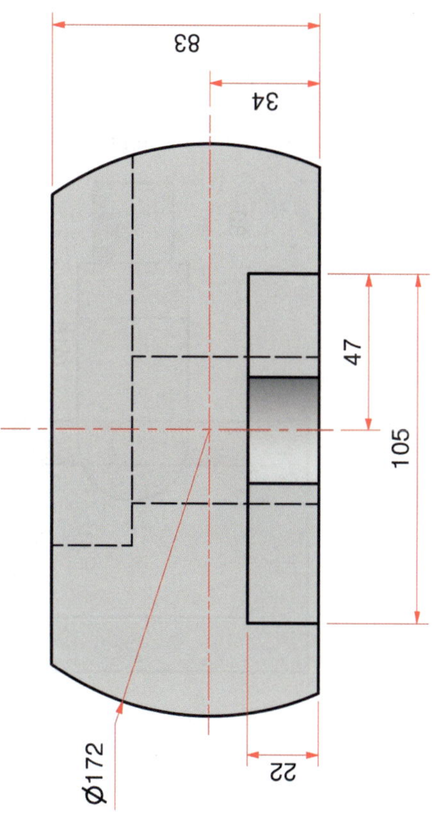

83
34
47
105
22
Ø172

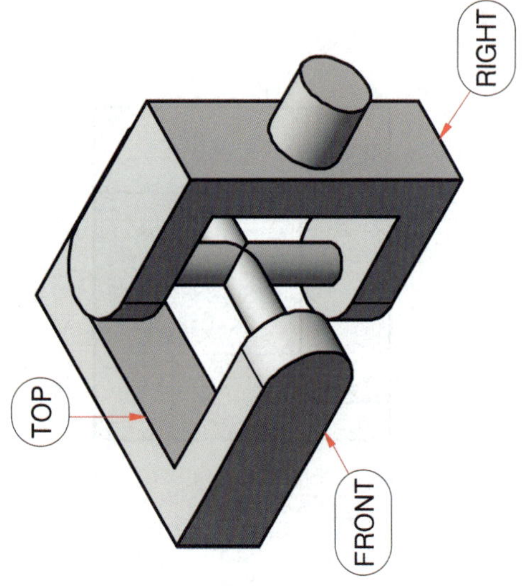
RIGHT
TOP
FRONT

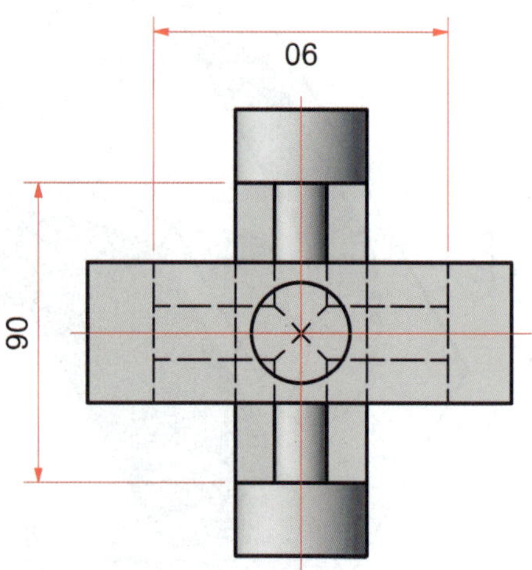
06
90

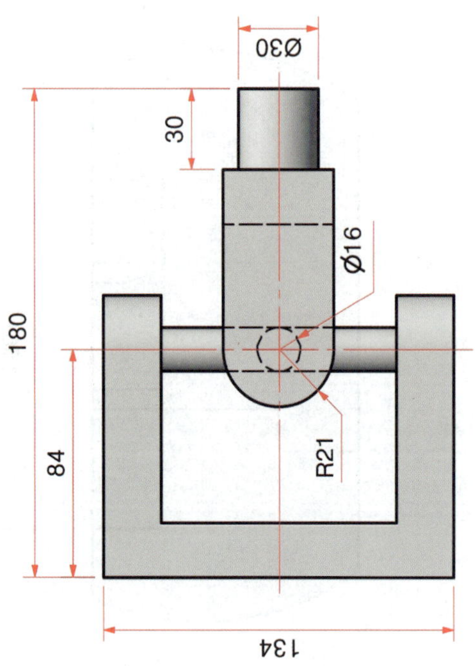
Ø30
30
Ø16
180
84
R21
134

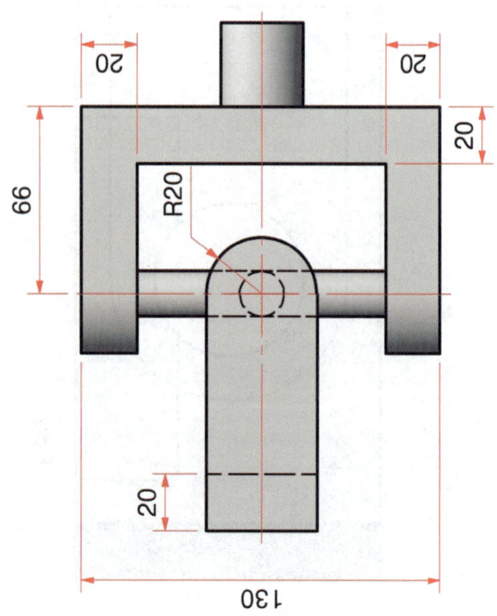
20
20
20
66
R20
20
130

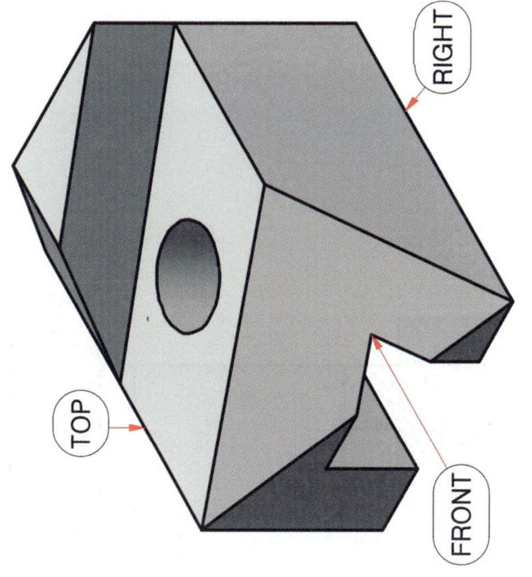

RIGHT
TOP
FRONT

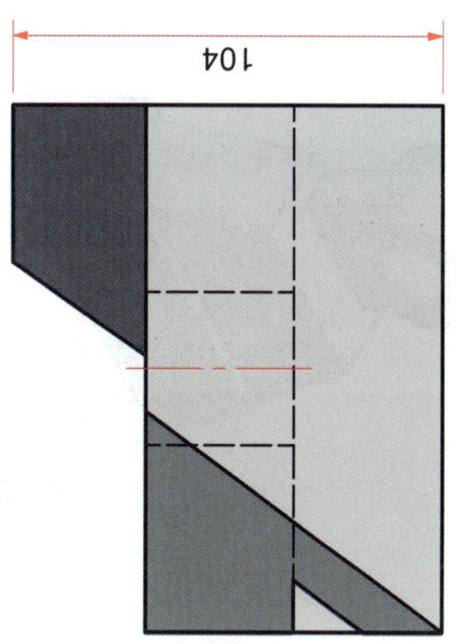

104

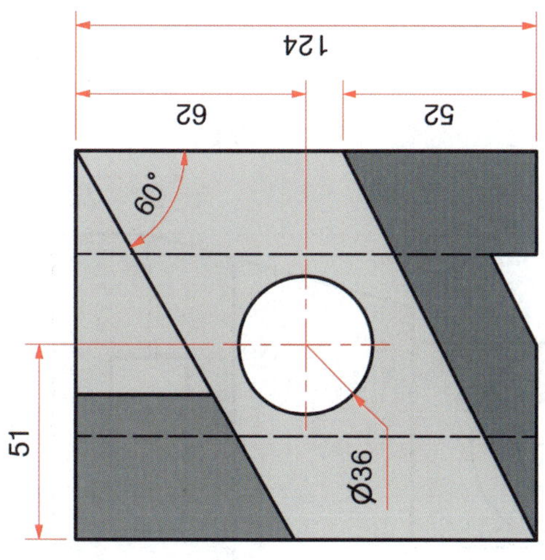

124
62
52
60°
51
Ø36

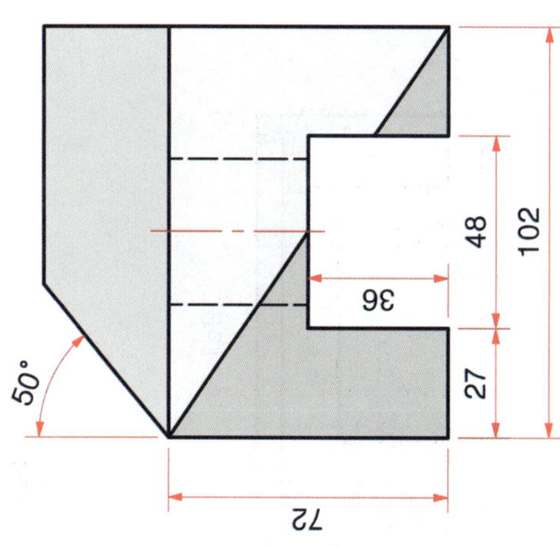

102
48
36
27
72
50°

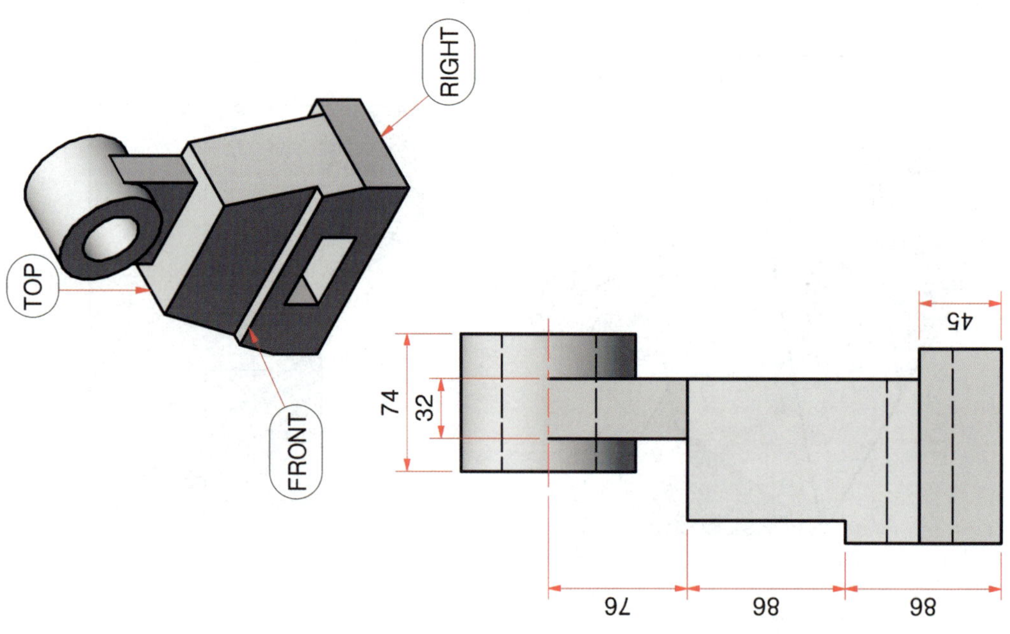
RIGHT
TOP
FRONT
74
32
45
76
98
98

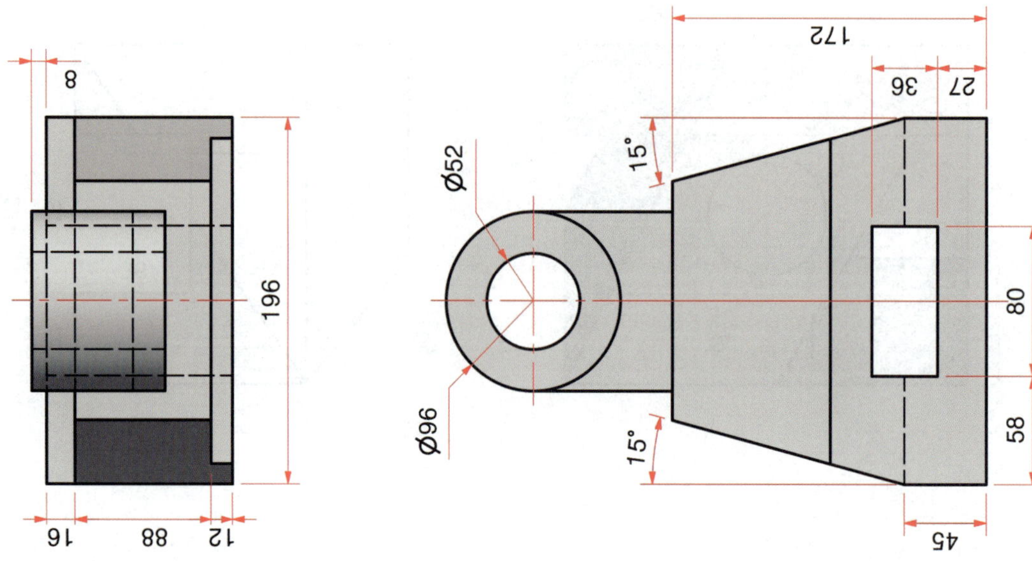
8
196
16
88
12
172
36
27
15°
15°
Ø52
Ø96
80
58
45

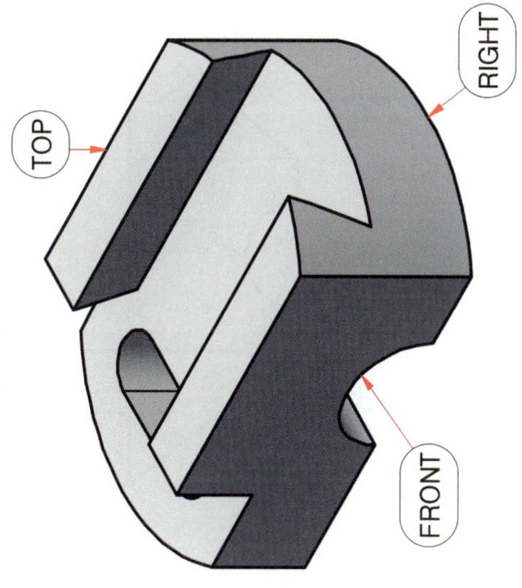

TOP
RIGHT
FRONT

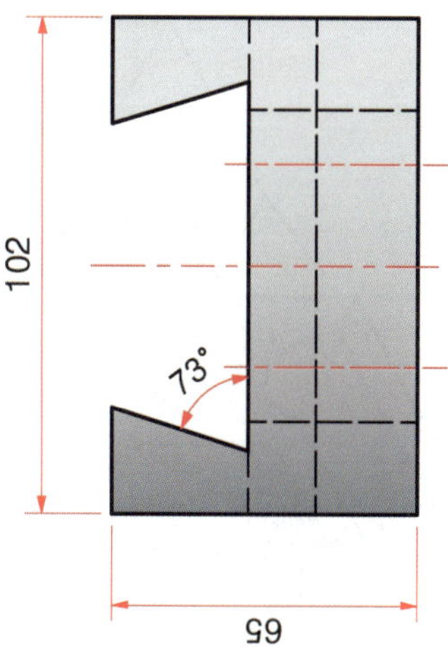

102
73°
65

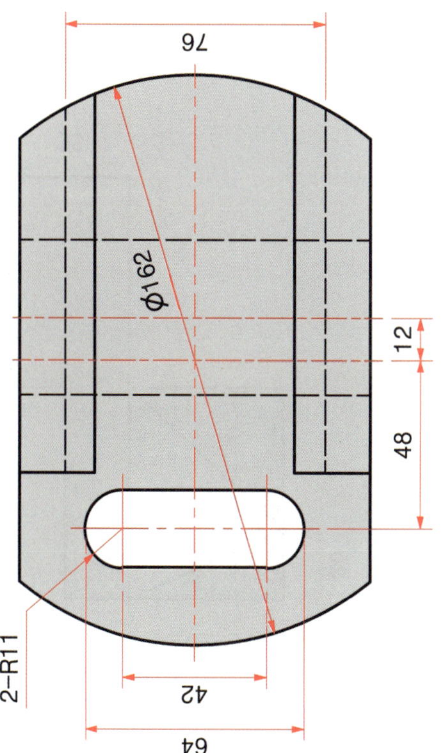

76
φ162
12
48
2-R11
42
64

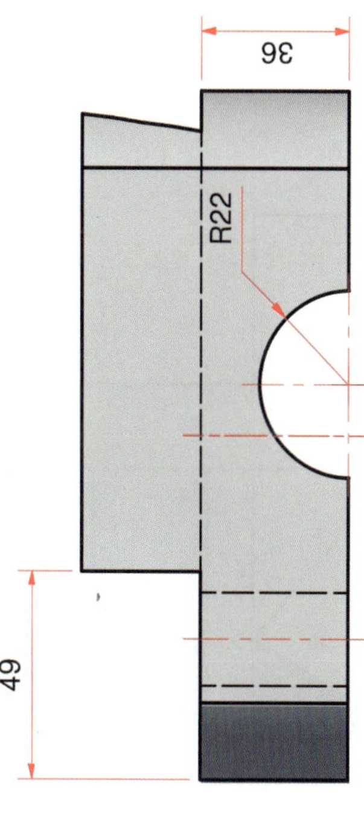

36
R22
49

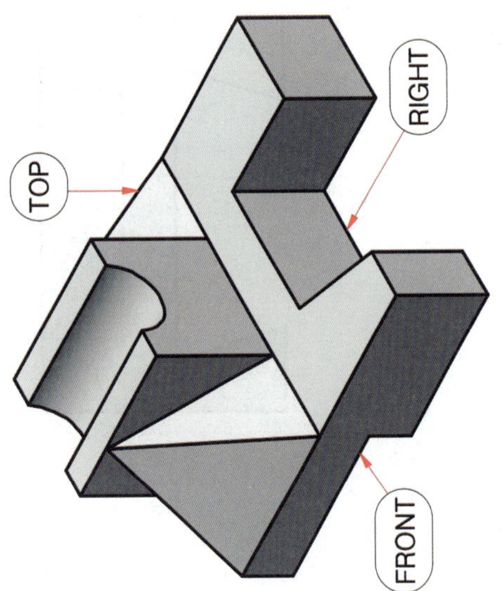

TOP
RIGHT
FRONT

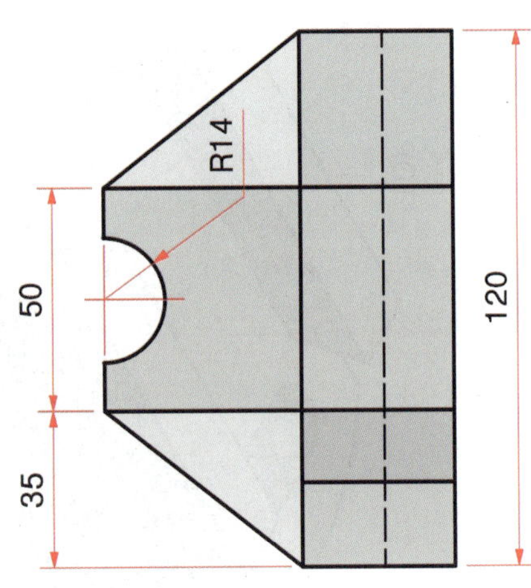

R14
50
35
120

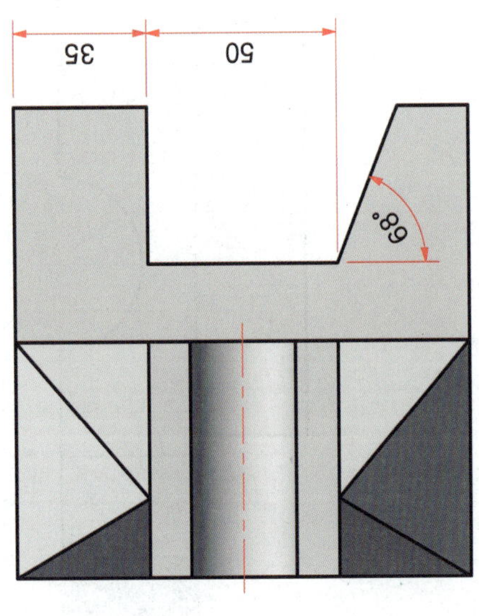

35
50
68°

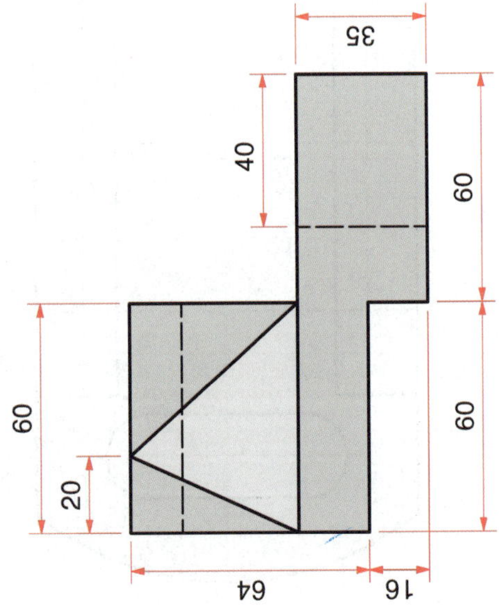

35
40
60
60
60
20
64
16

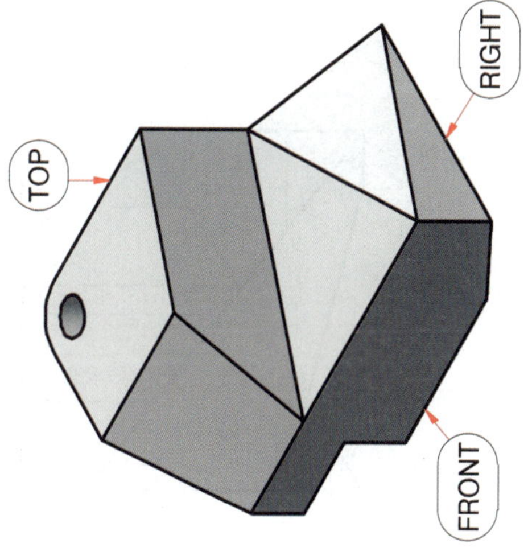

TOP
RIGHT
FRONT

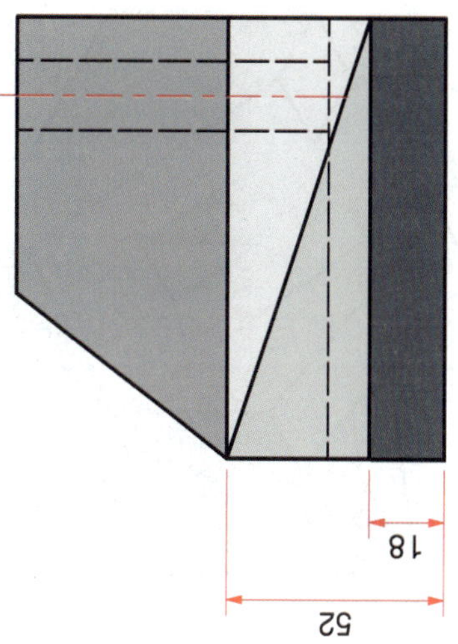

18
52

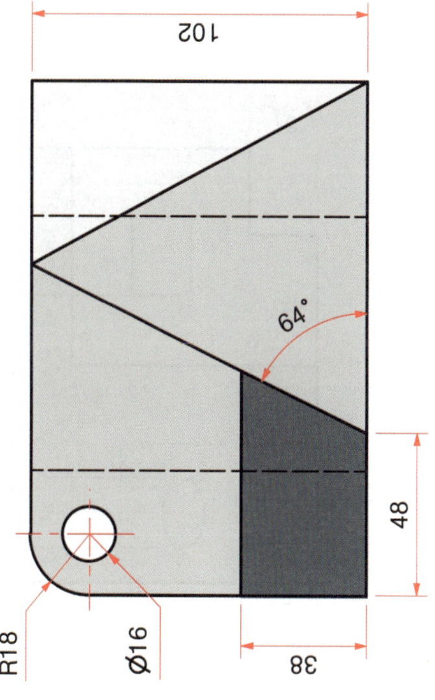

102
64°
48
R18
Ø16
38

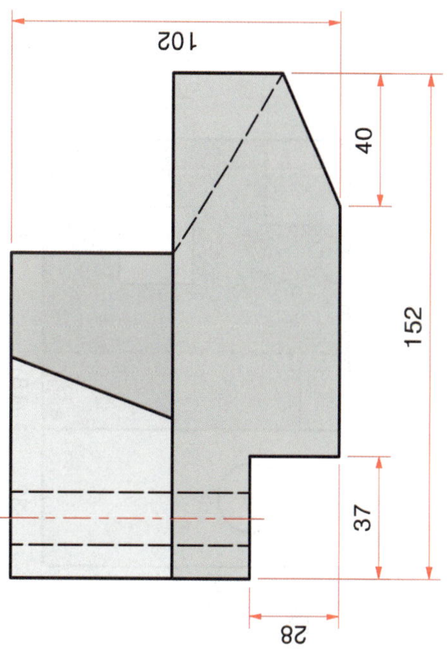

102
40
152
37
28

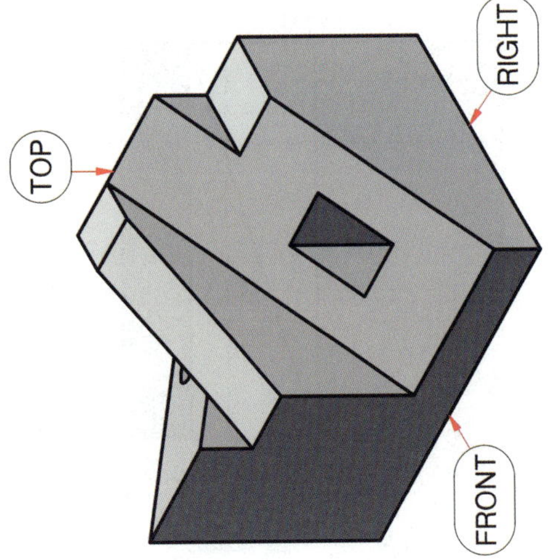

TOP
RIGHT
FRONT

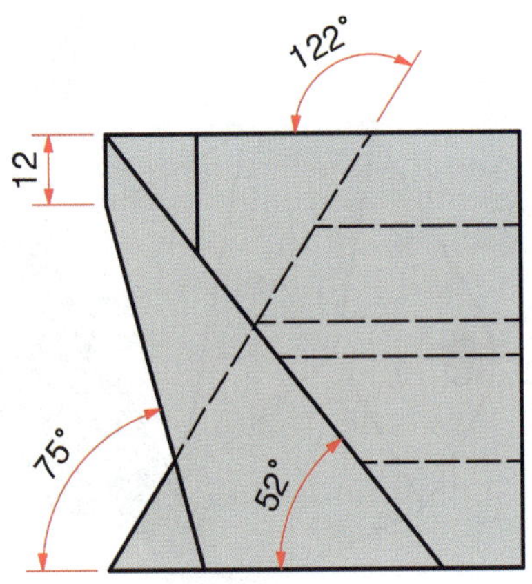

122°
12
75°
52°

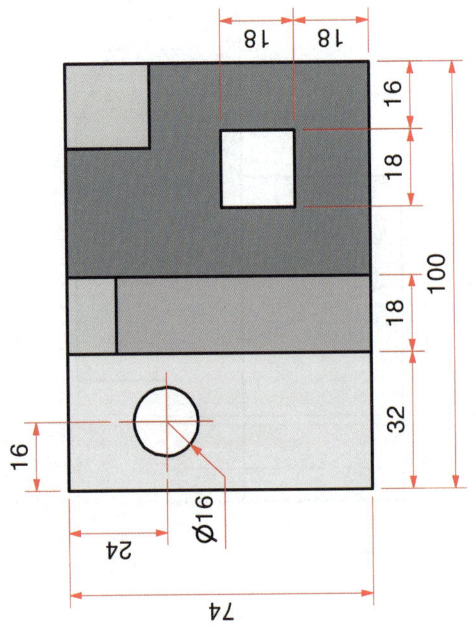

18
18
16
18
18
100
32
16
Ø16
24
74

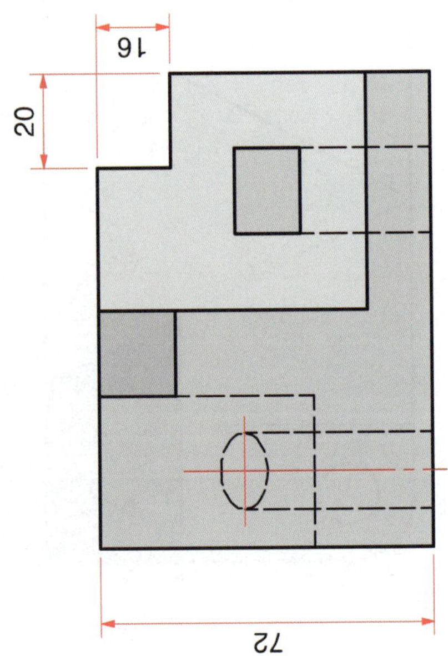

16
20
72

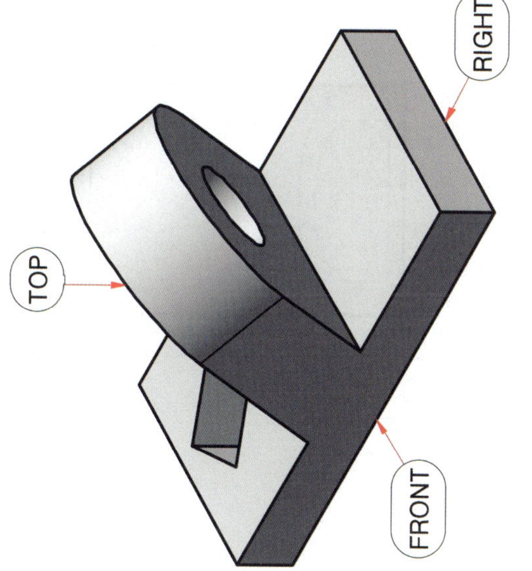

TOP
RIGHT
FRONT

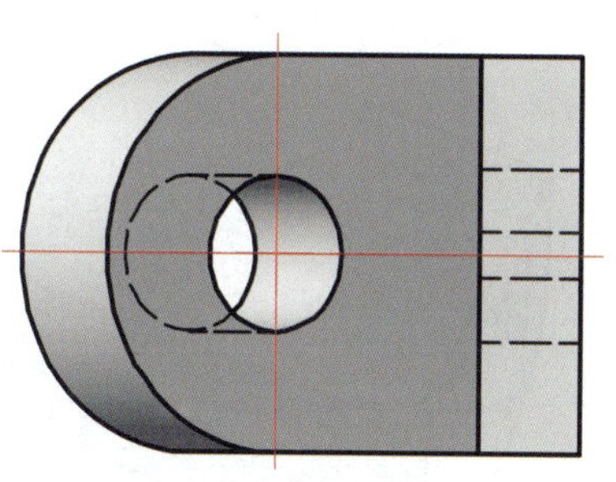

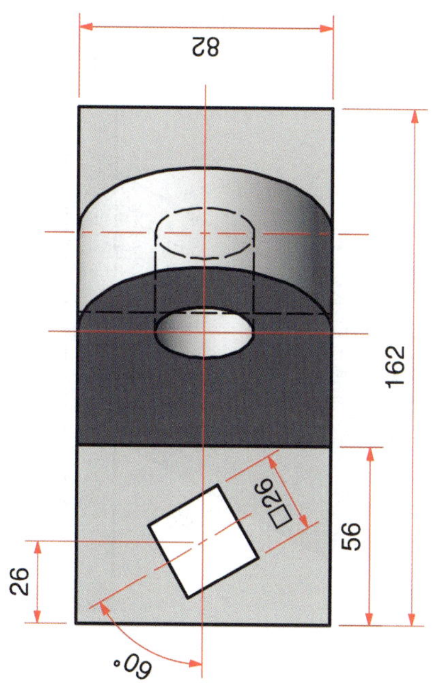

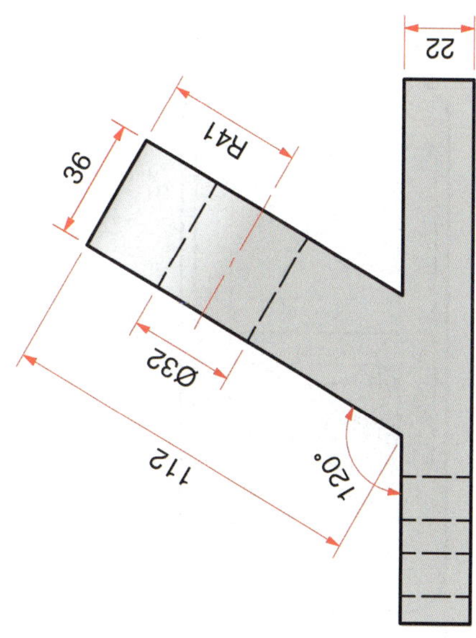

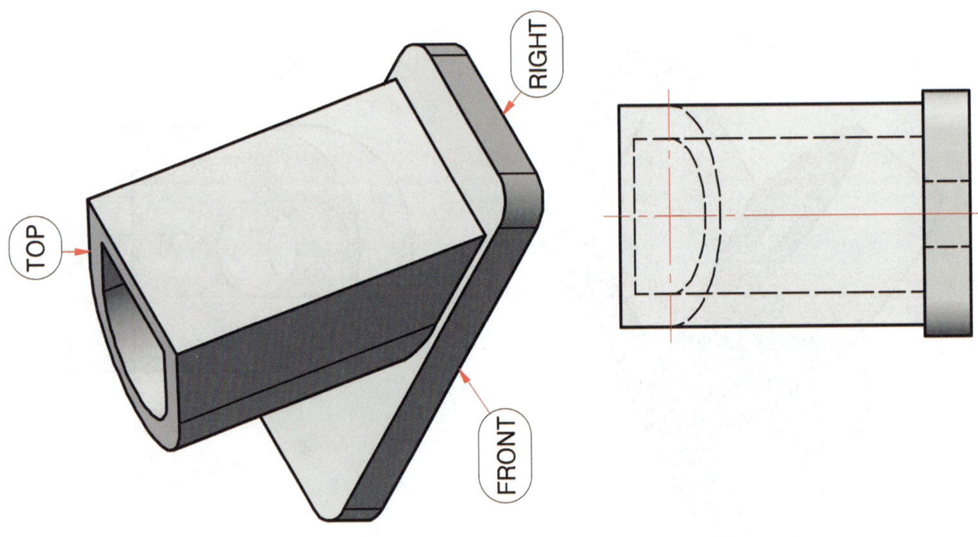

TOP
RIGHT
FRONT

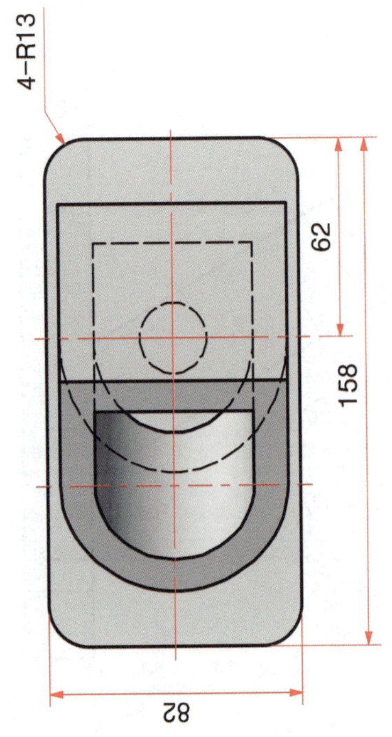

4-R13
62
158
82

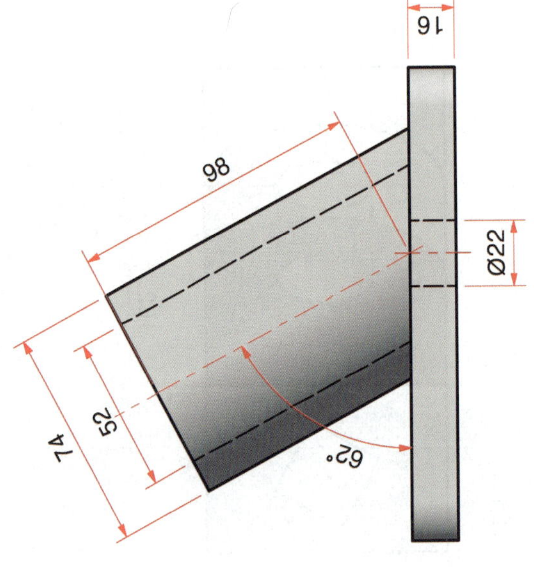

16
98
Ø22
74
52
62°

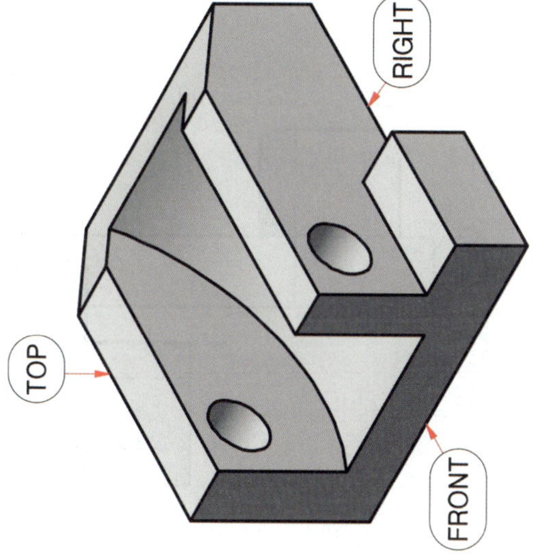
RIGHT
TOP
FRONT

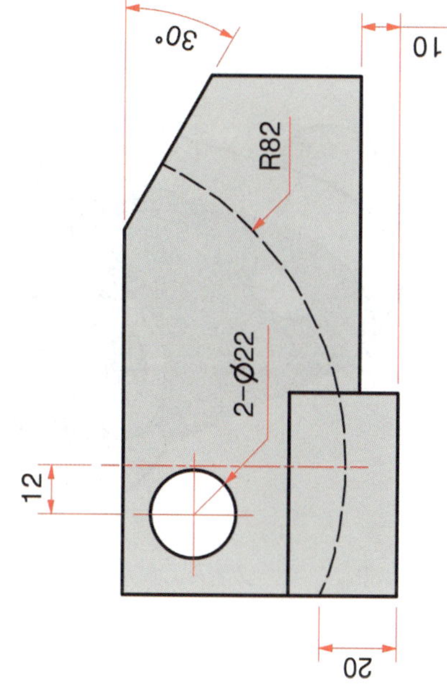
30°
R82
2-Φ22
12
10
20

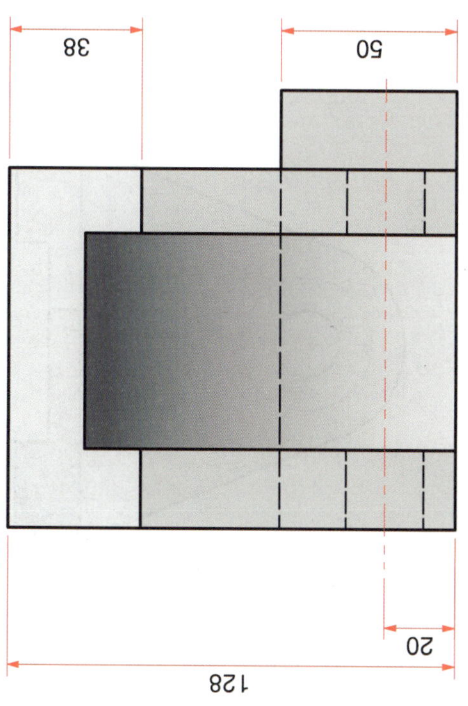
38
50
20
128

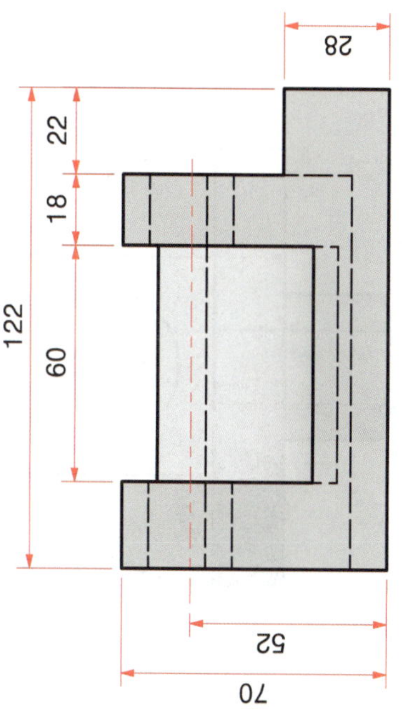
28
22
18
122
60
52
70

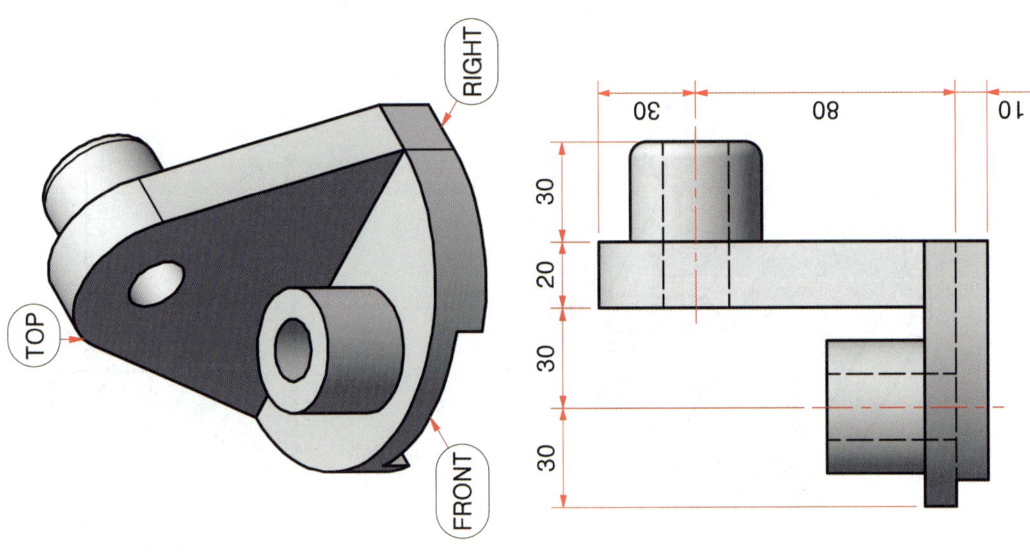

RIGHT
TOP
FRONT
30
80
10
30
20
30
30

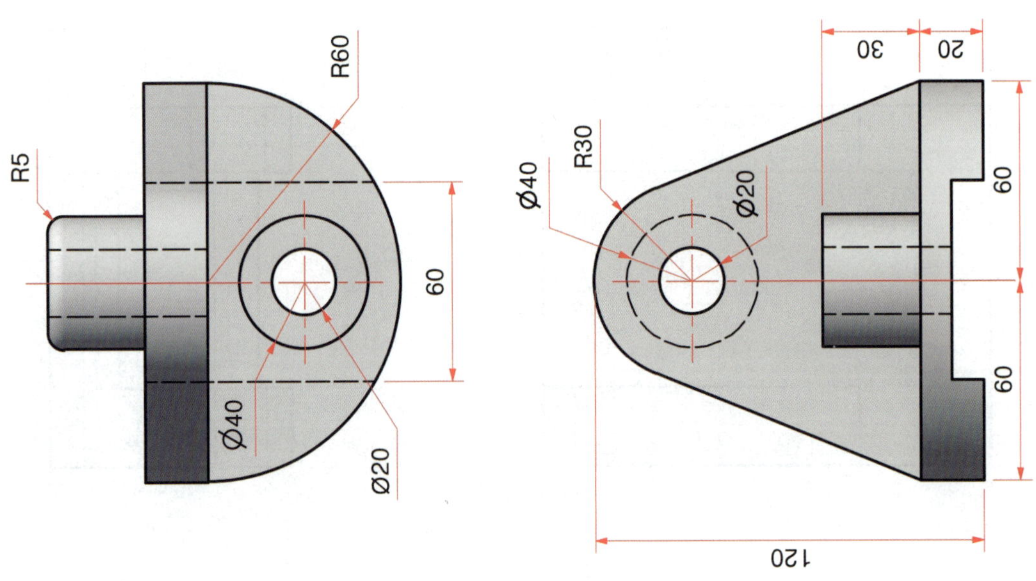

R5
R60
60
Ø40
Ø20
R30
Ø40
Ø20
30
20
60
60
60
120

TOP
RIGHT
FRONT
18
42
38
Ø28
135°
Ø28
R34

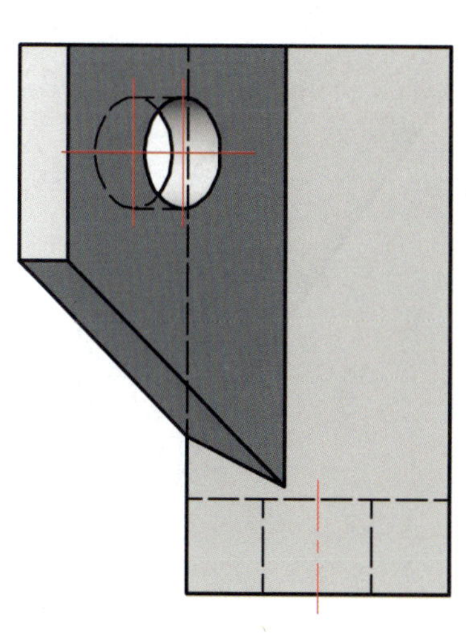

138
27
27

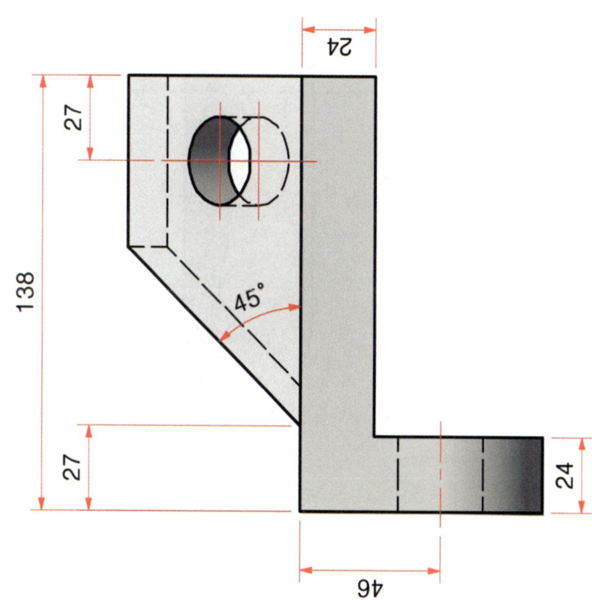

24
27
45°
46
24

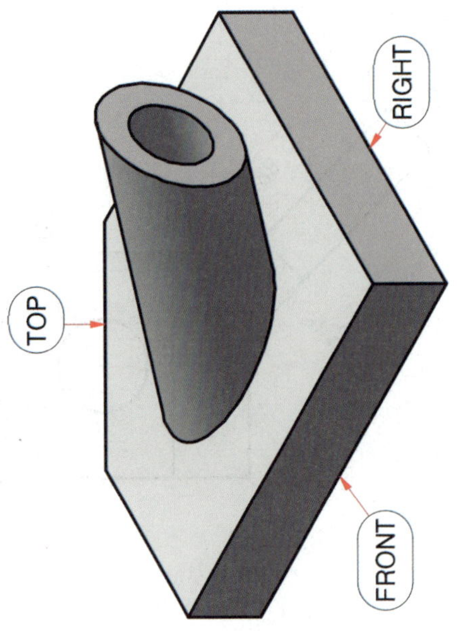

RIGHT
TOP
FRONT

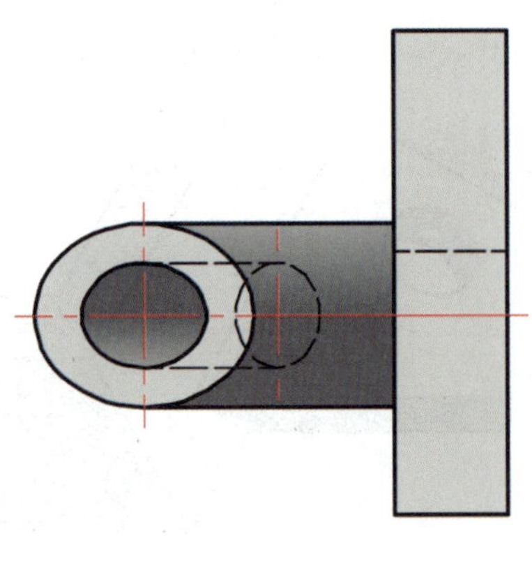

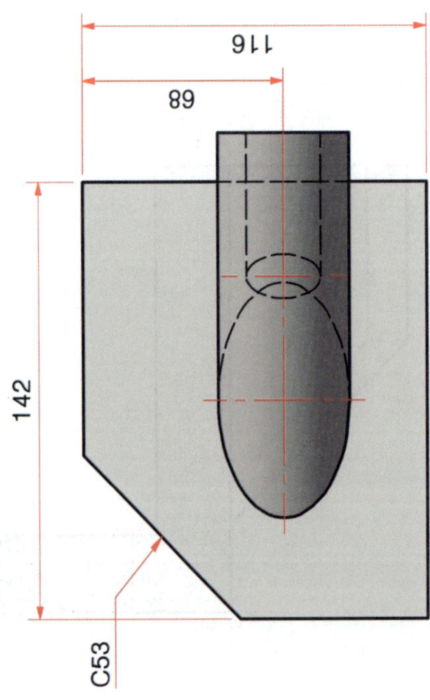

116
89
142
C53

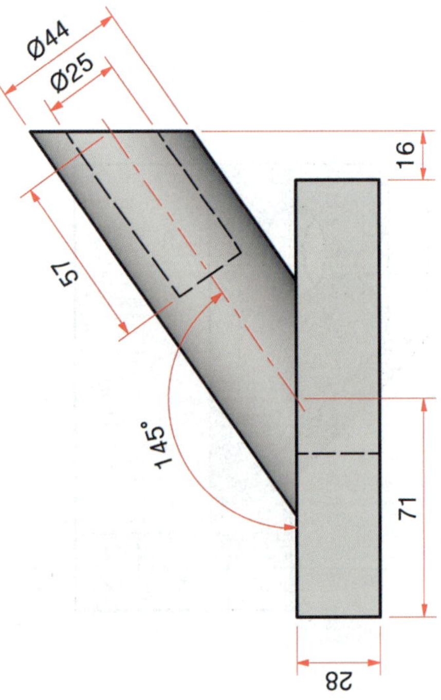

Ø44
Ø25
16
57
145°
71
28

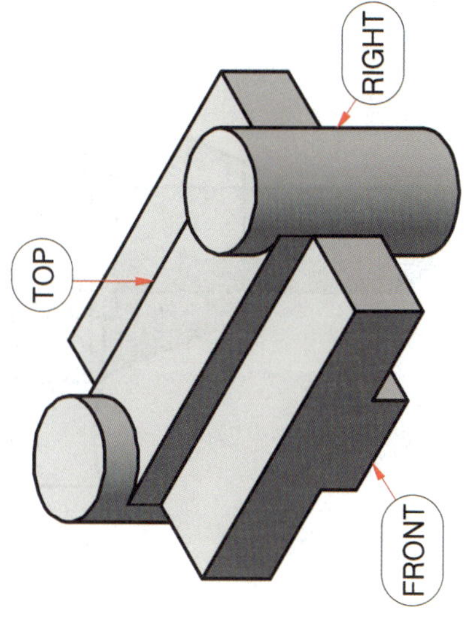

RIGHT
TOP
FRONT

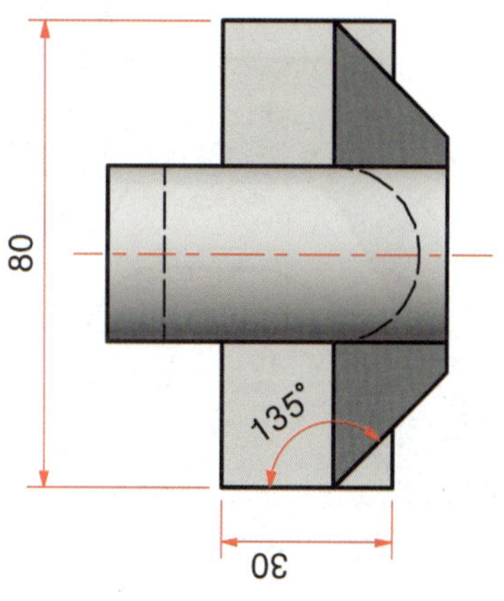

80
135°
30

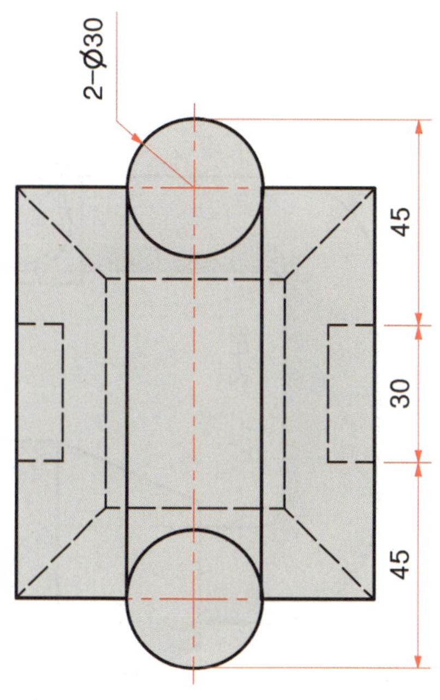

2-Ø30
45
30
45

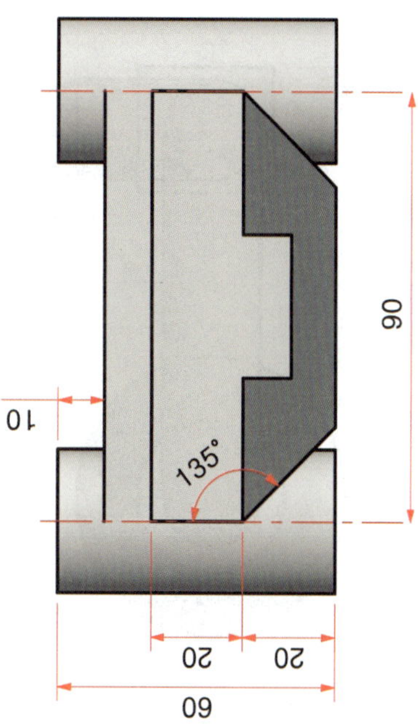

90
10
135°
20
20
60

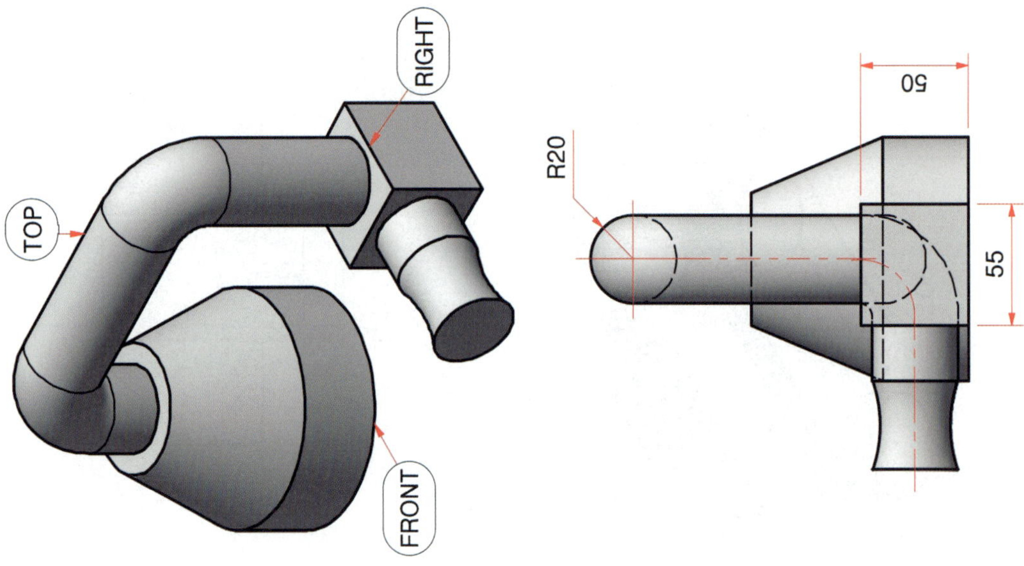
TOP
RIGHT
FRONT
R20
50
55

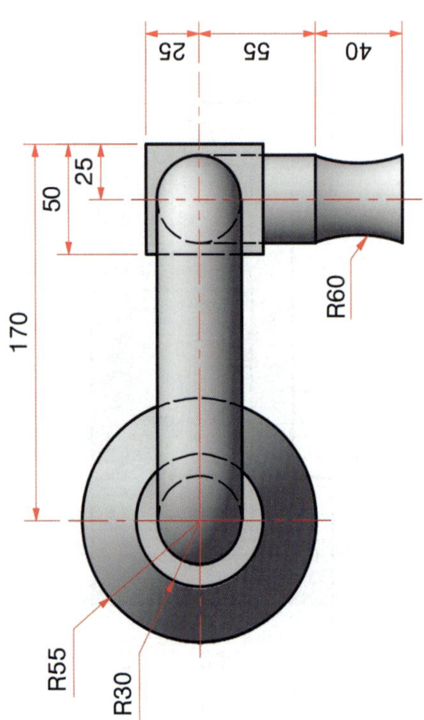
25
55
40
25
50
170
R60
R55
R30

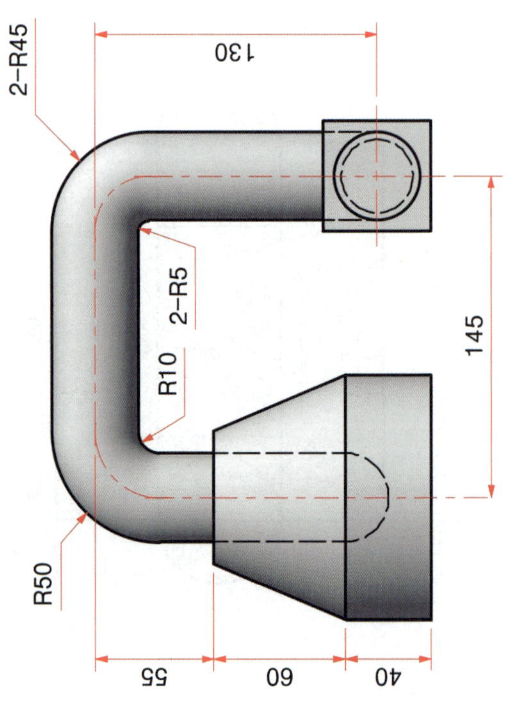
2-R45
130
2-R5
R10
R50
145
55
60
40

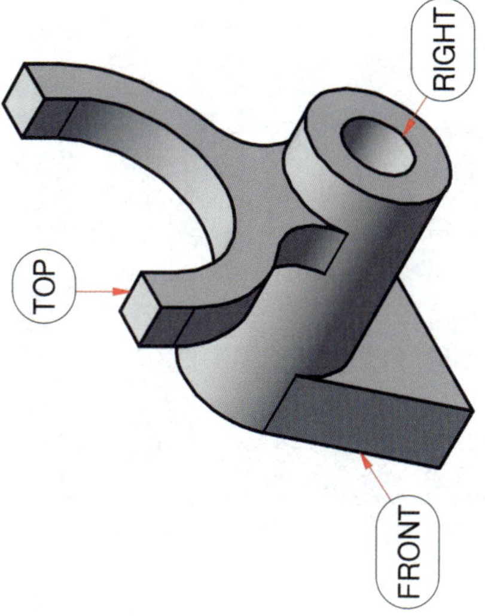

RIGHT
TOP
FRONT

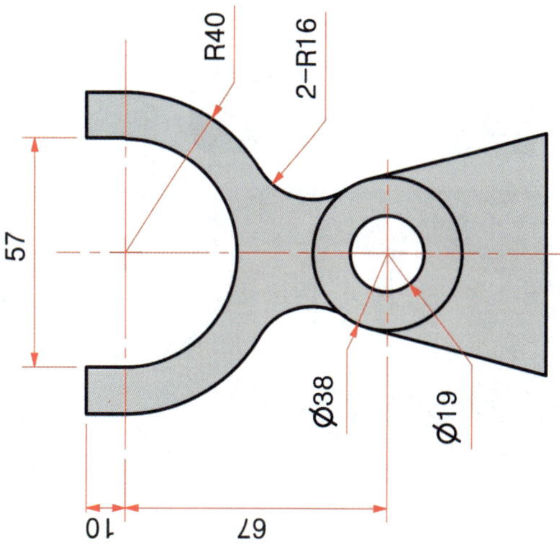

R40
2-R16
57
Ø38
Ø19
10
67

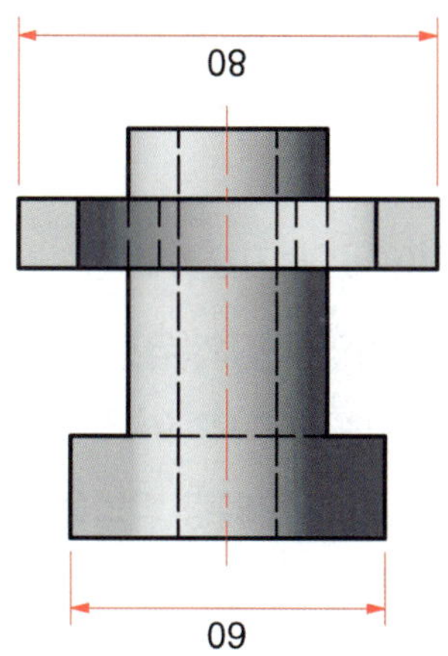

80
60

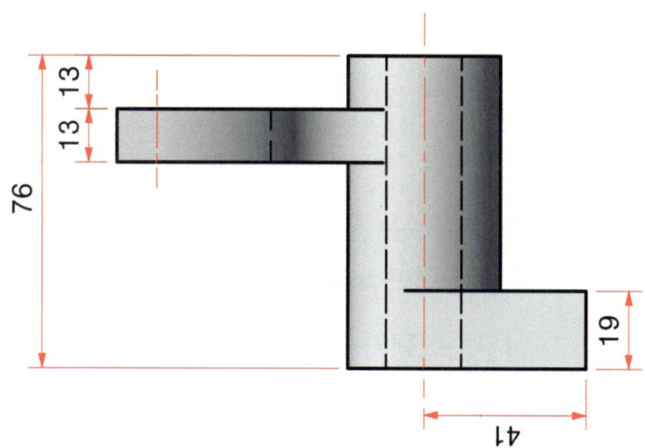

13 13
13
76
19
41

인벤터 설계

2021. 10. 27. 초 판 1쇄 발행
2026. 2. 11. 개정증보 1판 1쇄 발행

저자와의
협의하에
검인생략

지은이 | 홍성기, 강민정
펴낸이 | 이종춘
펴낸곳 | BM (주)도서출판 성안당
주소 | 04032 서울시 마포구 양화로 127 첨단빌딩 3층(출판기획 R&D 센터)
10881 경기도 파주시 문발로 112 파주 출판 문화도시(제작 및 물류)
전화 | 02) 3142-0036
031) 950-6300
팩스 | 031) 955-0510
등록 | 1973. 2. 1. 제406-2005-000046호
출판사 홈페이지 | www.cyber.co.kr
도서 내용 문의 | damis01@daum.net, goldilove@naver.com
ISBN | 978-89-315-8410-3 (13000)
정가 | 27,000원

이 책을 만든 사람들
책임 | 최옥현
진행 | 최창동
본문 디자인 | 인투
표지 디자인 | 박원석
홍보 | 김계향, 임진성, 김주승, 최정민
국제부 | 이선민, 조혜란
마케팅 | 구본철, 차정욱, 오영일, 나진호, 강호묵
마케팅 지원 | 장상범
제작 | 김유석